U0810067

QUANZHOU YEARBOOK

泉州年鉴2019

泉州日记

2018年泉州每一天

中共泉州市委党史和地方志研究室 编

方志出版社
Publishing House of Local Records

图书在版编目（CIP）数据

泉州年鉴. 2019. 泉州日记 / 中共泉州市委党史和地方志研究室编. -- 北京 ：方志出版社，2019.12
ISBN 978-7-5144-3950-2

Ⅰ. ①泉… Ⅱ. ①中… Ⅲ. ①泉州－2019－年鉴 Ⅳ. ①Z525.73

中国版本图书馆CIP数据核字（2019）第298892号

泉州年鉴（2019）·泉州日记

编　　者：中共泉州市委党史和地方志研究室
责任编辑：王　娜
出 版 者：方志出版社
地址　北京市朝阳区潘家园东里9号（国家方志馆4层）
邮编　100021
网址　http://www.fzph.org
发　　行：方志出版社图书经销中心
电话（010）67110500
经　　销：各地新华书店
印　　刷：福州报业鸿升印刷有限责任公司
开　　本：889×1194　　1/16
印　　张：23.25
字　　数：910千字
版　　次：2019年12月第1版　　2019年12月第1次印刷
印　　数：0001～1000册
ISBN 978-7-5144-3950-2　　定价：280.00元

·版权所有 翻印必究·

泉州市地方志编纂委员会
暨《泉州年鉴》编辑委员会

顾　　问	康　涛							
主　　任	王永礼							
副 主 任	季翔峰	肖汉辉	廖国文	傅天宝	王克思	张惠评		
委　　员	邓安娜	吴达平	廖良结	黄万成	张翼翔	陈恬波	郑国防	叶燕民
	赖畅水	吴建生	黄碧煌	陈　晖	曾焕楷	陈爱民	庄玉海	柯跃峰
	黄振奋	黄黎波	张荣宝	黄世界	夏丽清	黄雄彪	王文郴	林　强
	张文卫	陈文堃	杨昌文	黄国富	黄景生	王连生	杜朴生	黄继业
	李清景	刘曙庆	刘文发	李国坤	钟文成	刘德旺	蔡龙群	林华伟
	傅春添	丁　峰	陈惠平	叶一帆	陈金忠	刘烨明	骆振军	陈劲松
	李建芳	蔡天守	王家声	李跃民	林琪伟	肖惠中	陈德庆	陈进平
	施国宾	李德雄	黄辉灿	侯守水	李瑞阳	陈凤华	沈文罡	王茂泉
	杨凤翔	庄灿霞	陈晓玉	陈严辉	章金良	肖一鸣	李培德	白碧英
	林　荣	赖永文	沈家骏	詹启刚	苏延辉	高金全	颜丽明	颜朝晖
	黄春辉	张文贤	张桂森	赖清正	吴毓舟	吕建成	黄文捷	林荣川
	林清泉	叶芬蓉	高友土	林龙海	许晓松			

《泉州日记》总编室

主　　编	张惠评					
编　　委	尤剑国	叶芬蓉	高友土	林龙海	许晓松	林国贤
执行主编	许晓松					
责任编辑	谢晓艺	陈建强	刘楷彬			
编　　辑	吴远鹏	吴寿民				

协编单位

中共鲤城区委党史和地方志研究室　中共丰泽区委党史和地方志研究室　中共洛江区委党史和地方志研究室
中共泉港区委党史和地方志研究室　中共石狮市委党史和地方志研究室　中共晋江市委党史和地方志研究室
中共南安市委党史和地方志研究室　中共惠安县委党史和地方志研究室　中共安溪县委党史和地方志研究室
中共永春县委党史和地方志研究室　中共德化县委党史和地方志研究室

『目录』

CONTENTS

每日记事…………………………………… 1
一月…………………………………………… 2
二月…………………………………………… 33
三月…………………………………………… 61
四月…………………………………………… 92
五月…………………………………………… 122
六月…………………………………………… 153
七月…………………………………………… 183
八月…………………………………………… 214
九月…………………………………………… 245
十月…………………………………………… 275
十一月………………………………………… 306
十二月………………………………………… 336
编后记………………………………………… 367

2018
每日记事

1月1日

农历丁酉年十一月十五
星期一
温度：12℃—17℃
晴转多云

●为落实“兜住民生底线”精神，妥善解决2018年春节期间社会困难群体生活问题，泉州市发放了2018年春节期间社会困难群体一次性临时价格补贴。

●“福建省十佳旅游休闲集镇”和“福建省二十佳旅游特色村”名单揭晓，安溪县虎邱镇获评“福建省十佳旅游休闲集镇”，晋江市金井镇围头村获评“福建省二十佳旅游特色村”。

●由泉州集美校友会、共青团泉州七中委员会等主办的2018元旦助力申遗骑行活动启动仪式在市区天后宫门口广场举行。

●由晋江市农业局、东石镇政府主办的2018年晋江市“海丝农业、振兴乡村”活动月之东石田园15千米徒步活动举行。

●由晋江市全民健身领导小组办公室主办的晋江市全民健身运动会“梅岭杯”中华武术大会演在该市五店市传统街区举行。

●“怒放青春2018跨年音乐会”暨“爱要让你听见”公益活动在惠安县黄塘镇聚龙小镇举行。

全市发放春节一次性价格补贴两千多万惠及114914名困难群众

为落实“兜住民生底线”精神，妥善解决2018年春节期间社会困难群体生活问题，泉州市发放了2018年春节期间社会困难群体一次性临时价格补贴。此次一次性临时价格补贴标准为城乡低保、优抚对象每人150元。特困人员、革命五老人员、孤儿每人600元。全市现有民政部门登记在册的城乡低保对象、优抚对象、特困人员、革命五老人员以及孤儿共计114914人，共发放2018年度春节一次性临时价格补贴2073.09万元。泉州市在全省率先建立重点时段对社会困难群体的临时性价格补贴制度。自2013年起每年在重阳节对特困失能老人发放一次性价格补贴。2014年，进一步完善社会救助和保障标准与物价上涨挂钩联动机制，率先将特困失能老人和特困重度残疾人士纳入挂钩联动机制的补贴范围。

泉州市一镇一村入选省“旅游休闲集镇”和“旅游特色村”

“福建省十佳旅游休闲集镇”和“福建省二十佳旅游特色村”名单揭晓，安溪县虎邱镇获评“福建省十佳旅游休闲集镇”，晋江市金井镇围头村获评“福建省二十佳旅游特色村”。

安溪县虎邱镇是著名的山水茶乡，自然条件优越，森林覆盖率达69.6%。以洪恩岩、骑虎岩等为代表的宋元明清古建筑保护完好，集生态美景和人文景观于一身，犹如桃源境地。虎邱镇全面融合山水、文化两大脉络，整合现代农业、特色小镇、乡村旅游三大元素，以全域思维和视野，全面推进乡村旅游发展，高建发茶庄园、玖玖天诚葡萄园、茶乡侨墅等一批景区景点吸引八方游客纷至沓来。“飘香虎邱”旅游风生水起，先后被评为“福建省乡村休闲旅游集镇”、“福建省农业休闲示范乡镇”、泉州“十大魅力小城镇”等。晋江市金井镇围头村区域位置独特，滨海人文资源丰富，是海西新农村建设的桥头堡。位于围头村的围头战地文化渔村旅游景区是国家AAA级旅游景区，是福建省休闲农业旅游示范点。经过多年发展，“美丽的围头”“英雄的围头”“海峡第一村”成为围头的三大乡村旅游品牌。

2018元旦助力申遗骑行活动举行

由泉州集美校友会、共青团泉州七中委员会等主办的2018元旦助力申遗骑行活动启动仪式在市区天后宫门口广场举行。随后，骑行队伍从天后宫出发，沿中山南路、江滨路、新华路到泉州开元寺，穿过西街、东街、东湖街到圣墓，然后经坪山路、云鹿路到真武庙、文兴码头，又沿宝洲街、刺桐路等到清净寺、府文庙，最后沿中山路骑行，回到德济门遗址，完成当天活动。

骑行车队经过西街开元寺门口（图/陈起拓）

2018跨年音乐会暨“爱要让你听见”公益活动举行

“怒放青春2018跨年音乐会”暨“爱要让你听见”公益活动在惠安县黄塘镇聚龙小镇举行，包括展览、音乐会演出和公益捐助等八个主题系列活动，共吸引1万多名音乐爱好者及市民到场参加。此次跨年音乐会由11场音乐会和26组音乐人联袂演出组成。聚集众多国内优秀的原创音乐力量和业内顶尖音乐唱作人。其中“泉州的声音”系列——个人专场、乐队专场、闽南语专场，更是吸引大量观众驻足观看。除跨年音乐会之外，主办方还举办主题为“爱要让你听见”的公益活动。该活动旨在号召社会各界一起为爱发声，关爱听障儿童。活动现场设置“声音的颜色”公益文化墙，让听障儿童和市民以彩绘形式画出心目中音乐的颜色。

全市加快项目建设动员部署视频会议召开

全市加快项目建设“大干40天 比拼开门红”暨“项目攻坚2018”动员部署视频会议召开，贯彻省委十届五次全会和市委十二届六次全会精神，落实赶超目标任务。

会议指出，要加快集聚裂变，紧密对接省里“百千万支撑工程”，突出抓好“百大项目”，定位、定向、定点开展精准招商，谋划抓好龙头项目、新产业集群；坚持产业升级与城市升级融合促进，发挥“生态修复城市修补”、体育赛事筹办、“古泉州（刺桐）史迹”申世遗等综合效应，捆绑实施一批项目群，加快转化为城市业态塑造和现实生产力布局。要强化重大项目“抓征迁、促落实”机制，确保交地不滞后、施工不受阻，各环节有序衔接推进；对标一流营商环境，完善全过程“月嫂式”服务，推广“最多跑一趟”“一号一窗一网”等，实现服务更便利；把精干人员放到项目一线，带出一支有宽广视野、专业素养、能攻坚克难的干部队伍。

市人大常委会党组会议学习贯彻市委十二届六次全会精神

市人大常委会党组会议召开，传达学习贯彻市委十二届六次全体会议精神。会议指出，要以新思想统一认识引领方向，学习贯彻中央经济工作会议和省委、市委全会精神，把思想和行动统一到中央和省委、市委的决策部署上。要以新任务谋划思路指导工作，结合泉州实际和人大工作，发挥作用，展示作为。要以新要求依法履职发挥作用，做到立法更精准、监督更有力、决定更有效、任免更规范，代表作用更彰显。要以新使命强化责任推进落实，抓学习增本领，抓党建强保障，抓创新激活力，抓作风求实效，发挥人大履职作用，有效作为，为新一年推进全市经济持续高质量发展提供法制保障。

高层次人才翰墨摄影展举行

2—5日，由市委宣传部、市委人才办、市文联主办的“学习十九大 人才展风采”——高层次人才翰墨摄影展在泉州梨园古典剧院举行。此次高层次人才翰墨摄影展面向全市高层次人才征集书画摄影作品200多件，从中选出近50件作品参展。展览作品主题突出，展示高层次人才扎根泉州、融入泉州、奉献泉州的精神风貌，抒发他们与泉州共成长的价值追求。

泉州市高层次人才、市摄影家协会会长洪宗洲创作了《海丝梦想》《英都拔拔灯》，将“海丝”元素融入摄影作品之中，彰显泉州作为海上丝绸之路的起点城市和“东亚文化之都”的美誉；泉州市高层次人才、安溪县高甲剧团石福林的作品《玉珠串·群丑献艺》和王琼芬的作品《凤冠梦·状元游街》则展现了高甲戏的经典画面，希望以此弘扬和传承泉州传统文化；泉州市高层次人才、泉州海之女文化传播有限公司总经理曾梅霞的作品《火红岁月》《童趣》，在泉州的海湾记录下新时代惠女文化新风采。

纪念武术家魏国器140周年诞辰活动举行

市纪念武术家魏国器140周年诞辰活动在市区举行。印度尼西亚、菲律宾等地的武术家与泉州、上海、广东、福州、厦门、香港的武术界同仁300多人参加活动并进行武术表演。魏国器（1877—1941）是清末民国初泉州德艺双馨的武术大家。民国15年（1926年）魏国器携徒赴印尼泗水开馆授徒，播下南少林五祖拳南传之一脉。民国20年（1931年）返回泉州联络五祖门各流派，倡建泉州国术馆，为泉州武术继往开来，培养了一大批人才。

1935年，泗水晋江公会及各界人士欢送魏国器返国

（图/泉州历史文化中心）

1月2日

农历丁酉年十一月十六
星期二
温度：14℃—21℃
多云

●全市加快项目建设“大干40天 比拼开门红”暨“项目攻坚2018”动员部署视频会议召开，贯彻省委十届五次全会和市委十二届六次全会精神，落实赶超目标任务。

●市十六届人大常委会第八次会议召开，听取和审议并表决通过市人大常委会代表资格审查委员会关于个别代表的代表资格的审查报告。

●市十六届人大常委会第十五次主任会议召开，讨论市人大常委会代表资格审查委员会关于个别代表的代表资格的审查报告稿，提出第十六次主任会议的建议议题。

●市人大常委会党组会议召开，传达学习贯彻市委十二届六次全体会议精神。

●2—5日，由市委宣传部、市委人才办、市文联主办的“学习十九大 人才展风采”——高层次人才翰墨摄影展在泉州梨园古典剧院举行。

●纪念武术家魏国器140周年诞辰活动在市区举行。

1月3日

农历丁酉年十一月十七
星期三
温度：16℃—23℃
多云转阴

●郑新聪与部分专家学者、高层次人才代表座谈。

●县（市、区）党委书记抓基层党建工作述职评议会召开。

●全市城市基层党建工作交流座谈会召开，传达贯彻全省城市基层党建工作经验交流座谈会精神，落实县（市、区）党委书记抓基层党建工作述职评议会议的精神，部署全市城市基层党建工作。

●泉州市网上工会暨2018年“‘幸福泉州·情系职工’送温暖慰问活动”启动仪式举行。

●“群英荟萃 筑梦港湾”——高层次人才文艺展演在泉州梨园古典剧院举行。

郑新聪与部分专家学者和高层次人才代表座谈

市委书记郑新聪与部分专家学者、高层次人才代表座谈。郑新聪感谢各领域人才做出的重要贡献，表示泉州发展需要人才，泉州也让人才有用武之地，希望大家与党委政府携手、与企业合作，帮助促进传统产业转型升级，推动高新产业落地发展，继续牵线对接更多高端人才，为泉州转型攻坚、聚力跨越提供智力支撑。

县（市、区）党委书记抓基层党建述职评议会召开

县（市、区）党委书记抓基层党建工作述职评议会召开。各县（市、区）委书记和泉州开发区、泉州台商投资区党工委书记，市直机关工委、教育工委、非公有制企业和社会组织工委、国资委党委负责人，就抓基层党建工作情况逐一述职。听取述职后，市委常委，市委党建工作领导小组成员，在泉州工作的中共十九大代表，部分省市“两代表一委员”，基层党员干部和群众代表进行了评议。会议强调，要强化大抓基层鲜明导向，推动基层党建全面进步、全面过硬。要强化政治功能，用习近平新时代中国特色社会主义思想武装全体党员，推动党的领导落实到基层。要统筹推进农村、城市基层、非公企业和社会组织、国有企业、机关事业单位和学校等领域党建。要科学策划项目，全程跟踪推进，强化结果运用。各级党组织、“一把手”要牢记党内职责，盯紧问题整改，夯实基层基础。

全市城市基层党建工作交流座谈会召开

全市城市基层党建工作交流座谈会召开，传达贯彻全省城市基层党建工作经验交流座谈会精神，落实县（市、区）党委书记抓基层党建工作述职评议会议的精神，部署全市城市基层党建工作。会议要求，各级要建立党建联席会议制度，定期研究资源共享、社区共建事项，协调解决问题；要实现城市居民小区党的组织和工作全覆盖，加强力度统筹推进商务楼宇、园区、商圈市场等新兴领域党建工作，推动其主动承担社会责任、积极参与社会治理；要健全城市社区治理体系和服务体系，把党的组织优势转化为城市治理和服务的优势；要加强党务工作者队伍建设，加强规范管理和激励保障；要强化基础保障，建立以财政投入为主，党费补助、社会支持、社区自我补充的多元化经费保障机制。

“幸福泉州·情系职工”送温暖慰问活动启动

泉州市网上工会暨2018年“‘幸福泉州·情系职工’送温暖慰问活动”启动仪式举行。活动自即日起全面展开，至3月2日结束，重点慰问、帮扶建档困难职工，主要对象包括：已纳入全国总工会帮扶工作管理系统档案的困难职工，纳入泉州市县级以上总工会临时性、阶段性档案的困难职工；非在档的基层一线职工：包括劳动模范（先进工作者），重点项目建设者，元旦春节期间坚守在工作岗位及环卫、协警、公交、殡葬、园林、地矿、公路、高铁等苦脏累险岗位的一线职工；困难企业职工，主要是因供给侧改革造成生活困难的职工及经营困难的企业职工；单亲困难女职工；一线困难党员等。

高层次人才文艺展演举行

“群英荟萃 筑梦港湾”——高层次人才文艺展演在泉州梨园古典剧院举行，400多名高层次人才共同参与或观看文艺展演。展演节目包括展现人才集聚泉州的木偶书法·舞蹈《才聚泉州》，展现泉州传统文化的高甲戏《王昭君》选段、南音乐舞《千家罗绮管弦鸣》，闽南语歌曲组唱《拼出名》，展现“工匠精神”的工人舞蹈《能源梦·工匠情》等。

高层次人才文艺展演现场（图/吴宗宝 林劲峰）

市政协十二届二次会议开幕

陈灿辉作市政协工作报告（图/市政协）

中国人民政治协商会议第十二届泉州市委员会第二次会议在泉州影剧院开幕。大会执行主席陈灿辉、骆沙鸣、陈铭福、王祖耀、李冀平、王瑞强、陈益、洪川夫、林志建、苏小青、陈伟平在主席台前排就座。出席开幕式祝贺并在主席台就座的有市委书记、市人大常委会主任郑新聪，市长康涛，市人大常委会党组书记陈万里，省人大常委会委员陈海基，省政协港澳台侨和外事委员会副主任杨俊峰，市委副书记陈奕辉，市委常委翁祖根、孔繁军、林万明、陈铁晗、张永宁、林锦明、杨晓山，市人大常委会副主任张建生、朱团能、曾巍、许文贵、吴友才、蔡思红，副市长周真平、卢炳椿、洪自强、吕刚、肖汉辉，市政府领导陈荣洲，泉州军分区政委、泉州军分区司令员，市中级人民法院代理院长陈明，市检察院检察长高扬捷。

受泉州市政协第十二届常委会的委托，陈灿辉向大会作工作报告。报告指出，过去一年来，在中共泉州市委领导下，市政协常委会全面贯彻落实中共十八大、十九大精神，学习贯彻习近平新时代中国特色社会主义思想，把握团结民主两大主题，扎实履行政协职能，为推动泉州经济社会发展做出积极贡献。报告从五个方面阐述市政协十二届一次会议以来的工作特色和显著成效：一、坚持以服务改革创新为重点，助推全市经济平稳健康发展；二、坚持以人民为中心的发展思想，助推民生和社会事业发展；三、坚持以促进政策法规落实为目的，增强民主监督实效；四、坚持团结民主两大主题，齐心协力营造良好发展环境；五、坚持以加强自身建设为抓手，增强政协履职能力。

2018年，政协常委会工作的总体思路是：在中共泉州市委的领导下，学习贯彻习近平新时代中国特色社会主义思想，树立“四个意识”，坚定“四个自信”；围绕落实中共十九大战略部署，加强和改进人民政协民主协商和民主监督工作，把握大团结大联合的主题，更多地凝聚共识、人心、智慧和力量。未来一年，市政协将紧贴时代，在领会中共十九大精神、指导政协实践上实现新提升；紧贴中心，在推进协商民主、加强民主监督上创造新业绩；紧贴民生，在服务全面小康、增进民众福祉上谋求新作为；紧贴主题，在促进团结联谊、推动社会和谐上做出新贡献；紧贴职能，在加强制度建设、提升履职能力上展示新风采。报告要求全体政协委员要坚持以习近平新时代中国特色社会主义思想为指导，在中共泉州市委领导下，不忘初心，牢记使命，开创人民政协工作新局面，为推进现代化泉州建设而奋斗。

闽台乡村建设交流座谈会在晋江市举行

由福建农林大学、福建省农学会、台湾朝阳科技大学、晋江市政府主办，晋江市农业局、晋江市方志办、闽台（晋江）社区营造中心承办的闽台乡村建设交流座谈会在晋江市举行。海峡两岸的知名专家、学者，聚焦“新理念 新征程 新农村”主题，开展乡村建设交流座谈。与会专家、学者分成6个小组，依托自身专业研究优势，分别从“乡村振兴、两岸乡村文化交流、乡村古民居保护开发利用、安平商人与两岸贸易、两岸乡村休闲旅游、晋江市农村集体产权制度改革”6个议题，与当地党政部门、镇村骨干、企业商会、文创单位等进行交流座谈。此次座谈会的举行，对于创新、丰富晋江乡村建设理念和内涵，促进对台湾的交流合作，具有重要意义。

1月4日

农历丁酉年十一月十八
星期四
温度：15℃—19℃
阴转小雨

●4—7日，郑新聪分别到市十六届人大二次会议晋江代表团和市政协十二届二次会议工商联（二）组，与代表委员一起审议、讨论市人大常委会、政府、政协、法院、检察院工作报告。

●市政协十二届二次会议在泉州影剧院开幕，陈灿辉作市政协第十二届常委会工作报告。

●4—6日，参加市政协十二届二次会议的政协委员分组讨论市政府工作报告和市政协常委会工作报告。陈灿辉分别参加鲤城、中共、经济和安溪、台盟、台联、文艺、社科及特邀（二）等小组的讨论。

●市十六届人大二次会议举行召集人会议，通报大会筹备工作情况及有关安排。

●市十六届人大二次会议举行预备会，选举产生大会主席团和秘书长；表决通过大会议程，以及议案审查委员会组成人员名单。

●全市森林防火暨松材线虫病防控业务培训班举办。

●闽台乡村建设交流座谈会在晋江市举行。

●市公安局网安支队发布“2017年度泉州地区十大网络谣言”。

●4—5日，市旅游局、市消防支队、市反恐支队举行全市星级饭店安全生产培训暨消防和反恐应急演练。

1月5日

农历丁酉年十一月十九
星期五
温度：12℃—16℃
阴

●市十六届人大二次会议在泉州影剧院开幕，市长康涛作市政府工作报告。

●郑新聪到泉州晚报社两会访谈室、泉州广播电视台两会直播室等看望慰问新闻工作者。

●5—7日，陈万里到市十六届人大二次会议晋江代表团与代表们共同审议大会工作报告。

●市政协十二届二次会议举行第二次全体会议，增补政协十二届泉州市委员会常务委员候选人等。

●市政协十二届二次会议举行第三次全体会议，听取市中级人民法院和市检察院工作情况通报。

●全省20所高职院校的20多名专家、教授在黎明职业大学举行赴新加坡研修成果交流座谈会。

●丰泽区首届“未来合伙人”大学生创业创新项目大赛启动。

市十六届人大二次会议开幕

康涛作市政府工作报告（图/陈起拓）

泉州市第十六届人民代表大会第二次会议在泉州影剧院开幕。会议执行主席郑新聪、张建生、朱团能、曾巍、许文贵、吴友才、蔡思红、欧阳秋虹在主席台前排就座。主席团其他成员，市长康涛，市人大常委会党组书记陈万里，市政协主席陈灿辉，市人大常委会原主任陈海基，市政协原主席杨俊峰，市委副书记陈奕辉，市委领导翁祖根、温惠榕、孔繁军、林万明、陈铁晗、张永宁、林锦明、杨晓山、刘建军，以及市政府领导周真平、卢炳椿、洪自强、吕刚、陈荣洲，市政协领导骆沙鸣、陈铭福、王祖耀、李冀平、王瑞强、陈益、洪川夫、林志建、苏小青，市中级人民法院代院长陈明，市检察院检察长高扬捷，中化泉州石化有限公司总经理张强，华侨大学党委书记关一凡，泉州师范学院党委书记朱世泽，仰恩大学党委书记庄哲峰等在主席台就座。

市长康涛代表市政府向大会作工作报告。报告分为三个部分：一是2017年政府工作回顾；二是2018年工作目标任务；三是加强政府自身建设。回顾过去一年，康涛表示，在中共泉州市委领导下，市政府学习贯彻中共十九大精神，学习贯彻习近平新时代中国特色社会主义思想，全面落实中央、省和市委决策部署，着力稳增长、控风险、谋长远，经济运行稳步回升，金融风险有效化解，产业格局更加优化，主要经济指标保持较快增长；集中力量办成一批影响全局、关系民生的大事要事实事，推动泉州发展迈上新台阶。一年来，他们把稳定经济增长作为重中之重，把提高供给质量作为主攻方向，把全面深化改革作为永续动力，把开展生态修复、城市修补作为重要抓手，把保障改善民生作为第一追求，把增强政府履职能力摆上突出位置。全市“三大板块”（传统产业、重化产业、高新技术产业）渐成格局，实体根基更加坚实；古城新城齐头并进，城市颜值更加靓丽；文脉传承深入人心，文化自信更加坚定；惠民举措叠加推出，人民生活更加幸福。

展望新年发展，康涛指出，做好2018年政府工作：必须全面贯彻中共十九大精神，以习近平新时代中国特色社会主义思想为指导，坚持稳中求进工作总基调，坚持新发展理念，按照高质量发展的要求，主动融入新福建建设大局，突出转型攻坚、聚力跨越主线，实施“十三五”规划，深化供给侧结构性改革，推进产业升级、城市建设、改革开放、民生补短，决胜全面建成小康社会，加快打造“创新、智造、海丝、美丽、幸福”的现代化泉州。2018年主要预期目标是全市生产总值增长8.7%以上，农业总产值增长2.5%左右，工业增加值增长7.8%左右，第三产业增加值增长10.4%左右；一般公共预算总收入增长5.5%左右，一般公共预算收入增长6.5%左右；固定资产投资增长13%左右；实际利用外资增长2%左右，出口增长2%左右；社会消费品零售总额增长11%左右，居民消费价格涨幅控制在3%左右；居民人均可支配收入增长7%左右；完成节能减排任务。

为确保目标任务的完成，康涛强调，要在“稳”的基础上着力于“进”，强化工业支撑，扩大三产贡献，加快经济提速扩量；在转型升级上迈开大步，推动“三大板块”成形成势；在城市建设上加速提档，全面推开环湾区域片区更新、景观塑造、修复修补；在民生领域攻坚补短，抓好防范化解重大风险、精准脱贫、污染防治三大攻坚战，满足人民群众美好生活需要。重点要抓好七个方面工作：一要突出实体为本，建设现代化经济体系；二要突出乡村振兴，加快推进农业农村现代化；三要突出机制创新，全面深化改革开放；四要突出品位品质，提高城市承载力和宜居度；五要突出传承创新，增强泉州文化软实力；六要突出绿色发展，加快建设美丽泉州；七要突出人民主体，不断增进民生福祉。

市十六届人大二次会议举行第二次全体会议

郑新聪作市人大常委会工作报告（图/陈起拓）

市十六届人大二次会议举行第二次全体会议，市人大常委会主任郑新聪作市人大常委会工作报告，市中级人民法院代院长陈明作市中级人民法院工作报告，市检察院检察长高扬捷作市检察院工作报告。

郑新聪在报告中指出，2017年是市十六届人大常委会依法履职的第一年。在中共泉州市委领导下，市人大常委会学习贯彻中共十九大精神，以习近平新时代中国特色社会主义思想为指导，履行宪法和法律赋予的各项职责，围绕大局，勇于担当，精准发力，有效作为，立法、监督、重大事项决定、人事任免等各项工作在历届基础上取得新进展，实现新一届人大工作的良好开局。一年来，召开常委会会议8次，主任会议15次，审议2项、通过1项地方性法规，听取和审议一府两院专项工作报告23项，开展执法检查3次，专题询问1次，综题询问1次，工作评议3次，满意度测评9次，做出重大事项决定决议8项，组织专题调研37次，全面完成市十六届人大一次会议确定的各项工作任务。一年来，市人大常委会的工作成效主要体现在五个方面：一、坚持党的领导，推动人大工作创新有为；二、突出履职重点，促进经济社会持续发展；三、发挥职能作用，推进“法治泉州”深入实施；四、强化服务保障，发挥人大代表主体作用；五、加强自身建设，提高依法履职水平。

围绕开创新时代人大工作新局面，郑新聪表示，要以中共十九大精神为指导，加深对人民代表大会制度宪法地位、本质特征和丰富内涵的理解，从中国政权组织形式认识人大性质，从国家机关组织架构认识人大地位，从党和国家工作大局认识人大作用，以更高境界履行法定职责，以更大气魄推动工作创新，奋力谱写泉州市人大工作新篇章。要立足新时代，体现人大工作新担当；要贯彻新思想，引领人大工作新实践；要围绕新目标，展现人大工作新作为；要开启新征程，激发人大工作新活力。郑新聪强调，2018年，市人大常委会要在中共泉州市委领导下，高举中国特色社会主义伟大旗帜，学习贯彻中共十九大精神，坚持以习近平新时代中国特色社会主义思想为指导，不忘初心，牢记使命，树立“四个意识”，坚定“四个自信”，坚持党的领导、人民当家做主、依法治国有机统一，按照“五位一体”总体布局和“四个全面”战略布局的要求，认真履行宪法和法律赋予的职责，为泉州保持旺盛的“走前列”势头，实现全面建成小康社会目标做出新的贡献。

市政协港澳委员、异地商会委员、特邀嘉宾座谈会召开

市政协港澳委员、异地商会委员、特邀嘉宾座谈会召开。市领导和百余名市政协港澳委员、异地商会委员、特邀嘉宾叙乡情、议发展。委员们围绕企业新生代创新创业、泉州企业与西部地区互利共建、借鉴先进城市经验等建言献策。市委书记、市人大常委会主任郑新聪指出，过去一年，泉州实体根基更加牢固，人民群众有更多获得感、幸福感和安全感。这些成绩的取得，是全市上下凝心聚力、攻坚克难的成果，是海内外乡亲合力共为、一同打拼的成果。新一年，泉州将贯彻落实习近平新时代中国特色社会主义思想，把高质量发展与实现赶超结合起来，按照“转型攻坚、聚力跨越”主线要求，抓好龙头招商、乡村振兴战略等工作。将进一步解放思想，以各位委员、嘉宾的鼓励、意见和建议为鞭策，创造便捷、无障碍的投资营商环境、项目成长环境。希望广大政协港澳委员、异地商会委员、特邀嘉宾一如既往地关心支持家乡发展，加强协商议政；当好桥梁纽带，推动更多招商项目、技术人才、资金集聚泉州，共享发展机遇。

1月6日

农历丁酉年十一月二十
星期六
温度：12℃—14℃
小雨转大雨

●市十六届人大二次会议举行第二次全体会议，郑新聪作市人大常委会工作报告。

●市政协十二届二次会议举行第四次全体会议。12名市政协委员围绕“五个泉州”建设，就弘扬企业家精神、创新驱动、数字经济、制造业智能化、古城保护开发、新型商协会、中医药发展、民办学前教育、讲好泉州故事等方面作大会发言。

●市政协港澳委员、异地商会委员、特邀嘉宾座谈会召开。

●市十六届人大二次会议主席团举行第二次会议，听取各代表团汇报审议政府工作、计划、预算3个报告情况等。

●市十六届人大二次会议主席团举行第三次会议，听取关于市监察委员会主任、市中级人民法院院长、市十六届人大常委会个别委员候选人情况介绍等。

●2017泉州年度汉字“琅琊榜”揭晓仪式在市区星光耀广场举行，“新”字高票当选。

●6—8日，“寻美晋江·振兴乡村”文化名家采风创作活动暨《晋江与汀江的交响》出版座谈会在晋江市举行。

●“文学名家采写安溪劳模故事活动”在安溪县举行。

1月7日

农历丁酉年十一月廿一
星期日
温度：14℃—17℃
中雨

●市政协十二届二次会议在泉州影剧院闭幕。会议听取市政协十二届二次会议提案初审情况的报告，审议通过市政协十二届二次会议决议（草案）。

●市十六届人大二次会议主席团举行第四次会议，听取各代表团汇报审议市人大常委会和市中级人民法院、市检察院三个工作报告情况等。

●十二届市政协常委会第七次会议召开，听取各组召集人汇报各组讨论市政协十二届二次会议决议（草案）情况等。

●中央电视台《新闻联播》栏目以《福建泉州：除陈规陋习倡文明新风》为题，报道泉州市在推进移风易俗工作中涌现的好经验、好做法。

●全市防御暴雨、海上大风、风雪冰冻工作视频会议召开。

●永春县马跳水库工程获省发改委立项批复。

市政协十二届二次会议闭幕

中国人民政治协商会议第十二届泉州市委员会第二次会议在泉州影剧院闭幕。会议听取市政协十二届二次会议提案初审情况的报告，审议通过市政协十二届二次会议决议（草案）。

市政协主席陈灿辉表示，新的一年里，市政协要坚持以习近平新时代中国特色社会主义思想为指导，在中共泉州市委领导下，用好政协协商话语权，服务科学发展。要始终贴近民心，坚持聚民意、解民忧、惠民生，助力补齐民生短板。要广泛凝聚人心，加强与各党派团体的合作共识，为泉州现代化建设凝聚强大合力。要加强自身建设，强化责任担当，提升履职能力。希望广大政协委员要倍加珍惜委员称号，倍加珍惜履职舞台，在政协工作中扎实履职，在本职岗位上建功立业，在界别群众中示范引领，为开创现代化泉州建设新局面而努力奋斗。

市政协十二届二次会议收到提案775件，其中各民主党派、工商联、人民团体和政协专委会提案205件，占26.45%；委员提案570件，占73.55%，参与撰写提案的委员有313人。经过大会提案审查委员会初审后，立案695件，立案率为89.68%。经济建设方面，提出提案161件，占23.17%。主要有建设“中国制造2025”示范市、推动泉州市制造业供给侧改革、培育发展高新技术产业、推动产教融合等方面的意见建议。政治建设方面，提出提案57件，占8.2%。主要有建立纠纷化解机制、加强法律援助工作、构建诚信社会、发展大数据产业、完善人才工作机制等方面的意见建议。社会建设方面，提出提案288件，占41.44%。主要有推进城市双修工作、实施乡村振兴战略、加强电梯安全管理、推动职教集团化发展、创建全国中医药先进市等方面的意见建议。文化建设方面，提出提案158件，占22.73%。主要有：加大传统村落保护力度、建设泉州名人博物馆、发展文化创意产业、优先发展学前教育、设立泉州演艺传承中心等方面的意见建议。在生态文明建设方面，提出提案31件，占4.46%。主要有开展农村小流域综合治理、实施垃圾分类处理、规划建设危险废弃物处置场所、推进快递业绿色包装及回收、提升市区街道绿化带建设水平等方面的意见建议。

市政协十二届二次会议现场（图/陈晓东）

央视报道泉州移风易俗工作经验

是日，中央电视台《新闻联播》栏目以《福建泉州：除陈规陋习倡文明新风》为题，报道泉州市在推进移风易俗工作中涌现的好经验、好做法。央视《新闻联播》报道：福建泉州倡导简办婚丧喜庆事宜，将省下的钱捐给公益事业，社风民风正在好转。在泉州石狮市永宁镇的一个小村子里，一场婚宴正在举行，主人办了二十几桌酒席，而这在过去是不敢想象的。老习俗要改变其实并不容易，村看村、户看户，群众还要看干部。为此，泉州出台具体规定，要求党员干部带头移风易俗。泉州全市所有的乡村全都制定了移风易俗的村规民约，鼓励人们在力所能及的范围内为公益事业出一份力。

12日，中央电视台《焦点访谈》专题报道泉州市及浙江温州、广东潮州等地破解陋习的有力举措，以及呈现的文明新风。2016年，福建泉州、浙江温州、广东潮州被中央文明委确定为移风易俗工作试点城市。一年多来，试点工作成效如何？《焦点访谈》栏目就此进行调查。记者走访泉州市发现：石狮市民在酒店办婚宴不超过25桌；旅居华侨在老家石狮下宅村为儿子办婚宴仅办20多桌，省下10万元捐赠给公益事业；石狮市青年商会制作《嫁妆莫炫》公益宣传片在各大酒店播放，商会会员们从自身做起，不炫嫁妆、从简办理婚宴。两年来，泉州市各地乡贤简办婚丧喜庆活动，将省下来的钱捐赠给公益事业，资金达4.9亿元。

市十六届人大二次会议闭幕

泉州市第十六届人民代表大会第二次会议在泉州影剧院闭幕。会议表决通过关于泉州市人民政府工作报告的决议、关于泉州市2017年国民经济和社会发展计划执行情况及2018年国民经济和社会发展计划的决议、关于泉州市2017年预算执行情况及2018年预算的决议、关于泉州市人民代表大会常务委员会工作报告的决议、关于泉州市中级人民法院工作报告的决议、关于泉州市人民检察院工作报告的决议。会议号召，全市人民团结在以习近平同志为核心的党中央周围，全面贯彻落实中共十九大精神，以习近平新时代中国特色社会主义思想为指导，坚持稳中求进工作总基调，坚持新发展理念，按照高质量发展的要求，主动融入新福建建设大局，在中共泉州市委领导下，突出转型攻坚、聚力跨越主线，深化供给侧结构性改革，推进产业升级、城市建设、改革开放、民生补短，决胜全面建成小康社会，为加快打造“创新、智造、海丝、美丽、幸福”现代化泉州而奋斗。

市委书记、市人大常委会主任郑新聪在闭幕式上发表讲话。郑新聪强调，要积极适应新时代、新使命，保持旺盛的“走前列”势头，开创全市人大工作新局面。要用习近平新时代中国特色社会主义思想武装头脑、指导实践、推动工作，把中央、省委各项决策部署贯彻到现代化泉州建设全过程、各方面。要维护以习近平同志为核心的党中央权威和集中统一领导，更加自觉地在思想上政治上行动上同以习近平同志为核心的党中央保持高度一致，把坚持和加强党的领导贯穿于人大工作全过程。要贯彻以人民为中心的发展思想，发挥人大代表广泛联系群众的优势，畅通社情民意反映和表达渠道，完善议案建议督办机制，督促有关部门持续为民办实事、解难事、做好事，让泉州发展更有“温度”、富民答卷更具“厚度”。要履行好党和人民赋予的神圣职责，围绕市委十二届六次全会确定的各项目标任务和本次人代会的要求，讨论决定泉州市经济、政治、文化、社会建设以及生态文明建设方面的重大事项，监督推动中央、省委和市委重大决策部署贯彻落实，把对“一府两院”、监察委的监督和支持有机结合起来，更好发挥立法对地方经济社会发展的引领和推动作用。要保持真抓实干的奋斗姿态，强化“一线思维”、担当意识，探索有效开展工作的新形式、新途径，提升人大工作制度化、规范化、程序化水平。各级人大代表要加强学习、提高本领，以自身的模范行动影响和带动群众。

相关链接：截至8日，大会秘书处议案组收到代表对各方面工作的建议、批评和意见445件，连同4件议案转为建议，此次会议共收到代表的建议、批评和意见449件。

市十六届人大二次会议现场（图/陈小阳）

市政府第一次全体会议召开

市政府第一次全体会议召开。会议要求，要强化重点攻坚，拿出一批能拿得出手的工作成果。要推进项目建设和招商选资，抓紧谋划未来成片开发和项目落地的主战场。要加快传统、重化、高新技术产业“三大板块”成形成势，紧抓产业龙头、链条和生态圈建设，推进“中国制造2025”、自主创新示范区等国家级试点。要下大功夫修整古城，用大手笔建设新城，下大力气保持房地产市场健康发展，确保城市发展有大作为、大变化、大提升。

1月8日

农历丁酉年十一月廿二
星期一
温度：7℃—15℃
大雨转小雨

●市十六届人大二次会议在泉州影剧院闭幕。会议表决通过关于泉州市人民政府工作报告的决议等。

●市十六届人大二次会议举行第三次全体会议，选举泉州市监察委员会主任、泉州市中级人民法院院长、泉州市第十六届人民代表大会常务委员会个别委员，以及福建省第十三届人民代表大会代表，温惠榕当选泉州市监察委员会主任，陈明当选泉州市中级人民法院院长。

●市十六届人大二次会议主席团举行第五次会议，听取各代表团汇报审议有关决议草案情况。

●市政府第一次全体会议召开，动员各级各部门迅速紧张起来、动起来、干起来，拿出攻城拔寨的势头，战役式推动赶超跨越任务落到实处。

●全市2018年春运工作部署会召开。

●国家科学技术奖励大会在北京召开，华侨大学参与完成的《超高层建筑钢骨高强混凝土结构体系抗震关键技术及其应用》获2017年度国家科学技术进步奖二等奖。

1月9日

农历丁酉年十一月廿三
星期二
温度：9℃—10℃
小雨

●市委召开常委会会议，听取市人大常委会、市政府、市政协、市人民法院、市检察院党组工作汇报。

●9—11日，省“两项督导”暨“教育强区”督导组到鲤城区开展督导评估工作，全面评估鲤城区“两项督导”暨“教育强区”创建工作情况。

●台商投资区公安服务中心进驻台商投资区行政服务中心，成为全省首个县级全警公安服务中心。

●9—10日，由市商务局主办，市电子商务中心、市跨境电商协会协办的第三期泉州市跨境电商培训举行。

●经泉州检验检疫局检验检疫合格，1批0.37吨、货值1700美元的台湾食用活南美白对虾从泉州石井口岸登陆，此系泉州口岸首次从台湾购买食用活虾。

●9—10日，全省首届特殊教育感觉统合教学研讨会在泉港区举办。

市委常委会会议听取五个党组工作汇报

市委召开常委会会议，听取市人大常委会、市政府、市政协、市法院、市检察院党组工作汇报；学习习近平关于推进“四好农村路”建设的批示精神和《中国共产党党务公开条例（试行）》，研究贯彻落实的具体意见；学习《福建省进一步贯彻落实中央八项规定精神实施办法》，研究《泉州市进一步贯彻落实中央八项规定精神实施办法》。

会议指出，过去一年，5个党组以党建项目化管理为抓手，抓牢、抓实主体责任，推动管党治党步步深入、各领域工作取得新成效。各党组要以中共十九大精神为指引，贯彻习近平新时代中国特色社会主义思想，抓紧抓牢管党治党第一责任，坚定不移推进全面从严治党。要毫不动摇坚持和改善党的领导，把握党组把方向、管大局、保落实的职责作用，维护习近平在党中央和全党的核心地位，维护党中央权威和集中统一领导，把党的领导贯穿于履职尽责全过程、各方面。要抓好全面从严治党重点任务，推进“两学一做”学习教育常态化制度化和“不忘初心、牢记使命”主题教育，严格执行新形势下党内政治生活若干准则，锲而不舍抓好作风和纪律建设。要合力共为推进转型攻坚、聚力跨越，在贯彻党委重要决策部署上聚焦发力，推动党员干部把思想和行动统一到中共十九大各项战略目标上。

全省首个县级全警公安服务中心在泉州台商投资区成立

台商投资区公安服务中心进驻台商投资区行政服务中心，成为全省首个县级全警公安服务中心。台商投资区公安服务中心共两层，一层设等候区、填表区、自助受理区、窗口受理区和办公区，二层设公安询问室、档案室、会议室和机房。中心设有7个受理窗口，涵盖治安、禁毒、网安、交警、出入境等75个行政审核审批项目，在全省率先将所有的公安行政服务项目进驻政府行政服务中心。服务中心实行“朝九晚五、周末轮休”的办事服务制度，提供“一站式”服务。中心内还设有自助一体机，主要可用于卡式港澳台通行证的签证业务。申请人只要把卡插进机台，根据操作提醒，就可实现3分钟出证，省时又便捷，为群众办事提供更高效的服务。

第三期泉州市跨境电商培训举行

9—10日，由市商务局主办，市电子商务中心、市跨境电商协会协办的第三期泉州市跨境电商培训举行。全市13个县（市、区）的100名从业者参加培训。培训邀请具有多年跨境贸易从业经验的老师授课。课程包括账号新规、产品发布、站内营销、平台营销、SEO规则、付费推广，以及数据分析、客服管理、等级评价、美工摄影、物流仓储、站外营销等。课程针对性、实操性强，几乎涵盖速卖通运营管理的方方面面。培训授课老师洛辰曾于某产业带天猫服装旗舰店单店策划聚划算，日出单12万票，全类目排第二。

台湾食用活虾首次登陆泉州口岸

经泉州检验检疫局检验检疫合格，1批0.37吨、货值1700美元的台湾食用活南美白对虾从泉州石井口岸登陆，此系泉州口岸首次从台湾购买食用活虾。南美白对虾又称凡纳滨对虾，壳薄体肥，肉质鲜美，含肉率高，营养丰富，可烹制多种佳肴及制作多种休闲、风味食品，是世界上三大养殖对虾中单产量最高的虾种。台湾于1985年起引进南美白对虾，并开始繁育养殖，养殖技术成熟，产品具有品相好、质量优的特点。此次通过渔船搭载水箱从高雄经金门以对台小额贸易方式登陆，具有靠泊不受潮水限制、运输更为便捷等特点，可最大限度保持南美白对虾的活力，并将成本降低20%—30%。针对活鲜水产对通关速度的要求较高等特点，同时为防止外来动物疫情疫病的传入，确保餐桌安全，泉州检验检疫局提前介入，在开展安全质量风险分析基础上，专门设立绿色通道，联合泉州海关实行“一站式”查验等通关便利措施，快验快放，确保及时将鲜美的南美白对虾送上千家万户的餐桌。

泉州21名学生入选福建省首届“最美学生”

省教育厅公布福建省首届100名“最美学生”名单，其中小学生40名、中学生40名、大学生20名，泉州有21名学生入选。2017年4月，省教育厅首次在全省范围内开展寻访身边“最美学生”活动，旨在挖掘和宣传学生先进典型，在学生中树立正确的世界观、人生观、价值观。泉州市被评为福建省首届“最美学生”的21名学生包括小学生11名：泉州市盲聋哑学校的王铭鑫、惠安县实验小学的张婧滢、泉州市第二中心小学的林雨禾、泉州市晋光小学的黄子萱、安溪县实验小学的王伯铭、泉州台商投资区锦溪小学的黄佳慧、晋江市第二实验小学的许沣恺、泉州市第二实验小学的赖思宏、石狮市实验中学附属小学的林逸霏、泉州市实验小学的赵正昆和南安市向阳中心小学的林雨涵；中学生7名：泉港区惠华中学的林燕琴、泉州实验中学的李蔓馨、泉州第五中学的吴雯馨、石狮市石光中学的杨舒薇、泉州华侨职业中专学校的张杜苹、泉州培元中学的黄婉红、永春华侨中学的苏梦麟；大学生3名：泉州医学高等专科学校的林亚娟、黎明职业大学的孙瑾莲和泉州经贸职业技术学院的黄梦迪。

全市各地举行“110宣传日”主题活动

全国第32个“110宣传日”，2018年的主题是“110，守护新时代美好生活”，全市各地公安机关开展形式多样的主题活动，向群众宣传110报警常识。由泉州市公安局主办，泉州市公安局丰泽分局、丰泽区综治办承办的“110，守护新时代美好生活”大型广场宣传活动暨丰泽公安分局“群众心中的好民警”颁奖典礼在泉州商城广场举行。参加活动的全体人员观看丰泽公安分局工作汇报片《守护者》。《泉州“110头条寻人”视频展示》则为大家再现泉州市公安局利用“110头条寻人”平台所取得的工作成效。随后，丰泽公安分局举行巡特战术和搏击操综合演练。此外，鲤城公安分局开展形式多样的主题宣传和便民活动，并向群众介绍防盗、防骗、防火、防毒等相关安全知识；泉港公安分局举行警营开放日活动；晋江召开第十二次见义勇为表彰大会，授予3人“晋江市见义勇为模范”称号、5人“晋江市见义勇为先进个人”称号；南安市公安局在指挥中心接处警大厅举行350兆数字集群系统启动仪式。

“110，守护新时代美好生活”大型广场宣传活动现场（图/许文明）

泉州颁出首张小餐饮登记证

鲤城区江南街道办事处颁出全市首张小餐饮登记证。市食品药品监督管理局相关负责人表示，小餐饮登记证可视为食品经营许可证的“预备证”，取得小餐饮登记证的经营者，通过改造提升，最终可实现食品经营许可。在鲤城区江南街道明光社区经营一家面线糊店的市民王海珍拿到了全市首张小餐饮登记证。想要取得小餐饮登记证，需要小餐馆、小吃店、小饮品店等餐饮服务提供者有固定店铺，面积在50平方米以下，符合餐饮服务即时制作、即时消费的基本特征，从业人员较少，规模较小，经营条件简单，虽未达到食品经营许可条件要求，但是经营的食品符合食品安全卫生要求。小餐饮登记证有效期为2年，到期可申请办理延续。值得一提的是，取得小餐饮登记证的商家只能销售在店内制售的热食，想要上外卖平台，商家必须进行提升，改造经营条件，加大设施设备投入，提高食品安全管理水平，取得食品经营许可证。

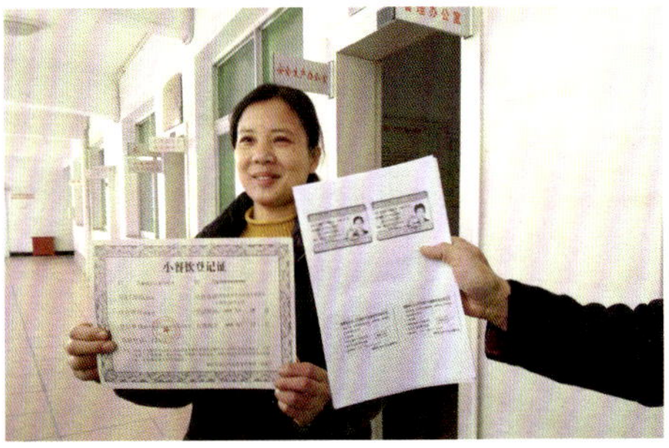

全市首张小餐饮登记证（图/陈云青　陈　翔）

1月10日

农历丁酉年十一月廿四
星期三
温度：6℃—14℃
多云转晴

●市十六届人大常委会第九次会议召开，审议并表决通过有关人事任免。

●市十六届人大常委会第十六次主任会议召开，讨论有关人事任免事项，提出第十七次主任会议的建议议题，初定市十六届人大常委会第十次会议的召开时间和建议议程。

●市政协召开党组会议，传达学习《中国共产党党务公开条例（试行）》和市委常委会听取五个党组工作汇报会议精神。

●10—12日，“发现泉州”城市形象全媒体推广联合采访活动在泉州举行。

●全国第32个“110宣传日”，全市各地公安机关开展形式多样的主题活动，向群众宣传“110”报警常识。

●鲤城区江南街道办事处颁出全市首张小餐饮登记证。

●邯郸市博物馆馆藏磁州窑瓷器展在中国闽台缘博物馆开幕。

1月11日

农历丁酉年十一月廿五
星期四
温度：5℃—12℃
晴

●泉州市监察委员会挂牌成立，标志泉州市监察体制改革试点工作完成前期筹备、人员转隶、机构组建等工作任务，进入制度建设、业务运行的关键节点。

●由市委党校、市方志委、市社科联主办的学习贯彻中共十九大精神暨第十届泉州市情论坛在市委党校举办。

●11—13日，金门自大陆引水（输水管）工程入海管最后一个管道接头熔接完毕，随后进行金门自大陆引水（输水管）工程联合通水洗管水压试验。经过试验，结果符合设计及规范要求，标志整条输水管线已全线贯通。

●由中国房地产业协会指导，中国房地产业协会人居环境委员会和晋江市住房和城乡建设局主办的第九届中国人居环境高峰论坛在晋江市举办。

●泉州大开元寺“温暖2018”新春公益慰问活动启动。

●石狮纺织服装产业联盟联合厦门建发通商有限公司筹建的建发外贸泉州办事处在石狮市揭牌。

●由司法部、新华社、中央电视台主办的“守望初心——新时代最美法律服务人”揭晓仪式在北京举行，永春县五里街镇专职调解员、县医调委主任陈耀辉获“最美人民调解员”称号。

泉州市监察委员会挂牌成立

泉州市监察委员会挂牌成立，标志泉州市监察体制改革试点工作完成前期筹备、人员转隶、机构组建等工作任务，进入制度建设、业务运行的关键节点。市委书记、市深化监察体制改革试点工作小组组长郑新聪和市纪委书记、市监委主任温惠榕为泉州市监察委员会揭牌。揭牌当天，泉州市召开市纪委、监委机关全体干部大会，通报市监察委员会组建和班子组成情况，对深化监察体制改革试点工作进行再动员再部署。会上，郑新聪指出，全市各级各相关部门要提升政治站位，以习近平新时代中国特色社会主义思想为指导，学习贯彻中共十九大精神，按照中央纪委书记赵乐际到福建调研讲话要求，推进监察体制改革试点工作。要全面深度融合，加快构建衔接有序、监督有力、制衡有效的工作机制，保持正风反腐力度不减、标准不降、节奏不变，确保形成反腐败斗争的强大战斗力。市监察委员会成立后，市纪委、市监委合署办公，实行一套工作机构、两个机关名称。

第十届市情论坛举办

由市委党校、市方志委、市社科联主办的学习贯彻中共十九大精神暨第十届泉州市情论坛在市委党校举办。省委党校行政学院科研与决策咨询处处长刘瑛华教授作“学习宣传中共十九大精神用学术讲政治”专题辅导。2017年度市情研究课题组代表分别作“全面两孩政策背景下提升我市公共服务水平研究”“泉州、福州经济发展比较分析与我市的对策建议”“做优城市民宿,打造鲤城旅游新支点”“关于妥善处置企业信贷风险有效防控化解金融风险的实践与思考”的主题交流。与会领导专家对参评论文分别作点评。

第十届市情论坛现场（图/综合科）

晋江金门供水工程全线贯通

11—13日，金门自晋江引水（输水管）工程入海管最后一个管道接头熔接完毕，随后进行金门自晋江引水（输水管）工程联合通水洗管水压试验。经过试验，结果符合设计及规范要求，标志整条输水管线已全线贯通，具备通水条件。金门供水工程设计流量为3.4万立方米/日，输水线路总长27.73千米。其中，晋江负责投资建设晋江龙湖取水泵站及陆地管道部分，总长11.68千米，2015年10月12日开工，于2016年10月底完成陆地管道的铺设；金门方负责投资建设海底管道工程，总长16.052千米，2016年6月24日开工，于2017年11月底完成海底管道的铺设。

永春县陈耀辉获全国“最美人民调解员”称号

由司法部、新华社、中央电视台主办的“守望初心——新时代最美法律服务人”揭晓仪式在北京举行，永春县五里街镇专职调解员、县医调委主任陈耀辉获“最美人民调解员”称号。陈耀辉从1982年开始在农村基层从事人民调解工作，是出了名的“金牌调解员”。他始终不忘调解初心，坚持群众无小事、件件挂心上，组织参与调解处理各种矛盾纠纷1300多起，其中疑难纠纷180多起，防止“民转刑”案件80多起，避免20多起重大恶性案件和群体事件发生，为集体和个人挽回或避免经济损失1000余万元。2017年5月，陈耀辉被司法部评为“全国模范人民调解员”，10月获省第二届“十大法治人物”提名奖。

市委、市政府向老干部通报2017年度工作

泉州市老干部2017年度工作通报会在泉州影剧院举行，通报2017年市委、市政府工作情况。市委书记郑新聪指出，过去一年，泉州学习贯彻习近平新时代中国特色社会主义思想，抓牢学习宣传贯彻中共十九大精神首要政治任务，推动全面从严治党落细落小落到实处；推进产业转型升级，集智聚力办好一批重大专项并乘势提升城市形象品质，打好脱贫攻坚战，加快社会事业发展补民生短板，经济社会各项事业取得新进步。新一年，泉州将扛起经济大市的应尽之责，把高质量发展与实现赶超有机结合起来，以冲刺的状态迅速拉开架势，确保全年完成GDP增长8.7%以上一揽子目标，为新福建建设和赶超跨越大局做出更大贡献。郑新聪表示，泉州将贯彻习近平关于做好老干部工作的指示精神，用心用情用力做好各项服务保障。希望大家继续发挥优势，一如既往地见证、参与、助力泉州改革发展。

第一季度防范重特大生产安全事故视频会召开

全省安全生产工作暨省政府第一季度防范重特大生产安全事故视频会议后，泉州市随即召开全市视频会议，就贯彻落实全省会议精神，抓好年终岁首及全年安全生产工作作具体部署。会议强调，各级各部门要以全省第三阶段安全生产大检查为抓手，加强道路交通、消防安全、烟花爆竹、建筑施工、大型活动等重点领域安全管控，消除隐患，严防事故发生。要做好应急值守，加强对节日期间停产、节后复产企业的安全监管监察，做好安全生产工作。针对全年安全生产工作，会议要求，要加快推进安全生产领域改革发展，特别是2018年必须完成的51项重点工作，各级各部门要按进度要求抓好落实。要推动双重预防控制机制建设，建立完善安全风险分级管控机制和隐患排查治理机制，扩大纳入智慧安监信息管理平台的企业范围、数量。

泉州市六人获省见义勇为模范表彰大会表彰

福建省第二十四次见义勇为英雄模范表彰大会在福州召开。大会表彰全省见义勇为模范（群体）和先进个人（群体）共34人，为受表彰的模范和先进个人颁发奖励金292万元。泉州市的何伟、李辉达被省政府授予“福建省见义勇为模范”称号，分获奖金10万元；倪胡铭、周宜丰、李国涛、张全被省见义勇为人员奖励和保护工作委员会授予“福建省见义勇为先进个人”称号，分获奖金8万元。多年来，泉州市见义勇为协会积极开展扶贫救助、评烈评残、安居工程、助学创业、医疗救助、法律援助等工作。据统计，自2013年至2017年4月，全市受市级以上表彰的379名见义勇为人员及牺牲人员家庭，获全国、省、市三级见义勇为基金会（协会）及市、县（区）两级政府发给的抚恤金、伤残补助金、奖金等达1600余万元，人均4.22万元。其中，4人获全国表彰奖励金25万元；27人被评定因公伤残，三年领到伤残抚恤金170万元；省见义勇为基金会为泉州勇士发放慰问金及助学金258.7万元；渔业部门补助见义勇为船只损失30万元；市见义勇为协会发放慰问金及助学金68.4万元；各级基金会（协会）及地方政府用于安居工程款248.2万元、奖金206.2万元、补助金64万元、牺牲人员抚恤金407万元。

“发现泉州”城市形象全媒体推广采访活动举行

10—12日，“发现泉州”城市形象全媒体推广联合采访活动在泉州举行。全国40多家媒体近70名记者走访泉州多个县（市、区），进行泉州城市形象的推广宣传。采访团主要由中国国际广播电台以《全景中国》为平台的国内合作媒体组成。《全景中国》自1995年开播，累计播出9000多期节目，是中国唯一全球覆盖、国内与海外同步播出的广播节目，不仅全方位、多角度、客观真实地向世界展示中国的文明和发展，更成为海外受众了解中国的一个重要窗口。

1月12日

农历丁酉年十一月廿六
星期五
温度：5℃—11℃
晴转多云

●中央电视台《焦点访谈》专题报道泉州市及浙江温州、广东潮州等地破解陋习的有力举措，以及呈现的文明新风。

●老干部2017年度工作通报会在泉州影剧院举行，通报2017年市委、市政府工作情况。

●全省安全生产工作暨省政府第一季度防范重特大生产安全事故视频会议后，泉州市随即召开全市视频会议，就贯彻落实全省会议精神，抓好年终岁首及全年安全生产工作作具体部署。

●福建省第二十四次见义勇为英雄模范表彰大会在福州召开。泉州市的何伟、李辉达被省政府授予“福建省见义勇为模范”称号，分获奖金10万元；倪胡铭、周宜丰、李国涛、张全被省见义勇为人员奖励和保护工作委员会授予“福建省见义勇为先进个人”称号，分获奖金8万元。

●“畅享山海 乐动八闽”体育产业项目洽谈推介活动在晋江市举行。

●12—14日，由丰泽区政府、泉州晚报社、泉州市婚庆行业协会主办的丰泽区第四届婚博会在市区中骏世界城举行。

1月13日

农历丁酉年十一月廿七
星期六
温度：6℃—12℃
多云

●13—14日，由省教育厅和省语委主办的，以“宣传十九大 共筑中国梦”为主题的全省经典诵读比赛在泉州师范学院等地举行。

●泉州“海丝文化游”征文大赛颁奖典礼在泉港区北大培文外国语学校举行。

●由泉州晚报社、丰泽区文体旅游新闻出版局主办，泉州市餐饮行业协会、泉州名厨协会、东南早报承办的“泉州餐饮名店”评选活动颁奖仪式在市区星光耀广场举行。

●13—20日，“案上林泉——泉州盆景·赏石·书画迎春展”在泉州华侨历史博物馆举行。

●作为晋江市政府主办的“海丝农业 振兴乡村”活动月的重要内容，一场名为“那些年，我们一起玩过的游戏”的活动在晋江市五店市传统街区、安海镇下山后村、磁灶镇洋宅村同步举行，300多个亲子家庭共1000多人参加活动。

●“海丝‘艺’行、与‘石’俱进沙龙活动——惠安雕艺与中国工艺的对话”在惠安县雕艺博物馆举行。

泉州“海丝文化游”征文大赛颁奖

泉州“海丝文化游”征文大赛颁奖典礼在泉港区北大培文外国语学校举行，同时还举行北大培文外国语学校和晋江中小学生示范性综合实践基地的“海丝文化游学” 基地授牌仪式。至此，泉州市已有11个“海丝文化游学”基地，已吸引1万多名学生参与，其中大部分来自新加坡、马来西亚、菲律宾等“海丝”沿线国家和中国港澳台地区。此次征文比赛围绕“海丝文化游”主题，以通过线上“海丝文化游学”大型专题网站浏览内容，和线下走进泉州海丝文化游学基地及与海丝有关的城市古迹等，鼓励学生利用各种“海丝”题材，书写青少年爱国、爱家、爱故土的“海丝文化”情怀。

“泉州餐饮名店”榜单出炉

由泉州晚报社、丰泽区文体旅游新闻出版局主办，泉州市餐饮行业协会、泉州名厨协会、东南早报承办的“泉州餐饮名店”评选活动颁奖仪式在市区星光耀广场举行。此次活动共有100多家餐饮企业报名参与。经过初筛、市民推荐、名师考察品鉴等环节；组委会筛选出60家入围餐厅参与公众投票。为确保投票的真实性，此次投票开创性地使用防刷票技术，最大限度杜绝刷票，但丝毫不影响本次活动的关注度，在短短5天时间，投票页面就突破60万人次的阅读量，创造了泉州市历年来餐饮活动的投票记录。依据商家票数高低，组委会将参与商家进行初步排名及分类，按不同餐饮类别分成五大类（星级酒店、品牌酒楼、特色餐饮、主题餐饮、风味小吃），采用公众投票（占50%）和评委投票（占50%）加权计算的方式，产生最终获奖结果。共有38家优秀餐厅获评“泉州餐饮名店”。

“泉州餐饮名店”评选活动颁奖仪式（图/泉州晚报社）

相关链接：“泉州餐饮名店”获奖名单：一、星级酒店：丰泽大酒店、湖美大酒店、鲤城大酒店、大华酒店、泉州酒店、滨海大酒店；二、品牌酒楼：悦来酒家、鲤景湾大酒楼、老钱饭店、榕树下金典大酒楼、东南半岛酒店、南安湖美饭店、惠安海景渔村、南安名流大酒店；三、特色餐饮：五福农家菜馆、清源山云顶美食、洪濑聚友农家乐、安溪阆山美食园、南安山城美食楼、尾呀荟创意闽菜餐厅、印象高原羊排火锅、虎邱渔米之香美食楼；四、主题餐饮：码头宴遇音乐餐厅、宴遇江南餐厅、海悦港式茶餐厅、醉·后来音乐餐厅、赣湘楼、食锦记、养艺轩禅食餐厅、笨店时尚餐厅；五、风味小吃：今口福洪濑酸菜面、侣鹅国百年老卤、黄祥发牛排美食、惠安郑典地瓜粉团、牛肉俺、许记牛肉馆、蓝氏钟楼肉粽、老才鸡腿；六、最佳人气餐厅：（公众投票前5名）悦来酒家、丰泽大酒店、湖美大酒店、鲤景湾大酒楼、大华酒店。

泉州盆景·赏石·书画迎春展举行

13—20日，“案上林泉——泉州盆景·赏石·书画迎春展”在泉州华侨历史博物馆举行，清朝流传至今的泉州盆景“皇后”——榕树盆景《凤舞》与一批在全国盆景·赏石大赛摘金夺银的盆景精品一道参展。展览甄选泉州盆景艺术家作品、赏石收藏家藏品和书画作品近200件，其中不乏在国内外大赛中屡获奖项的精品，如《凤舞》《“缘”年益寿》《曲径通幽》等。其中，《凤舞》以榕树为素材，顺势而造，整体典雅大方，欹斜诘屈，飘逸飞舞。它已走过数百年岁月，历经多代人创作养护，被誉为泉州盆景的“活古董”，有盆景“皇后”之美誉。

泉州盆景·赏石·书画迎春展现场（图/陈智勇）

全市统一战线“同心工程”捐赠工作总结会召开

全市统一战线“同心工程”捐赠工作总结会召开。会上为捐赠泉州市第一医院病房大楼“同心楼”等社会公益项目建设做出重要贡献的个人或单位颁授证书。会议指出，市委、市政府作出补齐民生短板的部署后，市委统战部积极响应，谋划提出筹集1亿元支持泉州市第一医院病房大楼“同心楼”等项目建设，牵头发动港澳台海外人士、非公经济人士、民族宗教界人士、民主党派人士等踊跃参与。统一战线成员高度认同，自愿捐资，慷慨解囊，短短几个月，捐资数额超1.6亿元。会议要求，全市统一战线成员要以中共十九大精神为指引，在市委领导下，弘扬爱国爱乡、乐善好施的精神，为泉州人民多办好事、办实事；要不忘初心、牢记使命，发挥统一战线人才荟萃、智力密集、联系广泛的优势，把有意义的工作干成有意思的事业。

相关链接：“同心楼”已全面开工建设，预计2019年年底前建成投用，新增床位700张。“同心楼”落成后，大楼前广场将设立“同心之露”主题雕塑，寓意“一滴甘泉，润泽泉城；三朵刺桐，众志同心；露珠晶莹，生命不息”。在“同心工程”捐赠过程中慷慨解囊的捐赠者名字，也将被镌刻在雕塑基座上。而此次筹集到的资金，还将用于支持福建医科大学附属第二医院、县（市、区）乡镇或街道卫生院妇产科等医疗教育公益事业建设。

安踏公司入选国家体育产业示范单位

2018年全国体育产业发展大会在厦门召开，国家体育总局为新一批国家体育产业基地代表授牌。安踏（中国）有限公司入选国家体育产业示范单位。国家体育产业基地的创建与命名是国家体育总局在全国范围内推动体育产业发展的一项重要工作。2006年以来，经过10余年的培育，国家体育产业基地的发展已初具规模。2017年，经过全国各省级体育部门的初审推荐和体育总局的评审，新一批11个国家体育产业示范基地、22家国家体育产业示范单位和16个国家体育产业示范项目加入“体育产业国家队”。

省文化志愿者协会第一届会员代表大会在泉州召开

福建省文化志愿者协会第一届会员代表大会在泉州召开，会上该协会与泉州提线木偶戏、水密隔舱福船制造技艺、永春纸织画等三项国家级非物质文化遗产代表性项目签订协议，助力这些“非遗”项目传承发展。协会会长表示，协会将加大力度促进“非遗”传承，将优秀的项目纳入大学生创业库，推动“非遗”项目的传承推广，并以志愿者的心态，发展协会的力量助力项目的运营和推广。

相关链接：福建省文化志愿者协会自2016年10月成立以来，围绕“保护文化传承、弘扬传统文化”组织和参与一系列文化活动，为加强福建省公共文化服务体系建设，保障人民群众的基本文化权益，满足人民群众日益增长的基本文化需求，发挥公共文化服务志愿者服务社会、服务大众的作用，促进文化志愿者组织的建设发展。

石狮青商会发起成立华裔青商组织联席会

由石狮青商会联合菲律宾中华总商会青商委员会、越南福建商会、印尼·中国（泉州）总商会等华裔青商组织共同发起的华裔青商组织联席会成立。华裔青商组织联席会的宗旨为搭建华裔青商抱团发展、学习提升、互联互通、交流合作的平台，每届联席会将在联席机构所在地轮值举办4—6次华裔青商合作峰会。合作峰会主要搭建两个平台，一是搭建华裔青商抱团发展的平台，开展项目推介、项目对接、合作交流等活动。二是搭建华裔青商抱团学习的平台，开展智慧分享、头脑风暴、实战学习等活动。石狮青商会会长表示，希望有更多“一带一路”沿线国家的华裔青商加入联席会，共同探索发展，在世界版图中建立新的对接平台。菲律宾中华总商会青商委员会主席表示，联席会的设立可让更多的企业家特别是青年企业家了解各个国家的经商环境和经济环境，进行商业交流互动。

1月14日

农历丁酉年十一月廿八
星期日
温度：10℃—16℃
多云

●全市统一战线“同心工程”捐赠工作总结会召开。会上为捐赠泉州市第一医院病房大楼“同心楼”等社会公益项目建设做出重要贡献的个人或单位颁授证书。

●2018年全国体育产业发展大会在厦门召开，国家体育总局为新一批国家体育产业基地代表授牌。安踏（中国）有限公司入选国家体育产业示范单位。

●福建省文化志愿者协会第一届会员代表大会在泉州召开，会上该协会与泉州提线木偶戏、水密隔舱福船制造技艺、永春纸织画等三项国家级非物质文化遗产代表性项目签订协议，助力这些“非遗”项目传承发展。

●由石狮青商会联合菲律宾中华总商会青商委员会、越南福建商会、印尼·中国（泉州）总商会等华裔青商组织共同发起的华裔青商组织联席会成立。

1月15日

农历丁酉年十一月廿九
星期一
温度：13℃—19℃
多云

●市全面深化改革领导小组2018年第二次会议召开，学习贯彻中央深改领导小组第一次会议、省深改专项工作小组联络员会议精神，总结2017年各领域改革成效，研究部署2018年改革工作。

●郑新聪到市信访局接访，协调解决群众遇到的难题。

●省“旅游+”质量评定委员会公布8家首批“福建标志性文化旅游场馆”名单，泉州市有2家单位入选，分别为中国闽台缘博物馆和德化县陶瓷博物馆。

●华侨大学文学院团委联合泉州本土童装企业，将价值65万元的1334件棉衣捐赠给贵州贫困山区，受赠对象为贵州省铜仁市万山区鱼塘乡黑岩小学、团山小学、江屯小学、高峰小学、云岩小学五所小学的1100余名学生和高峰村200余名留守儿童。

●安溪县全面推行“山长制”。

市全面深化改革领导小组2018年第二次会议召开

市全面深化改革领导小组2018年第二次会议召开，学习贯彻中央深改领导小组第一次会议、省深改专项工作小组联络员会议精神，总结2017年各领域改革成效，研究部署2018年改革工作。

会议要求，要重点突破、带动全局，巩固扩大改革成果。聚焦以人为本、底线思维，坚持以人民为中心的改革价值取向，从群众最期盼的“关键小事”改起，全面推进扶贫、教育、卫生、文化等各领域改革。聚焦发展所需、问题所向，围绕现代产业体系构建、金融服务实体经济、国企整合重组优化等，深化各项改革举措。聚焦自我革命、活力激发，在构建一流营商环境、深化“放管服”改革、健全监督体系、完善正向激励上争取更大突破。聚焦示范推广、深度应用，在福厦泉国家自主创新示范区、“中国制造2025”城市试点示范、“海丝”先行区、生态文明试验区等重大改革试点上多创典型经验。要压紧压实主体责任，用好督察“利器”，统筹配强工作力量，一以贯之狠抓改革落地见效。

会议指出，要回顾总结泉州改革开放40年的成绩单，梳理提炼近年来泉州市改革的特色和亮点，争取继续在全国全省走前列、作示范。要推进2018年重点领域改革。围绕构建现代产业体系，深化供给侧结构性改革，加快完善制造业供给体系，创新现代服务业发展举措，促进新旧动能转化。围绕开展生态修复、城市修补，推进新型城镇化改革，创新城市规划建设管理机制，提升新型城镇化质量。围绕“满足人民日益增长的美好生活需要”，突出民生领域改革，注重从体制机制入手，决胜全面建成小康社会。

郑新聪到市信访局接访

市委书记郑新聪到市信访局接访，协调解决群众遇到的难题。郑新聪强调，要树立以人民为中心的发展思想，重视基层初信初访办理，避免群众层层跑，节省信访成本。要高度关注岁末年初欠薪等各类矛盾纠纷，密切掌握动态，主动上门，及时就地有效解决群众合理合法诉求，维护良好的信访秩序。

泉州2家博物馆入选首批“福建标志性文化旅游场馆”

省“旅游+”质量评定委员会公布8家首批“福建标志性文化旅游场馆”名单，泉州市有2家单位入选，分别为中国闽台缘博物馆和德化县陶瓷博物馆。中国闽台缘博物馆是国家一级博物馆，是反映祖国大陆与宝岛台湾历史关系的国家级专题博物馆。博物馆集收藏、展示、研究、交流和服务等功能为一体，是研究大陆与台湾关系史特别是闽台关系史的重要学术机构。德化县陶瓷博物馆是泉州弘扬陶瓷文化、展现精湛的陶瓷工艺和悠久的陶瓷历史的一个重要窗口。该馆位于唐寨山森林公园内，毗邻陶瓷学院，为框架结构两层仿古建筑，内设6个展厅及学术报告厅、陶吧、资料室、库房、监控室等。

中国闽台缘博物馆（图/吴寿民）

安溪县全面推行“山长制”

为呼应国家生态文明试验区建设，推动生态文明建设上新水平，动员安溪全县各乡镇、县直相关单位共同推动山长制工作的全面实施，安溪县委、县政府在感德镇举行安溪县全面推行山长制工作现场会。2017年年初，感德镇借鉴“河长制”的经验做法，在全省率先试行“山长制”。通过配套出台一系列政策措施，感德镇在35座茶山试点“山长制”。各级山长分工明确，实行精细管理，督促抓好植树造林、水土保持，以及茶园补植套种、茶树留高、梯壁留草等生态治理修复各项工作，打击各类破坏森林资源、茶山生态的违法行为，取得一定成效。

市委常委会会议学习贯彻习近平讲话和省委常委会精神

市委常委会召开会议，学习贯彻习近平“1·5”讲话和省委常委会会议精神，研究泉州市初步贯彻意见。会议指出，全市各级党组织、党员干部要把学习贯彻“1·5”讲话精神与学习贯彻中共十九大精神有机结合起来，真正学懂弄通做实，在思想上政治上行动上同以习近平同志为核心的党中央保持高度一致。要把握三个“一以贯之”的重要内涵，一是一以贯之坚持和发展中国特色社会主义，做好新时代的答卷人。二是一以贯之推进党的建设新的伟大工程，落实新时代党的建设总要求。三是一以贯之增强忧患意识、防范风险挑战，树立底线思维，维护政治安定、社会稳定和人民群众生命财产安全。会议要求，各级党组织要全面组织学习贯彻，组织专题学习。组织部门和党校、行政学院要把讲话作为干部教育培训重要内容，宣传部门要组织力量到基层一线宣讲解读，党员领导干部要先学一步、学深一层，在学习贯彻上当表率、作示范。

泉州市出台交易场所监管新规

为加强交易场所监督管理，防范和化解金融风险，保护投资者合法权益，促进交易场所规范、健康发展，市政府出台《泉州市交易场所监督管理规定》，在2015年出台的《泉州市交易场所监督管理暂行规定》的基础上，结合交易场所日常管理以及清理整顿的工作经验，加强对交易场所的监督管理，防范和化解风险、保护投资者权益，促进交易场所健康发展。

在过去三年中，国内交易场所的行业形势发生较大变化，特别是由于大宗商品交易场所出现较多的风险事件，投资者非正常性亏损的情况频发，对社会安定稳定造成不良影响，引起国家、省、市级监管部门的高度重视，重拳整治违规经营的交易场所，防范化解工作取得阶段性成果。为更好地规范交易场所市场秩序，维护社会稳定，新规进一步规范和健全交易场所的设立条件和监管机制，加大对违规经营的惩罚力度。业内人士表示，泉州市此次对交易场所监督管理规定的修改，是主动适应行业形势变化的表现，有利于规范交易场所市场秩序，保护投资者的合法权益，促进交易市场有序、完全、稳定、健康发展，有利于促进大宗商品交易市场更好地服务于实体经济。

泉州经贸推介会在香港举行

由市商务局、香港贸发局主办的2018年泉州经贸推介会在香港会议展览中心举行。推介会集主题推介、品牌展示、经贸交流为一体。泉州市组织27家企业参展，吸引欧美商会、企业、海内外客商及新闻媒体等近150人参加。活动向与会人员介绍泉州市经济社会发展情况、投资环境及招商引资的方向，并希望通过这个平台吸引更多海内外客商到泉州投资兴业、深化合作。会上还举办时装展示和产品发布。

第七批市级文化产业示范基地授牌

泉州市文化产业示范基地工作会议暨第七批市级文化产业示范基地授牌会召开，会上为新增的18家市级文化产业示范基地授牌。会议指出，各县（市、区）文化部门要认识新时代加快文化产业发展的重大意义，把握泉州文化产业发展态势，开发建设一批文化产业平台，打造“落地版”中国传统文化产品集散地，促进文化产业集聚发展。泉州市将进一步加大力度，实施项目带动，突出大项目引领，培育文化领军企业，树立文化精品意识，抓住文化产业发展“牛鼻子”；突出创新融合，以“文化+”为引领，推进文化与科技、制造、设计、旅游等产业的融合，提高文化产业带动能力；强化改革创新，深化文化领域现代企业制度、投融资体制机制等方面的改革，增强文化产业发展活力；强化要素保障，加强组织领导、政策支持、人才保障和督查考核，形成文化产业发展合力。

1月16日

农历丁酉年十一月三十
星期二
温度：13℃—20℃
阴转多云

●市委常委会召开会议，学习贯彻习近平“1·5”讲话和省委常委会会议精神，研究泉州市初步贯彻意见。

●市全面深化改革领导小组会议召开，审议并原则通过《关于深化集体林权制度改革加快生态文明建设的实施意见》和《关于加快深化市属国有企业改革的实施意见》。

●16—17日，泉州市妇女第十四次代表大会在泉州影剧院召开。

●市人大常委会召开党组（扩大）会议，传达学习习近平在中央政治局民主生活会上的讲话和在学习贯彻中共十九大精神研讨班开班式上的讲话精神等。

●泉州市召开在泉州原任地厅级老干部及部分市党代表、人大代表征求意见座谈会，通报2016年度市委常委班子专题民主生活会查摆问题整改落实情况。

●泉州市出台交易场所监管新规。

●由市商务局、香港贸发局主办的2018年泉州经贸推介会在香港会议展览中心举行。

●泉州市文化产业示范基地工作会议暨第七批市级文化产业示范基地授牌会召开。

●市公安局召开新闻发布会，披露泉州市反诈骗中心及全市公安机关破获的一批重特大电信网络诈骗案件。

1月17日

农历丁酉年腊月初一
星期三
温度：13℃—21℃
晴转多云

●《泉州市“十三五”节能减排综合工作方案》出台。

●由中国纺织科学研究有限公司、市发改委、市经信委主办的2018中国纺织科技成果对接峰会暨第五届“中国十大纺织科技”评选活动在泉州启动。

●泉州市“公安文化基层行”在安溪县启动。

●第二届泉州“海丝”古城徒步穿越活动摄影大赛评选结果出炉。

●泉州少林寺举行大型迎春祈福点灯法事活动。

●中国禅舞创始人洛桑“觉之舞”福建泉州首演见面会在泉州木偶剧院举行。

泉州市妇女第十四次代表大会召开

16—17日，泉州市妇女第十四次代表大会在泉州影剧院召开。大会选举产生市妇联第十四届执行委员会，选举产生新一届市妇联主席、副主席、兼职副主席。市委书记郑新聪提出三点希望，一是在新时代新征程继续发挥“半边天”作用。希望广大妇女以中共十九大精神为指引，在实现中国梦伟大进程中奉献聪明才智、唱响巾帼之歌。各级妇联组织要贯彻习近平新时代中国特色社会主义思想，带领广大妇女坚定不移跟党走。二是在泉州建设中展现巾帼风采。广大妇女要在“转型攻坚、聚力跨越”中建新功、创新业，在社会生活和家庭生活中发挥好独特作用。妇联组织要深化群团改革，增强吸引力凝聚力。三是不负重托打造可依赖可依靠的“娘家”。新一届妇联班子要全面加强自身建设，团结带领广大妇女为“再上新台阶、建设新福建”、为开创现代化泉州建设新局面做出新的更大贡献。

泉州市妇女第十四次代表大会现场（图/市妇联）

《泉州市“十三五”节能减排综合工作方案》出台

《泉州市“十三五”节能减排综合工作方案》出台，明确到2020年，全市万元地区生产总值能耗比2015年下降16%，能源消费总量控制在3886万吨标准煤以内。公共机构率先采购使用节能和新能源汽车，新建和既有停车场要规划建设配备充电设施或预留充电设施安装条件，车位比例不低于10%。泉州市将落实《泉州制造2025发展纲要》，实施17个重点产业转型升级路线图，采用先进适用节能低碳环保技术改造提升传统产业。

2018中国纺织科技成果对接峰会在泉州启动

由中国纺织科学研究有限公司、市发改委、市经信委主办的2018中国纺织科技成果对接峰会暨第五届“中国十大纺织科技”评选活动在泉州启动。2018中国纺织科技成果对接峰会暨第五届“中国十大纺织科技”评选活动经过网络投票和专家评选共计3轮筛选，最终产生年度十大科技、30多项对接成果以及10项路演项目。相较于往年，该届活动扩大科技成果的征集范围，既注重技术的先进性，也关注泉州产业和企业的实际需求，峰会现场有30多项成果集中进行展示交流。自启动会开始，主办方面向全社会、全行业征集峰会对接成果和“中国十大纺织科技”备选条目。

活动旨在有效促进科技成果产业化，比如，在第四届成果对接中，安踏与宁波慈星就天衣无缝针织服装、针织飞织鞋、体感智芯智能鞋、全成型织可穿智能装及智能化生产流水线等领域展开多方向合作；北京中丽制机与福建百宏、中纺院海西分院达成合作，助力福建百宏前纺与后纺生产线技改项目；青岛大学海藻纤维项目与九牧王达成初步合作意愿等。中国纺织科学研究院有限公司规划与发展部主任程学忠表示，通过活动，不仅有利于将行业优秀的科技创新成果和资源引入泉州，助力产业发展；同时也有助于将本地的创新成果向全国范围推广，助力泉州纺织鞋服产业的转型升级。

泉州市“公安文化基层行”在安溪县启动

泉州市公安局“公安文化基层行”文艺小分队到安溪县公安局凤城派出所，为基层民警和群众开展慰问演出。演出包括歌舞《壮丽航程》，联唱《绒花》《雨中巡逻的你》《人民警察》，小品《两双鞋》等。泉州市“公安文化基层行”慰问演出活动还将走进泉港、惠安、洛江、南安、鲤城等，对基层一线的公安民警进行慰问。慰问活动内容丰富多彩，除文艺演出外，还有送万“福”进万家义务书写春联、慰问困难民警和困难群众，以及为立功民警送奖上门等。

郑新聪检查项目建设推进情况

18—19日，市委书记郑新聪到晋江市、泉州台商投资区、泉港区，检查“大干40天 比拼开门红”项目建设推进情况。市委常委、秘书长翁祖根，市委常委、副市长杨晓山分别参加检查。郑新聪强调，各地要持续掀起大干、比拼、攻坚气势，以打硬仗的思维和状态攻坚项目，确保首战告捷。要紧抓龙头项目落地、裂变、延伸，一手抓在谈在建龙头，一手抓上下吸附。要强化“一把手”抓招商、抓协调、抓调度，健全以项目为核心的指挥部机制，确保领导在一线指挥、问题在一线解决。要并联推进要素保障、服务保障、人才保障，构建无障碍的投资环境、项目成长生态。要坚持用项目检验干部的能力和作风，让干实事、抓项目、促发展蔚然成风。

郑新聪（左二）在晋江市调研（图/陈起拓）

郑新聪（左一）在泉州台商投资区调研（图/陈起拓）

郑新聪（左四）在泉港区调研（图/陈起拓）

泉州南京大学环保产业研究院揭牌

泉州南京大学环保产业研究院揭牌，此系泉州市“大院大所大平台”战略引进的又一重大科研平台，也是全省首个与南京大学合作的产学研平台。2017年中国·海峡项目成果交易会期间，省政府与南京大学达成共建南京大学（福建）环保产业研究院框架协议，作为省级科研机构和人才平台落地丰泽区。根据协议，该研究院将借助南京大学在环境相关领域的研发、人才、技术、成果优势，结合泉州市的区位、资源、市场优势，以机制创新为动力，搭建科技合作、成果转化、人才培养、科技企业孵化、科技金融结合的创新平台。研究院力争经过3—5年的建设，在泉州建成3个以上省级技术研发平台，以及国家有机毒物污染控制与资源化工程技术研究中心福建泉州分中心，并在工业废水处理与城市再生水回用、污泥资源化处置、河流污染控制与生态治理、固废处置与资源化、土壤污染修复与治理、大气污染控制等方面和领域形成一系列具有市场竞争力的核心技术产品，成为国内具有影响力的环保科技创新平台。

矽品电子（福建）项目在晋江市开工

福建省集成电路产业园区龙头项目之一——矽品电子（福建）项目开工仪式在晋江市举行。矽品电子（福建）项目是晋江打造集成电路千亿产业集群的重点项目，主要开展存储芯片和逻辑芯片封测业务，并建设成为具有国际先进水平的集成电路及相关产品封装测试基地。集成电路是福建省“十三五”重大战略布局产业，封装测试是集成电路产业链至关重要的一环。该项目开工标志晋江“芯”蓝图再立新桩，将带动集成电路上下游产业企业和半导体高尖端技术产业企业在晋江、泉州乃至全省集聚发展，加快构建链条完整、要素齐全、配套完备的全产业链生态圈。

1月18日

农历丁酉年腊月初二
星期四
温度：15℃—20℃
多云转阴

●郑新聪到晋江市慰问困难群众、困难党员。

●18—19日，市委书记郑新聪到晋江市、泉州台商投资区、泉港区，检查“大干40天 比拼开门红”项目建设推进情况。

●党外人士、部分政协委员征求意见座谈会召开，通报2016年度市委常委班子专题民主生活会查摆问题整改落实情况。

●全市老年大学（学校）年会召开，回顾总结2017年工作，研究部署2018年任务。

●泉州南京大学环保产业研究院揭牌。

●福建省集成电路产业园区龙头项目之一——矽品电子（福建）项目开工仪式在晋江市举行。

●泉州金融研究院、厦门大学七匹狼金融研究中心成立。

●七库连通源头水库——彭村水库开始下闸蓄水。

●泉州市8家外贸公司获颁海关高级认证企业证书。

●2017年度全国公安政务新媒体伙伴大会在广州开幕，石狮市公安局官方微博“@石狮公安”获“法制宣传奖”。

1月19日

农历丁酉年腊月初三
星期五
温度：13℃—18℃
小雨转多云

●市政府召开加快项目建设“大干40天 比拼开门红”阶段性点评分析会，总结一段时间来的活动进展和经验做法，推动各级各部门勇闯“下半场”，确保春节前取得更大突破。

●全市经济和信息化工作会议召开，总结2017年工作，部署今后一个时期和2018年重点工作。

●石狮国际快件监管中心启动，系继晋江陆地港后在泉州设立的第二个国际快件监管中心。

●晋江市微型治安消防巡防车交接仪式暨平安宣传踩街活动在该市东石镇举行，首批价值120万元的16台微型消防车及消防器材装备被分发到16个社区（村）。

“大干40天 比拼开门红”点评分析会召开

市政府召开加快项目建设“大干40天 比拼开门红”阶段性点评分析会，总结一段时间来的活动进展和经验做法，推动各级各部门勇闯“下半场”，确保春节前取得更大突破。会上，市发改委、市住建局分别汇报加快重点项目建设、加快城建项目建设“大干40天 比拼开门红”活动进展情况；丰泽、南安、安溪分别作典型经验交流发言。

会议指出，“大干40天 比拼开门红”活动开展以来，各级各部门按照市委、市政府的部署要求，迅速行动、精准发力，征迁扫尾攻坚战、滞后项目攻坚战、重大项目推进攻坚战、前期节点突破攻坚战、签约产业项目落地攻坚战齐头并进，取得明显的阶段性成效。各级各部门要在市委统一领导下，围绕“转型攻坚、聚力跨越”工作主线，保持“战役式”推动项目建设的昂扬态势，按照既定时间节点强力推进，持续加大项目晾晒力度，营造比学赶超的浓厚氛围。要抓住广大乡贤春节返乡的有利时机，主动上门接洽，用乡情、用政策招商引资。要积极开动脑筋，统筹解决项目融资、审批服务、用地用林用海等问题，确保如期完成“大干40天 比拼开门红”既定目标任务，以月保季、以季保年，用大项目、大投资支撑新一轮跨越发展。会议还对环保工作作出部署，强调各级各部门要坚持问题导向，狠抓整改落实，防止问题反弹回潮；要强化问责追责，健全长效机制，全面推行环保设施与能力建设大会战，补齐生态环境保障能力短板，持续改善泉州市生态环境质量。

全市经济和信息化工作会议召开

全市经济和信息化工作会议召开，总结2017年工作，部署之后一个时期和2018年重点工作。2017年，泉州市全面启动“中国制造2025”城市试点示范创建工作，抓好经济运行监测、扩大工业有效投资、推进智能制造、加快集群发展、深化结构调整、促进融合发展等方面工作。2017年，全市完成工业增加值3926.19亿元，同比增长7.7%，其中规模以上工业增加值3328.1亿元，同比增长8.3%，增速居全省第二名；工业用电量329.11亿千瓦时，同比增长6.9%；完成工业投资1620.7亿元，超额完成省市下达目标任务190.7亿元，其中企业技改投资1052.2亿元，超额完成省市下达目标任务172.2亿元。会议指出，2018年，全市经信系统将把握“转型攻坚、聚力跨越”工作主线，坚持高质量发展与实现赶超有机统一，从争创“中国制造2025”国家级示范区、推动稳增长、优化产业结构等方面，推动工业经济和信息化保持平稳健康发展。

石狮国际快件监管中心启动

一辆中国邮政配送车满载300余件快件驶出石狮国际快件监管中心卡口。首批进口快件顺利通关，标志石狮国际快件监管中心启动。此系继晋江陆地港后在泉州设立的第二个国际快件监管中心，意味着泉州又增加一个服务“海丝”先行区的外贸新平台。石狮国际快件监管中心位于石狮市石湖港，项目一期占地8000平方米，规划总投资5000万元，首期投入1830万元。该中心建有国际快件申报大厅、两条“图像处理、自动传输、一机双控、联合布控和分拣设备”的货物查验X光机流水线，以及快件自动分拣等先进的配套设施设备。首批通关快件由福建浩翔快递有限公司代理进境，共431件，重1653公斤，主要为各品牌婴儿奶粉。该批快件于18日下午经NH0880次航班由澳大利亚转日本运抵厦门高崎国际机场，经施加电子关锁后由海关监管车辆于当晚10点运至石狮国际快件中心。

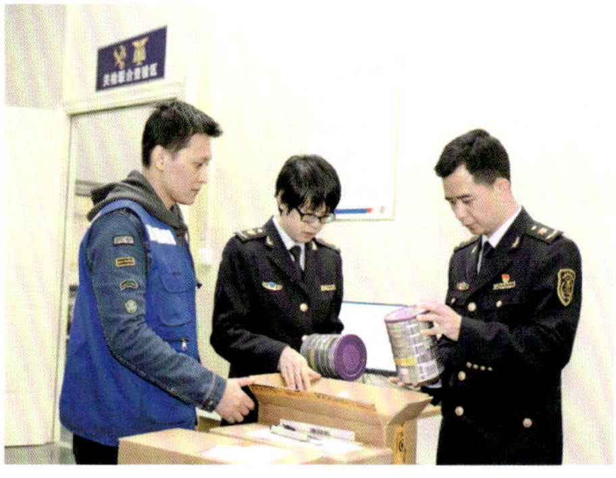

泉州检验检疫对入境快件进行查验（图/林劲峰）

20多家单位发起“为急救车让行，从我做起”公益活动

120急救宣传日，市委文明办、团市委、市卫计委、泉州晚报社、泉州市急救指挥中心等20多家单位发起“为急救车让行，从我做起”公益活动，倡导为急救车让出生命通道。在中心市区各主要路口大型广告宣传栏滚动播放“为急救车让行，为生命让行！”的标语。在路上跑的部分私家车，也在醒目位置张贴着“为急救车让行”的绿底红色字的车贴。为响应倡议活动，泉州市急救指挥中心印制数千张车贴，供参与活动的市民领取张贴。急救指挥中心负责人表示，绿色即代表生命绿色通道，红色代表警醒。希望在路上行车的车主们，看到这样的车贴后，能够时刻提醒自己，遇到执行任务的急救车，一定要主动让出生命通道。当日，为宣传普及急救知识，让更多的人学习掌握急救知识和技能，营造“人人学急救，急救为人人”的急救氛围，泉州市急救指挥中心在西湖公园西大门内广场组织了一场急救知识宣教大型广场活动，吸引近千人次的市民和志愿者参加。

第二届泉州海丝古城徒步穿越活动摄影大赛颁奖

由泉州文旅集团—古城发展有限公司主办的第二届泉州海丝古城徒步穿越活动摄影大赛颁奖仪式在市区苏廷玉故居举行。此次活动中，主办方收集到两百多件作品。经过首轮初选，共有50件作品进入第二轮的网络投票环节。经过为期一周的投票评选，网友评选出最喜欢的10件作品，其中陈爱民的《俯瞰泉州古城徒步穿越》以1204张得票获第一名。此前的古城徒步穿越活动将中心市区的府文庙、天后宫、德济门遗址、清净寺、开元寺和老君岩、圣墓7处海丝申遗点与古城特色古街巷串点成线，让参与者通过徒步活动，领略古城街巷肌理、探寻人文底蕴、了解名人古迹、宣扬海丝文化。

跨境物流行业发展论坛在晋江市举办

由福建陆地港集团主办的“产业协同、一陆有你”跨境物流行业发展论坛在晋江市举办。论坛从“多维化”的B2B服务、“数智化”的B2C服务、跨境电商服务本土化等角度进行针对性探讨。东方物通科技（北京）有限公司业务总监熊辉介绍《跨境电子商务通关平台及监管服务创新》，美国邮立达中国区CEO许聪漂带来《跨境电商及物流》，威时沛运集团电商事业部总经理何伟成分享《关于跨境电商发展趋势的思考》，上海韵达货运有限公司国际部总经理关廷安探讨《跨境电子商务物流模式的创新之路》，深圳分享仓国际智能物流有限公司执行董事林宗明分享《开拓全球跨境电商B2S2C共享新时代》。

泉州陆地港与省内外机场无缝连接，泉州“买卖全球”通路更加畅通　　（图/刘倩）

纪念弘一大师圆寂75周年摄影展在泉州举行

纪念弘一大师圆寂75周年专题摄影展现场（图/陈智勇）

20—28日，由福建省禅文化交流促进会、市社科联、泉州市弘一大师学术研究会等主办的“弘一大师在泉州”——纪念弘一大师圆寂75周年专题摄影展在泉州华侨历史博物馆举行。摄影展展出60余件作品，这些作品是中国摄影家协会会员、泉州市摄影家协会副主席吴其魁通过近三年的时间参访与弘一大师有关的多座城市、寺院所拍摄出来的。

1月20日

农历丁酉年腊月初四
星期六
温度：7℃—18℃
多云

●120急救宣传日，市委文明办、团市委、市卫计委、泉州晚报社、泉州市急救指挥中心等20多家单位发起“为急救车让行，从我做起”公益活动，倡导为急救车让出生命通道。

●由泉州文旅集团—古城发展有限公司主办的第二届泉州海丝古城徒步穿越活动摄影大赛颁奖仪式在市区苏廷玉故居举行。

●由福建陆地港集团主办的“产业协同、一陆有你”跨境物流行业发展论坛在晋江市举办。

●20—21日，2017海峡两岸青少年艺术节福建赛区总决赛在泉州影剧院举行。

●20—28日，由福建省禅文化交流促进会、市社科联、泉州市弘一大师学术研究会等主办的“弘一大师在泉州”——纪念弘一大师圆寂75周年专题摄影展在泉州华侨历史博物馆举行。

●由丰泽区委宣传部、丰泽区文联主办的“海丝情怀——丰泽区美术家协会 湖北省国画院美术作品联展”在泉州盛世典藏艺术馆开幕。

1月21日

农历丁酉年腊月初五
星期日
温度：13℃—18℃
多云

●市全面深化改革领导小组专题会议召开，研究审议《关于进一步深化全市文化市场综合执法改革的实施意见》。

●市委常委会扩大会议召开，市委常委会班子成员在会上述责述廉、接受评议。

●泉州原创歌曲《敬畏》获中央电视台2018新春原创音乐会金奖。

●由市古城办、鲤城区政府主办的“美丽古城 家园共造”社区营造竞赛选点入围团队开工仪式在市区西街肃清门广场举行。

●由泉州市东南公益协会主办、创启智LP26团队承办的“爱在泉州 无畏严寒”关爱自闭症大龄儿童公益活动在泉州师范学院举行。

市全面深化改革领导小组专题会议召开

市全面深化改革领导小组专题会议召开，研究审议《关于进一步深化全市文化市场综合执法改革的实施意见》。会议指出，文化市场综合执法机构肩负着维护国家意识形态和文化安全、保护版权、净化未成年人健康成长环境等重要使命、法定职责，是思想文化领域重要的拳头力量。各级各相关部门要从维护文化安全的高度把握文化体制改革，落实中办、国办《关于进一步深化文化市场综合执法改革的意见》和省里《实施意见》精神，通过深化改革，加快整合执法力量，完善监管模式，推动形成权责明确、监督有效、保障有力的文化市场综合执法管理体制。会议要求，要推升文化市场管理水平，针对不同层级、不同地区、不同执法事项的特点，确定工作任务、执法重点和监管方式。加强执法人员培训考核，重视提高政治素质、强化廉政素养、提升业务能力，定期组织岗位练兵、业务培训，完善执法责任制，建设专业化、规范化的执法队伍。强化力量统筹，推动文化、公安、工商、行政执法、检察等部门形成合力，维护健康有序的文化市场秩序。要稳步推进改革，严格执行人员编制管理等政策规定，做好机构调整、人员安置等工作，确保队伍稳定。

社区营造竞赛选点入围团队开工仪式举行

由市古城办、鲤城区政府主办的“美丽古城 家园共造”社区营造竞赛选点入围团队开工仪式在市区西街肃清门广场举行。此次初赛选出10支团队，包括：跨越团队（海滨街道新门社区、海清社区）、黄金梅丽号队（海滨街道水门社区）、泉城淘井队（鲤中街道通政社区）、Puppetry木偶队（鲤中街道通政社区）、东门社聚团队（鲤中街道东门社区）、无穷想巷团队（鲤中街道新峰社区）、沙砾留金团队（鲤中街道新峰社区）、城南地保团队（临江街道隘南社区）、溪亭家婆团队（临江街道溪亭社区）、新桥新生团队（临江街道新桥社区）。进入初赛的团队各获得5万元活动补助费，鼓励用于激活社区参与、调研社区问题、举办社区活动、提高社区营造认识等考察。接下来3个月内，在入围团队中最终决选出5个试点社区团队，评选出优等奖、潜力奖、鼓励奖等。社区营造是个实验性计划，目的是创造一个自下而上的渠道，使自发、自愿的群众以团队化主动提案的方式参与到古城的保护和发展中来。

泉城淘井队讲解参赛项目（图/鲤城区方志委）

黄金梅丽号队讲述水门故事（图/林育博）

关爱自闭症大龄儿童公益活动举行

由泉州市东南公益协会主办、创启智LP26团队承办的“爱在泉州 无畏严寒”关爱自闭症大龄儿童公益活动在泉州师范学院举行。活动现场，泉州师范学院特教老师与10多名自闭症孩子和志愿者一道，进行非洲鼓表演。泉州市爱星儿童启能康复中心的自闭症孩子和创启智LP26团队表演歌曲演唱、钢琴演奏和诗歌朗诵等一系列节目。在爱心拍卖环节，共有10余件作品现场拍卖，其中既有来自社会各界捐赠的书画作品，也有由爱星儿童启能康复中心的孩子亲手完成的工艺美术作品。自闭症孩子们所做的水彩画和卡通手工作品颇受欢迎，爱心人士争相竞价。10余件作品共募得善款1万多元。此次活动包括义卖义拍，共筹集善款15万多元，活动结束后，全部捐赠给泉州爱星儿童启能康复中心。

市委常委会会议传达贯彻中共十九届二中全会精神

市委常委会召开会议，传达贯彻中共十九届二中全会和省委常委会（扩大）会议精神，研究泉州市贯彻意见；传达全国宣传部长会议、省委常委会和全省宣传思想文化系统专题会议精神，研究泉州市贯彻意见；传达贯彻十九届中央纪委二次全会、省纪委十届三次全会精神，研究召开市纪委十二届三次全会有关事宜。

会议要求，要全面贯彻中共十九届二中全会精神，坚持党的领导、人民当家做主、依法治国有机统一，坚定不移走中国特色社会主义法治道路。要旗帜鲜明坚持和加强党对一切工作的领导，维护习近平在党中央和全党的核心地位，维护以习近平同志为核心的党中央权威和集中统一领导。要提高党委把方向、谋大局、定政策、促改革的能力和定力，始终总揽全局、协调各方。要自觉维护宪法权威、捍卫宪法尊严、保证宪法实施，弘扬宪法精神和社会主义法治精神，以法治凝聚共识、规范发展、化解矛盾、保障和谐，推动各项工作沿着法治化轨道前进。要不折不扣落实中央推进监察体制改革部署，推动反腐败工作制度化、法制化、长期化。

会议要求，全市宣传思想文化战线要以学习宣传贯彻习近平新时代中国特色社会主义思想和中共十九大、十九届二中全会精神为主线，学懂弄通做实。要贯彻全国宣传部长会议、省委常委会和全省宣传思想文化系统专题会议精神，把握正确政治方向、舆论导向、价值取向。要抓牢抓实宣传思想文化领域重点任务，压实意识形态工作责任，坚持党管媒体。宣传改革开放40周年丰富实践成果，更好凝聚发展正能量。聚焦“转型攻坚、聚力跨越”，造浓“项目攻坚2018”、“中国制造2025”、生态修复城市修补等工作氛围。

市政协党组（扩大）会议学习贯彻习近平“1·5”讲话

市政协召开党组（扩大）会议，学习贯彻习近平“1·5”讲话和省、市委常委会会议精神，部署下阶段工作。会议要求，市政协机关党组织要全面贯彻落实习近平新时代中国特色社会主义思想，加强机关党的建设，维护以习近平同志为核心的党中央权威和集中统一领导，贯彻落实中央和省、市委决策部署，在思想上政治上行动上同以习近平同志为核心的党中央保持高度一致。要围绕全市中心工作扎实履职，尤其是围绕防范各种重大风险，深入调研积极建言，为党委、政府应对和化解风险挑战献计出力。

市直部分单位党组书记抓党建工作述职评议会召开

市直部分单位党组书记抓党建工作述职评议会召开，市经信委等10个单位的党组书记分别展开述职。会议要求，市直各单位党组要坚持党的领导，履行政治责任，确保贯彻落实党的理论和路线方针政策。要坚持大抓基层，突出政治功能，提升机关基层党组织的组织力。要坚持问题导向，聚焦整改落实，促进机关党建全面进步、全面过硬。要坚持项目管理，科学策划运作，带动机关党建目标任务落实。要坚持管党治党，强化主体责任，推动全面从严治党向基层延伸。担当起党建主体责任，全面抓牢机关党建各项工作。

流动人口卫生计生关怀关爱专项行动启动

由省、市卫生计生委与计生协会主办，鲤城区卫生计生局、计生协会和临江街道承办的流动人口卫生计生关怀关爱专项行动“把健康带回家”暨“健康幸福过大年”活动启动仪式，在鲤城区德济门遗址公园举行。该活动针对流动人口特点和健康需求，围绕《中国公民健康素养66条》（2015版）、《流动人口健康教育核心信息》、《留守儿童健康教育核心信息和留守儿童监护人健康教育核心信息》等健康核心信息，组织开展健康教育、政策宣传、义诊咨询、血压血糖免费测试、食品安全快速检测等活动；向流动人口发放健康支持包、健康宣传材料、暖冬用品，表彰鲤城区“十佳新市民健康卫士”，并向流动人口发出“我们是健康关怀受益者，也是传播者”的倡议。

1月22日

农历丁酉年腊月初六
星期一
温度：13℃—19℃
晴转多云

●市委常委会召开会议，传达贯彻中共十九届二中全会和省委常委会（扩大）会议精神，研究泉州市贯彻意见等。

●市政协召开党组（扩大）会议，学习贯彻习近平“1·5”讲话和省、市委常委会会议精神，部署下阶段工作。

●全市发展改革暨重点项目工作会议召开，总结2017年发展改革工作，对2018年工作任务进行部署。

●市直部分单位党组书记抓党建工作述职评议会召开，市经信委等10个单位的党组书记分别展开述职。

●由省、市卫生计生委与计生协会主办的流动人口卫生计生关怀关爱专项行动“把健康带回家”暨“健康幸福过大年”活动启动仪式，在鲤城区德济门遗址公园举行。

1月23日

农历丁酉年腊月初七
星期二
温度：11℃—18℃
多云

●市政府第二十五次常务会议召开，研究并通过《泉州市人民政府关于进一步做好当前和今后一段时期就业创业工作的实施意见》等。

●市政府与市总工会第十六次联席会议召开，听取2017年工会工作汇报，研究解决有关问题。

●市纪委十二届三次全体会议召开，学习贯彻习近平新时代中国特色社会主义思想和中共十九大精神，全面落实十九届中央纪委二次全会、省纪委十届三次全会精神，研究部署2018年全市纪检监察工作。

●全市春季森林防火工作会召开。

●由团省委、团市委和台湾“中华杰出青年交流促进会”主办，泉州晚报社协办的“探寻文化遗产 品味刺桐古城”第四届海峡两岸高校大学生记者挑战赛在中国闽台缘博物馆启动。

●2017中国鞋业盛典暨全球鞋业未来国际峰会在晋江市举行。

●2018年“农行杯”——“党报送祝福 春联抒真情”首场活动在中心市区泉秀街中国农业银行泉州分行营业部举行。

●被“莫兰蒂”台风冲垮的永春东关桥经一年四个月的修缮后，通过省文物局验收组最终验收。

市纪委十二届三次全体会议召开

市纪委十二届三次全体会议召开，学习贯彻习近平新时代中国特色社会主义思想和中共十九大精神，全面落实十九届中央纪委二次全会、省纪委十届三次全会精神，研究部署2018年全市纪检监察工作。会议强调，要锲而不舍落实中央“八项规定”精神，开展共性问题专项整治，大兴调查研究之风。要突出用严明的纪律管党治党，加强纪律教育，严格执纪问责，强化制度改进。要持续深化标本兼治，保持有贪必肃、除恶务尽的高压态势，深化政治巡察，健全派驻机构领导体制和工作机制，构建集中统一、权威高效的监察体系，把改革的优势转化为治理的效能。

第四届海峡两岸高校大学生记者挑战赛在泉州举行

由团省委、团市委和台湾“中华杰出青年交流促进会”主办，泉州晚报社协办的“探寻文化遗产·品味刺桐古城”第四届海峡两岸高校大学生记者挑战赛在中国闽台缘博物馆启动。23—28日，海峡两岸近百名高校大学生记者在泉州携手进行史迹考察、文化体验、新闻竞赛和协作交流。来自台湾世新大学等20余所高校和来自中国人民大学等10余所大陆高校约90名青年媒体人参赛。他们共同在泉州中心市区及相关县（市、区）考察“古泉州(刺桐)史迹”，体验提线木偶、南音、花灯、木偶头雕刻、南少林武术、剪纸、簪花围等非物质文化遗产。除参观、考察、体验以外，参加挑战赛的两岸高校学生还需通过富有创意、视角独特的图文作品、视频等呈现大陆之行的所行、所思、所想、所感，再由知名媒体人组成专业评审团，对新闻作品进行评比。主办方还鼓励参赛学生将新闻作品通过校园媒体、网络新媒体等平台传播，让更多台湾的年轻人认识大陆。经过由两岸知名媒体人组成的专业评审团的评审，最终评选出一等奖1组、二等奖2组、三等奖3组。台湾大学心理学系的罗崇纲等6位两岸同学组成的A4组获一等奖。

两岸高校大学生记者聚会参加比赛（图/黄宝阳）

永春东关桥修缮后通过验收

被“莫兰蒂”台风冲垮的永春东关桥经一年四个月的修缮后，通过省文物局验收组最终验收。2016年9月15日，拥有873年历史的永春东关桥受台风影响，6间桥屋被洪水冲毁垮，桥墩开裂。事发后，永春县委、县政府、县文体局立即组织相关专家为桥做全面检查，并在省文物局专家指导下制定修缮方案。方案以“最小干预为原则”。经检查，桥墩部分石块被冲裂，施工组把冲裂的桥墩位置做上记号，然后寻找同样的石块原位填充。台风中受损最严重的是2号和3号桥墩之间的桥面，这些桥面原来都是杉木铺就，为恢复旧样，施工组花2个月到南平深山寻找自然生长的原始杉木，共18根，制作成桥面再“做旧”处理，使之与原桥面融为一体。

修缮后的永春东关桥（图/陈明华）

全市财政工作会议召开

全市财政工作会议召开，贯彻落实全国和省、市相关会议精神，总结分析2017年、研究部署2018年财政工作。会议要求，2018年财政工作要坚持稳中求进总基调，按照市委部署，主动适应和有为应对经济财政发展新常态，为推动经济持续健康发展和民生社会事业改善提供财力保障。要构建财政收入稳定增长体系，培植有效稳定财源，提升财政收入质量，推进财政发展可持续。要抓资金运作保障，支持重点领域和项目资金需求，提升服务改革发展的作为能力。要抓改革促管理，提升财政运行质效。要强化政府债务管理，守住不发生风险的底线。

泉州市6社区被评为“全国流动人口社会融合示范社区”

24—25日，国家卫生计生委和中国计生协在广州举办流动人口社会协同服务工作推进会暨流动人口社会融合研讨班。会上，国家卫生计生委通报2017年流动人口社会融合示范社区创建活动开展情况，泉州6个社区获“全国第一批流动人口社会融合示范社区”称号，全省12个社区获此称号，丰泽区东凤社区在会上介绍流动人口社会融合示范社区创建经验。

按照国家卫生计生委部署，2017年3月启动全国流动人口社会融合示范社区创建活动，15个第一批全国促进流动人口社会融合试点市可筛选上报10个示范社区、第二批7个试点市可筛选上报5个示范社区。泉州市卫计委组织专家对创建申报社区进行理论培训和实地考察，指导创建社区完善硬件设施和申报材料，本着注重示范、好中选优的原则，严格程序、层层把关，筛选上报经过社区自愿申报，各市（县）、区卫生计生部门筛选汇总，市卫生计生委审核上报等程序。国家卫生计生委组织专家对各地上报材料进行评选，对部分社区进行考察，形成综合评价意见。最终晋江市罗山街道兰峰社区、丰泽区东湖街道东凤社区、丰泽区丰泽街道源淮社区、泉港区山腰街道锦祥社区、晋江市磁灶镇岭畔社区、鲤城区金龙街道古店社区6个社区被评为第一批“全国流动人口社会融合示范社区”。

新疆五家渠市招商引资推介会在泉州举行

新疆生产建设兵团第六师五家渠市招商引资推介会在泉州举行。五家渠市相关人员介绍当地储备的一批项目以及出台的一系列优惠政策。五家渠市是乌鲁木齐市的“北大门”“后花园”，距地窝堡国际机场28千米，是国家级园林城市，被誉为“丝路花都”“西域水城”。该市是新疆重要的棉花、粮油、果蔬、畜禽生产基地。春季郁金香节、夏季荷花季、秋季观鸟节和冬季冰雪风情节是五家渠市独特的风景，是旅游、置业、居住的理想之地。五家渠市相关负责人在推介会上表示，此次推介会旨在更好推进产业援疆工作，让更多的企业家了解五家渠市未来的产业发展空间和资源优势，让有实力的企业家和资本市场发现五家渠市孕育的商机与价值。活动现场，国家级五家渠经济技术开发区、国家级现代农业示范区、五家渠青湖生态经济技术开发区、第六师五家渠市50团等相关负责人分别做相应推介。

泉州经贸学院创新创业研究中心成立

泉州经贸职业技术学院创新创业研究中心成立。该研究中心成员中有教授、博士生导师1人，副教授5人，博士3人，大部分成员是硕士研究生。该研究中心成员的前期成果丰硕，包括福建省社科规划项目“微型企业助推大学生创业策略研究”、泉州市优秀人才培养专项资助项目“二次创业中创业指导骨干教师专题培养”、“福建省教学成果奖特等奖”“打造6C培养模式 推进大学生创新创业”、“2017年度中国知网全国高职院校长高峰论坛”优秀案例三等奖等。厦门大学博士生导师、泉州经贸职业技术学院院长杜朝运教授表示，研究中心要在一个新的起点谋求新的发展，要引入校外资源，争取做到产学研相结合，理论付诸实践；要将研究中心的发展融入学院的整体发展之中。

1月24日

农历丁酉年腊月初八
星期三
温度：10℃—16℃
多云

●全市财政工作会议召开，贯彻落实全国和省、市相关会议精神，总结分析2017年、研究部署2018年财政工作。

●全市公安交通管理工作暨春运道路交通安保工作部署会议召开，总结2017年全市公安交通管理工作，部署2018年交管工作和春运交通安保工作。

●24—25日，国家卫计委和中国计生协在广州举办流动人口社会协同服务工作推进会暨流动人口社会融合研讨班，泉州6个社区获“全国第一批流动人口社会融合示范社区”称号。

●新疆生产建设兵团第六师五家渠市招商引资推介会在泉州举行。

●泉州经贸职业技术学院创新创业研究中心成立。

●泉州市正骨医院和泉州少林寺开展大型义诊赠药公益活动。

1月25日

农历丁酉年腊月初九
星期四
温度：11℃—16℃
多云

●参加省十三届人大一次会议的泉州代表团举行全体会议，推选郑新聪为泉州代表团团长，康涛、陈万里为副团长。

●全市科技和知识产权工作会议召开，总结2017年工作，研究部署2018年科技创新工作。

●由市商务局等参与主办，市电子商务协会、市跨境电商协会承办的2017泉州电商创业创新大赛闭幕。

●由鲤城公安分局、鲤城区总工会、区妇联、东南早报主办的2017年度鲤城区“感谢有你·寻找最美另一半”最美警属评选活动颁奖仪式在市区府文庙广场举行。

●由石狮市委、市政府主办的2018·石狮市“三下乡”启动仪式暨新春集中服务活动以及“新时代新风采”中共十九大精神宣讲文艺演出在该市蚶江镇公园举行。

●“两岸丝路情缘”新春晚会在石狮市举行。

●中国田径协会在上海举行以“马拉松——跑进健身新时代，踏上健康新征程”为主题的2017年马拉松年度盛典，泉州晋江国际马拉松赛获评铜牌赛事。

全市科技和知识产权工作会议召开

全市科技和知识产权工作会议召开，总结2017年工作，研究部署2018年科技创新工作。会议指出，过去一年，泉州市围绕国家自主创新示范区七大改革任务，推动先行先试，推出31项全国、全省首创的创新举措，其中6项在全省推广。“国字号”创新平台、省级以上企业工程技术研究中心和重点实验室、万人发明专利、科技小巨人领军企业、省级众创空间等五项指标提前完成示范区2020年目标任务。会议对新一年科技创新工作作出部署，要求各级科技部门开展高新区争先进位，推进高新技术产业发展和传统产业转型升级两手抓两手硬，引导全社会重视研发投入，力争2018年R&D（研发投入）经费支出增长10%以上，激发和释放创新创业活力，巩固和提升知识产权工作，争取2018年每万人发明专利拥有量达7.5件。

2017泉州电商创业创新大赛闭幕

由市商务局等参与主办，市电子商务协会、市跨境电商协会承办的2017泉州电商创业创新大赛闭幕。历时5个月，20个项目（创意组、实战组各10个）获奖者从282个报名者中脱颖而出。以专家评委现场打分，结合创投机构代表现场投票的形式，最终“龙易配智慧物流平台”以95.2分的高分获创意组一等奖，“钱来乐校园”项目以91.4分获实战组一等奖。大赛旨在发现和甄选一批优秀电商创业创新项目，推动泉州市电子商务服务实体经济。大赛两个组别各设金奖1名、银奖2名、铜奖3名和优秀奖4名。奖金分为大赛奖和落地奖，非在泉州落地项目只能获得大赛奖金部分，获奖项目如在大赛结束后6个月内落地泉州，可申请获得落地奖金。大赛主办方不仅设置总额79万元的奖金，还对获奖项目予以创业融资、银行授信、企业评选、人才评选、平台对接五方面的政策支持。

业内人士表示，尽管此系泉州首次举办电商行业专类权威赛事，但无论从参赛规模、赛程设置、评委权威性及项目质量看，都接近全国性比赛水平。根据大赛规则，创意组项目注册需未满一年，因此不少项目创始团队还是在校大学生。不过专家评委评价称，创意组项目处处透露着情怀，如回归家乡的农业电商项目、让非遗剪纸流行起来的线上线下融合项目、关注老弱病残孕群体的体感操控轮椅项目等，既带着互联网基因，又关注社会热点问题。决赛实战组则更加切合电商产业本身，或从泉州地域发展实际出发，泉州跨境电商柔性生产链、海丝贸易网等项目致力于解决产业痛点，各有所长。

大赛自2017年9月20日启动以来，便受到社会各界的广泛关注。161个创意组项目和121个实战组项目涵盖领域宽、涉及区域广。项目涉及既有纺织服装、鞋业、建材、食品饮料等传统行业，又吸收旅游、文化、服务、金融等新兴产业。除本土电商团队外，大赛也收到来自厦门、福州、漳州、龙岩等省内城市和江西、浙江等省电商行业的创业项目报名。同时，大赛也受到电商业界、创投机构、各大高校的关注，先后有48家创投和金融机构、7所高校与组委会联络，参与大赛组织。决赛专家评委更是分量极高，由来自国际商务研究中心、全球跨境电商协会、福建省互联网创业促进会、浙江大学、浙江工商大学、华侨大学、泉州师范学院、京道基金的7名专家组成。

泉州晋江国际马拉松赛获评铜牌赛事

中国田径协会在上海举行以“马拉松——跑进健身新时代，踏上健康新征程”为主题的2017年马拉松年度盛典，泉州晋江国际马拉松赛获评铜牌赛事。福州国际马拉松赛、厦门国际马拉松赛和北京马拉松等44个赛事获评金牌赛事，另有38个赛事获评银牌赛事，79个赛事获评铜牌赛事。会上，中国田径协会发布2017年中国马拉松“大数据”，用数字直观地回顾2017年中国马拉松的发展情况。报告显示，2017年全国举办1102场规模赛事（路跑赛事人数在800人以上，越野跑赛事人数在300人以上），赛事规模7年增长50倍，其中，中国田径协会认证的A类赛事223场，B类赛事33场。直接参与人数达498万人次，涉及234个城市（覆盖全国70.06%的地级市）。

泉州市传统工艺青年传承人评选现场展示举行

由团市委、市城镇集体工业联合社等主办的“古城匠心”泉州市传统工艺青年传承人评选现场展示暨颁奖仪式在泉州府文庙广场举行。50名拥有传统技艺、美术、美食等专业技能的青年传承人入围者根据各自行业实际，现场展示“独门技艺”，角逐10名杰出青年传承人和20名优秀青年传承人席位。最终，由李海聪等10名青年获得“古城匠心”泉州市传统工艺杰出青年传承人称号，王少卿等20名青年获得“古城匠心”泉州市传统工艺优秀青年传承人称号，赖瑞攀等20名青年获得“古城匠心”泉州市传统工艺青年传承人入围奖。

现场，由泉州银行、泉州农商银行两家金融机构给予获奖者共3000万元的银行授信支持。此次活动突出“创新创优、独具匠心、薪火相传、德艺双馨”等特点，保护和弘扬泉州人民优秀的传统工艺，增强青年传承人创新、创业、创优能力。主办方还为获奖青年授予“泉州市青年岗位能手”称号，提供专业创业培训、导师辅导、学习交流、展示支持以及纳入旅游伴手礼推广等多项优惠激励政策，为弘扬闽南文化，促进泉州市传统工艺的传承和发展做出贡献。

2018年“泉州伴手礼”展举行

26—28日，由市旅游局、泉州旅游协会主办的2018年“泉州伴手礼”展在市区中骏世界城举行。此系泉州市首次举办“泉州伴手礼”展，旨在助力推广泉州伴手礼，提升泉州特色旅游商品知名度。展会所展出的特色伴手礼以“泉州味道”为主，包括安海土笋冻、深沪鱼丸、安溪茶叶米粉、源和堂蜜饯、南安面线、英都麻糍、永春养脾散、惠安鱼卷等人们熟知的特色小吃，此外还包括洛江石斛茶、辣木茶等一些较为“冷门”的特色伴手礼。手绘明信片、特色景点冰箱贴、陶瓷茶具、漆线雕、福船模型等旅游文创产品及泉州民间手工艺品，也一同亮相此次展会。此次参展的商家均从入选“泉州伴手礼”正式名录的商家中择优推荐，部分参展商品曾在国家、省、市级旅游商品大赛上获奖，或是入选“福建好礼”“中国旅游特色商品”名录等。

泉州2017电商节总结大会举行

由市商务局等参与主办，市电商中心、市跨境电商协会协办的泉州2017电商节总结大会举行。大会同时对2017年度电商十佳企业、2017年度电商十大领军人物，以及泉州2017电商创业创新大赛创意组、实战组的获奖者进行颁奖。围绕“聚产业优势，创电商强市”主题开展的泉州2017电商节为期5个月，分阶段举办创业创新大赛、电商峰会暨跨境电商高峰论坛、电商领军人物暨十佳电商企业评选、重点垂直平台评选、电商培训等十几场系列活动，受到社会各界广泛关注。市商务局相关负责人介绍，此次电商节在百度搜索上产生超过220万条的相关信息。泉州首次举办主题性电商节便受到如此高度关注，既是行业自身高速发展的缩影，更是泉州电商业影响力凸显的写照。业界对此次电商节反响热烈，为推动泉州电商发展营造了良好的社会氛围。中共十九大报告对电子商务发展提出新要求，带来新机遇。泉州是电商创业的热土，欢迎此次双创大赛优秀项目及有志于投资电商产业的朋友到泉州投资合作。

2018流动人口卫计关怀关爱专项行动启动

由市卫计委、市计生协会、洛江区委宣传部和区卫计局等主办的2018泉州市“把健康带回家”流动人口卫计关怀关爱专项行动启动仪式暨“健康幸福过大年”宣传服务活动在洛江区双阳街道嘉泰数控公司举行。图为部分企业员工领到行动中赠送的礼物。（图/胡祖原）

1月26日

农历丁酉年腊月初十
星期五
温度：9℃—13℃
多云

●由团市委、市城镇集体工业联合社等主办的“古城匠心”泉州市传统工艺青年传承人评选现场展示暨颁奖仪式在泉州府文庙广场举行。

●26—28日，由市旅游局、泉州旅游协会主办的2018年“泉州伴手礼”展在市区中骏世界城举行。

●由市商务局等参与主办，市电商中心、市跨境电商协会协办的泉州2017电商节总结大会举行。

●由市卫计委、市计生协会、洛江区委宣传部和区卫计局等主办的2018泉州市“把健康带回家”流动人口卫计关怀关爱专项行动启动仪式暨“健康幸福过大年”宣传服务活动在洛江区双阳街道嘉泰数控公司举行。

●由泉州市皮肤病防治院和鲤城区卫计局、区计生协会、区疾控中心主办的“创造一个没有麻风的世界”主题宣传服务活动在市区新天城市广场举行。

●由黎明职业大学、鲤城区委统战部、区民宗局的“民族大团结 共筑中国梦”文艺晚会在鲤城区东鲁社区棋盘园举行。

●由惠安县卫计局、县总工会、县计生协会等主办的“把健康带回家”大型关怀关爱外来工活动在该县中闽宏毅百汇广场举行。

1月27日

农历丁酉年腊月十一
星期六
温度：9℃—15℃
多云转小

●为提高城乡困难群众保障水平，1月起泉州市正式施行新的城乡低保标准，提高城乡居民生活保障标准。

●市食安办、市食品药品监管局发布《泉州市“放心肉菜示范超市”创建示范点验收结果的通报》，锦江麦德龙现购自运有限公司泉州丰泽商场、泉州鲤城大润发商业有限公司两家试点单位成为全市首批“放心肉菜示范超市”。

●市住房公积金管理中心与市房屋交易中心试点开展的政务信息系统互联开通。

●2018福建少儿电视迎春晚会暨海峡两岸青少年艺术节颁奖典礼在泉州影剧院举行。

●由市文联、泉州广播电视台主办的首届泉州市少儿街舞大赛颁奖仪式在泉州市艺术馆举行。

●首届国内异地石狮商会联席会在福州五洲佳豪大酒店举行。

●由晋江市委文明办、晋江市文化体育新闻出版局等承办的2018全国社区网络春晚梅岭街道专场在晋江市八仙山公园举行。

泉州市全面提高城乡低保标准

为提高城乡困难群众保障水平，1月起泉州市正式施行新的城乡低保标准，提高城乡居民生活保障标准。城市低保标准方面，鲤城、丰泽、洛江、泉港、南安、惠安、泉州台商投资区提高至600元/月；石狮、晋江为630元/月；安溪、永春、德化提高至560元/月。农村低保方面，石狮、晋江为630元/月，洛江、泉港、南安、惠安、安溪、永春、德化、泉州台商投资区提高至460元/月。

2018年起，泉州市着手完善政策，强化申请低保“以户为单位”的要求。对“户”的认定，主要分为三种，第一种是全部实际共同生活家庭成员；第二种是父母及未成年子女，或成年且未独立生活的子女；第三种是成年且无法独立生活的家庭成员，主要指生活困难、靠家庭供养且无法单独立户的成年无业重度残疾人。在法定赡养、抚养、扶养义务人履行义务后，生活仍有困难的，可以申请低保，条件符合、经审批通过就可以接受政府的救助。此外，2018年泉州市在低保申请方面逐步放开网上申请。

全市首批“放心肉菜示范超市”通过验收

市食安办、市食品药品监管局发布《泉州市“放心肉菜示范超市”创建示范点验收结果的通报》，锦江麦德龙现购自运有限公司泉州丰泽商场、泉州鲤城大润发商业有限公司两家试点单位通过验收，成为全市首批“放心肉菜示范超市”。创建“放心肉菜示范超市”，有助于提高食用农产品质量安全水平,让市民放心消费。市食品药品监管局相关负责人介绍，通过试点创建活动，泉州市将提升食用农产品标准、实施产地准出与市场准入有效衔接、探索‘从农田到餐桌’全链条监管模式、建立食用农产品电子追溯体系等，进而提升企业食品安全管理水平，为在全市推广奠定基础。试点商超以肉品、蔬菜、蛋品、水产品、水果等食用农产品为重点，建立19个放心肉菜精品柜，标识独特显眼。其中，锦江麦德龙现购自运有限公司泉州丰泽商场运用“麦咨达”系统，做到所售每个商品都有一个专有的二维码，直接用手机微信扫一扫功能，就能知道进货源头、质量合格情况等，做到食品流通可追溯。

市住房公积金与房产信息实现联网

为推进简政放权、优化服务，市住房公积金管理中心与市房屋交易中心试点开展的政务信息系统互联开通。 此次试点主要是在中心城区的鲤城区、丰泽区和泉州开发区，其余县（市、区）信息联网工作按计划分步开展。共享信息为职工所购房产情况、购房合同签订时间、合同备案时间、购房人姓名、卖房人或开发商、房屋建筑面积、总价、单价、首付款、房屋用途、房屋坐落等。职工凭购房合同、发票提取住房公积金无须到房屋交易中心开具证明，办事时限由原来的3个工作日缩短为当日即时办理，真正实现“一趟不用跑”和“最多跑一趟”的目标。此次市住房公积金与房产信息实现联网，建立有效的信息共享机制，不仅可以即时核查购房的详细信息和行为真实性，有效防范骗提骗贷公积金违法行为的发生，还有利于提升窗口服务水平和群众满意度。

全国社区网络春晚梅岭街道专场举行

由晋江市委文明办、晋江市文化体育新闻出版局等承办的2018全国社区网络春晚梅岭街道专场在晋江市八仙山公园举行，一千多名观众到场观赏。通过微信直播平台，当天的活动还吸引1.6万多人次点击观看，并参与互动。“全国社区网络春晚”是由中央文明办主办的社区志愿服务全国联络总站、中国社区志愿服务网等筹办的品牌活动，2018年已是梅岭街道连续第六年获得活动承办权，并连续五年获得最佳组织奖。活动开始后，闽南传统文化节目舞龙、掌中木偶、南音、小高甲等轮番登台；代表晋江参加世界武术锦标赛夺金的武术家，以及晋江市青少年宫舞蹈团、晋江市夕阳红艺术团等也参加了演出。

泉州代表团审议省政府工作报告

出席省十三届人大一次会议的泉州代表团，对省政府工作报告及计划、预算报告等进行审议。省委常委、组织部部长胡昌升，副省长杨贤金，市委书记、市人大常委会主任郑新聪，市长康涛，市人大常委会党组书记陈万里等以代表身份参加审议。

代表们一致认为，过去五年，全省上下在习近平新时代中国特色社会主义思想指引下，落实党中央、国务院和省委、省政府的部署，凝心聚力、苦干实干，经济社会持续健康发展，新福建建设取得新的成效。省政府工作报告贯彻习近平新时代中国特色社会主义思想，通篇深化落实习近平对建设新福建的期望，衔接省委十届五次全会部署，体现高质量发展与实现赶超的有机统一，必将激励全省人民锐意进取，推进“再上新台阶、建设新福建”。

胡昌升在审议中指出，省政府工作报告围绕习近平亲自擘画的新福建宏伟蓝图，结合当前发展面临的新形势、新特点，精准谋划未来路径，提出科学目标任务，符合福建发展需要。希望作为全省经济大市的泉州继续发挥引领作用，始终在推进经济高质量发展上走前列，加快构建现代化经济体系；在全面深化改革上走前列，深化供给侧结构性改革，突破人才发展瓶颈；在满足人民美好生活需要上走前列，补齐民生短板，提升城市建设，落实乡村振兴战略；在全面从严治党上走前列，担负起管党治党责任，加强专业化、高素质干部队伍建设。

杨贤金指出，省政府工作报告贯彻落实党的基本理论、基本路线、基本方略，紧扣社会矛盾变化，坚持以人民为中心的发展思想，坚持高质量发展，谋划未来五年的美好蓝图。报告对教育、卫生、养老、城乡基础设施建设、精准扶贫等民生工作进行全面部署，顺应人民群众对美好生活的期盼。同时，报告还把推进古泉州（刺桐）史迹申遗写入其中，对助推21世纪海丝核心区建设具有积极意义。

郑新聪表示，省“两会”后，泉州市将迅速组织传达学习，落实省委、省政府部署，保持旺盛“走前列”势头，从落实总量赶超三年行动，加快构建现代产业体系，打好金融风险防范首要战役，补齐全面小康短板，以落实论英雄、以冲刺的状态重点攻坚重大项目突破等五个方面谋划发力，为新福建建设多做贡献。

省十三届人大一次会议现场（图/王虎文）

2017年泉州市城市空气质量通报发布

市环保局发布2017年泉州市城市空气质量通报。2017年，泉州市中心市区（鲤城区、丰泽区、洛江区）环境空气质量达标天数比例为94.5%；全市11个县（市、区）空气质量达标天数比例范围为92.2%—98.1%，平均为96.2%，同比上升0.5个百分点；环境空气质量综合指数范围为2.82—3.66，主要污染物为臭氧、可吸入颗粒物和细颗粒物。11个县（市、区）空气质量从相对较好开始排名，依次为永春、德化、安溪与石狮（并列第3）、惠安、南安、泉港、洛江、晋江、丰泽与鲤城（并列第10）。泉州开发区、泉州台商投资区环境空气质量分别参考鲤城区和丰泽区。过去一年，泉州市大力实施大气污染防治行动计划，持续加强工业大气粉尘污染治理、推进挥发性有机物治理、强化移动源污染治理、深化面源污染防治等一系列工作。

泉州市2018年低保家庭安居工程启动

泉州市启动2018年低保家庭（含特困人员）安居工程。此系泉州市自2007年以来，连续第12年为城乡困难群众建设安居房，并连续11年列入市委、市政府为民办实事项目。2018年泉州市对低保家庭（含特困人员）安居工程政策进行微调。除新建项目外，将政策覆盖范围拓展至住宅破损、功能需求不全等方面的修缮工程。

1月28日

农历丁酉年腊月十二
星期日
温度：8℃—14℃
小雨

●出席省十三届人大一次会议的泉州代表团，对省政府工作报告及计划、预算报告等进行审议。

●市环保局发布2017年泉州市城市空气质量通报。

●泉州市启动2018年低保家庭（含特困人员）安居工程。

●泉州市妇幼保健院·儿童医院与惠安县妇幼保健院结成协作医院签约及揭牌仪式在惠安县妇幼保健院举行。

●由石狮市委宣传部、石狮市文体旅游广电新闻出版局主办的“铸消防警魂 保一方平安”石狮市2018年消防宣传公益演出在该市音乐厅举行。

1月29日

农历丁酉年腊月十三
星期一
温度：7℃—9℃
小雨转多云

●全市商务工作会议召开，回顾总结2017年和过去五年全市商务工作情况，研究部署2018年和之后工作任务。

●泉州市召开防抗低温雨雪天气视频会，同时发布《关于切实做好当前低温雨雪天气防范应对工作的紧急通知》，对防范应对工作进行安排部署。

●截至是日，全市各县（市、区）、台商投资区已全面推行农村公路路长制。

●新一年度泉州市本级预算执行审计启动。

●由市委宣传部牵头，市文广新局、科技局、卫计委、文联、泉州晚报社等市直22家单位主办的2018年泉州市文化科技卫生“三下乡”启动仪式暨春节慰问演出在永春县湖洋镇举行。

●石狮市组织开展“禁炮”踩街宣传活动。

全市商务工作会议召开

全市商务工作会议召开，回顾总结2017年和过去五年全市商务工作情况，研究部署2018年和今后工作任务。会议指出，2018年泉州市商务工作的任务是：做到转型升级要有明显突破，加快推进内外贸融合发展，优化外贸出口结构；招商引资要有明显突破，坚持以项目为抓手，扩大优势产业利用外资规模；区域合作要有明显突破，抓住与海丝沿线国家的经贸合作，支持企业对接海丝和东盟，建成一批境外工贸合作园区；流通供给要有明显突破，推动流通供给侧改革，加快商贸物流标准化建设；民生短板要有明显突破，把更多资金优先投入到民生短板领域，持之以恒抓好精准扶贫。

泉州市全面推行农村公路路长制

截至是日，全市各县（市、区）、台商投资区已全面推行农村公路路长制，成立县、乡（镇）两级路长办公室，负责路长制管理和考核，协调督促建好、管好、护好、运营好农村公路（即“四好农村路”）。按照“县道县管、乡道乡管、村道村管”的责任体系，各地在成立两级路长办公室的基础上，相继设立县、乡、村三级路长，具体负责资金筹措，组织做好所在辖区内农村公路的建设养护管理和路域环境整治，以期实现建养并重、外通内联、安全舒适、路域洁美、服务优质的“畅、安、洁、优”农村交通出行条件。具体而言，“三级路长”指的是在县级设立总路长，由县级政府主要负责人担任，在各乡镇设立乡镇路长，由乡镇主要负责人担任，各建制村也相应设立村路长，由村委会主要负责人担任。

泉州市还将招募选聘并培训一批乡村道专管员，专管员每人原则上负责巡查管理片区内约30千米的乡、村道路况，及时报告灾毁、隐患和侵害路产路权等方面的信息，协助现场执法和调处涉路纠纷。今后，依托路长制，泉州将对现有交通量大、难以满足出行需求的县、乡、村公路进行改扩建，尽快消除制约农村经济发展的交通瓶颈，同时，加大农村公路安全生命防护工程和道路安全隐患整治的投入，并创建一批生态示范路，确保农村交通出行更加便捷、安全、舒适。

泉州市交通委相关负责人介绍，2018年重点推进通建制村道路“单改双”、县乡公路网络化、农村干线路改建提级、养护生态示范路等工程，继续实施“交通+特色产业”行动。全年计划建设改造农村公路200千米以上，实施安全生命防护工程200千米，改造危桥15座以上，推进重点扶贫县（市）资源路、旅游路、产业开发路建设100千米以上，同时，指导推进国家级、省级“四好农村路”示范县创建工作，继续选树一批市级示范乡、示范村。

2018年泉州市文化科技卫生“三下乡”启动

由市委宣传部牵头，市文广新局、科技局、卫计委、文联、泉州晚报社等市直22家单位主办的2018年泉州市文化科技卫生“三下乡”启动仪式暨春节慰问演出在永春县湖洋镇举行。市直各相关单位的近500名文艺、医疗、科普、计生、法律、农技、通信工作者，开展文艺演出、科技服务、义诊、普法、计生宣传、书写春联等活动，送出市、县两级250多万元的物资、项目和资金。

相关链接：文化科技卫生“三下乡”是泉州市贯彻落实中共十九大提出的乡村振兴战略、推动农村各项事业全面提升的有力举措。20多年来，泉州市“三下乡”活动内容日益丰富，手段不断创新，为农民群众解决一系列生产生活中的实际困难，丰富群众的精神文化生活，提高农村的科技水平，推动农村医疗卫生事业不断进步，受到乡亲们的欢迎，成为农村精神文明建设的品牌。

“欢乐泉州 走进湖洋”2018年泉州市“三下乡”启动仪式
（图/洪 旭）

省领导参加省十三届人大一次会议泉州代表团审议

省委书记于伟国和代省长唐登杰分别到省十三届人大一次会议泉州代表团参加审议，听取代表的意见建议。省委常委、组织部部长胡昌升，副省长杨贤金，市委书记、市人大常委会主任郑新聪，市长康涛，市人大常委会党组书记陈万里等以代表身份参加审议。

审议中，泉州代表团代表郑新聪、康涛、陈国璋、张文贤、张丽、刘志平等积极发言。大家立足实际、站位全局，围绕加快实现“经济发展高质量、社会治理高效能、精神文明高品位、幸福生活高指数、生态环境高颜值”提出许多富有建设性的意见。张永宁、严寅、赖清正、林科闯、刘林霜、郑理玲、陈青文、梁炳辉等代表结合审议省人大常委会工作报告和省高级法院、省检察院工作报告，围绕推进生态文明建设、加快产业转型升级、支持民营经济发展、补齐民生事业短板等谈体会、提建议。

于伟国指出，泉州是全省经济第一大市，对全省发展大局有着举足轻重的作用。泉州干部群众“爱拼会赢”的精神享誉国内外。新时代新征程上，泉州要在新福建建设中当好主力军。要学深悟透新思想，坚持以习近平新时代中国特色社会主义思想为指导，更好地武装头脑、指导实践、推动工作。要滚石上山促转型，落实新发展理念，推动高质量发展，走创新驱动、内涵式增长道路，爬坡过坎、久久为功。要改革开放走前头，发扬自我革命精神，深化重点领域和关键环节改革，为全省探索更多有益经验。要持之以恒防风险，打好防范化解重大风险攻坚战，维护社会和谐稳定。要共建共享惠民生，坚持尽力而为、量力而行，办好民生社会事业，增强人民群众的获得感、幸福感、安全感。

唐登杰表示将积极采纳代表们的真知灼见并落实到之后工作中。唐登杰指出，要坚持以习近平新时代中国特色社会主义思想为指导，不折不扣贯彻落实习近平对福建工作的一系列指示，按照中央和省委的决策部署，以高质量发展为抓手，以实现赶超为动力，撸起袖子加油干，推进“再上新台阶、建设新福建”，向全省人民交上一份满意答卷。

于伟国参加泉州代表团审议

唐登杰参加泉州代表团审议（图/王虎文）

市双拥工作领导小组第二十七次会议召开

全市贯彻落实全省双拥工作座谈会精神暨市双拥工作领导小组第二十七次会议召开，传达全省双拥工作座谈会精神，总结2017年全市工作情况，部署2018年双拥工作任务。2017年泉州市双拥工作取得显著成绩。市本级和11个县（市、区）同时获省级双拥模范城（县）。驻地部队在抢险救灾、脱贫攻坚和生态文明建设等方面发挥重大作用。会议要求重点解决军转干部安置、随军家属就业、军人子女入学等问题。

喜迎2018新春联欢演（唱）出活动举行

由泉州市曲艺家协会主办的喜迎2018新春联欢演（唱）出活动在市区老干部活动中心举行。演出活动由南音联谊会唱和曲艺展演两部分组成。在3个多小时的会唱中，泉州文化宫南音社、洛江南音协会、德化南音协会等各地南社协会和社团轮番演唱，泉州师院、泉州艺校和泉州培元中学等院校师生代表团也上台展示。泉州市曲艺家协会主席表示，泉州曲艺界迎春演出已持续8年，逐步打造成泉州市曲艺界的文化品牌，大家齐聚一堂，将各自的拿手好戏和创新作品带到现场来交流，不仅是对过去一年曲艺创作成果的检阅，也是对新一年曲艺工作的展望。

1月30日

农历丁酉年腊月十四
星期二
温度：6℃—9℃
小雨

●省领导于伟国、唐登杰分别到省十三届人大一次会议泉州代表团参加审议，听取代表们的意见建议。

●全市贯彻落实全省双拥工作座谈会精神暨市双拥工作领导小组第二十七次会议召开，传达全省双拥工作座谈会精神，总结2017年全市工作情况，部署2018年双拥工作任务。

●由泉州市曲艺家协会主办的喜迎2018新春联欢演（唱）出活动在市区老干部活动中心举行。

●由鲤城区民宗局、承天寺主办的鲤城区2018年“迎新春 献爱心”慈善助困慰问活动在承天寺举行，鲤城区63名环卫工人和236户贫困家庭收到由承天寺支持的年货大礼包。

●泉港区“学习十九大 建设新泉港”2018年“开心辞典”知识竞赛决赛在该区文化中心举行。

●石狮法院举行依法保障“欠薪”支付工作案款发放仪式，为359名工人发放欠薪280万元。

1月31日

农历丁酉年腊月十五
星期三
温度：8℃—9℃
小雨转阴

●省十三届人大一次会议闭幕，泉州代表团共提交建议142件。与会的泉州代表围绕加快构建现代产业体系、创建“中国制造2025”国家级示范区、福厦泉国家自主创新示范区建设、高层次人才集聚、古城保护提升、实施乡村振兴战略、满足人民美好生活新期待等方面，提出许多建设性意见。

●2018年创建“全国质量强市示范城市”暨全市质监工作视频会议召开。

●泉州仲裁委员会知识产权仲裁院挂牌成立。

●为稳定春节期间的市场物价，保障困难群众基本生活，泉州市启动平价销售方式，至3月2日为止。

●由德化县投建的福建省日用陶瓷产品质量监督检验中心通过CNAS国家实验室认可。

●匹克体育召开主题为“巅峰之约”的2018平昌冬奥会六国体育代表团装备发布会，由匹克体育赞助支持的巴西、斯洛文尼亚、新西兰、冰岛、乌克兰和罗马尼亚六国代表团的平昌冬奥装备亮相。

全市质监工作视频会议召开

2018年创建“全国质量强市示范城市”暨全市质监工作视频会议召开。会议透露，2017年，全市工业产品升级监督抽查质量合格率为95.3%，各项工程验收合格率达100%；138家企事业单位参与153项各级标准的制修订，新增标准制修订数量创历史新高；推进电子证照应用，实现全流程网上办事，市一级已有80%行政审批项目实现“一趟不用跑”。会议要求，各级各部门要开展“质量提升行动年”活动，抓好产品、工程、服务三大质量提升，补齐质量短板；加强产品质量抽查，建立健全检验检测公共服务、质量安全动态监管、质量信息资源共享、质量诚信监督体系等；做好政府质量工作考核工作，组织开展自查整改，抓好质量强市创建工作。

泉州仲裁委员会知识产权仲裁院成立

泉州仲裁委员会知识产权仲裁院挂牌成立。省知识产权局有关负责人介绍，泉州仲裁委员会知识产权仲裁院的成立是贯彻落实中共十九大精神，加强知识产权保护，构建知识产权纠纷多元化解机制的又一有力措施。此后，在行政执法、司法审判之外，通过在知识产权纠纷处理过程中引入仲裁调解这一手段，有利于形成多种保护手段相互衔接的联动机制，发挥各个链条之间优势互补的作用，预防和化解专利等知识产权纠纷，提升维权效率。2017年，市知识产权局与泉州仲裁委员会联合参与福建省申报全国知识产权纠纷仲裁调解试点项目，并获批列入第四批知识产权纠纷仲裁调解试点地区，试点周期为2017年6月至2019年6月。泉州市承担开展泉州地区知识产权纠纷仲裁调解工作等相关试点工作任务。泉州仲裁委员会知识产权仲裁院系泉州仲裁委员会的分支机构，在泉州仲裁委员会和市知识产权局共同领导下开展工作，主要通过仲裁和解、调解、裁决等方式依法解决平等主体的公民、法人和其他组织之间发生的知识产权合同纠纷、知识产权侵权纠纷等与知识产权相关的财产权争议。

泉州市启动春节平价销售方式

为稳定春节期间的市场物价，保障困难群众基本生活，泉州市启动平价销售方式，至3月2日为止。平价销售的品种包括猪腿肉、肋条肉、鸡蛋、大白菜、黄瓜、油菜、西红柿、花菜、圆白菜、上海青、土豆、胡萝卜、空心菜等。各平价商店以价格部门每周公布的同类商品市场均价为基础，按规定的价差幅度下浮，作为平价商品的零售价格。各品种价差幅度为：猪腿肉、肋条肉、鸡蛋5%以上，蔬菜15%以上。中心市区已有新华都（丰泽店、东街店、展览城店、太古广场店）、中闽百汇（新华路店、泉秀商场）、友谊超市浮桥店等启动平价销售。每人次购买数量要适当控制，猪肉每个品种不超过1公斤，鸡蛋和蔬菜每个品种不超过2公斤。各平价商店在商店、超市门口醒目位置都立有“政府定点平价商店”字样的标识牌，并标清平价商品品种、规格等级、平价价格、平价期限等；平价商品摆放集中，并标有“平价商品销售专区”和“监督电话价格举报电话12358”等字样。

德化日用陶瓷质量监督检验中心通过国家认可

由德化县投建的福建省日用陶瓷产品质量监督检验中心通过CNAS国家实验室认可，有效期限6年，实现与70多个国家的陶瓷检测报告互认。日用陶瓷产品质量监督检验中心可开展陶瓷原材料化学全分析、陶瓷热膨胀系数、吸水率、白度、铅镉溶出量等17个项目，为陶瓷电商企业入驻淘宝、京东等电商平台提供检测凭证。2015年以来，共检测陶瓷产品（原材料）2559批次，其中，免费检测1110批次，减免企业费用166.5万元。

相关链接：2017年，德化县聚焦陶瓷产业发展，制定陶瓷产业跨越发展五年行动计划，出台推动陶瓷产业跨越发展若干措施，设立“双创基金”、陶瓷发展基金，完成国家循环化改造投资1.56亿元、工业技改投资12.5亿元，兑现涉企资金1.39亿元，全年实现陶瓷产值228亿元，增长14.5%，成功创建国家级出口陶瓷质量安全示范区。

泉州市春运启动日暨文明交通宣传服务活动举行

2018年春运首日，泉州市实施“文明交通行动计划”领导小组11个成员单位、市发改委和福建省泉运实业集团有限公司等13个部门，在泉州客运中心站广场举行泉州市2018年春运启动日暨“情满旅途”文明交通宣传服务系列活动，加强春运交通安全宣传，确保人民群众安全便捷出行。在春运启动现场，各个部门通过开展春运交通安全宣传图片展，组织志愿者帮助返乡旅客购票乘车、提物品等春运“暖冬行动”志愿服务，组织民警和车站志愿者上车张贴“客运严重交通违法监督举报卡”，检查驾乘人员安全带佩戴和消防设备使用情况等活动，宣传交通安全出行常识。全市各地交警部门也举办形式多样的活动。晋江市交警大队和晋江市邮政局、晋江长途车站等单位，在晋江长途车站开展宣传活动。晋江交警向参加春运的10家汽车企业负责人和代表分发春运宣传车标、反光衣。

泉州火车站春运首日发送旅客3万人次左右（图/吴志明）

市旅游局借助春运，把旅游服务延伸到高速公路服务区（图/王金植 曾世彬）

泉州引进中科院智慧养老模式

中科院智慧养老模式新闻发布会在泉州民政福利大厦举行。泉州市老龄服务志愿者协会相关负责人介绍，泉州年轻人大多在外工作，导致孤寡、空巢老人较多。但在传统思想的影响下，这些老人又不愿去养老院，生活简单，精神生活贫乏。泉州的养老机构有近200个，大部分资源都是闲置的。为满足老年人“多元化、差异化”的需求，泉州市老龄服务志愿者协会经过多方考察、研究后发现，中科院智慧养老模式较先进。中科院养老专家团队应邀落地泉州，在原有示范项目的技术和经验积累的基础上，构建全新的四化养老运营模式：运营标准化、服务智能化、生活家庭化、健康科学化。通过云平台系统的构建，为老年人提供优质的照护服务，践行“成功老化”的为老服务理念。中科院养老模式已在晋江磁灶试点运行，将围绕“一个平台、一套模式、一个中心”的运营模式，通过远程管理，服务到家，给老年朋友带去更为健康、快乐的生活。

意大利广播电视台摄制组到泉州取景

意大利广播电视台公司三台《站在乞力马扎罗山脉》栏目摄制组到泉州开元寺、西街、蟳埔社区等地拍摄取景。摄影师多米尼克·法布里奇奥表示，虽然只拍摄了不到一天时间，但泉州深厚的人文底蕴和多元文化已经给他留下深刻印象，回国后将认真整理素材，尽量为意大利当地人民展现泉州的风土人情，吸引更多人到泉州来。意大利广播电视台公司三台播出的电视节目均为综合节目，也是意大利国内最受国民欢迎的频道，此次《站在乞力马扎罗山脉》栏目摄制组一行三人到福建拍摄，是受到中国国家旅游局驻罗马办事处的邀约，拍摄云南和福建旅游宣传纪录片，泉州也是国家旅游局力推取景的城市之一。

2月1日

农历丁酉年腊月十六
星期四
温度：6℃—10℃
阴转多云

●市委召开常委会会议，传达贯彻省“两会”精神。

●2018年春运首日，泉州市实施“文明交通行动计划”领导小组11个成员单位、市发改委和福建省泉运实业集团有限公司等13个部门，在泉州客运中心站广场举行泉州市2018年春运启动日暨“情满旅途”文明交通宣传服务系列活动。

●中科院智慧养老模式新闻发布会在泉州民政福利大厦举行。

●泉州市公安边防支队举行“公边35401艇”入列仪式，该艇的列编填补了泉州沿海边防线内没有大型执法巡逻艇的空白。

●市卫计委直属和驻泉州医疗单位的卫生医务人员在泉州市第一医院城东院区，举行2018年“热血送暖、为生命接力”活动启动仪式并举行无偿献血活动。

●意大利广播电视台公司三台《站在乞力马扎罗山脉》栏目摄制组到泉州开元寺、西街、蟳埔社区等地拍摄取景。

●1—2日，泉州市高甲戏传承中心应邀到海南省参加该省2018年精品剧目惠民演出。

●惠安县首个大师雕艺传承中心落成。

2月2日

农历丁酉年腊月十七
星期五
温度：6℃—11℃
阴

●市人大常委会党组（扩大）会议召开，传达贯彻中共十九届二中全会精神，学习中央纪委、省纪委全会精神及泉州市贯彻意见等。

●全市国土资源暨卫片执法检查工作视频会议召开，贯彻国家、省国土资源工作会议精神，总结2017年工作，部署2018年工作。

●国际大学生体育联合会、全国青少年校园足球工作领导小组办公室、中国大学生体育协会与晋江市政府在北京人民大会堂举行新闻发布会宣布，经国际大体联执委会批准，晋江获得2019至2025年连续4届的国际大体联世界杯举办权。

●2—5日，泉州提线木偶戏传承保护中心的六名演职人员受中央电视台邀请，到北京参加《喜到福到好运到——2018年春节倒计时》节目录制。

●位于洛江区万安丰海路的泉州信息工程学院科技园项目开工。

●石狮佳龙文化旅游项目签约仪式举行，该项目总投资300亿元。

●2—5日，由市体育局主办的那尔多杯2018年全国少儿足球邀请赛在泉州东海湾实验学校举行。

●2—8日，2018年晋江市大学生寒假社会实践营举办。

市人大常委会党组（扩大）会议召开

市人大常委会党组（扩大）会议召开，传达贯彻中共十九届二中全会精神，学习中央纪委、省纪委全会精神及泉州市贯彻意见，全国宣传部长会议、省委常委会和全省宣传思想文化系统专题会议主要精神及泉州市初步贯彻意见，及省第十三届人民代表大会第一次会议精神。会议指出，要学习领会中央全会精神，把握宪法修改的总体要求和原则，履行宪法和法律赋予的职责，提高人大机关依法履职的能力和水平。要领会把握全面从严治党的战略意义，提高认识增强自觉，坚持导向把好方向，结合人大实际，加大力度推进工作开展，持之以恒加强政治建设，尽职尽责有为担当。要贯彻落实好习近平关于宣传思想文化工作的重要思想，把握主导权和话语权，做好宣传工作。要抓好省人代会精神的传达贯彻，结合新一年人大工作计划，做好相关工作的对接衔接，抓好年终岁首工作，实现良好开局。

泉州晋江获国际大体联世界杯举办权

国际大学生体育联合会、全国青少年校园足球工作领导小组办公室、中国大学生体育协会与晋江市政府在北京人民大会堂举行新闻发布会宣布，经国际大体联执委会批准，晋江获得2019—2025年连续4届的国际大体联世界杯举办权，并获得2027—2031年共3届的优先举办权。为打造专属于全球大学生的顶级足球盛宴，国际大体联在2017年全新创办国际大体联世界杯。该赛事每两年举办一届，包括预选赛和全球决赛两个阶段。其中预选赛阶段分为各国家和地区内比赛及洲际比赛两个阶段：国际大体联170个会员国家和地区先进行辖区内比赛，决出参加洲际比赛队伍；洲际赛按区域划分为亚洲、欧洲、美洲、非洲及大洋洲5个区域，代表各国家和地区参加洲际比赛的队伍根据各洲际赛区分配的名额，决出参加全球总决赛的队伍，并与获得外卡的队伍共同参加全球总决赛。届时总决赛上将有16支男队、8支女队参与其中，规模约800人。此外，经亚洲大体联执委会批准，晋江还将连续承办2018年、2020年、2022年及2024年共4届亚洲大体联亚洲杯赛，该赛事每两年举办一届，作为国际大体联世界杯的预选赛，届时将有来自亚洲范围内的16支男队、8支女队参赛。

泉州提线木偶到北京录制节目

2—5日，泉州提线木偶戏传承保护中心的六名演职人员受中央电视台邀请，到北京参加《喜到福到好运到——2018年春节倒计时》节目录制。图为奥运冠军杨威携妻儿到现场观看提线木偶表演。

（图/陈智勇　田圻）

石狮佳龙文化旅游项目签约

石狮佳龙文化旅游项目签约仪式举行，该项目总投资300亿元。首期项目位于石狮永宁大青山周边，新建集娱乐、休闲、购物、商业等于一体的大型综合性文化旅游度假区，包括马戏演出、野生动物乐园、海洋乐园及配套的酒店等商业设施。项目建成后，年游客量预计达千万人次。石狮市七届二次党代会提出，要培育实业动能，把振兴实体经济作为当前经济工作的重中之重，构筑纺织服装、智能制造、海洋产业三大制造业和市场升级、港口物流、旅游产业三大服务业的“3+3”现代产业体系，推动石狮实现新发展。其中，石狮海岸资源蜿蜒多姿，闽南文化韵味十足，交通体系快速便捷，文旅产业发展潜力巨大，滨海旅游产业成为石狮着力打造的新兴产业。佳龙集团拥有“佳龙欢腾秀”高端马戏运营品牌，在三亚、杭州等地成功建设运营旅游度假区。此次佳龙文旅项目的引进，标志着石狮文旅产业发展迈出坚实一步。

2018年泉商新春座谈会暨回归项目专场对接会举行

2018年泉商新春座谈会暨回归项目专场对接会举行，现场签约项目16个，投资总额75.65亿元。签约项目主要涉及机械装备、智能制造、文化旅游、养生医疗等领域，包括11个侨资项目和5个民企项目，单个项目投资总额均超亿元，其中超5亿元项目8个、超10亿元项目3个。

位于南安的365汽车物流商贸产业园项目投资总额10亿元，项目包含整车展示中心、维修中心、配件及用品销售、汽车养护及改装、二手车交易中心、电影院、餐饮、健身、生活服务区等内容，以及有关的基础设施和公建配套设施等。人工智能产业园项目选址惠安城南工业区。该项目投资总额10亿元，规划面积66.67公顷，拟建设人工智能产业园，从事工业视频智能分析和实时预警系统、高端教育机器人等的生产和研发。位于泉州台商投资区的力达空气压缩机扩建项目，投资总额10亿元，占地16.67公顷，将分两期开发建设。其中，一期项目包括厂房、研发楼等建筑建设，以及企业技改、设备更新、购置生产新设备等，将新建双螺杆空气压缩机主机等生产线；二期项目将投建制冷压缩机和真空泵生产线。位于洛江的海丝华侨文化街项目投资总额6.5亿元，占地约14.67公顷。项目规划设计海丝华侨纪念馆、海丝华侨文化广场、华侨名人馆、华侨题材影视拍摄街区、中医药养生文化体验区等景点。位于石狮的世茂文化展览馆项目，投资总额5亿元，项目用地11482平方米。德化的陶瓷文化生活馆升级改造建设项目拟在原有场馆基础上扩大规模，打造陶瓷设计师、生产厂家和消费者的多元化陶瓷文化创意公共服务平台，并且计划设立分馆，打造成全国连锁的陶瓷文化生活馆。

对接会推介了刺桐古港文化旅游综合体等旅游招商项目，图为马可·波罗出航处　（图/吴寿民）

国际大体联主席到泉州考察

3—5日，国际大学生体育联合会主席奥列格·马迪钦、中国大学生体育协会副主席申震一行到泉州，对国际大体联世界杯的食宿、场馆、交通等筹备工作进行考察，走访运动员酒店、比赛场馆、晋江传统街区等地。奥列格·马迪钦在对晋江的筹备工作给予高度肯定后指出，通过体育赛事可以推动社会整体发展，为青年提供交流平台；通过国际大体联世界杯这项赛事，可以让晋江和泉州及世界各地的学生感受不一样的文化，促进各国家及地区间的经济、教育、文化等领域交流。

省科学健身普及活动冬令营在泉州举办

3—6日，由省体育局青少年体育处、市体育局主办的2018年福建省科学健身普及活动冬令营暨体育俱乐部联盟创新足球邀请赛在泉州师范学院附属小学举行。福州、泉州等地的8支青少年体育俱乐部足球队近130人参与活动。厦门健雄体育俱乐部、泉州市培园青少年体育俱乐部、福州心向尚体育俱乐部获邀请赛前三名。冬令营活动包括2个部分，既有科学健身普及活动图片展览，让青少年了解科学健身方式及运动营养补充方式，还有五人制创新笼式足球比赛。此次五人制笼式足球赛不仅在场地设计上不同于一般五人制赛场，赛制上也有不少创新点：采用4节比赛方式，一二节各上5名，人员不重复且不设守门员，第四节双方5名队员互踢点球。新的赛制使比赛过程更加紧张激烈，更多运动员得以上场，获得更多的进球体验和快乐。赛制虽然有变化，但球队交换队旗、上下场礼仪和文化比赛一样都没有少，让小球员们在比赛过程中更加了解足球文化。

2月3日

农历丁酉年腊月十八
星期六
温度：3℃—8℃
多云

●2018年泉商新春座谈会暨回归项目专场对接会举行，现场签约项目16个，投资总额75.65亿元。

●3—5日，国际大学生体育联合会主席奥列格·马迪钦、中国大学生体育协会副主席申震一行到泉州，对国际大体联世界杯的食宿、场馆、交通等筹备工作进行考察。

●3—6日，由省体育局青少年体育处、市体育局主办的2018年福建省科学健身普及活动冬令营暨体育俱乐部联盟创新足球邀请赛在泉州师范学院附属小学举行。

●由省委教育工委、省教育厅主办，省艺术教育协会承办的“有福之春”福建省中小学生乐团汇报音乐会在福州福建大剧院举行，泉州五中管弦乐团和泉州市通政中心小学少儿交响乐团参与演出。

●达利食品集团第九届爱心敬老金发放仪式在惠安县举行，为惠安县9000多名60岁以上老年人发放爱心敬老金1000万元，覆盖螺城镇全镇14个社区（村）以及紫山镇林口村、石马村和黄塘镇接待村。

2月4日

农历丁酉年腊月十九
星期日
温度：4℃—8℃
阴转多云

●科技部公布第二批国家级星创天地名单，泉州市有6家单位入选。

●市政府出台《泉州港口和船舶污染物接收转运及处置设施建设方案》。

●丰泽区2018年“春风行动”现场招聘咨询首场活动在泉州侨乡体育馆举行。168家企业提供4000多个就业岗位，约有四五千名求职者到场应聘。

●永春县以全省最高、全国第六的成绩通过全国生态保护与建设示范区中期评估，被确定为32个全国典型示范区之一。

全市新增6家国家级星创天地

科技部公布第二批国家级星创天地名单，泉州市有6家单位入选，分别是三农互联网星创天地、藤云驿站星创天地、永前绿创公社星创天地、蒲公英星创天地、妙思星创天地、泉州憨鼠智慧农业星创天地。至此，全市共有9家国家级星创天地。“星创天地”由科技部于2016年倡导发起，是农村“大众创业、万众创新”的有效载体，也是发展现代农业的众创空间，以及新型农业创新创业一站式开放性综合服务平台，具有集聚创业人才、技术集成示范、创业培育孵化、创业人才培训、科技金融服务和创业政策集成等六大功能。国家级星创天地将纳入国家级科技企业孵化器的管理和服务体系，享受国家规定的各项优惠政策。

泉州市把星创天地建设工作纳入众创空间的政策支持体系，鼓励有条件的地方集中打造星创天地。目前全市有9家省级星创天地，并入选国家级星创天地，其他3家分别是泉州市弘桥智谷众创空间、泉州农业科技星创天地、“德化特色农业”星创天地。至2020年，泉州市力争培育星创天地40家，新建科技特派员示范基地50家、科技型农民专业合作社50家，孵化农业创新创业企业、新型农业经营主体500家，聚集各类科技创新创业人才5000人，基本形成创业主体大众化、孵化对象多元化、创业服务专业化、组织体系网络化、建设运营市场化的农业农村众创体系。

泉州港口污染物转运处置设施建设方案出台

市政府出台《泉州港口和船舶污染物接收转运及处置设施建设方案》。为减少港口、船舶污染物排放和强化污染物处置，实现泉州港口的绿色发展，泉州市组织编制该方案。编制单位通过对泉州港港口码头和修造船厂发展现状进行调研，收集港口码头、修造船厂和船舶污染物接收、转运及处置基础数据，在设施现状及建设需求总结分析的基础上，遵循全面、协调、可持续的科学理念，研究提出泉州港港口和船舶污染物接收、转运及处置设施的建设目标、建设内容、运营机制和保障措施。

永春县被确定为生态保护建设典型示范区

永春县以全省最高、全国第六的成绩通过全国生态保护与建设示范区中期评估，被确定为32个全国典型示范区之一。2015年4月，被国家发改委等11个部委确定为全国生态保护与建设示范区后，永春县围绕示范区“规划实施、制度建设、投入机制、科技支撑”四大任务，增加“生态经济发展、人居环境建设”两大特色任务，开展专题试验创新，打造生态保护与建设的“永春样板”。全面开展“全城植绿、全民造绿、全面提质、全境美丽”活动，获国家园林县城和全国绿化模范县等称号。永春县还于2015年锁定“联合国人居奖”目标，编制完成《永春县生态保护与建设示范区建设规划（2014—2020年）》，分类建立总投资319.45亿元的项目库，构筑生态战略的顶层设计。三年来，永春县实施生态人居建设重点项目31个，实施生态文化保护建设重点项目8个。

值得一提的是，永春县突出生态经济发展，启动桃溪流域生态经济试验区建设，探索培育绿色发展新动能。2015年以来，该县发展绿色有机农业，实施27个生态农业发展重点项目。绿色智能制造、生物医药、永春香、永春老醋等特色产业加速发展，汇源集团、修正药业在此设立区域总部，永燠制药、九牧智慧制造产业园等一批项目落地建设。全面建设国家全域旅游示范区，推动9个A级景区提档升级，加快发展高端露营、精品民宿、骑行漫游等业态。

永春桃溪风光（图/林焕强）

市委常委班子2017年度民主生活会召开

市委常委班子2017年度民主生活会召开，以学习领会习近平新时代中国特色社会主义思想、维护以习近平同志为核心的党中央权威和集中统一领导、全面贯彻落实中共十九大各项决策部署为主题，重点对照党章和《中共中央政治局关于加强和维护党中央集中统一领导的若干规定》《中共中央政治局贯彻落实中央八项规定实施细则》精神，对照初心和使命，聚焦6个方面问题进行自我检查、党性分析，开展批评和自我批评。会议指出，要发挥头雁效应，以上率下，大兴调查研究之风，扑下身子抓落实。要争做严肃党内政治生活的表率，过好双重组织生活。要加强市委常委班子自身建设，更好地肩负起把方向、管大局、作决策、保落实的重任。要抓好问题整改落实，对查摆的问题逐项整改、逐条兑现。

市政府第二十六次常务会议召开

市政府第二十六次常务会议召开，研究并通过《泉州市人民政府关于促进城乡居民增收的实施意见》。会议要求，各级各部门要按照市委统一部署，坚持以人民为中心的发展思想，把富民放在更加突出的位置，力争实现居民收入增长和经济发展同步、劳动报酬增长和劳动生产率提高同步，朝着共同富裕方向稳步前进。要结合泉州实际，瞄准技能人才、新型职业农民、科技人员等增收潜力大、带动能力强的群体，推出差别化收入分配激励政策。要以创业就业促进、人力资本提升、困难群体帮扶、财产保值增值、收入分配规范为重点，制定综合配套政策，为实现城乡居民增收提供有力支撑。要加强统筹协调，强化督查督办，形成推动城乡居民增收工作落实的整体合力。

市政府党组2017年度民主生活会召开

市政府党组2017年度民主生活会召开，以学习领会习近平新时代中国特色社会主义思想、维护以习近平同志为核心的党中央权威和集中统一领导、全面贯彻落实中共十九大各项决策部署为主题，重点对照党章、《中共中央政治局关于加强和维护党中央集中统一领导的若干规定》《中共中央政治局贯彻落实中央八项规定实施细则》精神，聚焦6个方面的问题，进行党性分析，开展批评和自我批评。会议指出，要聚力对标抓好整改落实，逐一列出整改清单，一个一个攻坚克难，一项一项解决到位。要不遗余力加强班子建设，带头维护中央权威、对党忠诚、廉洁自律、接受监督，给全市政府系统党员干部树立好榜样，把班子打造成为坚强有力的战斗集体。要坚定不移推进全面从严治党，担负主体责任，敢抓敢管、严格执纪，使铁的纪律转化为党员、干部的日常习惯和自觉遵循。

泉州市在联合国教科文组织总部办展

5—9日，中国常驻联合国教科文组织代表团与联合国教科文组织阿拉伯组在联合国教科文组织巴黎总部举办“海上丝绸之路：连接中国和中东”圆桌会议。其间，泉州海外交通史博物馆承办“远方的故乡：10—14世纪阿拉伯侨民在中国”展览，向参观者展示中国与阿拉伯世界的历史联系与文明对话。展览展出45幅图片和14件展品，展品包括阿拉伯和中国古代木帆船船模各1艘，穆斯林石碑复制品3方，以及精美拓片9件。

相关链接：在古代中国，海商运载陶瓷、丝绸和日用品沿着海上丝绸之路，足迹踏遍海丝沿线国家，来自阿拉伯国家的人民，携带香料和珠宝航行至中国沿海各个港口，其中就包括当时中国最大的对外贸易港——泉州。而今，泉州仍然保存着10—14世纪中西方贸易、移民、交流的丰富文化遗存。

泉州伊斯兰教圣墓（图/吴寿民）

2月5日

农历丁酉年腊月二十
星期一
温度：2℃—9℃
多云转晴

●市委常委班子2017年度民主生活会召开。

●市委办机关党支部第一党小组2017年专题组织生活会召开，郑新聪以普通党员身份参加。

●市政府第二十六次常务会议召开，研究并通过《泉州市人民政府关于促进城乡居民增收的实施意见》。

●市政府党组（扩大）会议召开，听取市政府党组成员2017年度述责述廉报告。

●市政府党组2017年度民主生活会召开。

●泉州市在联合国教科文组织总部办展。

●5—6日，全市驻村第一书记示范培训班在安溪县举办。

●山美水库至惠女水库连通工程C3标（罗东至霞峰段）2号支洞下游至3号支洞上游段和C5标（洪梅至惠女段）4号支洞下游至出水口段相继贯通。

●2018年南安市文化科技卫生“三下乡”集中服务活动暨文艺演出在该市官桥镇启动。

2月6日

农历丁酉年腊月廿一
星期二
温度：4℃—10℃
多云转阴

●市府办第一党支部第一党小组2017年度组织生活会召开，康涛以普通党员身份参加。

●市政协党组（扩大）会议召开，听取市政协党组成员2017年度述责述廉报告；传达贯彻中共十九届二中全会精神，学习中央纪委、省纪委全会精神及泉州市贯彻意见，及省政协十二届一次会议精神。

●市政协党组2017年度民主生活会召开。

●市中级人民法院举行人民法院监督员聘任仪式，22人受聘。

●由泉州市垃圾分类工作领导小组办公室主办的“垃圾分类进社区”主题活动在市区新华北路中闽百汇商场广场举行。

●由泉州晚报社东南公益协会主办的“把健康带回家”暖冬活动在鲤城区新华路中闽百汇广场举行。

●在中国石油“温暖回家路·铁骑返乡”公益活动中，由300多人组成的摩托车队率先从泉州启程，踏上返乡之旅。

●由安溪县委组织部、县委宣传部主办的《延安颂》词作者莫耶100周年诞辰纪念活动在该县金谷镇溪榜村村部举行。

●安踏集团董事局主席兼CEO丁世忠应国际奥委会主席托马斯·巴赫之邀，成为平昌冬奥火炬手之一。

康涛参加市府办第一党支部第一党小组组织生活会

市府办第一党支部第一党小组2017年度组织生活会召开，市长康涛以普通党员身份参加，领会习近平新时代中国特色社会主义思想和中共十九大精神，查摆“四风”突出问题和工作不实等具体问题，开展批评和自我批评，激发党员干事创业精气神。

市政协党组（扩大）会议召开

市政协党组（扩大）会议召开，听取市政协党组成员2017年度述责述廉报告；传达贯彻中共十九届二中全会精神，学习中央纪委、省纪委全会精神及泉州市贯彻意见，及省政协十二届一次会议精神。市政协党组成员依次进行述责述廉；市政协党组书记、主席陈灿辉率先发言，并对各位党组成员述责述廉报告逐一进行点评。会议强调，要把抓党建与抓业务工作有机结合起来，加强述责述廉、现场评议的问题整改，严格执行反腐倡廉法规制度，确保党风廉政建设和反腐败斗争无死角、不遗漏。

市中级人民法院聘请22位监督员

市中级人民法院举行人民法院监督员聘任仪式，22人受聘。此举旨在加强法院反腐倡廉建设，健全外部监督机制，畅通群众反映问题的渠道，确保全市法院公正、文明、廉洁司法。22位监督员来自各行各业，既有人大代表、政协委员，又有相关单位负责人、商会会长、企业家，亦有党校老师、媒体记者等。市中级人民法院相关负责人表示，从社会各界聘请监督员，对法院各项工作进行民主监督，是推进依法治国、加强司法民主、促进司法公正的一项重要举措。此前，市中级人民法院聘请的监督员积极履职，与全市法院干警一道，围绕党和国家工作大局，加强司法监督，参与社会矛盾化解，当好桥梁纽带，积极建言献策，为维护司法公正、促进社会和谐、提升司法公信力做了大量工作，发挥了重要作用。

“垃圾分类进社区”主题活动举行

由泉州市垃圾分类工作领导小组办公室主办的“垃圾分类进社区”主题活动在市区新华北路中闽百汇商场广场举行。数百名市民通过手机扫码关注“泉州垃圾分类”公众号、现场答题领奖品、猜谜语玩游戏等形式参与活动。活动主办方相关负责人介绍，希望通过此次活动，普及垃圾分类知识，鼓励居民积极参与，提高生态环保意识。2017年市“两会”上，《关于加快全市垃圾分类处理利用的决议》被列为重点议案。之后，泉州出台一系列政策措施，全面推进垃圾分类处理工作。中心市区14个小区（单位）启动垃圾分类试点工作。为多渠道、全方位宣传垃圾分类，在泉州市垃圾分类办公室、鲤城区垃圾分类办公室统筹指导下，鲤中街道筹划安排，第三方垃圾分类专业服务公司益趣科技参与组织此次垃圾分类针对性宣传活动。

中国石油“温暖回家路·铁骑返乡”公益活动启动

在中国石油“温暖回家路·铁骑返乡”公益活动中，由300多人组成的摩托车队率先从泉州启程，踏上返乡之旅。是日是中国石油“温暖回家路·铁骑返乡”提供免费加油等公益服务的首日，有441辆摩托车、525人从全省各地出发返乡过年。在泉州荆山加油站和江滨加油站，共迎来283车、336人的摩托车队。泉州地区报名参加活动的有1242人，除当日出发的，其他人在节前陆续返乡。

莫耶100周年诞辰纪念活动举行

由安溪县委组织部、县委宣传部主办的《延安颂》词作者莫耶100周年诞辰纪念活动在该县金谷镇溪榜村村部举行。活动主题是“永远的莫耶，永远的《延安颂》”，旨在把红色资源利用好、把红色传统发扬好、把红色基因传承好。活动现场同时启动由省作家协会和安溪县委宣传部主办的“新时代·新发展·新金谷”征文大赛。

相关链接：莫耶，原名陈淑媛，1918年12月出生于今金谷溪榜村。莫耶为世人所熟知是因为歌曲《延安颂》。创作于1938年4月的《延安颂》由莫耶作词，郑律成谱曲，2015年被国家新闻出版广电总局评为“我最喜爱的十大抗战歌曲”。

市人大常委会党组（扩大）会议召开

市人大常委会党组（扩大）会议召开，听取市人大常委会党组成员2017年度述责述廉报告。市人大常委会党组成员依次进行述责述廉。市人大常委会党组书记陈万里带头发言，并对各位党组成员述责述廉报告进行逐一点评。会议要求，市人大常委会党组要突出政治建设，增强落实主体责任、一岗双责的思想自觉和行动自觉，落实主业主责，把全面从严治党作为事关全局的大事放在突出位置，推动工作落细落小落实，抓紧抓好抓出成效。

“项目攻坚2018”第一季度集中开竣工活动举行

7—9日，全市各地同时举行“项目攻坚2018”第一季度集中开竣工活动，全市集中开竣工项目227个，总投资644亿元，其中新开工项目166个，竣工项目61个，涵盖交通、工业、能源、教育、旅游、基础设施、城建环保和社会民生等领域。

166个新开工项目中，基础设施项目38个、产业项目109个、社会民生19个，总投资539亿元。其中，总投资50亿元的晋江硅品集成电路封装测试项目，是晋江打造集成电路千亿产业集群的重点项目，主要开展存储芯片和逻辑芯片封测业务，建成具有国际先进水平的集成电路及相关产品封装测试基地。该项目建成后将完善泉州市集成电路产业链，可年产晶圆凸块90万枚、覆晶封装32400万颗、焊线封装202800万颗、IC测试4000万颗。总投资30亿元的安溪天电光电二期建设项目，将建设LED封装应用生产线，提高LED封装应用生产能力。总投资10亿元的中国物流泉州综合物流园区项目，用地26.13公顷，将建设公铁联运物流集散、仓储、信息平台，完善物流金融体系。将作为第28届世界中学生运动会主场馆的晋江第二体育中心，总投资23.7亿元，建设体育馆、游泳馆、训练馆、运动员生活区及室外篮球场等配套设施，完善片区体育基础设施。此外，晋江足球公园、泉港北大培文学校、晋江青少年和妇女儿童活动中心、泉州信息工程学院科研项目等一批补短板项目相继开工建设。

61个竣工投产项目中，基础设施项目14个、产业项目42个、社会民生5个，总投资105亿元。其中，由华侨大学和丰泽区政府共建的丰泽华创园，占地面积约1.27公顷，建筑面积约47500平方米。建成后的华创园，将整合华侨大学优势科技创新资源、智力资源、海外华侨资源，建设成为具备完善的教育研发、创业孵化、科技服务、居住及相关配套等综合服务功能于一体的创新创业生态系统，也将成为大学生创新创业的一个新平台。此外，洛江大荣机械实业（泉州）有限公司二期扩建、泉港晶海轻化6万吨生产线项目、惠安华尔嘉机械项目、泉州开发区长龙模具生产项目等10多个产业项目竣工投产，将新增产值25亿元；鲤城区百脑汇、石狮卡宾（狮子湾）现代服饰物流园等一批服务业项目竣工投用，将新增销售面积200多万平方米。

鲤城区百脑汇（图/吴寿民）

“精准关爱留守儿童”活动启动

由市关工委、团市委、市妇联等主办的“精准关爱留守儿童”活动启动仪式在洛江区马甲镇新民村举行。市关工委及爱心企业、爱心家庭为14名留守儿童送去温暖。主办方还在新民村设立全市首个精准关爱留守儿童服务站。主办单位表示，全市4500多个关工委组织和52000多名“五老”（指离退休老干部、老战士、老教授、老专家、老模范）将勇于担当、搭建平台，带动社会各界人士关心、关爱留守儿童，共同营造关心教育青少年健康成长的良好氛围。倡导各界爱心人士、企业单位，以冠名、结对、志愿者等形式，共建“留守儿童服务站”，与留守儿童结对交流，定期开展精准关爱活动。

2月7日

农历丁酉年腊月廿二
星期三
温度：6℃—12℃
多云

●市人大常委会党组（扩大）会议召开，听取市人大常委会党组成员2017年度述责述廉报告。

●市人大常委会党组2017年度民主生活会召开。

●全市国税工作会议召开。

●县（市、区）党政领导综治责任书签订仪式举行。

●7—9日，全市各地同时举行“项目攻坚2018”第一季度集中开竣工活动，全市集中开竣工项目227个，总投资644亿元。

●由连捷投资集团、泉州市市属国有企业和上海桦玉股权投资管理公司出资设立的——泉州君洋股权投资管理有限公司成立。

●由市委宣传部、市委市直机关工委、市文联主办的2018年“春联进万家，万家贴春联”活动举行。

●由市关工委、团市委、市妇联等主办的“精准关爱留守儿童”活动启动仪式在洛江区马甲镇新民村举行。

2月8日

农历丁酉年腊月廿三
星期四
温度：10℃—14℃
多云转阴

●市委农村工作会议召开，学习贯彻中央农村工作会议、全国扶贫开发工作会议、省委农村工作会议精神，总结回顾2017年农业农村工作，研究部署2018年农业农村重点工作。

●全市金融工作会议召开。回顾总结过去五年全市金融工作，研究当前和之后一个时期全市金融工作。

●泉州东海跨境电商生态圈开园仪式举行。

●由市总工会、泉州晚报社等主办的2018年“幸福泉州·情暖职工”农民工平安返乡动车专列活动欢送仪式在泉州动车站举行。

●全省首个航空医疗救援联盟在福建医科大学附属第二医院东海院区成立。

●由省文化志愿者协会、鲤城区卫计局、区计生协会、福建医科大学附属第二医院、泉州市中医院等主办的“喜迎新春 春风送暖”志愿服务进社区系列活动开元专场在市区开元盛世广场举行。

●由德化县陶瓷发展委员会主办的世界陶瓷之都·德化当代陶瓷名家（国家级）精品展在德化城市规划馆开幕。

市委农村工作会议召开

市委农村工作会议召开，学习贯彻习近平新时代中国特色社会主义思想和中共十九大精神，以及中央农村工作会议、全国扶贫开发工作会议、省委农村工作会议精神，总结回顾2017年农业农村工作，研究部署2018年农业农村重点工作。会议指出，要特色发展，处理好扶持新型农业经营主体与小农生产的关系。发挥适度规模、特色农业的泉州优势，凸显提质导向，注重扶持小农户，延伸农业价值链，推进农业供给侧结构性改革。要彰显魅力，保护传承生态文明和乡土文化。从人与自然和谐共生、弘扬优秀乡土文化、深化农村移风易俗等方面入手，保护好绿水青山、农耕文明、田园风光。

泉州东海跨境电商生态圈开园

泉州东海跨境电商生态圈开园仪式举行，其六大中心向泉州中小企业和青年创业者正式开放服务功能。园区已吸引年轻创客和高端人才近5000名，预计至2020年将集聚跨境电商企业1000家以上。泉州东海跨境电商生态圈区域规划2.8平方千米，涵盖东海大街、滨城大街、鸿利达大街、格联通街及其衔接区域，打造“两大片区、六大中心”，为广大跨境电商企业提供营销推广、物流优化、跨境支付、人才招聘及培训、会议服务、资源对接、股权投资及平台开发与运营等服务。其中“两大片区”包括创业孵化区、核心示范区，“六大中心”包括生态圈运营服务中心、跨境电商人才培训中心、产品供应链中心、物流仓储中心、金融服务中心、大数据信息中心。

2018年农民工平安返乡动车专列活动启动

由市总工会、泉州晚报社等主办的2018年“幸福泉州·情暖职工”农民工平安返乡动车专列活动欢送仪式在泉州动车站举行。上午9点8分，2018年首趟动车务工专列从泉州站出发，驶往终点站重庆。狗年春节临近，为确保外地在泉州务工人员节前安心工作、节日平安返乡，市总工会、泉州晚报社等单位决定，在春节前再次开展包动车专列欢送在泉州务工人员平安返乡等系列活动。此次活动开通两趟“泉州—重庆”动车专列，送湖北、四川、重庆籍外来工返乡。该系列活动是继前几年“三包”（包火车、汽车、飞机）活动之后，市总工会、泉州晚报社等单位连续第十四次举办的同类活动。

外来务工人员在泉州火车站踏上归乡旅途
（图/林劲峰）

全省首个航空医疗救援联盟在泉州成立

全省首个航空医疗救援联盟在福建医科大学附属第二医院（以下简称“福医二院”）东海院区成立，福医二院联合泉州41家医联体单位、中国人保财险泉州分公司、上海金汇通航，共同开启泉州地区航空应急救援服务。空中救援是地面救援的有效补充，特别是在地面交通遭遇突发状况、救护车受阻难以执行急救任务的情况下，直升机可无障碍第一时间直达现场开展救援。此次成立的航空医疗救援联盟，将在医联体成员医院中开展航空应急救援，为患者开启绿色通道，让更多患者得到及时救治。

德化当代陶瓷名家（国家级）精品展开幕

由德化县陶瓷发展委员会主办的世界陶瓷之都·德化当代陶瓷名家（国家级）精品展在德化城市规划馆开幕。此系德化县首次举办国家级大师的专题展，其中有多件展品是已故国家级大师的孤品。此次展览集中展出许兴泰（1941—2006）、苏清河（1941—2012）、杨剑民（1945—2012）、许兴泽（1947—2012）、柯宏荣、邱双炯、陈桂玉、苏献忠、许瑞峰、苏玉峰、陈明华、陈明良、赖礼同、连紫华、颜松柳、寇富平16位当代国家级陶瓷大师的作品，共计60余件。

市委常委会会议传达习近平对政法工作的指示

市委常委会召开会议，传达学习习近平对政法工作的指示和中央、省委政法工作会议，全国扫黑除恶专项斗争电视电话会议，全国、全省统战部长会议和全省贯彻落实中央、省委关于宗教工作重大决策部署经验交流会暨学习贯彻新疆若干历史问题研究座谈会，全国、全省组织部长会议精神，研究泉州市贯彻意见；传达学习《中央办公厅关于印发<中央巡视工作规划（2018—2020）>的通知》和《中共福建省委办公厅印发<关于建立市县党委巡察制度的实施意见>的通知》，研究《中共泉州市委巡察工作实施办法》和2018年市委巡察工作计划。会议指出，全市各级党委要认真学习、深刻领会习近平对政法工作的指示，坚持党对政法工作的绝对领导，坚持抓发展、抓稳定两手都要硬。会议强调，做好全市统战工作，要把学习贯彻中共十九大精神作为首要任务和工作主线，维护习近平党中央的核心、全党的核心地位，着力旗帜引领、增进思想政治认同。会议要求，要按照全国、全省会议部署，抓牢抓实组织工作各项重点任务，深化党建工作项目化管理，组织“不忘初心、牢记使命”主题教育，调动干部“转型攻坚、聚力跨越”精神干劲，推动基层党组织全面进步、全面过硬。

德化县陶瓷产业跨越发展大会召开

德化县陶瓷产业跨越发展大会召开。市长康涛参加，并与当地党委政府部门负责人、部分陶瓷企业负责人、大师新秀代表、电商企业代表等座谈。康涛指出，要加快产业转型升级，推动市场运作与艺术创作完美结合，让好资源做出好产品，让好作品卖出好价钱，推动陶瓷产业跨越发展。既注重传承传统技艺，又注重吸收时尚元素，下大功夫培养一批不忘本来、吸收外来、面向未来的大师队伍。康涛勉励大家，从自己和身边人做起，引导青少年学习陶瓷技艺，走出国门学习，真正让读书好、最优秀的人做陶瓷，同时培养一批懂经济、懂市场、懂运作的企业家队伍。康涛强调，德化县委、县政府要围绕全市赶超跨越，聚焦陶瓷产业发展急需的人才、平台、空间等关键要素，全心全意做好引导、扶持、保障，提供最好的政务服务、最优的城乡环境、最自由的创作氛围，汇聚更多的人才建设德化、发展德化，打造包容开放之城。

德化陶瓷　（图/泉州晚报社）

晋江市“大干40天 比拼开门红”活动招商项目签约

晋江市“大干40天 比拼开门红”活动招商项目签约仪式举行，42个项目现场签约，计划总投资175亿元。晋工机械与世界500强企业韩国现代建设机械签订全球战略合作协议，在技术、产品、市场推广等方面开展全面合作；正麒高纤与中国企业500强浙江恒逸集团合资成立福建逸锦化纤，投建50万吨聚酯及配套长丝、加弹丝项目，预计年产值超90亿元；世界500强企业思科拟联合美信凌科、神州数码成立联合创新研发中心及销售推广公司，为晋江工业转型升级提供云计算、物联网应用、智能制造、人工智能等创新解决方案。

此次签约项目涵盖集成电路、生物科技、共享汽车、储能、新材料等13个技术密集型、智慧密集型、资金密集型高新企业项目。其中，植物干细胞制造项目拟设立年产2.88万吨植物干细胞制造天然小分子药物量产基地。15个现代服务业项目覆盖信息技术、跨境电商、共享汽车、高端医学、金融服务、智慧物流等新业态、新模式、新领域。其中，顺丰创新产业园拟在泉州市建设顺丰集团东南地区电商企业中心、运营服务中心和智慧物流中心，神州易桥现代服务业企业运营中心将整合300家以上现代服务类企业，打造全国首个县级企业服务类平台等。

2月9日

农历丁酉年腊月廿四
星期五
温度：12℃—16℃
小雨

●市委常委会召开会议，传达学习习近平对政法工作的指示等。

●市全面深化改革领导小组会议召开，研究《中共泉州市委 泉州市人民政府关于稳步推进农村集体产权制度改革的实施意见》。

●德化县陶瓷产业跨越发展大会召开。

●由泉州市青年音乐人协会、泉州音乐家协会二胡艺术专业委员会主办的“少年国乐梦”新年音乐会在泉州音乐厅举行。

●一辆载有出口菲律宾快件的海关监管车辆驶离石狮国际快件监管中心，标志着石狮国际快件监管中心首批出口快件通关。

●晋江市“大干40天 比拼开门红”活动招商项目签约仪式举行，42个项目现场签约，计划总投资175亿元。

2月10日

农历丁酉年腊月廿五
星期六
温度：10℃—17℃
多云转阴

●市四套班子领导分别登门看望、慰问部分老领导、老同志。

●福建省春节拥军优属慰问总团泉州市分团分组走访部队指战员。

●市财政拨出150万元专项补助经费创建15个“放心肉菜示范超市”。

●由泉州晚报社，永春县蓬壶镇都溪村党支部、村委会，东南公益协会主办的“不忘初心 永记党恩”农村春节晚会在都溪村老年活动中心举行。

●10—25日，德化县首届戴云牡丹花展在该县浔中镇土坂村鑫义展德化智慧农庄举行。

市领导走访慰问老同志

市四套班子领导分别登门看望、慰问部分老领导、老干部，致以新春问候。

市委书记、市人大常委会主任郑新聪到施永康、胡美金、林大穆、朱明等老干部住所慰问。每到一处，郑新聪都与老干部谈心，询问老干部的生活情况和健康状况，祝愿他们新春愉快、健康长寿。慰问中，郑新聪代表市委、市政府感谢老干部们长期以来对泉州经济社会发展做出的贡献和对党委、政府工作的关心支持，并听取他们的意见和建议。表示市委、市政府将虚心接受、认真研究，转化到转型攻坚、聚力跨越工作之中，希望老干部一如既往地为泉州发展出谋划策、传递正能量。同时勉励相关部门及工作人员再接再厉做好老干部工作，像对待自己家里的长辈一样，全心全意做好服务、提供保障，让老干部安享晚年。

市长康涛带队到李建国、王继超、尤垂镇、涂瑞南等老干部家中走访慰问，代表市委、市政府致以节日问候和新春祝福。慰问中，康涛与老干部交谈，询问他们的生活起居和健康情况，感谢他们多年来为泉州经济社会发展打下的良好基础，祝福他们身体健康、家庭幸福、新春愉快。康涛表示，将把老干部们的肯定和鼓励转化为工作的动力，同时希望老干部们在新一年里，一如既往地对泉州各项工作给予关心、指导和帮助，为泉州转型攻坚、聚力跨越贡献智慧和力量。

市领导陈万里、陈灿辉、翁祖根、温惠榕、孔繁军、林万明、陈铁晗、张永宁、林锦明、杨晓山、刘建军等也分别看望慰问泉州市部分原任地厅级老干部、军休老干部。

郑新聪走访慰问老干部 （图/陈起拓）

市领导走访慰问部队官兵

福建省春节拥军优属慰问总团泉州市分团分组走访部队指战员，代表全市人民送去新春问候和美好祝福。市领导郑新聪、康涛、温惠榕、孔繁军、林万明、陈铁晗、张永宁、林锦明、刘建军、季翔峰、陈荣洲参加走访慰问。每到一处，市领导都与部队官兵座谈，军地双方相互通报一年来各自取得的新成绩。市领导对驻福建、驻泉州部队参与地方建设、支持泉州经济社会发展表示感谢，对部队一年来所取得的成绩表示祝贺。表示泉州将贯彻习近平强军思想，支持部队现代化建设，做好国防动员等工作，只要是国防和军队改革建设需要、只要是拥军优属需要，泉州将全力以赴支持落实。走访慰问中，部队首长表示官兵将继续心系“第二故乡”，加深“同呼吸、共命运、心连心”的军政军民情谊，为驻地经济社会发展做出新贡献。

泉州市创建15家“放心肉菜示范超市”

市财政拨出150万元专项补助经费创建15个“放心肉菜示范超市”，落实超市食品安全主体责任，对肉品、蔬菜、蛋品、水产品、水果等食用农产品实施源头严防、过程严管、风险严控，加强监督检查和监督抽检，强化社会监督，推动食用农产品种养殖、加工、贮存、运输、销售等各环节强化食品安全管理，提升食用农产品质量安全水平，让消费者放心消费、安心消费。

德化县首届戴云牡丹花展举行

10—25日，德化县首届戴云牡丹花展在该县浔中镇土坂村鑫义展德化智慧农庄举行。开幕式现场还举行文艺表演和免费送春联活动。此次展出的牡丹由鑫义展农业科技有限公司从山东菏泽引种，落地戴云山脚下的德化上涌镇种植，共3800多盆，有黄翠羽、绿香球、紫二乔等30多个品种。鑫义展农业科技有限公司是上涌镇精准扶贫大棚蔬菜基地，通过土地流转、资金入股、劳动力用工等方式，帮助当地贫困户脱贫。上涌镇政府相关负责人表示，此次山东牡丹成功在上涌基地种植，为上涌产业扶贫提供了一个新思路。

市政协党组（扩大）会议召开

市政协党组（扩大）会议召开，传达学习习近对政法工作的指示和中央、省委政法工作会议，全国扫黑除恶专项斗争电视电话会议，全国、全省统战部长会议，全国、全省组织部长会议及省、市委常委会议精神；学习《中央巡视工作规划（2018—2022年）》和《关于建立市县党委巡察制度的实施意见》主要内容。会议强调，要坚持民主和团结两大主题，自觉把思想和行动统一到中央和省、市委的决策部署上来，为做好新时代统战工作做出贡献。要维护以习近平同志为核心的党中央权威和集中统一领导，抓好政协机关党的建设和干部队伍建设。要提高政治觉悟，强化责任担当，落实全面从严治党各项要求。

全市组织部长会议召开

全市组织部长会议召开，总结部署全市组织工作。会议要求，全市各级组织部门要学习贯彻习近平新时代中国特色社会主义思想和中共十九大精神，以政治建设为统领，以“组织工作提升年”为目标定位，大兴调查研究之风，全面提升组织工作整体水平。会议指出，要抓好党的政治建设这一根本性建设，坚定自觉维护党中央权威和集中统一领导；推进习近平新时代中国特色社会主义思想的学习贯彻，开展“不忘初心、牢记使命”主题教育；坚持选人用人导向，建设高素质专业化干部队伍，在严管厚爱中提升干部干事创业精气神；以提升组织力为重点，推动基层组织建设全面进步、全面过硬；推动人才“港湾计划”纵深落地，打造人才价值实现的筑梦港湾。要持续建设模范部门和过硬队伍，激励引导组工干部在现代化泉州建设新征程中当先锋、做表率。

林万明走访慰问各民主党派泉州市委会

市委常委、统战部部长林万明走访慰问各民主党派泉州市委会。林万明到民革、民盟、民建、民进、农工党、致公党、九三学社、台盟泉州市委会走访慰问，了解各民主党派泉州市委会工作开展情况，并向大家致以新春问候。林万明希望，在新一年里，各民主党派泉州市委会要学习贯彻习近平同各民主党派中央、全国工商联负责人和无党派人士代表座谈时提出的“多党合作要有新气象，思想共识要有新提高，履职尽责要有新作为，参政党要有新面貌”等要求，贯彻落实中央、省委和市委作出的决策部署，履行参政党职责，积极参政议政、建言献策。

在泉州务工人员春节免费游泉州活动启动

由市总工会、市旅游局、市住建局、市文广新局、市民宗局、清源山风景名胜区管委会等主办的“幸福泉州·情系职工”2018年在泉州务工人员春节期间免费游泉州活动启动。此次外来务工人员春节免费游泉州优惠对象为所有在泉州务工的非泉州市籍人员；时间为2月11日（农历十二月廿六）至3月3日（农历正月十六）；免费游景点、项目主要包括市直各有关部门所辖的景区（点），如清源山风景名胜区、开元寺、洛阳桥、圣墓、天后宫、清真寺等景区，西湖公园、东湖公园、中国闽台缘博物馆、泉州华侨历史博物馆、泉州博物馆、泉州南建筑博物馆、中国海外交通史博物馆等场馆（景点内设置的其他收费项目不在免费范围之内）。除此之外，全市各县（市、区）也协调各有关部门，开放各自辖区内的相关景区（点），供外来务工人员“免费游”。

中法艺术家合奏梨园戏曲目《小闷》

中法艺术家合奏梨园戏曲目《小闷》音乐会在法国巴黎爱乐音乐厅举行。此系福建省梨园戏传承中心与法国MC93剧院第五年的交流项目，该场演出为东方传统梨园戏与“法兰西浪漫”交流画上圆满的句号。此次赴法交流团队由福建省梨园戏传承中心鼓师尤毓彬、青年演员郑雅思及乐师李志煌、李臻、吴瑛莺、叶志升、任展宏等组成。在法国，他们与当地艺术家共同演绎梨园戏传统折子戏《小闷》中的经典曲目《鸳鸯绣帷》。该曲目经法国青年作曲家Benjamin Attahir重新编排。

2月11日

农历丁酉年腊月廿六
星期日
温度：6℃—12℃
多云转晴

●市政协党组（扩大）会议召开，传达学习习近对政法工作的指示和中央、省委政法工作会议，全国扫黑除恶专项斗争电视电话会议，全国、全省统战部长会议，全国、全省组织部长会议及省、市委常委会议精神等。

●全市组织部长会议召开，总结部署全市组织工作。

●林万明走访慰问各民主党派泉州市委会。

●“幸福泉州·情系职工”2018年在泉州务工人员春节期间免费游泉州活动启动。

●中法艺术家合奏梨园戏曲目《小闷》音乐会在法国巴黎爱乐音乐厅举行。

2月12日

农历丁酉年腊月廿七
星期一
温度：7℃—16℃
多云转晴

●2018年新春团拜会举行。

●康涛检查春运、安全生产、市场供应和食品安全等工作，肖汉辉到泉州市燃气有限公司泉州门站开展安全生产检查。

●2018年市食安委全体成员会议暨全市食品药品监督管理工作会召开。

●海丝创业学院院长论坛在晋江市举办。

●由泉港区纪委监察委主办，区委文明办、区文体新局等主办的“传承优秀家训·推进移风易俗”书画文创精品展暨廉政文艺宣传小分队启动仪式举行。

●泉州安溪人，著名归侨、法学家、教育家和社会活动家，中国致公党的杰出领导人，中国人民政治协商会议第九届、十届全国委员会副主席，中国致公党第十一届、十二届中央委员会主席罗豪才逝世，享年83岁。

2018年新春团拜会举行

春节到来前夕，市委、市政府举行2018年新春团拜会。市四套班子领导郑新聪、康涛、陈万里、陈灿辉等出席团拜会。市委书记、市人大常委会主任郑新聪指出，过去一年，在习近平新时代中国特色社会主义思想指引下，全市学习宣传贯彻中共十九大精神，凝心聚力、攻坚克难、谋划长远，经济稳中向好，城市“颜值”和人民生活显著提升。把稳增长作为重中之重，坚持不懈抓转型升级，中化炼化一体化二期、晋华存储器、三安高端半导体等龙头项目落地建设，传统、重化、高新“三大板块”渐成格局。调动干部群众、专家团队、海内外乡亲的智慧力量，举办金砖国家治国理政研讨会、海丝国际艺术节，赢得世中运举办权。把开展生态修复、城市修补作为重要抓手，海丝新城加快环湾向湾生长，千年古城见人见物见生活。坚持以人民为中心的发展思想，抓好脱贫攻坚，获全国文明城市、卫生城市、森林城市、“长安杯”等称号。把抓好党建作为最大政绩，推动全面从严治党向纵深延伸，风清气正的政治生态、干事创业的氛围进一步形成。

新春团拜会现场（图/陈起拓）

市领导检查节日保障工作

市长康涛检查春运、安全生产、市场供应和食品安全等工作。康涛到泉州中心客运站售票窗口、安检关口、车辆例检等工作区和旅客候车室，查看车站安全管理与节日服务工作情况。康涛指出，虽然春运阶段性高峰已过，出行旅客人数有所减少，但安全问题仍不容小觑。各级各有关部门要按照市委、市政府统一部署，把安全管理责任落实到位，强化安全隐患排查整治，严防各类安全事故发生；要加强春节值班值守，盯紧人员活动密集时段，及时应对处置突发状况，确保人民群众出行平安。康涛到丰泽区东美农贸市场食品检测室，询问农产品质量安全检测内容、食品安全监管方法等事项；到食品交易区，了解进货渠道、价格运行、质量安全追溯等情况。康涛强调，要管住管好市场环境卫生，做好食品货源管控和农残检验检测，建立健全严密的农产品质量安全追溯体系，让老百姓买得舒心、吃得放心，度过一个欢乐祥和的春节。同日，副市长肖汉辉到泉州市燃气有限公司泉州门站开展安全生产检查，叮嘱务必加强管线巡查，确保节日期间供气安全和充足供气。

海丝创业学院院长论坛在晋江市举办

海丝创业学院院长论坛在晋江市举办，多所高校的创新创业学院院长、相关负责人等围绕多个与创新创业教育、高校创业教育发展相关的话题展开探讨交流。在谈到“高校如何发展创新创业教育”这一议题时，上海财经大学商学院教授、创业学院执行副院长刘志阳指出，高校应鼓励和倡导个体的创新创业精神，培养其创新创业核心素养，而不仅仅是要推动大学生创建企业。华侨大学创新创业学院院长陈国柱指出，高校要做好创新创业教育，应从“存创新创业教育之心、践创新创业教育之行、成双创人才之美以及应社会发展之需”四个方面着手。此外，厦门大学创业学院副院长唐炎钊则认为，高校创新创业教育应该树立一个“大创业观”，并坚持“两个面向”，其一是坚持面向全体在校生，重点培育在校生的创新精神、创业意识、创业的实践能力；二是坚持面向社会青年，以实践项目（或企业）为导向，给心怀创业之梦的社会有志之士提供一张完整的创业行动路线图。

全国党员电化教育微信号推送泉州动漫短片

13—17日，全国党员电化教育微信公众号“先锋微视”以“丰丫头带你秒懂党内组织生活那些事儿”为主题，连续五天单条推送《阿丰成长记》系列动漫短片。该部动漫短片由泉州市委组织部、丰泽区委组织部、安溪县委组织部和泉州晚报社新媒体中心制作。短片通过图文并茂、动态演绎的影像，完整标准地示范“三会”怎么开、党课怎么上、主题党日怎么过、组织生活会怎么严、民主评议党员怎么评等。该动漫短片分为五个系列，以老党员“老泉”和蟳埔女“阿丰”为主角，以“情景再现+制度解读”的形式，讲述阿丰从入党积极分子发展到正式党员过程中参加的所有党内组织生活。

为增强宣传教育的感染力、凝聚力，动漫画面还融入东西塔、文兴码头、市行政中心、泉州滨海公园、安南永德苏维埃政府旧址等诸多泉州本土文化元素，以及党员群众喜闻乐见的现代游戏、影视作品等情节，幽默生动地解读好每一项基本的组织生活制度，让严肃的理论宣传变得新颖活泼、通俗易懂，让基层党员在轻松愉悦的观影过程中加深对党内组织生活基本知识的理解和掌握，推动养成自觉参与党内组织生活的习惯。

泉州动漫短片《阿丰成长记》片花

2018年泉州职工网络春晚上线

2018年泉州职工网络春晚上线，对“放歌新时代，扬帆新征程”2018年泉州职工网络春晚14个获奖节目进行网络展播。自活动启动以来，在不到半个月的时间里，征集到200多个节目。经过初评，共有40个节目进入网络投票阶段，短短5天时间，泉州网官网、市总工会官方微信平台就获得38万多人次的浏览量，13万多人次参与投票。网络投票阶段，40个入选节目票数胶着。经过网络初评、专业评委复评，综合考虑职工网络春晚的艺术性、节目类型等因素，主办方最终评选出“职工网络春晚十佳节目”以及“最具网络人气奖”“最佳精神风尚奖”“最佳视觉效果奖”“最具行业特色奖”，14个节目榜上有名。获奖节目中，既有获全国大奖的合唱节目《年少的味道》，也有新晋网红乐队“东街62号乐队”带来的歌曲串烧；既有彰显医者仁心的情景剧《生命》，也有“苍蝇老虎一起打”的廉政文化小品；既有融合泉州梨园戏精髓的舞蹈《梨花蝶舞》，也有抒发乡土情深的诗朗诵《写给瓷都德化的一封信》。海丝文化、廉政文化、家风文化得以弘扬，“互联网+文艺”的形式，也成了市总工会践行中共十九大精神的创新之举。

相关链接：2018年泉州职工网络春晚获奖名单：职工网络春晚十佳节目：1.歌伴舞《我和我的祖国》。2.《江山如画》。3.合唱《年少的味道》。4.独唱《家乡刺桐红》。5.歌曲串烧《少年壮志不言愁》。6.舞蹈《梨花蝶舞》。7.情景剧《生命》。8.提线木偶《钟馗醉酒》。9.廉政文化小品《杨震夜半拒金》。10.配乐诗朗诵《写给瓷都德化的一封信》；最具网络人气奖：舞蹈《红豆红》；最佳精神风尚奖：诗朗诵《携手共绘同心圆》；最佳视觉效果奖：舞蹈《狮腾鼓悦》；最具行业特色奖：原创歌曲《平安文明好龙门》。

晋江工艺美术馆开馆

晋江工艺美术馆在晋江市五店市“大夫第”开馆。美术馆分为文化区、展示区、商品区，展示工艺木雕、陶瓷、漆器、漆画等艺术品。晋江工艺美术历史悠久，一大批工艺美术匠人们凭借信念与坚守，不断创作出艺术精品，水密隔舱福船制造技艺、潘山庙宇木雕、庐山国佛雕等多项传统技艺被列为国家级、省级非物质文化遗产。晋江工艺美术馆将致力打造一个更好地展示工艺美术作品、讲好晋江工艺美术文化故事的平台，打造一个促进海峡两岸经贸合作、文化往来的对台交流平台。

2月13日

农历丁酉年腊月廿八
星期二
温度：7℃—15℃
多云

●13—17日，全国党员电化教育微信公众号“先锋微视”以“丰丫头带你秒懂党内组织生活那些事儿”为主题，连续五天单条推送泉州动漫短片。

●2018年泉州职工网络春晚上线。

●晋江工艺美术馆在晋江市五店市大夫第开馆。

2月14日

农历丁酉年腊月廿八
星期三
温度：11℃—19℃
多云

●市领导带领市直有关部门负责人到各地开展慰问活动。

●市工商局发布禁止传销警示。

●由丰泽区总工会与匹克集团工会主办的“和谐匹克 情暖职工”留厂外来员工年夜饭在丰泽区翁宴酒店举行。

市领导到各地开展慰问活动

市领导带领市直有关部门负责人到各地访贫问苦，带去党委、政府的亲切关怀和新春祝福。

市委书记郑新聪到晋江市新塘街道困难群众、困难党员家中，送上党委、政府的关爱和温暖。低保户柯长梗夫妻身有残疾，家中还有66岁的患病老母亲和两个年幼的女儿，家庭收入微薄。郑新聪询问他们的家庭收入来源、身体健康状况、家庭成员等情况，鼓励他们树立信心，克服眼前困难，叮嘱镇村要积极主动为困难群众排忧解难，从慈善补助、就业帮扶等方面予以支持，发动社会各界共同关爱困难群众。在80岁的老党员王为劳家中，郑新聪得知王为劳即便经济困难还热心支持村里的公益事业，连连表示赞赏，勉励老党员在力所能及的情况下，参与移风易俗、村容整治等工作，主动为群众解疑释惑、引领文明风尚，并嘱咐当地镇村干部平时要多关心困难党员，及时为他们解决实际困难。

市长康涛到南安市溪美街道和丰泽区新华小区，慰问低保户、困难党员及困难职工。上有老，下有小，人到中年的低保户陈新敬却因中风致残，康涛要求各级各部门多到困难群众家中走访摸排，多渠道壮大村集体经济收入，尽力为他们排忧解难。在困难党员林孙友、低保户林建筑家中，康涛与大家交谈，希望他们保重身体，培养好孩子。有什么困难，尽管向党委、政府寻求帮助。在困难职工蔡晋锋家中，康涛鼓励他坚定信心，鼓足勇气，渡过眼前难关。

市领导陈万里、陈灿辉、翁祖根、温惠榕、孔繁军、林万明、陈铁晗、张永宁、林锦明、杨晓山、刘建军等分赴各县（市、区），慰问泉州市部分城乡特困户、特困计生“二女户”、重点优抚对象、困难党员、困难道德模范、困难职工及困难台胞、侨胞等，鼓励他们保持乐观心态，积极面对困难，嘱咐各级各有关部门多关注他们的生活，尽力帮扶解决实际问题。

市工商局发布禁止传销警示

受国际金融危机冲击，国内经济下行压力加大，传销活动尤其是网络传销呈抬头之势，已成为危害人民群众财产安全和社会稳定的严重隐患。为避免人民群众上当受骗，保护人民群众的财产安全，市工商局发布禁止传销警示。

警示包括五方面：一是警惕传销组织打着“招工”“招聘”“介绍工作”等名义，诱骗学生、农民、下岗职工等从事传销活动。二是警惕传销组织谎称“国家搞试点”“西部大开发”“国家、地方政府暗地里支持”，以所谓资本运作、特许经营、加盟连锁、连锁销售等形式，以高额回报为诱饵，以参观、考察、投资为幌子骗取他人来异地非法聚集的“拉人头”式传销。三是警惕传销组织披着合法公司、企业的外衣，以销售商品为掩护，以高额返利、高额回报为诱饵，通过发展加盟商、业务员等形式从事传销活动。四是警惕利用互联网进行传销。随着网络的发展和普及，一些传销组织打着电子商务、网络直销、网络营销、网络代理、网上学习培训等名义，以快速发财致富为诱饵，诱骗不明真相群众通过银行汇款、第三方支付等方式缴纳入门费，在网上注册成为所谓会员或代理商，发展下线，从事传销活动。五是警惕以互联网金融名义，承诺高回报高收益，以传销手段非法集资的骗局。此类运作模式违背价值规律，资金运转难以长期维系，一旦资金链断裂，投资者将面临严重损失。

市工商局相关负责人介绍，无论传销活动如何变化发展，其实质仍是发展人员，通过被发展人员直接或间接发展的人员数量或者销售业绩为依据计算和给付报酬，或者要求被发展人员以交纳一定费用为条件取得加入资格等方式牟取非法利益的行为。对此，执法人员提醒群众，组织策划传销或者介绍、诱骗、胁迫他人参加传销，依法应当承担行政违法甚至刑事犯罪责任。同时，参与传销也是违法行为，其损失的钱财不受法律保护。群众要提高警惕，摆正心态，不要轻信各类传销骗局，如果发现传销活动，应及时向发生地的工商（市场监管）、公安机关举报。

全市水库蓄水5.5亿立方米保障春节用水

为确保春节及下阶段供水，泉州市加强晋江东、西溪流域发电供水调度，利用天然来水，做好抗旱保水工作。按照市防汛抗旱指挥部的工作部署，安溪县防汛抗旱指挥部协调城西拦河闸、城东电站、曾坑水闸、罗峰电站等梯级发电供水单位，提前制定发电供水计划，做到西溪干流有序发电供水。各类径流式水闸、电站按照每日天然来水量来去平衡的调度原则，保持小流量长时间均匀发电。北渠和南渠在保障生产生活用水需求的前提下，尽量关小渠首闸，减小直至关闭尾水闸和沿途各冲污分水节制闸，采取措施堵漏闸门，压缩生态用水量和减少沿途水量损失。截至是日，全市19座大中型水库总蓄水量5.5亿立方米，占正常库容的56.6%，保障全市春节期间用水。

泉州籍企业家许荣茂携《丝路山水地图》亮相春晚

在中央电视台2018年春节联欢晚会上特别设计的“国宝回归”环节中，世茂集团董事局主席、泉州籍企业家许荣茂携《丝路山水地图》亮相。16日起，《丝路山水地图》在故宫官方网站以高清图像的方式展出。《丝路山水地图》绘于绢本之上，幅宽0.59米，全长30.12米，是一幅绘制于明代中后期的皇家青绿山水手卷。

该图描绘东起嘉峪关、西至天方城（今沙特阿拉伯麦加）的辽阔地域范围。该幅地图负载了大量原始的地理信息，它的出现，以实物证明在西方地图传入中国之前，中国对世界地理，特别是对于丝绸之路沿线已有清晰认识。该图涉及中国、吉尔吉斯斯坦、乌兹别克斯坦、塔吉克斯坦、阿富汗、伊朗、叙利亚、伊拉克、沙特阿拉伯、埃及等东亚、中亚、西亚及北非的10个国家和地区。

故宫博物院院长单霁翔讲述了故宫与这幅画的故事：2017年5月，单霁翔接到一封来自北京大学林梅村教授的信，介绍了流失海外的《丝路山水地图》的重要性和对故宫博物院的意义。正当故宫为筹措资金焦虑时，许荣茂得知该情况，当即决定出资1.33亿元，从私人收藏家手中收购该作品，并将它无偿捐赠给故宫博物院。

全市开展春节黄金周文化旅游活动

春节黄金周期间，全市各县（市、区）和景区举行丰富多彩的文化旅游活动。洛江区的泉州海丝野生动物世界举行“喜迎新春，国宝熊猫来泉贺新年”主题活动。泉港区举行庆十九大新春乡村音乐会、太极拳专场展示活动、2018新春“悦读会”系列活动、“迎新春”北管演奏会等。晋江市举行戏剧表演、年货伴手礼展示、花灯展示、婚纱展、快闪、摄影比赛等活动，如五店市迎春庙会、2018年晋江元宵民俗文化灯会、“奇境之旅”梦幻光影艺术展、安海镇闽南歌曲专场、南音会唱、花灯展览、晋江市（安海)第二届元宵文化节开幕式、“咱村是景区”围头十八景作品展等。石狮市举行元宵灯会等，南安市举行英都油灯盛会“拔拔灯”、洪濑天香踩街等，惠安县举行惠女风情表演、南音演奏等，安溪县举行凤山灯谜展、南音表演、掌中班演出、新年鸣钟祈福活动等，永春县举行首届永春“发现永春”摄影节暨第八届北溪桃花文化旅游节等，德化县举行九仙山带你“热”闹上天“过大年尝美食”等活动。

“四海一家·欢度除夕”迎春联欢晚会在石狮市举行

第十七届“四海一家·欢度除夕”迎春联欢晚会在石狮市总工会职工活动中心举行。500多名留在石狮过年的外来务工人员欢聚一堂，吃年夜饭、观看春晚和通宵贺岁电影，一起迎接狗年春节的到来。图为活动现场。（图/泉州晚报社）

2月15日

农历丁酉年腊月廿九
星期四
温度：14℃—21℃
小雨

●截至是日，全市19座大中型水库总蓄水量5.5亿立方米，占正常库容的56.6%，保障全市春节期间用水。

●在中央电视台2018狗年春节联欢晚会上特别设计的“国宝回归”环节中，世茂集团董事局主席、泉州籍企业家许荣茂携《丝路山水地图》亮相。

●春节黄金周期间，全市各县（市、区）和景区举行丰富多彩的文化旅游活动。

●第十七届“四海一家·欢度除夕”迎春联欢晚会在石狮市总工会职工活动中心举行。

2月16日

农历戊戌年正月初一
星期五
温度：12℃—21℃
多云

●为补齐医疗资源短板，2018年，泉州市继续深化“医改”，加快医疗卫生项目建设，全面启动医联体建设。

●泉州市新增1家专利代理机构。至此，泉州市共有经国家、省知识产权局批准设立的专利代理机构10家、办事机构11家。

●市旅游局推出春节期间古城免费游活动。

●驻泉州某部在新兵中开展“一线连两地，跟爸妈一起过大年”活动。

泉州市全面启动医联体建设

为补齐医疗资源短板，2018年，泉州市继续深化“医改”，加快医疗卫生项目建设，全面启动医联体建设，推进分级诊疗，强化疾病防控能力，加快全市卫计事业发展。医联体是指区域医疗联合体，是将同一个区域内的医疗资源整合在一起，通常由一个区域内的三级医院与二级医院、社区医院组成一个医疗联合体。2018年，泉州市结合实际，全面加快组建城市医联体、县域医共体、专科联盟、远程医疗协作等紧密型医联体模式。

实施过程中，重点完善“四个机制”，形成“四个共同体”，即完善畅通双向转诊机制，形成服务共同体；完善权责一致引导机制，形成责任共同体；完善利益分配机制，形成利益共同体；完善区域医疗资源共享机制，形成管理共同体。在市级层面，泉州市组建市第一医院医疗集团，把老年医院、妇产医院等市级医院纳入。

除医联体外，2018年泉州市继续推进市、县13个医疗卫生重点项目，总投资90.89亿元，年度计划投资15.25亿元，采取“一对一”挂钩督办、挂图作战等方式，保质提速推进。重点支持市老年医院、妇产医院等12个市、县项目，对补齐老年康复、妇产等医疗卫生短板发挥直接作用。鼓励社会办医方面，重点扶持发展老年康复、中医药、儿科、职业病防治、精神卫生等，与公立医院实现优势互补、错位发展。

泉州专利代理机构达10家

泉州市新增1家专利代理机构。至此，泉州市有经国家、省知识产权局批准设立的专利代理机构10家、办事机构11家，有执业专利代理人62名，从业人员200多名。市知识产权局加大对专利代理机构的扶持力度，在2016年11月出台的《泉州市人民政府办公室关于促进专利运用和保护的意见》中，对在泉州市新依法注册登记，并经国家知识产权局批准设立的专利代理机构，每家给予一次性10万元扶持资金。此外，对代理机构代理泉州市授权发明专利，给予每件200元的补助经费；对代理泉州市申请人通过PCT途径向国外申请专利获得授权的，发明专利和实用新型专利每件分别给予代理机构1000元和500元的补助经费；对居住地在泉州市的人员，通过全国专利代理人资格考试的，每人给予一次性5000元的奖励。2017年，泉州市下达此部分扶持经费39.68万元。

市旅游局推出春节期间古城免费游活动

为推动古城游发展，提升古城游体验，同时了解游客需求，为下一步工作服务，市旅游局以春节为契机开展古城免费游活动。市旅游局介绍，此次活动设定单一线路：天后宫—德济门遗址—清净寺—文庙—钟楼—西街—1915艺术空间—开元寺，定向古城内四家重点星级酒店游客。活动参与酒店非常积极，通过网络、总台、值班经理等多种渠道向游客发布、介绍古城免费游。

据统计显示：从游客的分布情况看，江浙一带人数最多，超过50%，其次是上海、山东的客人，北京、天津、河南也有不少游客喜欢泉州古城，参加古城免费游的还有少量欧美游客。从游客到泉州组团方式看，参与古城免费游的都是通过网络订房的自助游客人，以家庭组团或亲朋好友组团的形式到泉州。从游客到泉州目的来看，探亲访友、商务活动等不再一枝独秀，参加古城免费游的不少客人都是慕名而来，单纯以旅游为目的，春节期间他们呼朋唤友把泉州作为旅游目的地。从游客游后感受来看，市井文化、闽南建筑等让他们印象最深，游客对偶遇免费游古城活动感到非常幸运，对游览过程及泉州文化非常满意。

古城免费游活动受到外来游客欢迎（图/张素萍 许小程）

2月17日

农历戊戌年正月初二
星期六
温度：10℃—16℃
阴转晴

●市领导到全市各行各业一线慰问春节期间坚守岗位的部分干部职工代表。

●泉州市健身大拜年系列活动全面启动。

市领导慰问坚守岗位干部职工

市领导到全市各行各业一线慰问春节期间坚守岗位的部分干部职工代表，为他们送去新春祝福。

市委副书记、市长康涛带领相关部门负责人，到福建联合石化公司、中化泉州石化公司、泉南供水有限公司、泉秀小型垃圾转运站、中骏世界城公交首末站、市行政执法局110联动值班室等地，向工作在一线的干部职工致以敬意。每到一处，康涛都关切询问企业生产运行、职工值班安排、后勤组织保障等情况，并代表市委、市政府感谢大家过去一年为泉州经济社会发展所作出的努力和付出。康涛希望，广大干部职工学习贯彻习近平新时代中国特色社会主义思想和中共十九大精神，在市委统一领导下，围绕“转型攻坚 聚力跨越”工作主线，继续立足自身岗位，做好本职工作，为泉州新一轮跨越发展做出新贡献。

市人大常委会党组书记陈万里、市政府领导陈荣洲到泉州市中医联合医院、福建医科大学附属第二医院、泉州市第一医院、泉州市儿童医院、泉州市急救指挥中心等医疗卫生单位，慰问坚守一线岗位的医务人员。市领导询问节日值班安排、医务人员工作环境等情况，感谢他们为保障全市人民的生命健康所作出的贡献，并送上新春祝福。市领导希望大家提高医疗服务品质和水平，让人民群众感受医改“红利”，办好人民满意的医疗卫生事业。

市政协主席陈灿辉、副市长吕刚带队到泉州客运中心站、泉州动车站及其派出所慰问春运一线的干部职工，对他们在节日期间坚守岗位、为民服务表示感谢，并送上新春祝福。了解两个站的春运情况及安保工作后，市领导希望干部职工在春运期间坚守岗位尽职尽责，科学合理调度运力，把好安全出行关，确保节日运输安全、平稳、有序，用热情周到的服务，让旅客舒心出行；在新一年里，继续砥砺前进，创新服务方式，细化服务举措。

市委常委、秘书长翁祖根，副市长肖汉辉到市委机要局、市委市政府总值班室、武警泉州支队执勤一大队执勤一中队、市行政中心保安大队慰问在岗工作人员，对他们一年来的辛苦工作表示感谢，并致以新春问候。市领导希望大家继续发扬不怕吃苦、连续作战的精神，密切协调配合，强化值班值守和应急处突，确保各项工作安全、有序、高效。

市委常委、市纪委书记温惠榕，副市长卢炳椿带队到武警泉州支队执勤一大队执勤一中队、边防支队后渚边防派出所、丰泽分局刑侦大队、消防支队特勤大队二中队、交警支队、鲤城分局临江派出所、市公安局治安支队慰问。市领导希望干警们加强值班备勤、安保服务，以临战的姿态、扎实的作风、坚决有力的措施，确保人民群众度过一个平安、祥和、快乐的春节。

市委常委、组织部部长孔繁军，副市长洪自强到中国移动泉州分公司、中国铁塔股份有限公司泉州分公司、中国联通泉州分公司、市邮政管理局、国网泉州供电公司、中国电信泉州分公司，看望慰问坚守岗位的一线干部职工，感谢这些单位过去一年为泉州经济社会发展做出的贡献，希望干部职工尽职尽责，保障服务质量，确保全市人民欢度新春佳节。

市委常委、统战部部长林万明，副市长季翔峰到泉金航线联检部门、泉州晋江国际机场，慰问坚守岗位的干部职工，询问他们的工作和生活情况，感谢他们一年来的劳动，并致以新春的祝福和节日的问候。同时，希望相关单位科学合理地做好春节期间的工作安排，特别是针对人流高峰时期，要落实工作责任，确保节日期间交通安全形势稳定。

市委常委、宣传部部长陈铁晗带队到泉州晚报社和泉州广播电视台，看望慰问一线新闻采编人员和工作人员，感谢新闻工作者一年来的工作。陈铁晗希望，新一年，新闻媒体要保持新闻舆论工作的正确政治方向；围绕中心服务大局，弘扬主旋律、凝聚正能量、提振精气神；加大文化体制改革，加强队伍建设，做党和人民信赖的新闻工作者。

市委常委、政法委书记林锦明带队到市看守所、市司法强制隔离戒毒所、市拘留所、市收容教育所、泉州监狱、市戒毒所，慰问监所民警。林锦明表示，各监所要加强应急值守，做好各项突发事件应急处置准备工作；要关注在押拘留人员的心理动态，引导他们增强认识、努力学习、专心改造；要开展丰富多彩的节日活动，度过一个安全、祥和的春节。

2月18日

农历戊戌年正月初三
星期日
温度：13℃—21℃
多云转阴

●郑新聪检查泉州市节日应急保障，并看望慰问坚守岗位的一线员工。

●南安市2018新春招商推介会举行，康涛与参会各界人士畅叙乡情，共话发展。

●晋江市海内外乡亲新春座谈会举行。

●18—20日,第十四届中国（南安）国际水暖泵阀暨消防器材交易会在南安市福建成功国际会展中心举行。

●5000多名信众跟随洛江区虹山乡聚峰宫的圣祖妈像巡境，最终到达莆田市仙游县圣泉宫祖殿谒祖进香。

●18—20日，2018“祥菲杯”福建省象棋公开赛在石狮市举行。

●全省首个村级文联在惠安县螺阳镇前康村成立。

郑新聪检查节日应急保障

副省长、市委书记郑新聪检查泉州市节日应急保障，并看望慰问坚守岗位的一线员工。在市委、市政府总值班室，当班人员在岗在位，工作井然有序。在市交警支队指挥中心，值班人员正密切监控市区各主次干道路况，及时接听处理群众来电。市消防支队特勤二中队大院内，消防官兵在岗待命，各种应急救援设施一应俱全。国网泉州供电公司配电抢修班配备21名专业抢修人员和各类抢修设备，保障群众用好电、过好节。每到一处，郑新聪都与值班人员交谈，并代表市委、市政府向全市值守在各个岗位的干部职工、公安干警、消防官兵等致以节日问候和衷心感谢。郑新聪要求各级各相关单位科学调配力量、加强值班值守和各项应急预备，严格依法办事、严查违法行为，同时加大对基层群众自觉遵守法律法规和提升自我防护能力方面的宣传，用执法队伍和服务窗口干部职工的辛勤劳动，保障全市人民过个欢乐祥和的春节。

康涛参加南安市新春招商推介会

南安市2018新春招商推介会举行。泉州市长康涛参加，并与参会各界人士畅叙乡情，共话发展。在听取发言后，康涛指出，南安人敢拼共赢，恋祖爱乡，走南闯北，事成四方，打造出石材、水暖等一系列在全国举足轻重的行业。在外打拼的乡贤或是回乡创业，或是捐资公益，支持参与着家乡的发展建设。把在外发展的“南安人经济”，转化为“南安经济”，这是南安发展的关键优势。当前，泉州在市委统一领导下，坚持转型攻坚、聚力跨越，产业升级进入良性轨道。希望乡亲们常回家看看，多为家乡发展献计献策；抓住当前泉州新一轮发展的难得机遇，积极回乡投资兴业，推动自身事业更上一层楼。泉州和南安的两级党委、政府将以最大诚意，尽最大努力，扎实服务好、保障好每个项目，为企业发展提供最好的政务服务、最优的产业生态、最美的城市环境，让每一个投资者放心创业，安心发展。会上实现落地58个招商项目，计划投资金额443.718亿元。共有包括泉州冷链物流园项目、精准医学产业园、绿色泛家居小镇、九牧供应链结算平台等13个项目现场举行签约仪式，其中园区平台类项目4个、企业平台类项目5个、社会事业类项目2个、新能源类项目2个，计划总投资291.5亿元。

晋江市海内外乡亲新春座谈会举行

晋江市海内外乡亲新春座谈会举行。晋江市负责人与春节返乡的百名海内外乡亲忆乡愁、叙乡谊，共谋晋江新一轮发展大计。与会乡亲围绕产业创新转型、文化教育事业发展、宜居城市建设、办好世中运等内容建言。晋江市负责人表示，希望海内外乡亲多宣传推介晋江，讲好“晋江故事”；参与家乡发展，帮助晋江引进更多优秀人才、优秀团队、先进技术；当好牵线搭桥人，增进联络联谊、互动交流、合作共赢；共同倡导晋江文明，助推移风易俗、乡村振兴。座谈会现场还举行招商推介。

第十四届南安国际水暖泵阀交易会举行

18—20日,第十四届中国（南安）国际水暖泵阀暨消防器材交易会在南安市福建成功国际会展中心举行。图为交易会现场。

（图/吴嘉晓　蔡紫旻）

全省首个村级文联在惠安县成立

全省首个村级文联——前康文学艺术界联合会在惠安县螺阳镇前康村成立。该村共有11个村民自发组成的艺术团体——文学协会、摄影协会、书法协会、美术协会、音乐协会、乒乓球协会、篮球协会、舞蹈协会、曲艺协会、收藏协会和棋艺协会。

石狮市招商推介会举行

石狮市海内外乡亲新春座谈会暨招商推介会举行。座谈会上，石狮市相关负责人对近年来石狮的产业转型、项目建设、城市发展、营商环境等情况作介绍。随后，佳龙PTA转产PIA改造项目、禾禾沂家影视、杨孙西服饰展览馆、伊妮斯一体化工厂、青创城网批中心二期、泉州港航运中心、永宁万佳酒店、长发水产冷冻加工、建新轮胎、晨光高科技环保纱生产10个项目进行签约。10个项目总投资达52.1亿元，涵盖智能制造、纺织服装、海洋食品等工业生产项目，以及文化旅游、专业市场、港口经济等现代服务业项目，契合石狮市“创新转型、实业强市”的发展战略部署。

蔡国强纪录片《艺术怎么样？》在泉州首映

蔡国强纪录片《艺术怎么样？》在泉州影剧院首映，上千名观众到场观看。首映结束后，泉州籍当代著名艺术家蔡国强和该部电影的导演夏姗姗与大家分享创作情况和新春感想。《艺术怎么样？》由蔡国强首部纪录片《天梯》联合制作人及副导演夏姗姗执导。影片记录蔡国强受卡塔尔博物馆局委托，历时三年构思、策划的同名大型群展的过程。蔡国强走访15位中国参展者，其中不仅知名艺术家和已展露天赋的年轻艺术家，还有平时较少接触艺术的农民。片中蔡国强自述策展目标，亦萃取他与艺术家和专家直扣人心的问答，利用摄影机聚焦中国当代艺术迟迟未被正视的挫折与焦虑。

蔡国强表示，中国当代艺术水平究竟如何，艺术家贡献多大，那些天价中国当代艺术品有何价值，有没有创造性？这是中国当代艺术发展最基本也是最核心的问题，但此前关注和探讨都太少了。蔡国强在谈及如何将泉州有机地融合到当代艺术创作中时表示，在他眼里，泉州文化元素再丰富，在当代艺术创作中可以展示的东西也是有限的，要转化成为当代的艺术语言，让世界观众产生共鸣还需再下功夫。

华侨大学发布《春节旅游安全白皮书》

华侨大学旅游安全研究院、智慧旅游研究所发布《春节旅游安全白皮书》，分析春节期间的旅游风险形势，梳理旅游途中的安全知识，为春节安全出游提供建议。根据分析，春节旅游安全事故总体特征表现为，旅游事故发生在女性游客身上略多，占55.7%，其中38—47岁为事故多发年龄段。老年人群是致伤率最高的人群，经常发生摔伤、扭伤等事故。地点方面，国内，华东和西南地区相对来说事故发生较多。人员受伤多为在乘坐大巴、景区导览等时段。

永春县首届新青年论坛举办

由共青团永春县委员会主办、泉州农商银行协办、永春青年创业园承办的永无止境·第一届“创想、创新、创业”新青年论坛在永春青年创业园举办。论坛以“创想、创新、创业”为主题，邀请永春县诸多青年企业家分享经验，旨在为永春青年创造一个人才沟通和交流的平台。论坛上，资深大数据从业者黄丁聪就大数据的认知、应用热点、当前面临的挑战等作分享；上海维拉沃姆联合创始人郑联达与大家分享“区块链与未来社会”，区块链将很快改变世界，抓住这个风口会让年轻人走上一个新的财富制高点；北京块客工场CEO兼CTO、李开复投资公司糖护士联合创始人郑志华与大家分享“区块链与健康科技”；谷田稻香餐饮连锁集团董事长张礼平讲述自己十几年的创业历程，也用自己的实践激励青年创业者。

永春县举行企业招工现场会

为协助企业解决节后招工难问题，为下岗失业人员、城镇劳动力、大中专和技校毕业生、农村富余劳动力、外来民工提供免费就业平台，永春县在县工业园区举行企业招工现场会。图为求职者到场咨询。（图/姚德纯）

2月19日

农历戊戌年正月初四
星期一
温度：13℃—23℃
多云

- 石狮市海内外乡亲新春座谈会暨招商推介会举行。
- 泉州籍当代著名艺术家蔡国强纪录片《艺术怎么样？》在泉州影剧院首映。
- 华侨大学旅游安全研究院、智慧旅游研究所发布《春节旅游安全白皮书》，分析春节期间的旅游风险形势，梳理旅游途中的安全知识，为春节安全出游提供建议。
- 丰泽区浔美工业区一食品厂房突发大火，无人员受困。
- 由共青团永春县委员会主办、泉州农商银行协办、永春青年创业园承办的永无止境·第一届“创想、创新、创业”新青年论坛在永春青年创业园举办。
- 永春县企业招工现场会在县工业园区举行。

2月20日

农历戊戌年正月初五
星期二
温度：13℃—20℃
阴转多云

●省政府发布表彰决定，对福建省参加第十三届全运会的竞技体育获奖者给予表彰和奖励，同时通报表扬获得全运会群众体育项目金牌的福建省运动员和教练员。

●泉金航线迎客流高峰。

●泉州籍当代著名艺术家蔡国强艺术演讲《说说我的艺术怎么样？》在市区西街1915艺术空间举行。

●福建省姓氏源流研究会施氏委员会第四届职员就职典礼在石狮市举行。

●在南安市柳城街道新落成的象山小学，500多位回乡过节的南安市柳城街道象山社区企业家、乡贤、爱心人士众筹出280万元成立象山小学校董会，所筹资金全部用于象山社区兴教助学。

泉州市运动员获省政府表彰奖励

省政府发布表彰决定，对福建省参加第十三届全运会的竞技体育获奖者给予表彰和奖励，同时通报表扬获得全运会群众体育项目金牌的福建省运动员和教练员。泉州市50多人榜上有名，其中8名运动员获记一等功。在该届全运会上，福建省代表团在竞技体育项目中获17.5枚金牌、15.5枚银牌和20枚铜牌，创造福建省参加全运会以来的最好成绩。为表彰先进，推动竞技体育加快发展，省政府决定给予获得金牌的23名运动员和16名教练员各记一等功一次。其中泉州市获得金牌的8名运动员林超攀、刘咏诗、陈冰冰、陈海威、王乌品、叶泳涛、许燕茹、李发彬获记一等功。省政府同时对获得前三名的运动员、教练员，第四名及以后录取名次的运动员，获得体育道德风尚奖的集体和个人以及各运动项目管理中心的科研、医务、后勤等有功人员进行奖励。在该届全运会竞技体育比赛项目上，泉州市有8名运动员在激流回旋、击剑、举重（56公斤级）、体操全能、三级跳远等7个项目上获得7枚金牌，8人在双人赛艇、蹦床、射箭、举重（85公斤级）、400米栏、三级跳远、体操等11个项目上获得11枚铜牌，所获金牌数占全省金牌总数的40%，奖牌数占全省奖牌总数的34%，金牌和奖牌数均位居全省各地市之首，创造历史最佳成绩。

泉金航线迎客流高峰

随着2018年春节小长假结束，泉金航线客流量成倍增长。泉金航线19日运送两岸旅客835人次，20日运送两岸旅客864人次，约为平日旅客人数的3倍，泉金航线迎来春节旅游和探亲的回程高峰。2018年，受大陆航空公司航班受阻等因素影响，泉金航线客运量较往年增长较多，春节小长假运送旅客人数较2017年增长近三成。随着气温回暖，短途游和周末游有所升温，泉金航线成为连接泉州与金门往来交通方式的不二选择。

蔡国强艺术演讲在泉州举行

泉州籍当代著名艺术家蔡国强艺术演讲《说说我的艺术怎么样？》在市区西街1915艺术空间举行。活动现场，蔡国强向乡亲与海峡两岸艺术青年分享大半生的艺术心路。蔡国强是从泉州走出去的艺术家，被誉为“亚洲在世的艺术家中最举足轻重的人”。他善于从广阔的艺术史中找到现代思想的呼应，并通过火药、绘画、录像及表演艺术等数种媒材，创作出当代人关切的作品，成为这个时代最令人着迷的艺术家。

蔡国强24岁时离开泉州到上海求学，1986年旅居日本，1995年移居纽约，大半生创作了无数震惊艺术界的作品，但是蔡国强与他的艺术始终没有离开过故乡泉州、故土中国。2015年，屡次失败却在家乡成功完成的作品《天梯》印证了这一点。蔡国强表示，他认为这是可以与2008年北京奥运会开幕式“大脚印”媲美的作品。在演讲结束时，蔡国强特别提到艺术创作道路上遇到的困惑和焦虑，认为在家乡人面前，除分享成绩外，还要袒露问题，这样才会更加真实立体。随后，蔡国强还与20名台湾艺术院校学生进行交流。蔡国强鼓励台湾青年艺术学生要勇于实现自己的艺术之梦。艺术家不要受太多束缚，要将自己的“七情六欲”解放出来，通过不断尝试，找到适合自己的艺术表达方式。

蔡国强向乡亲与海峡两岸艺术青年分享大半生的艺术心路（图/陈起拓）

春节假期全市实现旅游收入23.6亿元

春节假日期间，全市接待游客251.85万人次，同比增长23.1%，实现旅游收入23.6亿元，同比增长34%。随着东亚文化之都、海上丝绸之路起点的品牌效应不断凸显，到泉州感受古城文化魅力的游客越来越多。据统计，正月初二至初五，市区西街人流总量达25万人次，日均人流量近6.28万人次。为方便游客出行，旅游部门专门举办“小白”免费游古城活动，即凭酒店住宿房卡报名古城半日游，假期前三天接待334人次，远超原计划每天56人次的接待量。

不少县（市、区）的景区也推出各具特色的民俗节庆活动，吸引众多游客前往。惠安崇武古城风景区推出鸣锣献金鼓、惠女风情等表演；安溪清水岩风景区开展“清水祖师佛诞法会”系列迎春民俗活动；清源山景区举办“赏非遗民俗过泉味大年”活动，涵盖民俗文化乐翻天、梦回汉唐重温初心、火鼎公婆提线木偶等表演；晋江五店市传统文化旅游区举办迎春庙会、“奇境之旅”梦幻光影艺术展、全国书画百家名作联展等活动。据统计，春节期间，惠安崇武古城、中国闽台缘博物馆、安溪清水岩、清源山景区、五店市5个景区接待游客87.17万人次，均呈现不同程度的增长，其中清源山景区游客人数同比增长达46%。

举家出游更是节日期间必不可少的合家欢“节目”。以家庭亲友为单位的自助游、自驾游、自由行主导市场，在在线旅游的兴起和节假日高速公路免费的双重刺激下，行程自由、出行时间随性的自驾自助游成为主要出行方式。泉州市自驾游条件日趋完善，自驾游服务质量和接待水平日益提高，来自厦门市、泉州市各县（市、区）之间探亲访友和短线游、休闲游、自驾游等受到游客青睐。春节期间，来自泉厦漳等地的私家车辆络绎不绝地开进泉州市各景区景点，场面壮观火爆。从春节期间游客抽样调查结果看，到泉州游客中，自驾出游的游客占比达52.2%。

游客在晋江五店市传统街区感受闽南年味（图/林劲峰　黄雯靓）

春节假期全市高速公路超300万辆次通行

春节假期最后一天，也是高速公路免通行费的最后24小时。全天泉州高速交警支队全辖区高速公路从三明、龙岩往泉州、厦门方向的车流量持续较大，其中厦沙高速龙门路段、德化路段，泉三高速观音山路段、永春路段，沈海高速水头路段自上午10时起车流便处于持续高峰中。20日，泉州高速公路车辆通行量突破50万辆次，全日持续车流高峰；而春节整个高速路免费期间（截至21日下午4时数据）已超过300万辆/次。至21日下午4时30分，厦沙高速德化收费站因车流量大临时关闭，泉三高速吉州服务区处于半封闭管制中；下午5时40分，泉三高速下洋收费站、蓬壶收费站入口管制，出口分流；晚上6时30分，厦沙高速德化路段上涌收费站入口管制，出口分流，九仙山入口管制。

泉州木偶剧团在埃及表演“闹元宵”

举行。埃塞俄比亚、苏丹、肯尼亚、阿尔及利亚、印度、泰国和中国等国的艺术团体参加演出。泉州木偶剧团领队陈应鸿介绍，作为“欢乐春节”活动之一，剧团在当地演出了8场。中国驻埃及大使馆文化参赞石岳文表示，2018年在埃及多地举办的“欢乐春节”活动形式多样，除夕夜开罗地标性建筑开罗塔首次点亮象征喜庆的“中国红”，在红海旅游胜地沙姆沙伊赫首次举办春节庙会，并举行尼罗河龙舟赛等活动。

2月21日

农历戊戌年正月初六
星期三
温度：11℃—14℃
小雨转阴

●春节假日期间，全市接待游客251.85万人次，同比增长23.1%，实现旅游收入23.6亿元，同比增长34%。

●春节假期全市高速公路超300万辆次通行。

●泉州木偶剧团在埃及阿斯旺国际艺术节闭幕式上表演“闹元宵”。

●泉港区北管“庆新春”专场音乐会在该区前黄镇坝头文化馆举行。

2月22日

农历戊戌年正月初七
星期四
温度：10℃—12℃
小雨转阴

●2018年元宵泉州灯会专题会议召开，听取灯会筹备及安保准备工作汇报，部署下一步工作。

●泉州市金鸡拦河闸经安全鉴定，确认为一类闸。

●春节期间，全市门诊服务数达97834人次，急诊服务数达29502人次，“120”急救出车次数达1000次，有效保障市民医疗卫生服务需求。

2018年元宵泉州灯会专题会议召开

2018年元宵泉州灯会专题会议召开，听取灯会筹备及安保准备工作汇报，部署下一步工作。2018年灯会以“宣传贯彻中共十九大精神，弘扬海丝文化、闽南文化，展现泉州元宵传统习俗”为主题，分设传统花灯、时尚花灯和海丝主题座灯三大展区，既有传统特色的精品挂灯，也有借助声、光、电等表现手法的现代花灯，突出传统与创新相结合。会议指出，元宵灯会是泉州城市文化的“金字招牌”，也是弘扬泉州优秀传统文化的传承工程。各级各相关部门要按照市委统一部署，杜绝麻痹大意思想，对灯会的各个环节、各个举办场地、各项方案预案都要再梳理、再过细、再演练，确保滴水不漏、万无一失。

就下阶段工作，会议强调，要树立安全第一意识，各地各相关部门要紧绷安全这根弦，按照“谁主管、谁负责，谁承办、谁负责，谁实施、谁负责，谁属地、谁负责”的原则，抓好灯会期间的安全保障工作。公安、交警、消防、行政执法、电力、通信等部门要各司其职，与鲤城、丰泽、台商区等布展方块协同协作，防范排查各类安全隐患，保障灯会顺利开展。要坚持统一指挥，推动工作落实。各级各有关部门要按照各自工作职责，层层分解任务、落实责任，把每项工作、每个环节都落实到具体人员，做到责任主体明确、工作目标明确、完成时限明确，确保每项工作都有人抓、有人管、有人落实。要营造祥和、喜庆的传统节日氛围，确保灯会展出特色、办出品牌。灯会结束后要做好花灯的收集和后续展出工作，通过举办常态性花灯展、推动“非遗”项目进校园等，为市民创造更多近距离接触“非遗”文化的机会，做到文化利民、文化惠民。

泉州花灯艺人赶制花灯（图/林劲峰）

泉州金鸡拦河闸被确认为一类闸

泉州市金鸡拦河闸经安全鉴定，确认为一类闸。泉州市金鸡拦河闸（重建工程）于2005年4月动工建设，2007 年4 月下闸蓄水并投入运行，2011年12月通过竣工验收，至今已运行10年。根据《水闸安全鉴定管理办法》，首次安全鉴定应在竣工验收后5年内进行，为全面掌握水闸运行十年来的安全状况，经市水利局批复，市金鸡拦河闸管理处于2016年开展安全鉴定工作。2017年2月经公开招标，确定福建省水利水电勘测设计研究院为中标单位，4月签订合同开展安全鉴定。水闸安全鉴定工作程序主要包括工程现状调查分析、现场安全检测、工程复核计算、水闸安全评价及水闸安全鉴定工作总结等。2017年8月，省设计院初步完成安全鉴定，提交《金鸡拦河闸安全评价报告》，9月省水利厅组织召开泉州市金鸡拦河闸安全评价报告审查会，2018年1月同意确认金鸡拦河闸为一类闸。此次安全鉴定对金鸡拦河闸之后的安全运行具有十分重要的意义，通过鉴定科学全面掌握拦河闸的运行状况，对鉴定提出的意见及时采取措施整改落实，进一步强化水闸安全检查、安全监测、维修养护等工作，为拦河闸的科学运行管理提供有力支撑。

金鸡拦河闸新姿（图/黄万成）

“攻坚2018”城乡建设动员部署会议召开

市委、市政府召开“大干40天 比拼开门红”点评分析暨泉州市“攻坚2018”城乡建设、招商引资大会战动员部署视频会议，号召各级各部门贯彻落实福建赶超战略和相关工作部署，保持大干精气神，在新福建建设中发挥主力军作用。会上宣读“大干40天比拼开门红”有关通报表扬。晋江、南安、泉港、安溪获优秀集体。会议指出，各级各有关部门迅速行动、扎实工作，一批征迁“老大难”问题得到突破，一批在建项目比原计划提前，一批典型案例不断涌现，项目攻坚取得阶段性成效。

就下阶段工作，会议强调，各级各部门要按照市委统一部署，把好的精神状态、好的机制做法延续下去，推动“大干40天”的精气神贯穿于整个项目攻坚年，保持到赶超跨越全过程。要打好项目攻坚战，战役式推进赶超跨越。滚动实施赶超计划项目库，力争一季度实现开门红，尽快多开工、早开工，全年在建重点项目完成投资1400亿元以上。开展城乡建设大会战，实施乡村振兴战略，推动城市建设跟产业发展相匹配。全面实施招商行动，创新招商工作机制，狠抓一批龙头项目和产业链关键配套项目签约落地。要上下拧成一股绳，形成持续攻坚强大合力。坚持“一把手”亲自抓，各职能部门在项目审批、融资保障、打击违法阻工闹事等方面同向用力，打造一支能打硬仗和专业、扎实、高效的攻坚队伍，争创一流营商环境。要突出正向激励，全面推行一线考核。在“活动周”的基础上，创新督查方式方法，实行“自主申报+专业抽查+综合评比”机制，注重考核结果运用，形成干部愿意到一线、安心在一线、放心去打拼的导向和氛围。

相关链接：《泉州市“攻坚2018”城乡建设大会战活动方案》出台，聚焦城乡民生基础设施建设薄弱环节，推动城市建设与产业发展相匹配，蹄疾步稳地向着提高城市颜值、提升人民幸福感方向大步迈进。方案着力“生态修复、城市修补”，就推进规划及重大项目前期、绿化提升及生态连绵带建设、片区更新改造、重大市政交通及基础设施、历史文化保护、环保设施建设、农村人居环境整治、公共建筑及其他8个方面，全年计划实施城乡建设项目621个（含规划及前期项目37个），完成年度投资470亿元以上。根据方案要求，2018年，全市确保全年新开工建设项目330个以上。

市十六届人大常委会第十七次主任会议召开

市十六届人大常委会第十七次主任会议召开。会议讨论有关人事任免，讨论并通过2018年市人大常委会工作要点（草案）。会议还讨论市人大常委会关于2017年度规范性文件备案审查情况的报告稿，关于开展泉州市地方性法规实施情况调研、检查和立法后评估有关时间安排的规定（草案），关于解聘财经工委咨询委员曾国强的报告，关于泉州市国有企业发展情况的调研方案，关于开展2017年度环境状况和环境保护目标完成情况调研方案。会议还确定市十六届人大常委会第十次会议的召开时间和建议议程，并提出第十八次主任会议建议议题。

会议指出，2018年是全面贯彻落实中共十九大精神的开局之年，制定和实施好2018年工作计划意义重大，各工委室要结合贯彻落实中央、省委、市委的决策部署和省人大常委会2018年相关工作安排，做好各项工作计划的推进和落实，争取在依法行使各项职权上有新成效，在推动人大工作与时俱进上有新作为，为泉州保持旺盛的“走前列”势头，实现全面建成小康社会目标做出新贡献。

市十六届人大常委会第十七次主任会议现场
（图/王虎文）

2月23日

农历戊戌年正月初八
星期五
温度：10℃—16℃
多云转小雨

●市委、市政府召开“大干40天 比拼开门红”点评分析暨泉州市“攻坚2018”城乡建设、招商引资大会战动员部署视频会议。

●康涛到市信访局接访。

●《泉州市“攻坚2018”城乡建设大会战活动方案》出台。

●市十六届人大常委会第十七次主任会议召开，讨论并通过2018年市人大常委会工作要点（草案）等。

●省文化志愿者协会、市疾控中心、鲤城区委文明办、区卫计局等主办的健康幸福过大年——福建省文化志愿者协会亭店活动基地成立仪式暨“喜迎新春 春风送暖”志愿服务进社区活动在鲤城区江南街道亭店社区举行。

2月24日

农历戊戌年正月初九
星期六
温度：14℃—20℃
小雨

●市政府第二十七次常务会议召开，听取2017年全市安全生产工作情况汇报，研究相关事项。

●泉州市与国家开发银行福建省分行签订战略合作协议。

●中央电视台《中国影像方志》栏目组到南安市英都镇拍摄“拔拔灯”民俗活动。

●南安籍港胞、中骏集团董事局主席黄朝阳代表中骏集团向南安慈善总会捐款5亿元人民币，成立南安慈善总会中骏慈善基金。

●新编梨园戏《李师师》在市区梨园古典剧院首演。

市政府第二十七次常务会议召开

市政府第二十七次常务会议召开，听取2017年全市安全生产工作情况汇报，研究相关事项。会议指出，安全生产永远在路上，各级各部门要坚持问题导向，以开展事故隐患“清零”行动为抓手，对国家、省、市开展的安全生产考核、巡查、督查督导发现的事故隐患及问题要全部完成整改，对一时不能整改的重大事故隐患要实行分级挂牌督办，落实整改措施、责任、资金、时限和预案。就抓牢抓实2018年安全生产工作，会议要求，要加快推进安全生产领域改革发展，抓好重点工作落实，强化跟踪督办，建立工作交流和定期通报制度，分阶段分步骤推进；推动安全风险分级管控和隐患排查治理双重预防控制机制建设，加强常态化管理；开展“安全生产执法年”活动，对事故隐患和违法违规行为做到“零容忍”。

泉州市与国家开发银行福建省分行签订战略合作协议

泉州市与国家开发银行福建省分行签订战略合作协议，双方将在交通基础设施、新型城镇化、产业转型升级、新兴产业及金融投资等方面开展多方位合作。国家开发银行福建省分行党委书记、行长曾丽卿，市长康涛、副市长洪自强等参加签约仪式。康涛指出，泉州正在全力推进产业转型升级，着力实现赶超跨越发展，期待双方不断增进相互了解，在更宽领域、更深层次开展务实合作。

央视栏目组到南安拍摄“拔拔灯”民俗活动

中央电视台《中国影像方志》栏目组到南安市英都镇拍摄“拔拔灯”民俗活动。游灯队伍从昭惠庙出发，共有8000余人，全长近3千米，队伍包含灯阵、表演，共有25条“灯龙”。“灯龙”的条数每年都是固定的，由民山、英东2个行政村下属的25个自然村组成。队伍里每个灯阵的“灯首”，肩负麻绳，上身前倾，状似拉纤，后面的人依次跟上，是为拔灯。“灯首”是一种荣耀，只有2017年正月初九至2018年正月初九结婚或添男丁的人家才有资格“竞争”。《中国影像方志》摄制组相关负责人张蕾表示，此前查看了大量关于“拔拔灯”的资料，但现场超乎想象，比预想的更加震撼、热闹，摄制组也拍摄得很充分，将“拔拔灯”的每一个环节都拍摄下来了。

相关链接：英都“拔拔灯”活动于每年农历正月初九举办，已有500多年的历史，2008年6月入选第二批国家非物质文化遗产名录，是全国九大灯会之一。

新编梨园戏《李师师》首演

新编梨园戏《李师师》在市区梨园古典剧院首演。该剧是福建省梨园戏传承中心继《御碑亭》后的又一部原创作品，原汁原味地展示梨园戏的艺术魅力。该剧在福建省第二十七届戏剧会演征文中获全省一等奖，讲述北宋名妓李师师与宋徽宗的传奇故事，由该中心青年编剧张婧婧创作，该中心导演曾龙执导。中国戏剧梅花奖“二度梅”获得者、福建省梨园戏传承中心主任曾静萍担任该剧艺术总监，曾静萍表示，该剧以原始的方式在舞台上呈现梨园戏表演艺术本体，没有采用附景，而是通过人物和灯光造景。如金兵进入宋朝的压迫感，通过舞台的横向呈现，渲染了紧张氛围。

新编梨园戏《李师师》演出剧照（图/陈智勇）

2018年“第三产业提升年”活动方案印发

《泉州市2018年“第三产业提升年”活动方案》印发实施。根据部署，2018年“第三产业提升年”围绕“突出创新引领发展，提升新旧动能转换成效”“突出以人民为中心，增强群众城市服务获得感”“突出强本固基，找准第三产业攻坚着力点”“突出策划谋划，紧盯重点工程主攻方向”四大重点任务展开。

方案明确，2018年，泉州市促进生产服务、流通服务向专业化高端化延伸，社会服务、居民服务向精细高品质转变。继续推进“生产基地+物流+互联网”“海丝+古城+旅游”“产业+科技+金融”“医+养+健+智”等产业延伸融合工作，打造大物流、大旅游、大金融、大健康格局。其中，大旅游主攻古城复兴和业态整合。实施“亮点在古城、厚度在山海、空间在生态连绵带”的全域旅游布局。结合城市“双修”试点，完善古城慢行系统、旅游标识系统、游憩服务设施，举办古城讲解员培训班，把以古城为主的“古泉州（刺桐）史迹”作为全市旅游的最大品牌来打造。实施“六大旅游产品”培育计划，优化旅游业态和产品深度挖掘提升，鼓励和支持文创商品、精品民宿、文化主题酒店、文化体验空间、非遗展示点等发展。

方案还提出第三产业四大攻坚：服务业“四上企业”（规模以上工业企业、资质等级建筑业企业、限额以上批零住餐企业、规模以上服务业企业）新增入库攻坚、银行机构增存增贷攻坚、服务业企业“入籍泉州”攻坚、相关重点支撑指标提升攻坚。方案还明确公共平台引领工程、集聚发展培育工程、主辅分离推进工程、品牌龙头示范工程、项目建设带动工程等重点工程的主攻方向。其中，重点推动10个以上市级产业公共服务平台建设、运营。推动泉州市9家省级现代服务业集聚示范区和7家市级现代服务业集聚示范区提升服务功能。

泉州首批古城讲解员在市区西街为游客服务
（图/庄丽祥）

首届少林禅武文化节在泉州举办

首届少林禅武文化节在泉州少林寺举办。艺术节包括“水月禅心 少林雄风”新春梵呗音乐会、陈炳生佛画艺术展、少林素食会、少林功夫公益表演、新春供平安灯祈福等活动。新春梵呗音乐会在少林寺大雄宝殿举行。惠安烙画家陈炳生的佛画展在少林寺五观堂开幕。陈炳生是国家一级美术师、泉州市烙画非物质文化遗产传承人、中国民间文艺家协会会员、福建省民间工艺大师、泉州市工艺美术大师。此次佛画展展出其近年来创作的30多幅佛画作品，展览持续一周。第六届海峡两岸闽南语原创歌曲大赛总冠军林庭龙和泉州少林寺方丈常定法师共同创作的歌曲《少林寺禅武》也在同日首发。

泉州市第二个“圆梦班”落户南安一中

江苏中远助学帮老基金会主要发起人、原理事长徐中远到南安市调研南安一中“圆梦班”筹备工作。筹备工作座谈会确定该基金会捐资120万元在南安一中设立泉州市第二个“圆梦班”，帮助贫困学子圆大学梦。2016年9月，江苏中远助学帮老基金会在安溪一中设立福建省首个“圆梦班”。设于南安一中的“圆梦班”拟面向泉州各县（市、区）招收品学兼优、家庭经济困难的初中应届毕业生，帮助他们完成高中学业，圆“大学梦”“名校梦”。

相关链接：江苏中远助学帮老基金会成立于2012年，是由自然人及爱心民营企业家等共同发起成立的非公募基金会，资金来源于徐中远《毛泽东晚年读书纪实》等著作的稿费、版权费、销售收入，以及爱心企业家的捐赠。至2017年，基金会已在12个省的17所中学设立“圆梦班”，资助1640位品学兼优的贫困学子完成高中学业，考上大学。

2月25日

农历戊戌年正月初十
星期日
温度：11℃—18℃
小雨转阴

●《泉州市2018年“第三产业提升年”活动方案》印发实施。

●首届少林禅武文化节在泉州少林寺举办。

●江苏中远助学帮老基金会主要发起人、原理事长徐中远到南安市调研南安一中“圆梦班”筹备工作。筹备工作座谈会确定该基金会捐资120万元在南安一中设立泉州市第二个“圆梦班”。

2月26日

农历戊戌年正月十一
星期一
温度：11℃—19℃
多云转晴

●市委常委会召开会议，传达学习贯彻习近平2018年新年贺词、在春节团拜会上的讲话精神和在打好精准脱贫攻坚战座谈会上的讲话精神，以及省委常委会会议精神等。

●康涛到鲤城区新门街检查元宵灯会布展和安保工作情况。

●市委政法工作会议召开，总结2017年工作，分析当前形势，部署2018年任务。

●26—28日，由市文联主办，市曲艺家协会和市曲艺家协会南音专委会承办的泉州市2018年喜庆元宵南音大会唱在市区老干部活动中心举行。

市委常委会会议学习贯彻习近平讲话精神

市委常委会召开会议，传达学习贯彻习近平2018年新年贺词、在春节团拜会上的讲话精神和在打好精准脱贫攻坚战座谈会上的讲话精神，以及省委常委会会议精神，研究泉州市具体落实意见；听取2017年安全生产工作情况汇报，研究部署当前安全生产工作；传达学习全省宣传部长会议和全省档案工作会议精神，研究泉州市贯彻意见；研究2017年度市委书记抓基层党建述职评议有关问题整改方案，研究《泉州市关于规范党员和公职人员操办婚丧喜庆事宜的规定（试行）》。

会议指出，习近平2018年新年贺词和在春节团拜会上的讲话，突出“奋斗”时代主题词，是新时代、新征程、新奋斗的真情动员。要深入学习、深刻领会习近平对奋斗内涵、精神和目标的重要阐述，把奋斗精神贯穿到各项工作全过程和各方面，一步一个脚印推动中共十九大重大部署和习近平对福建工作的指示要求在泉州落地生根。要聚焦“转型攻坚、聚力跨越”工作主线，一刻不停歇地抓落实，保持善拼敢闯的锐气，丰富拓展“晋江经验”新的时代内涵，广泛动员发动，唱响奋斗主旋律，以奋斗展示新时代的新气象新作为。

会议要求，要全面贯彻落实习近平扶贫开发战略思想，以不放松、不停歇、不松懈的劲头，打好新时代精准脱贫攻坚战。要把提高脱贫质量放在首位，狠抓稳定脱贫，对已脱贫的贫困户和已摘帽的贫困村，要保持政策不变、责任不变，最大限度减少返贫，同时探索扶贫措施向贫困线边缘低收入群体延伸，防止新增贫困对象。要压实责任、强化担当，开展脱贫攻坚作风建设年，集中治理扶贫领域腐败和作风问题；倒逼责任落实，党政主官要亲力亲为，乡镇（街道）、村“两委”要坚决完成包干任务。

会议指出，各级各部门要学习贯彻习近平关于安全生产的重要思想，落实党政同责、一岗双责。要抓好国家、省巡查检查反馈问题的整改，盯紧盯牢节点安全管控，开展大排查大整治，保障群众性活动安全。会议强调，要贯彻全国、全省宣传部长会议精神，以学习宣传贯彻习近平新时代中国特色社会主义思想和中共十九大精神为主线，做好宣传思想文化各领域工作。要落实意识形态工作责任制，掌握意识形态工作领导权、管理权和话语权。要以庆祝改革开放40周年为契机，展示泉州市发展成果，推广、践行“晋江经验”。

康涛检查元宵灯会布展和安保工作情况

市长康涛到鲤城区新门街检查元宵灯会布展和安保工作情况。康涛强调，各级各部门要继续加大组织力度，严把道路管控、人流疏导、“小黄人”及共享单车调度等关键环节，落细落实各项工作责任，做到滴水不漏、万无一失，让人民群众过个欢乐祥和的元宵佳节。

市委政法工作会议召开

市委政法工作会议召开，总结2017年工作，分析政法工作形势，部署2018年任务。会议指出，2018年，全市政法系统将实施思想提神行动，学习贯彻习近平新时代中国特色社会主义思想，引领政法工作实现新作为。实施强基提质行动，打造安全稳定新环境。实施补短提效行动，补齐综治工作短板，推动争先进位新突破。实施创新提升行动，提升政法综治工作的共享度、智能化和实战性，增创社会治理新优势。实施能力提高行动，锻造过硬政法队伍新形象。

泉州市2018年喜庆元宵南音大会唱举行

26—28日，由市文联主办，市曲艺家协会和市曲艺家协会南音专委会承办的泉州市2018年喜庆元宵南音大会唱在市区老干部活动中心举行。全市各地近30个南音社团的弦友齐聚一堂，欢度元宵佳节。图为南音大会唱现场。

（图/尤春成 陈智勇）

新华社播发泉州监察体制改革调查通稿

新华社播发通稿《严把“入门关” 打通监察监督“最后一公里”——泉州监察体制改革调查》。记者在泉州调查发现，围绕监察体制改革人员转隶、机构组建、工作衔接等关键环节，当地严把入门关，配齐配强监督执纪力量，打通监察监督“最后一公里”。围绕转隶组建这个关键环节，泉州市、县两级党委主要负责人亲自部署、亲自推动，严把转隶人员入门关，推进机构组建，促进工作有效衔接。加强对转隶人员政治关、品行关、廉洁关的审核是重中之重。除调阅档案、谈心谈话、听取单位负责人和同事意见等“常规动作”，泉州市、县纪检、组织、政法委等部门还组成多个家访小组，逐一上门了解情况。

全市统战部长会议召开

全市统战部长会议召开，总结泉州市统一战线工作，交流经验做法，部署2018年工作任务。会议指出，新一年，全市统一战线要把学习贯彻习近平新时代中国特色社会主义思想和中共十九大精神贯穿统战工作全过程和各方面，提升多党合作制度效能，强化党外知识分子特别是新的社会阶层人士统战工作，加强非公经济领域统战工作，开展民族团结进步创建活动，推动宗教领域形成“向上向善”和谐稳定局面，深化港澳台海外联络联谊工作，加大党外代表人士队伍建设力度。要打造坚强队伍，做好新时代统战工作答卷人。

“名戏名家唱上元”举行

27—28日，福建省梨园戏实验剧团2018元宵演出周之“名戏名家唱上元”在市区梨园古典剧院举行。演出荟萃京剧、昆剧、莆仙戏、越剧、滇剧、秦腔、上党梆子等剧种以及梨园戏传统音乐。演员阵容强大，包括莆仙戏国家级代表性传承人王少媛、滇剧表演艺术家冯咏梅、被誉为“当代最佳林黛玉”的单仰萍、著名昆剧表演艺术家胡锦芳、京剧表演艺术家魏海敏等，他们都是梅花奖得主，也是国家一级演员。

京剧《穆桂英挂帅·捧印》演出剧照（图/张九强）

中国校园服饰产业基地落户惠安县

27—28日，中国校园服饰产业基地（惠安）投资洽谈暨2018年校服新品发布会在惠安县举行，全国各地行业主管部门、生产企业、配套企业代表数百人参加。会上，中国教育装备行业协会向惠安县授予“中国校园服饰产业基地”，并举行中国校园服饰产业基地（惠安）项目投资意向签约仪式，同步发布《中国中小学校服工作指南》并启动校服工业设计大赛，面向社会发布最新校服产品。活动期间，业界专家学者、行业主管部门、部分企业代表还就“中国校园服饰产业基地建设”开展研讨。大家从校服产业“一路一带”走出去、产业规划、人才聚合、文化艺术创新等方面进行交流，对如何规划好、建设好、发展好中国校园服饰产业基地提出许多意见建议。中国校园服饰产业基地（惠安）项目开工仪式、全国学生装面料研发中心成立仪式等同时举行。

相关负责人介绍，校服产业作为惠安的传统支柱产业，已进入高速发展阶段，全县拥有生产企业500余家、销售队伍上万人，产销量占据全国半壁江山。近年来，惠安着力打造更具影响力的全国知名校园服饰生产基地。对于校服产业的发展，惠安县特别出台针对性的帮扶政策，加大对校服企业生产性设备引进、招投标等方面的扶持力度，助力产业做大做强。为推动校服产业的发展，惠安县委、县政府将加大力度推动校服行业抱团、转型、升级，从政策引领、融资支持、资源整合、技改创新、市场开拓等方面加大扶持力度，做好服务工作，力争培育一批全国校服知名品牌企业。

2月27日

农历戊戌年正月十二
星期二
温度：12℃—21℃
多云转小雨

●新华社播发通稿《严把“入门关” 打通监察监督“最后一公里”——泉州监察体制改革调查》。

●全市统战部长会议召开，总结泉州市统一战线工作，交流经验做法，部署2018年工作任务。

●27—28日，福建省梨园戏实验剧团2018元宵演出周之“名戏名家唱上元”在市区梨园古典剧院举行。

●泉港区2018年度春季大型人力资源市场招聘会举行。

●27—28日，中国校园服饰产业基地（惠安）投资洽谈暨2018年校服新品发布会在惠安县举行。

●泉州台商投资区2018年“春风行动”暨企业用工大型招聘会举行。

2月28日

农历戊戌年正月十三
星期三
温度：14℃—24℃
小雨转多云

●市十六届人大常委会第十次会议召开，听取和审议市政府研究处理《市人大常委会关于我市加强创新创造创业人才队伍建设情况专题询问的审议意见》情况的报告等。

●市政府安全生产委员会办公室发布《致全市生产经营单位的一封信》，要求各生产经营单位加强安全防范，做好节后复工复产安全生产工作。

●2018年全市旅游工作会议召开，总结2017年工作，部署2018年工作任务。

●2018年泉州元宵灯会亮灯。

●泉州四大剧种传统折子戏专场在市区梨园古典剧院举行。

●由致公党泉州市委员会、市归国华侨联合会、市文学艺术界联合会主办的“一带一路任我行——刘海翔丝路骑行摄影展”在泉州海上丝绸之路艺术展览馆开幕。

●泉州霞洲妈祖宫狗年“乞龟”活动暨“米龟”点睛、开光祈福仪式举行。

市十六届人大常委会第十次会议召开

市十六届人大常委会第十次会议召开。会议听取和审议市政府研究处理《市人大常委会关于我市加强创新创造创业人才队伍建设情况专题询问的审议意见》情况的报告，市中级人民法院研究处理《市人大常委会关于全市民商事审判工作情况的审议意见》情况的报告，市检察院研究处理《市人大常委会关于反渎职侵权工作情况的审议意见》情况的报告，并对以上三份报告办理情况开展满意度测评，测评结果均为满意。

2018年全市旅游工作会议召开

2018年全市旅游工作会议召开，总结2017年工作，部署2018年工作任务。会议透露，2017年，泉州市围绕“世界海丝文化休闲旅游目的地”目标，不断深化改革，强化供给，完善配套，扩大宣传，各项旅游工作取得新进展。全年全市接待游客5474.49万次，同比增长21.4%，实现旅游总收入843.81亿元，同比增长28.7%。项目方面，19个省市重点在建旅游项目投资57.53亿元，23个全省旅游系统休闲重大项目投资49.9亿元，均超出年度投资计划；海丝茶源（安溪）文化旅游项目等11个项目落地，充盈旅游市场；产业方面，古城游、乡村游、工业游等“旅游+产业”发展加速，新增省级观光工厂3家，总量达23家，位居全省首位；配套方面，全面完成“旅游厕所革命”、启动“泉州智慧旅游云平台”工程等，不断改善旅游软环境，提升服务品质。2018年，泉州市将围绕改革创新、项目带动、产品打造、主体培育、品质提升、精准营销、队伍建设七方面，加快旅游产业发展，实现旅游经济和旅游形象双提升。

2018年泉州元宵灯会亮灯

2018年泉州元宵灯会亮灯迎客。鲤城区新门街的传统花灯展区、丰泽区中骏世界城的时尚花灯展区和泉州台商投资区海上丝绸之路艺术公园的“海丝之光”主题座灯展区三大展区，数千盏花灯争奇斗艳，扮靓“光明之城”。泉州网对海上丝绸之路艺术公园元宵灯会进行现场直播，让众多网友通过手机便能领略到灯会盛况。

“海丝之光”主题座灯展区,市民欣赏座灯“丝绸绘卷”（图/陈小阳）

泉州四大剧种传统折子戏专场举行

泉州四大剧种传统折子戏专场在市区梨园古典剧院举行，泉州提线木偶戏、南音、高甲戏、打城戏同台献演。此次演出为福建省梨园戏实验剧团2018元宵演出周的重要内容。整场演出由泉州市木偶剧团表演的《大出苏》之《四将开台》《相公爷踏棚》拉开序幕，该折为泉州提线木偶戏恭迎戏神相公爷踏棚祈福的仪式性表演。其中《四将开台》曾参加北京奥运会开幕式的演出。紧接着还有木偶戏宗教民俗剧《目连救母》之《捉魂》《速报审》。随后，南音名曲《满空飞》《走马》奏响，《满空飞》出自《郑元和》一剧，《走马》是泉州南音四大名谱之一。最后，高甲戏《桃花搭渡》和打城戏《目连救母》之《罗卜守墓》选段登场。《桃花搭渡》极具高甲戏丑旦角载歌载舞的表演特色，是闽南语系观众耳熟能详的高甲戏经典传统小戏之一。《罗卜守墓》选段为独角戏，通过唱、念、做来表现傅罗卜失去母亲不能尽孝的悲伤痛苦心情，刻画至真至纯的孝子形象，展现打城戏小生行当唱、念、做的表演特色。

泉州经济年会年度峰会举行

由市委宣传部、市发改委、市经信委、市金融局、市总工会、市工商联（总商会）、市城联社、泉州晚报社等主办的2017泉州经济年会年度峰会在泉州万达文华酒店举行。年会围绕主题“新时代 新发展”展开由点及面的交流。国务院发展研究中心对外经济研究部研究员、博导赵晋平作“一带一路背景下的泉州机遇”主题演讲，引导更多泉州企业拓展全球视野。中经汇通董事长柯宗耀、金观诚东南区域总监诸舟王分享未来新财富观念。在高峰论坛环节，魏腾雄、郑鹏飞和王书传等泉州知名企业家与赵晋平和诸舟王，就“泉州智造与一带一路”主题进行交流。在颁奖环节上，“年度经济人物”“年度十大市民最喜爱品牌”“企业社会责任奖”“年度十大最富工匠精神企业”“年度十大杰出职业经理人”“年度优秀泉属异地商会榜单”“十佳报社合作单位”七大项目当选企业、机构及个人登台领奖。大会还同步发布“海峡两岸100新锐设计师暨2017十佳设计师”获奖名单。

泉州经济年会年度峰会高峰论坛现场（图/李芸生）

“年度经济人物”颁奖（图/李芸生）

泉州市实施城乡医疗救助新政策

为完善泉州市多层次城乡居民医疗救助体系，解决城乡困难群众因病致贫、因病返贫问题，泉州市出台《泉州市人民政府办公室转发市医保局等部门关于完善城乡居民医疗救助体系的实施意见》，实行全市统一的医疗救助政策，实现医疗救助市级统筹，扩大医疗救助对象、提高医疗救助比例和医疗救助限额。相关政策是日起实行。在泉州市行政区划内，医疗救助对象均同属一个统筹区，医疗救助基金实行市级统筹，统筹区内实行统一待遇标准[此前各县（市、区）的待遇标准不一样]。医疗救助基金按每人每年400元的标准筹集。医疗救助对象为具有泉州市户籍、符合救助条件的城乡居民。

全国文学名家泉州古城元宵笔会活动启动

“刺桐点灯红”2018年全国文学名家泉州古城元宵笔会活动启动，全国各地的20位文学名家参加活动，他们在古城参加一年一度的元宵灯会，并开展为期3天的古城文学采风活动。启动仪式上，主办方介绍古城的历史渊源，从文脉、文蕴、文风等方面展示泉州古城的文化魅力。主办方表示，希望通过此次文学采风活动，搭建一个交流平台，融泉州元宵灯会于文艺采风创作之中，借助各位作家的才情与妙笔，将元宵笔会打造成为文化特色品牌，提升古城文化的影响力和吸引力，让更多人关注和了解泉州文化，让悠久独特的古城文化在新时代注入新活力、绽放新风采。

大陆首部全闽南语院线电影在泉港区开机

由著名导演李少红监制，泉州籍导演叶谦执导，台湾著名表演艺术家归亚蕾、杨贵媚主演的全闽南语电影作品《蕃薯浇米》在泉港区开机。电影《蕃薯浇米》是一部讲述闽南独特文化的电影，也是大陆首部完全讲闽南语的院线电影。图为开机仪式。

（图/刘泽阳 陈淑华）

3月1日

农历戊戌年正月十四
星期四
温度：13℃—22℃
多云

●郑新聪检查元宵灯会布展和安保工作情况。

●市委常委会召开会议，学习贯彻中共十九届三中全会公报和习近平在中央政治局第四次集体学习时的讲话精神等。

●2018年全市环境保护工作会议召开，总结2017年工作，部署2018年工作任务。

●由市委宣传部、市发改委、市经信委、市金融局、市总工会、市工商联（总商会）、市城联社、泉州晚报社等主办的2017泉州经济年会年度峰会在泉州万达文华酒店举行。

●泉州市实施城乡医疗救助新政策。

●全市职业病防治会议召开，总结2017年职业卫生防治工作，部署2018年职业健康监管工作。

●“刺桐点灯红”2018年全国文学名家泉州古城元宵笔会活动启动。

●中央电视台青少年成长励志短片电影《追梦少年》泉州发布会举行。

●由世界泉州青年联谊会主办的世界泉州籍优秀青年社团工作经验交流会举行。

●大陆首部全闽南语院线电影《蕃薯浇米》在泉港区开机。

●由市工人文化宫与泉州市职工灯谜协会主办的千条灯谜群众展猜活动在市工人文化宫乡音广场举行。

3月2日

农历戊戌年正月十五
星期五
温度：14℃—24℃
多云转阴

●郑新聪调研节后企业生产、重点项目复工和安全生产情况。

●中央电视台新闻联播再次报道泉州元宵灯会。

●由市文广新局主办，泉州歌舞剧团和泉州交响乐团承办的2018泉州市元宵音乐会在泉州影剧院举行。

●2018年泉·澎“乞龟”民俗文化活动揭彩点睛仪式在泉州天后宫举行。

●由泉州市文广新局、泉州市古城办、日本横滨市政府主办，泉州海外交通史博物馆、泉州市城市规划设计研究院、NPO黄金町社区共生艺术计划承办的“艺术改造城市”讲座在泉州举行。

●2—7日，播芳六合·西泠印社中国书画名家精品展在泉州举行。

●2—6日，由丰泽区委宣传部、丰泽区文联主办的“砥砺奋进谱新篇——丰泽区迎新春书画邀请展”在泉州青少年宫文化中心举行。

●2—4日，第二届永宁古卫城元宵民俗文化庙会在石狮市永宁镇举行。

央视新闻联播报道泉州元宵灯会

中央电视台新闻联播再次报道泉州元宵灯会，播出位于泉州海丝公园的水上座灯“海丝神韵”，并配上航拍画面。此系泉州元宵灯会连续第三年登上央视新闻。除了央视新闻联播，2018年海丝公园的灯展盛况还在央视多个频道亮相。央视新闻频道《新闻直播间》报道海丝公园灯展，重点介绍海丝主题座灯“海丝神韵”“丝绸绘卷”和“中国梦”主题座灯。央视财经频道《经济信息联播》以“福建泉州：千盏花灯闹元宵”为主题关注泉州花灯。泉州花灯是国家级非物质文化遗产，闻名海内外，备受四方关注，包括央视、凤凰卫视在内的诸多知名主流媒体都将目光投向泉州。尤其是2016年央视春晚上，泉州分会场府文庙里的花灯大放异彩，在亿万观众面前亮相。

新门街花灯展区（图/王柏峰）

2018泉州市元宵音乐会举行

由市文广新局主办，泉州歌舞剧团和泉州交响乐团承办的2018泉州市元宵音乐会在泉州影剧院举行。与往年相比，此次元宵音乐会多了不少主旋律音乐作品，增加了时代内涵。整场演出由《嘀嗒快速波尔卡》拉开序幕，紧接着《塞维利亚理发师序曲》《我的深情为你守候》《又见西柏坡》等中外名曲和作品轮番上演。音乐会吸引泉州市知名歌手王小春、罗小玲、林育权等到场献演，整场演出内容丰富，有贝多芬降E大调交响曲《英雄》和《嘀嗒快速波尔卡》等世界名曲，也有《毛主席的话儿记心上》和《高山青》等名歌，还有《弹起我心爱的土琵琶》和《中国军魂》等影视作品中的歌曲。最后由一曲《不忘初心》掀起高潮。

2018年泉·澎“乞龟”民俗活动点睛仪式举行

2018年泉·澎“乞龟”民俗文化活动揭彩点睛仪式在泉州天后宫举行。“乞龟”在闽台两地流传久远，是闽南地区传统元宵习俗，深受泉澎两地乡亲的认同和喜爱。图为活动现场。

（图/李芸生）

“艺术改造城市”讲座在泉州举行

由泉州市文广新局、泉州市古城办、日本横滨市政府主办，泉州海外交通史博物馆、泉州市城市规划设计研究院、NPO黄金町社区共生艺术计划承办的“艺术改造城市”讲座在泉州举行。日本NPO黄金町社区共生艺术计划事务局长山野真悟、泉州市城市规划设计研究院副院长王敏、泉州籍艺术家吴达新发表主题演讲。

在日本，黄金町以艺术介入社区而闻名，集合大批小规模艺术工作室，为艺术家创造开放、多元化、多维度的工作环境，也让黄金町这一原本混乱的片区得以活化再生。演讲中，山野真悟从黄金町的历史背景、居民成立环境净化推进协议会，到2008年举办黄金町艺术市集娓娓道来，以街区和艺术为主题，阐述艺术交流为社群再生带来的颠覆作用。

泉州三中整体并入泉州五中

市教育局举行泉州三中整体并入泉州五中宣布大会暨挂牌仪式。经市政府第27次常务会议研究，决定泉州三中整体并入泉州五中。泉州三中整体并入泉州五中，有利于更好地发挥名校优质教育的示范辐射带动作用，进一步提升中心市区初中教育教学质量，促进中心市区优质教育均衡发展。

泉州市第22届“元宵杯”元老足球邀请赛举行

3—5日，由市体育局主办，泉州市足球协会、北师大泉州附中、泉州培元校友总会足球俱乐部协办，泉州那尔多足球俱乐部承办的泉州市第22届“元宵杯”元老足球邀请赛在泉州海峡体育中心举行，江苏、浙江、福建等地的6支代表队参赛。

“元宵杯”元老足球邀请赛是泉州元宵节系列活动的内容之一，同时也是泉州足坛的传统赛事。自1996年以来，已有20多年的历史。为贯彻落实《中国足球改革发展总体方案》，提高泉州市足球运动水平和扩大对外交流，主办方力争把“元宵杯”元老足球邀请赛打造成为具有泉州“海丝”特色的传统足球交流赛事。

泉州籍著名人类学家王铭铭主讲“文化精品讲座”

市图书馆公益讲座“温陵讲坛”在泉州府文庙明伦堂推出首场“文化精品讲座”，由泉州籍人类学家、北京大学社会学人类学研究所教授王铭铭主讲。此次活动由市文广新局作为指导单位，泉州市图书馆、泉州府文庙文物保护管理处主办，王铭铭以《近思泉州：一个地方，几点思考》为题，为现场听众梳理泉州的文脉，以及他与这座古城的缘分。王铭铭从故乡泉州这个具体经验中的“近处”出发，综合前人研究成果，叙述其有关泉州城市史基本时间结构中的看法，着重陈述其对该结构中开放与封闭、乱与治、“民间”与“官方”等对立统一和轮替规律的认识，从而解释“泉州文化”的双重性格。同时，借助“近思”这个隐喻，阐发泉州学研究潜在的理论启迪。

相关链接：王铭铭于1993年获伦敦大学社会人类学哲学博士学位，多年来一面继续从事史地与民族志考察，一面致力于人类学学科建设、视野拓展及科际综合研究工作；自1995年开始指导硕士、博士研究生。1998年，与费孝通等一道，创办北京大学社会人类学硕士、博士点，制订该点学生培养方案和课程设计；2006年在中央民族大学建立和主持一个“985”工程研究中心，创办中国人类学的第一份杂志《中国人类学评论》丛刊；著作甚丰，已出版《村落视野中的文化与权力》《文化复合性》《民族、文明与新世界》等大量中文、英文著作。

王铭铭主讲《近思泉州：一个地方，几点思考》
（图/陈智勇）

泉州首届时光主题运动嘉年华举行

由市滨江北路景观整治提升建设指挥部、市新城办、市住建局主办的首届泉州·北滨江公园时光主题运动嘉年华活动在市区白水营园、北峰园举行。以“年代记忆”为主线的17个时光任务吸引900余人报名参加，近2000人参与活动。此次嘉年华活动以“时光”串联历史，游戏以“年代记忆”为主线，分为五六十年代、七八十年代、九零年代及零零年代。设有闯关任务跳格子、滚铁圈、真人飞行棋、真人保龄球、真人跳一跳等，全程约3千米。除了17个年代任务，现场还举行了一些趣味活动。比如在园区内划出野餐区供参与者野餐，再评选出“最秀色野餐家庭”。1.2千米左右的“亲子趣味定向跑”，则让父母和孩子们尽情奔跑，途中小朋友还要独自闯过障碍。“写给岁月的小情书”活动是让参与者领取信封和信纸，在上面写下对十年后的自己想要说的话，由主办方委托专业机构在十年后寄出。

3月3日

农历戊戌年正月十六
星期六
温度：15℃—25℃
阴转多云

●市教育局举行泉州三中整体并入泉州五中宣布大会暨挂牌仪式。

●3—5日，由市体育局主办，泉州市足球协会、北师大泉州附中、泉州培元校友总会足球俱乐部协办的泉州市第22届“元宵杯”元老足球邀请赛在泉州海峡体育中心举行。

●市图书馆公益讲座“温陵讲坛”在泉州府文庙明伦堂推出首场“文化精品讲座”，由泉州籍著名人类学家、北京大学社会学人类学研究所教授王铭铭主讲。

●由市滨江北路景观整治提升建设指挥部、市新城办、市住建局主办的首届泉州·北滨江公园时光主题运动嘉年华活动在市区白水营园、北峰园举行。

3月4日

农历戊戌年正月十七
星期日
温度：22℃—26℃
小雨

●《泉州市落实“菜篮子”市长负责制考核任务分工方案》印发，推进“菜篮子”工作迈上新台阶。

●市工商联（总商会）十四届二次执委会议召开，总结2017年主要工作，部署2018年工作任务，并传达全国工商联十二次会员代表大会、省工商联十一届二次执委会议精神。

●为期20天的2018年外地到泉州务工人员免费游泉州活动结束。据不完全统计，在20天的活动期间里，共有20多万名非泉州籍务工人员免费游览泉州的各大景区、景点。

●洛江区第九届迎新春杯羽毛球团体邀请赛举行。

泉州市全面落实“菜篮子”市长负责制

《泉州市落实“菜篮子”市长负责制考核任务分工方案》印发，推进“菜篮子”工作迈上新台阶。根据省政府办公厅的相关通知要求，省“菜篮子”工作考核组每两年一次对泉州市落实“菜篮子”市长负责制情况进行考核。为全面落实“菜篮子”市长负责制考核任务，结合实际，泉州市制定此分工方案。在考核指标任务分工上，“菜篮子”市长负责制考核采取“基础分+绩效分”的方式。考核工作每两年为一个考核期，考核得分根据考核期内第二年各项指标数据计算。2017年1月1日至2018年12月31日为首个考核期。

“菜篮子”市长负责制考核内容包括“菜篮子”产品生产能力、市场流通能力、质量安全监管能力、调控保障能力、市民满意度评估、否决项等。其中各项又进行细分，比如生产能力包括蔬菜面积、蔬菜产量和肉类产量三部分；市场流通能力包括批发市场规划布局、批发市场建设、零售网点密度等内容。

“菜篮子”工程是保障和改善民生的重要工程。方案要求，各县（市、区）按照属地管理原则，加强“菜篮子”工程各项扶持政策的制定和实施，以“菜篮子”市长负责制考核工作为契机，抓好工作落实，保障“菜篮子”工作长期、稳定、有效开展。市直有关单位要按照要求，履行工作职责，采取有效措施，提升泉州市“菜篮子”产品生产能力、市场流通能力、质量安全监管能力、调控保障能力和市民满意度，完成各项考核指标确定的工作内容。

市食药监局开展农贸市场检查（图/市食药监局）

市工商联十四届二次执委会议召开

市工商联（总商会）十四届二次执委会议召开，总结2017年主要工作，部署2018年工作任务，并传达全国工商联十二次会员代表大会、省工商联十一届二次执委会议精神。

会议透露，2017年以来，市工商联（总商会）坚持推进脱贫攻坚，牵头成立泉州市“百企帮百村”精准扶贫行动工作领导小组，参与的企业和商会有854家，结对帮扶贫困村473个、贫困户3595个，企业实施帮扶项目1889项，落实帮扶资金1.26亿元，帮扶群众1.19万人。2018年，市工商联（总商会）将推动党建融入现代企业体系，培育若干个优秀企业文化建设示范点。推进电子信息平台建设，建立上规模企业资料库、海外泉籍工商社团联络资料库、光彩扶贫资料库、常执委数据库、企业文化数据库，搭建共建共享、互联互通的工商联信息化服务平台，更好地运用现代信息技术，扩大对企业的服务面。此外，市工商联（总商会）还将推进泉州市企业家素质提升培训专项计划，创新企业家培训方式，完善民营企业家宣讲团队伍，建立宣讲培训师资料库，探索设立“泉商商学院”，提高培训实效，提升企业家素质。

20多万外来务工者免费游泉州

为期20天的2018年外地到泉州务工人员免费游泉州活动结束。据不完全统计，在20天的活动期间里，共有20多万名非泉州籍务工人员免费游览泉州的各大景区、景点，其中仅正月初一至初六，就有约10多万人次免费游览泉州的各大景区景点。此次“免费游”活动是继前几年的“外来务工人员免费游泉州”活动后又一次关爱、优待外地务工人员的爱心活动。活动从2月11日开始。活动期间，所有在泉州市所属各县（市、区）务工的非泉州籍外来务工人员，只需凭泉州市各级工会开具的介绍信和工会会员证（或本人身份证），便可享受免费游泉州待遇。各县（市、区）总工会也分别协调当地有关部门，向社会公布各自辖区内的“免费游”景区（点）。

市委常委会会议专题学习人民日报文章

市委常委会召开会议，专题学习人民日报文章《习近平同志在福建宁德工作时反腐倡廉的生动实践》及省委常委会会议精神。会议强调，要不忘初心，站稳人民立场。认清“谁得罪谁”的根本性问题，感悟习近平始终如一的赤子情怀、政治品格，滴水穿石、久久为功的工作作风，增强思想认同、政治认同、情感认同。要锲而不舍，推动反腐败斗争取得压倒性胜利。以永远在路上的执着，坚持问题导向、动真碰硬、持之以恒正风肃纪，坚持无禁区、全覆盖、零容忍，推动全面从严治党向纵深发展、向基层延伸。要以上率下，全面过硬建强班子。市委常委会要以身作则形成“头雁效应”，增强班子的创造力、凝聚力和战斗力。要善做善成，以“钉钉子”精神抓落实。

市政协党组（扩大）会议学习十九届三中全会公报

市政协党组（扩大）会议召开，传达学习中共十九届三中全会公报、习近平在中央政治局第四次集体学习时的讲话精神和省委巡视泉州市部分县（市）反馈的有关共性问题及整改工作意见建议。会议指出，全市各级政协组织要吃准吃透、落细落实全会精神，维护党中央权威和集中统一领导，把党中央决策部署落到实处。对宪法进行适当修改，是以习近平同志为核心的党中央从新时代坚持和发展中国特色社会主义全局和战略高度作出的重大决策。政协机关全体党员干部要认真学习、深刻领会，贯彻落实习近平讲话精神，带头尊崇、学习、运用宪法，自觉做宪法的坚决捍卫者。

市“两会”建议提案交办

2018年度市人大代表建议和政协提案交办会召开，部署落实市“两会”代表建议、政协提案办理事项。2018年市“两会”期间及闭幕后，市人大代表、市政协委员提交代表建议452件、政协提案681件，总量创历史新高。2018年市“两会”的代表建议、政协提案交办日为3月12日。会议指出，代表建议的办理期限为3个月，要在6月11日前办理完毕并答复代表；政协提案的办理期限为5个月，要在8月11日前办理完毕并答复提案领衔人。各承办单位要抓紧办理答复，逾期未答复的，将予以通报批评并给予绩效扣分。个别确需延长办理时间的建议、提案，相关承办单位要及时报请市人大常委会人事代表工委、市政协提案委同意，并向建议、提案领衔人说明情况后，可适当延长办理时间，但延长时间不得超过3个月。

泉州市加快创建国家公共文化服务体系示范区

2018年全市文化广电新闻出版工作会议召开。会议透露，泉州市加快创建国家公共文化服务体系示范区，加快实施一批重点文化项目，首推“文化泉州云”项目建设，市级新建5家百姓书房，推进“读者点读平台”建设，满足市民阅读需求。“文化泉州云”项目运用互联网信息技术，整合全市公共文化资源和数字文化资源，打造涵盖文化服务提供、文化产品配送、文化消费等“一站式”数字公共文化服务平台，丰富公共文化服务总量，实现公共文化资源的合理配置和公共文化服务的精准配送，满足市民群众日益增长的多元文化需求。

会议指出，泉州市将全力以赴做好示范区创建工作，提升现代公共文化服务体系建设水平，加快实施一批重点文化项目。泉州市将抓住创建示范区的契机，开展现代公共文化服务体系制度设计研究创新，在公共文化资源建设、整合利用，新型城镇化建设和民营资本参与公共文化服务等方面，研究和探索公共文化服务共建共享的新机制。推动文艺院团场馆利用改革与活化，把“死资产”变成“活资产”。加快推进公共文化服务供需有效对接，建立公共文化服务信息统计、分析和发布机制，探索精确服务，以“百姓点单”方式实施文化惠民工程，常态化办好温陵讲坛、“威远楼之夏”戏剧节等一批特色文化品牌活动，引导各县（市、区）因地制宜打造特色文化惠民品牌；采取政府购买服务的方式，推动全市1000场以上的公益性文艺演出全覆盖。

3月5日

农历戊戌年正月十八
星期一
温度：13℃—28℃
小雨

●市委常委会召开会议，专题学习人民日报文章《习近平同志在福建宁德工作时反腐倡廉的生动实践》及省委常委会会议精神。

●市政协党组（扩大）会议召开，传达学习中共十九届三中全会公报、习近平在中央政治局第四次集体学习时的讲话精神和省委巡视泉州市部分县（市）反馈的有关共性问题及整改工作意见建议。

●2018年度市人大代表建议和政协提案交办会召开，部署落实市“两会”代表建议、政协提案办理事项。

●2018年全市文化广电新闻出版工作会议召开。

●由市垃圾分类办、鲤城区垃圾分类办、东南早报东南公益等主办的“做好垃圾分类 共建美丽家园”学雷锋活动在鲤城东华社区举行。

●东南早报和成都晚报社发起的“做新时代的新雷锋·雷锋热线全国联盟友善公益大直播”公益活动启动，滚动直播泉州各地公益活动十多条。

●由石狮市祥芝美丽海岸志愿者协会主办的“向雷锋同志学习·净祥芝周边海滩”主题活动在石狮市祥芝镇古浮、莲坂海滩举行。

●由永春团县委、住建局、水利局、环保局、桃城镇、人民银行、信用联社等主办的“青春治水·植绿共建”学雷锋志愿服务系列活动启动仪式在该县桃城镇南星溪旁举行。

●由德化县委文明办、团县委、县妇联主办的“建功新时代·瓷都再出发”学雷锋志愿服务主题活动举行。

3月6日

农历戊戌年正月十九
星期二
温度：11℃—18℃
多云

●香港《经济导报》专访全国人大代表、泉州市长康涛。

●市人大常委会党组（扩大）会议召开，传达学习贯彻中共十九届三中全会公报精神，习近平在2018年春节团拜会上的讲话精神等。

●市政府党组（扩大）会议召开，学习贯彻人民日报文章《习近平同志在福建宁德工作时反腐倡廉的生动实践》及省委、市委常委会会议精神。

●全市医疗管理、中医药工作会召开。

●全市统计工作视频会议召开，贯彻落实全省统计工作视频会议精神，回顾总结2017年统计工作，部署2018年统计工作。

●市公安局对外通报《群众举报黑恶势力违法犯罪线索奖励办法》。

●由市委市直机关工委、市体育局、市总工会主办的市直机关庆祝国际劳动妇女节趣味运动会暨工间操骨干培训班活动举行。

●由省曲艺家协会、泉州市委宣传部、泉州市文联主办的福建文艺下基层宣传中共十九大精神暨文艺惠民演出活动在南安市霞美镇金山村举行。

香港《经济导报》专访全国人大代表康涛

从1998年至今，泉州GDP总量一直保持全省首位，进入新时代，泉州如何实现新一轮跨越发展？香港《经济导报》就此问题专访全国人大代表、泉州市长康涛。康涛在接受记者采访时指出，随着经济下行压力加大，传统产业各种问题集中暴露，包括企业研发能力不足，人工成本上升较快，部分企业出现资金链问题，少数企业外迁转移等；新的动能还处于培育壮大阶段，单靠传统产业已经难以支撑新一轮跨越发展。为此，泉州正以实施“中国制造2025”试点示范为抓手，加快打造传统、重化、高新三大产业板块。

康涛认为，过去几年的经济下行压力，倒逼企业机器换工、转型升级；现在经济企稳复苏、日子好过了，企业也不能放慢转型升级的步伐，需要国家、地方和企业共同努力推动。两个方面特别重要：一是装备，特别是传统产业的高端装备研发。高端纺织设备等也是高端装备，建议国家加大对传统产业高端装备研发的支持力度，组织行业协会、科研机构和相关龙头企业开展联合攻关，力争取得突破。二是产业，在传统产业中培育若干个世界级先进制造业集群。建议国家分行业、分区域筛选支持若干个传统产业，扶持打造一批行业领先品牌和千亿企业，培育民生产业的国际巨头，塑造大众消费文化的国际影响力。

市人大常委会党组（扩大）会议学习中共十九届三中全会公报

市人大常委会党组（扩大）会议召开，传达学习贯彻中共十九届三中全会公报精神，习近平在2018年春节团拜会上的讲话、在打好精准扶贫攻坚战座谈会上的讲话、在中央政治局第四次集体学习时的讲话和在纪念周恩来诞辰120周年座谈会上的讲话精神，传达人民日报文章《习近平同志在福建宁德工作时反腐倡廉的生动实践》及省委常委会会议精神。会议要求，要校准信念“指南针”，把好用权“方向盘”，擦亮监督“探照灯”，突出用人“风向标”，设好守纪“防火墙”，系牢廉洁“安全带”，做到心中有党不忘恩、心中有民不忘本、心中有责不懈怠、心中有戒不妄为。

市政府党组（扩大）会议学习人民日报文章

市政府党组（扩大）会议召开，学习贯彻人民日报文章《习近平同志在福建宁德工作时反腐倡廉的生动实践》及省委、市委常委会会议精神。会议要求，要把以人民为中心的发展思想，贯穿政府工作各方面全过程。要以永远在路上的执着，推进全面从严治党向纵深发展。要以“靶向治疗”的思维，不遗余力加强班子建设。要以“不达目的不罢休”的锐气，当好建设“新福建”的主力军。

市公安局公布举报黑恶势力奖励办法

市公安局对外通报《群众举报黑恶势力违法犯罪线索奖励办法》（以下简称“办法”），公安部门在为举报人保密的前提下，将依照该办法，对举报人进行500元至2万元不等的奖励。“办法”对举报线索范围进行详细说明，一共有19类。“办法”规定，对群众举报的黑恶势力违法犯罪线索，经查证属实的，由案件的主办地公安机关给予一次性奖励。群众可来电、来信或直接来人向公安机关举报线索，公安机关查实后依照规定支付奖励金，并为举报人严格保密。群众向公安机关举报黑恶势力违法犯罪线索时，一般应以实名方式举报，也可采用匿名方式举报。

市直机关庆祝妇女节趣味运动会举行

由市委市直机关工委、市体育局、市总工会主办的市直机关庆祝国际劳动妇女节趣味运动会暨工间操骨干培训班活动举行。趣味运动会活动项目包括履带竞走、托球接力跑、背夹球、集体跳绳、摸石头过河、齐心协力向前行等，而工间操骨干培训项目则是第九套广播体操。由市直各系统党委、直属机关党委（党总支、党支部）、驻泉州省部属单位党委、市直有关基层工会组成的各代表队共数百人参加活动。

市政协党组（扩大）会议学习人民日报文章

市政协党组（扩大）会议召开，学习贯彻人民日报文章《习近平同志在福建宁德工作时反腐倡廉的生动实践》及省委、市委常委会会议精神。会议要求，要坚定理想信念，在思想上政治上行动上始终与以习近平同志为核心的党中央保持高度一致，落细落实全面从严治党的各项部署和要求。要坚持以人民为中心的发展思想，把履职为民作为根本宗旨，贯穿于政协工作的全过程。要强化责任担当，围绕全市中心工作，提升能力水平，推进各项工作落实到位。

中欧论坛创始人高大伟到泉州作报告

中欧论坛创始人、国际关系专家、中欧国际工商学院高大伟教授到泉州，为泉州师范学院泉州湾大讲堂作题为《世界大趋势》的专题报告，并与该校、相关部门和企业家代表就与法国里昂商学院在体育产业方面的合作事宜进行探讨。高大伟教授是知名的国际事务与国际关系专家，担任多家欧洲跨国企业与机构的董事，同时长期致力于推动中欧国家的友好交流。他还是泉州与法国里昂经济、文化、教育全面交流的积极推动者，为泉州师院与里昂商学院的合作搭建桥梁。今后双方将积极对接合作项目，包括合作办学、联合举办学术研讨、组建知名企业参与的体育产业培训基地等。在《世界大趋势》专题报告中，高大伟教授主要从国际关系、人口问题、高科技信息及2050年世界展望等几个部分，展望世界发展的大趋势。他从长期研究国际关系的视角，洞察未来发展的大趋势。

泉州市首建12个职校名师工作室

市教育局公布首批高等职业教育技能名师工作室和首批中等职业学校名师工作室建设项目名单，通过名师工作室带动专家型教师团队的建设，加快构建泉州市现代职业教育体系、提高职业教育办学水平。

泉州市高等职业教育技能名师工作室建设项目共有10个：泉州师范学院的人文地理与城乡规划李子蓉工作室、服装与服饰设计黄少青工作室，闽南理工学院的机械设计制造及其自动化刘伟工作室，泉州信息工程学院的机械设计制造及其自动化顾立志工作室，黎明职业大学的高分子材料加工技术李云龙工作室、建筑工程技术专业卓玲工作室，泉州幼儿师范高等专科学校的学前教育吴振东工作室，泉州医学高等专科学校的医学影像技术吕国荣工作室，泉州工艺美术职业学院的产品艺术设计郑小平工作室，泉州华光职业学院的鞋类设计与工艺林述琦工作室。此外，泉州市中等职业学校首批名师工作室建设项目有2个：德化县教育局申报的曾映雪工艺美术名师工作室、泉州华侨职业中专学校李桥英会计名师工作室。

据市教育局职业教育与成人教育科有关负责人介绍，泉州市将加强对名师工作室的建设与管理，完善和落实建设方案，培养一批中等职业教育名家名师，通过名师工作室带出一支中等职业教育专家型教师团队，培育一批有一定影响力的产学研成果。

石狮市举行“百姓用药 你选我检”活动

石狮市市场监督管理局举行“百姓用药 你选我检”活动，邀请石狮市民从29种最常见的药品中勾选最想抽检的药品品种、最想抽查的药店或医疗机构，并组织志愿者和执法人员到药店进行抽检。投票结果显示，市民最想抽检的药品品种包括阿莫西林胶囊（阿莫仙、再林）、头孢氨苄胶囊（先锋霉素IV号）等抗生素类药品；卡托普利片（开博通）、盐酸二甲双胍片（格华止、美迪康）等心血管类药品；双氯芬酸钠缓释片、布洛芬片等解热镇痛类药品；维生素C片、维生素B6片、小儿氨酚黄那敏颗粒等。此次活动共抽检药品100批次，其中，20批次通过化学试剂现场检测，未发现有阳性反应；20批次送往泉州市药检所进行红外快检，也未发现有问题药品；对无法现场快检以及后续抽检的60批次药品，执法人员抽样后经泉州市药检所进行实验室检测，抽检的药品全部合格。此系石狮首次向市民公开征集药品抽检品种，并将检测主动权交还给消费者。

3月7日

农历戊戌年正月二十
星期三
温度：12℃—20℃
多云转中雨

●市政协党组（扩大）会议召开，学习贯彻人民日报文章《习近平同志在福建宁德工作时反腐倡廉的生动实践》及省委、市委常委会会议精神。

●由民盟泉州市委会、市文联、市妇联、市书法协会主办的“巾帼墨韵——泉州民盟中国书协女会员邀请展”在泉州青少年宫开幕。

●中欧论坛创始人、国际关系专家、中欧国际工商学院高大伟教授到泉州，为泉州师范学院泉州湾大讲堂作题为《世界大趋势》的专题报告。

●市教育局公布首批高等职业教育技能名师工作室和首批中等职业学校名师工作室建设项目名单。

●石狮市市场监督管理局举行“百姓用药 你选我检”活动，邀请石狮市民从29种最常见的药品中勾选最想抽检的药品品种、最想抽查的药店或医疗机构，并组织志愿者和执法人员到药店进行抽检。

3月8日

农历戊戌年正月廿一
星期四
温度：9℃—15℃
阴

●市人大常委会对《泉州市中山路骑楼建筑保护条例（草案）》开展立法调研。

●2018年全市住房城乡建设工作会议召开，总结2017年工作，部署2018年工作任务。

●8—9日，国际大学生体育联合会竞赛部主任保罗·费拉利、中国大学生体育协会专职副主席申震和福建省体育业用品中心专家团队到泉州考察。

●由市妇联、市直机关工委主办的纪念第108个“三八”国际妇女节暨“巾帼心向党·建功新时代”合唱音乐会举行。

●永春县公安局警属座谈会暨“家庭防线联盟”成立仪式举行。

市人大常委会开展立法调研

市人大常委会对《泉州市中山路骑楼建筑保护条例（草案）》开展立法调研。中山路形成于1929年，全长约2495米，是中国保存最完整、福建省唯一获联合国教科文组织“亚太地区遗产保护优秀奖”的连排式骑楼建筑商业街，2010年入选“中国十大历史文化名街”。骑楼建筑出现因年久失修老化倒塌、火灾、水泥风化脱落、钢筋生锈外露等突出问题。为加强泉州中山路骑楼建筑的保护及日常维护管理，2017年10月，泉州市第十六届人民代表大会常务委员会第五次会议初次审议《泉州市中山路骑楼建筑保护条例（草案）》。调研组采取与以往实地考察、汇报座谈、论证会不同的方式——走访入户，开门立法、倾听民意，与骑楼业主、代管人、使用人交流，倾听他们关于“骑楼建筑翻建”“商业业态”“绿化栽植”等的意见和建议。

历史文化名街中山路（图/吴寿民）

全市住房城乡建设工作会议召开

2018年全市住房城乡建设工作会议召开，总结2017年工作，部署2018年工作任务。会议透露，2017年，泉州市实施城市绿化景观提升工程，一批“生态修复城市修补”示范项目落地建设，推进美丽乡村建设；迎接全国文明城市、全国卫生城市复检、中央环保督察、古泉州（刺桐）史迹申遗等多场高规格“大考”；实施704个城乡民生基础设施建设项目，完成投资600亿元，启动西郊片区城中村棚户区改造，开展中心市区交通综合提升行动；实施房地产分类调控，成立城建集团和新城协调组，推进多项改革创新。2018年，泉州市将开展“攻坚2018”城乡建设大会战，抓好住房制度改革和房地产市场分类调控、提升城市规划统筹和管控水平、开展“生态修复城市修补”试点、建设生态连绵带和提升园林绿化、落实环保督察整改和环保设施建设任务、补齐民生基础设施短板、实施农村人居环境整治、加强“两违”整治和提升城市精细化管理水平等重点工作。

国际大学生体育联合会官员到泉州考察

8—9日，国际大学生体育联合会竞赛部主任保罗·费拉利、中国大学生体育协会专职副主席申震和福建省体育业用品中心专家团队到泉州考察晋江体育中心体育场、养正中学、海峡体育中心足球场等所在地的赛事食宿、场馆、交通等工作情况，并听取汇报。保罗·费拉利对晋江在赛事食宿、场馆、交通等方面的准备工作给予肯定。保罗·费拉利表示，经过两天的考察，他感受到晋江的用心，晋江的赛事准备工作做得比较全面，也高度重视。通过参与国际大体联技术官员到晋江考察活动，福建省体育业用品中心专家团队一行人对体育工艺有了进一步的了解和需求。

“巾帼心向党·建功新时代”合唱音乐会举行

由市妇联、市直机关工委主办的纪念第108个“三八”国际妇女节暨“巾帼心向党·建功新时代”合唱音乐会举行，全市社会各界妇女代表200多人参加活动。此次合唱音乐会共有泉州师范学院女声合唱团、刺桐红警官合唱团、丰泽区实验小学合唱团等六个合唱团参加，合唱曲目多样，包括《美丽的夏牧场》、《龙的传人》、《九儿》和云南民歌《猜调》等。活动还为鲤城区鲤中街道清正社区居委会等14个获2017年泉州市三八红旗集体荣誉的单位和市公安局鲤城分局出入境管理大队科员黄宝英等14位获2017年泉州市三八红旗手荣誉的个人授牌颁奖。

“巾帼心向党·建功新时代”合唱音乐会现场（图/郭雅堂）

泉州在全国首创“生态连绵带”

市城乡规划局召开《泉州市生态连绵带统筹实施规划》工作部署会议，把市政府关于生态连绵带的工作任务布置到各县（市、区），统筹推进连绵带的规划建设。按照“全市统筹、分级落实、分期实施”思路，泉州市设立“生态连绵带”建设领导小组，各县（市、区）也分别设立。会上，深圳规划院相关负责人解析《泉州市生态连绵带统筹实施规划》。所谓“生态连绵带”，是城市规划建设的创新型思路，它将依托泉州自然山水脉络，用绿道串起山林、水体、湿地、田园等自然资源，形成连绵成片的生态体系，让好山好水好风光融入城市之中，满足群众对城镇生态空间的需求，在全国属首创之举。“生态连绵带”具有五个核心特征：生态空间连续、居民日常可达、功能构成复合、景观形象优美、经济效益显著。

此次实施规划以《环湾城乡一体化规划》和“多规合一”规划编制为基础，在国内知名院士、城市规划院校、设计大师等支持指导下，初步提出构建三个功能各有不同的网络化生态空间层次，并且全市将共同建设三个层次生态连绵带布局。一层是生态屏障区，由若干郊野公园构成，满足群众一月一次的使用需求；一层是生态廊道区，由多个廊道构成，满足群众一周一次的使用需求；还有一层是生态体验区，实现300米见绿、500米见园，满足群众一天一次的日常需求。屏障区即生态保护红线与城镇集中建设区的过渡与衔接地区，以安溪、永春、德化作为生态本底，将以郊野（森林）公园等生态产品来建设。未来将形成“三大山脉两大水系”的市域生态大格局。廊道区主要是类似于晋江下游生态整治工程（一期）北滨江公园（即“水线”）这样具有一定体量的城市展示面，相当于线的作用，串起一个个体验区。至于体验区，就在市民身边，以花海、城市景观等不同特色带给市民视觉上的冲击力，将绿意流淌延伸至城市内部，并链接公园、公共服务设施、文化景点，成为居民日常可轻松抵达以休闲锻炼的开放空间。

泉州绿道一隅（图/李芸生）

泉州进口肉类指定口岸获批

国家质检总局公布新一批进口肉类指定口岸名单，泉州石湖港区上榜。此系泉州首个获批的肉类进口口岸。标志着今后市民可以更快尝到从世界各地运送来的新鲜进口肉类产品，同时也将促进泉州市冷链食品项目的发展。近年来，随着人们对高品质生活的追求和现代生活节奏的加快，人们对以肉制品、乳制品、速冻食品等为代表的冷链食品需求增大。泉州石湖港区相关项目负责人表示，通过前期的市场调研，发现泉州地区对进口肉类产品的市场需求较大，但由于受口岸功能限制，只能通过福州、厦门、广州等其他口岸进境，不仅物流成本增加，送到百姓餐桌上的时间也较久。口岸开放后，肉类产品到达泉州的总体时间将提早2—3天，市民能更快吃到更为新鲜的肉了。

公益宣传片“随手公益 共享文明”首发

由鲤城区委文明办、泉州农商银行、泉州微公益协会出品的公益宣传片“随手公益 共享文明”首发仪式在泉州T淘园横店电影城举行。为推动志愿服务常态化、制度化，2017年以来，鲤城区以“随手公益 共享文明”为主题开展共享单车停放整理、文明养宠等各类主题志愿服务活动。各志愿服务团队积极参与志愿服务，主动践行“随手公益”新理念，宣传倡导文明礼仪，助力提升城市文明形象。影片除教授共享单车的正确使用方式外，也倡导遵守用车规则，树立大众共同爱护公共资源的意识。即日起，该片作为随片广告在鲤城辖区各大院线播放，该区各街道、各志愿服务团队也利用LED屏进行宣传。

3月9日

农历戊戌年正月廿二
星期五
温度：8℃—15℃
晴

●市城乡规划局召开《泉州市生态连绵带统筹实施规划》工作部署会议，把市政府关于生态连绵带的工作任务布置到各县（市、区），统筹推进连绵带的规划建设。

●国家质检总局公布新一批进口肉类指定口岸名单，泉州石湖港区上榜。此系泉州首个获批的肉类进口口岸。

●由鲤城区委文明办、泉州农商银行、泉州微公益协会出品的公益宣传片“随手公益 共享文明”首发仪式在泉州T淘园横店电影城举行。

●第二届“闽南心·晋江情”文化音乐会在晋江市五店市举行。

●永春县委宣传部、县纪委、县监察委员会、县委文明办等组织全县130多个各级文明单位举行移风易俗系列活动承诺专场。

●德化职业技术学校和澳大利亚昆士兰技术学院的中澳合作办学项目启动仪式在德化职业技术学校举行。

3月10日

农历戊戌年正月廿三
星期六
温度：9℃—17℃
晴

●全国城市信用状况监测平台公布的最新数据显示，依据过去一年的信用信息监测，泉州城市综合信用指数达80.89，在全国261个地级市中排名第28名。

●财政部公布第四批政府和社会资本合作（PPP）示范项目，泉州市6个项目入选。

●10—13日，2018年全国U17、U18举重锦标赛在浙江海宁市举行，柯佳新获女子U17组48公斤级三枚金牌，黄煌坚获男子U18组56公斤级金牌。

●“运动康复及预防”国际高端学术讲座在晋江市医院举办。

●院线电影《过渡空间》在惠安县海丝电影小镇拍摄基地完成拍摄。

泉州城市综合信用指数位列全国第28名

全国城市信用状况监测平台公布的最新数据显示，依据过去一年的信用信息监测，泉州城市综合信用指数达80.89，在全国261个地级市中排名第28名，持续位居福建省地级市之首（福州、厦门参评省会及副省级以上城市排次）。“全国城市信用状况监测平台”是国家发展改革委委托开发的权威城市信用状况监测系统，主要依托大数据手段，通过从互联网中提取各城市重大信用事件、信用制度建设等内容，结合各地信用平台建设、信用信息归集公示、信用专项治理成效等，按照一定的评价机制得出各地信用排名。

2017年以来，泉州市以基础制度的完善为核心、以信息资源的整合为支撑、以信用监管的深化为手段、以信用建设的薄弱环节为突破，社会信用体系建设向纵深推进，城市信用环境不断提升。一方面是注重顶层设计，编制印发《泉州市“诚信红黑榜”发布制度（试行）》等文件。另一方面是完善目录管理，归集汇总全市39个单位4大类17个类别1590项信用信息目录。同时强化数据支撑，泉州市公共信用信息平台已归集相关单位(含各县、市、区）信用信息数据60余万条。

泉州市新增6个财政部PPP示范项目

财政部公布第四批政府和社会资本合作（PPP）示范项目，泉州市6个项目入选。至此，全市共有14个项目入选PPP示范项目，数量居全省之首。泉州市推广PPP模式，呈现出落地项目多、推广领域宽、创新能力强、民营企业参与度高等特点。此次入选项目中，包括市政工程、生态建设和环境保护、交通运输等几类行业。

六个项目分别为：现代有轨电车（一期）项目、工业废物综合处置中心PPP项目、火车站综合交通枢纽PPP项目、洛江区室仔前垃圾填埋场渗滤液处理系统改扩建工程ROT+TOT项目、南安市 “两溪一湾”安全生态水系综合整治工程（一期）PPP项目、南安市五里桥畔休闲慢道景观工程PPP项目等。其中，南安市 “两溪一湾”安全生态水系综合整治工程（一期）PPP项目预计总投资17.8亿元，项目包括水利、市政、景观等部分，建设总长8.68千米的防洪堤，5座水闸，1处水生态保护和修复工程，加固1座南安绿岸，并对区域内道路、桥涵工程等市政设施，含流域周边市政道路外扩约5米范围的景观进行建设。南安市五里桥畔休闲慢道景观工程PPP项目规划范围全长约为7.2千米，宽度约为450米，位于南翼新城东南，水头镇辖区内，北接五里桥文化公园，南接石井镇，内连沿海大通道、滨海带状休闲慢道、湿地滩涂等，项目总投资约为4.5亿元。

五里桥公园（图/李芸生）

“运动康复及预防”国际高端学术讲座在晋江市举办

“运动康复及预防”国际高端学术讲座在晋江市医院举办。德国运动专家Rudi Hünig教授为晋江各医疗卫生单位的骨科、康复科医疗业务骨干讲授《MTT医学训练疗法简介》。Rudi Hünig教授是运动治疗师、proxomed培训讲师、德国科隆大学附属Unieha骨科门诊康复中心医学训练疗法负责人、科隆体育大学运动疗法和运动预防和康复学院教授、中莱茵网球协会运动员教练，对运动康复有丰富的训练经验。

相关链接：MTT（医学训练疗法）是指首先经过科学仪器的体测而制定有针对性的系统化的运动训练计划，并且根据事先制订的方案在运动训练过程中适时调整训练负荷、间歇时间等训练参数，以达到恢复和维持身体结构和机能、改善和提高机体受损功能为目标的康复治疗方法和理念。它是对传统理疗（电疗，超声波，激光，按摩，中医）等被动治疗、作业治疗、认知疗法和言语治疗等的有效补充。现已广泛应用于各种疾患的康复治疗，对老年病以及运动损伤有极好的康复效果。

泉州市完善人才“港湾计划”政策体系

2017年以来，泉州市研究制定出台职称直聘、专项事业编制使用管理、安居保障、专家举荐人才等系列配套制度措施，使人才“港湾计划”政策体系日臻完善。其中，多个政策实现全省“首创”。

全省首创实施高层次人才职称直聘。打破职称和学历限制、开辟“绿色通道”，直接为高层次人才、紧缺急需人才办理职称申报和岗位聘任。先行在市直公立医院试点采取直聘并给予统筹单列（特设岗位）管理的有15人。

全省首创建立专项事业编制“周转池”。针对一些事业编制身份的科研人员对流动到体制外工作有顾虑的实际，建立“总数控制、人编捆绑、人走编收”的高层次人才专项事业编制“周转池”，允许编制寄挂市高层次人才服务中心，在一定期限内保留身份、自由流动。

全省首创人才市场化评价。通过“问东家、问专家、问大家”，建立人才市场化评价试点和专家举荐人才制度，确定首批19个人才市场化评价试点单位和15名高层次人才举荐专家。经专家举荐的人才，可直接认定为泉州市高层次人才，享受相关生活待遇。

全省率先建立人才创新共享联盟。通过引进知名高校和国家级科研院所到泉州设立专业分支机构，建设“国字号”创新平台、工程技术研究中心等一批高层次产学研用平台。建立人才创新共享联盟，首批成员单位聚集全市9家研发机构、441名研发人员，开放共享仪器149件。

平价商店向小型社区乡镇延伸

市政府办印发通知贯彻实施《福建省农副产品平价商店建设管理办法》，推进农副产品平价商店建设，发挥平价商店稳价控价作用。根据要求，各县（市、区）对现有平价商店建设情况进行调查摸底，对符合条件的商店，要重新与经营者签订协议。数量不达标区域，将考虑人口分布、现有网点和便民利民等因素调整布局，抓紧完成建设的任务底数。平价商店应悬挂统一标识牌，按照规定的品种、质量、价格、数量销售平价商品，履行稳价控价义务。泉州还将健全平价商店的运行机制。当居民生活必需品的价格出现较大幅度上涨时，价格主管部门将及时启动平价商品销售方式；当市场价格回落到启动条件以下并平稳运行一周时，价格主管部门可以决定退出平价销售。遇重大节日、重大活动、重要时段、极端天气、自然灾害或者根据市场形势判断可能发生价格异常波动时，价格主管部门将迅速作出反应，及时提出平价商品销售方案。另外，各县(市、区)还可以制定门槛更低的启动条件，有条件的县（市、区）可开展常态化的平价销售。

根据要求，平价商品要涵盖粮、油、肉、蛋、菜、水果六大类，各县(市、区) 可以结合实际情况在平价商品目录内选择具体经营品种，可增加时令农副产品作为平价商品品种，并针对季节特点和当地群众购买意向,动态调整平价商品品种。价格主管部门将牵头对平价商店履行协议情况实行阶段性考核，对稳价惠民的平价商店给予表扬或者奖励。根据平价商店的不同情况，采取价差补贴、开办费补贴、租金补贴、贷款贴息等方式给予一种或多种资金扶持，引导市场主体积极、平等地参与平价商店建设。

石狮在菲律宾设立人才工作海外联络站

在菲律宾石狮市同乡总会换届庆典上，石狮市人才工作海外联络站菲律宾工作站成立并举行授牌仪式。此系石狮市在国外设立的首家人才工作海外联络站。菲律宾是石狮籍乡亲重要的侨居地，据不完全统计，旅居菲律宾的石狮籍乡亲超过15万人，其中涌现出许多从事金融、法律、科技、经贸、医学、房地产等行业的精英。石狮市人才工作海外（境外）联络站菲律宾工作站成立后，将通过菲律宾主流媒体、网站显著位置，宣传石狮市经济社会发展情况和良好的投资创业环境；组织海外高层次人才适时回乡考察，并与相关企业及科研机构等进行项目合作会晤、接洽，在人才、智力、技术、项目方面加强合作交流；帮助引进达到国际先进水平的科技创新创业团队，行业地位突出的创新创业领军人才、专业技术发展潜力较大的后备领军人才等各类海外人才，助力家乡“创新转型、实业强市”发展战略。

3月11日

农历戊戌年正月廿四
星期日
温度：11℃—21℃
多云转晴

●泉州市完善人才“港湾计划”政策体系。

●市政府办印发通知贯彻实施《福建省农副产品平价商店建设管理办法》，推进农副产品平价商店建设，发挥平价商店稳价控价作用。

●由市委宣传部、市林业局、市民政局社会组织综合委员会、福建省微公益协会主办的公益植树活动在洛江区罗溪镇西龙寺举行。

●由泉州晚报社、洛江区委宣传部、区林业局、马甲镇党委政府、泉州海丝野生动物世界主办的“青春为家乡添绿”植树节活动举行。

●石狮市人才工作海外联络站菲律宾工作站成立并举行授牌仪式。

3月12日

农历戊戌年正月廿五
星期一
温度：13℃—23℃
晴

●全国爱卫会通报2017年国家卫生城市（区）和国家卫生县城（乡镇）复审结果，泉州再次获得“国家卫生城市”称号，并因巩固国家卫生城市工作方面成效显著，在复审中成绩突出，成为全省唯一一个获全国通报表扬的城市。

●全市各地以各种形式开展植树造林活动。

●12—15日，2017—2018全国青少年校园足球联赛大学生组福建赛区比赛在福建师范大学和福建船政交通职业技术学院进行，华侨大学足球队获超级组冠军。

●“石狮市绿色公益司法保护基地”揭牌仪式在石狮市永宁镇红塔湾景区举行。

泉州再获“国家卫生城市”称号

全国爱卫会通报2017年国家卫生城市（区）和国家卫生县城（乡镇）复审结果，泉州再次获得“国家卫生城市”称号，并因巩固国家卫生城市工作方面成效显著，在复审中成绩突出，成为全省唯一一个获全国通报表扬的城市。自2017年启动新一轮迎接复审工作以来，泉州各级各相关部门持续加大创卫投入，明确责任分工，强化市政设施整治、绿化管理、公园管理、黑臭水体整治、扬尘整治、道路清洗保洁、垃圾转运等工作，开展多轮拉网式巡查和专项督查，结合省级复查评审和两次权威专家模拟暗访，对标找差、深整细改，市容市貌得到长时有效整治，中心市区农贸市场全面升级，大小餐饮店集中整顿，垃圾收集设施改造经费投入加大，城市绿化景观全面提升，城市卫生面貌有了较大改善，市民文明卫生意识进一步提高。为巩固创卫成果，泉州还着力机制创新，专门成立“泉州市城市管理综合考评中心”，创新建立城市卫生管理“有奖举报”制度，受理投诉件1.6万件，以电话费充值形式发放奖励金额近36万元；成立人数约1000人的志愿服务队，开展35期志愿服务活动，吸引众多热心市民和青年学生主动参与，得到市民认可。

全市各地开展植树造林活动

植树节。全市各地以各种形式开展植树造林活动，为建设生态宜居的“美丽泉州”贡献力量。

市直机关文明办组织市直机关近百名志愿者，在市区清源山南台岩开展“绿化母亲山·美丽泉州城”义务植树活动，弘扬“植绿、护绿、爱绿”的文明风尚。志愿者在南台岩种下约300株银杏树。

市检察院、市科协、市急救指挥中心、市中心血站、市食药检所、区委老干部局、丰泽交警大队、泉州公交公司等以及丰泽街道源淮社区老党员、老干部，开展以“春暖泉州红共创生态林”为主题的学雷锋志愿服务活动。

团市委、省高速泉州管理分公司等单位的100多名机关干部、青年志愿者在高速公路晋江南征管所开展“青年生态园5期”植树活动，栽种下小叶香樟、秋枫等多种树木400多株。

丰泽区四套班子负责人、区直各单位干部职工和青年志愿者在海滨实验小学，开展2018年全民义务植树活动，选种植乔木217株。同时，丰泽区委宣传部、文明办、团区委等在武陵农场等开展“美丽泉州 绿满丰泽”——义务植树志愿服务活动。

泉港区组织1000余名机关企事业干部、武警官兵、青年志愿者等，到前黄镇凤山村开展全民义务植树活动。

永春县举行深化全城植绿启动仪式暨“3·12”义务植树活动，由永春县绿化委员会向全县人民发出“我为全城植绿做奉献”倡议书，举行捐绿活动、“花园家庭”颁奖等，动员干部群众、部队官兵、社区居民、学生签名承诺，投入到全城植绿工作中。

德化县组织500多人到唐寨山省级森林公园义务植树，种植枫树、山乌桕、红枫、紫藤等花化彩化树种2400株。

“青年生态园5期”植树活动现场
（图/吴宗宝　戴裕厚　吴瑞源）

“绿色公益司法保护基地”落户石狮

由石狮市检察院牵头，石狮市司法局、石狮市生态环境保护局、石狮市海洋与渔业局、石狮市国土规划和房产管理局、石狮市农办共建的“石狮市绿色公益司法保护基地”揭牌仪式在石狮市永宁镇红塔湾景区举行。绿色公益司法保护基地是司法机关、行政执法机关和相关单位为探索生态损害修复制度，集中建立的由相关案件的犯罪嫌疑人、被告人、违法行为人以及社区矫正对象、帮教对象、公益诉讼案件的行政相对人等共同参与的、具有公益属性的生态损害修复基地。

胡昌升到泉州调研基层党建

13—16日，省委常委、组织部部长胡昌升到泉州调研基层党建。胡昌升到泉港、惠安、洛江、安溪、南安、德化、永春，深入田间地头，与基层干部群众交流，听取意见建议。胡昌升强调，要坚持政治标准，选优配强党组织书记，全面推广党群服务中心建设，更好地服务发展、服务群众。要坚持“输血”与“造血”相结合，因地制宜、因村施策，发展乡村产业，千方百计发展壮大村级集体经济。要以党建引领乡村文明，传承先进文化，保留乡土味道，把乡村建设成为美丽宜居的幸福家园。要创新乡村人才培养机制，加大农村实用人才培养力度，支持能人返乡创业，为促进乡村振兴提供有力人才支撑。胡昌升还走访慰问困难党员群众。

泉州消费满意度排全国第24位

提升泉州城市消费者满意度工作会议召开。会议透露，中国消费者协会测评50座城市消费者满意度，泉州排24位，低于厦门（72.56分），高于福州（69.75分）。会议要求，2018年，泉州工商部门要着力解决消费理念误点、消费制度盲点、消费感知痛点，消除影响消费升级的制度障碍，更好服务消费品质提升；开展消费教育活动，尤其是针对农村消费市场、老年消费、网络消费等突出问题，开展多种形式的消费教育系列活动；发挥消委会组织消费维权志愿者作用，在消费热点领域开展体验式调查，打击假冒伪劣和虚假不实宣传，净化农村集贸市场环境；选取面向消费升级的绿色化、智能化、中高端化等新型前沿产品开展试验，为品质消费提供选择；继续畅通维权渠道，通过搭建和畅通电话、微信、网络等渠道，方便消费者投诉、咨询；推进投诉和解平台建设，拓展电商消费维权绿色通道。

市工商局发布家装建材消费专项分析

市工商局发布家用装修建材类商品消费投诉情况专项分析，显示家装建材已成消费者投诉热点。2017年，市工商局“12315”指挥中心受理装修服务类消费者咨询、投诉和举报件1259件，其中咨询740件、投诉480件、举报39件，为消费者挽回经济损失102.48万元。数据分析显示，被投诉商家所在地主要集中于晋江、南安和丰泽等家装建材市场较为集中的县（市、区），纠纷焦点多数围绕商品质量问题、合同争议问题、售后服务问题、广告问题等方面。商品质量问题主要体现为商品不具备应当具备的使用性能、商品使用过程中发生性状改变影响使用，商家以假充真、以次充好等。

福医大附二院5人参加援非医疗队

中国（福建）第15批援博茨瓦纳医疗队启程，分别在该国首都哈博罗内的玛丽娜公主医院和弗朗西斯敦的仰加圭转诊医院执行为期2年的援外医疗任务。此次泉州有福医大附二院5人参加援非医疗队，分别是该院的骨科副主任医师郑煜晖、麻醉科主治医师谢文锡、妇产科主治医师易靖艺、手术室主管护师李海朋、新生儿科护师黄亚三。该队由龙岩市、宁德市卫生计生委和福建医科大学、福建中医药大学各附属医院负责组派，行前已在福建省援外医疗培训基地进行为期10个月的英语和业务技能培训。

泉州实验中学在全省首创中学研学课程

泉州实验中学国际部研学课程启动暨导师聘任仪式举行，利郎集团执行董事、副总裁胡诚初等16位各行业人士成为学生们的研学导师，义务指导学生们开展研学活动。研学课程采用研学导师和研学基地深度结合的形式，这在全省中学里属于首创。相对于常见的研学旅行，实验中学国际部提出的研学课程，是同学们以小组合作的形式，根据兴趣来选择和确定专题，进行探讨、研究。研学课程将培养学生发现问题、解决问题的能力，培养学生的团队协作能力。更重要的是，学生将通过了解不同的专业领域、不同的行业开阔视野，发现兴趣点，找到今后希望从事的方向。国际部将由此为学生制定相对应的学习计划和留学规划，帮助他们有目的地学习。

3月13日

农历戊戌年正月廿六
星期二
温度：14℃—23℃
多云

●13—16日，省委常委、组织部部长胡昌升到泉州调研基层党建。

●福建省智能制造试点示范现场经验交流会在福清市举行。会议透露，福建省将积极支持泉州、福州申请首批创建“中国制造2025”国家级示范区。

●市委党校2018年春季开学典礼举行，第65期县处级干部进修班、第28期中青年干部培训班、第78期科级干部进修班（文化建设方向）共133名学员参加。

●提升泉州城市消费者满意度工作会议召开。会议透露，中国消费者协会测评50座城市消费者满意度，泉州排24位。

●市工商局发布家用装修建材类商品消费投诉情况专项分析。

●中国（福建）第15批援博茨瓦纳医疗队启程，泉州有福医大附二院5人参加援非医疗队。

●泉州实验中学在全省首创中学研学课程。

3月14日

农历戊戌年正月廿七
星期三
温度：17℃—23℃
小雨

●市委常委会召开会议，研究省委检查组移交的泉州市2017年度落实全面从严治党主体责任问题清单整改工作，研究并原则通过《泉州市生态文明建设目标考核办法》。

●全国人大代表、泉州市市长康涛在北京接受《香港商报》专访。

●市纪委驻市委政法委纪检组联合市委政法委政治部，发出倡议，要求动员政法委机关全体党员干部聚力扫黑除恶，发挥“头雁效应”，为全市各级政法机关和党员干部群众作出表率。

●国家质检总局、国家认监委批准国家燃香类产品质量监督检验中心（福建）成立，并投入运行。

●泉州市木偶剧团四位演员携泉州提线木偶戏，参加中央电视台《综艺盛典》节目录制。

●由鲤城区政府主办，区工商局、区消费者委员会承办的2018年“3·15”国际消费者权益日暨创建市级“诚信经营示范街区”现场咨询宣传活动在市区府文庙广场举行。

市委常委会会议研究省委检查组反馈问题整改工作

市委常委会召开会议，研究省委检查组移交的泉州市2017年度落实全面从严治党主体责任问题清单整改工作，研究并原则通过《泉州市生态文明建设目标考核办法》。会议指出，主体责任意味着各级党委是全面从严治党的领导主体，又是落实主体、工作主体。各级党委（党组）要深刻反省警醒，从问题看到责任，领导班子要以上率下，结合分管领域主动认领问题，对号入座抓整改。会议要求，要坚持问题导向，举一反三坚决整改。各责任单位要主动承担整改分解任务，研究制定整改方案，对症下药落实整改措施；要组织梳理需要各级各部门对照关注和解决的共性问题，纳入市委年度考核、责任制检查、市县巡察监督的重点内容，推动全面整改、全面提升；要持续深化标本兼治，完善各项规章制度，从体制机制上堵塞漏洞，推动问题根本性解决。要严格时限要求，按时上报即知即改情况和整改计划，确保6月底前全部整改到位；要抓紧抓实跟踪督办、提醒督促，对整改不及时、不彻底的单位和人员严肃问责追责。

康涛接受《香港商报》专访

福厦泉国家自主创新示范区获批以来，泉州在发展高新技术产业、推进体制机制创新等方面，有哪些特点和突破？全国人大代表、泉州市市长康涛就此问题在北京接受《香港商报》专访。康涛表示，习近平强调，发展是第一要务，人才是第一资源，创新是第一动力。2018年的国务院政府工作报告对加快建设创新型国家作出具体部署，国家自主创新示范区是重要的抓手和载体。泉州将贯彻落实中央、全省的决策部署，重点在产业和体制两方面先行先试、争取突破。

一是产业，致力在产业转型升级上作示范。泉州的特点：一手抓高新技术产业发展，一手抓高科技改造提升传统产业。高新技术产业发展方面，重点发展集成电路产业链、化合物半导体产业链、石墨烯产业链。为此，泉州规划建设了泉州半导体高新技术产业园区（以下简称“泉州芯谷”），主要涵盖晋江集成电路产业园区、南安高新技术产业园区、安溪湖头光电产业园区，目前项目建设正快速推进。在这三个园区的支撑带动下，半导体未来将成为泉州又一新的千亿产业集群。高科技改造提升传统产业方面，积极引导纺织鞋服、建材家居等传统产业，跟进智能化、石墨烯、新一代信息技术等新技术扩散应用，让老树不断发新芽。

二是体制，致力在体制机制上多创新，把各种创新要素集聚到泉州开展创新活动。平台建设方面，泉州实施“大院大所”计划，引进国内高校、科研院所来泉设立高端科技创新平台36个，将全国各地的创新成果进行本地化转化应用。人才培育方面，主要聚焦企业家和创新人才。通过开展一系列企业家培训，力争培养一批泉州未来的龙头企业；通过实施人才“港湾计划”，解决引人留人问题，建设人才的梦想港湾、事业港湾、生活港湾。资金筹措方面，引导民间资本进入科技领域，发挥政府性基金的撬动作用。泉州已设立50亿元的产业投资基金，以及集成电路、高新技术产业发展等一系列子基金，重点从股权投资、风险补偿、政府增信等市场化手段入手，支持企业自主创新、支持高新技术产业发展。

泉州木偶戏亮相央视《综艺盛典》栏目

泉州市木偶剧团四位演员携泉州提线木偶戏，走进中央电视台《综艺盛典》栏目，与赵忠祥和相声演员牛群、李伟建，以及演员于月仙等，共同表演泉州提线木偶，受到现场评委和观众们的好评。此次剧团派出四位演员到北京录制节目，分别是林建裕、戴勋、陈銮治、曾丽环。泉州市木偶剧团演员戴勋介绍，在节目录制中，相声演员李伟建、演员于月仙与泉州提线木偶戏的演员们共同表演泉州提线木偶。赵忠祥在现场点评时，全方位地将泉州提线木偶的历史、传承与发展向现场观众做了介绍，其中包括泉州提线木偶保存有700多个传统剧目及300多支傀儡调曲牌，以及压脚鼓的独特演奏技巧等。《综艺盛典》是央视3套推出的大型综艺节目。

首届“海丝·蟳埔”民俗文化旅游节开幕

首届“海丝·蟳埔”民俗文化旅游节在市区真武庙开幕。文化节的重头戏是祭海祈福仪式，该仪式以传统颂典表演的形式展现祭海的场景，通过“祀海祈祥”“祭海纳福”“海风旌旗”3个环节，集中展示传统祭祀典礼与具有海洋文化内涵的传统文化。作为“海上丝绸之路”的重要起点城市，泉州的出海祈风、祭海仪式古已有之。活动旨在挖掘利用丰泽区蕴藏深厚的“海丝”历史文化资源和蟳埔民俗文化特色，促进现代与传统、时尚与民俗之间的完美融合，打造丰泽独具特色的文化旅游品牌，让更多人了解丰泽、走进丰泽、融入丰泽。文化节同时举行“寻海丝遗韵 展蟳埔风情”美术摄影展、国家非遗项目蟳埔女习俗展示、福船船模展示，以及各种民俗表演与戏剧歌舞专场。

祭海祈福仪式（图/王盼琛）

各种民俗表演同台展示（图/李芸生）

泉州市首个“政产学”三方共建签约

集美大学财经学院、南安市国税局、南安市石材工业协会共建签约仪式举行，泉州市首个“政产学”三方共建诞生。该模式将着力打造政府、企业、学习、行业、社会协同推进的工作格局，共同促进产业汇集发展。根据三方共建协议书，合作共建事项包括共建税务硕士实践教学基地、科研合作、成果产业应用、联合教育培训、税收与企业文化建设等。南安市国税局局长表示，共建活动实现合作领域、内容、形式等多方面的拓展，为三方加强全方位、战略性合作提供机制保障和平台支撑。此次共建是税校合作、产教融合、三方强强联合，共同促进教育链、人才链与产业链、创新链有机衔接的有益尝试，也是助力南安产业汇集新动能的切入点。

泉州市第八届绿色殡葬活动启动

市民政局和泉州晚报社启动泉州市第八届绿色殡葬活动，向市民发出“文明祭扫、生态殡葬”的倡议，倡导市民破除丧葬陋习，移风易俗，为已逝的亲人选择花葬、树葬、草葬等节地生态的殡葬方式，过一个文明、生态、绿色、平安的清明节。近年来，市民政部门推进婚丧习俗改革，开展“摒弃丧葬陋俗、倡导文明新风”活动，推行惠民绿色殡葬，全市9个经营性公墓均设有树葬区、草葬区、花葬区。泉州宏福园已举办七届绿色殡葬活动，全市参加树葬、草葬、花葬的共有300多例，实行海葬的有3300多例，绿色殡葬渐成风尚。

南京牛首山旅游区推介会在泉州举行

南京牛首山文化旅游区专场推介会在泉州举行，推介会以促成两地旅游业合作发展为主题，向泉州旅游行业介绍牛首山深厚的佛禅文化和震撼的建筑艺术。牛首山自古就是金陵名胜，因其东西双峰对峙形似牛角而得名。山上自然风光秀美，保留了良好的生态资源；域内有祖堂山、宝相湖、郑和湖、隐龙湖等山脉水体，素有“春牛首”之誉。青山中还遗存了很多历史古迹，如岳飞抗金故垒、明代摩崖石刻、弘觉寺塔、郑和文化园等。牛首山文化旅游区还打造了以佛顶宫、佛顶塔、佛顶寺为核心的文化旅游项目。利用历史上形成的矿坑修建而成的佛顶宫，以其宏大规模、奇伟状貌、精美工艺，堪称世界佛教文化、建筑、艺术奇观。两地旅游管理部门均表示，将按照“优势互补、客源共享、市场共建、互利共赢”的原则建立双方合作交流机制，实现两地客源互送，推动两地旅游合作共赢，共同促进两地经济社会发展。

3月15日

农历戊戌年正月廿八
星期四
温度：16℃—20℃
中雨转阴

●市人大常委会党组（扩大）会议召开，传达学习《中华人民共和国宪法修正案》、习近平在参加重庆等代表团审议时发表的讲话精神。

●首届“海丝·蟳埔”民俗文化旅游节在市区真武庙开幕。

●集美大学财经学院、南安市国税局、南安市石材工业协会共建签约仪式举行，泉州市首个“政产学”三方共建诞生。

●市民政局和泉州晚报社启动泉州市第八届绿色殡葬活动，向市民发出“文明祭扫、生态殡葬”的倡议。

●泉州消防支队、泉州市工商局、质量技术监督局在南安市举行“3·15”假冒伪劣消防产品集中销毁活动。

●泉州地方金融行业协会举行“合力精耕 共创未来”主题活动，与会员单位共同发出《泉州地方金融行业协会行业自律发展倡议书》。

●南京牛首山文化旅游区专场推介会在泉州举行。

3月16日

农历戊戌年正月廿九
星期五
温度：12℃—24℃
小雨转多云

●全市档案工作会议召开，总结2017年档案工作，部署2018年工作任务。

●全市行政服务工作会议召开，总结2017年行政服务工作情况，研究部署2018年行政服务改革创新工作。

●由省方志委主办的闽台方志万祥馆揭牌仪式暨闽台方志文化交流座谈会在石狮市举行，泉州市方志馆万祥分馆同时揭牌。

●市公安局、市卫计委牵头组织福建医科大学附属第二医院、市第一医院、市中医院、市急救指挥中心四家医疗机构，举行市公安机关人民警察紧急救治“绿色通道”协议签订仪式。

●“邂逅蟳埔”民俗文化徒步体验活动在市区蟳埔社区举行。

●16—17日，由香港西九文化区戏曲中心制作的小剧场粤剧《霸王别姬》（新编）在泉州市区梨园古典剧院上演。

闽台方志万祥馆暨泉州市方志馆万祥分馆揭牌

由省方志委主办的闽台方志万祥馆揭牌仪式暨闽台方志文化交流座谈会在石狮市举行，泉州市方志馆万祥分馆同时揭牌。此次活动在全国首开与民营企业合作共建方志文化服务平台的先河，也是福建省举办的首次有香港、台湾地区专家参加的方志文化交流座谈会。省方志委主任陈秋平、泉州市副市长肖汉辉致辞。省方志委还为香港、台湾地区和福建省内的方志学者颁发传承发展中华优秀传统文化（福建方志文化）专家委员会特聘专家聘书。此系省方志委坚持“开门修志”，首次吸收香港、台湾地区专家加入传承发展中华优秀传统文化（福建方志文化）专家委员会。在座谈会上，香港、台湾地区和省内的方志学者、方志工作者等围绕加强闽台方志文化交流、促进闽台文化深度融合等展开讨论。陈秋平在发言中通报省方志委近年来形成“福建经验”的一些创新做法，并指出：省方志委还将以闽台方志万祥馆为平台，建立两岸学者双向互动沟通交流工作机制、推动方志文化和福建地情进台湾、配合出版发行《闽台历代方志集成》《妈祖文化志》组织首发式等活动、建设闽台数字方志馆等。

闽台方志万祥馆揭牌（图/吴寿民）

泉州市方志馆万祥分馆揭牌（图/吴寿民）

人民警察紧急救治“绿色通道”协议签订

市公安局、市卫计委牵头组织福建医科大学附属第二医院、市第一医院、市中医院、市急救指挥中心四家医疗机构，举行市公安机关人民警察紧急救治“绿色通道”协议签订仪式。民警因公负伤或突发重特大疾病紧急救治将有“绿色通道”。

长期以来，全市公安民警忠诚履职、顽强拼搏、无私奉献，为维护社会稳定、保障人民安居乐业做出积极贡献。在执行公务中，特别是在处置紧急突发事件、开展抢险救援工作以及与穷凶极恶的犯罪分子搏斗时，全市公安民警不畏艰险、舍生忘死，英勇负伤或突发危重疾病的情况时有发生。紧急救治“绿色通道”的开通，体现了社会各界对公安工作的支持，体现了卫计部门和医疗机构对公安民警的关心关爱。让因公负伤或突发重特大疾病的民警得到及时有效的医疗救治，是市公安机关暖警惠警的一项重大举措，是公安机关与卫生医疗部门共建互助的一项重大成果，对于保护民警执法安全、激励民警全身心投入工作具有重要意义，标志泉州市公安民警职业健康保护工作迈上了新台阶。

“邂逅蟳埔”民俗文化徒步体验活动举行

“邂逅蟳埔”民俗文化徒步体验活动在市区蟳埔社区举行。上百名全国各地的旅游商团代表、文学名家、摄影家以及徒步旅行爱好者参与活动。此次徒步活动是丰泽区首届“海丝·蟳埔”民俗文化旅游节中的系列活动之一，旨在让更多人了解和传播丰泽海丝文化，提升丰泽民俗文化知名度与美誉度。活动向厦门、漳州、龙岩、福州等地的旅游商团发出邀请，以“旅游+运动”的方式，让参与者领略“海丝丰泽”的风采神韵与蟳埔女习俗的独特魅力，共享富有闽南特色的文化旅游资源和文化旅游产品。

活动参与者行走在丰海路上（图/陈晓东）

泉州市4个项目列入中央预算内投资计划

省发改委转下达教育现代化推进工程2018年中央预算内投资计划，泉州4个项目列入其中。4个教育现代化推进工程项目获得补助资金5600万元。其中，德化县鹏翔小学教学楼、晋江市安海镇庵前小学教学综合楼为义务教育学校建设项目，分别获得中央预算内投资1000万元和500万元；泉州市师范学院附属鹏峰中学学生宿舍楼、食堂为教育基础薄弱县普通高中建设项目，获得中央预算内投资1200万元；黎明职业大学扩建工程（一期）为高等职业学校建设项目，获得中央预算内投资2900万元。

泉厦漳跨区域突发重大事件医学救援合作协议签署

为打破行政区域界限，加强卫生应急合作，建立区域联动机制。泉厦漳三地急救中心签署跨区域突发重大事件紧急医学救援合作协议。16—17日，泉厦漳区域“120”指挥调度技能研讨班暨泉州市“120”指挥调度岗位技能培训班在泉州市急救指挥中心举办。三地急救中心初步达成共识，签署“泉厦漳三地跨区域突发重大事件紧急医学救援合作协议”，建立三地区域紧急医疗救援协作机制，按照“资源共享、优势互补、联手合作、共同发展”的理念，打破行政区域界限，加强卫生应急合作，建立区域联动机制，实现三地急救共同发展。此次三地区域急救交流研讨的形式，搭建了一个很好的沟通交流协作平台，是建立常态化、机制化的区域急救协作机制的良好开端。

泉州市“体系化打造品牌学校”高级研修班举办

17—18日，由市教育局主办的泉州市“体系化打造品牌学校”高级研修班在泉州聚龙外国语学校举办。研修班邀请胡克州、赵国忠、李金池和郭洪四位全国知名校长、专家作专场讲座，旨在为打造高品质学校，提升校长办学治校能力，探索出一条具有泉州市特色的中小学校长队伍建设之路。研修班为泉州各校（园）长提供一个交流思想、相互学习、共同提高的平台。中国著名校长、云南师范大学附属镇雄中学校长、“驾驭式自主高效管理”体系创立者胡克州，作《在体系思想下，以驾驭式自主教育为抓手，铸造品牌学校》报告，并与学员互动，进行指导；著名学校管理研究专家赵国忠作《品牌校长的卓越修炼》报告，为学员分析“品牌校长的六项卓越修炼”；中国著名校长李金池作《打造品牌学校的整体思路——“衡水神话”“精英奇迹”背后成功密码》报告，并进行“校长如何规划好顶层设计”的互动指导；全国十佳好校长、重庆市巴川中学总校长郭洪作《优质源于管理——学校精细化管理初探》报告，为学员们详解精细化管理体系打造。

泉港区“开启新征程·建设新前黄”文化活动周启动

由泉港区委文明办、区文联、前黄镇党委、政府主办的泉港区“开启新征程·建设新前黄”文化活动周在该区前黄镇综合文化站、坝头文化馆启动。泉港福安文艺创作奖励扶持基金成立仪式及前黄镇综合文化站、坝头文化馆落成仪式同时举行。仪式现场，前黄乡贤连式林向泉港区慈善总会捐赠人民币300万元，作为“福安文艺创作奖励扶持基金”，用于奖励泉港区文学艺术创作成果，扶持泉港区重点文艺创作生产公益事业。前黄镇综合文化站、坝头文化馆也由连式林捐建。此次文化活动周持续至23日，为村民带来一系列文化娱乐节目及公益活动，包括北管演奏会、南音大汇唱、道德讲堂、高甲戏展演、“学雷锋”助老慰问活动等。活动旨在以精彩纷呈的文艺会演、形象生动的艺术展览、特色鲜明的非遗展演、陶冶情操的书香悦读，展示泉港区在丰富城乡群众文化建设方面取得的成果。

北管演奏（图/张文璟 林弘棱）

3月17日

农历戊戌年二月初一
星期六
温度：13℃—20℃
多云

●省发改委转下达教育现代化推进工程2018年中央预算内投资计划，泉州4个项目列入其中。

●泉厦漳三地急救中心签署跨区域突发重大事件紧急医学救援合作协议。

●17—18日，由市教育局主办的泉州市“体系化打造品牌学校”高级研修班在泉州聚龙外国语学校举办。

●由泉港区委文明办、区文联、前黄镇党委、政府主办的泉港区“开启新征程·建设新前黄”文化活动周在该区前黄镇综合文化站、坝头文化馆启动。

●“我和春天有个约会”首届洛江虹山全域游微拍活动暨2018虹山油菜花文化节开幕。

●石狮市首届校服鉴赏会在厦门外国语学校石狮分校举行。

3月18日

农历戊戌年二月初二
星期日
温度：16℃—24℃
多云

●国家发展改革委、科技部、国土资源部、住房城乡建设部、商务部、海关总署公布2018年版《中国开发区审核公告目录》。泉州市13家开发区进入新版目录，其中国家级开发区4家，省级开发区9家。

●为推进重点项目更快攻坚落地，泉州市建立重点项目行政审批服务台账管理工作机制，健全重点项目从策划生成、前期工作到审批服务等全程管理机制。

●市旅游局、洛江区文体旅游新闻出版局全体干部职工举行“传播绿色文明，创建生态旅游”暨“三八”国际妇女节活动。

●由泉州市文联、南安市委宣传部、泉州市摄影家协会主办的第十四届泉州市摄影艺术节在南安市开幕。

全市13家开发区入选《中国开发区审核公告目录》

经国务院同意，国家发展改革委、科技部、国土资源部、住房城乡建设部、商务部、海关总署公布2018年版《中国开发区审核公告目录》。泉州市13家开发区进入新版目录，其中国家级开发区4家，省级开发区9家。其中，国家级开发区4家分别为泉州经济技术开发区、泉州台商投资区、泉州高新技术产业开发区、福建泉州综合保税区；省级开发区9家分别为福建洛江经济开发区、福建泉港石化工业园区、福建惠安经济开发区、福建惠安惠东工业园区、福建安溪经济开发区、福建永春工业园区、福建德化陶瓷产业园区、福建晋江经济开发区、福建南安经济开发区。

泉州经济技术开发区高新技术企业孵化基地（图/吴春民）

泉州市建立重点项目审批服务台账管理机制

为推进重点项目更快攻坚落地，泉州市建立重点项目行政审批服务台账管理工作机制，健全重点项目从策划生成、前期工作到审批服务等全程管理机制。重点项目审批服务台账从项目策划生成、列入发改部门项目库开始，涵盖前期专家论证、中介服务评审，以及进入部门审批程序，直至施工许可完成的全过程。推行台账制度既有利于盯紧审批节点，倒逼审批部门快审、业主快速报批、中介快速服务，又有利于从账中倒查、追溯责任，及时推动项目问题解决。 泉州市于年初遴选出一批市级重点项目，倒排项目前期工作时间节点计划，由项目业主单位和审批部门窗口共同建立相应台账，实行定期登记制度。在项目报批前，项目业主负责建立台账，按节点时间将准备材料情况、委托中介服务、专家论证情况及咨询沟通、中介服务质量等记入台账。项目进入审批环节后，相关审批部门窗口负责建立台账，从业主第一次至窗口咨询起到审批结束，对受理及审批时间等进行全过程详细登记。

台账不仅详细登记项目审批的具体情况，还延伸到咨询指导、上门服务、会商会审。各涉及部门窗口通过这本账主动跟踪审批服务进度，实时更新审批服务进展。泉州市每季度对重点项目推进过程中的审批服务、台账管理及项目存在的问题进行分析，梳理共性问题，并针对问题清单逐项提出整改意见建议。项目业主单位、相关审批部门窗口指定专人负责台账登记管理，点对点盯紧项目台账，收集项目存在问题及意见建议，找出问题的症结所在。在推进落实台账登记管理工作过程中，对主动靠前服务的审批部门和提前报批、主动配合的业主单位予以通报表扬。此外，还在“网上中介超市”建立中介红黑名单制度，将服务质量好、收费合理的中介优先纳入“网上中介超市”红名单，对服务质量低下、时间拖延的中介实行黑名单制度，规范中介服务市场健康发展。

第十四届泉州市摄影艺术节在南安市开幕

第十四届泉州市摄影艺术节开幕式（图/陈英杰）

由泉州市文联、南安市委宣传部、泉州市摄影家协会主办的第十四届泉州市摄影艺术节在南安市开幕。在活动现场，“讴歌新时代，共筑中国梦——第26届福建省摄影展”、首届泉州市摄影艺术展同步启动。该届艺术节内容丰富多彩，现场举办“光影颂党恩”摄影展、泉州市摄影家协会理事摄影精品展，并开展无人机体验等活动。广东省摄影家协会副主席、摄影名家谢墨为摄影爱好者们作题为《风景这边独好》的摄影讲座。

市十六届人大常委会第十八次主任会议召开

市十六届人大常委会第十八次主任会议召开。会议讨论市人大常委会关于市十六届人大二次会议代表建议重点办理件督办安排（草案），关于同意个别人员因身体原因辞去教科文卫工委咨询委员请求的报告，关于开展调解法执法检查方案。会议还提出第十九次主任会议建议议题，初定市十六届人大常委会第十一次会议的召开时间和建议议程。会议指出，要加强代表建议办理工作的督促和协调，尤其是抓好重点督办建议的办理。相关工委室要认真制定具体方案组织实施，督促各承办单位按照规定认真办理到位，推动解决实际问题，让代表和群众真正满意。

全市教育工作会议召开

2018年全市教育工作会议召开，回顾总结2017年和中共十八大以来泉州市教育成果，安排部署2018年教育工作。会议指出，2018年，泉州市将坚持用习近平新时代中国特色社会主义思想和中共十九大精神统领教育工作，持续优化教育资源配置，增加优质教育资源供给，深度激发教师队伍活力，稳妥推进教育综合改革，让每个孩子都能享有公平而有质量的教育，开启建设教育强市的新征程。

全市消防工作电视电话会议召开

继收听收看2018年全省消防工作电视电话会议后，泉州市召开全市消防工作电视电话会议，全面分析全市消防安全形势，研究部署2018年消防工作。会议指出，2018年泉州市将推进“智慧消防”建设，探索城市消防远程监控系统，年内全市设有自动消防设施的高层建筑和重点场所全部接入该系统。此外，还将推广应用电气火灾监测系统，提高火灾防范科技水平。2018年，泉州市还将把火灾防控重点向基层聚焦、向农村发力，在前期消防安全“网格化”管理工作基础上，将消防管理融入社会综治管理服务平台，常态化开展消防检查巡查和入户宣传，打通基层末梢的“最后一公里”。

泉州全面推进双重预防机制建设

市安委会印发《关于全面推进安全风险分级管控和隐患排查治理双重预防机制建设的通知》，部署安全风险分级管控和隐患排查治理双重预防体系机制（以下简称“双重预防机制”）建设。根据通知，市直各有关部门要组织有关业务人员和专家，分析各自主管行业（领域、专业）安全风险分级管控实施细则和隐患排查治理企业自查指引导则、行业检查指引导则编制工作中存在的突出问题和不足，收集相关法律法规、标准规范和事故案例等资料，总结安全风险分级管控、隐患排查治理的经验做法，及时在“泉州市智慧安监”信息系统平台给予更新。各级各有关部门要组织有关专家实地查看本辖区、本行业（领域、专业）标杆企业安全风险分级管控体系和隐患排查治理体系建设现状，研究制定2018年度本辖区、本行业（领域、专业）双重预防机制建设标杆企业培育工作方案，采取“一企一策”的办法，有针对性地细化培育、建设措施，开展对口指导、上门帮扶工作，督促指导标杆企业扎实、规范构建双重预防机制，并适时组织检查验收，培育形成一批典型示范标杆企业。

“法税共建·推动跨越发展”启动仪式举行

市中级人民法院和市国家税务局举行“法税共建·推动跨越发展”启动仪式，旨在进一步提高国税行政执法水平，建立审判机关与国税行政执法机关工作良性互动机制，共同创造更加公平、公正的法治环境。双方签署《共建协议》，并为市中级法院驻市国税局法官工作室揭牌。市中级法院、市国家税务局从建立常态化互动联系机制、搭建个性化服务企业平台、丰富共建载体三个方面提出12条意见，为双方加强协作、形成法税共建合力提供行动指南。法税双方以构建“亲清”法企关系、税企关系为重点，坚持“零距离”服务、“保持距离”相处的方针，协调联动、优势互补、创新机制，形成服务泉州经济健康发展合力，为泉州转型攻坚、聚力跨越贡献法税力量。

3月19日

农历戊戌年二月初三
星期一
温度：15℃—25℃
小雨转大雨

●市十六届人大常委会第十八次主任会议召开，讨论市人大常委会关于市十六届人大二次会议代表建议重点办理件督办安排（草案）等。

●2018年全市教育工作会议召开，回顾总结2017年和中共十八大以来泉州市教育成果，安排部署2018年教育工作。

●继收听收看2018年全省消防工作电视电话会议后，泉州市召开全市消防工作电视电话会议，全面分析全市消防安全形势，研究部署2018年消防工作。

●市安委会印发《关于全面推进安全风险分级管控和隐患排查治理双重预防机制建设的通知》，部署安全风险分级管控和隐患排查治理双重预防体系机制建设。

●市中级人民法院和市国家税务局举行“法税共建·推动跨越发展”启动仪式。

3月20日

农历戊戌年二月初四
星期二
温度：9℃—17℃
小雨转多云

●市委召开十二届市委第五轮巡察工作动员部署会议，学习贯彻中共十九大精神和习近平新时代中国特色社会主义思想等。

●全市对台工作会议召开，传达贯彻全省对台工作会议和市委常委会精神，总结回顾泉州市2017年对台工作情况，部署2018年对台工作任务。

●全市老干部工作会议召开，总结回顾2017年工作，部署2018年工作任务，并传达全国、全省老干部局长会议精神。

●福建省首届“最美大学生”事迹报告会在泉州医学高等专科学校举行。

●由市总工会、市发改委、市经信委、市人社局、市住建局等主办的“转型攻坚当先锋·聚力跨越做贡献”主题劳动竞赛启动仪式，在福建省晋华存储器集成电路生产线项目工地举行。

●市工商局联合市消委会各常委委员单位开展销毁20多吨假冒伪劣商品活动。

●2018洛江区环境违法警示教育宣讲会首场活动在该区万安街道举行。

●石狮市2018年国际社工日主题宣传周启动仪式暨现场宣传活动在该市龟湖公园举行。

●安溪县在全省率先成立县、乡两级25支乡村讲师团及乡村振兴服务队。

市委召开巡察工作动员部署会议

市委召开十二届市委第五轮巡察工作动员部署会议，学习贯彻中共十九大精神和习近平新时代中国特色社会主义思想，落实新时代党的建设总要求，部署市委第五轮巡察工作。会上宣布市委巡察工作任务安排。市委第五轮巡察工作于3月开始，为期一个月，分两个批次，对6个市直单位开展常规巡察、3个小城镇开展交叉巡察、3个县（市、区）扶贫领域开展专项巡察，同步组织对部分县（市、区）直单位开展联动交叉巡察。第五轮第一批被巡察单位包括市委宣传部、市经信委、市水利局、惠安县螺城镇、永春县蓬壶镇和德化县龙浔镇。

全市对台工作会议召开

全市对台工作会议召开，传达贯彻全省对台工作会议和市委常委会精神，总结回顾泉州市2017年对台工作情况，部署2018年对台工作任务。会议指出，泉州市将聚焦民间基层和青年交流，促进泉州和台湾民间交流交往交融，着眼泉州和台湾民间信仰、宗亲宗族、青年交流领域的丰富资源和优势，全面推动《“三大交流”行动方案》，办好第十届海峡论坛泉州相关活动，加强泉州和台湾民间基层对接，扩大祖地优秀传统文化对台影响。主动分享发展机遇，推动在赋予台胞台企同等待遇上先行先试，推动惠台政策进一步落实增效。推进产业深度融合，打造泉州和台湾经贸合作升级版。

福建省首届“最美大学生”事迹报告会在泉州举行

福建省首届“最美大学生”事迹报告会在泉州医学高等专科学校举行，“最美大学生”代表讲述自己作为大学生的使命和奋斗历程。2017年福建省首届“最美学生”寻访活动产生100名“最美学生”。省教育厅组织“最美大学生”代表到福州、泉州、厦门三地，举行4场事迹报告会。在该场报告会中，5位代表分享自己的故事：泉州医学高等专科学校学生林亚娟为更好地传承中药医学国粹，积极参加学科竞赛和中药推广活动，获全国中药传统技能比赛二等奖，并带头成立中药文化志愿者队，弘扬和传承中华传统文化；泉州经贸职业技术学院学生黄梦迪发起成立连城网友协会学生部，救助白血病患儿、组织募捐活动、帮助孤寡老人；厦门大学研究生高昕为帮助聋人回归社会，长期从事听障人帮扶及手语推广相关工作，建立“守望”志愿服务项目，为聋人提供公益服务；厦门工学院学生张河林组织家乡优秀学生一起创立贵州大学生公益联合会“追梦者”，帮助贵州留守儿童；厦门理工学院学生金正建为实现“军人梦”，携笔从戎，用自己的努力和坚持，终于进入阅兵方阵，在天安门前接受检阅。

“转型攻坚当先锋·聚力跨越做贡献”主题劳动竞赛启动

由市总工会、市发改委、市经信委、市人社局、市住建局等主办的“转型攻坚当先锋·聚力跨越做贡献”主题劳动竞赛启动仪式，在福建省晋华存储器集成电路生产线项目工地举行。在主题劳动竞赛中，各联办单位开展争创“工人先锋号”劳动竞赛，开展全市重点项目示范性劳动竞赛，推进全市传统支柱产业劳动竞赛。市总工会还联合市直相关部门，以服务泉州市经济建设的核心产业为重点，以决胜全面建成小康社会的防范化解重大风险、精准脱贫、污染防治“三大战役”为主要内容，开展核心领域和“三大战役”职工技能竞赛活动。

安溪县在全省首创乡村讲师团及乡村振兴服务队

安溪县在全省率先成立县、乡两级25支乡村讲师团及乡村振兴服务队，再创乡村振兴指导服务新形式。乡村讲师团是农民讲师团的升级版。各讲师团及服务队将根据“产业兴旺、生态宜居、乡风文明、治理有效、生活富裕”的总要求，从本镇本村中择优挑选科技人才、乡村教师、销售能手、技术能人等参与其中，通过培训，组织成员进村入户，用浅显易懂的语言和喜闻乐见的形式，开展相关理论宣讲、政策解读、技术指导等，推动乡村振兴战略实实在在落地。

中国—印度贸易投资推介会在泉州举行

由印度驻广州总领事馆与泉州市外事侨务办公室、市总商会、市贸促会、海陆丝绸之路城市联盟工商理事会主办的中国—印度贸易投资推介会在泉州举行。泉州市纺织、服装、机械、石材等行业的160多家企业代表参加推介会。印度驻广州总领事唐施恩表示，泉州是一座制造城市，泉州与印度之间的经济文化交流历史悠久，且互补性较大。在“一带一路”倡议背景下，两地搭建商贸合作平台，探索新的贸易合作关系，有利于推动共同繁荣富裕。2017年，双方出口贸易总额达27.01亿元，同比增长34%，其中，泉州的纺织品服装在印度市场占有很大比例，泉州与印度开展贸易合作空间潜力巨大。

市卫计委推出多项改革措施支持社会办医

为鼓励社会资本办医，市卫计委推出多项改革措施支持社会办医，以更好地满足群众需求，提高居民健康水平。一是列为年度重点工作。要求为社会办医预留规划空间，鼓励举办非营利性医疗机构，注重引进和注入医疗技术资源，推动社会办医高水平、规模化、集约化发展。注重补齐医疗卫生短板，重点扶持发展老年康复、中医药、妇科、儿科、职业病防治、精神卫生等，与公立医院实现优势互补，错位发展。二是推进审批制度改革。将“医疗机构设置审批”和“医疗机构执业登记”二个审批项目合并为“医疗机构设置审批和执业登记”，医疗机构设置审批承诺办理时限比法定时限缩短33天，将医疗机构执业登记校验、变更和注销登记授权审批科长审批。简化审批手续，将多个科室分别审批调整为审批科牵头，实行并联审批。全面推行电子化注册管理改革，6月底，医疗机构、医师、护士电子化注册信息统一接入国家数据共享交换平台，全面实施电子化注册管理。三是鼓励流动激励人才。鼓励公办医疗机构医师到民办医疗机构开展多点执业，将医师多点执业由过去的“行政许可”更改为“备案”，医师多点执业机构由过去的2个变更为多个，大大缩短审批时限，扩大医师多点执业范围。

市区204套人才房选房陆续启动

为贯彻落实市委、市政府人才“港湾计划”的工作部署，加快高层次人才公寓分配工作，《泉州市东宝花苑人才公寓选房方案》印发。在“泉州市高层次人才‘一站式’服务大厅”申请承租人才公寓，且经相关部门审核、公示符合条件的高层次人才，可根据通知参与看房选房。方案指出，市本级在东宝花苑保障性住房项目（地处东海片区桃花山南坡，西临宝珊花园，南接宝秀安置小区）集中配套建设204套人才公寓（人才周转房），分布在小区29号楼、30号楼、31号楼，用于高层次人才承租使用。第一期60套（40套三房型、20套二房型）已装修完毕可供选房；另144套（96套三房型、48套二房型）在装修后可供第二期选房。选房时间一般安排在每月10日（如遇节假日顺延），由相关部门单位组织上月审核通过的高层次人才进行选房。

东宝花苑（图/李芸生）

护士心理解压站在市第一医院设立

“爱护天使行动—临床护理人员关怀项目”在泉州市第一医院启动，并授牌成立心理解压站。泉州市第一医院是2018年该项目福建省首家、国内第五家落户的医院。“爱护天使行动—临床护理人员关怀项目”由中国社会福利基金会护爱基金主办，以“社会关爱护士，护士帮助他人”为宗旨，为让项目切实有效执行，2018年只为全国100家医院建立护士心理解压站。该项目在第一医院落户后，该院的护士将接受心理解压辅导及专业系统的心理解压心理知识技能培训，进而通过专业知识为患者实施科学的心理护理，树立其战胜病魔的信心。

3月21日

农历戊戌年二月初五
星期三
温度：11℃—19℃
多云

●由印度驻广州总领事馆与泉州市外事侨务办公室、市总商会、市贸促会、海陆丝绸之路城市联盟工商理事会主办的中国—印度贸易投资推介会在泉州举行。

●为鼓励社会资本办医，市卫计委推出多项改革措施支持社会办医。

●市区204套人才房选房陆续启动。

●“爱护天使行动—临床护理人员关怀项目”在泉州市第一医院启动，并授牌成立心理解压站。

●中国工程院院士、解放军海军军医大学校长孙颖浩石狮工作站授牌仪式举行。

●石狮市未成年人保护联盟成立暨“平安校园行”活动启动仪式在石狮市第一中学举行。

3月22日

农历戊戌年二月初六
星期四
温度：11℃—19℃
晴

●市委常委会（扩大）会议召开，传达学习贯彻全国“两会”和省委常委会（扩大）会议精神。

●人民日报官方微信头条推送《今天头条，留给泉州这个背影》，全文转发泉州晚报社东南早报关于泉州七中学生黄伟旭在大雨中为老人撑伞的报道。

●2018年全市地方志机构主任会议召开。

●第二十六个“世界水日”，市委文明办、市河长办、市水利局等开展系列宣传活动。

●市直机关“点亮微心愿·春暖泉州红”学雷锋志愿服务活动在鲤城区临江街道举行。

●22—25日，第33届福建省青少年科技创新大赛在福清举行。泉州代表队金牌数量和入围全国赛数量再次居全省之首。

●泉州旅游协会·旅游文学专业委员会成立。

●22—26日，由丰泽区卫生和计划生育局、区疾控中心等主办的“开展终结结核行动，共建共享健康校园”结核病防治系列宣传活动在泉州师范学院举行。

●丰泽区河长办和区妇联举行“巾帼护河·共建生态家园”护河志愿活动。

●中国红十字（福建）水上救援队成立仪式在南安市举行。

●大连理工大学、西北工业大学与南安一中举行“优质生源基地”签约授牌仪式。

市委常委会扩大会议传达全国“两会”精神

市委常委会（扩大）会议召开，传达学习贯彻全国“两会”和省委常委会（扩大）会议精神。会议强调，全市各级各部门要把学习贯彻全国“两会”精神，作为当前一项重中之重任务。要把思想和行动统一到党和国家关于宪法修改和机构改革的重大决策部署上来，做宪法的忠实崇尚者、自觉遵守者、坚定捍卫者，衔接做好机构改革的思想准备和工作准备。要贯彻落实中央和省委部署要求，推进高质量发展和跨越发展，在新福建建设中当好主力军。延续“大干40天、比拼开门红”的精神状态、机制做法，造浓项目攻坚氛围；滚石上山促转型，争创“中国制造2025”国家级示范区。

人民日报官微头条点赞泉州“最美背影”

人民日报官方微信头条推送《今天头条，留给泉州这个背影》，全文转发泉州晚报社东南早报关于泉州七中学生黄伟旭在大雨中为老人撑伞的报道。20分钟后，该文章阅读量突破10万人次；截至晚9时，点赞数已超过3万。“最美背影”故事发生在3月5日“学雷锋日”，也是泉州中小学开学的日子。当天，泉州七中学生黄伟旭在大雨中为老人撑伞的背影照片在朋友圈刷屏，东南早报及官微随即进行突出报道，引起读者、用户热烈反响。人民日报官微转载的内容即为早报官微当日报道。此前，泉州晚报社旗下各媒体关于“最美背影”的报道已经被新华网、人民网等中央媒体及全国几十家主流媒体转载。人民日报官微推送后，《民生周刊》（人民日报社主管主办的杂志）、羊城晚报官微也跟进报道，泉州“最美背影”再次在全国掀起热潮。

黄伟旭在天后宫附近为老人撑伞（图/何凯彬）

2018年全市地方志机构主任会议召开

2018年全市地方志机构主任会议召开。会议指出，2017年，全市方志机构在配合做好“古泉州（刺桐）”史迹申遗档案的收集、整理工作任务，服务“古城保护与提升工程”等中心工作方面充分发挥职能。同时，全市志鉴编纂取得突破，二轮修志总体进展顺利；专志编纂突出特色，《永宁镇志》成为全省唯一列入全国首批名镇志文化工程的志书；市、县两级综合年鉴编纂在全省率先实现全覆盖，2017年全国地方志优秀成果（年鉴类）评审中，《德化年鉴（2017）》获县级一等奖，《泉州年鉴（2017）》和《石狮年鉴（2017）》分获地市级和县级三等奖。2018年，泉州市将开发利用方志资源，做好泉州历史文献征集和重刊再版工作，筹建历史名城资料档案共享数据和展示平台，配合做好泉州市乡村振兴战略重点工作任务。做好地情资源的挖掘整理和开发利用，加快泉州市方志馆网建设，协助完善闽台方志万祥馆和泉州市方志馆万祥分馆的布展；加强方志文化协作交流，尤其是与台湾、香港方志界的交流合作；确保年底完成《泉州市志》（续志）的编修等。

2018年全市地方志机构主任会议现场（图/吴寿民）

市政府党组扩大会议传达全国“两会”精神

市政府党组（扩大）会议召开，传达学习贯彻全国“两会”及省委、市委常委会（扩大）会议精神。会议强调，各级政府各部门要立足实际，及时把全国“两会”精神落实到政府工作的各个领域、各个环节，推进产业升级、城市建设、改革开放、民生补短，在新福建建设中发挥主力军作用。要突出供给侧结构性改革。把发展经济着力点放在实体经济上，把高质量发展与实现赶超有机统一起来。要突出改革开放。特别要深化“放管服”改革，致力打造一流营商环境。要突出保障和改善民生。抓好防范化解重大风险、精准脱贫、污染防治三大攻坚战，增强人民获得感、幸福感、安全感。要树立正确的政绩观。既要做老百姓看得见、摸得着、得实惠的实事，也要做为后人作铺垫、打基础、利长远的实事。

市政府第二十八次常务会议召开

市政府第28次常务会议召开，研究并通过《泉州市社会信用体系建设总体方案（2018—2020年）》《泉州市关于建立完善守信联合激励和失信联合惩戒制度的实施意见》《泉州市进一步推进“四好农村路”建设（2018—2020）实施方案》《泉州市人民政府关于强化驻外招商工作的通知》等。

会议强调，各级各部门要按照责任分工，全面构建以政务诚信、商务诚信、社会诚信和司法公信为主要内容的社会信用体系，以信用信息资源共享为基础的覆盖全社会的市公共信用信息系统，以法规机制为保障的信用监管体系，以信息应用为核心的信用惩戒格局，推动全社会诚信意识不断增强。

会议要求，各级各部门要围绕“建好、管好、护好、运营好”农村公路总目标，从优化路网结构、完善管理体系、提升养护水平、拓展运营服务等方面入手，营造“畅、安、洁、优”的农村交通发展新格局，为农民致富奔小康、加快推进农业农村现代化提供更好的交通保障。

市人大常委会党组（扩大）会议传达十三届全国人大一次会议精神

市人大常委会党组（扩大）会议召开，传达学习十三届全国人大一次会议精神及省、市贯彻意见，和习近平在十三届全国人大一次会议闭幕式上发表的讲话精神。

会议强调，市人大常委会党组成员、常委会组成人员和机关全体工作人员要把学习贯彻十三届全国人大一次会议精神和习近平讲话精神作为一项重要政治任务，做到坚持党的领导、依法履职有机统一，增强维护核心见诸行动的政治自觉；坚持立法引领、改革创新有机统一，推进以良法促发展保善治的法治实践；坚持服务大局、精准发力有机统一，探索监督与支持并重的有效路径；坚持党委决策、人大决定有机统一，迈出科学民主依法决策的有力步伐；坚持党管干部、依法任免有机统一，营造风清气正干事创业的发展环境；坚持规范管理、增强活力有机统一，展示代表行使国家权力的政治担当；坚持政治过硬、本领高强的有机统一，强化依法履职开拓创新的组织保障；坚持人民立场、发展为先及使命担当，推动新时代人大工作踏上新征程。

全市乡（镇、街道）防汛指挥长培训班举办

全市乡（镇、街道）防汛指挥长暨河长制业务知识培训班举办，超过260名学员参加培训。针对防汛抗旱工作，培训班要求，要认清形势，统一思想，强化责任意识，做好打硬仗、苦仗的思想准备；要强化担当，落实防汛抗旱责任，重点落实偏远山区、渔排渔船等转移避险薄弱区和薄弱环节的责任人责任；要全面整改，重点整治汛前检查发现的隐患，整顿非法侵占河道、非法采砂等违法行为，确保工程设施、河流健康度汛；要掌握要领，提高应急指挥能力，做到情况熟悉、分工明确、转移要早、响应要快、人员要齐；要动员力量，一旦发生灾情，能够有效有序开展抢险救灾工作。针对河长制工作，培训班要求，要树立问题导向，统筹流域综合治理；坚持创新驱动，推进法制化、社会化、信息化“三化”模式；要加强协调配合，推进各项治理任务。

3月23日

农历戊戌年二月初七
星期五
温度：13℃—22℃
晴

●市政府党组（扩大）会议召开，传达学习贯彻全国“两会”及省委、市委常委会（扩大）会议精神。

●市政府第28次常务会议召开，研究并通过《泉州市社会信用体系建设总体方案（2018—2020年）》《泉州市关于建立完善守信联合激励和失信联合惩戒制度的实施意见》等。

●市人大常委会党组（扩大）会议召开，传达学习十三届全国人大一次会议精神及省、市贯彻意见，和习近平在十三届全国人大一次会议闭幕式上发表的讲话精神。

●全市乡（镇、街道）防汛指挥长暨河长制业务知识培训班举办。

●市山美灌区管理处、市金鸡拦河闸管理处、市南渠供水有限责任公司、市晋江河道堤防管理处、市区应急备用水源管理所举行“守护水源环境 共建生态文明”水资源生态保护宣传活动。

3月24日

农历戊戌年二月初八
星期六
温度：14℃—23℃
晴转多云

●由省卫计委、省疾控中心，市卫计委、市疾控中心，安溪县卫计局、县疾控中心等主办的2018年福建省“世界防治结核病日”大型宣传义诊活动在安溪县政府广场举行。

●由团市委和人保财险泉州市分公司主办的“青春建功新时代，志愿服务我先行”主题活动在市侨乡体育馆举行。

●24—25日，由福建省肿瘤防治联盟食管癌专业委员会、厦门大学附属中山医院、安溪县医院、安溪县抗癌协会、泉州市医学会胸心血管外科分会主办的福建省食管癌防治研讨会在安溪县医院举行。

●2018年泉州市见义勇为工作会议召开。

●由团市委主办，泉州市青少年宫承办的2018年“丝路春晓”文艺晚会在泉州音乐厅举行。

●金门县宗教交流团到南安市凤山寺进行宗教文化交流。

●开闽三王入闽1133周年纪念暨春祭活动举行，家训馆、福建省开闽三王文化研究院、义诊部同时揭牌。

●由鲤城区文体旅游新闻出版局主办、区太极拳协会承办、泉州市老干部活动中心协办的2018年鲤城区太极拳、舞剑比赛在市老干中心举行。

“世界防治结核病日”宣传活动在安溪县举行

由省卫计委、省疾控中心，市卫计委、市疾控中心，安溪县卫计局、县疾控中心等主办的2018年福建省“世界防治结核病日”大型宣传义诊活动在安溪县政府广场举行。2018年是第23个“世界防治结核病日”，2018年的宣传主题为“开展终结结核行动，共建共享健康中国”。活动旨在动员各部门合作、全社会参与结核病防治，尽早发现并治愈肺结核患者。活动现场开展文艺演出、有奖问答、显微镜下观看结核菌、免费测量血压。另外，来自福州肺科医院、福建医大附属协和医院、福州总院分院等的多位知名专家到现场免费坐诊，接受健康咨询，为市民讲解结核病的医学知识及疑问。省市县相关部门负责人还上门到部分患者家中了解患者的就医用药情况，并送上慰问金和物品。

“青春建功新时代，志愿服务我先行”主题活动举行

由团市委和人保财险泉州市分公司主办的“青春建功新时代，志愿服务我先行”主题活动在市侨乡体育馆举行。活动旨在弘扬志愿精神，开展志愿者服务活动，服务他人、帮助他人、促进社会和谐发展。活动中，人保财险泉州市分公司青年志愿者分队入列市青年志愿者协会，打造全市首支服务“文明交通志愿劝导”的专业青年志愿者队伍，同时组织开展“文明出行”宣传、交通事故协调、交通疏导协助、爱心传递帮扶等活动。值得一提的是，该队伍还引入直升机急速救援等，为部分符合条件的市民提供空中救援服务。

相关链接：近年来，团市委、市青年志愿者协会引导青年志愿者以“服务社会发展进步，服务人民群众需求，服务青年成长成才”为宗旨，开拓工作领域、加强项目策划、深化活动影响，在全市范围内形成较为完善的青年志愿服务网，陆续承接多个重大会务、赛事、活动，开展“文明出行 利家宜业”新风行动、“共青团员义务星期六”、“青春助孤”、“暖冬行动”等泉州青年志愿服务品牌活动，志愿服务活动蔚然成风、深入人心。

2018年“丝路春晓”文艺晚会举行

由团市委主办，泉州市青少年宫承办的2018年“丝路春晓”文艺晚会在泉州音乐厅举行。“丝路春晓”文艺晚会是对市青少年宫侨乡少儿艺术团艺术教育成就的展示。从1998年至2018年，市青少年宫“丝路春晓”文艺晚会已走过20个年头，在20年中，侨乡少儿艺术团坚持面向全体学生，以纯公益的塔尖式教学培养艺术苗子，成立民乐团、舞蹈团、合唱团、管弦乐团、视觉艺术团、高甲团、木偶团、曲艺团、南音团9个分团，常年与学校共建宫校艺术班，通过艺术课教学和艺术活动，提高学生的艺术修养，促进其身心各方面全面发展。晚会上，还表彰2017年度市青少年宫优秀教师和优秀教育工作者，并举行颁奖仪式。

相关链接：市青少年宫侨乡少儿艺术团始建于1956年，是福建省成立最早的少年儿童业余艺术团体之一。一直以来，艺术团在各级党委、政府和社会各界的关怀和支持下，取得丰硕成果，曾多次出访东南亚国家，历年参加全国、华东地区、福建省比赛成绩名列前茅，并在国际、全国、省、市重大外事活动和对外文化交流中，获得海内外观众的高度评价。

金门县交流团到泉州交流宗教文化

金门县政界人士陈福海、洪丽萍带领金门县宗教交流团到南安市凤山寺进行宗教文化交流。金门县43座宫庙、2300多名信众从诗山公园一路踩街至凤山寺，参加祭祀典礼。当天下午2点半，随着锣鼓声和鞭炮声，民俗踩街活动开始。众多信众依次从诗山公园向凤山寺进发，沿路踩街，首尾绵延近2千米。诗山镇万人空巷，在踩街队伍两侧夹道欢迎。在凤山寺举行的祭祀典礼中，陈福海、洪丽萍带领各宫庙负责人共同祭拜广泽尊王，共同弘扬“忠孝仁义”凤山文化。71岁的徐月仙娘家和婆家祖籍都在福建，她所表演的“十二婆姐”艺阵源于五代十国的福建陈靖姑的典故。徐月仙表示，有典故才有历史，这些典故都来源于大陆，两岸是一家人。

泉州市名列全省农村生活污水治理考评第一

省住建厅通报2017年度全省农村生活污水治理考评排名情况，泉州市以89.3分的平均分排名全省第一。2017年以来，泉州市按照“统一规划、统一建设、统一运行、统一管理”的总体思路，农村生活污水治理取得新进展。全年完成7个乡镇、266个村庄的农村污水治理，完成65385户三格化粪池新建、改造任务，推动各地策划生成农村污水治理工程包13个，总投资47.4亿元。全县域委托第三方运维数量全省最多。全市行政村生活污水治理覆盖率从2016年的31.4%上升至44.3%。

泉州市出台《全市农村生活污水治理三年行动计划》，县（市、区）根据城镇总体规划和村庄布局规划，编制“全覆盖”的农村生活污水治理专项规划，因村制宜细化治理方案。同时分层分类抓好农村生活污水治理，“城郊型”统一纳入城镇污水处理设施，“集聚型”坚持集中式处理为主，“偏远型”以分散式处理为主。在推进农户三格化粪池建设、保障农村生活污水得到基本处理的基础上，市县两级财政配套40万元/村，重点选择村庄集中居住区、水源保护区、流域两侧等重点、敏感区域村庄266个，打造三格化粪池+管网+二级处理设施示范工程。

后期运维方面，泉州市培育发展农村生活污水治理市场主体，采用一体化打包、分区域打包、多项目打包等形式，推行农村生活污水处理PPP模式，同时通过政府购买服务方式，委托第三方生活污水运营公司实行专业管理，做到“建成验收一个、长效运维一个”。其中，永春县实施三格化粪池“清掏口”标准化改造试点，探索符合农村实际的“逐户”定期清掏管理机制，属全省首例。

为解决农村生活污水治理设施建设市场投资回报周期长、市场主体吸引力低等问题，泉州市还创新实施“市县财政补一点、乡镇（街道）出一点、社会各界筹一点”资金筹措模式，将农村生活污水处理设施第三方运营经费纳入县级财政全额保障。设立农村生活污水治理PPP项目专项奖补资金，市级财政按投资额给予一次性奖励最高300万元。

泉州市实施新一轮“厕所革命”

《泉州市进一步推进“厕所革命”行动实施方案》印发。按照方案，全市各地用三年时间，分类推进城乡公厕、旅游厕所、农户改厕建设，基本实现“布局科学、数量达标、管理规范、群众满意”的目标。市委、市政府高度重视公厕建设与管理工作，从2011年起，泉州市城市公厕实行免费开放，并启动公厕专项考评。2016年起，将提升和规范城市公厕管理水平纳入市委、市政府为民办实事项目。2017年，市政府将城镇公厕建设列为市政府挂牌督办项目，纳入对县（市、区）政府的绩效考评内容。

在该轮“厕所革命”中，市政府要求各县（市、区）以补建、提档、升级为重点，新建一批、改建一批、提升一批城乡公厕。2018—2020年，全市城市每年安排新建改造不少于70座公厕，至2020年基本实现城区每万人有3—4座公厕，步行15分钟左右有1座公厕；乡镇每年安排新建改造不少于61座公厕，至2020年新建改造183座，基本实现每万人有3—4座公厕的目标；农村分别新建改造131座、143座、143座公厕，全市所有创建美丽乡村的行政村每个都至少有1座水冲式卫生公厕。

全市首个美术进校园教育辅导基地成立

泉州市美术家协会教育辅导基地在泉州台商投资区张坂中学挂牌，成为全市首个美术进校园教育辅导基地。该基地成立当日，张坂中学众多学生在长达200米长的美术长廊墙上进行创作，大家不仅创作东西塔和洛阳桥等城市名片，还创作了美丽的家园、校园和动植物，与会画家们还与学生一起交流，进行互动。

晋江文学现象之女性文学座谈会举行

由福建省作家协会青年作家委员会、晋江市文联主办的晋江文学现象之女性文学座谈会暨林娜、王常婷、王燕婷、骆锦恋作品交流分享会在晋江市举行。省内外近50位作家、评论家参加活动。与会作家、评论家就近年来晋江文学创作队伍中女性作家的创作情况进行交流。林娜、王常婷、王燕婷、骆锦恋4位晋江女作家在座谈会上分享自己的创作经历与感想。

3月25日

农历戊戌年二月初九
星期日
温度：16℃—23℃
多云转阴

●省住建厅通报2017年度全省农村生活污水治理考评排名情况，泉州市以89.3分的平均分排名全省第一。

●泉州市美术家协会教育辅导基地在泉州台商投资区张坂中学挂牌，成为全市首个美术进校园教育辅导基地。

●由福建省作家协会青年作家委员会、晋江市文联主办的晋江文学现象之女性文学座谈会暨林娜、王常婷、王燕婷、骆锦恋作品交流分享会在晋江市举行。

●“巨晖情，孝道心”公益活动在泉州海丝博亚国际酒店会议中心举行。

●德化县医院、中国人民财产保险股份有限公司与上海金汇通航联合承办空中医疗救援签约启动仪式在德化县体育场举行。

3月26日

农历戊戌年二月初十
星期一
温度：15℃—22℃
阴转多云

●《人民日报》海外版栏目《行天下》开栏。首篇刊登天津作协副主席、热播剧《潜伏》原著作者龙一的作品《刺桐古城花欲燃》，并被人民网转载，引发读者热议。

●为贯彻省委、省政府关于赶超跨越重大战略部署，落实“项目攻坚2018”、城乡建设、招商引资大会战具体部署，市委、市政府决定在全市开展2018年第一季度“领导干部一线办公”活动周。

●市政协党组（扩大）会议召开，传达学习《中华人民共和国宪法修正案》。

●十二届市政协第八次主席会议召开，协商市政协常委会2018年工作要点等。

●市总工会十六届二次全委（扩大）会议召开，回顾总结2017年全市工会工作，部署2018年工作任务。

●石狮市跨境电商网批中心挂牌运营。

人民日报海外版《行天下》栏目聚焦泉州

人民日报海外版栏目《行天下》开栏。首篇刊登天津作协副主席、热播剧《潜伏》原著作者龙一的作品《刺桐古城花欲燃》，并被人民网转载，引发读者热议。此系龙一参加“刺桐点灯红——2018年全国文学名家泉州古城元宵笔会”创作的作品。

《人民日报》海外版《行天下》栏目携手海内外大家以旅行体验，报道中国的文化和变化，在说古道今中洞悉人文之美。专栏首篇聚焦泉州古城往事，讲述“刺桐城”历史渊源。2018年元宵期间，由市古城办、市文学艺术界联合会、鲤城区政府主办，泉州晚报社承办的元宵笔会举行，活动邀请海内外20位文学名家共赏元宵灯会，包括鲁迅文学奖得主、出版界重量级人物，还有《人民日报》《光明日报》《诗刊》等大报大刊的大咖们。在4天时间里，他们欣赏了元宵灯火盛会，体验了原汁原味的闽南风俗，以独特的眼光观察和书写这座千年古城。泉州古城的采风活动让名家感慨万千，他们将心中的感受写下来，创作了不少文学作品。

参加元宵笔会的文学名家被花灯所吸引（图/林劲峰）

第一季度“领导干部一线办公”活动周启动

为贯彻省委、省政府关于赶超跨越重大战略部署，落实“项目攻坚2018”、城乡建设、招商引资大会战具体部署，市委、市政府决定在全市开展2018年第一季度“领导干部一线办公”活动周。活动周突出“转型攻坚、聚力跨越”主线，一线服务推动、一线督促检查项目攻坚、企业发展。

具体内容包括：一线督促推动重点项目、“五个一批”（谋划一批、签约一批、开工一批、投产一批、增资一批)项目。重点督促检查《泉州市“项目攻坚2018”活动方案》是否及时贯彻部署；攻坚方案中拟开工的项目是否倒排前期工作计划，是否有需要协调解决的问题；已开工的项目是否挂图作战，项目推进措施是否有力、时序进度是否完成，是否有需要协调解决的问题；督查各地“五个一批”新增项目签约、开工、投产情况，是否做到应报尽报，是否建立正向激励机制。一线督促推动城乡建设项目。重点督促检查《泉州市“攻坚2018”城乡建设大会战活动方案》是否及时贯彻部署，重点检查拟开工项目是否倒排前期工作计划，已开工项目安排及施工组织设计是否合理，项目推进措施是否有力，序时进度是否完成，征地拆迁工作是否按时推进，是否有需要协调解决的问题，重大项目前期进展有否取得突破。一线督促推动项目招商。重点督促检查各地招商引资计划、工作机制及工作推进情况，一线协调指导招商工作。一线帮扶企业。重点帮助协调企业普遍反映的共性问题；检查督促防范和化解金融风险情况。

市政协党组（扩大）会议学习宪法修正案

市政协党组（扩大）会议召开，传达学习《中华人民共和国宪法修正案》。会议指出，宪法是国家根本法，是治国安邦的总章程。全市各级政协组织要认识此次宪法修改的重大意义，维护宪法的权威地位，维护以习近平同志为核心的党中央权威和集中统一领导。会议要求，市政协机关全体干部要原原本本、认认真真地学习宪法修正案，理解和把握宪法修正案的精神实质和主要内容，领会各项修改内容的合理性、科学性和必要性，增强尊崇宪法的思想自觉和行动自觉，把宪法要求贯穿于政协履职尽责的各个方面和全过程，确保各项工作落到实处。政协委员要自觉恪守宪法原则、弘扬宪法精神、履行宪法使命，展现新时代政协委员良好形象。

“亲清护企”主题行动启动

由泉州市检察院、国税局、工商联开展的“亲清护企”（以“亲”优化检察服务，以“清”规范检企交往；检税共建，护企促发展）主题行动在晋江市金井镇七匹狼公司启动。泉州市检察院立足于泉州民营企业在经济发展大局中的重要作用，持续谋划、推进、提质服务和保障民营企业健康发展的工作，取得丰硕成果。在2018年全国“两会”上，泉州检察“亲清护企”模式写入最高检工作报告，获得社会各界一致肯定。此次主题行动是原有护企模式的再升级，行动承接2017年“检税共建·护企促发展”的理念，对服务宗旨、目标和要求等内容进行全面扩充和提级，推进春风便民、服务项目、阳光执法、精准扶持四大方面工作，推出挂钩联系企业、强化工作宣传、提升服务质效等十二条精准化服务措施，为民营企业健康发展提供更坚实有力的保障。三家联办单位将立足实际，寻差补短、真抓实做，立足专业形成合力，为民营企业发展提供良好的法治环境、税收环境，奏响“亲清护企”新篇章。

市区北渠潭美倒虹吸工程动工

泉州市北渠潭美倒虹吸工程动工，该工程概算投资为1915万元。工程工期预计一年，完工后，将解决清源山麓一带洪涝水及雨污水入西湖（西北洋滞洪区）时因排洪沟流量不足而流入北渠、影响北渠水质的问题。该项目的实施也将促进中心市区防洪体系进一步完善。

北渠管理处有关负责人介绍，清源山麓一带的洪水、区域内涝水通过西湖C段排洪沟排入西湖，再由西湖通过市区内沟河排入晋江。该排洪沟主要通过横穿北渠的倒虹吸管进行排洪，但其流量仅为每秒5.6立方米，排泄能力有限。当遇短时强降雨时，需要开启北渠潭美节制闸进行分洪排涝，部分洪涝水（含污水）会排入北渠，严重影响水质，是市区饮水安全的潜在隐患；同时，也可能抬高北渠水位，造成局部洪涝灾害，危及沿渠群众的生命财产安全。

潭美倒虹吸过水流量不足导致的潜在隐患问题受到社会各界关注。泉州市高度重视，要求结合北渠整治工作，做好潭美倒虹吸排洪通道重新规划建设工作，确保中心市区饮用水源安全。由于该倒虹吸横穿北渠，北渠管理处还想方设法在不影响水质的前提下开展施工，在施工期间确保水质安全和沿渠的正常供水。北渠管理处有关负责人介绍，保留原有的倒虹吸钢管，在北渠两岸分别新建一口沉井，通过顶管施工进行河床下管道的铺设，能够稳定河床土层，保障水质。

泉州市直升机医疗救援首次空中转运病患

德化县医院利用直升机转运一名呼吸困难的患者到福建医科大学附属第二医院东海院区。原本至少要1.5个小时的车程，搭乘直升机只花了26分钟。此次转运救援是泉州引入直升机医疗救援，开启“空中120”以来首次转运病患，也是省内由县级医院向上级医院空中转运病患的首航。德化县山多且高，一些偏远山区山路崎岖遥远，一旦出现危重病患转运十分不便。这就需要除陆路交通外更便捷的转运途径，而占地需求小、灵活的直升机无疑是最好的选择。25日，德化县医院、中国人民财产保险股份有限公司与上海金汇通航联合承办空中医疗救援签约启动仪式在德化县体育场举行，开启德化县的直升机救援“空中绿色生命通道”。此次参与转运病患的是意大利莱昂纳多“AW-119kx”救援直升机，机上配备有呼吸机、除颤监护仪、注射泵、吸引器等，可保证飞行途中患者的生理机能稳定。

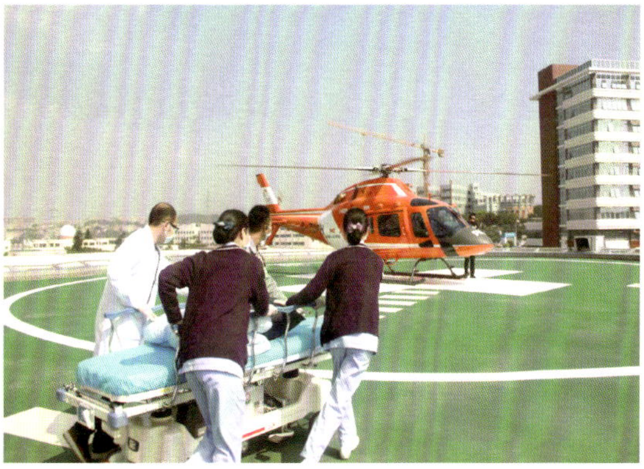

空中转运病患（图/泉州晚报社）

3月27日

农历戊戌年二月十一
星期二
温度：14℃—23℃
多云

●27—29日，市委市直机关工委举办学习中共十九大精神理论骨干培训班。

●由泉州市检察院、国税局、工商联开展的“亲清护企”主题行动在晋江市金井镇七匹狼公司启动。

●泉州市北渠潭美倒虹吸工程动工，该工程概算投资为1915万元。

●德化县医院利用直升机转运一名呼吸困难的患者到福建医科大学附属第二医院东海院区，此系省内由县级医院向上级医院空中转运病患的首航。

●喜剧电影《日不落酒店》在石狮服装城展览艺术中心开机。

3月28日

农历戊戌年二月十二
星期三
温度：16℃—25℃
多云

●全市领导干部大会召开，宣布省委关于泉州市委主要领导调整变动的决定：郑新聪不再担任中共泉州市委书记、常委、委员职务，不再担任泉州市人大常委会主任职务；康涛任中共泉州市委书记。

●省委常委、组织部部长胡昌升到泉州调研基层党建和人才工作。

●十二届市政协常委会第八次会议召开，传达学习习近平讲话精神和全国政协十三届一次会议精神，协商通过《泉州市政协常委会2018年工作要点（草案）》。

●人民日报客户端旅游频道头条推送天津作协副主席、热播剧《潜伏》原著作者龙一的作品《刺桐古城花欲燃》。

●28—30日，由龙岩、漳州、泉州、三明四地市卫计委主办的"健康使命—2018"之龙漳泉三"区域联动·携手共进"——四地市省级紧急医学救援队伍远程拉动演练在龙岩漳平市举行。

●由泉州市建筑装饰协会与泉州晚报主办的2018年度泉州市"清源杯"家装优质工程评选活动启动。

●中国金鸡百花电影节第三届国际微电影展映盛典在海南海口举行，华侨大学新闻与传播学院学生自编自导自演的微电影作品《海空之云》获优秀作品奖。

●永春县"爱心守护·希望同行"关爱留守儿童巡回活动启动仪式在仙夹镇夹际中、小学举行。

●泰国考察团到德化白瓷产地考察。

康涛任中共泉州市委书记

全市领导干部大会召开，省委常委、组织部部长胡昌升到会讲话，副省长郑新聪主持会议，省委组织部常务副部长杨国豪宣布省委关于泉州市委主要领导调整变动的决定。省委决定郑新聪不再担任中共泉州市委书记、常委、委员职务，不再担任泉州市人大常委会主任职务，人大常委会主任的免职，按有关法律规定办理；康涛任中共泉州市委书记。

就做好泉州工作，胡昌升要求，要落实主体责任，在坚定不移推进全面从严治党上走前列。泉州市各级党组织要认真履行管党治党的政治责任，抓好党的政治建设，维护以习近平同志为核心的党中央权威和集中统一领导；严肃党内政治生活，驰而不息抓作风改作风，坚持事业至上的鲜明导向，提振各级干部干事创业精气神，推动基层党建全面进步、全面过硬。要加快产业转型升级，在推动经济高质量发展上走前列。站在世界发展的坐标系中思考定位，坚持问题导向，把短板找齐；贯彻落实新发展理念，实施创新驱动发展战略，做实做强做优实体经济，打造泉州产业升级版；加长加实"县域经济""一县一业"等优势长板，主动对接上级政策，借势借力发展；坚持防范化解金融风险和房地产风险。要积极先行先试，在增创体制机制新优势上走前列。用好中央赋予的先行先试政策，拓展"晋江经验"内涵外延；推进"放管服"改革，加快转变政府职能；做好机构改革的准备工作，确保机构改革顺利实施；坚持深化人才发展体制机制改革，实施人才"港湾计划"。要着力保障和改善民生，在满足人民对美好生活的向往上走前列。坚持以人民为中心的发展思想，坚持尽力而为、量力而行，抓好为民办实事项目，加快补齐教育、医疗卫生、养老、民生基础设施等社会事业短板；推动乡村振兴战略落地，实现乡村振兴、城乡相融；树立"绿水青山就是金山银山"的理念，打好污染防治攻坚战。

郑新聪与康涛合影（图/陈英杰）

胡昌升到泉州调研基层党建和人才工作

省委常委、组织部部长胡昌升到泉州调研基层党建和人才工作。胡昌升到泉州台商投资区、泉州经济技术开发区等地的农村、企业，与党员干部群众交流，听取意见建议。胡昌升强调，要以提升组织力为重点，突出政治功能，抓好村级组织换届工作，把村党组织建设成为战斗堡垒。要教育引导党员带头发展致富，带头帮扶困难群众，让老百姓感受到党员是在为群众着想、在为群众服务。要发挥党建引领作用，传承保护好农村优秀传统文化，推动美丽乡村建设，助力乡村振兴。要加强和改进企业党建工作，推动企业加强经营管理、提升员工素质、发展企业文化，增强党组织的凝聚力和向心力。

四地市省级紧急医学救援队伍远程拉练举行

28—30日，由龙岩、漳州、泉州、三明四地市卫计委主办的"健康使命—2018"之龙漳泉三"区域联动·携手共进"——四地市省级紧急医学救援队伍远程拉动演练在龙岩漳平市举行。四地市的紧急医学救援队伍参加演练。泉州市第一医院派出31人，代表泉州市参加演练。活动内容包括远程机动、野外生存训练、紧急医学救援技能展示、野外生存技巧讲座、义诊活动、应急救护知识宣传活动、装备收拢等。演练组织时间短，任务重，极大地考验应急救援队的反应能力。演练增加了队员的应急意识，锻炼了队员的意志力，提高队伍的团队协作能力，提升了救援队伍的应急处置能力，为救援应急工作打下坚实基础。

市委常委会会议听取从严治党主体责任检查汇报

市委常委会召开会议，听取泉州市2017年度落实全面从严治党主体责任检查情况汇报。会议强调，必须注重平时改进提升，针对全面从严治党各领域各环节，全方位开展自查自纠、补齐短板。要严监督抓日常，全面落实《党内监督条例》，确保党章党纪党规、党中央决议决策、上级和本级工作部署等落到实处；要盯节点强惩治，查处政治问题和经济问题相互交织形成利益集团的腐败案件，清除包庇黑恶势力甚至充当“保护伞”的党员干部，推动全面从严治党向基层、向各领域延伸；要抓教育增自觉，结合即将开展的“不忘初心、牢记使命”主题教育，引导党员干部明大德、守公德、严私德，筑牢拒腐防变的“思想堤坝”。

市委专题会议研究部署全市金融风险防控等工作

市委召开三场专题会议，研究部署下阶段全市金融风险防控、中央和省级环保督察反馈意见整改落实、安全生产工作。

会议指出，金融风险防控事关全市“转型攻坚、聚力跨越”大局。各级各有关部门要充分研判大势、审视当下，警醒再警醒，实时研究新情况新问题。市县两级要拧紧责任链条，多方沟通争取主动，力求抓到点抓到位，一刻不停地跑在风险前面。

会议指出，落实中央、省级环保督察反馈意见整改，是严肃的政治任务。要正面对待督察，把工夫精力花在平时，下力气解决“有设施没使用、有人员没作为、有制度没落实、有部署没跟踪”等“最后一公里”问题，延伸抓好长效机制建设，把压力变成动力、把问责作为倒逼。

会议强调，安全生产事关“党政同责、一岗双责、齐抓共管、失职追责”。各级各部门要抓牢重点突破，落实安全生产领域改革发展任务，推进风险分级管控和隐患排查治理机制建设，开展“安全生产执法年”。要夯实基层基础，健全应急救援管理体系，加快企业标准化建设提质扩面，抓好安全生产宣传教育。

香港中学教师考察团到泉州考察

3月29日至4月1日，受香港特区政府教育局委托，香港地方志办公室组织香港中学教师泉州考察团（B团。A团于2017年12月27—30日到泉州考察。）一行40人，由香港地方志办公室主任、香港岭南大学香港与华南历史研究部主任刘智鹏，香港特区教育局高级课程发展主任胡俊杰带队，以“海上丝绸之路及伊斯兰文化在亚洲”为主题，到泉州考察。市方志委与考察团举行座谈交流。团员考察泉州众多文化遗产和申遗点，欣赏非遗项目南音和提线木偶表演，品尝泉州传统风味小吃，并与泉州七中开展教学交流等活动。此次考察旨在增强香港教师对华南地区历史文化的认识，提升教师策划实地考察活动能力，优化爱国主义和历史教学，并在加深香港教师对于香港和内地联系的认识、增强爱国情感的同时，帮助提高香港学生学习中国历史的兴趣，加强香港青少年爱国教育，也为今后香港中学生到泉州考察搭建桥梁。

市方志委向考察团赠送地情书籍（图/高 磊）

全省首家“儿童驾校”在石狮市成立

全省首家“儿童驾校”在石狮市幼儿交通安全情景教育基地成立。“石狮儿童驾校”的开放，在丰富孩子们的游玩体验之余，更通过寓教于乐的方式，从小培养孩子们的安全驾驶意识，有重要的社会意义。相比教科书式的口头灌输，“石狮儿童驾校”用最直观和有趣的方式，让孩子们更容易接受看似枯燥无味的交通法规。此外，“石狮儿童驾校”的成立既充实幼儿交通安全教育的内容，同时也给家长提供一次交通安全法规学习的平台，更好地宣传关爱生命安全出行的理念。

3月29日

农历戊戌年二月十三
星期四
温度：18℃—26℃
多云

●市委常委会召开会议，听取泉州市2017年度落实全面从严治党主体责任检查情况汇报。

●市委召开三场专题会议，研究部署下阶段全市金融风险防控、中央和省级环保督察反馈意见整改落实、安全生产工作。

●3月29日至4月1日，香港中学教师泉州考察团到泉州考察。

●全省首家“儿童驾校”在石狮市幼儿交通安全情景教育基地成立。

3月30日

农历戊戌年二月十四
星期五
温度：16℃—25℃
多云

●康涛与到泉州参加第三届“海丝情·中国梦”港澳青年精英故乡行活动的代表座谈。

●市领导开展2018年第一季度“领导干部一线办公”活动周调研。

●由省侨办、市委统战部、市外事侨务办主办的第三届“海丝情·中国梦”港澳青年精英故乡行活动在泉州启动。

●2018年全市机关党的工作暨市直机关纪检工作会议召开，总结和部署全市机关党的工作和市直机关纪检工作。

●市第八次台湾同胞代表会议召开。全市各县（市、区）的113位台湾同胞代表泉州市4000多名台湾乡亲出席会议。

●由市委文明办、市文联主办的泉州市2018年度“道德模范故事汇”基层巡演活动在鲤城区启动。

●市国家税务局、市地方税务局举行泉州“第27个全国税收宣传月”启动仪式。

●由泉州市养生理疗协会、泉州兴贤医院等主办的泉州医养结合暨健康促进论坛举办。

●“海上银滩北欧当代艺术展”在晋江市深沪镇举行。

●生态文明国际高端论坛预备会在永春县大羽村举行。

市领导开展第一季度“领导干部一线办公”活动周调研

按照市委、市政府关于2018年第一季度“领导干部一线办公”活动周安排，市委书记、市长康涛带队到南安、晋江调研。康涛强调，各级各部门要保持“大干40天”的强劲气势，加强全盘统筹规划，倒排计划协调推进，抓紧时间全力攻坚。各项目牵头单位、责任单位、审批单位必须压实责任，明确具体责任人，提前介入项目规划选址、用地预审等重要环节，指导协调业主做好各项前期工作。各级各有关部门尤其是专业检查团队要善于总结，从项目建设遇到的前期、设计、施工、要素保障等具体问题中，梳理出普遍性问题，并从平台调度、机制完善等方面入手，促进项目建设“提速、提质、提效”。

康涛（左五）在晋江市调研（图/陈起拓）

市政协主席陈灿辉、副市长洪自强带队到永春县调研，现场破解难题。市领导强调，永春县各级各部门要合力保障项目攻坚，坚持问题导向，主动靠前服务，帮助业主推进项目建设，力促项目早开工、早投产；要加大招商引资力度，发挥本地优势，做大做强特色产业；要依法依规做好涉信贷风险防控工作，确保金融环境健康稳定。

市委常委、市纪委书记温惠榕，副市长周真平带队到安溪县调研。市领导指出，全县各级各部门要发挥各地安溪商会桥梁与纽带作用，扩大招商引资；千方百计为项目建设排忧解难，做好对接和持续跟踪服务；对已开工项目，要优化工序、倒排工期、挂图作战，争取早建成、早投产、早见效。希望安溪继续保持和发扬“大干40天”的精气神，推进各项工作取得更大突破。同时，要加快人才引进，为发展提供人才保障。

市委常委、组织部部长孔繁军，市政协副主席李冀平带队到惠安县调研。市领导要求，各级各有关部门要形成合力，加大工作力度，抓好“基本要素、项目增量、配套服务、责任落实”四个方面的工作；要坚持以问题为导向，帮助企业解决融资困难，防范和化解金融风险；要转变政府职能，主动靠前服务，营造良好的投资环境；要在抓现成项目的同时，谋划生成一批新项目，为发展积蓄后劲。

市委常委、统战部部长林万明带队到洛江区调研，帮助解决困难问题。市领导要求，各级各部门要主动深入帮扶企业，推动加快转型升级，改善就业环境，促进企业健康发展；加大协调力度，抓好项目攻坚，力促项目早开工、早投产；防范互联网金融等领域的潜在金融风险，确保金融环境健康稳定；狠抓招商，加大跟踪服务力度，促进项目落地。

市委常委、政法委书记林锦明带队到泉州开发区调研。市领导要求，要提高项目建设速度，抢抓有利天气，加快施工进度；要提升项目建设质量，落实主体责任，强化建设管理，紧盯项目质量不放松；要提高问题解决效率，畅通企业诉求渠道，及时协调困难、解决问题。

第三届港澳青年精英故乡行活动在泉州启动

由省侨办、市委统战部、市外事侨务办主办的第三届“海丝情·中国梦”港澳青年精英故乡行活动在泉州启动。活动以“回归故里共叙海丝情，创新创业共圆中国梦”为主题，吸引香港、澳门28个主要社团86名青年精英参与。活动旨在加强与港澳青年的联络情谊，增进亲情、友情，促进交流合作。参加活动的86名港澳青年精英中，既有商界精英、社团骨干，也有政坛新秀、专业人才，均具有较强代表性，是新一代港澳拔尖人才、精英力量。为了让青年们更加深入了解国情、乡情，增长见识，开阔视野，主办方安排了在泉州与福州的丰富行程，包括举办学习中共十九大精神专题讲座，召开省、市、县三级专场经贸推介洽谈会，考察侨资企业及侨商创业园区，参观家乡海丝历史文化景点等。活动持续至4月2日。

2017年泉州市国民经济和社会发展统计公报发布

市统计局与国家统计局泉州调查队在《泉州晚报》发布2017年泉州市国民经济和社会发展统计公报。经初步核算，2017年全年，泉州实现地区生产总值（GDP）7548.01亿元，按可比价格计算，比上年增长8.4%，经济总量连续19年保持全省第一。公报数据显示，2017年全市拥有超亿元企业2523家，比上年增加215家，其中超10亿元企业246家，比上年增加57家。2017年，全市常住人口865万人，比上年末增加7万人。全市金融机构本外币各项存款余额6891.80亿元，其中人民币各项存款余额6777.69亿元。在人民币存款中，住户存款余额3511.56亿元，比上年末增长了6.6%。2017年全年，全市居民人均可支配收入33256元，比上年增长7.8%。按常住地分，全市城镇居民人均可支配收入42696元，增长7.7%；农村居民人均可支配收入18606元，增长8.3%。2017年，全市人均消费支出21538元，比上年增长4.5%。全市城镇居民人均消费支出26044元，增长3.3%；农村居民人均消费支出14545元，增长7.9%。2017年，环湾建成区面积达220平方千米，比上年末增加6平方千米。中心市区建成区面积达150.98平方千米。

泉州和台湾人才创业创新发展论坛在丰泽区举办

由丰泽区委人才办、区委台工办、区双创办和华侨大学台湾经济研究所指导，宾联企业“一带一路”文化人才交流中心主办的“一带一路”泉州和台湾人才创业创新发展论坛在丰泽区举办。论坛旨在扩大两岸交流与合作，为台湾同胞在泉州学习、创业、就业、生活提供便利，增进台湾同胞福祉。论坛以“在‘一带一路’倡议下，探讨泉州和台湾人才的创业创新发展之路”为主题，吸引60多名两岸青年参加。

活动现场介绍中央、省、市鼓励和支持台湾青年到泉州就业的政策。特别是围绕贯彻落实人才“港湾计划”，泉州市专门出台《关于鼓励和支持台湾青年来泉创业就业的实施意见》等文件，在资金、住房、子女就学等方面，扶持台湾青年到泉州创业就业。其中，丰泽区发挥全国双创示范基地作用，吸引大量的优秀创客人才和优质项目。活动现场还成立全市第一家“台湾人才之家”。该平台将有效发挥功能，宣传解读惠台人才政策，帮助台湾人才熟悉政策内容和申请流程，引导台湾人才申报各级人才项目、科技项目，同时协调解决台湾人才在工作生活中遇到的困难。

全市第一家“台湾人才之家”（图/吴宗宝）

“敢创你就来”人才系列活动启动

由丰泽区委人才办、区人力资源和社会保障局、共青团区委、泉秀街道办事处、福建海西国家广告产业园区（泉州园）管委会、中共领SHOW天地文化创意产业园区委员会、泉州创意设计联盟主办的“敢创你就来”人才系列活动在市区领SHOW天地启动。活动持续至5月，是领SHOW天地继承办“2017全国大众创业万众创新活动周福建会场”、丰泽国际儿童时尚周之后的又一重大举措。系列活动内容包括：“敢创你就来”新春人才招聘会、城市新声设计论坛、海丝国际“气韵东方·设计人才海报展”等。

食品药品安全投诉举报主题宣传日活动举行

市食品药品监督管理局在市区西湖公园举行“3·31”食品药品安全投诉举报主题宣传日活动。此次活动以“12331助力健康中国梦，食药安全伴你行”为宣传主题，向群众宣传食品药品投诉举报流程，讲解食品药品安全知识，包括食品药品质量安全现场投诉举报受理工作；不符合食品安全标准的食品识别；真假药品鉴别；食品快速检测；过期药品回收；网络餐饮第三方平台代表宣读倡议书；有奖问答等。

3月31日

农历戊戌年二月十五
星期六
温度：16℃—26℃
多云转晴

●市统计局与国家统计局泉州调查队在《泉州晚报》发布2017年泉州市国民经济和社会发展统计公报。

●由丰泽区委人才办、区委台工办、区双创办和华侨大学台湾经济研究所指导，宾联企业“一带一路”文化人才交流中心主办的“一带一路”泉州和台湾人才创业创新发展论坛举办。

●由丰泽区委人才办、区人力资源和社会保障局、共青团区委等主办的“敢创你就来”人才系列活动在市区领SHOW天地启动。

●市食品药品监督管理局在市区西湖公园举行“3·31”食品药品安全投诉举报主题宣传日活动。

●驻泉州某部组织官兵到南安市革命烈士陵园凭吊、缅怀英烈。

●晋江市“百生百村”乡村志愿服务活动启动。

●晋江市依法治市办、晋江市司法局在晋江万达广场举行大型《中华人民共和国宪法修正案》广场宣传活动。

4月1日

农历戊戌年二月十六
星期日
温度：17℃—28℃
晴转多云

●泉州市开出全省首张环境保护税税票。

●由中国民营经济研究会、省工商联、省总商会主办的2018中国继创者聚龙论坛在惠安县聚龙小镇举办。

●“鄂尔多斯温暖全世界”——2018年鄂尔多斯春季旅游推介会在泉州举行。

●1—3日，首届中国（晋江）家装建材博览会在晋江市磁灶镇举行。

泉州市开出全省首张环境保护税税票

卡丁（福建）儿童用品有限公司办税员柯远梅接过泉州市地税局工作人员开出的环境保护税票，此系环境保护税开征以来，全省开出的首张环境保护税税票。1月1日，环境保护税法正式实施，自此中国有了首个以环境保护为目标的税种。根据税法规定，环境保护税实行按季申报，并于是日迎来首个征税期。市地税局办税服务厅专门设立环保税申报咨询服务专区，开辟“环保税”绿色通道。市环保局相关负责人表示，排污费改为环境保护税后，在法律效力和征管机制上将更加严格，有利于提高排污企业环保意识，促进其治污减排，推动经济结构调整和发展方式转变。

市地税局工作人员为环保税纳税人办理基础信息采集业务
（图/泉州晚报社）

2018中国继创者聚龙论坛在惠安县举办

由中国民营经济研究会、省工商联、省总商会主办的2018中国继创者聚龙论坛在惠安县聚龙小镇举办，论坛主题是“‘继承荣光 创垂梦想’——新时代继创者的使命与担当”。专家学者和企业家就民营企业传承与继创者健康成长、企业家精神、晋江经验的继承和发扬等议题进行论述。全国各地不同领域的优秀继创者代表也参加论坛，分享各自的人生经历与创业经验，论述结束后，他们还与专家学者们进行对话。

“继创者”是指继承上一代的事业又践行创新创业的年轻一代。该概念是由全国工商联研究室主任、中国民营经济研究会副会长林泽炎提出的。此次会议上，林泽炎提出继创者应关注几个问题：为人类贡献什么、为建设强国提供什么支撑、当下继创者应该怎么应对自己的发展。亚洲公共行政学会主席、中国人事科学院研究院原院长吴江作认为，人才资本成为现代经济增长的主要源泉，新环境下应更好地吸引和使用全球人才和智力资源，发挥企业在资本投资上的主体作用，建立多元化的人才投入机制。应该怎么处理“资本”与“人才”之间的关系？吴江作建议：构建民间资本对接人才新渠道；形成民间资本投资青年企业家新机制；打造民间资本孵化人才新平台；打造交易“人才板”，推动高成长。中共中央党校国际战略研究院副院长周天勇以聚龙小镇居民环境举例，指出继创者应关注公共利益、合作竞争、新经济共享、发展能力在企业发展中的重要作用。周天勇认为，新态势下企业应注重发展公共利益共同体，合作共赢共同体，新经济共同体，风险防控共同体，提高创业、发展能力共同体。

鄂尔多斯春季旅游推介会在泉州举行

“鄂尔多斯温暖全世界”——2018年鄂尔多斯春季旅游推介会在泉州举行。泉州市旅游局、旅行社、自驾协会、专业俱乐部等150余人参加推介会。推介会上，鄂尔多斯市旅游发展委员会对鄂尔多斯旅游做整体推介，成吉思汗陵、响沙湾、东联旅游集团、鄂尔多斯草原、康巴什、九城宫、黄河大峡谷等景区做旅游产品推介，旅行社代表进行线路推介。此外，推介会还为参会代表呈现具有民族特色的歌舞表演，开展抽奖、转发朋友圈点赞送礼品等活动。鄂尔多斯市位于内蒙古自治区西南部，总面积8.7万平方千米，总人口205万人，是一个多民族聚居区。现已形成“天骄圣地、大漠风光、民族风情和休闲避暑”四大主题旅游产品，是中国优秀旅游城市、中国最佳民族风情旅游城市、中国最佳生态旅游城市，是旅游观光和休闲度假的理想之地。两地旅游管理部门均表示，将按照“优势互补、客源共享、市场共建、互利共赢”的原则建立双方合作交流机制，实现两地客源互送，推动两地旅游合作共赢，共同促进两地经济社会发展。

国家部委发文支持泉州开展创新型城市建设

科技部、国家发改委发文，支持全国17个城市开展创新型城市建设，泉州名列其中。根据要求，入选城市要将创新型城市建设作为实施创新驱动发展战略的旗帜性抓手，加强对中小企业创新的支持，发展壮大高新技术企业；完善人才管理、评价、流动、激励机制，培育引进高水平科技人才；建立产学研深度融合的技术创新体系，加快重大科技成果转移转化；提升高新技术产业开发区发展质量，促进高技术产业和战略性新兴产业发展；打造科技企业孵化器、众创空间等创新创业载体，推动双创迈上新台阶；加快政府职能转变，提升政府创新治理能力；探索具有自身特色的创新发展路径，形成可复制、可推广的经验做法，打造区域创新示范引领高地。

泉州“十三五”期间将推进国家创新型城市建设，加强自主创新能力建设，推动以科技创新为核心的全面创新，推进科技体制机制创新，营造良好的创新创业环境，激发各类人才创造活力，推进大众创业、万众创新，对接国家自主创新示范区建设，加快促进科技成果向现实生产力转化，助推产业转型升级等。科技部、国家发改委将与入选城市加强协商合作，对符合条件的科研任务、科技人才、创新政策、改革试点等给予积极支持；加强政策解读，开展交流培训，及时总结、宣传和推广创新型城市建设的好经验好做法；重点对有关城市全社会研发经费投入强度、科技公共财政支出占比、万人发明专利拥有量、高新技术企业数量、地区生产总值增速、服务业增加值占比、全员劳动生产率7个关键指标，定期开展监测与评价，2020年前组织开展总结评估，对支持开展创新型城市建设的名单进行动态调整，引导城市加快创新驱动发展。

泉州领SHOW众创空间某工作室（图/陈起拓）

泉港法院在全省首推执行救助险机制

在案件执行中，常常有胜诉一方因执行不能或执行不到位而陷入生活困境。为破解这种窘境，泉港法院与保险公司举行合作协议签约仪式，在全省首创推出执行救助险机制。在执行救助险中，法院作为投保人，使用部分救助基金为遭受人身伤害并取得胜诉判决的受害人或其亲属购买保险服务，由保险公司对这类申请执行救助的人员进行真实性调查，再由法院进行审核，最终由保险公司发放救助款。

泉州市农产品电商冷链物流对接活动举行

由市农业局、晋江市政府主办的泉州市农产品电商冷链物流对接活动在晋江市磁灶镇举行。活动围绕“线上线下互动合作、冷链物流配套发展”的主题，为农产品采购商、生产基地和生产企业搭建交易平台，架设产销信息桥梁，搭建生产基地、销售端和物流端的合作平台，促进农产品冷链物流配套发展。

相关链接：泉州市加快农产品电商和冷链物流发展。从2016年起，泉州市制定出台相关政策，以建立完善农产品现代营销模式为目标，加大政策引导支持力度，加快发展农产品销售和出口，实现地域性小生产与国内外大市场的有效对接；通过建立全市农产品销售和冷链物流发展联席会议制度，推进泉州市农产品电子商务发展，逐步建立起高效、畅通、安全的农产品现代流通体系。2017年全市扶持农产品冷链物流建设项目15个，落实扶持项目资金180.6万元；扶持农村及农产品电子商务项目20个，落实补助项目资金173万元。

4月2日

农历戊戌年二月十七
星期一
温度：17℃—28℃
多云

●科技部、国家发改委发文，支持全国17个城市开展创新型城市建设，泉州名列其中。

●市政府第二十九次常务会议召开，听取泉州市安全生产风险分级管控体系建设工作情况汇报，研究并通过《泉州市城市安全风险评估整体工作方案》《泉州市贯彻落实国家海洋督察反馈意见整改方案》等。

●陈万里、卢炳椿开展第一季度“领导干部一线办公”活动周调研。

●泉港法院与保险公司举行合作协议签约仪式，在全省首创推出执行救助险机制。

●由市农业局、晋江市政府主办的泉州市农产品电商冷链物流对接活动在晋江市磁灶镇举行。

4月3日

农历戊戌年二月十八
星期二
温度：19℃—29℃
多云

●“华大讲堂”第73讲举行。

●市委人才工作领导小组会议暨2018年重点人才工作部署会召开。

●陈铁晗开展第一季度“领导干部一线办公”活动周调研。

●全市国土绿化、森林防火和防汛抗旱工作电视电话会议召开，贯彻落实全国、全省会议精神，部署下阶段工作。

●由市经信委主办的2018年泉州市食品工业企业食品安全暨诚信体系建设知识宣贯会举行，全市200多家食品生产企业参加培训。

●丰泽区2018年招商推介暨项目签约仪式举行，7个项目签约，总投资21.86亿元，涉及文创、休闲旅游、现代农业等产业。

“华大讲堂”第73讲举行

“华大讲堂”第73讲举行。中国工程院院士、流域水循环模拟与调控国家重点实验室主任王浩作题为《河长制与水环境治理及海绵城市建设》的报告。市委学习中心组成员，市直有关部门、在泉州各高校、各民主党派负责人，华侨大学校负责人和部分师生等参加报告会。中共十九大报告指出，建设生态文明是中华民族永续发展的千年大计。王浩围绕生态流域理念、海绵城市建设、水环境治理、河（湖）长制建设四方面展开论述，通过翔实的例子阐释生态文明建设的重要性，并提出解决水问题的核心是建设生态流域，调控社会水循环过程，维持自然水循环与社会水循环的平衡，促进两者之间的融洽与互补，而海绵城市建设就是要通过一系列措施实现城市良性水循环。王浩对泉州全面推行河长制工作及长期以来水资源管理保护、水环境治理成效给予高度评价，并结合泉州水资源特点及流域现状，提出针对性的意见、建议。

“华大讲堂”第73讲现场（图/吴天适）

食品工业企业食品安全知识宣贯会举行

由市经信委主办的2018年泉州市食品工业企业食品安全暨诚信体系建设知识宣贯会举行，全市200多家食品生产企业参加培训。培训班现场，市政府食安办（市食药监局）技术专家杨章华、华测检测认证集团食品安全质量研究院高级研究员邹翔分别对从2017年10月1日起实施的《福建省食品安全条例》、食品企业诚信管理体系的建立、食品安全风险的识别与评估、食品安全风险的控制与验证等内容与现场企业家进行分享与解读。其中，随着电子商务的快速发展，对于食品网络经营方面，杨章华在《福建省食品安全条例》分享中进行了详细解读。市经信委相关负责人表示，泉州市食品产业在取得快速发展的同时，食品安全状况总体上向好，多数企业能够诚信守法依法经营，但同人民群众的期待和国家和政府的要求相比，仍存在不少差距。此次举办培训班的目的就在于，加快推进泉州市食品工业企业诚信体系建设，这对保障人民群众食品安全、促进行业平稳健康发展具有重要意义。

相关链接：食品产业是泉州市五大传统产业之一，“十二五”期间平均年增长20%以上，现已在全省、全国占有重要地位，成为泉州市经济最具活力的朝阳产业之一。2017年，泉州市食品行业继续保持较好的增长态势。据统计，2017年全市食品企业完成规模以上增加值259.21亿元，同比增长8.5%；销售产值1036.97亿元，产销率97.9%，首次跃上千亿产值大关，行业进入稳步推进发展新阶段。

丰泽区2018年招商推介暨项目签约仪式举行

丰泽区2018年招商推介暨项目签约仪式举行，7个项目签约，总投资21.86亿元，涉及文创、休闲旅游、现代农业等产业。推介会上，丰泽“八大园区”逐一与出席活动的海内外泉商“见面”，分别是泉州软件园、海西国家广告产业园（泉州园）、海西电子信息产业育成基地、泉州市北峰“数控一代”智能制造装备产业园、华大电子商务园、丰泽智慧物流园区、华侨大学（丰泽）创新创业园、泉州海峡箱包物流商城。推介项目之后，有7个项目现场签约。这些项目涵盖领域广，包括中国海丝工艺美术城、泉州巴塞罗国际酒店、安腾双创中心、小米生态链（谷仓学院）创新创业孵化器、泉州鲜花港、新概念农贸市场运营项目、泉州海上文化创意园暨开发海上旅游项目。

康涛到市各民主党派机关走访座谈

市委书记、市长康涛走访市各民主党派机关，并召开座谈会听取意见建议。市领导翁祖根、林万明等参加座谈。各民主党派泉州市委会负责人分别介绍各民主党派工作情况，并围绕实体经济发展、金融风险防控、城市规划建设、高层次人才引进等提出意见建议。康涛要求相关部门梳理各民主党派提出的意见建议，及时沟通回应，共同推进各项工作。康涛指出，各民主党派要践行新型政党关系，有事多商量、有事好商量、有事会商量，做好参谋、好帮手、好同事。各民主党派要主动融入全市发展大局，建言献策、凝心聚力，参政参到要点上、议政议到关键处。紧扣“转型攻坚、聚力跨越”工作主线，建诤言、献良策。发挥人才荟萃、智力密集、联系面广独特优势，为更多重大产业龙头、高端人才团队、海内外资金到泉州牵线搭桥；参与同心工程等民生实事，助力全面小康建设。

市纪委监委在全省率先开展综合派驻绩效评估

为更好适应派驻机构“全覆盖”后的执纪监督新形势，市纪委监委在全省率先出台市直派驻纪检组绩效评估工作方案，围绕省纪委要求，聚焦抓日常监督、抓执纪审查、抓责任追究、抓标本兼治、抓自身建设五方面内容，制定评估方法、完善激励措施，督促指导派驻纪检监察组更好履职，在健全制度、强化监督、提升素质等方面取得较好实效。

“祭奠革命先烈”主题党日活动举行

由市直党群系统委员会组织开展的“祭奠革命先烈、牢记革命传统、传承红色基因”主题党日活动在泉州革命烈士陵园举行，市直党群系统所属的11个党委(党总支、党支部）200多名党员代表参加活动。活动期间，大家参观革命烈士纪念馆，听取讲解员讲述烈士的英勇事迹，感受红色精神，重温革命历史。随后，统一列队在革命烈士纪念碑前，齐唱国歌、向革命烈士敬献花圈、鞠躬默哀；党员代表朗诵配乐诗——《永远跟党走》；全体党员面向党旗重温入党誓词。最后，在《国际歌》奏乐声中，大家绕行瞻仰烈士纪念碑。活动号召，各党组织和全体党员要弘扬革命烈士的崇高精神，慎终追远，牢记入党誓词，坚定理想信念，为党和人民事业勤奋工作，勇于担当，以坚强的党性、务实的作风、振奋的精神、强烈的责任感和使命感，推动各项工作向前发展。

市直党群系统200多名党员在泉州革命烈士陵园重温入党誓词
（图/陈晓东）

晋江市传统文化发展基金捐赠仪式举行

晋江市传统文化发展基金捐赠仪式在晋江五店市传统街区举行。信义集团李贤义、百宏集团施天佑捐赠人民币两千万元，用于扶持晋江市传统文化事业发展。此系近年来，民间对晋江传统文化事业数额最大的一笔捐赠。李贤义表示，希望通过晋江市传统文化发展基金，扶持家乡南音、高甲戏、木偶戏的发展，加强对从业人员的培养、剧目的创作，让更多人多来看高甲戏、布袋戏，多来听南音，同时，也让演员们能感受到社会的关注和重视，有更大的热情投入到传统艺术的事业中。

4月4日

农历戊戌年二月十九
星期三
温度：19℃—30℃
多云转阴

●康涛走访市各民主党派机关，并召开座谈会听取意见建议。

●杨晓山、曾巍开展第一季度“领导干部一线办公”活动周调研。

●市纪委监委在全省率先出台市直派驻纪检组绩效评估工作方案。

●由市直党群系统委员会组织开展的“祭奠革命先烈、牢记革命传统、传承红色基因”主题党日活动在泉州革命烈士陵园举行。

●石狮峡谷旅游路主路面完工并实现通车。

●晋江市传统文化发展基金捐赠仪式在晋江五店市传统街区举行。

4月5日

农历戊戌年二月二十
星期四
温度：20℃—29℃
阴转多云

●泉州广告工作成效受到国家工商总局表扬。

●全市首个全面从严治党主体责任全程纪实平台——中共泉州市海洋与渔业局党组领导干部落实全面从严治党主体责任全程纪实平台投入运行。

●泉州市发出首张餐饮业“证照分离”证书。

●市委文明办向全市人民发出《“文明祭祀·绿色清明”倡议书》。

●清明节，全市各县（市、区）祭扫总人数达36.5万人次，其中宏福园4.85万人次，皇迹山陵园3.3万人次。

泉州广告工作成效受到国家工商总局表扬

国家工商总局通报表扬一批全国工商和市场监督管理部门广告工作表现突出单位，市工商局榜上有名。泉州市发挥自身优势，培育发展广告市场主体，仅2017年全市就新增各类广告企业4200多户，占2017年全省新增广告企业的60%以上，全市已拥有广告企业1.2万多户，占全省广告企业总数的三分之一。

全市首个全面从严治党主体责任全程纪实平台投入运行

全市首个全面从严治党主体责任全程纪实平台——中共泉州市海洋与渔业局党组领导干部落实全面从严治党主体责任全程纪实平台投入运行。全程纪实平台按照全面从严治党和“五抓五看”（看有没有抓加强教育，看有没有抓制度建设，看有没有抓一把手，看有没有抓查处，看有没有抓部署、检查、落实）要求，按照“谁主管，谁负责”的原则，借助该局OA内网，建立“责任明晰、过程管理、动态监督”体系，对市海洋与渔业局党组领导干部履行主体责任情况进行全程纪实。

开展主体责任全程纪实，目的是通过履责情况记录、纪实日志永久保留，做到履责全程留痕、追溯问责有据，解决“不会抓、不想抓、不敢抓”问题，促进领导干部种好“责任田”，为推动主体责任落地生根，打通全面从严治党“最后一公里”提供保障。同时，也为上级党委、纪委机关实时监督部门党组领导干部落实全面从严治党主体责任情况提供有效方式。2017年10月，市海洋与渔业局被市落实党风廉政建设责任工作领导小组办公室列为全市首批领导干部落实全面从严治党主体责任全程纪实平台建设试点单位。在市纪委的指导和驻市国土资源局纪检组的协助下，市海洋与渔业局党组对试点工作高度重视，推进纪实平台建设工作，于3月底完成纪实平台建设。

泉州市发出首张餐饮业“证照分离”证书

市食药监局开发区分局执法人员将一份小型餐饮备案材料确认通知书交到该区一家小型餐饮店经营者手中。此系泉州市开展“证照分离”改革试点工作以来，发出的首张小型餐饮备案材料确认通知书。取得该通知书后，该餐饮店无须再取得食品经营许可证即可开展餐饮经营活动，原本需要7个工作日才能办完的事如今现场即办，行政审批效率极大提高。

市食药监局开发区分局有关负责人介绍，实施小餐饮备案降低了许可准入门槛，在一定程度上解决了部分下岗职工和弱势群体就业，也方便了群众的生活。食药监部门收到小型餐饮完整备案材料后，当场出具《小型餐饮备案材料确认通知书》，经营者即可开展餐饮经营活动。监管部门按照“宽进严管”的总要求，强化对小型餐饮备案单位的后续监管措施，做到放开准入和严格监管相结合，确保无缝衔接、不留死角。

根据泉州市“证照分离”改革试点工作要求，市食药监局印发《关于在泉州经济技术开发区、泉州高新技术产业开发区开展小餐饮备案试点工作的通知》，明确小型餐饮备案，是指经营面积在50平方米以下，有固定店铺，符合餐饮服务即时制作、即时消费的基本特征的小餐馆、小吃店、小饮品店等餐饮服务，可通过提交小型餐饮材料到食药监部门进行备案，申领“身份证”（即小型餐饮备案材料确认通知书）即可营业。

市委文明办发布《“文明祭祀·绿色清明”倡议书》

为弘扬时代文明新风，传承文化、传输大爱、传递思念、传载亲情、传习文明、传播公益，深化全国文明城市创建，构建生态宜居家园，市委文明办向全市人民发出《“文明祭祀·绿色清明”倡议书》（以下简称“倡议书”）。倡议书从文明祭扫、环保祭祀、节俭祭扫、安全祭扫、铭记英烈五个方面，发出倡议。倡议书呼吁，市民朋友们携起手，从现在做起，从点滴做起，树立文明祭扫新风，用文明祭祀的实际行动，做告别陋习的先行者、文明祭扫的带头人，为建设“创新、智造、海丝、美丽、幸福”的现代化泉州贡献一分力量。

中心市区规范整治房地产中介机构

市房屋交易中心印发工作方案，即日起全面对中心市区（包括鲤城、丰泽、泉州开发区）从事房地产经纪业务的中介机构开展规范整治工作。规范房地产经纪行为是此次整治工作的重点。工作方案明确，要加强房源信息调查，中介机构不得发布未经产权人书面委托的房源信息。对承接出售、出租经纪业务的房屋，应当核对房屋产权信息和委托人身份证明等材料，编制《房屋状况说明书》。

市房屋交易中心相关负责人介绍，房屋状况说明书中，明确体现房屋性质、土地使用权性质，以及房屋权属状态有无抵押、查封等核心要素，还包括有无户口、有无物业管理、契税发票填发日期或权证办理日期等重要事项，这些都是关系到房屋能否正常交易的一些基本因素，可以让购房者更加了解房屋情况。这就要求中介机构在承接业务或经纪过程中必须履行核实义务，同时，委托人也需要配合中介机构签订房屋状况说明书。已备案的中介机构，可以在委托人的配合下，通过市住建局网站上的存量房交易平台核验房源，确保真实房源、真实委托。

确保房地产中介机构履行经纪告知义务，也是避免产生房地产交易纠纷的有效举措。工作方案要求，中介机构及人员在完成经纪业务前，应当与当事人签订《二手房交易事项告知书》，诚实、客观告知服务对象有关房屋交易的一般程序及可能存在的风险、房屋交易涉及的税费、限购限贷政策、经纪服务的内容及完成标准、经纪服务收费标准和支付时间等事项。根据规定，中介机构提供的居间服务自接受买卖双方委托时起，到买卖双方签订关于房产《存量房买卖合同》之日结束。这也意味着，只要中介机构切实履行了告知义务，如果因房地产调控政策变动等非中介方原因，导致交易最终未能履行的，中介方有权按合同约定收取相关费用。

工作方案还要求，中介机构及其分支机构应当规范其经营场所的现场信息公示，不得收取任何未予标明的费用，尤其不得代收交易资金（包括定金和首付款）。中介从业人员服务时应当佩戴标明姓名、机构名称、国家职业资格等信息的工作牌。市房屋交易中心将着力完善行业管理制度，建立中介信用平台、推行交易资金监管等，同时严厉查处存在违法违规行为的房地产中介机构。市民发现中介违法违规行为，可拨打市房屋交易中心投诉举报电话“22178895”。对存在违法违规行为的房地产中介机构，一经查实，相关部门将依法采取书面警示、约谈负责人、公开通报、记入信用档案、立案查处等措施。

“家训家风与现代教育”交流座谈活动在晋江市举行

6—7日，由泉州市社科联、泉州市孔子学会、晋江市方志办主办的“家训家风与现代教育”交流座谈活动在晋江市举行。省内外50多位教育、史志、文博方面的专家学者参加活动。此次活动征集到全国各地的论文近百篇。这些论文围绕传统家训家风与现代教育的关系，泉州地区历史上有名的家训家风、教育功能、传承关系、推广规划等主题展开论述，从理论和实践两个层面，对如何融优秀传统家训家风于泉州现代教育之中，提出一些建设性意见。座谈会上，专家学者针对“家训家风的现代传承”话题，结合泉州实践进行探讨。活动期间，与会者还到五店市家风家训馆、青阳乡约记碑林、八仙山公园张瑞图书法碑林等地参观考察。主办方表示，希望此次活动的举办，有助于泉州市在保留传统家训家风文化根基的同时，利用文化的自觉性来发扬传统文化，推动泉州文化的创新和发展。

“家训家风与现代教育”交流座谈活动现场（图/洪旭）

4月6日

农历戊戌年二月廿一
星期五
温度：15℃—24℃
小雨转阴

●中心市区规范整治房地产中介机构。

●6—7日，由泉州市社科联、泉州市孔子学会、晋江市方志办主办的“家训家风与现代教育”交流座谈活动在晋江市举行。

4月7日

农历戊戌年二月廿二
星期六
温度：11℃—20℃
多云

●清明小长假期间，全市接待游客78.24万人次，实现旅游收入5.57亿元。

●世界卫生日，全市各地开展一系列主题宣传活动。

●高甲戏·打城戏小戏专场在泉州高甲剧院举行，此系泉州首个打城戏专业班首次举行文化惠民演出。

●石狮市祥芝美丽海岸志愿者协会、石狮市老年大学老龄志愿服务队等单位的110多名志愿者在该市祥芝镇观音宫口—祥芝井仔沙海滩，开展“喜迎第69个世界卫生日·洁净我们的家园海岸线”主题净滩活动。

清明假期全市接待游客78.24万人次

清明小长假期间，全市接待游客78.24万人次，实现旅游收入5.57亿元。清明节是中国人祭祀祖先的传统节日。2018年，泉州市开展2018年“我们的节日·清明”主题活动，许多干部群众、中小学生就近到烈士陵园、红色旅游景区景点、革命战争纪念地等祭扫、献花，礼敬先烈先辈，培养爱国情感。市内各宗教场所人气旺盛，清水岩、开元寺、关岳庙等主要寺庙香客增长，其中，清水岩旅游区假日期间接待游客1.30万人次，与2017年同期相比增加8.3%。

从出行方式来看，自驾短途游仍是“主力”。旅游景点、旅游乡村、农家乐的自驾游客总接待人数增幅明显。抽样调查结果显示，清明假日期间，游客出游选择与亲友结伴的比例为96.6%，高于全省平均水平2.4个百分点，高于一季度全市平均水平1.5个百分点。从游客聚集度来看，全市12个AAAA级以上景区仍然是旅游接待的重点区域。2018年，泉州市将清源山、崇武古城、中国闽台缘博物馆、清水岩、五店市传统文化旅游区、开元寺、九仙山7个景区纳入统计监测。据统计，假日三天7个景区接待游客11.61万人次，同比增长11.1%，最高增幅达22.6%。其中清源山三天接待游客1.03万人次，同比增长11.8%；九仙山是增长最为明显的景区，接待人数为2.36万人次，同比增长22.6%。

自泉州市在全国率先提出“生态连绵带”城市绿化建设提升工程后，城市景观不断提升。最美山线绿道示范段主线贯通，北江滨公园、田安园、白水营园等一系列城市公园建成完善，在满足市民日常休闲、健身、娱乐需求的同时，也成为市民节假日的好去处。清明假期，“生态连绵带”游人如织，据初步统计，山线绿道每天接待游客2万—3万人次，三天合计约8万人次。城市风光好，乡村春色也迷人。清明假期，全市刺桐花、紫藤花、木棉花、风铃木花、樱花、梨花、杜鹃花等花卉争相盛开，花红柳绿，景色秀美，乡村田园风光美不胜收，许多游客外出踏青寻花。清源山的杜鹃花、南安香草世界的樱花、德化上涌镇的梨花等成为吸引眼球的“名角”，也带动周边酒店、农家乐的客流量增长。据统计，清明假期，香草世界接待游客1.63万人次，同比增长33%，实现门票收入10.38万元，同比增长35.8%；红星生态园接待游客0.31万人次，同比增长15.0%。

崇武古城鸟瞰（图/陈起拓）

泉州市举行世界卫生日主题宣传活动

世界卫生组织发起的世界卫生日，全市各地围绕主题，开展一系列宣传活动。2018年世界卫生日的主题是“全民健康覆盖：每一个人，每一个地方”，指所有的人和社区都能获得所需的卫生服务，不会因此遭遇经济困难。

市疾控中心联合鲤城区卫计局、丰泽区卫计局在东海街道办事处东海社区及江南街道新天城市广场开展世界卫生日主题宣传活动。市、区疾控中心及当地卫计办、社区卫生服务中心医生为辖区居民提供义诊、健康宣传、政策法规咨询等服务。组织辖区家长、学生参加“创意纸箱DIY亲子活动”，以健康生活、卫生习惯、绿化环境等主题进行创作。同时，把“健康素养66条”制作成健康问答微信链接，引导群众广泛参与。现场开展公民健康素养“随手拍”集赞活动。利用计生工作网络，将“健康素养66条”宣传折页发放到居民家中。丰泽区各级医疗卫生部门以“全民健康覆盖：每一个人，每一个地方”为主题，开展形式多样的服务活动，推动优质医疗资源下沉、倡导全民参与，促进全民健康覆盖。泉港区卫计局联合农工党泉港总支、山腰街道办事处、区疾病预防控制中心、山腰街道社区卫生服务中心在锦祥社区举行世界卫生日主题宣传活动。

市全面深化改革领导小组会议召开

市全面深化改革领导小组会议召开，传达学习习近平在中央全面深化改革委员会第一次会议上的讲话精神和省委全面深化改革领导小组会议精神，研究泉州市贯彻意见。会议指出，各级党委（党组）要自觉运用习近平新时代中国特色社会主义思想特别是全面深化改革重要思想武装头脑，加强和改善党对全面深化改革统筹领导，坚决主动地将中央、省委各项改革部署落到实处。要聚焦重点突破，主动对表中央、省委改革部署，抓紧组织研究配套文件，以项目化管理推动落地见效。既以机构改革为契机推进各领域改革，又在深化各领域改革中优化机构职责配置，严格执行政治、组织、机构编制、干部人事、财经、保密等纪律，确保平稳有序过渡。要着力推深做实，落实市深改领导小组成员、各专项小组的主体责任，完善领导干部联系重点改革任务责任制，以“关键少数”带动“绝大多数”真抓实干。

市委常委会会议学习习近平讲话和省委常委会会议精神

市委常委会召开会议，传达学习习近平在中共中央政治局会议听取2017年省级党委和政府脱贫攻坚工作成效考核情况汇报时的讲话精神和省委常委会会议精神，研究泉州市贯彻意见；研究《中共泉州市委 泉州市人民政府关于实施乡村振兴战略的具体意见》、2018年度市委党建工作重点项目。

会议指出，要贯彻习近平扶贫开发战略思想，按照省委常委会会议部署要求，深化细化各项脱贫举措，确保稳定脱贫、长效脱贫。要以最严格考核倒逼责任落实、工作落实，改进督查机制，加强脱贫效果监管，抓好省里考核反馈问题整改，确保群众认可、经得起检验。要扶持薄弱村，在村级组织换届中把能带领群众脱贫的带头人选上来，抓紧出台泉州市发展壮大薄弱村集体经济三年行动方案，多方式多渠道强化造血功能。要延伸做好贫困线边缘低收入群众帮扶工作，结合乡村振兴、农村低保覆盖、医疗保险救助等工作，消除帮扶“死角”，确保全面小康一个都不掉队。

会议要求，实施乡村振兴战略，既要考虑城乡一体，又要尊重城乡差别和山海差距、尊重农民意愿和切身利益，立足市情农情实际，从生产、生活、生态相融合出发，留住乡味野趣、田园乡愁。要分工协同，把19个专项行动拧成合力，扩大综合效益。要以责任状路线图形式推进，细化到具体项目、配套措施，细化到年度计划、阶段进度。

会议强调，实施党建工作项目化管理，是市委推动管党治党主体责任落实落细的有力抓手。要下力气啃“硬骨头”，找准问题、解决难题，将省市责任制检查、基层党建述职点出的问题纳入各级各部门年度项目。要更加精准有力推进，领导挂钩督促，整合力量资源，加大督查考核，确保抓出成效。

市委市政府专题会议部署民生补短板工程

市委、市政府召开两场专题会议，研究部署2018年泉州“XIN”行动和民生补短板“四心工程”。会上，泉州“XIN”行动和民生补短板“四心工程”各项目牵头单位分别汇报工作进展情况和2018年工作安排。针对项目推进过程中存在的难点问题，市领导当场研究协调，提出改进要求。

会议指出，2018年是落实泉州“XIN”行动和民生补短板“四心工程”的关键一年，各级各部门要按照市委、市政府统一部署，贯彻以人民为中心的发展思想，尽力而为，量力而行，用专项工作思维方法，与时俱进、强化运作，确保完成既定目标任务，以实际成效取信于民。要树立指挥部机制意识，“XIN”行动和“四心工程”都要克服不少要素和体制机制的困难，要攻坚，必须强化各牵头单位主体责任，把群众反映强烈的民生工程抓到位。要从问题导向到目标导向，从发现问题、解决问题入手，借鉴先进城市经验做法，建立完善标准体系、政策措施、体制机制。要加强督促考评，定期点评亮晒，抓好问题销号管理。要像拼产业项目一样拼民生项目，发挥社会资源优势，开展招商引资，鼓励引导更多力量参与。

4月8日

农历戊戌年二月廿三
星期日
温度：12℃—23℃
多云

●市全面深化改革领导小组会议召开，传达学习习近平在中央全面深化改革委员会第一次会议上的讲话精神和省委全面深化改革领导小组会议精神，研究泉州市贯彻意见。

●市委常委会召开会议，传达学习习近平在中共中央政治局会议听取2017年省级党委和政府脱贫攻坚工作成效考核情况汇报时的讲话精神和省委常委会会议精神，研究泉州市贯彻意见；研究《中共泉州市委 泉州市人民政府关于实施乡村振兴战略的具体意见》、2018年度市委党建工作重点项目。

●市委中心组学习会召开，学习《中共中央关于深入学习宣传和贯彻实施〈中华人民共和国宪法〉的意见》，开展学习讨论。

●市委、市政府召开两场专题会议，研究部署2018年泉州“XIN”行动和民生补短板“四心工程”。

●8—12日，2018年第十一届华东体操交流协作赛在福州举行，泉州选手林超攀获男子全能冠军。

4月9日

农历戊戌年二月廿四
星期一
温度：14℃—26℃
多云

●9—10日，全国妇联副主席、书记处书记夏杰带队到晋江市调研。

●省人大常委会副主任邓力平带领调研组到泉州就预算执行情况、地方政府性债务管理情况进行调研并座谈。

●康涛到市人大常委会、市政协机关走访调研，看望机关干部，并召开座谈会，了解工作情况，听取意见建议。

●市关工委全委（扩大）会议召开，学习贯彻习近平新时代中国特色社会主义思想和中共十九大精神，传达学习全省关工委全委（扩大）会议精神，回顾总结2017年工作，研究部署2018年任务。

●豫剧现代戏《焦裕禄》在泉州影剧院上演，市四套班子领导康涛、陈万里、陈灿辉等观看演出。

●市涉老组织第二十四次联席会议召开，总结2017年涉老工作，部署2018年工作任务。

●由市关工委牵头发起的泉州市关心下一代志愿者联盟及队伍授牌成立。

●厦门外国语学校石狮分校与英国卡迪夫公学签署缔结友好学校合作协议，此系石狮学校与英国公立学校首次缔结友好合作协议。

邓力平到泉州调研地方政府性债务管理情况

省人大常委会副主任邓力平带领调研组到泉州就预算执行情况、地方政府性债务管理情况进行调研并座谈。市委常委、常务副市长张永宁，市人大常委会副主任朱团能参加调研、座谈等相关活动。调研组指出，地方政府性债务管理是一项长期、常态化的工作，要高度重视，增强债务风险意识，使债务资金用得好、还得了；各级人大及其常委会要加大监督力度，推动地方政府性债务管理工作规范化、制度化。

邓力平在泉州调研（图/王虎文）

康涛走访市人大常委会、市政协机关

市委书记康涛到市人大常委会、市政协机关走访调研，看望机关干部，并召开座谈会，了解工作情况，听取意见建议。市人大常委会党组书记陈万里，市政协党组书记、主席陈灿辉分别汇报市人大常委会、市政协工作情况。市委常委、秘书长翁祖根，市人大常委会、市政协领导班子成员等参加座谈。

在市人大常委会机关，康涛指出，希望市人大常委会坚持正确的政治方向，以习近平新时代中国特色社会主义思想为统领，维护党中央权威和集中统一领导，推动党中央和省委、市委的各项决策部署落到实处。依法履职展现作为，坚持与市委同频共振，同心同向发力，加强地方特色立法，推进依法监督、正确监督、有效监督，更好地发挥代表作用。市人大常委会党组要扛好全面从严治党主体责任，抓好班子带好队伍，加强党员干部教育管理，树立一线思维，营造一线作为、干事创业的氛围。

在市政协机关，康涛指出，希望市政协自觉坚持党的领导，自觉维护习近平的核心地位，依照宪法和章程开展工作，画出最大同心圆。发挥广泛代表性、巨大包容性的优势，助力“转型攻坚、聚力跨越”，关注群众获得感，推动协商民主广泛多层制度化发展。发挥党组领导核心作用，严格履行主体责任，旗帜鲜明地把党的领导贯穿于履职尽责全过程、各方面。

康涛走访市人大常委会（图/王虎文）

豫剧现代戏《焦裕禄》在泉州上演

由河南豫剧院三团打造的豫剧现代戏《焦裕禄》在泉州影剧院上演。演出立体地刻画焦裕禄在兰考的工作、生活情况，再现其坚守立党宗旨、与百姓共担苦难、开创新局面的精神。市四套班子领导康涛、陈万里、陈灿辉等观看演出。图为演出现场。

（图/李芸生）

泉州市关心下一代志愿者联盟成立

由市关工委牵头发起的泉州市关心下一代志愿者联盟及队伍授牌成立。新成立的关心下一代志愿者联盟以“关爱下一代，为党政分忧，急家庭所急，聚社会力量，助青少年成长”为宗旨。志愿者来源广泛，各条战线上的爱心人士、各年龄段的老党员和其他老干部等皆可申请加入联盟及队伍。该联盟将与市关工委已经开展10年的“百万大手牵小手”关爱活动“十大工程”紧密衔接，成立10个工作部，相应开展志愿活动，因地制宜、因时而化，服务青少年健康成长。

4月10日

农历戊戌年二月廿五
星期二
温度：19℃—28℃
多云

●康涛到市纪委监委机关走访调研，看望机关干部和市委巡察办、巡察组干部，并召开座谈会，了解工作情况。

●在收听收看2018年省政府第二季度防范重特大生产安全事故暨安委会全体成员视频会议后，市政府随即召开视频会议，通报2018年以来全市安全生产工作情况，部署下阶段安全生产工作。

●全市打击走私工作会议召开。

●由市文化广电新闻出版局、市知识产权局主办的“与艺术同行 传‘民族记忆’”知识产权保护宣传进校园活动举行。

●华侨大学港澳台侨学生“百村千人行”活动在泉州启动。

●10—12日，2018年全国田径大奖赛在广东肇庆举行，泉州南安籍运动员王乌品获女子三级跳远冠军。

夏杰到晋江市调研妇联工作

9—10日，全国妇联副主席、书记处书记夏杰带队到晋江市调研，考察安踏、晋江市帼创客空间、华泰社区等，了解泉州市各级妇联组织网上履职的做法与成效，鼓励各级妇联组织因地制宜，创新网上履职方式，提升组织凝聚力，讲好“半边天”故事，带领妇女群众迈向新时代。泉州市领导康涛、孔繁军参加调研或相关活动。

康涛到市纪委监委机关走访调研

市委书记康涛到市纪委监委机关走访调研，看望机关干部和市委巡察办、巡察组干部，并召开座谈会，了解工作情况，与大家共商全面从严治党工作。市委常委、秘书长翁祖根参加调研。市委常委、市纪委书记温惠榕作工作汇报。康涛强调，要坚持从问题导向到目标导向，督促责任缺失、共性问题等整改到位，有机整合巡察、监察、派驻三个全覆盖的力量，担起监督责任，把党章赋予的职责落实好。要巩固压倒性态势，作风管出习惯，铁面惩治贪腐，开展形式主义、官僚主义综合整治和扶贫领域腐败、涉黑涉恶、移风易俗、干扰村级换届等专项整治，让群众有感。要忠诚干净担当，铸牢政治忠诚，增强专业能力，时时自律自警，做到既政治过硬，又本领高强。

市政府第二季度防范重特大生产事故会议召开

在收听收看2018年省政府第二季度防范重特大生产安全事故暨安委会全体成员视频会议后，市政府随即召开视频会议，通报2018年以来全市安全生产工作情况，部署下阶段安全生产工作。

会议强调，各级各部门要突出汛期安全，抓紧抓好防汛备汛工作。一方面，要提高警惕，重点加强城市排涝等水利基础设施建设与管理，加快防汛指挥作战图制作等基础工作，严密防范自然灾害引发生产安全事故；另一方面，要更加重视节点安全，对“五一”假期、夏季临海涉水活动等领域开展专项整治，把各项防范措施落实到位。

会议要求，各级各部门务必时刻坚守红线，狠抓重点环节，提升安全生产工作实效。要完成好2018年58项安全生产领域改革发展重点任务和111项成果化清单，市安办要强化跟踪督办，确保机构改革落地前，各项工作平稳有序过渡。要抓好双重预防控制机制，加快完善风险分级管控体系和隐患排查治理体系建设。要开展“安全生产执法年”活动，坚持对事故隐患和违法违规行为“零容忍”，加大执法处罚特别是事前处罚力度。要加强安全生产基层基础建设，提升安全生产应急救援能力，提高公众安全防范意识和自救互救技能。

全市打击走私工作会议召开

全市打击走私工作会议召开。会议指出，2017年，泉州市推进反走私联合行动与专项斗争，打击走私违法犯罪活动。据统计，全年全市查获走贩私案件1438起、案值约1.4亿元。当前泉州市打击走私犯罪面临的形势依然严峻复杂。会议要求，各级政府要认识打击走私综合治理工作的重要性，发挥“枢纽”作用，组织开展跨部门联合作战，对“购、运、储、销”走私各链条及关联犯罪实施全线打击。各缉私部门要发挥“利剑”作用，确定重点地区、重点渠道、重点商品，主动出击，精确打击。各监管部门要发挥“堤坝”作用，多手段、全方位加强对市场主体和市场交易行为的动态监管，查处私货交易行为，维护合法有序的市场经营秩序。同时，各级各部门要坚持标本兼治，开展反走私综合治理工作。

华大港澳台侨学生“百村千人行”活动启动

华侨大学港澳台侨学生“百村千人行”活动在泉州启动。未来3—5年内，华侨大学将组织上千人次港澳台侨学生到福建一百个乡村，围绕扶贫、扶智目标，开展慰农、惠农服务，引导港澳台侨学生争当乡村代言人，为乡村振兴战略添砖加瓦。此系全国首个港澳台侨学生有计划、长时间、大规模地服务乡村振兴战略的实践育人活动。

4月11日

农历戊戌年二月廿六
星期三
温度：21℃—31℃
多云

●市政协组织市直有关单位负责人，到洛江区马甲镇潘内村开展视察调研。

●“巾帼建功·助力乡村振兴、跨越发展”系列行动启动仪式举行。

●11—12日，泉州市第30期市直老干部读书班举办。

●由泉州晚报印刷厂承印的《图说泉州》画册获2017年度福建省包装印刷产品质量评比金奖。

●中国刑事警察学院举行“警院大讲堂——百城刑警走进中国刑事警察学院”第十三场学术报告会，晋江市公安局受邀作学术报告。此系“百城刑警走进刑警学院”学术讲座品牌创建以来首次邀请县级公安机关。

市政协组织到洛江区开展视察调研

市政协组织市直有关单位负责人，到洛江区马甲镇潘内村开展视察调研。市政协主席陈灿辉，副主席王瑞强，秘书长陈伟平参加调研。调研组考察潘内村西辽、坑头畲族自然村，随后召开座谈会，就民族文化内涵挖掘、特色乡村产业发展等展开探讨。陈灿辉强调，规划编制要科学管用，挖掘各类资源要素，实现宗教文化、畲族文化、红色文化、乡村文化在西辽、坑头自然村的有机融合，力争打造成具有区域示范效应的特色村落；发展定位要理清找准，加快改善提升群众生产生活条件，传承发展好本地民族民俗文化，发挥毗邻仙公山景区的独特区位优势，因地制宜带动特色乡村产业发展，将资源优势转化为经济优势；运作模式要合理可行，坚持政府引导、社会参与的市场化模式，加快引进社会资金项目和市场运营主体参与乡村建设；节点安排要分解落实，确保项目有序推进并尽早落地。

“巾帼建功·助力乡村振兴、跨越发展”系列行动启动

“巾帼建功·助力乡村振兴、跨越发展”系列行动启动仪式举行。即日起，市妇联将发挥各级妇女组织和“妇女之家”作用，最大限度激发妇女活力和创造潜能，在全市范围内实施“八大行动”，推动乡村全面振兴。泉州市确定实施“思想引领巾帼行动”“素质提升巾帼行动”“脱贫攻坚巾帼行动”“建设生态家园巾帼行动”“家庭文明建设巾帼行动”“建设法治泉州巾帼行动”“基层组织建设巾帼行动”“巾帼关爱行动”八大行动，涵盖开展妇女创业人才和创业技能培训、“牵手助发展”等25个市妇联机关本级行动项目，以及同心圆家庭综合服务中心建设、妇女援助中心建设、巾帼护河·共建生态家园等52个县级妇联行动项目。

仪式上，还为泉州市2017年度省级“巾帼美丽家园”、福建省闽姐姐家政培训示范基地、福建省巾帼众创空间示范基地等15个省级妇字号基地进行授牌。此外，市妇联与市中级人民法院在仪式上签订《泉州市家事审判援助中心一体化建设框架合作协议》，全市各级法院成立家事审判庭，各级妇联成立妇女援助中心，分别负责处理婚姻家事纠纷的调解、宣传及其他配合工作；与泉州农商银行签订《战略合作框架协议》，泉州农商银行对泉州市“巧妇贷”妇女创业项目授信100亿元，并核准对泉州市2017年度15个省级妇字号基地各授信100万元。

“巾帼建功·助力乡村振兴、跨越发展”系列行动启动仪式（图/吴寿民）

晋江公安做客“警院大讲堂”

中国刑事警察学院举行“警院大讲堂——百城刑警走进中国刑事警察学院”第十三场学术报告会，晋江市公安局受邀作学术报告。此系“百城刑警走进刑警学院”学术讲座品牌创建以来首次邀请县级公安机关。中国刑事警察学院院长郝宏奎表示，在面对如何回应人民群众对美好生活的期待以及对法治公平正义需要的期待、如何去破解新时代的矛盾、如何解决小案破案率低这个瓶颈以及实现大案小案整体破案率的提升这些难题上，晋江市公安局既给全国公安机关树立了标杆，也引领了方向，并且在方法层面提供了可以借鉴的经验。

相关链接：2017年晋江市刑事案件破案率达60.5%。其中，八类案件破案率达99.3%；现行命案连续六年保持100%侦破，且没有留下一个命案逃犯；“两抢”（抢夺、抢劫）案件从2016年起保持100%侦破；盗窃“三车”（电动车、摩托车、山地自行车）案件破案率达80.9%。全市刑事案件连续三年保持20%以上的幅度下降。群众安全感率达95.828%，位居泉州第一。

第一季度全市经济运行分析会召开

2018年第一季度全市经济运行分析会召开。会上通报分析全市第一季度经济运行情况和“领导干部一线办公”活动周及“项目攻坚2018”检查组发现问题的完成情况；11个县（市、区）和泉州开发区、泉州台商投资区分别汇报各自工作情况。

会议指出，2018年第一季度全市经济开局平稳，延续回稳回升态势，但对照年度目标，差距仍然不小。各级各部门务必保持大干气势和奋斗姿态，在新福建建设中发挥主力军作用。要拾遗补阙，不折不扣落实既定目标计划。按照“稳增长、控风险、谋长远”要求，多点发力，一手抓工业效益、招商引资、龙头落地、新增产能、建筑业发展、房地产稳定贡献等，引导传统企业迈向中高端，全力稳住增长大盘；一手抓指标督促调度，依法依规、实事求是地抓牢每个百分点、细微点，确保完成全年目标任务。要回溯责任，找准制约项目推进根本症结。善于搞大兵团作战，从共性问题中追溯体制原因，改进方式方法，坚决问责问效。要自上而下，完善项目攻坚的调度机制。从问题导向转向目标导向，逐步把工作架构、长效机制确立起来，拧紧责任链条，专班专人跟进，积极有效运作，“快准狠净”地抓好攻坚。要紧盯长远，全力大招商招大商。深化一把手抓招商，专班突破、实时晾晒，在对接重大龙头项目、落地产业链优质项目上下更大功夫。

泉州市收听收看全省中央一号文件宣讲电视电话会议

泉州市组织收听收看全省2018年中央一号文件宣讲电视电话会议。会议以聚焦实施乡村振兴战略、做好新时代“三农”工作为主题，解读中央一号文件。会议要求，各级各部门要组织学习2018年中央一号文件，深刻领会、全面准确把握习近平关于“三农”工作的新理念、新思想、新战略，贯彻落实好乡村振兴战略的重大决策部署；要把实施乡村振兴战略转化为贯彻落实习近平“三农”思想和中共十九大精神、全国两会精神的实际行动，增强责任感、紧迫感；要根据各级实际情况，制定完善实施乡村振兴战略的规划，加快形成具有福建乡村特色、符合百姓对美好生活需求的城乡融合、区域一体、上下衔接、系统配套的规划体系；要统筹谋划、科学推进、形成合力，加强分类指导、因地制宜地开展乡村振兴战略试点，发挥示范引领作用，确保开好局、起好步。

数字福建智能制造大数据研究所落户泉州

作为省发改委批准成立的重点领域大数据研究所之一，数字福建智能制造大数据研究所落户泉州师范学院。该研究所将主动围绕地方产业结构，对接产业数控设备的网络化、信息化、智能化，为产业转型发展提供数据支撑与数据服务；深化产学研合作，推动协同创新，实现智能制造大数据平台的推广和运营，为“中国制造2025”提供建设示范服务，服务行业人才和重点领域需求，培育数据人才。

省“四好农村路”建设推进会在泉州召开

福建省“四好农村路”建设现场推进会在泉州召开。“四好”即建设好、管理好、养护好、运营好。全省各地的与会人员观摩安溪县西坪镇西源村和平原村道路建设情况。建设过程中，西坪镇总结出实施“三统一”、强化“三倾斜”等好经验。“三统一”为统一公路设计、统一办理手续、统一聘请监理，而“三倾斜”则为项目倾斜、政策倾斜、资金倾斜。该镇有关负责人表示，该段公路横穿7个村辐射周边6个村，受益人口约3.5万人，力争于6月底前全部完成，让农村公路成为茶乡百姓的致富路。该公路建成后将带动茶产业发展，助力精准脱贫攻坚，同时还将整合千年古寨日月寨、3座百年土楼、3家茶香人家等旅游资源，打造乡村旅游精品线路，助推乡村旅游发展。

4月12日

农历戊戌年二月廿七
星期四
温度：22℃—31℃
阴

●2018年第一季度全市经济运行分析会召开。

●全市重点项目调度会召开。

●作为省发改委批准成立的重点领域大数据研究所之一，数字福建智能制造大数据研究所落户泉州师范学院。

●福建省“四好农村路”建设现场推进会在泉州召开。

●世界羽联公布最新一期世界排名，泉州选手黄东萍和队友王懿律联袂首登混双世界第一。

●台湾省嘉义县六脚乡近90名陈氏后人到南安市罗东镇维新村凤山头陈氏宗祠、凤山宫谒祖进香。

4月13日

农历戊戌年二月廿八
星期五
温度：23℃—30℃
多云转阴

●市人大常委会党组（扩大）会议召开，传达学习习近平在博鳌亚洲论坛2018年年会开幕式上的讲话精神等。

●“太平洋拉文”号油轮运载9万吨柴油从泉州肖厝口岸起锚，前往荷兰鹿特丹港，标志泉州向欧盟国家出口的首票成品油起航。

●13—15日，宁夏回族自治区政府主办的2018中国西北旅游营销大会在宁夏银川国展中心举行，泉州入选“2018畅游中国100城”。

●泉州市卫计委、计生协会在南安市金淘镇举行健康教育巡讲活动启动仪式。

●4月13日—5月1日，由福建省民间文艺家协会、泉州市城镇集体工业联合社、福建省海峡民间艺术馆主办的“锡光溢彩——泉州锡雕艺术作品展”在福建省海峡民间艺术馆进行。

●内蒙古自治区包头市旅发委联合包头机场，在泉州举行以“陪你一起看草原”为主题的旅游推介活动。

●13—15日，2018泉州市少年儿童篮球锦标赛在泉州市体育中心举行。

市人大常委会党组（扩大）会议召开

市人大常委会党组（扩大）会议召开，传达学习习近平在博鳌亚洲论坛2018年年会开幕式上的讲话精神，在中央全面深化改革委员会第一次会议上的讲话精神和省、市贯彻意见，在中央政治局会议听取2017年省级党委和政府脱贫攻坚工作成效考核情况汇报时的讲话精神和省、市贯彻意见；学习《中共中央关于深入学习宣传贯彻实施〈中华人民共和国宪法〉的意见》《中共中央关于印发〈社会主义核心价值观融入法治建设立法修改规划〉的通知》。会议要求，要学习领会把握宪法修正案的核心要义，在弘扬宪法精神中走前头、作表率，推进法治泉州建设。要把好立法方向，积极稳妥深入论证，推动社会主义核心价值观融入泉州地方立法走得更快，做得更实，经得起历史和实践的检验。

泉州成品油首次出口欧盟

“太平洋拉文”号油轮运载9万吨柴油从泉州肖厝口岸起锚，前往荷兰鹿特丹港，标志泉州向欧盟国家出口的首票成品油起航。由于国内成品油市场供过于求，2017年以来，福建联合石化公司尝试将眼光投向国外市场，先后出口航空煤油和柴油。泉州两大石油炼化企业——中化泉州石化和福建联合石化的成品油出口业务均已实现常态化，成品油种类包括汽油、柴油和航空煤油，此次成品油打开欧盟市场，意味着泉州市日益成为海峡西岸重要的成品油出口口岸。

泉州入选“2018畅游中国100城”

13—15日，宁夏回族自治区政府主办的2018中国西北旅游营销大会在宁夏银川国展中心举行。大会由西北地区“丝绸之路”沿线五个省级旅游委（局）联合举办，是各省区市旅游部门共同参与的全国性春季旅游促销与供需交流交易盛会。大会以“西北牵手全国·丝路联通世界”为主题，在征集游客和旅行社意愿的基础上，评选出广受关注的“2018畅游中国100城”榜单，海上丝绸之路福州、泉州、厦门、广州等城市和陆上丝绸之路西安、兰州、酒泉、银川等城市均进入榜单。

海内外游客参观清净寺（图/泉州晚报社）

泉州市健康教育巡讲活动启动

泉州市卫计委、计生协会在南安市金淘镇举行健康教育巡讲活动启动仪式。健康教育巡讲活动是贯彻实施健康中国战略，提升城乡居民健康素养水平的一项重要举措，主要采取专家巡回讲座的形式，在全市范围内开展健康教育进机关、进企业、进学校、进社区、进农村、进家庭活动，普及基本健康知识，倡导健康生活方式、行为习惯，培训健康生活技能，解决健康知识宣传服务群众“最后一公里”问题。启动仪式后，专家分别在侨光中学主会场和三个分会场东溪村、南发毛织有限公司、南丰村举行健康教育专题讲座。金淘镇卫计办、卫生院还在现场举行咨询义诊等活动，并分发健康知识宣传材料。

内蒙古包头市旅游推介活动在泉州举行

内蒙古自治区包头市旅发委联合包头机场，在泉州举行以“陪你一起看草原”为主题的旅游推介活动。旅游推介活动上，包头市旅发委介绍包头地区的历史文化、旅游景区、节庆活动以及精品旅游线路，并对包头旅游配套设施与服务、交通与美食进行总体全面的介绍。随后，包头东河机场工作人员就飞机航线的编排情况、相关航线航班信息、旅游产品以及团队政策等做介绍。达茂旗、五当召、美岱召、北方兵器城等重点旅游景区也纷纷做了推介。推介活动还通过文艺表演、旅游产品介绍和现场微信抽奖活动等，展示包头丰富的旅游资源和旅游业发展成果。

康涛到全市各地调研跨越发展和管党治党落实情况

康涛（左一）察看磁灶镇东山村农村基层党员干部廉洁履职教育馆（图/陈起拓）

是日起，市委书记、市长康涛到全市各地调研跨越发展和管党治党落实情况。康涛在晋江市要求，要正确看待历史的辉煌和现实的隐忧，敢于比肩全国先进城市，保持奋斗姿态，奋勇争先。要发挥主力领军作用，在速度质量、城市品质、重点改革、发展为民、干部理念等方面做好引领示范。要加快产业城市转型，抓住机遇趁势推动办活动与办城市结合，培育集成电路和“芯”小镇，毫不松懈推进传统产业升级，参与招才引智的挑战。要抓牢管党治党，推动全面从严治党向纵深发展。

全国画院院长中国画（丰泽）邀请展举行

14—22日，由市文联、泉州市美术家协会、丰泽区委宣传部主办，民盟中央美术院泉州分院、盛世典藏艺术馆承办的“印象泉州海丝艺境——全国画院院长中国画（丰泽）邀请展”，在市区城东盛世典藏艺术馆举行。邀请展强调学术性、地域性和多样性，展示福建、山西、甘肃、云南、陕西、湖北、宁夏的省级画院院长的70余件力作。作品富含学术性、地域性和多样性，从题材、技法、境界上都展示了成熟艺术家的创作水准和学术特征，也反映出不同水土滋养下的艺术家不同的文化情怀，诠释“海丝”文化遗产和地域文化的魅力特质。福建省美术家协会副主席、原福建省画院院长郭东健表示，此次受邀参加画展的七位画院院长，绝大多数都来自“丝绸之路”省份，与“海丝”有很深的渊源。同时，他们的作品还体现了各自的艺术风格和审美追求，以及当地主流文化导向，展示各地的风土人情、风俗习惯，搭建起南北方中国画的交流和交融的新平台。

相关链接：7位省级画院院长分别为民盟中央美术院副院长郭东健（福建省画院原院长）、中国美术家协会理事王学辉（山西画院原院长）、甘肃画院院长李伟、云南画院院长罗江、陕西国画院院长范华、湖北省国画院院长陈迪和、宁夏书画院院长周一新。

全国画院院长中国画（丰泽）邀请展现场（图/陈小阳）

精武门综合格斗职业联赛团体八强赛在泉州举行

14—15日，精武门综合格斗职业联赛团体八强赛在泉州市海峡体育中心举行。中国、美国、俄罗斯、吉尔吉斯斯坦、塔吉克斯坦、土库曼斯坦等国的近40名MMA（综合格斗）选手参赛。精武门是国内首家也是唯一的综合格斗职业联赛，区别于其他赛事的是该联赛按俱乐部团体参赛，分俱乐部团体赛和金腰带挑战赛。俱乐部团体赛结束后，运动员进行各级别的金腰带挑战赛竞逐金腰带。

国际茶亭茶文化代表到安溪县访问

14—16日，芬兰、瑞士、荷兰、德国、阿根廷、美国、澳大利亚、俄罗斯、西班牙、加拿大、爱沙尼亚、新西兰、英国等国的41名国际茶亭（Global Tea Hut）茶文化代表到安溪县，探访老固茶叶专业合作社及其茶叶基地，开展铁观音探秘、学习、体验与交流活动。国际茶亭为国际性组织，在美国、俄罗斯、法国等地都设有分支机构，集结来自全世界的茶文化爱好者。此次安溪铁观音茶文化之旅，是为寻找自然原生态的中国好茶而来。老固茶叶专业合作社的主打产品之一“野实茶”，颇受国际茶友的青睐。

4月14日

农历戊戌年二月廿九
星期六
温度：17℃—32℃
阴转大雨

●康涛到晋江市调研跨越发展和管党治党落实情况。

●14—22日，由市文联、泉州市美术家协会、丰泽区委宣传部主办的“印象泉州海丝艺境——全国画院院长中国画（丰泽）邀请展”，在市区城东盛世典藏艺术馆举行。

●14—15日，精武门综合格斗职业联赛团体八强赛在泉州市海峡体育中心举行。

●洛江区首届厝斗村畲族文化节开幕。

●由泉港区委宣传部、区文体新局、涂岭镇党委、政府等主办的“亲子旅游嘉年华暨第三届秀溪枇杷采摘节”开幕。

●国际茶亭（Global Tea Hut）茶文化代表到安溪县，探访老固茶叶专业合作社及其茶叶基地，开展铁观音探秘、学习、体验与交流活动。

4月15日

农历戊戌年二月三十
星期日
温度：17℃—20℃
阴

●康涛到市信访局接访群众。

●第三个全民国家安全教育日，全市各地各相关部门通过各类主题宣教活动，传播国家安全知识，提高公众自觉维护国家安全的意识。

●第123届中国进出口商品交易会在广东广州琶洲展馆开幕。泉州市557家企业（品牌企业52家）参展，总展位数1543个（品牌展位434个）。

●由市科协、市教育局主办的第三届泉州市青少年机器人竞赛在泉州市科技馆举行，全市221支队伍481名青少年参赛。

●泉州市禁毒宣传形象大使聘请仪式举行，石狮籍影视明星龚蓓苾受聘成为泉州市禁毒宣传形象大使。

●由市旅游局和永春县政府主办的第四届映山红文化旅游节暨泼彩永春高山星空艺术节在永春县呈祥乡开幕。

全市举行全民国家安全教育日宣教活动

第三个全民国家安全教育日，全市各地各相关部门通过各类主题宣教活动，传播国家安全知识，提高公众自觉维护国家安全的意识。图为鲤城区举行的主题宣传活动。

（图/泉州晚报社）

557家泉州企业参加第123届广交会

第123届中国进出口商品交易会（简称“广交会”）在广东广州琶洲展馆开幕。泉州市557家企业（品牌企业52家）参展，总展位数1543个（品牌展位434个），参展企业数和展位数分别占省团1238家企业、3374个展位的45%和45.7%。其中，泉州市品牌展位数434个，占省交易团品牌总展位数的50.8%。值得一提的是，福建省交易团在展位数量没有增加的情况下，通过规范展览秩序、严格出口额要求等措施，收回部分展位，并将收回展位分配给出口额大、有出口增长潜力的企业。通过多方积极争取，泉州市新增39家企业参展，新增展位数39个。

第三届泉州市青少年机器人竞赛举行

由市科协、市教育局主办的第三届泉州市青少年机器人竞赛在泉州市科技馆举行，全市221支队伍481名青少年参赛。泉州市青少年机器人竞赛是一项综合多种学科知识和技能、对中小学生具有示范性和导向性的青少年科技教育活动，是泉州市青少年机器人教育活动优秀成果集中展示的一种形式，活动旨在培养青少年的科技创新精神和动手实践能力。竞赛设综合技能比赛、机器人创意比赛、WER创新工程赛、FLL工程挑战赛和VEX工程挑战赛5个项目，评出一、二、三等奖和优秀教练员、优秀组织学校、优秀组织单位等奖项。同时，择优推荐部分优秀参赛队参加“第十六届福建省青少年机器人竞赛”。在机器人创意比赛项目，28支参赛队伍在竞赛场地分别通过现场讲解和操作，向裁判展示各自团队的创意点子。该项目不少参赛作品围绕“家庭服务”主题，将机器人“智能”“自动”等属性应用到解决生活实际问题之中。另外一些项目则侧重考验参赛选手的动手实践能力和团队协作能力。在WER创新工程赛、VEX工程挑战赛、FLL工程挑战赛等竞赛项目现场，参赛选手根据竞赛主题与内容自行设计、制作机器人，并进行编程，在特定的竞赛场地上，按照规则进行比赛，通过竞技和对抗的方式决出优胜者。

泉州市禁毒宣传形象大使聘请仪式举行

泉州市禁毒宣传形象大使聘请仪式举行，石狮籍影视明星龚蓓苾受聘成为泉州市禁毒宣传形象大使。在仪式前，龚蓓苾到仰恩大学等学校，参加禁毒宣传活动。龚蓓苾表示，多数学生和青少年缺乏毒品辨别能力，希望通过自己的力量，宣传教育青少年哪些场合不适宜去，如何辨别毒品。伴随经济社会的快速发展，毒品问题也正在悄然滋生蔓延。全市各级禁毒职能部门实施综合治理，狠抓禁毒各项工作的落实，取得显著成效。泉州的禁毒工作始终走在全省前列，获得2017年度全省禁毒业务综合考评第一名。近3年来，全市各级财政投入禁毒专项经费4500万元。

第四届映山红文化旅游节开幕

由市旅游局和永春县政府主办的第四届映山红文化旅游节暨泼彩永春高山星空艺术节在永春县呈祥乡开幕。图为活动现场。

（图/陈英杰 林劲峰）

市人大常委会党组党建工作会议召开

市人大常委会党组党建工作会议召开，研究市人大常委会党组工作规则（试行）以及2018年落实全面从严治党主体责任的实施意见，开展创建学习型、创新型、服务型、法治型、廉洁型等“五型”机关主题活动实施方案，2018年市人大常委会机关党建工作计划及理论学习计划。会议要求，市人大常委会党组和机关要做到政治领先、思想为先、组织优先、纪律在先、作风率先、制度创先、责任当先和统筹求先，夯实党建工作基础，以争先创优带动作风改进，以严格纪律带动行为规范，以文明创建带动文化建设，以良好生态带动正气提升，以强化担当带动责任落实，开创机关党建工作新局面。

市政府第三十次常务会议召开

市政府第三十次常务会议召开，研究并通过《关于进一步激发民间有效投资活力促进经济持续健康发展工作若干措施》等。会议要求，要全面落实民间投资平等市场主体待遇，享受与其他各类投资主体同等的市场准入标准和优惠政策，拓展民营企业投资领域和民间投资项目；要落实税费减免优惠政策，加大中小微企业信贷支持，降低企业各种要素成本负担；要提高行政审批效能，构建“亲”“清”新型政商关系。

市政协党组机关党建工作会议召开

市政协党组（扩大）会议召开，学习习近平在博鳌亚洲论坛2018年年会开幕式上的讲话精神，听取机关党建和党风廉政建设工作汇报，研究关于落实“全面从严治党主体责任问题清单”整改计划及即知即改情况，传达全省机关党的工作暨省直机关纪检工作会议主要精神及泉州市贯彻意见。会议要求，要夯实思想基础，推进“两学一做”学习教育常态化制度化，谋划开展“不忘初心、牢记使命”主题教育，加强党员日常教育管理，落实机关党建各项制度，严肃党内政治生活，增强机关党建活力。要强化责任落实，履行党风廉政建设主体责任、“第一责任人”责任和“一岗双责”，把全面从严治党的政治责任扛起来。

泉州市专利行政执法推行“双随机一公开”抽查机制

泉州市出台《泉州市专利行政执法随机抽查工作实施方案》，推行“双随机一公开”抽查机制（即在监管过程中随机抽取检查对象，随机选派执法检查人员，抽查情况及查处结果及时向社会公开），创新管理方式，规范监管行为，强化市场主体自律和社会监督，提高监管效能，营造良好营商环境。按照方案，泉州市将建立健全“一单两库”，即建立“双随机”抽查事项清单、市场主体名录库、执法检查人员名录库。根据法律法规及监管工作需要，对随机抽查事项清单、市场主体名录库及执法检查人员名录库实行动态管理，及时录入、更新相关信息，确保监管对象齐全、监管人员合格、监管事项合法。

全市首座“同心楼”揭牌

福建医科大学附属第二医院东海院区门诊大楼举行“同心楼”揭牌仪式。此系全市揭牌的第一栋“同心楼”，“同心楼”名字的源起，来自2017年市委统战部牵头发动统一战线人士参与的“同心工程”捐赠活动。此次市委统战部从善款中拨付1000万元，用于支持福医二院东海院区建设，助力补齐民生短板。2017年，市委统战部牵头发动港澳台人士、海外人士、非公经济人士、民族宗教界人士、民主党派人士等统一战线人士，参与“同心工程”捐赠活动，意在筹集资金，支持泉州市医疗教育公益事业建设。活动发起后，得到统一战线成员的高度认同和积极响应，在短短几个月时间里，募集到的捐款已超过1.6亿元。“同心工程”募集到的资金，均被用于服务改善民生。

4月16日

农历戊戌年三月初一
星期一
温度：16℃—23℃
阴转多云

●康涛到安溪县调研管党治党和跨越发展落实情况。

●市人大常委会党组党建工作会议召开，研究市人大常委会党组工作规则（试行）以及2018年落实全面从严治党主体责任的实施意见等。

●市政府第三十次常务会议召开，研究并通过《关于进一步激发民间有效投资活力促进经济持续健康发展工作若干措施》等。

●市政协党组（扩大）会议召开，学习习近平在博鳌亚洲论坛2018年年会开幕式上的讲话精神等。

●泉州市出台《泉州市专利行政执法随机抽查工作实施方案》，推行“双随机一公开”抽查机制。

●福建医科大学附属第二医院东海院区门诊大楼举行“同心楼”揭牌仪式。此系全市揭牌的第一栋“同心楼”。

●《人民日报》海外版在重要版面报道石狮市通过“海丝海博会”等大型展会的举办，不断提升城市时尚度，并以“旅游+”为途径，推进全域旅游跨越发展。

4月17日

农历戊戌年三月初二
星期二
温度：15℃—25℃
多云

●17—18日，副省长李德金到泉州调研农业农村工作。

●省委、省政府推进高质量发展和落实赶超工作督查视频会议召开，康涛、陈灿辉、翁祖根、温惠榕、孔繁军、林万明、陈铁晗、张永宁、林锦明等在泉州分会场收听收看。

●近40家中央主要新闻媒体、部分兄弟省（区、市）网络媒体和省内主要新闻媒体组成的首届数字中国建设峰会会前采访团到泉州，了解泉州市数字化、信息化建设发展推进和实践情况。

●即日起，泉州市开展为期3个月的食品标签虚假标识声称行为的专项治理行动，对未按规定标示转基因食品等行为进行重点整治。

●全市首个未成年人司法社会服务中心在丰泽区成立。

●2018中国石狮国际时装周在石狮服装城开幕。

●南安青年商会第三届理事大会暨第三届理事会就职典礼在南安市泛华大酒店举行。

李德金调研泉州农业农村工作

17—18日，副省长李德金带队到泉州调研农业农村工作。副市长肖汉辉参加调研。李德金到永春县、晋江市、惠安县，察看龙水村精准扶贫、石鼓镇万里安全生态水系示范段、磁灶镇顺丰物流产业园农产品电商冷链物流基地、前尾村乡村建设、九十九溪田园风光项目、梧林社区古村落保护发展项目、绿信蔬菜种植基地大棚蔬菜项目、中田农业综合开发有限公司休闲农业项目，了解项目进展情况，提出意见、建议。李德金要求，要实施乡村振兴战略，进行保护型、生态型、创新型建设，严禁大拆大建，留住美丽乡愁；要加快推进现代农业发展，突出发展乡村特色产业，打造区域品牌，拓宽销售渠道，增加农户收入；要推动乡村旅游发展，完善基本设施和功能配套，丰富旅游业态，打造一批特色小镇、村庄。

泉州市开展食品标签虚假标识声称专项治理行动

即日起，泉州市开展为期3个月的食品标签虚假标识声称行为的专项治理行动，对未按规定标示转基因食品等行为进行重点整治。此次重点整治的违法违规行为包括：虚假标注生产日期（保质期）；食品名称未反映食品真实属性；标签说明书未如实标注成分或配料表；转基因食品未按规定进行标示；标签说明书中明示或暗示疾病治疗功能；其他食品标签标识违法违规和虚假宣传行为。 即日起，市食品药品监管部门发动组织辖区内食品生产企业以食品标签标识为重点，开展自查自纠工作，在自查过程中，企业若发现所用的标识标签存在问题的，应立即停止使用，彻底清理库存不符合要求的标识标签；对已经流入市场的产品主动召回。

全市首个未成年人司法社会服务中心在丰泽区成立

丰泽区未成年人司法社会服务中心成立仪式举行。为提升未成年人司法保护的能力和水平，落实年初最高检察院和共青团中央签署的《关于构建未成年人检察工作社会支持体系合作框架协议》，推动未成年人工作再上新台阶，丰泽区检察院、共青团丰泽区委员会、丰泽街道办事处签署《丰泽区未成年人司法社会服务中心工作办法》，标志全市首个未成年人司法社会服务机构在丰泽区成立。该中心以政府购买服务的方式运作，由社会工作服务机构承接，地点设于丰泽社区居委会。

检察院在办案过程中，可通过委托或服务申请等形式向该中心提出协助开展附条件不起诉考察帮教、社会调查、心理疏导、合适成年人参与刑事诉讼、观护帮教、被害人救助等方面的工作需求，由中心提供针对性的支持服务，或转介至有关职能部门、社工机构、社会组织实施，并逐步实现由中心“一门受理”检察机关、共青团委派的工作及委托提供的相关社会服务。通过借助专业社工力量，中心可以帮助涉罪未成年人认识自己、探索自己，释放负面心理能量，改善不良行为，培养健康人格；向存在心理困扰的涉罪未成年人及未成年被害人提供心理援助；通过开展父母成长沙龙、家庭讲座对未成年人违法犯罪负有监护失职责任的父母或其他监护人加强家庭教育指导。

2018中国石狮国际时装周开幕

2018中国石狮国际时装周在石狮服装城开幕。开幕式上展示了季季乐、爱登堡、金苑、斯得雅四个本土品牌；“石狮杯”第三届福建省十佳服装设计师进行终评动态展示，向全球展现闽派服饰的文化自信；泉州师范学院联合东华大学、厦门大学、台湾亚洲大学、香港理工大学等举行高校科技服装联合发布会；石狮童装与儿童产业联合会举行“校服专场发布”。时装周举办期间，同期举办各类时尚活动，如“闽台青年创意市集”和“‘狮城魅影’服装快闪秀”，闽台青年创意市集包含台湾文创手工艺品、原住民产品、台湾特色小吃、当地特产伴手礼等20个摊位以及台湾乐队表演。

市委常委会会议学习习近平亚洲论坛讲话精神

市委常委会召开会议，学习贯彻习近平在博鳌亚洲论坛2018年年会开幕式、庆祝海南建省办经济特区30周年大会和中央财经委员会第一次会议上的讲话精神以及省委常委会会议精神；传达贯彻省委、省政府推进高质量发展和落实赶超工作督查视频会议精神；研究《泉州市党政领导生态环境保护目标责任书考核办法》。会议指出，全市各级各部门要把思想和行动统一到中央关于全面深化改革、扩大开放、决胜全面小康各项战略部署上来，当好新福建建设的主力军。要把学习贯彻与谋划推动本地区、本领域重点工作结合起来，找准突破口、工作抓手，尽快启动优化营商环境等重点专项。

第四届海丝品博会和第二十一届海博会在石狮市开幕

第四届中国（泉州）海上丝绸之路国际品牌博览会（以下简称“海丝品博会”）、第二十一届海峡两岸纺织服装博览会（以下简称“海博会”）在石狮市开幕。该届海丝海博会立足泉州，面向世界，以“新丝路、新合作、新融合”和“时尚石狮，魅力海丝”为主题，通过搭建沟通交流平台，拓展国际国内视野，推动市场、产业、企业互动合作共赢。该届展会继续由海丝品博会、海博会和时装周三会联办，把世界知名品牌和流行趋势“请进来”，让更多品牌“走出去”，实现“一带一路”新融合。

海丝品博会18—22日举行，展区面积2.6万平方米，吸引全球近40个“海丝”沿线国家和地区的参展企业318家。海博会18—20日举行，展区面积6.5万平方米，参展企业580多家，两岸纺织企业联袂展示，共创商机。2018中国石狮国际时装周于17日在石狮服装城开幕，设置主会场和分会场，持续至20日，共间举行15场服装发布会。组委会设计安排9场综合活动，其中，中国国际贸易促进委员会福建省委员会牵头的第三届海上丝绸之路产业对接会，重在对接“一带一路”倡议，是深化国际产业合作的主平台；香港贸发局与泉州市政府签订共建海上丝绸之路备忘录，促进投资贸易双向发展。

第四届海丝品博会和第二十一届海博会开幕仪式

海博会智能制造馆（图/吴寿民）

海峡两岸人工智能与光电产业人才项目合作对接会在安溪县举行

2018年海峡两岸人工智能与光电产业人才项目合作对接会（泉州专场）在安溪县举行，59名来自台湾的人工智能与光电产业领域科研机构代表和专业人才带来最新科研成果，与泉州市人工智能、光电产业领域的企业对接洽谈，共谋发展。由台湾专才带来的科研成果引来全市160多家企事业单位代表的关注。经过前期及现场的交流，当天，共有32家本土企业与台湾科研机构达成初步合作意向，部分项目举行现场签约仪式。当天，安溪县委、县政府对引进的11名省级台湾高层次人才现场发放每人120万元的奖励资金，以鼓励人才再创一流。

泉州市成立全省首家高校科协联盟

由华侨大学、泉州师范学院等17所高校科协发起的泉州高校科协联盟在泉州信息工程学院成立，系全省首家高校科协联盟。泉州高校科协联盟将围绕泉州市经济社会发展，组织开展国内外学术交流，举办各类学术活动，促进交叉学科和边缘学科的发展。同时，加强与国内外科技团体交流与合作，利用国内外科技资源，做好引进先进技术与管理经验、培养人才等服务工作。

4月18日

农历戊戌年三月初三
星期三
温度：15℃—26℃
阴

●市全面深化改革领导小组会议召开，研究《泉州市全面深化改革领导小组2018年工作要点》和《关于组织实施2018年全面深化改革重点项目的通知》。

●市委常委会召开会议，学习贯彻习近平在博鳌亚洲论坛2018年年会开幕式、庆祝海南建省办经济特区30周年大会和中央财经委员会第一次会议上的讲话精神以及省委常委会会议精神，研究泉州市贯彻意见等。

●第四届中国（泉州）海上丝绸之路国际品牌博览会、第二十一届海峡两岸纺织服装博览会在石狮市开幕。

●团市委十六届七次全体（扩大）会议召开，回顾总结2017年工作，安排部署2018年任务。

●2018年海峡两岸人工智能与光电产业人才项目合作对接会（泉州专场）在安溪县举行。

●由华侨大学、泉州师范学院等17所高校科协发起的泉州高校科协联盟在泉州信息工程学院成立，系全省首家高校科协联盟。

●“华大讲堂”第74讲举行。国家发展和改革委员会宏观经济研究院原常务副院长陈东琪作题为《高质量发展形势和战略应对——学习“两会”精神》的报告。

●2018中国（晋江）体育产业发展论坛举办。

4月19日

农历戊戌年三月初四
星期四
温度：18℃—29℃
多云转阴

●康涛到石狮市调研跨越发展和管党治党落实情况。

●康涛与香港特区政府公务员内地（泉州）专题考察团座谈。

●第二十届中国（晋江）国际鞋业暨第三届国际体育产业博览会在晋江市开幕。

●全市高校思想政治工作座谈会召开，贯彻习近平新时代中国特色社会主义思想和中共十九大精神，贯彻落实全国、全省高校思想政治工作座谈会精神，交流工作经验，研究部署加强和改进泉州市高校思想政治工作。

●《人民日报海外版》头版头条以题为《从“爱拼才会赢”到“爱拼要共赢”》的报道关注千年侨乡泉州。

●由福建省戏剧家协会、福建省梨园戏传承中心等主办的《庄长江戏曲作品评论集》《偶坛新声》出版座谈会在晋江市举行。

●南安市检察院青年法律创客空间在泉州芯谷南安高新技术产业园区揭牌成立。

市人大常委会举办少数民族权益保障专题讲座

市人大常委会党组举办“少数民族权益保障与各民族共有精神家园建设”专题讲座。讲座中，省民族宗教研究所副所长、博士杨文法从党和国家机构改革中加强党对民族工作领导的大背景出发，对照中央、省少数民族权益保障有关法律法规和政策规定，分析依法保护少数民族合法权益、支持少数民族特色村寨保护与发展、建设各民族共有精神家园等具体问题，并强调应从改善村寨生产生活条件、发展特色产业、重点推进民居保护与建设、加强民族文化保护与传承、推动民族团结进步等方面加强少数民族特色村寨建设。讲座观点明确，内容翔实，对做好新时期泉州市少数民族特色村寨保护与发展工作具有很强的指导意义。

“少数民族权益保障与各民族共有精神家园建设”讲座现场（图/王虎文）

第二十届中国（晋江）国际鞋业博览会开幕

第二十届中国（晋江）国际鞋业暨第三届国际体育产业博览会（以下简称“鞋博会”）在晋江市开幕。该届博览会以“魅力体博盛会，丰富晋江经验”为主题，以鞋为擎、以展会友、以体兴城，全面打造国际化、专业化、创新性博览会。历经20年丰富提升，鞋博会展出总面积已逾77万平方米，与会专业观众遍及世界70多个国家和地区，展商遍布世界各地、展品品类齐全、现场服务到位、配套活动丰富多彩，被誉为“中国十大魅力展会”之一。

该届展会设有鞋类成品/体育用品、鞋纺材料、机械设备三大主体展区，同时设立“一带一路”品牌馆、国际流行趋势馆、科技馆、招商馆、晋江鞋业指数馆、人力资源服务园、体育产业展示区、品牌产品馆、中小企业鞋类精装区、媒体展示区和台湾鞋机馆等10多个特色馆，科技元素、智能元素、人性元素闪亮绽放。除位于晋江美旗城的主展馆，该届博览会还设置多种多样的配套活动。开幕式前，2018中国（晋江）体育产业发展论坛等一系列行业趋势观察率先预热。展会期间同步举办拖鞋产业发展论坛，意大利潮流专家讲解2019春夏国际鞋、鞋材及体育用品流行趋势等。

第二十届中国（晋江）国际鞋业博览会开幕（图/李芸生）

全市高校思想政治工作座谈会召开

全市高校思想政治工作座谈会召开，贯彻习近平新时代中国特色社会主义思想和中共十九大精神，贯彻落实全国、全省高校思想政治工作座谈会精神，交流工作经验，研究部署加强和改进泉州市高校思想政治工作。座谈会上，华侨大学等5所高校作交流发言。会前，与会人员还参观黎明职业大学思想政治工作特色项目。

市十六届人大常委会第十九次主任会议召开

市十六届人大常委会第十九次主任会议召开，讨论有关人事免职事项，市人大常委会关于2017年度环境状况和环境保护目标完成情况的审议意见稿，关于泉州市国有企业发展情况的调研报告和审议意见稿，关于开展《中华人民共和国企业国有资产法》执法检查方案，关于开展《中华人民共和国水土保持法》执法检查方案，关于开展加快全市垃圾分类处理利用情况调研方案，关于开展少数民族特色村寨发展与保护工作情况专题调研方案等；书面报告全市流域水环境保护2017年重点项目建设进展情况，及泉州市建设和发展新型研发机构工作情况。

市十六届人大常委会第十九次主任会议现场（图/王虎文）

鲤城法院在全省首创执行救助保险金

鲤城法院召开新闻发布会，宣布与保险公司签订《执行救助保险服务合作协议》。签约现场，3名申请执行人收到由鲤城法院投保、保险公司支付的执行救助金各1万元。鲤城法院也成为全省首家投保并为申请执行人申领到执行救助金的法院。执行救助保险是指由法院出资，为部分案件的申请执行人或其近亲属投保，由保险公司按照规定发放执行救助金。因“执行不能”或执行不到位而被法院终结执行程序的涉民生案件、交通事故、部分刑事附带民事赔偿等各类案件，申请执行人或其近亲属可在保险期间向法院提出执行救助申请。随后由保险公司进行调查，在法院审核确认后，保险公司按照合同约定向案件申请执行人或其近亲属，赔偿依法应当支付的救助金。

福建省2018年《职业病防治法》宣传周在泉港区启动

“健康中国·职业健康先行”福建省2018年《中华人民共和国职业病防治法》宣传周启动仪式在泉港区举行。在启动仪式现场，举行职业健康义诊、职业病防治专家咨询，并召开一场职业病防治专题报告等。全省接触职业病危害因素的劳动者达30万人左右，主要危害因素有粉尘、毒物、噪声、高温等，涉及煤矿、石材加工、水泥制造、化工、制鞋、箱包等重点行业；至2015年全省年累计现患尘肺病12580例，尘肺病年平均发病数424例，新发尘肺病的年均增长率为3.25%。为更好地保障劳动者的职业健康权益，省政府办公厅印发《福建省职业病防治规划（2017—2020年）》将突出用人单位主体责任、重点职业病防治、职业病机构能力建设、职业卫生监督执法，提出2020年总体目标和15个可量化的具体目标。其中，职业病诊断报告率达到100%（国家为90%），劳动者依法应参加工伤保险覆盖率达到90%以上（国家为80%以上）。同时培育福州、厦门、泉州、三明等区域性的职业病防治中心；每个设区市至少设立1家职业健康技术服务机构，完善省、市、县三级职业病危害防治技术支撑体系。

吴文季作品音乐会举行

由市文联和泉州台商投资区党工委、管委会主办的吴文季作品音乐会在泉州华光职业学院举行。吴文季是世界十大民歌《康定情歌》的采集者和改编者，于1918年生于惠安县洛阳镇，是中国著名歌唱家和作曲家，其故居在洛阳镇万安村和合巷17号。曾在惠安县洛阳镇文工队、惠安县高甲戏剧团、惠安县歌剧团、晋江专区歌剧团和泉州艺术学校工作，任编导、作曲和音乐教员。除杰出的音乐才华外，吴文季在身处逆境时对音乐的执着、乐观积极的人生态度和坚定的爱国心也备受后人景仰。此次音乐会演出的内容包括《康定情歌》、《英雄们战胜了大渡河》（吴文季原声展示），舞蹈《渔蚌嬉舞》《丰收之夜》《美丽的洛阳江》《溜溜的康定溜溜的情》，以及朗诵《仰望一个光明的歌者》等。

4月20日

农历戊戌年三月初五
星期五
温度：20℃—29℃
阴转多云

●市十六届人大常委会第十九次主任会议召开，讨论市人大常委会关于2017年度环境状况和环境保护目标完成情况的审议意见稿等。

●20—22日，第十四届海峡旅游博览会在厦门举行。泉州市86个企事业单位参会，参展人数近400人。

●泉州关区现场业务优化整合启动，原泉州出入境检验检疫局与原泉州海关统一以海关名义对外开展工作，口岸一线旅检、查验和窗口岗位实现统一上岗、统一着海关制服、统一佩戴关衔。

●“泉州—香港—南沙—胡志明”中远海运CV3航线开通。通过该条航线，泉州出发的航班第一次借中国香港、南沙强大的国际中转网络，搭建起走向欧、美、非、东南亚等世界各地的外贸运输通道。

●鲤城法院召开新闻发布会，宣布与保险公司签订《执行救助保险服务合作协议》。鲤城法院也成为全省首家投保并为申请执行人申领到执行救助金的法院。

●“健康中国·职业健康先行”福建省2018年《职业病防治法》宣传周启动仪式在泉港区举行。

●由市文联和泉州台商投资区党工委、管委会主办的吴文季作品音乐会在泉州华光职业学院举行。

●福建省燃香类产品标准化技术委员会在永春县成立。

4月21日

农历戊戌年三月初六
星期六
温度：21℃—29℃
阴转多云

●福建省2018年度考试录用公务员笔试举行。选择在泉州考区参加笔试的考生有18656人，实际到考人数14620人。

●由市委老干部局、市体育局、市人力资源和社会保障局、市老龄办、市老体协主办的泉州市第22届老年人健身节开幕式暨老年人健身万人万步走活动启动仪式在市区西湖公园举行。

●21—22日，由福建省艺术研究院与泉州师范学院主办，泉州师范学院音乐与舞蹈学院承办，泉州市音乐家协会协办的“2018海峡乐谈——中华传统文化与当代音乐创作研讨会”在泉州师范学院举行。

●21—22日，2018年福建省气排球公开赛在晋江市举行。

●由市图书馆和泉州府文庙文物保护管理处主办的温陵讲坛·文化精品讲座在市区府文庙明伦堂举行。

●泉州市图书馆主办的“读吧！泉州”泉州市第二届古诗文大赛决赛在泉州南音艺苑举行。

●21—28日，国际网联女子网球巡回赛·泉州站在泉州宝珊花园网球中心举行。

●泉州台商投资区成立全国首个城管艺术团。

泉州市第22届老年人健身节开幕

由市委老干部局、市体育局、市人力资源和社会保障局、市老龄办、市老体协主办的泉州市第22届老年人健身节开幕式暨老年人健身万人万步走活动启动仪式在市区西湖公园举行。开幕仪式上，各涉老组织表演了《共筑中国梦》《海峡西岸看泉州》《中华功夫太极扇》等节目。随后，万人万步走活动启动，市直机关、华侨大学以及鲤城、丰泽、洛江的老体协代表队近千名老年人分成9个方阵，环绕西湖行走2.1千米。此次活动除西湖公园主会场外，其他各县（市、区）分会场同时举行。除当天的万人万步走活动外，健身节系列活动还包括门球、地掷球、乒乓球、柔力球等比赛，时间从4月延续至10月。

在永春县举行的老年人健步走活动现场（图/姚德纯 叶国强）

中华传统文化与当代音乐创作研讨会在泉州举行

21—22日，由福建省艺术研究院与泉州师范学院主办，泉州师范学院音乐与舞蹈学院承办，泉州市音乐家协会协办的“2018海峡乐谈——中华传统文化与当代音乐创作研讨会”在泉州师范学院举行。数十位知名音乐家参加，畅谈音乐创作。研讨会分为“中国当代优秀音乐作品讲谈”与“中华传统文化与当代音乐创作座谈”两部分。研讨会开幕式后，王世光、张千一、潘皇龙、梅广钊、贾国平等21位作曲家就历届全国性音乐作品评奖中具有代表性的优秀作品进行讲谈。泉州师院副校长、泉州市音乐家协会主席王珊表示，希望以此为契机，搭建一个开放互动的音乐创作交流平台，碰撞出音乐创作新思想、新观点和新成果，共同推进音乐创作发展。

著名音乐家王世光（左一）与泉州音乐界人士交流（图/陈智勇）

温陵讲坛·文化精品讲座举行

由市图书馆和泉州府文庙文物保护管理处主办的温陵讲坛·文化精品讲座在市区府文庙明伦堂举行。活动邀请厦门大学国学研究院院长陈支平到场分享《泉州文化的另类解读》。此次活动为“4·23”世界读书日系列活动之一。陈支平认为，泉州文化特色明显，既遵循中华民族大一统政治文化体制并为之做出贡献的同时，又不时地超越传统与现实的规范与约束；既有步人之后的自卑心理，又有强烈的自我表现和自我欣赏的意识；既力图在边陲区域传承和固守中华文化早期的核心价值观念，却又在潜移默化之中造就了诸如乡族组织、帮派仁义式的社会结构。

泉州台商投资区成立全国首个城管艺术团

由泉州晚报社指导，泉州市城市管理行政执法局台商投资区分局、泉州台商投资区教育文体旅游局主办的“和谐城管·美丽台商”暨台商区城市管理艺术团成立晚会在泉州台商投资区张坂中学举行。以成立艺术团的形式，拓展宣传城市管理工作，在全国城管系统中还是首创。艺术团旨在把城市管理与文艺演出相融合，寓教于乐，以贴近实际、贴近生活、贴近群众的宣传形式，普及城市管理法律法规，展现城管队伍良好形象和精神风貌，推动城市管理进学校、进社区、进企业、进乡镇，打造群众心中的城管形象，拉近城管与群众的距离。艺术团将以城市发展管理为核心，以精彩纷呈的表演形式为载体，有针对性定期选拔、培训优质特长生作为该团核心力量，围绕“城市让生活更美好”的总体目标，通过文艺表演形式助力“城市管理”，推动城市管理进学校、进社区、进企业、进乡镇。

124家泉州企业上榜省重点上市后备企业名单

省发改委公布643家2018年省重点上市后备企业名单，泉州市共124家企业上榜，比2017年增加2家。省重点上市后备企业将在政策培训、改制推动、融资需求对接等方面获得优先支持。根据市政府此前制定出台的《关于进一步推进企业挂牌上市工作的若干意见》，上市后备企业经福建证监局辅导备案的，给予50万元资金奖励；首发上市申报材料获中国证监会（上海、深圳证券交易所）受理的，给予50万元资金奖励；首次公开发行股票并上市，以招股说明书为依据，上市募集资金50%以上投资于泉州市的，给予100万元资金奖励。

此外，上市后备企业发行境外上市外资股申报材料获中国证监会核准的，给予100万元资金奖励；首次公开发行境外上市外资股并上市或以存在控制关系的境外公司境外上市，以招股说明书为依据，上市募集资金50%以上投资于泉州市的，给予100万元资金奖励。

泉州86家企事业单位参展旅博会

20—22日，第十四届海峡旅游博览会（简称旅博会）在厦门举行。泉州市86个企事业单位参会，参展人数近400人。该届旅博会展馆使用面积超50000平方米，展位达2200个，“台湾馆”及“金门馆”参展摊位数从2017年的80个增加至110个。泉州继续以“海丝”为主题建设泉州馆，整个展馆融入燕尾脊、红砖、帆船等泉州元素，造型优美，线条流畅，全馆面积360平方米，馆内设有展位40个，供参展的旅行社、景区、酒店、旅游伴手礼企业等展出使用。除产品静态展示外，泉州市还准备了十余个表演、互动节目，包括惠安女服饰体验、蟳埔女簪花围体验等。不少观众看完表演还不尽兴，纷纷走进展馆品尝起泉州特色小吃拳头母、麻糍、干果、鱼卷等。

泉州馆民俗表演（图/康金龙）

泉州市全面启动实施微型消防站建设

作为2018年市委、市政府为民办实事项目之一，是月起，泉州市全面启动实施微型消防站建设，为100个乡镇街道配发微型消防车和器材设备。微型消防站主要是为了应对村（社区）道路狭窄、大型消防车不能及时到达火灾现场扑救的情况而设的消防站，在初遇火情时，抓住黄金救援期，利用微型消防车及相关器材设备，对火灾进行有效控制。简而言之，微型消防站的建设，打通了消防救援的“最后一公里”。

晋江东石镇第一社区的微型消防站就建在沿街店铺附近，一间小小的设备房“五脏俱全”，配备水枪、水袋、对讲机、灭火器、破拆设备和消防服等器材设备及微型消防车，一辆微型消防车蓄水500升，可用于初期火灾的现场处置。东石镇相关负责人介绍，2015年以来，东石镇在辖区村（社区）陆续建立23个微型消防站，处置火警90多起，抢险60余起，挽回群众经济损失110多万元。2017年，泉州市抢抓《泉州市消防专项规划》修编机遇，将微型消防站建设同步纳入市级专项规划，按照“多建站、建密站、建小站”的原则，高标准、高质量、高效率推动建成微型消防站1944家。

2018国际高山徒步大赛在永春县举行

2018国际高山徒步大赛暨全球华人马拉松·永春站在永春县呈祥乡柴桥头举行。中国、美国、英国、德国、巴西等10多个国家和地区的近2000名选手参赛永春县呈祥乡柴桥头，在美丽乡村景观带——柴桥头至雪山岩景观带展开角逐。最终，来自埃塞俄比亚的BISOMA和BEKLISA分别以49分49秒和1小时1分40秒的成绩获男子组和女子冠军，并且两人双双打破往届比赛男子组51分48秒和女子组1小时3分20秒的记录。

4月22日

农历戊戌年三月初七
星期日
温度：22℃—30℃
多云转小雨

●省发改委公布643家2018年省重点上市后备企业名单，泉州市共124家企业上榜，比2017年增加2家。

●泉州市全面启动实施微型消防站建设。

●2018中国小篮球联赛福建赛区启动仪式在泉州海峡体育中心举行。

●2018年“那尔多杯”泉州市青少年足球春季联赛在北师大泉州附属中学附属小学开幕。

●由丰泽区委宣传部等主办的2018丰泽区世界读书日“百姓书房”阅读系列活动暨“书香·墨香校园”建设启动仪式举行。

●丰泽区全民健身运动会暨第五届机关羽毛球比赛在泉州市珍珍羽毛球馆举行。

●2018国际高山徒步大赛暨全球华人马拉松·永春站在永春县呈祥乡柴桥头举行。

4月23日

农历戊戌年三月初八
星期一
温度：23℃—29℃
阴转小雨

●市人大常委会党组召开2018年度推进全面从严治党暨党风廉政建设会议，回顾总结过去一年市人大常委会推进全面从严治党情况，部署今后一个时期机关党风廉政建设工作。

●市政协召开党组中心组（扩大）学习会，邀请专家授课，专题学习《中华人民共和国宪法修正案》重要内容。

●部分中央媒体、境外媒体和省外媒体到泉州采访，关注泉州市借助“数字泉州”建设之力，推进智能制造的有益探索。

●泉州市院士（专家）工作站平台建设现场会在晋江市召开，推广典型经验做法，部署下阶段工作。

●福建省麦都食品发展有限公司全国示范院士专家工作站揭牌，成为全市首个国家级示范院士专家工作站。

●由宁夏银川市文物局、泉州市文广新局指导，银川市文物管理处和泉州府文庙文物保护管理处承办的宁夏贺兰山岩画拓片精粹展在泉州府文庙开幕。

●138米长永春纸织画《中国的世界遗产图》在永春县整体展示。中央电视台探索发现节目组特地到永春拍摄此幅长卷与周文虎的故事。

●世界读书日，全市各地开展形式多样的全民阅读活动。

市人大常委会党组召开全面从严治党暨党风廉政建设会议

市人大常委会党组2018年度推进全面从严治党暨党风廉政建设会议现场（图/王虎文）

市人大常委会党组召开2018年度推进全面从严治党暨党风廉政建设会议，回顾总结过去一年市人大常委会推进全面从严治党情况，部署之后一个时期机关党风廉政建设工作。会议指出，要始终保持全面从严治党的战略定力，旗帜鲜明加强党的政治建设，压实全面从严治党政治责任，锲而不舍落实中央八项规定精神，驰而不息全面加强纪律建设，坚持清正廉洁的道德操守，推动人大机关全面从严治党向纵深发展。要把加强党风廉政建设与推动人大工作水平提升紧密结合，提高依法履职能力。

泉州市院士（专家）工作站平台建设现场会召开

泉州市院士（专家）工作站平台建设现场会在晋江市召开，推广典型经验做法，部署下阶段工作。会议要求，各地各有关单位要高度重视院士（专家）工作站等平台建设，发挥平台引才聚才的独特优势，用平台集聚人才、汇集创新资源。要遵循市场经济规律，坚持“紧贴产业”、鼓励“提档升级”、引导“剥离运作”，更好发挥平台引才聚智、创新孵化等功能。要围绕“人才价值实现”，通过激励人才创新、发力成果转化、改进收益分配，构筑全要素的保障机制。要齐心协力、合作共为，集聚天下英才到泉州干事创业。

全市首个国家级示范院士专家工作站揭牌

福建省麦都食品发展有限公司全国示范院士专家工作站揭牌，成为全市首个国家级示范院士专家工作站。为解决进口的天然酵母粉产品价格昂贵问题，填补国内天然酵母粉领域技术空白情况，中国工程院院士伦世仪于2015年带领院士专家团队到泉州，与麦都公司合作共建该院士工作站，开始新一代“天然酵母粉”合作攻关。经过两年多努力，该院士工作站终于研发出第二代天然酵母粉，结束中国长期以来依赖进口的局面。该院士工作站有关负责人表示，新研发的天然酵母粉质优价廉，每千克的价格仅为进口产品的四分之一，且无论从口感、发酵能力上与国外产品相比，更具有市场竞争力，已投入批量生产。

央视到泉州拍摄138米长永春纸织画

138米长永春纸织画《中国的世界遗产图》在永春县整体展示。此系国家级非遗传承人、永春纸织画大师周文虎带领10位工艺师，花3年多时间编织出来的。中央电视台探索发现节目组特地到永春拍摄此幅长卷与周文虎的故事。《中国的世界遗产图》长138米，宽1米多，整幅长卷融入38项中国的世界文化遗产图案。所有的图案镶嵌入画，气势磅礴。此幅长卷从2008年开始创作，2010年完成，其中仅搜集资料、设计、绘画和剪裁就花了1年多时间。长卷总共用6万条宣纸丝作为纬线，手工编织而成。2010年9月在第五届中国民间工艺品博览会上，该长卷从成千上万件民间工艺品中脱颖而出，获得金奖。此次，因为中央电视台探索发现节目组特地到永春拍摄长卷与国家级非遗传承人周文虎的故事，画作才再次整体展示在世人眼前。

全市开展世界读书日全民阅读活动

世界读书日，全市各地开展形式多样的全民阅读活动。图为洛江区双阳中心幼儿园开展“读书传家，德厚流光”读书节主题活动。（图/马昕桐 陈智富）

市政府第三十一次常务会议召开

市政府第三十一次常务会议召开，研究并通过《泉州市进一步扩大旅游文化体育健康养老教育培训等领域消费的实施方案》等。会议要求，要壮大幸福产业，突出旅游、文化、体育、健康、养老、教育培训等重点领域，拓展服务消费新空间；要提升传统消费，以创新发展为驱动，丰富产品层级、提高产品质量，引导支持传统产业的绿色制造、绿色采购和绿色消费，扩大实物消费新需求；要完善保障体系，实施“互联网+”战略，健全流通体制，打造消费服务新环境。各级各部门要抓紧研究制定具体工作方案，出台促进相关领域消费的操作性文件，明确任务分工，强化责任落实，加大工作推进力度；要定期开展“回头看”，对政策措施实施情况进行跟踪分析和督促检查，确保各项工作措施落到实处。

泉州市开展“清新小流域提升工程”

为加快实现小流域“水清、河畅、岸绿、生态”，泉州市开展“清新小流域提升工程”，重点实施15条小流域综合整治。15条小流域分别是洛江区洛阳江，泉港区菱溪、坝头溪，晋江市九十九溪（晋江段），石狮市厝上溪，南安市檀溪、九十九溪（南安段）、大盈溪、梅溪、兰溪、淘溪，惠安县林辋溪，永春县桃溪，德化县蕉溪、大云溪。根据要求，“清新小流域提升工程”以改善水环境质量为核心，形成小流域“有专人负责、有检测设施、有考核办法、有长效机制”的水环境保护新机制。按照生态环境保护“党政同责”要求，落实属地管理责任，明确市、县、乡、村四级职责，建立小流域河长制和河道专管员制度，对河道实行网格化管理。同时，建立清新小流域提升工程考核机制，定期对清新小流域提升工程建设情况进行检查督查并纳入地方党政领导生态环境保护目标责任书考核。市环委办统筹市级各类涉水资金，采取“以奖促治”方式，支持各地开展清新小流域提升工程水环境综合整治。对提升工程项目进展调度情况逐月通报，并按季度开展督查，对提升工程流域整治不力、未完成阶段整治目标任务的地方，采取媒体曝光、通报预警、约谈及限批等措施；对水质持续恶化、不升反降的，按照有关规定移送问责。

泉州城建集团获评主体信用评级最高等级

继将市属国有企业整合重组为五家竞争力强的市级国资集团公司后，泉州市推动国有企业改革再获新突破——泉州城建集团获中诚信信用评级机构主体信用评级AAA的最高信用等级，系全市首家获此评级的国有企业，泉州也成为继苏州和无锡后全国第三个拥有信用AAA等级国企的非省会和非副省级城市。资信评级最早是用于为债券发行提供风险评估参考，之后被广泛运用于各种金融产品的评估，为经济管理部门、金融机构、商业伙伴等提供客观公正的资信信息，是投资者对企业的权威考量。而给予泉州城建集团评级的机构——中诚信国际信用评级有限责任公司在国内六大评级公司中排名第一，是最权威的评级机构。获评AAA的城建类公司也非常少，即使是省会城市福州，也仅有一家福州城投集团获评AAA。

石狮法院开通全省首个金融审判在线办案平台

石狮法院开通全省首个金融审判在线办案平台。金融交易手段和清算手段信息化、无纸化程度越来越高，石狮法院近几年来涉及金融借款合同、信用卡纠纷等金融类案件呈逐年上升趋势。金融机构与总对总、点对点查控系统早已实现业务对接，从技术层面看，金融机构业务系统与金融案件在线办案平台对接的条件较为成熟。该平台开通后，将面向金融机构、律师事务所，提供立案申请、申请进展查询，案件信息公开、文书公开、网上送达、网上缴费、材料转接等全过程、全方位诉讼服务，实现金融机构、律师与法院之间的业务联动，确保案件要素采集准确度，减轻法官及辅助人员的工作量，实现金融案件全流程网上办理。

4月24日

农历戊戌年三月初九
星期二
温度：20℃—29℃
阴转多云

●康涛到鲤城区调研跨越发展和管党治党落实情况。

●市政府第三十一次常务会议召开，研究并通过《泉州市进一步扩大旅游文化体育健康养老教育培训等领域消费的实施方案》等。

●泉州市开展“清新小流域提升工程”，重点实施15条小流域综合整治。

●泉州城建集团获中诚信信用评级机构主体信用评级AAA的最高信用等级，系全市首家获此评级的国有企业。

●市中级人民法院公布知识产权司法保护十大典型案例。

●石狮法院开通全省首个金融审判在线办案平台。

4月25日

农历戊戌年三月初十
星期三
温度：18℃—25℃
阴

●市委常委会召开会议，传达学习省扫黑除恶专项斗争领导小组成员（扩大）会议、全省村级组织换届选举工作视频会议、全省市级纪委监委机关干部专题培训班开班式暨全省基层纪检组织建设工作会议精神，研究泉州市贯彻意见。

●市委、市政府召开泉州市庆祝“五一”国际劳动节暨表彰先进大会，表彰2018年泉州市劳动模范、先进工作者和“泉州工匠”。

●以“跨越发展高质量 ‘晋江经验’新篇章”为主题的2018年晋江企业创新发展大会召开。

●由市委宣传部、市委文明办、市文广新局、市文联、泉州晚报社、泉州广播电视台主办的“欢乐泉州·走进泉惠石化”——泉州市宣传中共十九大精神暨庆祝“五一”国际劳动节文艺演出在惠安县中化（泉州）石化有限公司举行。

●由团市委主办的泉州市纪念五四运动99周年暨“青春建功新时代·奋斗青春最美丽”优秀青年典型分享会在黎明职业大学举行。

●市公安局交警支队联合新闻媒体，通过交警官方微博、微信等宣传平台，在全市范围内开展为期两个月的“全民随手拍·晒交通陋习”征集活动。

泉州市庆祝“五一”劳动节暨表彰先进大会召开

市委、市政府召开泉州市庆祝“五一”国际劳动节暨表彰先进大会，表彰2018年泉州市劳动模范、先进工作者和“泉州工匠”。市领导康涛、陈万里、陈灿辉、孔繁军、吴友才、洪自强、洪川大等参加。市委常委、市总工会主席孔繁军主持会议。副市长洪自强宣读表彰决定。市劳模代表在会上宣读《倡议书》。市委书记、市长康涛要求，各级党委、政府和工会要维护劳动者合法权益，关心关爱劳模的工作和生活，弘扬劳模精神，唱响体面劳动、舒心工作、全面发展的劳动者之歌。劳模要珍惜荣誉、再接再厉，身体力行传播劳模精神，让勤奋做事、勤勉为人、勤劳致富在全社会蔚然成风。

泉州市庆祝“五一”国际劳动节暨表彰先进大会现场
（图/泉州晚报社）

2018年晋江企业创新发展大会召开

以“跨越发展高质量 ‘晋江经验’新篇章”为主题的2018年晋江企业创新发展大会召开。泉州市委书记、市长康涛，以及晋江市负责人、工商企业家代表、高层次人才代表等千余人参加。康涛代表泉州市委、市政府，向为泉州、为晋江发展做出贡献的企业家表示感谢。康涛指出，在国家的坚强后盾、省里的鼎力支持下，海内外晋江人众志成城办大事，成功申办世界中学生运动会。这是对晋江15年来成功践行“晋江经验”的集中检阅，也是晋江辉煌成就的漂亮注脚。

面对高质量发展与跨越重任，康涛向晋江党委、政府和企业家提出“扛旗、领军、再出发”三点希望。一是扛旗，就是要践行习近平新时代中国特色社会主义思想，珍惜“晋江经验”历史荣誉，在发展的百舸争流中，勇当跨越主力，敢创民族品牌，继续当全国县域经济发展典范。二是领军，就是要坚持高质量发展与实现赶超的有机统一，保持竞争忧患、短板意识、领航定力，立志打造世界级先进集群，敢争高新一席之地，扬长补短全面创新，继续引领发展、率先转型。党委、政府要践行“亲清”新型政商关系，多倾听企业家声音，在提升城市颜值、优化营商环境方面下苦功。三是再出发，就是要秉承“下南洋、闯天下、富贵不离祖”的家乡情结，把事业做到全国、全球，走出去参与国际分工协作，把根留在晋江、泉州，做强总部品牌、精品工厂，集聚更多发展商机、先进理念、高端人才技术项目，为家乡永葆生机活力注入源头活水。

会上，企业家代表丁世忠、闫怡胜等分享创业创新经验；一批产业链重要项目现场签约落户；一批纳税贡献企业、优秀创新人才、荣誉市民获授牌表扬。

晋江企业创新发展大会召开（图/刘 倩 陈文经）

泉州市庆祝“五一”劳动节文艺演出在惠安县举行

由市委宣传部、市委文明办、市文广新局、市文联、泉州晚报社、泉州广播电视台主办的“欢乐泉州·走进泉惠石化”——泉州市宣传中共十九大精神暨庆祝“五一”国际劳动节文艺演出在惠安县中化（泉州）石化有限公司举行。图为演出现场。

（图/泉州晚报社）

康涛带队督办中央、省级环保督察反馈意见整改项目

市委书记、市长康涛带队到石狮、晋江，检查督办中央、省级环保督察反馈意见整改项目。针对垃圾焚烧厂飞灰积压问题，石狮市结合废旧矿区生态修复示范项目（一期）建设，利用废弃石窟填埋飞灰固化物，计划5月完成工程建设并投入使用，建成后可填埋飞灰固化物33万立方米。康涛对当地的创新举措给予肯定，并察看将军山垃圾填埋场、垃圾焚烧厂垃圾山综合整治和渗滤液收集处理情况，要求当地党委政府、相关部门采取有效措施，督促项目业主加快垃圾山存量垃圾处理，抓紧实施垃圾焚烧厂技改，确保在规定期限内解决一氧化碳超标排放等问题。针对飞灰填埋场建设滞后问题，晋江市正交叉推进填埋场项目各项前期工作。康涛到飞灰填埋场建设工地了解项目进展，要求加快前期工作，力争6月开工建设。为解决垃圾焚烧厂满负荷运行问题，晋江正推进垃圾焚烧发电提标改建，建成后主要污染物排放及控制将达到欧盟2000标准。康涛对项目高标准建设表示赞许，要求项目业主紧盯每一个环节，保证施工质量和安全，实现处理规模、排放标准和环境景观的“三提升”。

市十六届人大常委会第十一次会议召开

市十六届人大常委会第十一次会议召开，听取和审议市政府关于2017年度全市环境状况和环境保护目标完成情况的报告，市政府关于泉州市国有企业发展情况的报告，市政府研究处理《市人大常委会关于我市灾后重建工作审议意见》情况的报告。图为会议现场。（图/王虎文）

全市村级组织换届选举工作会议召开

全市村级组织换届选举工作暨业务培训会召开。会议强调，村级组织换届选举工作事关党的执政根基、事关乡村振兴、事关人民群众福祉，要学习贯彻习近平新时代中国特色社会主义思想和中共十九大精神，按照省委、省政府和市委、市政府的部署要求，增强政治责任感，坚持加强党的领导、充分发扬民主、严格依法办事有机统一，选准选好村级组织班子。会议要求，要坚持问题导向，做到“准备工作精细到位、选人标准严格到位、换届程序执行到位、后续工作及时到位”，提高村级组织换届选举的质量和水平。要强化正风肃纪，以强烈的担当、坚决的态度、果断的措施，狠刹歪风邪气，确保换届自始至终风清气正。要强化政治担当，加强对村级组织换届选举工作的领导指导。

泉州口岸首次向台湾销售化工产品

经泉州海关驻肖厝办查验放行，5000吨混合二甲苯以两岸直航形式运往台湾，此系泉州口岸首次向台湾销售混合二甲苯，也标志着泉州与台湾化工品贸易进一步深化，从购买变为购买、销售贸易双向并行。由于台湾地区化工产业发展程度较高，产品价格低、品质好、运输成本低，泉州市企业多从台湾购买化工原料。随着祖国大陆成品油市场产能过剩、化工品市场需求扩大，石化企业调整原油炼化产物较为单一的产品模式，开始尝试化工原料的生产，并首次实现混合二甲苯“走出去”。

此次向台湾销售混合二甲苯的中化泉州石化公司，自2014年7月9日建成投产以来，一直致力于拓展业务领域，拓宽贸易市场，助力泉州深化与“一带一路”沿线国家和地区的能源贸易合作。据统计，2017年泉州市进口原油、煤炭、液化石油气以及出口成品油等能源类产品已达3029万吨、货值110.11亿美元。对外能源贸易国新增巴西、尼日利亚、日本、英国4个国家，已涉及沙特阿拉伯、伊拉克、印度尼西亚、新加坡、科威特等全球27个国家和地区。

4月26日

农历戊戌年三月十一
星期四
温度：20℃—27℃
多云

●国家发改委副主任连维良带队到泉州调研互联网金融发展及社会信用体系建设情况。

●康涛到石狮、晋江，检查督办中央、省级环保督察反馈意见整改项目。

●市十六届人大常委会第十一次会议召开，听取和审议市政府关于2017年度全市环境状况和环境保护目标完成情况的报告等。

●市政协机关组织全体党员干部到泉州监狱开展廉政警示教育活动。

●全市村级组织换届选举工作暨业务培训会召开。

●全省首个公检法“快速执行协作指挥中心”在安溪县法院揭牌启用。

●经泉州海关驻肖厝办查验放行，5000吨混合二甲苯以两岸直航形式运往台湾，此系泉州口岸首次向台湾销售混合二甲苯。

●世界知识产权日，市科技局、市妇联、市知识产权局举办以女性创新创造为主题的讲座。

●公安边防禁毒主题院线电影《利刃破冰》开机仪式在石狮市举行。

●泉州籍知名华文作家、画家朵拉新书《浅深聚散且听香》发布活动在广东广州举行。

4月27日

农历戊戌年三月十二
星期五
温度：20℃—25℃
阴

●中共泉州市委召开纪念中共中央发布“五一口号”70周年座谈会。

●康涛到洛江区调研跨越发展和党委主责主业落实情况。

●继国务院、省政府廉政工作视频会议后，泉州市紧接着召开视频会议，部署2018年度政府系统廉政建设和反腐败工作。

●《泉州市志（1991—2010）》志稿评议会召开。

●市工商局颁出全市首张全程通过电子化申报的营业执照。

●清华大学、中国教育科学研究院等国内著名教育单位的国学教育专家、学者以及全国的教育一线教师到石狮市，考察与探讨中华优秀传统文化教育问题。

●福州大学晋江科教园区首批研究生入驻仪式举行，标志福州大学晋江科教园区项目正式运行。

●由安溪县政府与福建农林大学茶学院主办的第二届安溪铁观音大师赛在安溪县祥华乡启动。

康涛到洛江区调研跨越发展和党委主责主业落实情况

市委书记、市长康涛到洛江区调研跨越发展和党委主责主业落实情况。市委常委、秘书长翁祖根参加调研。康涛要求，要雄心壮志大发展。发挥后发优势，做足产业高起点、产业链延伸、亩产效益提高的文章，挖掘三产空间，成为中心市区发展的增长极和生力军。要瞄准高新善腾挪。留足先进制造业用地空间，创新体制机制，继续盘活低效用地，更多落地智能制造、石墨烯等成群配套好项目，为发展注入新动力。要克服困难敢运作。注重在产业招商、项目攻坚等一线，培养一支“拼搏、专业、开明”的队伍，用好用足上级给予的政策支持，把制约因素转化为成长因子。要打造自然野趣生态连绵带，从长计议加强整体策划，杜绝“农村城市化”、低端无序开发，培育都市休闲业态，实现百姓富、生态美。要尽力而为量力而行保民生，在产业扶贫、稳定脱贫上下功夫，彻底消灭“空壳村”。

市政府廉政工作视频会议召开

继国务院、省政府廉政工作视频会议后，泉州市紧接着召开视频会议，部署2018年度政府系统廉政建设和反腐败工作。会议强调，要坚持把讲政治放在首位，落实全面从严治党责任。各级政府系统党组（党委）要担负政治责任，用严明的纪律管党治党，开展“不忘初心、牢记使命”主题教育。要坚持把“放管服”改革推向深入，打造一流营商环境。突出抓商事制度改革、审批便利化服务、规范行政审批自由裁量权以及政府机构改革等工作，进一步简政放权、优化服务。要坚持把正风肃纪反腐贯穿始终，树立政府良好形象。发挥领导干部“头雁效应”，践行一线工作法，弘扬“马上就办、真抓实干”工作作风，巩固反腐败压倒性态势。要坚持把政府工作全面纳入法治轨道，建设法治政府。严格遵守宪法法律，强化法治思维运用，依法履职、依法办事，把依法行政的要求贯穿于政府决策、执行、落实的全过程，积极稳妥推进政府立法工作。

《泉州市志（1991—2010）》志稿评议会召开

《泉州市志（1991—2010）》志稿评议会召开。全省各地的专家学者齐聚泉州，通过分组讨论形式，就志稿在指导思想、体例结构、篇目设置、资料选编、行文表述等方面存在的问题和不足提出意见建议。此系对泉州市前段修志工作的一次检验、对志稿质量的一次“会诊”，也是提高泉州市修志工作者编纂水平、提升志书质量的一次难得机会。泉州市第一轮《泉州市志》于2000年5月出版，640万字，共5册。第二轮修志工作于2012年11月再次启动，至2018年4月基本完成编纂。编修时限为1991—2010年，恰恰是泉州发展取得巨大成就、步入跨越式发展的时期。

《泉州市志（1991—2010）》志稿评议会现场

与会人员进行评议，提出修改意见和建议（图/吴寿民）

全市首张全程电子化登记营业执照出炉

市工商局颁出全市首张全程通过电子化申报的营业执照。申请人只需在网上提交相应材料，就可以申领营业执照，实现办事“一趟不用跑”。从2016年开始，泉州市着手实施企业名称登记便利化改革，全市受理各类市场主体网上名称登记12.8万件，减少申请人准备名称材料及往返登记机关的麻烦。此次的全程电子化登记是在原有基础上进一步深化，目标是要实现企业登记网上申请、网上受理、网上审核、网上发照、网上公示、网上归档的全流程、无纸化网上登记模式。

陈秋平在泉州会见台湾宗教界人士

省方志委主任陈秋平在泉州会见到福建商谈福建方志文献入台事宜的台湾世界宗教博物馆馆长陈国宁、台湾灵鹫山净念法师、性月法师等。陈秋平指出，开展福建方志文献入台，是发挥地方志这一中华民族独有的文化基因的独特作用，弘扬中华传统文化、促进闽台方志交流的重要举措。省方志委组织编纂的《妈祖文化志》《闽台历代方志集成》，是两岸同根同源“一家亲”的重要体现和有力论证。要通过数字化、影像化，以及动漫、摄影等多种形式，让闽台方志文化“活”起来、“立”起来，更有效地传承发展中华传统文化，凝聚两岸共识，服务祖国统一大业。双方还就推动福建方志文献入台日程安排、活动名称、活动场地、活动议程、陈列场所名称、展览展示细节、宣传报道、嘉宾邀请、联络对接等事宜进行商谈，并达成初步共识。

陈秋平（右三）与台湾宗教界人士座谈（图/综合科）

首届青少年书画摄影大赛首场获奖作品展举行

由团市委、市教育局、市文联主办的泉州市首届青少年书画摄影大赛首场获奖作品展在泉州市青少年宫举行，吸引大批学生和家长到场参观。此次活动旨在反映侨乡青少年热爱生活、憧憬未来、追求美好的花蕾情怀，发现和挖掘青少年书画摄影人才，展示向真、向善、向美、向上的社会氛围，团结凝聚全市青少年为实现中华民族伟大复兴的中国梦积蓄力量、贡献青春。活动得到全市中小学校和青少年的积极响应，吸引全市近万名青少年参与。活动自2017年11月开启，至2018年2月结束，收到各大中专院校、中小学校和社会各界投寄的参赛作品7000多件，其中，小学组作品近4500件，中学组作品近2000件，青年组近600件。全市青少年的广泛参与及优秀的艺术水准，构成此次大赛的一大亮点。经过专家认真评审，共463名青少年获奖。主办方从中选出部分集思想性、艺术性和观赏性为一体的获奖作品编印成册并进行集中展示。首场展览从4月28日持续至5月6日，除首场展览外，还赴部分县（市、区）进行巡展。

第23届泉州（晋江）国际车展举行

4月28日—5月2日，由泉州晚报社参与主办的第23届泉州（晋江）国际车展在晋江SM国际展览中心举行。首日吸引近万名市民到场选车购车。始创于2004年的泉州（晋江）国际车展，已经成为“泉州汽车潮流风向标”。该届车展共有70多个品牌、数百款车型集中亮相，为市民提供全面的购车参考。由于车展适逢节日，现场人流量大。为确保安全，公安机关加大安防科技投入，增派警力到现场协助维持秩序，为车展保驾护航。

第23届泉州（晋江）国际车展现场（图/薛凌 张和琛）

全省首家县级失信被执行人联合惩戒办公室在惠安县法院设立

全省首家县级失信被执行人联合惩戒办公室在惠安县法院揭牌并投入运行。此系全国法院吹响攻坚执行难、打赢决胜战号角后，省内首次设立的跨部门、跨领域的县级执行联动机构。当日，惠安县失信被执行人联合惩戒办公室及惠安县公安局驻法院执行警务室、惠安法院执行事务中心，同时在惠安法院揭牌成立。“两室一中心”的成立，是惠安县人民法院确保打赢基本解决执行难硬仗的一项重要举措，也是继该院率先在全市法院系统推出被执行人“失信彩铃”机制之后的又一创新性举措。

4月28日

农历戊戌年三月十三
星期六
温度：20℃—28℃
多云

●康涛到泉州台商投资区调研跨越发展和管党治党落实情况。

●市委常委会召开会议，学习贯彻习近平在全国网络安全和信息化工作会议上的讲话、致首届数字中国建设峰会的贺信精神以及省委常委会会议精神等。

●省方志委主任陈秋平在泉州会见到福建商谈福建方志文献入台事宜的台湾世界宗教博物馆馆长陈国宁、台湾灵鹫山净念法师、性月法师等。

●以“不忘合作初心 继续携手前进”为主题的泉州市各民主党派纪念中共中央“五一口号”发布70周年征文活动优秀作品集发行仪式暨书画邀请展在泉州华侨历史博物馆举行。

●由团市委、市教育局、市文联主办的泉州市首届青少年书画摄影大赛首场获奖作品展在泉州市青少年宫举行。

●4月28日至5月2日，由泉州晚报社参与主办的第23届泉州（晋江）国际车展在晋江SM国际展览中心举行。

●全省首家县级失信被执行人联合惩戒办公室在惠安县法院揭牌并投入运行。

4月29日

农历戊戌年三月十四
星期日
温度：22℃—29℃
阴转小雨

●满载着3000吨、价值882.95万元的大豆粕的“瑞阳”号，从泉州口岸驶向日本。此系泉州市首次出口大豆粕。

●4月29日至5月1日，由市旅发委、鲤城区政府、市古城办主办的“温陵记忆·泮宫味道”古城匠艺市集暨非遗创新设计大赛在市区金鱼巷——泮宫口举行。

●福州泉州商会、福州惠安商会组织泉州籍医疗专家返乡，到泉州台商投资区医院开展义诊和讲学公益活动。

●2018年福建省首个夏令营——校外体育活动中心气排球夏令营在晋江市金井镇毓英中心小学开营。

●4月29日至5月1日，泉州市“梓辉杯”首届校友足球赛在市区培元中学举行。

●古筝大师王中山音乐会在泉州音乐厅举行。

泉州口岸首次出口大豆粕

满载着3000吨、价值882.95万元的大豆粕的“瑞阳”号，从泉州口岸驶向日本。此系泉州市首次出口大豆粕。大豆粕是大豆提取豆油后得到的一种副产品，广泛应用于制作牲畜与家禽饲料。泉州海关辖区大型豆油生产企业福海粮油工业有限公司长期生产大豆粕，此前多销售国内。国内豆粕行情持续下滑，市场成交清淡，为寻求企业发展，该公司积极寻求开拓国际市场。为支持企业发展，泉州海关肖厝办靠前站位，主动提供政策支持，为企业出口打好政策基础。据了解，企业首次出口便签下2万吨大豆粕订单，分七船出口。如运营顺利，未来将扩大出口国范围至韩国、越南等国家和地区。

古城匠艺市集暨非遗创新设计大赛举行

4月29日至5月1日，由市旅发委、鲤城区政府、市古城办主办，区文体新局、区委文明办、海滨街道办事处承办，鲤城区文化馆等策划执行的“温陵记忆·泮宫味道”古城匠艺市集暨非遗创新设计大赛在市区金鱼巷——泮宫口举行。活动旨在推进古城的繁荣复兴，打造属于泉州的特有文化旅游品牌，引进非遗活态展示，推进旅游深度文化体验，开启古城旅游体验新模式。古城匠艺市集网罗众多非遗大师，包括江加走木偶头雕刻市级传承人黄雪玲等。市旅发委、市古城办主任表示，古城旅游开发要见人见物见生活、留形留魂留乡愁，在保留古城原生态的同时进行开发，推出精品旅游线路，推广“智慧旅游”，中山路、西街的改造也将借鉴金鱼巷微改造经验。

“古城匠艺市集”吸引市民和游客参观体验
（图/何国辉）

30多名泉州籍医疗专家返乡义诊

福州泉州商会、福州惠安商会组织泉州籍医疗专家返乡，到泉州台商投资区医院开展义诊和讲学公益活动。义诊活动吸引福建省立医院，福建医科大学附属第一、第二医院等全省多家三甲医院的32位泉州籍医疗专家参加，义诊范围涉及胸外科、儿科、神经内科、普外科、中医科、骨科、肺科、心内科、内分泌科、消化内科等多个科室。在台商投资区医院门诊大楼，闻讯赶来的群众络绎不绝，初步统计达1000多人次。组织专家回乡义诊和讲学是福州泉州商会在泉州市委统战部、市工商联指导下开展的系列公益活动，已在德化、永春、泉港、南安等地举办多场，参与专家200多人次，受益群众5000多人，培训基层医务工作者1000多人。

省校外气排球夏令营在晋江市举办

2018年福建省首个夏令营——校外体育活动中心气排球夏令营在晋江市金井镇毓英中心小学开营，活动得到全省校外体育活动中心、体育传统项目学校和青少年体育俱乐部的积极响应，共有21支队伍210名小营员参与。此次气排球夏令营设置趣味排球活动、气排球团体比赛、才艺表演比赛，并参观地震体验馆等地。排球项目在福建省有悠久的历史传统，省体育局青少处借助气排球易学、安全的特点，尝试开展排球夏令营，从而推广普及排球运动。值得一提的是承办此次夏令营活动的晋江毓英中心小学有着百年校史和百年排球传统，校排球队有100多人。

泉州市首届校友足球赛举行

4月29日至5月1日，泉州市“梓辉杯”首届校友足球赛在市区培元中学举行。赛事采用9人制，经过6场角逐，最终泉州一中、泉州五中、泉州培元校友队和泉州七中校友队分列第一至第四。赛事以“同缘绿茵”为主题，除场上角逐之外，场外还充满别具一格的文化情怀，堪称泉州社区足球的一个创举。由于各校拥有深厚的足球文化和校友情怀，赛事吸引了各校的校方领导、参赛球员、历届校友的积极参与和支持。

全市58家企业获报关报检资质备案

自20日泉州谙客进出口贸易有限公司成为全市首家获报关报检两项资质的企业后，至是日，泉州海关业务现场共为泉州58家企业办理报关报检两项资质备案，受到企业和社会各方好评。作为出入境检验检疫管理职责和队伍划入海关总署后的一项业务优化整合，20日起，企业只需通过“单一窗口”网上申请后，向所在地海关“企业注册登记备案受理窗口”递交相关申请材料，经海关受理核批后即可同时获得报关报检资质，实现“一次登记，一次备案”。对改革前已在海关和原检验检疫部门办理报关和报检注册登记或者备案的企业，原报关和报检资质继续有效。仅办理报关或报检注册登记或备案的企业，6月1日起，企业可以通过“单一窗口”补录相关信息、资料，补录信息及提交相关资料后同时获得报关报检资质。

海关工作人员在晋江陆地港对入境快件进行监管（图/黄忠族）

作为“海上丝绸之路”起点城市，泉州全力推进“海上丝绸之路”先行区和战略支点城市建设，外向型经济十分活跃。现泉州进出口企业有4000多家。泉州海关有关负责人表示，要扎实开展报关报检企业资质备案工作，实现“一口对外、一次办理”，推进海关现场业务优化整合，实现通关效率更高、通关成本更低、服务更优化，促进营商环境更好，释放改革红利，提升企业群众的获得感，助力泉州外经贸高质量发展。

泉州市开展北渠整治专项行动

是月，市北渠管理处联合市水政监察支队开展为期一个月的北渠整治专项行动，出动22次，参加人员170人次。整治行动依法拆除清理在北渠渠道管理范围内违章搭建篱舍2处，面积约10平方米；清理违章种植面积约50平方米，清理违占防汛道路1处；劝离违法入渠洗衣群众25人次、入渠钓鱼群众79人次、入渠电鱼群众5人次；没收渔网20条。北渠全长26千米，是中心市区和惠东南片区的重要引水通道。北渠原为农业灌溉用水，沿渠数十万群众家家户户都在渠内洗衣。随着北渠功能转向供水，市北渠管理处疏堵结合，一方面建设洗衣房供群众洗衣，另一方面开展宣传活动，让群众了解洗衣对水质的影响。除专项行动，市北渠管理处还推行“监控信息化+巡查常态化”的双重水环境安全保护机制，通过高清摄像头，对全渠各关键节点进行24小时、无死角监控。每天上午、下午至少组织两次拉网式巡查，针对关键时间点、重点渠段加密巡查，及时发现和制止在渠道内游泳、垂钓、电鱼、洗衣、排污等破坏水环境安全的行为。

陈立德漆画作品展开幕

“丹漆问道——陈立德漆画作品展”在市区西街1915艺术空间开幕。作品展展出漆画艺术家陈立德的20余件作品。这些作品包括闽南古厝系列、欧行札记、人物和抽象构成等类别，时间跨度近30年，是艺术家各个时期的代表作品。泉州籍著名艺术家蔡国强应邀参加开幕式。蔡国强表示，陈立德是泉州的老艺术家，善于运用漆画的艺术语言，表现闽南的建筑与风景，功力深厚。希望泉州有更多的年青艺术家能继承好这种传统，也期待社会各界多多支持泉州艺术家的发展。作品展还吸引泉州市留学人员暨归国创业人员联谊会组织50余名来自世界各地的留学人员到场参观交流。

陈立德漆画作品展现场（图/陈智勇 吴有森）

4月30日

农历戊戌年三月十五
星期一
温度：23℃—30℃
多云

●全市58家企业获报关报检资质备案。

●中央电视台《海上福建》摄制组到泉州拍摄外景。

●是月，市北渠管理处联合市水政监察支队开展为期一个月的北渠整治专项行动。

●“丹漆问道——陈立德漆画作品展”在市区西街1915艺术空间开幕。

5月1日

农历戊戌年三月十六
星期二
温度：24℃—32℃
多云

●“五一”假日期间，全市接待游客106.69万人次，实现旅游收入8.63亿元，比上年同期分别增长22.4%和28.2%，实现客源和收入“双丰收”。

●是日起，市公安局出入境管理支队实行办理护照等出入境证件“只跑一次”制度。

●是日12时，一年一度的海洋伏季休渔开启，全市2725艘捕捞渔船和辅助船进入休渔期。

●2018年福建省海洋伏季休渔暨亮剑2018执法行动启动仪式在石狮市祥芝中心渔港举行。

●由市总工会、东南早报主办的2018年泉州市职工庆“五一”暨第十七届“五月风”文艺晚会在市工人文化宫举行。

“五一”假期全市实现旅游收入8.63亿元

“五一”假日期间，全市接待游客106.69万人次，实现旅游收入8.63亿元，比上年同期分别增长22.4%和28.2%，实现客源和收入“双丰收”。作为泉州的重点景区，开元寺、九日山、崇武古城、中国闽台缘博物馆、清水岩、清源山、五店市传统文化旅游区等仍是不少游客的首选，三天来，几大景区内人潮涌动，总接待游客人数近28万人次。其中，国家AAAA级旅游区开元寺接待4.3万人次，与上年同期相比增长50.8%；清源山接待游客2.16万人次，同比增长23.5%；崇武古城共计接待游客5.08万人次，同比增长15.7%。值得一提的是，国家AAAA级旅游区牛姆林景区经过近一年的提升改造，于“五一”期间重装开业。改造后的牛姆林不仅保留原有的优良生态元素，还重点打造多个野趣体验项目，高空滑索、射箭体验、军事乐园、旱地滑雪四大乐园，增加游客体验性、互动性、参与性。据统计，“五一”假日期间牛姆林景区接待1.15万人次。

泉州海丝艺术公园·亚洲园游人如织（图/陈英杰）

泉州市进入伏季休渔期

12时，一年一度的海洋伏季休渔开启，全市2725艘捕捞渔船和辅助船进入休渔期。根据《泉州市2018年度海洋伏季休渔工作方案》安排，5月1日12时至8月1日12时，全省海域禁止灯光围（敷）网、张网、刺网、桁杆虾拖和笼壶作业；北纬26度30分至“闽粤海域交界线”的福建省海域从5月1日12时至8月16日12时，北纬26度30分以北的福建省海域从5月1日12时至9月16日12时，禁止拖网、杂渔具和围网（围缯）作业；兼作不同作业类型的渔船，休渔时间从最早的作业开始至最晚结束的作业为止。捕捞辅助船休渔时间为：北纬26度30分至“闽粤海域交界线”的福建省海域从5月1日12时至8月16日12时；北纬26度30分以北的福建省海域从5月1日12时至9月16日12时。同日，2018年福建省海洋伏季休渔暨亮剑2018执法行动启动仪式在石狮市祥芝中心渔港举行。

全市2725艘捕捞渔船和辅助船靠岸进入休渔期（图/吴寿民）

第十七届“五月风”文艺晚会举行

由市总工会、东南早报主办的2018年泉州市职工庆“五一”暨第十七届“五月风”文艺晚会在市工人文化宫举行。晚会所有节目由基层职工群众自荐的优秀节目和泉州市职工艺术团的部分优秀节目共同组成。图为文艺晚会现场。

（图/李芸生）

泉州市落实中央环保督察整改视频会召开

在收听收看福建省落实中央环保督察整改暨打好污染防治攻坚战工作推进视频会后，泉州市随即召开工作推进视频会。会议要求，要坚定不移抓污染防治攻坚战。打好大气污染防治攻坚战，实施大气污染防治年度计划，强化臭氧污染防控和污染天气应对。打好水污染防治攻坚战，开展农村生活污水治理三年行动，实施“清新小流域提升工程”，保障流域生态流量。打好土壤污染防治攻坚战，强化土壤环境风险、危险废物、固体废物污染管控。打好环保设施与能力建设大会战，加快项目建设进度。

泉州经贸学院轻工系团总支获“全国五四红旗团支部”称号

共青团中央办公厅印发《共青团中央关于表彰2017年度“全国优秀共青团员”“全国优秀共青团干部”“全国五四红旗团委（团支部）”的决定》，泉州经贸职业技术学院轻工系团总支获2017年度“全国五四红旗团支部”称号，是泉州市唯一一所获此荣誉的高校。长期以来，特别是2017年度，泉州经贸学院轻工系团总支贯彻中共十八大、十九大精神，践行社会主义核心价值观，结合党中央及省委、省委教育工委“两学一做”学习教育活动的要求，针对高职学生特点，创新思想引领方式及活动载体，创新团建组织方式及党团建设格局，推进团组织各项工作，加强和改进团员学生思想政治工作，活跃和丰富校园文化生活，培养学生的创新精神和实践能力，提高学生综合素质，在青年学生，特别是青年团员中具有较强的吸引力和凝聚力。

泉州市8件作品获第十三届“艺博会”金奖

第十三届中国海峡工艺品博览会（以下简称“艺博会”）在莆田工艺美术城闭幕，泉州市城镇集体工业联合社组织泉州市67家工艺美术企业、9500多件作品参展，其中，195件作品参评优秀作品，8件作品获得金奖。泉州市此次参展作品涵盖陶瓷、石雕、玉雕、木雕、木偶头、纸织画、香制品等23个艺种，销售作品5000多件，收入500多万元，并达成意向合同3000多万元。中国工艺美术学会配套举行优秀作品评比，泉州市共有60件作品获奖，其中获金奖8件、银奖25件、铜奖27件，占全部奖项210件的28.6%，位列全省设区市首位。此外，泉州市工艺美术大师陈宝明获中国传统宗教泥塑造像技艺现场大赛金奖。

金奖作品分别是蒋志民的《童趣》、苏清良的《活动偶头》、郑鲍淑的《喜上眉梢》、郑银聘的《富贵人生》、郑挺进的《代代封侯》、杨建智的《麻姑献寿》、陈丹丽的《悟》、李丽娇的《玉笛飞歌》。在此次“艺博会”上，由市城镇集体工业联合社与南威软件股份有限公司打造的华夏匠人APP线上线下体验馆亮相，吸引众多海内外参展企业、大师和嘉宾的关注。现场展示24位大师的50件作品，部分客商纷纷通过线下体验、线上下单进行交易；还有近百位大师商洽或直接申请入驻平台。

北师大师生到泉州交流南音艺术

北京师范大学艺术与传媒学院“和雅乐坊”到泉州师范学院，与该校南音学院、音乐与舞蹈学院携手献演南音专场音乐会。北京师范大学师生献演近10首曲目，包括国家艺术基金资助的曲目《青梅煮酒》、音乐家刘德海的作品《昭陵六骏》和泉州传统南音《阳关三叠》等。该场音乐会的音乐总监、泉州南音乐团副团长曾家阳，此前曾多次应邀到北京师范大学授课，传播南音艺术。

相关链接：“和雅乐坊”室内乐团成立于2002年，成员主要为北京师范大学艺术与传媒学院音乐系器乐专业本科生与研究生，以传统民族器乐室内乐为主要特色，旨在培养高等师范类学生对民间传统音乐从理论到实践层面的学习能力，推动中国传统、民间传统音乐的继承和发扬。

5月2日

农历戊戌年三月十七
星期三
温度：22℃—32℃
小雨

●康涛到南安市调研跨越发展和管党治党落实情况。

●在收听收看福建省落实中央环保督察整改暨打好污染防治攻坚战工作推进视频会后，泉州市随即召开工作推进视频会。

●《共青团中央关于表彰2017年度“全国优秀共青团员”“全国优秀共青团干部”“全国五四红旗团委（团支部）”的决定》印发，泉州经贸职业技术学院轻工系团总支获2017年度“全国五四红旗团支部”称号，是泉州市唯一一所获此荣誉的高校。

●第十三届中国海峡工艺品博览会在莆田工艺美术城闭幕，泉州市城镇集体工业联合社组织泉州市67家工艺美术企业、9500多件作品参展，其中，195件作品参评优秀作品，8件作品获得金奖。

●北京师范大学艺术与传媒学院“和雅乐坊”到泉州师范学院，与该校南音学院、音乐与舞蹈学院携手献演南音专场音乐会。

●中国女排青年队与安溪铁观音女排在安溪县梧桐体育馆举行对抗赛。

5月3日

农历戊戌年三月十八
星期四
温度：19℃—25℃
阴

●泉州提线木偶戏保留剧目《火焰山》在北京天桥艺术中心上演。

●大型民俗歌舞《古厝娶亲》在泉州南音艺苑上演。

●泉州口岸首次检出有害生物杧果蛎蚧。

●南安市石井镇郑氏宗亲会90人组团到金门县祭拜郑成功先祖。

泉州提线木偶戏《火焰山》在北京展演

泉州提线木偶戏保留剧目《火焰山》在北京天桥艺术中心上演。《火焰山》根据古典名著《西游记》改编，讲述唐僧师徒取经途中被火焰山阻断去路，孙悟空降妖伏魔，最终翻越火焰山，再踏取经之路。《火焰山》是泉州提线木偶艺术发展史上的重要作品，首创“天桥高台”舞台形式演出，整场演出融提线木偶、杖头木偶、掌中木偶、人偶表演于一炉，极具技巧性、艺术性与观赏性。该剧于1979年10月获文化部“庆祝中华人民共和国成立30周年献礼演出一等奖”，2009年获文化部“优秀保留剧目大奖”，已在国内外演出近4000场。此次到北京演出全部由泉州市木偶剧团“90后”演员承担。泉州市木偶剧团团长洪世键表示，这是剧团“90后”演员携《火焰山》首次走出泉州交流。精品剧目传承是提线木偶艺术传承的重要工作，也受到国家艺术基金关注。《火焰山》20世纪70年代首演人员都已退休，有的已离开人世，该剧的成功传承有助于提线木偶艺术人才的培养。期待今后这批青年演员能走出国门，向世界展示泉州提线木偶艺术，讲好“中国故事”。

大型民俗歌舞《古厝娶亲》复演

大型民俗歌舞《古厝娶亲》在泉州南音艺苑上演，此系《古厝娶亲》时隔两年复排后的首次演出，将在泉州南音艺苑进行常态化惠民演出，让市民和海内外游客感受泉州独特的民俗文化。《古厝娶亲》由泉州歌舞剧团献演，是以泉州民间独具特色的传统婚俗为线索，以泉州民间婚俗、礼俗、歌舞、戏曲、民歌、童谣等为元素，结合现代舞台科技，打造出的一台民俗歌舞盛宴，能让人身临其境地体会到泉州民俗文化的多元和精彩。整场演出分为大道上的迎亲舞蹈《迎亲笼吹热闹闹》、古厝内的惠女服饰展示《姑姨舅妗忙操持》、闺房里的独舞《上头新娘喜泪流》、闺窗下的群舞《“四宝”姐妹听窗口》、门廊外的观灯舞《陈三五娘睇灯舞》、石埕上的木偶戏《“哑巴风”搬“劝世歌”》、通衢中的踩街舞蹈《送嫁踩街人如潮》、新郎家的婚礼大群舞《古礼合卺百年好》等幕。

《古厝娶亲》展现独特的闽南民俗（图/陈智勇 范宏升）

泉州口岸首次检出有害生物杧果蛎蚧

泉州海关在泉州晋江国际机场口岸对菲律宾旅客携带物进行检疫查验时，在一名乘坐PR236航班由菲律宾入境的菲律宾籍旅客杨某行李中截获0.7公斤杧果及0.7公斤菠萝蜜，并在杧果上发现蚧虫。10日，经实验室制片鉴定，并经太原海关蚧虫检疫重点实验室专家复核确认，该蚧虫为中国检疫性有害生物——杧果蛎蚧（*Lepidosaphes tapleyi*），此系福建口岸、也是全国旅检口岸首次检出。

杧果蛎蚧是南太平洋杧果种植区的毁灭性害虫。主要分布于大洋洲的基里巴斯、图瓦卢，非洲的埃及、肯尼亚、尼日利亚、塞内加尔、苏丹、坦桑尼亚，亚洲的文莱、印度尼西亚、马来西亚、阿曼、巴基斯坦和新加坡以及中国香港地区等。该虫系杂食性害虫，可危害杧果、番茄、椰子、柑橘、番石榴等8科13属植物，可导致植物枯萎、落果、死亡，直接影响植物的观赏价值和经济价值。许多国家和地区已将该虫列为进境检疫性有害生物，中国于2007年将其列入检疫性有害生物名单中。福建省为中国杧果、番茄、椰子、柑橘、番石榴等经济作物主产区，气候条件和生态环境能满足该虫生长、发育和繁殖的需要。因此，该害虫一旦传入，将很容易定殖，不仅严重影响地方农林业经济的发展，还会破坏当地生态环境。为此，泉州海关已按规定将该批杧果销毁，防止有害生物逃逸，严守国门。

泉州市纪念五四青年运动99周年大会召开

泉州市纪念五四青年运动99周年暨中国共青团成立96周年大会召开。会议围绕泉州市人才“港湾计划”，启动实施青年人才“鸿鹄行动”，以青年人才能力建设为核心，力争造就一支数量充足、素质优良、结构合理的优秀青年人才队伍。

围绕贯彻市委人才“港湾计划”，落实全市“人才总量倍增”专项行动有关要求，泉州市启动实施青年人才“鸿鹄行动”。根据计划，泉州市将开展青“聚”、青“智”、青“创”、青“联”和青“阵”五大工程。其中，将致力于为返乡就业创业的青年人才、重点高校泉州籍大学毕业生打造方便快捷的“服务直通车”，同时设立青年人才回归创业“绿色通道”，为其提供量身定做的创业就业配套服务；建立泉州市优秀青年人才库，创新青年人才服务体系，着重做好青年拔尖人才的成长跟踪、需求服务等。力争通过3年的努力，引导1000名左右的青年人才返乡就业创业，引导1000名左右的高校大学生毕业回泉州就业创业；人才库储存青年拔尖人才不少于3000名，为泉州市全面深化改革发展提供青年智力支持。

丰泽区举行文艺会演纪念五四青年运动99周年（图/游怡冰）

泉州市“10+1+N”宣讲队伍首场宣讲举行

泉州市“10+1+N”宣讲队伍首场宣讲活动在丰泽区举行。宣讲活动上，市委讲师团负责人结合自身学习体会，进行生动深入的讲解，引发全场听众共鸣。“10+1+N”宣讲队伍，即农民、市民、民营企业、渔排、台胞、侨乡、机关、军营、高校、“五老”等10支小分队+文艺宣传小分队+N支各地特色宣讲小分队。宣讲队伍将做好“靶向讲解”，形成领导带头宣讲、宣讲团集中宣讲、小分队分众化经常性宣讲的“点面线”全覆盖效应，让“七进”（进企业、进农村、进机关、进校园、进社区、进军营、进网络）形成机制、成为常态；此外，宣讲队伍还在全市开展主题“大宣讲”，做到“铺天盖地”，推动习近平新时代中国特色社会主义思想和中共十九大精神学习宣传贯彻工作往深里走、往实里走、往心里走。接下来，宣讲队伍将按照“七进”要求，深入全面开展宣讲工作。

“安溪铁观音神州行”入围“中国茶事样板”十佳

第二届中国国际茶叶博览会“中国茶事样板”评比结果出炉，浙江、河南、福建、广东、云南等地的10个品牌茶事活动获“中国茶事样板十佳”称号。由安溪县推荐的“安溪铁观音神州行”入围。“安溪铁观音神州行”活动从2005年起开始举办。每年，由安溪县委、县政府组织涉茶部门有关人士和10多家新闻媒体组成考察交流采风团，以安溪铁观音为主线交流茶文化，足迹遍布全国各大中小城市，被称为以茶会友的茶事活动新长征。2013年起，活动更名为“安溪铁观音美丽中国行”。“中国茶事样板十佳”是第二届中国国际茶叶博览会主体活动之一。活动启动以来，组委会从全国申报近百家单位中初选出43家，经过5天网络展示和投票，总票数超过70万票。最终，经过专家综合审评，结合网络投票结果，得出“中国茶事样板十佳”名单。

5月4日

农历戊戌年三月十九
星期五
温度：19℃—28℃
阴

● 泉州市纪念五四青年运动99周年暨中国共青团成立96周年大会召开。

● 泉州青年人才“鸿鹄行动”启动。

● 泉州市“10+1+N”宣讲队伍首场宣讲活动在丰泽区举行。

● 泉州市国税、地税“青廉”工程系列活动启动仪式在石狮永宁古卫城举行。

● 泉州市曲艺家协会第三次代表大会召开。

● “我们的根·我们的梦”第25届菲华石狮市青少年夏令营开营仪式在北京国侨办举行。

● 第二届中国国际茶叶博览会“中国茶事样板”评比结果出炉，由安溪县推荐的“安溪铁观音神州行”入围“中国茶事样板十佳”。

5月5日

农历戊戌年三月二十
星期六
温度：24℃—31℃
多云转阴

●康涛到德化县和永春县调研跨越发展和管党治党落实情况。

●泉州市开展食品标签虚假标识声称行为的专项治理行动。

●华侨大学马克思主义学院、泉州师范学院马克思主义学院、黎明职业大学马克思主义学院、泉州医学高等专科学校思想政治理论课教研部等联合举行纪念马克思200周年诞辰系列活动。

●第27个国际助产士日，2018年的主题为“助产士领航优质助产服务”，全市多家医院开展义诊咨询和健康讲座系列活动。

泉州市治理食品标签虚假标识声称行为

泉州市开展食品标签虚假标识声称行为的专项治理行动。行动旨在排查食品标签标识隐患和问题，打击食品生产经营中虚假标签标注、虚假宣传、偷工减料、掺杂掺假等违法违规行为，督促企业履行质量安全主体责任，增强诚信守法意识，依法依规生产经营，确保食品标签、说明书等如实标注，确保食品质量安全。此次行动重点整治以下违法违规行为：一是虚假标注生产日期（保质期）；二是食品名称未反映食品真实属性；三是标签说明书未如实标注成分或配料表；四是转基因食品未按规定进行标示；五是标签说明书中明示或暗示疾病治疗功能；六是其他食品标签标识违法违规和虚假宣传行为。

食品药品监管部门发动组织辖区内食品生产企业以食品标签标识为重点，开展自查自纠工作。各类食品生产企业应按照《中华人民共和国食品安全法》、《预包装食品标签通则》（GB7718）等法律法规、标准的规定，以及企业产品执行标准及明示要求等，对标识标签逐一进行自查，确保所有使用食品标识标签内容真实、合法，如实反映原辅料、产品属性等，标注形式规范符合要求。在自查过程中，发现所用的标识标签存在问题的，要立即停止使用，彻底清理库存不符合要求的标识标签、包装材料，防止继续投入使用；对已经流入市场的产品，企业主动召回。食品药品监管部门在食品生产企业自查自纠的基础上，结合消费者投诉举报情况，以食用油、蜜、肉制品、配制酒、白酒等易发生虚假标识声称行为的食品，以及食品标识标签屡次被投诉的企业为重点，加大监督检查力度，及时查找发现问题。监督检查时，监管部门检查食品标签标识是否符合法律法规、标准的规定要求，并结合企业生产现场情况，对企业原料进货台账、成品销售台账及生产过程记录等台账记录进行检查，做到物料平衡、账物相符。必要时，监管部门还会抽样送有资质的检验机构进行检验。

泉州高校开展纪念马克思200周年诞辰系列活动

马克思主义的创始人之一——卡尔·马克思诞辰200周年。为纪念这个日子，引导高校师生学习、研究、宣传马克思主义原著、原理及其中国化的理论成果，坚定不移推动习近平新时代中国特色社会主义思想的“三进”（进教材、进课堂、进头脑）工作，旗帜鲜明落实意识形态工作责任制，推进马克思主义学院稳健发展，华侨大学马克思主义学院、泉州师范学院马克思主义学院、黎明职业大学马克思主义学院、泉州医学高等专科学校思想政治理论课教研部等联合举行纪念马克思200周年诞辰系列活动。

全市医院开展国际助产士日活动

第27个国际助产士日，2018年的主题为“助产士领航优质助产服务”。为让群众认识到助产士在保障母婴安全与健康中的重要作用，营造自然分娩的氛围，降低剖宫产率，全市多家医院开展义诊咨询和健康讲座系列活动。由泉州市妇幼保健协会助产士分会、丰泽区卫计局主办，丰泽区妇幼保健院、东湖街道办事处、凤山社区居委会协办的“助产士领航优质助产服务”主题科普义诊活动在丰泽区妇幼保健院举行，泉州市级各家医院资深助产师、新生儿科医生开展义诊咨询、产科免费体检等活动。现场还举办“呼吸减痛分娩法”健康教育知识讲座，指导孕期、产期、育儿知识，社区计生协会志愿者到现场发放宣传材料近百份。泉州市妇幼保健协会助产士分会主任、福医二院护理部主任黄凤凤介绍，全市共有1300多名助产士，她们的工作不仅仅是孕期和产时对母婴的呵护，还包括防止妊娠中出现健康问题、对高危孕产妇进行系统管理，也为诊疗提供依据，配合医生采取有效的治疗措施。同时，对出院的孕产妇提供后续居家护理等延伸服务。

5月6日

农历戊戌年三月廿一
星期日
温度：25℃—30℃
阴

●泉州文旅集团首次召开战略规划发布会，披露正在推进的文旅重点项目。

●全省首个乡医志愿者协会——惠安县乡医志愿者协会成立仪式在该县涂寨镇政府举行。

泉州文旅集团发布战略规划

泉州文旅集团首次召开战略规划发布会，披露正在推进的文旅重点项目。泉州市委、市政府相关部门领导、各区县相关部门负责人、文旅行业专家及各界人士近500人出席会议。会议还公布首批海丝文旅产业联盟暨文旅专家智库名单。发布会介绍，该集团将承担“全力助推泉州打造世界海丝文化休闲旅游目的地”的重大使命，打造投融资、产业聚集、项目开发、城市营销四大平台，以“文化+旅游”为核，互联网、资本双轮驱动，做大做强“旅游、文体、投资、实业”四大业务。

发布会透露，未来几年，泉州将打造一系列文旅重点项目，项项与市民息息相关。围绕打造“一城一山一港”，即泉州古城旅游提升、清源山风景区旅游提升、刺桐古港文旅综合体等龙头IP，上述文旅项目将涉及一批旅游街区、特色景点、文创园区建设、精品酒店开发、旅游集散中心、智慧景区工程、海丝文化主题乐园、艺术馆等具体方向。不少项目投资金额巨大，从古城到古港，从新区改造到全面新建均有涉及。为扩大泉州文旅的“朋友圈”，壮大泉州文旅经济大盘，当天泉州文旅集团还与七匹狼集团、智纲智库、领秀文旅集团、中廊集团等签订项目合作协议。此外，海丝文旅产业联盟暨文旅专家智库也在会上成立，该举旨在联合行业力量，整合相关资源，提升“海丝”文化旅游产业品质，促进全域旅游升级。

首批海丝文旅产业联盟首批成员单位包括有上海昔舍资产管理有限公司、王志纲工作室/智纲智库等在内的31家知名单位。海丝文旅专家智库首批专家顾问名单则包括泉州海外交通史博物馆馆长、市文广新局副局长丁毓玲博士，中国风景名胜区协会会长、教授级高级城市规划师王凤武，中国著名战略咨询专家王志纲等31位重量级专家。

泉州文旅集团战略规划发布会（图/陈晓东）

惠安县成立全省首个乡医志愿者协会

全省首个乡医志愿者协会——惠安县乡医志愿者协会成立仪式在该县涂寨镇政府举行，汪伟阳被推选为会长。自此，被当地村民称为“农村120”的乡村医生青年志愿者爱心服务团队在社会各界人士和上级领导的关心下有了自己的家。2001年，汪伟阳从部队卫生队退役，看到村里落后的医疗卫生环境，毅然放弃到地方医院就业的机会，回村成为一名乡村医生。在乡间行医的过程中，他觉得单凭一个人的力量要解决农村医疗卫生落后现状是非常艰难的，如果能够联合周边的乡村医生成立一个团队，用团队的力量来解决一些农村医疗问题，就能不断扩大对农村群众提供医疗服务的覆盖面。

在汪伟阳的努力下，他的想法成为现实。2013年，由临近8个村卫生所14名（其中10名为中共党员）乡村医生发起的惠安县涂寨乡医志愿服务队成立。发展至今，该志愿服务队开展的公益义诊服务从涂寨镇的22个行政村拓展到全县的6个乡镇98个行政村，核心成员也从14人发展至72人。5年里，志愿者服务队分阶段对周边乡镇的26个行政村重度残疾人（Ⅰ级残疾人）175人实施免费入户健康体检。志愿者服务队已从以前定期开展的单项活动发展至长期为农村居民、孤寡老人、残疾人、五保户、外来工提供免费的健康体检、健康指导和送医送药活动。服务队把开展义诊的病人全部记录在案，建立5万多份个人医疗档案。

5月7日

农历戊戌年三月廿二
星期一
温度：24℃—30℃
小雨

●省委巡视二组巡视泉州市工作动员会召开。

●市委常委会召开会议，传达学习省委宣传部《当前我省意识形态领域形势的通报》，学习贯彻《中共中央办公厅关于加强调查研究提高调查研究实效的通知》，部署下阶段工作。

●市委、市政府召开专题会议，研究泉州市脱贫攻坚和实施乡村振兴战略工作。

●省、市防范强降雨工作视频会议后，市防汛抗旱指挥部召集水利、气象、国土等部门，会商部署泉州市强降雨防范工作。

●由省教育厅、省委宣传部等主办，市教育局、黎明职业大学承办的福建省2018年职业教育活动周开幕式在泉州黎明职业大学举行。

●7—10日，由省体育局主办、省重竞技运动管理中心和市体育局承办的福建省第16届运动会（青少年部）击剑预选赛暨青少年锦标赛在泉州市体育中心侨乡体育馆举行。

省委巡视二组开始巡视泉州市工作

省委巡视二组巡视泉州市工作动员会召开。会议指出，省委巡视组将把握政治巡视定位，贯彻巡视工作方针，坚持问题导向，突出“关键少数”，以党的政治建设为统领，把维护党中央的权威和集中统一领导作为根本政治任务，在政治高度上突出党的全面领导，在政治要求上抓住党的建设，在政治定位上聚焦全面从严治党，围绕党的政治建设、思想建设、组织建设、作风建设、纪律建设和夺取反腐败斗争压倒性胜利等方面，检查被巡视党组织学习贯彻习近平新时代中国特色社会主义思想情况，贯彻落实党章和中共十九大精神情况，落实意识形态工作责任制情况，选人用人和基层党组织建设情况，执行中央“八项规定”精神和整治“四风”情况，党规党纪执行情况，领导干部廉洁自律和整治群众身边腐败问题情况，以及九届省委巡视整改落实等情况。

市委常委会会议学习《当前我省意识形态领域形势的通报》

市委常委会召开会议，传达学习省委宣传部《当前我省意识形态领域形势的通报》，学习贯彻《中共中央办公厅关于加强调查研究提高调查研究实效的通知》，部署下阶段工作。会议强调，要把握鲜明导向，大兴调查研究之风，强化“抓工作调研在先”的思想自觉和行动自觉，领导干部要发挥“头雁效应”，结合重点课题，在调研中统一意见、谋划方案，推动问题尽早解决。要杜绝形式主义、官僚主义，完善工作机制，改进调研方式，坚持问题导向，聚焦重点难点，找准工作抓手，真正掌握实质、督促落实、为民办事。

市委市政府召开专题会议研究脱贫攻坚工作

市委、市政府召开专题会议，研究泉州市脱贫攻坚和实施乡村振兴战略工作。会议指出，要厘清思路抓重点，坚持问题导向和目标导向，科学把握山海差异，分析工作难点，拿出行之有效的解决办法和具体措施，树旗帜、做样板、求突破。要注重统筹协调，强化监督机制，倒排工作计划，把时间和精力更多地用在抓落实上，做到心中有数、手里有招，确保抓出阶段性成效。要落实主体责任，提高工作水平，调动社会组织和基层力量，尽心尽力尽责把各项工作落细落小落实。

福建省2018年职业教育活动周在泉州开幕

由省教育厅、省委宣传部等主办，市教育局、黎明职业大学承办的福建省2018年职业教育活动周开幕式在泉州黎明职业大学举行。活动周以“职教改革四十年 产教融合育工匠”为主题。活动持续至12日。为确保活动期间达到“天天有活动、处处有看点、人人有收获”的效果，福建省多个部门协调联动、积极策划，精心组织职业教育活动周开幕式、寻找“校园走出的工匠”启动仪式、产教融合专题讲座、职业教育成果展、学生技能才艺展示、职业教育实训基地参观等活动，并在2018年全国职业院校技能大赛（福建赛区）中专门设立观赛通道、项目体验和成果展示区域，组织中小学生及其家长、社区群众观摩、领略职业教育风采与魅力。同时，各地各职业院校开展内容丰富、形式多样的职业体验活动，产教融合、校企合作等主题推介活动，以及走进城乡、贴近群众的志愿服务活动等。

福建省第16届运动会（青少年部）击剑预选赛在泉州举行

7—10日，由省体育局主办、省重竞技运动管理中心和市体育局承办的福建省第16届运动会（青少年部）击剑预选赛暨青少年锦标赛在泉州市体育中心侨乡体育馆举行。全省各设区市和平潭综合实验区的近300名击剑运动员参赛。此系全省最高级别、各设区市参与度最为广泛的一次击剑比赛。全省击剑新手共同角逐12个组别的个人和团体冠军。获得此次比赛各剑种个人前8名、团体赛前8名的运动队获得2018年省运会击剑决赛参赛资格。如出现弃权，则按照排名进行依次递补。

全市河长制工作视频会召开

在收听收看全省河长制工作视频会后，泉州市随即召开全市河长制工作视频会，贯彻部署相关工作。就贯彻全省会议精神，会议强调，要抓问题导向，开展重点难点攻坚。重点抓好劣Ⅴ类河流攻坚治理，坚持对症下药、跟踪督导、联合督办，整治一个、销号一个；抓好生猪养殖污染治理，研究出台鼓励养殖户转产就业的扶持政策，引导促进养殖场规范化、标准化、集约化发展，严防禁养区内生猪养殖回潮；抓好河道整治，持续保持高压严打态势；抓好老旧小水电站清退，落实生态下泄流量。要抓机制创新，打造“三化”治河新模式。突出“法制化”，实施《泉州市内沟河管理条例》，强化市河长办和市检察院联合执法，推广“河道警长”“生态警长”等做法；突出“社会化”，探索第三方服务模式，建立社会监督和公众参与机制，营造“全民参与、全员行动、合力护河”的治水氛围；突出“信息化”，运用现代化信息技术手段，建立河长制信息管理平台，加大河流管控监测力度。要抓责任落实，确保每一条河流都得到长效治理。落实“党政同责”，实行双河长制，各级河长要亲自抓、带头干，河长办要发挥统筹协调作用，当好“参谋部”，督促各项工作落到实处；落实“一岗双责”，各相关单位部门要树立全局意识和责任意识，推动形成“河长牵头、部门联动、分级管理、齐抓共管”的工作格局。

全市人大代表工作座谈会召开

全市人大代表工作座谈会召开，围绕各县（市、区）贯彻落实省市关于加强和改进人大代表履职有关工作的实施情况进行经验交流，深化和拓展工作思路，并部署下一步人大代表工作。会议指出，中共十九大对人大“两个机关”建设提出新要求，强调要更好发挥代表作用。县乡人大要把握历史机遇，提高思想站位，增强做好人大代表工作的责任感、使命感和紧迫感，增强做好工作的自觉性和坚定性，用足用好政策，提高落实力，发挥抓手载体功效，推动代表工作迈上新台阶、开创新局面；要坚持问题导向，强化责任担当，突出着力点，增强代表履职实效；要持之以恒地做好代表履职平台的建设和实际运作，更好发挥人大代表联系人民群众的桥梁纽带作用，促进新时代代表工作新作为。

全市人大代表工作座谈会现场（图/王虎文）

全市城市安全风险评估工作动员会召开

全市城市安全风险评估工作动员暨专题培训会议召开。会议要求，各级各有关部门要统一思想，提高认识，以前所未有的决心和力度抓好落实，全面提高城市安全保障水平，防范和遏制重特大安全事故发生。要明确任务，稳步推进，科学规范设计全市安全生产风险分级管控体系的总体建设框架、城市安全发展具体对策措施，完善“泉州市智慧安监”信息系统平台，形成以安全生产为基础的综合性、全方位、系统化的城市安全发展体系。要加强组织领导，提高调研效率，强化成果转化，增强实效，高标准、高质量完成各项工作任务。

泉州市“5·12”防震减灾宣传周启动

2018年5月12日是汶川地震十周年纪念日，也是中国第十个“防灾减灾”日，7—13日为防震减灾宣传周。为宣传防震减灾知识，增强人民群众的防震减灾意识，提高应对地震灾害能力，泉州市举行“5·12”防震减灾宣传周启动仪式。活动现场，市地震局设置VR体验区、防震减灾宣传区、地震预警信息发布终端展示区等多个区域，开展防震减灾知识宣传咨询服务活动，发放各类防震减灾宣传资料。泉州市国防教育艺术团表演的防震减灾舞台剧《家》让现场观众深受感染，为活动营造浓厚氛围。

5月8日

农历戊戌年三月廿三
星期二
温度：21℃—29℃
阴转小雨

●在收听收看全省河长制工作视频会后，泉州市随即召开全市河长制工作视频会，贯彻部署相关工作。

●全市人大代表工作座谈会召开，围绕各县（市、区）贯彻落实省市关于加强和改进人大代表履职有关工作的实施情况进行经验交流，深化和拓展工作思路，并部署下一步人大代表工作。

●全市城市安全风险评估工作动员暨专题培训会议召开。

●泉州市“5·12”防震减灾宣传周启动仪式举行。

●全市现代医院管理制度建设座谈会在安溪县召开。

●中华白海豚保护宣传日，泉州、厦门、漳州三市海洋与渔业局代表在厦门签订《关于建立中华白海豚及栖息地保护合作机制协议书》。

5月9日

农历戊戌年三月廿四
星期三
温度：18℃—26℃
阴转多云

●第17届世界中学生运动会闭幕式在摩洛哥马拉喀什体育馆举行。泉州晋江作为第18届世界中学生运动会的举办城市，接过世界中学生运动会会旗，标志世中运进入“晋江时间”。

●9—10日，省政协副主席薛卫民带领调研组到泉州，开展协商议题“深化国家生态文明试验区建设”调研。

●泉州32个品牌登上中国品牌价值评价“五亿榜单”。

●宁夏旅发委组织银川市体育旅游局及区内主要景区、旅行社等30多家成员单位到泉州举行推介会。

第18届世界中学生运动会进入“晋江时间”

北京时间9日凌晨3时30分（当地时间8日20时30分），第17届世界中学生运动会闭幕式在摩洛哥马拉喀什体育馆举行。闭幕式上，泉州晋江作为第18届世界中学生运动会的举办城市，接过世界中学生运动会（以下简称“世中运”）会旗，标志世中运进入“晋江时间”。北京时间9日凌晨4时30分（当地时间8日21时30分），国际中体联主席劳伦特·佩楚卡将世中运会旗交到晋江市主要负责人的手中。接旗仪式后，晋江作为第18届世界中学生运动会的举办城市，举行主题为“在一起，更出彩”的文艺演出。文艺演出时长4分钟，融合舞蹈、武术、木偶，带入“钱棍”“走宫灯”等传统元素，将文化和体育结合，尽显闽南风、展现国际范。改编后的闽南传统音乐《正月点灯红》韵律十足，33名演出人员共同演绎，“走宫灯”与棍操作为主体贯穿始终，武术以长拳、太极、空翻等形式与提线、掌中木偶轮番上场，并与舞蹈的队形变换形成互动和谐画面。演出中，传统与时尚交融，传播青春活力和运动魅力，传递晋江的热情和精气神，向全世界发出最真挚的邀请。不同国家和地区的中学生纷纷表示，希望能够于2020年在中国再次相聚，见证另一场青少年体育盛会。

“在一起，更出彩”文艺演出现场（图/董严军）

泉州32个品牌登上中国品牌价值评价“五亿榜单”

由国家市场监督管理总局指导，经济日报社、中国国际贸易促进委员会、中国品牌建设促进会主办的“2018中国品牌价值评价信息发布”活动在上海举行。在此次活动中，参加品牌价值评价的企业数量达1346家，发布品牌价值评价的数量达718个，泉州有32个品牌登上“五亿榜单”。

在登上“五亿榜单”的32个泉州企业品牌中，共有19个企业品牌和13个自主创新品牌。其中，恒安集团、达利食品集团分别以408.92亿元、157.18亿元的品牌价值位居企业品牌（轻工类）全国第四、第八；安踏体育用品有限公司以262.3亿元位居企业品牌（纺织服装）榜首；利郎（中国）有限公司、九牧集团有限公司、福建森源家具有限公司、虎都（中国）实业有限公司、福建七匹狼实业股份有限公司列前50名榜单；福建泉州匹克体育用品有限公司、贵人鸟股份有限公司分别以50.88亿元、40.68亿元的品牌价值位居自主创新品牌全国第四、第五；另外，还有闽发铝业、蜡笔小新、浔兴拉链、雨中鸟、品质陶瓷等企业品牌在同类别排名中获得喜人成绩。在地理标志产品区域品牌环节中，活动发布了贵州茅台酒、安溪铁观音等区域品牌（地理标志产品）前100名排行榜，泉州的安溪铁观音位居第二。在中国品牌价值百强榜单中，泉州有安踏和心相印2个品牌上榜，品牌价值分别为262.3亿元和78.1亿元，排名分别为第五十五和第九十九。

相关链接：中国品牌价值评价是打造中国品牌正能量、提高中国品牌国际竞争力、推动中国品牌走向世界的重要举措。泉州作为全国品牌建设较有实践基础和经验的地区之一，多年来不遗余力地推进品牌建设，孕育了许多家喻户晓的品牌，被誉为“中国品牌之都”。

宁夏旅发委到泉州举行推介会

宁夏旅发委组织银川市体育旅游局及区内主要景区、旅行社等30多家成员单位到泉州举行推介会。推介会上，主办方向福建籍游客送出免费游宁夏及半价优惠旅游大礼包——5月1日至6月30日，宁夏所有AAAA级以上景区对福建籍游客免门票；2018年全年，宁夏AAAA级以上景区针对福建籍游客给予门票半价优惠。同时，宁夏还针对福建游客推出10条精品旅游线路。

周联清到泉州调研对台工作

省委常委周联清带领省台办负责人，到泉州调研对台工作。在中国闽台缘博物馆，周联清察看主题展并召开座谈会。周联清还到晋华、矽品和安鼎体育等公司的建设工地和车间，了解集成电路等高新技术项目建设进展和台资企业党建等方面情况。周联清强调，台商台胞是福建经济社会发展的参与者、推动者和受益者。福建处于难得的加快发展时期，电子信息产业处于战略发展机遇期，各级各部门要贯彻习近平对台工作思想，为台商台胞创造更好的发展环境；希望台商坚定信心、积极作为，加快建设进度，抢占市场先机，不断做大做强，实现互利共赢。

市计生协会六届三次理事会召开

市计生协会六届三次理事会召开，总结2017年工作，部署下阶段工作。会议指出，2017年，各级计生协会加强生育关怀资金筹集监管、幸福工程帮扶、计生小额贴息帮扶、计生家庭意外伤害保险等工作，全市已有54.9万户计生家庭办理意外伤害保险，缴交保费5490万元。此外，各级计生协会还加强计生特殊家庭关爱行动，成立633个失独家庭“关爱小组”，相关工作成效显著。2018年，各级计生协会将继续以服务“全面两孩”政策为主线，全面推进儿童早期发展工作，强化协会自身建设，增强组织活力，稳步推进计生协会改革发展。

东宝花苑人才公寓首批高层次人才选房工作启动

东宝花苑人才公寓首批高层次人才选房工作启动。市住建局工作人员介绍，市本级在东宝花苑保障性住房项目集中配套建设204套人才公寓（人才周转房），分布在小区29号楼、30号楼、31号楼，用于高层次人才承租使用。第一期60套（40套三房型、20套二房型）已装修完毕可供高层次人才选房；另144套（96套三房型、48套二房型）在装修后可供第二期选房。为贯彻落实市委、市政府人才“港湾计划”的工作部署，根据此前由市住建局和市人社局制定的选房方案，在“泉州市高层次人才‘一站式’服务大厅”申请承租人才公寓，且经相关部门审核、公示符合条件的高层次人才，都可以参加选房。承租人选房成功、办理《选房确认书》《交款、签约通知单》后，缴交履约保证金和租金，再签订人才公寓《租赁合同》，便可与小区物业公司办理验房、交房手续。此外，根据《泉州市高层次人才安居保障暂行规定》，在服务期限内，第一、二层次人才免收租金，第三层次人才按公租房租金标准的50%收取租金，第四、第五层次人才按公租房租金标准收取租金。第一至第三层次人才每年按相应标准免去的租金，将从人才安居保障专项资金中列支。

东宝花苑人才公寓（图/泉州晚报社）

2018普法宣传公益电影放映季启动

由市文联和市司法局主办，泉州市电影家协会和泉州影剧院承办的2018普法宣传公益电影放映季启动仪式在泉州市艺术中心举行，启动仪式后露天放映纪录片《厉害了，我的国》，吸引众多市民观看。即日起至12月，主办方在泉州影剧院、威远楼广场、新门街芳草园广场、西街肃清门广场、源和1916文创园及晋江五店市传统街区等地，免费为市民放映多部普法题材电影。此次放映季的电影作品包括《战狼Ⅱ》《廖俊波》《建党伟业》《杨善洲》《第一书记》《生死牛玉儒》《焦裕禄》《雷锋在一九五九》《南平红荔》《全民目击》《盲井》《秋菊打官司》《烈日灼心》《为了明天》《清淤》《马背上的法庭》《十二公民》《九品芝麻官之白面包青天》等。

5月10日

农历戊戌年三月廿五
星期四
温度：18℃—23℃
阴转多云

●省委常委周联清到泉州调研对台工作。

●市计生协会六届三次理事会召开，总结2017年工作，部署下阶段工作。

●泉州市集中式饮用水水源地环境保护专项行动动员会召开，全面推进饮用水源保护区环境问题整改。

●东宝花苑人才公寓首批高层次人才选房工作启动。

●由市文联和市司法局主办，泉州市电影家协会和泉州影剧院承办的2018普法宣传公益电影放映季启动仪式在泉州市艺术中心举行。

5月11日

农历戊戌年三月廿六
星期五
温度：20℃—27℃
多云

●泉州入选2017年工业稳增长和转型升级成效明显市（州）。

●市人大常委会党组（扩大）会议召开，传达学习中共中央办公厅有关文件精神，习近平在中共中央政治局第五次集体学习时和在纪念马克思200周年诞辰大会上发表的讲话精神等。

●市知识产权工作领导小组办公室、市知识产权局发布《2017年泉州市知识产权发展与保护状况（白皮书）》。

●市妇联举行“点亮微心愿 关爱贫困母亲”暨“母亲健康1+1”公益募捐。

●市总工会在晋江市磁灶镇举行以“农民劳模践行乡村振兴，发挥示范引领作用”为主题的座谈会。

●“清溪讲坛”开讲仪式暨首讲在安溪县文庙明伦堂举行。

泉州入选工业稳增长和转型升级成效明显地方名单

国务院政策例行吹风会召开。工信部总工程师陈因介绍，年初工信部组织开展2017年工业稳增长和转型升级成效明显市（州）评审推荐工作，成都、大连、泉州等14个市（直辖市辖区）入选。陈因指出，这些地方在“中国制造2025”五大工程和重点领域发展态势良好，工业经济运行平稳，产业结构持续优化，转型升级成绩突出，具有典型示范作用。对上述地方，工信部将在申报国家新型工业化产业示范基地、申报工信部组织的专项资金等方面采取优先举措。工信部将兑现激励措施，促进制造业与互联网深度融合。根据部署，工信部已连续两年组织开展工业稳增长和转型升级成效明显市（州）激励工作。

市人大常委会党组（扩大）会议学习习近平讲话精神

市人大常委会党组（扩大）会议召开，传达学习中共中央办公厅有关文件精神，习近平在中共中央政治局第五次集体学习时和在纪念马克思200周年诞辰大会上发表的讲话精神，在全国网络安全和信息化工作会议上的讲话、致首届数字中国建设峰会的贺信精神以及省委常委会会议精神，关于建设生态宜居美丽乡村的指示精神和省国家生态文明试验区建设领导小组暨省中央环保督察整改工作领导小组会议精神，《中共中央办公厅关于加强调查研究提高调查研究实效的通知》精神及《中共福建省委关于把党的政治建设摆在首位落深落细落实全面从严治党主体责任的意见》精神。会议指出，要认识网络强国的重要意义，依法有为，落实安全责任。要提升认识，推动乡村振兴，实现有为担当。要明确目的性，注重科学性，讲究实效性，增强纪律性，完善调研工作。要增强政治意识，加强检查监督，压实主体责任，推动全面从严治党工作有效落实。

泉州市发布2017年知识产权发展与保护状况白皮书

市知识产权工作领导小组办公室、市知识产权局发布《2017年泉州市知识产权发展与保护状况（白皮书）》，此系泉州市连续14年发布知识产权发展与保护状况白皮书。2017年，泉州市知识产权创造呈现量质齐升的良好局面。据统计，全市专利申请量为47179件，授权量为25525件，均位居全省第一位；其中发明专利申请量和授权量分别为6130件和2483件，分别同比增长16.67%和74.37%。截至2017年12月，全市有效注册商标突破25万件，位居全国地级市第二位；驰名商标达154件，位居全国地级市前列；有效马德里国际注册商标达765件，约占福建省的43.6%，位居全国地级市第三位。全市有地理标志商标27件。全市版权作品登记量突破35000件，版权作品登记量连续多年位居福建省首位。

“点亮微心愿 关爱贫困母亲”公益募捐举行

市妇联举行“点亮微心愿 关爱贫困母亲”暨“母亲健康1+1”公益募捐，拟筹集200万元以上资金，帮助贫困母亲实现微心愿。“关爱贫困母亲”活动是市妇联帮扶救助贫困女性的重要抓手。2017年，“母亲健康1+1”公益募捐、“为贫困母亲圆梦”、关爱贫困女大学生“百万工艺美术精品慈善捐赠和义卖”三项活动筹集善款280多万元，帮助55名贫困母亲实现微心愿，扶持50名贫困女大学生完成学业。2018年，市妇联继续牵头举办“为贫困母亲圆梦”和“母亲健康1+1”公益募捐，所得善款全部用于贫困女性救助帮扶，包括帮助80多名贫困母亲实现“微心愿”。

“清溪讲坛”开讲

“清溪讲坛”开讲仪式暨首讲在安溪县文庙明伦堂举行。开讲仪式后，泉州师范学院原副校长、福建师范大学博士生导师林华东教授作“闽南文化随谈”专题讲座。“清溪讲坛”秉着传承发展中华优秀传统文化，讲好“身边典型故事”“安溪先贤故事”，传播优秀乡土文化等，全面提升安溪县干部群众的道德素养和文明素质，推动社会主义核心价值观入脑入心、外化于行。“清溪讲坛”为公益性讲坛，面向城区群众，每月举办一至两场。

泉州市全面推行“亮灯领航”工程

泉州市印发《关于全面推行“亮灯领航”工程，进一步深化“机关党旗红，‘五个泉州’在行动”主题实践活动的实施方案》，要求全市机关党组织持续围绕泉州现代化建设目标和“转型攻坚、聚力跨越”工作主线，结合地区、部门和行业实际，突出政治功能，聚焦提升机关党组织的组织力及党建工作质量，致力破解机关党建一定程度上存在的“灯下黑”问题。根据方案，泉州市将深耕“看齐对标”“创牌亮旗”“示范表率”“正风提效”“固本强基”五大行动，解决机关党员干部学习教育、机关党建项目品牌、机关党组织和党员身份作为形象、机关作风效能、机关党组织组织力等方面工作一定程度存在的“灯下黑”问题。其中，在“示范表率”行动中，要求全市机关各级党组织要继续把“走前头、作表率”贯彻于机关党建工作的全过程，把机关组织打造成激浊扬清的战斗堡垒，将机关党员队伍打造成扶正祛邪的先锋战士。在“正风提效”行动中，要持之以恒正风肃纪，开拓创新提升效能，以良好的工作作风和队伍形象，助推泉州新一轮创新转型，建设一流营商环境城市。

泉州队获省机器人竞赛冠军队总数“三连冠”

12—14日，第16届福建省机器人竞赛在晋江市举行。泉州代表队获得的冠军队数量、一等奖数量及获奖总数均名列全省第一。其中，冠军队总数获“三连冠”。该届竞赛以“探索创新·快乐成长”为主题，设机器人综合技能、机器人创意、FLL机器人工程挑战赛、VEX机器人工程挑战赛以及WER工程创新赛五个项目，全省各地的402支代表队1300多名选手和指导老师参赛，泉州代表队共有101支队伍、225名选手参赛。经过角逐，泉州代表队获冠军队4个，一等奖总数17个。值得一提的是，来自泉州培元中学、泉州师院附小、晋江南侨中学、晋江实验小学的4个冠军队获得参加7月在贵阳举办的第18届中国青少年机器人竞赛的资格。

相关链接：市教育局和市科协把“加强青少年科技教育工作，提高青少年科学素养，培养青少年创新意识和实践能力，为‘泉州制造2025’培育大批优秀后备人才大军”作为重点工作进行布局，推动泉州市实现机器人工作室和市赛参赛队伍县（市、区）全覆盖。

泉州市防灾减灾宣传活动举行

汶川特大地震10周年，全国第10个“防灾减灾日”，由市防汛抗旱指挥部和市水利局主办的以“行动起来，减轻身边的灾害风险”为主题的防灾减灾宣传活动在市区西湖公园举行。活动现场除播放防汛防灾减灾动漫、分发相关宣传品外，还设置介绍暴雨、洪涝、台风、泥石流、干旱等自然灾害科普常识、防范措施的“科普长廊”。市防汛抢险机动救援支队现场演示无人机、水下搜救机器人、涵洞探测机器人等新装备新技术，并现场教授急救知识。

泉州闽南歌舞参演阿尔巴尼亚发罗拉艺术节

12—14日，第十届发罗拉国际民间艺术节在阿尔巴尼亚发罗拉市举行，泉州市闽南民间歌舞传承中心应邀参加，其献演的闽南歌舞节目《闽南风情画》获全场第一名。《闽南风情画》是泉州市打造的大型民俗歌舞《古厝娶亲》中的一部分，将泉州民间礼俗、歌舞、戏曲、民歌等元素融为一体，此次出国演出前进行了重新编排提升，较好地展示泉州独特的民间歌舞艺术。此次交流，泉州市闽南民间歌舞传承中心还献演闽南歌曲《正月点灯红》《望春风》和舞蹈《百花争妍》《偶趣》《醉七响》《惠女服饰》等。泉州市闽南民间歌舞传承中心副主任王小春表示，此次艺术节除进行多场演出外，还安排“踩街”活动，参加艺术节的各国演出队伍穿着自己的民族服装，拿着国旗，行走在大街上。在“踩街”活动中，泉州独特的民间歌舞及美丽的惠安女和蟳埔女服饰，受到阿尔巴尼亚人民的欢迎。

5月12日

农历戊戌年三月廿七
星期六
温度：22℃—31℃
多云

●泉州市印发《关于全面推行“亮灯领航”工程，进一步深化“机关党旗红，‘五个泉州’在行动”主题实践活动的实施方案》。

●12—14日，第16届福建省机器人竞赛在晋江市举行。泉州代表队获得的冠军队数量、一等奖数量及获奖总数均名列全省第一。其中，冠军队总数获“三连冠”。

●由市防汛抗旱指挥部和市水利局主办的以“行动起来，减轻身边的灾害风险”为主题的防灾减灾宣传活动在市区西湖公园举行。

●12—14日，第十届发罗拉国际民间艺术节在阿尔巴尼亚发罗拉市举行，泉州市闽南民间歌舞传承中心应邀参加。

5月13日

农历戊戌年三月廿八
星期日
温度：24℃—32℃
多云

●市委常委会召开会议，学习贯彻习近平在中共中央政治局第五次集体学习时和在纪念马克思诞辰200周年大会上的讲话精神以及省委常委会会议精神等。

●康涛到泉港区调研跨越发展和管党治党落实情况。

●2018年第一批泉州市诚信“红黑榜”名单公布。

●由市市政公用事业局、泉州水务集团、泉州市自来水公司等主办的2018年全国城市节约用水宣传周在市区泉州商城广场启动。

●由教育部高等院校电子商务类专业教学指导委员会及省教育厅主办、华侨大学承办的第八届全国大学生电子商务“创新、创意及创业”挑战赛福建省选拔赛泉州农商银行杯在华侨大学开幕。

市委常委会会议学习习近平讲话精神

市委常委会召开会议，学习贯彻习近平在中共中央政治局第五次集体学习时和在纪念马克思200周年诞辰大会上的讲话精神以及省委常委会会议精神；学习贯彻习近平在第十九届中央国家安全委员会第一次会议上的讲话精神和省委常委会会议精神。

会议指出，习近平在中共中央政治局第五次集体学习时和在纪念马克思200周年诞辰大会上的讲话，为我们在新时代坚持和发展马克思主义指明方向、提供遵循。全市党员干部要坚定马克思主义信仰和共产主义理想，坚持和发展中国特色社会主义，自觉做忠诚信奉者、坚定实践者；原原本本学习经典著作，从中汲取科学智慧和理论力量。把学习宣传贯彻习近平新时代中国特色社会主义思想引向深入，维护习近平权威和核心地位，维护以习近平同志为核心的党中央权威和集中统一领导。提高运用科学理论解决实际问题的能力，增强马克思主义理论素养，提升解决问题的战略思维、系统思维能力。自觉将习近平新时代中国特色社会主义思想贯穿体现到工作的全过程各方面，坚持问题导向，破解高质量发展与实现赶超有机统一的瓶颈制约，在新福建建设中当好主力军。

会议指出，各级各部门要全面贯彻落实总体国家安全观，坚持统筹发展和安全两件大事，绷紧国家安全这根弦。有力有效防范应对风险挑战，加强安全形势研判，有效应对互联网条件下国家安全新挑战，开展反渗透、反邪教、反恐怖斗争，增强公众自觉维护国家安全意识，共筑“安全长城”。扛起维护国家安全主体责任，坚持党的绝对领导，落实《党委（党组）国家安全责任制规定》，推动责任落实全覆盖。

泉州诚信“红黑榜”首批名单公布

为加快泉州社会信用体系建设，构建守信激励和失信惩戒机制，形成守信光荣、失信可耻的社会氛围，泉州市推行诚信“红黑榜”发布制度，打造“信用泉州”，增强城市综合竞争力。2018年第一批泉州市诚信“红黑榜”名单在“信用泉州”及相关行业主管部门网站上发布，市民可登录查阅。此次信用红榜包括市委文明办、市住房和城乡建设局、市质量技术监督局、泉州海关发布的守信“红名单”，超100家企事业单位；信用黑榜则包括市人力资源和社会保障局发布的劳动保障违法“黑名单”、市交通运输委员会发布的2016—2017年严重违法失信超限运输车辆“黑名单”、市安监局发布的安全生产失信“黑名单”，共49家企业。首批诚信“红黑榜”重点围绕关系人民群众切身利益、经济健康发展、社会和谐稳定的重点行业、重点领域，对企事业单位、社会组织、个人等各类社会主体进行信用评价，由各行业主管部门单位根据法律、法规规定以及国家、省市政策要求，统一收集、报送、发布。有关社会主体对发布信息存在异议的，可向发布行业主管部门提出信息异议申请。

泉州市节约用水宣传周启动

由市市政公用事业局、泉州水务集团、泉州市自来水公司等主办的2018年全国城市节约用水宣传周在市区泉州商城广场启动。第27个全国城市节约用水宣传周以“实施国家节水行动，让节水成为习惯”为主题。活动现场开展节水宣传，分发调查问卷、派发节水龙头500个，同时还为2017年度的节水型企业（单位）、居民小区，以及节水先进单位（个人）进行授牌颁奖。

泉州市对非居民用水的计划管理率超过90%，其中有153家单位分别获得节水型企业（单位）、小区称号。为提高用水效率和节约用水的管理水平，泉州市树立“开源与节流并重，节流优先，治污为本，科学开源，综合利用”的工作理念，制定创建“国家节水型城市”实施方案。在各部门、各企事业单位及市民群众的努力下，泉州市城市节水工作成效明显，2017年获“省级节水型城市”称号。全市已建立科学合理用水定额，编制取水定额体系；编制《节水产品推荐目录》，推广节水器具、节水工艺、节水技术；引导各类载体通过开展水平衡测试、改造缺陷自来水管和非节水器具，争创节水型单位。市市政公用事业管理局、市节水办等单位呼吁全社会都来关心、保护水生态，让节水成为习惯。对于每月用水量大于3000吨的用水单位和大型居民小区，应尽快开展水平衡测试及节水型单位和节水型小区创建。

全市村级组织换届选举工作专题会议召开

全市村级组织换届选举工作专题会议召开，贯彻落实中央、省委工作部署要求，听取各地推进情况。会议要求，责任要层层压实，各级党委要落实主体责任，强化工作责任制，一竿子插到底，确保掌握主导权。挂钩领导要直接抓、直接管，敢于担当做工作。选人要严把关口，坚持政治标准第一，拓宽选人视野，把那些政治素质好、倾力带领群众致富、倾情为村民服务、廉洁自律、公道正派的优秀人才选出来

泉州新增4位中国工艺美术大师

第七届中国工艺美术大师评选结果出炉，全国共确定89位入选，泉州市的王经民、连紫华、陈明良、赖礼同入选，加上此前获评的卢思立、黄泉福、柯宏荣、郑国明，全市现有8位中国工艺美术大师。连紫华、陈明良、赖礼同来自德化，均为瓷都实力派陶瓷艺术大师。其中，连紫华的作品《仿宋木雕观音》获评“山花奖”，30多件作品被各大博物馆收藏；陈明良独创大型瓷雕《千手千眼观音系列》，获“首届（北京）国际博览会”金奖。赖礼同成功研制整体烧制瓷雕塑像——孔子像高2.219米，获大世界吉尼斯之最。王经民来自惠安，其作品《女娲补天》作为石雕唯一代表作参加首届“中国非物质文化遗产保护成果展”。

相关链接：泉州市工艺美术历史悠久，品类繁多，技艺精湛，享誉海内外。全市已构建一支由8名中国工艺美术大师、76名福建省工艺美术大师、115名福建省工艺美术名人、245名泉州市工艺美术大师组成的梯级大师队伍，为工艺美术的传承发展提供人才支撑。

泉州推出37条旅游惠民措施

市旅游发展委员会发布“5·19”中国旅游日惠民措施，具体包括重点惠民措施、旅游扶贫助残措施等37条优惠措施。

重点惠民措施包括19日仙公山免费开放，泉港金钟潭景区冰雪大世界门票半价，绿笛山庄免收庄园管理费，参加石狮519践行马拉松活动的选手可享茂险王主题乐园门票五折优惠，崇武古城风景区当天生日的游客免票，北溪文苑景区门票8折优惠，云河谷当天门票5折优惠，德化云龙谷当天景区首道门票8折优惠。

旅游扶贫助残措施包括蔡氏古民居残疾人免费、民政部门组织的贫困户免费参观；贫困户、残疾人凭相关证件于19日到清水岩、洪恩岩、凤山风景区、尤俊农耕文化园、志闽桫椤谷景区免门票；残疾人凭证可免北溪文苑门票；德化九仙山持残疾证免门票；德化云龙谷持残疾证免景区首道门票；德化顺美文化生活馆持残疾证免费体验DIY；德化桃花岛景区持残疾证免门票；德化如瓷生活文化馆凭残疾证陶艺体验免费。

对劳模、先进工作者等先进群体实施旅游奖励的优惠措施：石龙谷、泉州海丝野生动物世界、后深溪旅游区针对洛江区公益协会优秀工作者联合推出“免费游洛江”；蔡氏古民居对劳模、先进工作者、高级人才免门票；劳模凭相关证件于19日到清水岩、洪恩岩、凤山风景区、尤俊农耕文化园、志闽桫椤谷景区免门票；牛姆林景区对劳模、先进工作者免门票；劳模、军人凭证可以免北溪文苑景区门票；德化云龙谷对劳模、先进工作者凭证件免景区首道门票；德化桃花岛景区凭证件免门票；德化如瓷生活文化馆凭劳模证陶艺体验免费。

泉州五中学生获英特尔国际科学与工程大奖赛二等奖

14—19日，第69届英特尔国际科学与工程大奖赛（Intel ISEF）在美国匹兹堡市举行，泉州五中学生林楷睿的“基于硬碳/石墨混合正极的钾双离子电池”项目获二等奖，并获得专项奖，其名字将可命名一颗行星。

（图/泉州五中）

5月14日

农历戊戌年三月廿九

星期一

温度：24℃—32℃

多云

●全市村级组织换届选举工作专题会议召开，贯彻落实中央、省委工作部署要求，听取各地推进情况。

●“华大讲堂”第75讲举行。第十三届全国政协委员，中国社会科学院马克思主义研究院党委书记、院长邓纯东作题为《充分认识马克思主义真理的伟大力量坚持当代马克思主义的指导地位》的报告。

●第七届中国工艺美术大师评选结果出炉，全国共确定89人入选，泉州市的王经民、连紫华、陈明良、赖礼同入选。

●全国妇联揭晓1000户2018年度全国“最美家庭”，泉州市3户家庭入选。

●市旅游发展委员会发布“5·19中国旅游日”惠民措施，具体包括重点惠民措施、旅游扶贫助残措施等37条优惠措施。

●14—19日，第69届英特尔国际科学与工程大奖赛（Intel ISEF）在美国匹兹堡市举行，泉州五中学生林楷睿的“基于硬碳/石墨混合正极的钾双离子电池”项目获二等奖，并获得专项奖，其名字将可命名一颗行星。

5月15日

农历戊戌年四月初一
星期二
温度：23℃—33℃
多云

●市政协党组中心组（扩大）学习会召开，传达学习习近平在中共中央政治局第五次集体学习时和在纪念马克思200周年诞辰大会上的讲话精神以及省委常委会会议精神等。

●文化和旅游部、工业和信息化部发布第一批国家传统工艺振兴目录，泉州6项工艺入选。

●泉州市加强网约车监管。

●第25个“全国碘缺乏病防治日”，市卫计部门联合相关单位在德化县城开展主题宣传活动。

●由市残联、市妇联和泉州市法律援助中心主办的“法律援助进乡村”系列活动首场在安溪县龙门镇举行。

●15—19日，2018年福建省青少年篮球锦标赛暨省运会测试赛在宁德举行，泉州队获女子组冠军。

●由泉州多家影视公司携手打造的动作喜剧电影《夺宝之石狮亭》在石狮市举行新闻发布会暨开机仪式。

市政协党组中心组（扩大）会议学习习近平讲话精神

市政协党组中心组（扩大）学习会召开，传达学习习近平在中共中央政治局第五次集体学习时和在纪念马克思200周年诞辰大会上的讲话精神以及省委常委会会议精神，在第十九届中央国家安全委员会第一次会议上的讲话精神和省委常委会会议精神，在全国网络安全和信息化工作会议上的讲话、致首届数字中国建设峰会的贺信精神以及省委常委会会议精神，关于建设生态宜居美丽乡村的指示精神和省国家生态文明试验区建设领导小组暨省中央环保督察整改工作领导小组会议精神，《中共中央办公厅关于加强调查研究提高调查研究实效的通知》精神及《中共福建省委关于把党的政治建设摆在首位落深落细落实全面从严治党主体责任的意见》精神，并就意识形态工作进行专题学习和部署。会议强调，市政协机关党员干部要学深悟透马克思主义理论实质，增强实践马克思主义的自觉性。要维护以习近平同志为核心的党中央权威和集中统一领导。要把学习的成效体现到政协履职的全过程。

泉州6项工艺入选首批国家传统工艺振兴目录

文化和旅游部、工业和信息化部发布第一批国家传统工艺振兴目录，全国383个传统工艺项目入选，涉及纺染织绣、服饰制作、编织扎制、雕刻塑造、家具建筑、金属加工、剪纸刻绘、陶瓷烧造、文房制作、漆器髹饰、印刷装裱、食品制作、中药炮制、器具制作14个门类。福建省21项入选，泉州占据6项。此次入选首批国家传统工艺振兴目录的泉州工艺包括安溪竹藤编、泉州花灯制作技艺、惠安石雕、木偶头雕刻、德化瓷烧制技艺、万应茶制作技艺。这些项目将获得更大力度的扶持，并辅以振兴措施，形成行之有效的经验和模式。

泉州市加强网约车监管

为加强泉州市网约车平台企业、车辆、从业人员的监管，15日，市交通委印发《关于加强网络预约出租汽车经营服务管理工作的通知》，16日召开网约车经营管理工作会议，召集26家网约车平台、线下企业，要求对可能存在的不合规车辆参与营运、人车信息不匹配、运营数据传输不及时等问题限期整改。市交通委提出，相关公司要严格排查，并于7月1日前清理不合规车辆，否则实行停业整顿处理，直至整改到位。7月1日起，未取得《网络预约出租汽车经营许可证》的网约车平台，不得经营网约车。即日起，平台内所有车辆和驾驶员都要排查，清理出不合规的车辆，并且要建立健全车辆和驾驶员档案资料，做到一车一档、一人一档，人车信息要匹配；更要注意的是，即日起不得向不合规车辆派单。业内人士认为，网约车平台数据只有上传到监管部门,才能真正做到有效监管，确保司机、乘客安全。对此，市交通委要求网约车平台要实时向市级交通运输主管部门传输运营数据，经营、订单、服务质量等信息，传输延迟不得超过300秒，定位信息要求更高，延迟不得超出60秒。市交通委表示，12月1日没有达到这些要求的，限期整顿，直至符合经营许可条件。

泉州市开展“全国碘缺乏病防治日”宣传活动

第25个“全国碘缺乏病防治日”，2018年的主题是“‘碘’亮智慧人生 共享健康生活”。市卫计部门联合相关单位在德化县城设立宣传点，采用展示宣传板画、发放宣传单、现场健康咨询、有奖问答、真假碘盐的识别等形式，宣传碘缺乏病防治知识，让更多的人认识碘缺乏病的危害、掌握科学补碘的有关知识。泉州市从1995年开始，采取以普遍食盐加碘为主的碘缺乏病综合防控措施，到2008年全市以县为单位先后实现消除碘缺乏病阶段目标。泉州市处于持续消除碘缺乏病状态。但由于自然环境缺碘的状况无法改变，市民身体里的碘营养仍需靠坚持食用合格碘盐获得，一旦停止补碘，碘缺乏病将会卷土重来。食用碘盐是预防碘缺乏危害最根本的措施。

泉州市发出第一本长期有效驾驶证

安溪县一名驾驶员在安溪交警大队申领到长期有效的驾驶证。此系2016年公安部《机动车驾驶证申领和使用规定》发布后，泉州市发出的第一本长期有效的驾驶证。安溪交警车管所负责人介绍，根据公安部第139号令《机动车驾驶证申领和使用规定》，驾驶证有效期可分为6年、10年、长期。机动车驾驶人在机动车驾驶证的6年有效期内，每个记分周期均未记满12分的，换发10年有效期的机动车驾驶证；在机动车驾驶证的10年有效期内，每个记分周期均未记满12分的，换发长期有效的机动车驾驶证。根据公安部第139号令规定，领取长期驾驶证的驾驶员不必再办理到期换证业务，但在满70周岁（含）以上，每年需提交一次身体条件证明。

泉州市2018残疾人艺术作品展开幕

由市委宣传部、市直机关工委、市文联、市残联主办的“拥抱新时代 共筑新梦想”——泉州市2018残疾人艺术作品展在泉州领show天地文创园开幕。作品展共收到全市残疾人创作的书法、绘画、摄影、工艺美术、手工以及特殊群体的艺术作品258件。这些作品题材丰富、内容广泛，彰显残疾人艺术爱好者对土地、自然、生命之美的热爱之情，折射出他们百折不挠、自强不息的精神力量和对美好生活的追求和向往。作品展之前，主办方先行开展网络预展和网络投票活动，在短短5天的时间内，网上关注度达100多万人次，投票量达50多万票。结合网络投票情况，主办方聘请专家评审评选产生金奖4件、银奖15件、铜奖30件、优秀奖40件进行展出。

中山、珠海、澳门旅游推介会在泉州举行

中山、珠海、澳门旅游部门组织三地旅游业界在泉州举行“昔日大香山——今日中珠澳”旅游推介会，推介三地的主要旅游资源及特色线路，邀请泉州人民到大香山旅游观光。中山、珠海、澳门曾同属大香山，三地文脉相承、人脉相连，具有深厚的文化底蕴、相似的历史人文资源。自2010年起，三地旅游局开始每年在内地携手推广区域旅游。三地在旅游内涵方面各有特色，旅客在一次旅程可以享受三种不同的人文风情及独特城市面貌。此次三地旅游部门组织10余家企业代表参加推介和洽谈。三地业界表示，泉州与珠海、澳门均有直航航班，全程仅需2个小时，交通十分便利。搭乘高铁经广州换乘珠海和中山，车程时间也在半天内。三地与泉州旅游业界借此契机加强沟通合作，发掘商机，共同促进四地旅游业的发展。

安溪县成立全市首个药品安全讲师团

安溪县在全市率先成立首个药品安全讲师团。安溪县药品安全讲师团首批受聘的13名药品安全讲师均来自全县药品监管部门和药品经营单位，具有丰富的药品安全使用管理工作经验，他们将承担首期药品安全使用宣传任务。组建药品安全讲师团，是加强药品安全宣传的有效举措，旨在发挥专业人员特长，加大药品安全使用常识宣传力度，弥补药品流通、使用及医保支付各环节药品安全使用宣传上的不足。安溪县市场监管局相关负责人介绍，药品安全讲师团成立后，将发挥县、乡、村医疗机构和药品经营企业专业人员的药品专业特长优势，组建药品质量组、合理用药组、健康养生组3个小组，结合公共卫生和健康教育，坚持每月开展“下乡镇、进乡村”药品安全主题宣讲活动，面向市民科普安全用药常识，到一线指导合理用药科学用药，提升药品安全宣传工作实效，提高群众用药安全的幸福感和获得感。

永春县启动国家级“非遗”定期传艺活动

永春县国家级非物质文化遗产项目进校园、进社区、进企业、进警营启动仪式在该县余光中文学馆举行，标志着该县的国家级非物质文化遗产白鹤拳、纸织画定期传艺活动启动。此次活动在部分校园、社区、企业、警营设立国家级非物质文化遗产项目传习基地，聘请永春白鹤拳、纸织画的代表性传承人为传习师，定期到基地传艺。

5月16日

农历戊戌年四月初二
星期三
温度：24℃—34℃
多云转阴

●泉州市发出第一本长期有效驾驶证。

●由市委宣传部、市直机关工委、市文联、市残联主办的“拥抱新时代 共筑新梦想”——泉州市2018残疾人艺术作品展在泉州领show天地文创园开幕。

●中山、珠海、澳门旅游部门组织三地旅游业界在泉州举行“昔日大香山——今日中珠澳”旅游推介会。

●由丰泽区委老干局、区委人才办、区文体新局、区文联主办的“不忘初心 砥砺奋进—2018‘丰泽韵·海丝情’美术作品展”和由区委文明办、区委老干局、区文体新局、区教育局主办的丰泽区“倡移风易俗、传‘家+文化’”家风家训作品展，在丰泽区文化馆开幕。

●安溪县在全市率先成立首个药品安全讲师团。

●永春县国家级非物质文化遗产项目进校园、进社区、进企业、进警营启动仪式在该县余光中文学馆举行。

5月17日

农历戊戌年四月初三
星期四
温度：24℃—35℃
多云

●泉州市民兵应急营集合点验暨成立大会在仰恩大学举行。

●省质监局批复同意泉州市成立福建省能源计量中心（泉州），此系全省唯一获批筹建的省级能源计量中心。

●17—31日，由中国建筑学会、中国文物学会主办，中国文物学会20世纪建筑遗产委员会、泉州古城保护发展工作协调组办公室承办，中国文物学会20世纪建筑遗产委员会策展的“致敬中国经典”中国20世纪建筑遗产项目展在市区威远楼举行。

●17—20日，由中国建筑学会主办的2018中国建筑学会学术年会在泉州召开。

●17—18日，第六届华东六省一市小学语文教学观摩研讨活动在泉州聚龙外国语学校举行。

●中国（泉州）知识产权维权援助中心石狮纺织服装产业联盟工作站在石狮市揭牌成立。

全市首个民兵应急营成立

泉州市民兵应急营集合点验暨成立大会在仰恩大学举行。作为全市首个民兵应急营，该民兵应急营由来自防汛、医疗、地震、消防、供水、供电、通信等多个行业的专业人员组成，是市委、市政府“建在身边、抓在手中、用在急时”的关键力量。该民兵应急营将围绕“平时服务、急时应急、战时应战”的职能定位，主要担负起重大自然灾害、反恐维稳、事故灾难等应急救援任务。

首个省级能源计量中心落户泉州

省质监局批复同意泉州市成立福建省能源计量中心（泉州），此系全省唯一获批筹建的省级能源计量中心。该中心计划于2020年底完成筹建，可为泉州市争取更多能源计量方面的话语权。近年来，泉州市高度重视计量工作，相继出台《中共泉州市委、泉州市人民政府关于加快实施泉州制造2025发展纲要》《泉州市人民政府关于贯彻落实计量发展规划（2013—2020年）的实施意见》等文件，加大对计量检测设备的投入力度和高级技术人员的培养力度，促使计量技术水平领先于省内同行。同时，为更好地服务经济可持续发展，市质监局在市委、市政府支持下，向省质监局申报筹建省级能源计量中心。该中心建成后，将以泉州为支点，辐射全省，搭建起能源计量数据公共平台、能源计量技术服务平台、能源计量技术研究平台、能源计量人才培养平台四个平台。

中国20世纪建筑遗产项目展在泉州举行

17—31日，由中国建筑学会、中国文物学会主办，中国文物学会20世纪建筑遗产委员会、泉州古城保护发展工作协调组办公室承办，中国文物学会20世纪建筑遗产委员会策展的“致敬中国经典”中国20世纪建筑遗产项目展在市区威远楼举行。展览通过图片和文献记录的形式，展示20世纪中国建筑的百年风采。此次展览共展出第一批和第二批中国20世纪建筑遗产项目，共计198项，人民大会堂、民族文化宫、人民英雄纪念碑、中国美术馆、清华大学等众多经典建筑集中展示，省内参展的有武夷山庄、三坊七巷和朱紫坊建筑群、厦门大学早期建筑等。

中国20世纪建筑遗产项目评选认定工作，是由中国文物学会20世纪建筑遗产委员会执行，经过全国97位顾问专家的精心评选后产生，极具权威性。2016年9月29日在故宫博物院发布首批中国20世纪建筑遗产名录，人民大会堂等98项入选。第二批中国20世纪建筑遗产名录于2017年12月2日在安徽池州发布，中央博物馆等100项入选。此次展览不仅展出极具代表性的中国20世纪建筑经典作品，更让在建筑背后贡献智慧的50位建筑师、结构工程师的身影进入公众视野。此次展览以“中国20世纪建筑文化遗产传播”为主题，在泉州举办意义深远。泉州是海上丝绸之路的重要起点城市，中西方文化在这里完美交融，碰撞出极具特色的地域文化。

中国20世纪建筑遗产项目展在市区威远楼举行
（图/吴寿民）

中国知识产权维权援助中心石狮纺织服装产业联盟工作站成立

中国（泉州）知识产权维权援助中心石狮纺织服装产业联盟工作站在石狮市揭牌成立。该工作站将推动纺织服装产业转型升级，扩大知识产权维权援助工作的覆盖面和影响力，拓展知识产权依法快速维权渠道。工作站将从纺织服装企业的发展出发，开展知识产权维权援助工作，推动企业加大创新力度，提升知识产权创造、运用、保护和管理能力，增强核心竞争力。揭牌仪式后，国家知识产权局、全国专利代理人协会讲师韩龙作《专利赢市场——企业如何有效运用专利》专题讲座。

市十六届人大常委会第二十次主任会议召开

市十六届人大常委会第二十次主任会议召开，讨论市人大常委会关于开展市十六届人大二次会议代表建议办理情况（上半年）专题调研方案，市人大常委会农工委书面报告泉州市花卉产业发展情况。会议指出，要着重跟踪重点督办件的办理情况，通过代表建议办理情况专题调研，及时掌握办理工作动态，强化代表建议督办工作，督促解决办理中存在的问题，确保代表建议办理能够取得实实在在的效果；要督促政府加强产业规划，加大花卉产业的投入扶持力度，更好推进泉州市花卉产业发展。

市十六届人大常委会第二十次主任会议现场（图/王虎文）

八峰水库下闸蓄水

省、市重点水利建设项目八峰水库下闸蓄水。该水库位于洛江区罗溪镇北部洪泗溪八峰山处、晋江东溪支流罗溪上游。八峰水库概算总投资约2.2亿元，是以供水为主结合灌溉的水利工程，坝址以上集雨面积33.65平方千米，主河道长11.33千米，水库正常蓄水位为高程202米（黄海高程），总库容962.73万立方米，设计多年平均供水量1100万立方米。供水对象主要为罗溪镇，与上游的车厝、前洋水库联合调度，日供水能力达3万吨，可满足下游166.67公顷农田灌溉用水需求，改善下游群众生产生活条件和生态环境。经泉州市水利工程质量监督站评定，八峰水库工程质量等级评定为优良。

《新加坡华人通史》全国首发式在泉州举行

《新加坡华人通史》全国首发式在泉州华侨历史博物馆举行。《新加坡华人通史》是新加坡开埠以来，由新加坡华社编撰的第一部完整的华人通史著作。2017年年底，福建人民出版社将该书引入国内出版。该书记录从清嘉庆二十四年（1819年）至2015年间，新加坡华社各个阶段和时期的特点、成就及贡献，涉及政治、经济活动、社会组织、宗教思想、教育、文学与报业、文化艺术等。其中，有许多关于泉州籍华侨华人在新加坡的事迹。该书由37名来自新加坡、马来西亚、中国的历史学者编写，图文并茂，可读性强，力求在学术著作和通俗读物之间找到平衡，为读者提供最佳的阅读体验。新加坡驻厦门总领事池兆森表示，在泉州举办《新加坡华人通史》中国首发仪式意义重大，希望这本著作的出版，能加强新加坡与泉州的文化交流，增进相互了解与往来合作。首发式上还举行赠书仪式，主办方向厦门大学、华侨大学、泉州海外交通史博物馆、市档案馆等多个教育文化机构赠书。

《新加坡华人通史》全国首发式（图/吴寿民）

全市举行国际博物馆日活动

国际博物馆日，全市15家博物馆推出涵盖免费鉴宝、闽南文化体验、亲子体验等在内的近40项活动。图为闽南文化体验周暨免费鉴宝启动仪式。（图/李芸生）

5月18日

农历戊戌年四月初四
星期五
温度：25℃—35℃
多云转阴

●市十六届人大常委会第二十次主任会议召开，讨论市人大常委会关于开展市十六届人大二次会议代表建议办理情况（上半年）专题调研方案等。

●2018中国建筑学会学术年会的各论坛在泉州举办。

●省、市重点水利建设项目八峰水库下闸蓄水。

●国家基本公共卫生服务项目宣传月启动暨“健康家庭行动”主题宣传活动在惠安县涂寨镇举行。

●《新加坡华人通史》全国首发式在泉州华侨历史博物馆举行。

●泉州市电子竞技协会第一届会员大会暨领秀文旅电竞发展基金成立仪式在市区仟禧汇举行。会上，福建领秀文旅集团宣布，将投入百万元人民币，在泉州成立全省首个电竞产业基金——“领秀文旅电竞发展基金”，助推泉州电竞产业发展壮大。

●国际博物馆日，全市15家博物馆推出涵盖免费鉴宝、闽南文化体验、亲子体验等在内的近40项活动。

5月19日

农历戊戌年四月初五
星期六
温度：25℃—35℃
阴

●由中国建筑学会主办，市住建局、城乡规划局、古城保护发展工作协调组办公室承办，泉州市土木建筑学会协办的2018中国建筑学会学术年会在泉州开幕。

●“中国旅游日”，全市各地举行丰富多彩的旅游文化活动。

●省见义勇为基金会、市见义勇为协会联合举行春季见义勇为助学金发放仪式。

●19—20日，由市体育局主办、泉州市太极拳协会承办的2018年福建省全民健身运动会泉州市第十九届太极拳比赛暨十六届省运会群众比赛太极拳项目泉州市选拔赛在市侨乡体育馆举办。

●19—21日，第五届中国大学生羽毛球超级赛在泉州华侨大学举行，华侨大学羽毛球队获冠军。

2018中国建筑学会学术年会在泉州开幕

由中国建筑学会主办，市住建局、城乡规划局、古城保护发展工作协调组办公室承办，泉州市土木建筑学会协办的2018中国建筑学会学术年会在泉州开幕。年会以“新时代本土建筑文化的融合与创新”为主题，8位中国工程院院士、11位全国工程勘察设计大师参会，并吸引大量行业人士参与，共同就当下建筑及相关行业前沿学术思想、科技成果与社会热点问题进行探讨，引领建筑文化和科学技术发展新方向。

开幕式上，泉州西街片区“点亮家园”营造竞赛活动启动仪式举行。中国工程院院士、首届梁思成建筑奖获得者何镜堂作为首席专家，与主办方一同，将手中方块嵌入传统建筑模型，宣告活动正式启动。开幕式后举行2018中国建筑学会学术年会主旨报告会。主旨报告会由中国工程院院士、西安建筑科技大学建筑学院院长刘加平主持。中国工程院院士崔愷、聂建国，京津冀协同发展专家咨询委员会成员李晓江，故宫博物院研究馆员王军分别作学术报告。

崔愷发表题为《珍惜山水环境，探索本土特色》的学术演讲，呼吁建筑设计应敬畏自然，珍惜山水环境，并分享近年来其团队在城镇建设、乡村振兴方面的设计案例，展示本土设计与当地山水、自然气候、地域条件、风土文化的融合。聂建国认为，城镇建设的未来是由感性到理性，由繁荣到文明的发展路径。在《当前城镇建设的一些问题与对策》报告中，他分享对装配式结构尤其是交通基础设施的深层次思考，并对实现高性能土木工程和装配式建筑提出对策和建议。李晓江在《社会变迁、空间价值转换与设计方法思考——新区规划与城市设计工作体会》的报告中以中产阶级的崛起与生活方式的转变为切入点，分析城市发展的三个变化：主体、模式与逻辑；对城市空间进行再定义，对城市老城区、外围新区、城乡接合部、文化与风景地区的特征和价值进行梳理，并结合实际发表了个人对规划理念创新和城市设计手法创新的理解。王军作题为《梁思成“中国建筑型范论”探义》的报告，介绍梁思成建筑思想中对Five Orders（翻译为“五种型范”）的内容。演讲分为“型范”的发现、法式探源、和“新一代之成规”三部分，对梁思成“中国建筑型范论”进行全方位介绍。

泉州城市建设与发展学术研讨座谈会
（图/泉州晚报社）

泉州西街片区“点亮家园”营造竞赛活动启动
（图/陈智勇）

全市各地举行“中国旅游日”活动

“中国旅游日”，全市各地举行丰富多彩的旅游文化活动。由市旅游发展委员会、丰泽区政府主办，福建省社会体育指导中心、市红十字会联办的“中国旅游日”福建泉州分会场的主场活动——第二届泉州“骑游攻略赛”在泉州体育旅游文创园举行。此次活动围绕中国旅游日“全域旅游 美好生活”的主题展开，旨在推动“旅游+体育”的进一步融合，倡导绿色出行。5000名选手从泉州体育旅游文创园出发，以公益趣味运动游的形式分古城线、文旅线、泉山线等路线深度体验、品味文化古城、“海丝”泉州的魅力。2018“文明旅游 为中国加分 绿色出行”百城联动泉州市主题活动同时启动。活动仪式上，市民文明巡访团代表宣读《“文明旅游 绿色出行”倡议书》。

第二届泉州“骑游攻略赛”现场（图/林劲峰）

2018年中国金融发展与泉州金融改革论坛举办

2018年中国金融发展与泉州金融改革论坛在泉州举办，国内外金融专家学者，以及泉州市银行、证券、企业代表参加论坛，就泉州金改、金融开放、金融科技和区块链技术应用等议题展开讨论。论坛从泉州金改五年以来的情况和成效出发，探讨和总结金改经验。专家表示，泉州作为中国第三个国家级金融改革实验区，以服务金融为主线，立足打通金融资本进入实体经济和民间资本进入金融领域两个通道，推进重点环节改革和底层的自主创新，在金融改革方面创出一批如中小微企业信用信息交换共享平台、小微企业信贷风险补偿共担资金等在全国和全省叫得响的改革成果，走出一条金融服务实体经济的特色新路。论坛公布的数据也佐证了这一点：泉州金改获批五年以来，为本地实体经济发展提供强有力的金融支撑，泉州金融业增加值、金融机构存贷款余额、小微企业信贷覆盖率、融资租赁四个指标比金改前翻番，推动民间资本进入金融领域或通过金融领域进入实体经济累计超过2500亿元。

2018年中国金融发展与泉州金融改革论坛现场（图/郑 言）

泉州市2018爱心助残广场活动举行

第28个全国助残日，由市委宣传部、市直机关工委、市文联、市残联主办的“拥抱新时代 共筑新梦想”泉州市2018爱心助残广场活动在市区府文庙广场举行，残疾人代表、社会各界爱心人士、助残志愿者共300多人参加。活动以文艺表演开场，同步启动针对残疾人的法律援助、便民服务、爱心义诊、艺术作品义卖等广场活动，现场有近50名法律专家、医生及志愿者提供各式各样的便民服务。此次爱心捐助活动收到爱心企业和社会各界人士捐助的爱心物资价值近50万元，惠及近300个残疾人家庭。活动主办方在助残日期间还举办残疾人艺术作品展，展出全市残疾人创作的书法、绘画、摄影、工艺美术和各类手工艺术品110多件。现场社会各界爱心人士义买残疾人作品50多件。市残联负责人表示，2018年“全国助残日”的活动主题是“全面建成小康社会，残疾人一个也不能少”。全市各级残联将围绕这一目标，抓好残疾人民生保障、康复、教育、就业、扶贫等工作，用心用情用力为残疾人解难题、办实事、谋福祉，为残疾人走向社会、融入社会搭起“爱心之桥”。

泉州市2018爱心助残广场活动现场（图/吴寿民）

2018泉州市青年美术作品展举行

由团市委、福建省青年美术家协会、泉州市艺术馆、泉州海外交通史博物馆主办的“绽放·青春——2018泉州市青年美术作品展”在泉州海外交通史博物馆举行。展览精选林建平、黄文中、蔡鑫等70多名青年美术家近几年创作的作品参展，同时邀请郭宁、黄坚、戴毅强等10余位知名画家参展，展出作品近100件，是全市青年美术创作的一次集中展示，代表泉州市青年美术创作的最新水平。青年画家以水墨国画、油画、版画、水彩、粉画、漆画等表达形式，绘就人文关怀、情感表现、都市景观、乡村生活等题材，唱响新时代的主旋律。

2018泉州市青年美术作品展现场（图/陈智勇）

5月20日

农历戊戌年四月初六
星期日
温度：25℃—34℃
阴

●2018年中国金融发展与泉州金融改革论坛在泉州举办。

●按照全国集中式饮用水水源地环境保护专项行动督查工作的统一部署，生态环境部第183督查组对泉州市市级饮用水水源地开展为期14天的督查。

●由市委宣传部、市直机关工委、市文联、市残联主办的“拥抱新时代 共筑新梦想”泉州市2018爱心助残广场活动在市区府文庙广场举行。

●由市教育局和泉州晚报社主办的2018年初招中招志愿填报咨询会在泉州晚报大厦举行。

●由团市委、福建省青年美术家协会、泉州市艺术馆、泉州海外交通史博物馆主办的“绽放·青春——2018泉州市青年美术作品展”在泉州海外交通史博物馆举行。

●由泉州晚报社主办的“碧桂园·汇悦台杯”室内设计大赛获奖名单揭晓。

5月21日

农历戊戌年四月初七
星期一
温度：24℃—28℃
小雨

●在晋江市龙湖时尚园内的晋江石墨烯产业园，6英寸半导体石墨烯片一期项目启动地勘，预示该项目正式落地建设。

●市行政执法局在全市范围内开展建筑工地施工噪声扰民专项整治“零点行动”，重点整治全市范围内未经审批的建筑工地施工噪声污染、滴洒漏等现象。

●21—25日，2018年泉州市志愿服务组织负责人培训班在惠安县举办。

●“第五届拉美艺术季”客座艺术家交流活动写生作品展在惠安县小岞美术馆举行。

●讲述闽商创业故事的电视剧《爱拼才会赢》在石狮市开机。

泉州市志愿服务组织负责人培训班在惠安县举办

21—25日，2018年泉州市志愿服务组织负责人培训班在惠安县举办。全市各地文明办、市直机关文明办、市志愿服务活动协调小组成员单位志愿服务工作负责人员及各类民间志愿服务组织负责人共120余人参加培训。培训主要针对志愿服务条例、志愿服务项目建设、志愿服务宣传、志愿服务团队建设和管理等方面开展专业培训与交流讨论，推进志愿服务制度化，提升志愿服务组织负责人的综合能力。培训期间，省市志愿者协会专家、高校专家、文明办志愿服务工作负责人分别到场授课。

相关链接：截至2018年5月，泉州地区依托全国志愿服务信息平台注册的志愿服务组织超过5700个，注册的志愿者79万余人，发布志愿服务项目31989个，培育35个省级志愿服务记录试点单位、6个省级志愿服务示范驿站、7个省级公共文化设施志愿服务示范单位，41个组织被确定为省优秀志愿服务品牌、8人入选省志愿服务工作专家、5名志愿者入选省首批五星志愿者，5个志愿服务典型获评全国志愿服务先进典型，各类获奖数量均居全省前列。

晋江6英寸半导体石墨烯片一期项目开建

在晋江市龙湖时尚园内的晋江石墨烯产业园，6英寸半导体石墨烯片一期项目启动地勘，预示该项目正式落地建设。6英寸半导体石墨烯片项目总投资110亿元。其中，一期项目投资22.4亿元，计划2020年基本建成投产。项目投产后将规模化生产单碳原子层的硅基6英寸单层石墨烯片和多层石墨烯片，广泛应用于电动汽车、太阳能电厂等领域的储能器件，可填补国内产业空白。近年来，福建省出台《福建省石墨烯产业发展规划(2017—2025年)》《关于加快石墨烯产业发展六条措施》等政策，鼓励石墨烯产业发展，加速石墨烯成果对接和转化。其中，晋江市是福建省石墨烯产业发展格局中的重要一环。

“第五届拉美艺术季”作品展在惠安县举行

“第五届拉美艺术季”客座艺术家交流活动写生作品展在惠安县小岞美术馆举行，阿根廷、古巴、厄瓜多尔、墨西哥、巴拿马以及委内瑞拉的艺术家展示到泉州开展写生创作的艺术成果。在为期一周的采风交流活动中，艺术家参观泉州与小岞的代表景点，并与当地的学生、学者交流对艺术的见解。最后以艺术创作的方式表达对惠安当地人文历史、自然景观以及寻常生活的感受。

闽商创业题材电视剧《爱拼才会赢》在石狮市开机

讲述闽商创业故事的电视剧《爱拼才会赢》在石狮市开机。该电视剧由省委宣传部牵头，省文联、泉州市委宣传部、晋江市委宣传部、石狮市委宣传部、世纪长龙影视有限公司、中国国际电视总公司、晋江柏菲影视有限公司出品，将焦点锁定在“爱拼敢赢”的闽商身上，重现第一代创业青年从“中国制造”到“中国创造”的励志故事。作为福建本土的电视剧作品，《爱拼才会赢》的角色设定抓住闽商坚韧不拔的奋斗精神，聚焦“小人物们”的创业故事，借由其命运折射时代的思考。该剧讲述闽北女孩康乃欣（曾泳醍饰）和客家人程垦（张陆饰）在互相帮衬的创业拼搏中，多次分合聚散，但以坚韧不拔的毅力和爱拼才会赢的精神，勇敢地抓住机遇，最终创造出属于他们各自的服装鞋帽品牌。

《爱拼才会赢》是献礼改革开放40周年的电视剧，是省委宣传部的重点项目。该剧集结众多业内优秀人才——电视剧《彭德怀元帅》的出品人陈翰海，国家一级编剧、电视剧《今生欠你一个拥抱》编剧苏润娟，多部硬汉题材作品的导演车父。此外，新生代演员曾泳醍、张陆、林佑威、颜丹晨的加盟，也为该剧注入年轻活力。为了精益求精，该剧从前期策划筹备到开拍，导演和制作团队在细节上进行反复商议和修改，预计拍摄耗时3个月，辗转晋江、石狮，以及泉州其他地区，还有厦门等实地取景。

市领导与香港晋江社团总会访问团座谈

受市委书记、市长康涛委托，市政协主席陈灿辉，市委常委、统战部部长林万明与回乡考察访问的香港晋江社团总会访问团座谈。市领导指出，泉州正加快构建现代产业体系，奋力推动高质量发展，希望各位乡贤继续发挥资金雄厚、资源广泛的优势，推动更多海外资金、技术、人才回归，融入现代化泉州建设，共享家乡发展的机遇和荣光。

提升群众安全感暨“平安校园”建设工作现场会召开

泉州市召开提升群众安全感暨“平安校园”建设工作现场会，部署开展“平安校园”建设，助推综治“三率”（公众安全感满意率、平安建设知晓率和执法工作满意率）提升工作。会议指出，要定目标，下决心，从“打、防、管、治”等方面综合治理，精准施策，以更实的举措提升群众安全感；要重引导、聚民心，把准舆论导向，创新宣传方式，拓宽活动载体，以更广的宣传提升群众参与率；要强队伍，增耐心，推进政法队伍思想政治、纪律作风建设，提升政法队伍整体素质，以更好的服务提升执法满意度；要抓落实，强化责任心，以更严的督导提升工作执行力，全面落实工作责任，为建设更高水平的“平安泉州”开好头、起好步。

泉州市多措并举防范金融风险

“金改”以来，泉州市在构筑区域金融服务体系的同时，完善金融风险防控体系，取得新成效。泉州市成立互联网金融风险专项整治工作领导小组，截至2018年5月，专项整治排查互联网金融机构279家、各类交易场所10家，破获互联网金融领域违法犯罪案件4起，实现机构数量和业务规模“双降”。泉州市创新“堵入口”“疏出口”“抓帮扶”等风险防范化解方法，控制银行不良贷款水平。在突出精准帮扶上，泉州市化解处置多个风险担保圈，协调帮助解决困难企业资金链问题，创新金融案件快速审理模式，保持较低的金融风险水平。在完善金融监管上，泉州市建立准金融机构监管联席会议制度和监管责任人制度，实施准金融机构评级和分类监管；组建市、县两级政府主导的融资担保公司和行业性融资担保公司，防范化解企业资金链风险和银行信贷风险；建立金融风险防控化解机制，形成政银保司企“五位一体”、市县乡三级联动的防控化解金融风险工作格局。

泉州市专利行政执法工作绩效排名居全国前列

国家知识产权局公布2017年度专利行政执法和知识产权维权援助举报投诉绩效考核结果，泉州市专利行政执法工作绩效在全国161个参评的副省级城市及地级市中排名第十一，知识产权维权援助举报投诉工作绩效在全国参评的75个维权援助中心排名第四。

2017年，市知识产权局构建完善严格保护专利权的工作机制，提高专利执法保护的办案力度、效率与水平，打击和遏制专利侵权假冒行为，营造创新驱动发展的良好环境。全市知识产权局系统加大执法力度，开展专项执法整治行动，抓好重点展会执法维权工作，2017年以来开展集中检查行动近60次，出动执法工作人员270多人次，立案查处各类专利案件278件，同比增长22%。此外，建立知识产权纠纷多元化解机制，成立市知识产权纠纷人民调解委员会和泉州仲裁委员会知识产权仲裁院，多种保护手段相互衔接，提升知识产权保护合力。

在维权援助举报投诉工作方面，泉州市完善知识产权维权援助与举报投诉网络体系建设，运行好“12330”知识产权维权援助与举报投诉服务平台，2017年通过电话、网络信件、来访等方式接受社会公众、知识产权权利人的维权援助与举报投诉咨询1472人次，接受维权援助与举报投诉案件84件，开展知识产权志愿服务活动7次。泉州市还开通维权援助手机官网，健全电子商务平台沟通协作机制，完善泉州市知识产权专家库，新设立中国（泉州）知识产权维权援助中心石狮电商园等工作站，拓展知识产权服务功能，提升维权援助服务的质量和维权效果。

5月22日

农历戊戌年四月初八
星期二
温度：24℃—34℃
多云

●陈灿辉、林万明与回乡考察访问的香港晋江社团总会访问团座谈。

●泉州市召开提升群众安全感暨“平安校园”建设工作现场会，部署开展“平安校园”建设，助推综治“三率”提升工作。

●泉州市多措并举防范金融风险。

●2017年度专利行政执法和知识产权维权援助举报投诉绩效考核结果公布，泉州市专利行政执法工作绩效在参评的副省级城市及地级市中排名第十一，知识产权维权援助举报投诉工作绩效在参评的75个维权援助中心排名第四。

●国际生物多样性日，戴云山国家级自然保护区管理局举行科普进校园活动，以“标本进校园”形式，组织学生认识常见和珍稀鸟类、两栖等野生动物，了解各种野生动物的主要特征及生活习性。

5月23日

农历戊戌年四月初九
星期三
温度：23℃—33℃
小雨转多云

●省委书记于伟国带领省委省政府工作检查组到泉州开展工作检查。

●由市委宣传部、市文联、泉州广播电视台主办的向人民汇报——2018泉州市“中国文艺志愿者服务日”主题晚会举行。

●2018年泉州市学前教育宣传月活动启动仪式暨省级示范幼儿园开放活动在丰泽幼儿园举行。

●厦门海关缉毒办组织缉毒骨干到泉州海关举行缉毒犬查缉暨“送教上门”缉毒培训。

●23—29日，由省体育局主办的2018年福建省青少年跆拳道锦标赛在宁德举行，泉州队包揽男女团体冠军。

●泉州市晋光小学、泉州市实验小学、泉州师院附属小学分别与新加坡福建会馆属校南侨小学、爱同学校、崇福学校缔结姐妹学校。

●泉港区行政争议调解中心经过试运行后揭牌，成为全省首个行政争议调解中心。

于伟国到泉州开展工作检查

省委书记于伟国带领省委省政府工作检查组到泉州开展工作检查。检查组到晋江、石狮、泉州开发区等地，检查泉州市贯彻落实习近平新时代中国特色社会主义思想和中共十九大精神、习近平关于福建工作指示精神，推动高质量发展与落实赶超目标、全面从严治党等方面工作情况。在晋江市青阳街道阳光社区，于伟国询问社区如何顺应“新晋江人”特点创新社区服务、党建模式，对当地发展集体经济的做法给予肯定。在福州大学晋江科教园，于伟国寄望科教园注重产业与教学结合、师生与实际应用结合，助力地方创新发展。在石狮市通达智能硬件车间，于伟国了解装备引进、生产流程、市场前景等情况，鼓励企业继续推进智能制造，为产业转型升级多做贡献。在上市企业诺奇公司，于伟国了解设计新品、商业模式等情况，勉励企业紧贴市场、健康发展。

于伟国（右二）在石狮市察看通达智能硬件生产项目
（图/陈起拓）

泉州市“中国文艺志愿者服务日”主题晚会举行

由市委宣传部、市文联、泉州广播电视台主办的向人民汇报——2018泉州市“中国文艺志愿者服务日”主题晚会举行。图为晚会现场。
（图/陈智勇）

2018年泉州市学前教育宣传月活动启动

2018年泉州市学前教育宣传月活动启动仪式暨省级示范幼儿园开放活动在丰泽幼儿园举行。2018年学前教育宣传月的主题是“我是幼儿园教师”，通过开展宣传月活动，向家长、社会多视角、多形式呈现幼儿园教师工作、学习的真实情景和具体案例，帮助社会和家长认识幼儿园保育教育活动的特点，理解幼儿园教师职业的专业性，了解幼儿园教师专业成长历程，塑造新时代幼儿园教师爱岗敬业、积极向上的良好形象，营造重视关心幼儿园教师成长、开展科学保教，支持推动学前教育发展的良好氛围。

泉州3所小学与新加坡3所小学缔结姐妹学校

由新加坡福建会馆属校海外浸濡交流团团长、南侨小学副校长林雪婷带领的新加坡福建会馆属校海外浸濡交流团到泉州市晋光小学交流访问。活动中，泉州市晋光小学、泉州市实验小学、泉州师院附属小学分别与新加坡福建会馆属校南侨小学、爱同学校、崇福学校缔结姐妹学校。姐妹校互赠纪念品后，举行交流联欢活动文艺演出，晋光小学与新加坡的同学同台演出。活动中最具特色的环节当属新加坡交流团的学生与晋光学生一起进入课堂，体验特色课程。同学们跨越国界，享受不同国家文化碰撞带来的无限乐趣。交流访问活动增加了中国与新加坡两国少年儿童的相互了解，更增进了双方的友谊。

泉港区成立全省首个行政争议调解中心

泉港区行政争议调解中心经过试运行后揭牌，成为全省首个行政争议调解中心。泉港区还联合厦门大学、华侨大学、福州大学、福建师范大学四所大学的法学院成立法治政府协同创新研究基地，健全多元化解纠纷机制，为法治建设提供决策咨询和智力支持。泉港区行政争议调解中心坐落于泉港区公共法律服务中心。当事人不服行政机关的行政行为，提起行政诉讼或者行政复议的，可申请由行政争议调解中心调解。行政争议调解中心将提前三个工作日通知争议双方调解时间、地点和调解人员，在听取争议各方陈述的基础上，解答疑问，厘清事实，促使各方达成和解。

泉港石化工业园区连续6年蝉联中国化工园区20强

24—25日，由中国石油和化学工业联合会主办的2018中国化工园区与产业发展论坛在广东珠海举办，发布2018中国化工园区综合评价暨园区30强。其中，泉港石化工业园区为福建省唯一入选园区，位居第16位，自2013年以来连续6年蝉联中国化工园区20强。该论坛评选出的化工园区30强在2017年实现石化销售收入总量2.36万亿元，占全国石化产业销售收入的17.1%，彰显化工园区30强在中国石化行业中占据的重要地位。

泉港石化工业园区是《福建省湄洲湾石化基地发展规划》确定的湄洲湾石化基地先导区。2012年3月，省政府批复园区升格为省级经济开发区，并被国家发改委和财政部确定为2014年国家级循环化改造示范点园区。泉港石化工业园区秉承“大项目—产业链—产业群—产业基地”的发展理念，以现有1400万吨/年炼油和110万吨/年乙烯的炼化一体化项目为龙头，形成巨大的石化原料优势，2017年实现石化产值800亿元。同时，该区实施“双创泉港”人才发展战略，发展“两院四中心”，即福大石化学院、福师大泉港石化研究院、国家阀门产品质检中心、福建石化产品质检中心、国家级化肥催化剂工程研究中心、石墨烯研发中心，入选省、市高层次人才75人，获评福建省石化产业人才集聚基地，抢占石化科技高地。

泉州消防战士救人事迹入选人民日报新媒体专题

人民日报新媒体等发起的“崇尚英雄 精忠报国”网络互动活动推出专题《英雄，就是普通人拥有一颗伟大的心！》，泉州消防支队战士温景豪高空速降救下轻生男孩的事迹被录选。22日，洛江区一小区16楼，一名15岁男孩在冲动之下从阳台爬到护栏外扬言要自杀，消防、特警等救援人员到场营救。最终，消防官兵高空速降，成功将轻生男孩救下。这名消防战士是泉州消防洛江大队的温景豪，2015年入伍，现年21岁。

“情暖童心·普法进校”——流动少年宫活动在永春县举行

由团市委主办的“机关党旗红，‘五个泉州’在行动”暨“情暖童心·普法进校”——流动少年宫活动在永春县达埔镇前峰小学举行。活动旨在学习贯彻中共十九大精神，发挥共产党员带头模范作用，用实际行动送教下乡，关爱帮扶留守儿童。活动现场，开展普法宣传、趣味游园、趣味科学、创意手工、无人机体验等六大类20个活动项目，将青少年安全自护教育、科技、体育、文化艺术等校外活动与法治宣传教育知识相结合，让孩子们体验校外教育资源，在丰富智趣的游戏中学习知识、增进交流、愉悦身心、快乐成长。活动中，团市委还为前峰小学送去300多个书包和3200册图书及教育成长基金。

“三江”水资源生态保护协作在永春县启动

为深化推动落实河长制职能作用，加强晋江、闽江、九龙江（“三江”）支流水源的跨区域生态保护检察协作，推进解决影响水资源区域生态环境的突出问题，提升水资源区域生态环境安全的保障水平，永春县检察院牵头与大田县检察院、漳平市检察院建立“三江”水资源生态保护协作机制，会签《关于建立“三江”水资源生态保护协作机制的实施意见》。根据实施意见，三方将加强水资源区域保护，严格执行相关法律法规，加强沿岸村镇供水水源保护，实施水源保护区内生态保护和修复。按照“谁受益谁补偿”的原则，探索建立上游开发地区、受益地区与生态保护区进行横向生态补偿模式；将建立健全涉水资源区环境污染联防联控机制，整合资源，建立健全与公安、法院、环境资源行政执法部门之间的执法司法协调机制，建立健全跨部门、跨地区、跨流域突发环境事件应急响应机制，构建内外联动的区域合作格局；将开展生态文明先行示范区建设，在“三江”水资源区的重点区域推进生态文明先行示范区建设，全面推动水资源节约、环境保护和生态治理工作。

5月24日

农历戊戌年四月初十
星期四
温度：23℃—32℃
多云

●24—25日，由中国石油和化学工业联合会主办的2018中国化工园区与产业发展论坛在广东珠海举办，发布2018中国化工园区综合评价暨园区30强。泉港石化工业园区位居第16位，自2013年以来连续6年蝉联中国化工园区20强。

●人民日报新媒体等发起的“崇尚英雄 精忠报国”网络互动活动推出专题《英雄，就是普通人拥有一颗伟大的心！》，泉州消防支队战士温景豪高空速降救下轻生男孩的事迹被录选。

●由团市委主办的“机关党旗红，‘五个泉州’在行动”暨“情暖童心·普法进校”——流动少年宫活动在永春县达埔镇前峰小学举行。

●泉港区政府联合厦门大学、华侨大学、福州大学、福建师范大学法学院成立法治政府协同创新研究基地。

5月25日

农历戊戌年四月十一
星期五
温度：24℃—33℃
晴转阴

●25—26日，马达加斯加新闻代表团到泉州访问。

●全市法院学习洪彦伟先进事迹现场会在石狮市举行。

●由市食品药品监督管理局、泉州市食品药品认证与不良反应监测中心等主办的“5·25”护肤日系列活动举行。

●泉州市中华职业教育社第二次代表大会召开，选举产生新一届领导班子。

●《铁骨铮铮 丹心映日——朱汉膺同志纪念文集》首发式举行，该书是泉州闽浙赣边区革命史系列文集丛书之一。

●25—26日，泉州市第六届小学生生活与劳动技能比赛在泉州市实验小学举行。

马达加斯加新闻代表团到泉州访问

25—26日，马达加斯加新闻代表团到泉州访问。代表团此行以“重走海上丝绸之路”为主题，在中国多个城市开展参访活动。在泉州期间，代表团重点了解泉州市的“海丝”文化历史，以及改革开放40年来经济社会等领域取得的成就。参访过程中，市领导与代表团座谈，希望加强经贸往来，开展媒体交流，促进合作共赢。

全市法院学习洪彦伟先进事迹现场会在石狮市举行

全市法院学习洪彦伟先进事迹现场会在石狮市举行。洪彦伟2007年5月参加工作，现任石狮市法院执行庭副庭长，被授予全省法院系统先进工作者、全省法院执行工作先进个人、石狮市优秀共产党员等称号，获泉州法院系统个人三等功。最高法院领导高度评价洪彦伟是新时代智慧型执行法官，其“1234执行工作法”是值得复制和推广的“福建方案”“泉州方案”。市委政法委发文要求在全市政法机关开展向洪彦伟学习活动，泉州中级人民法院也发文号召在全市法院系统开展向洪彦伟学习活动。

泉州市“5·25”护肤日系列活动举行

由市食品药品监督管理局、泉州市食品药品认证与不良反应监测中心等主办的“5·25”护肤日系列活动举行。活动旨在推动泉州市化妆品不良反应监测工作，向公众普及化妆品安全常识及不良反应相关知识，引导消费者树立科学理性护肤理念。相关专家告诉市民应选择正规、合法渠道购买染发类化妆品；使用前应详细阅读产品说明书，建议进行皮肤测试；使用时需注意身体状况，做好防护措施；一旦发生不良后果，应立即彻底清洗，并避免再次接触此种染发产品，如果症状严重或未缓解，应及时到医院就诊，就医时建议携带染发产品，并可通过化妆品不良反应监测哨点医院或泉州市食品药品认证与不良反应监测中心上报化妆品不良反应信息。

泉州市中华职业教育社第二次代表大会召开

泉州市中华职业教育社第二次代表大会召开，选举产生新一届领导班子，戴仲川当选主任。会议指出，中国特色社会主义进入新时代，给职教社工作带来新机遇。泉州中华职教社要深学深悟，用新思想武装头脑、指导实践、推动工作，并贯穿到工作全过程、各方面。要发挥优势，为泉州职业教育发展献计出力；固本强基，提升职教社工作科学化水平，为建设现代化泉州做出新贡献。

相关链接：中华职业教育社是主要由教育界、经济界、科技界从事和关心支持职业教育的人士组成的全国性的人民教育团体，以“使无业者有业，使有业者乐业”为建社宗旨，成立已有百年历史。泉州市中华职业教育社自成立以来，围绕市委、市政府工作大局，开展一系列富有成效的工作，在促进泉州市职业教育健康发展、推动泉州和台湾职业教育交流、开展社会服务等方面做出贡献。

《朱汉膺同志纪念文集》首发

《铁骨铮铮 丹心映日——朱汉膺同志纪念文集》首发式举行，该书是泉州闽浙赣边区革命史系列文集丛书之一。该书由泉港区委党史研究室、惠安县委党史研究室和泉州市闽浙赣边区革命史研究会编著，厦门大学出版社出版，由征集到的朱汉膺纪念文章以及从泉港区、惠安县革命史研究文献资料中精选的相关内容汇集而成，共四个章节，较全面地介绍朱汉膺一生的主要事迹、高尚品德和革命精神，以纪念朱汉膺110周年诞辰。朱汉膺民国15年（1926年）投身革命，民国19年（1930年）加入中国共产党，其领导的三朱地下交通站，是泉州地下革命斗争中一个坚强的革命堡垒。

《朱汉膺同志纪念文集》首发式（图/洪 旭）

泉州上榜中国城市品牌（地级市）百强

由人民日报社、中国品牌建设促进会指导的2018中国城市大会暨中国城市品牌评价排名试发布（地级市）在北京人民日报社举办。根据财政部重大经济类专项国家品牌价值提升工程和《品牌评价城市》（GB）国家标准，大会首次试发布中国城市品牌（地级市）综合分值前100名城市名单。泉州市名列该名单第三，仅次于苏州和温州。福建共有六地上榜，其他城市分别是三明、漳州、龙岩、宁德和南平。

中国城市品牌评价试发布（地级市）颁奖典礼
（图/泉州品牌发展中心）

华大海峡两岸青年学子光明之城社区振兴工作营举办

26—29日，泉州七响王宫南洋社区文化周暨2018华侨大学海峡两岸青年学子光明之城社区振兴工作营举办，海峡两岸6所高校的青年学子到王宫社区走街串巷实地调研，并结合自身专业知识，提出相应的社区振兴方案，共谋王宫社区改造大计。王宫社区位于鲤城区江南街道，是一个著名侨村。王宫社区历史和文化积淀深厚，拥有国家非物质文化遗产王宫拍胸舞、全省唯一一家私人创办的华侨历史博物馆、省文物保护单位王顺兴信局等，当地民居中既有规格很高的传统古大厝，也有纯西洋式的别墅豪园，亦不乏中西合璧的建筑。为振兴老社区，2017年10月，华侨大学建筑学院硕士生导师吴少峰牵头组建南洋王宫社区营造组，成员由社区干部、热心居民、在地高校师生和专业热心人士组成，启动侨批文化复兴、社区环境整治、南洋文化广场等社区振兴营造项目。吴少峰表示，王宫社区启动南洋社区文化周，展示已有的社区营造成果，推广南洋及乡土文化，也借此机会引进台湾社区营造的成功经验，鼓励当地居民共同振兴社区。此次聚集在王宫社区的共有6所高校，分别为华侨大学和台湾台北市立大学、台北科技大学、逢甲大学、铭传大学、中华大学。

2018中国小篮球联赛泉州赛区举行

26—28日，2018中国小篮球联赛（泉州赛区）在南安、晋江、丰泽等地举行，全市近30家少年儿童篮球俱乐部及培训机构参加。赛场由两块完整的正规篮球场组成，12岁以上球员使用一块完整的篮球场；12岁以下球员则使用半块篮球场，并架设小型篮球架，使用小号篮球，采用专门制定的比赛规则来开展篮球运动。“小篮球”项目是中国篮协重点推广的少年儿童社会体育项目。2018中国小篮球联赛（泉州赛区）比赛由福建省篮球协会主办，泉州市篮球协会承办。泉州市篮球协会副主席吴佳和表示，实施“小篮球”发展计划，目的是通过制定标准、整合资源，普及推广小篮球运动，吸引更多少年儿童参与到篮球运动中，让他们在这项集体运动中体验快乐和挫折，培养信任、团结、拼搏等优良品质，形成完善的人格。

“瓷彩·中国白”德化陶瓷艺术精品展在成都开幕

“瓷彩·中国白”德化陶瓷艺术精品展在四川成都四川博物院开幕。世界瓷都德化陶瓷文化内涵和艺术价值研讨交流会同步举行，展览时间至6月9日。此次展览属于国家艺术基金2018年度传播交流推广资助项目，旨在响应国家发展文化创意产业的号召，搭建艺术文化交流平台。展览主要展示四川博物院所藏德化陶瓷展品及当代德化县“非遗”大师的德化陶瓷雕塑作品共100余件。展出作品题材广泛，造型风格各异，其中既有釉面温润、晶莹如玉的精美白瓷，还有将传统陶瓷雕塑与加彩技艺结合创新的瓷塑作品。新旧德化瓷器精品汇集一堂，彰显德化陶瓷文化的深厚底蕴和生生不息的旺盛生命力。

5月26日

农历戊戌年四月十二
星期六
温度：26℃—36℃
阴

●由人民日报社、中国品牌建设促进会指导的2018中国城市大会暨中国城市品牌评价排名试发布（地级市）在北京人民日报社举办，大会首次试发布中国城市品牌（地级市）综合分值前100名城市名单，泉州市名列该名单第三。

●26—29日，泉州七响王宫南洋社区文化周暨2018华侨大学海峡两岸青年学子光明之城社区振兴工作营举办。

●26—28日，2018中国小篮球联赛（泉州赛区）在南安、晋江、丰泽等地举行。

●中国梦·扶贫攻坚影像盛典在山东枣庄启动，华侨大学纪录片《爱在积石山》获三等奖。

●由泉州晚报社、中视传媒集团福建节目制作中心、泉州市青少年文化艺术交流协会等主办的泉州市第二届“圆梦杯”艺术特长生大赛颁奖仪式在泉州实验中学举行。

●由市文联和市书法家协会主办的“守正出新——2017年泉州市书法家协会新会员优秀作品展”举行。

●“晋台不了情，两岸一家亲”活动在晋江市举行。

●“瓷彩·中国白”德化陶瓷艺术精品展在四川博物院开幕。

5月27日

农历戊戌年四月十三
星期日
温度：25℃—37℃
多云

● 市委常委会召开会议，学习贯彻习近平在全国生态环境保护大会上的讲话精神和省委常委会会议暨省国家生态文明试验区建设领导小组会议精神等。

● 泉州市作家协会第五次代表大会召开，选举产生协会新一届领导班子，蔡辉跃当选主席。

● 由市计生协会、丰泽区计生协会、丰泽街道办及街道计生协会、丰泽社区居委会及社区计生协会主办的以“会员心向党 建功新时代——谱青春华彩 筑梦新时代”为主题的“5·29”会员活动日系列宣传活动举行。

市委常委会会议学习贯彻省委省政府工作检查精神

市委常委会召开会议，学习贯彻习近平在全国生态环境保护大会上的讲话精神和省委常委会会议暨省国家生态文明试验区建设领导小组会议精神；学习贯彻《中共福建省委关于在全省进一步兴起习近平新时代中国特色社会主义思想“大学习”热潮的通知》；传达贯彻2018年省委、省政府工作检查精神；传达贯彻省长唐登杰到泉州调研精神。

会议指出，各级各部门要学习领会习近平生态文明思想，落实中央、省委战略部署，加大力度推进生态文明建设、解决生态环境问题，满足人民群众日益增长的优美生态环境需要。要全面打好污染防治攻坚战，细化梳理构建生态文明体系、绿色发展、解决突出生态环境问题、防范生态环境风险、提高环境治理水平等任务，严肃整改、集中攻坚，形成改革亮点；要压实“党政同责、一岗双责”，落实《生态环境保护工作职责规定》《生态文明建设目标评价考核办法》等。

会议指出，习近平新时代中国特色社会主义思想，是全党全国为实现中华民族伟大复兴而奋斗的行动指南。要作为长期首要政治任务，落实省委通知部署，推动全市各个领域、各行各业“大学习”，确保习近平新时代中国特色社会主义思想在泉州落地生根、开花结果。要抓实抓细“大学习”活动，全面学、系统学、长期学、深入学，深化内容、细化专题、丰富形式，让干部群众听得懂、可落实，增进全社会的认知认同。要学思用贯通、知信行统一，增进转化实效，加强督查考核。

就贯彻落实好省委、省政府工作检查精神，会议要求，要全面梳理项目盘子，对新增项目落地投产时间、产出规模等做到心中有数；强化激励担当，根据中央办公厅《关于进一步激励广大干部新时代新担当新作为的意见》精神，总结、细化、调整项目攻坚一线干部专项考核办法；保持热度，在手项目抓转化、一线考核兑奖惩，合理安排全年节奏。相关部门要密切跟踪、及时督促，跟进服务投产企业，抓好短平快技改项目，支持本土企业就地扩营、装备升级，抓好三产发展着力点，多措并举防范化解金融风险。要深化既定工作思路，服务大局、乘势而上，从借势闽西南经济协作实现共赢发展、构建产业生态圈、落实乡村振兴战略、提升营商环境和人才环境等入手，梳理方向重点、具体抓手、工作专项，更好地跟上新一轮高质量发展和跨越要求。

泉州市作家协会第五次代表大会召开

泉州市作家协会第五次代表大会召开，选举产生协会新一届领导班子，蔡辉跃当选主席。中国作家协会副主席陈建功向大会发来贺信。省文联副主席、省作家协会主席杨少衡到会祝贺。杨少衡表示，泉州文学事业发展取得令人瞩目的成绩，今后要继续坚持以人民为中心的导向，深入生活，扎根人民，创作出一批讴歌党、讴歌祖国、讴歌人民、讴歌英雄的精品力作，创作出一批反映新时代、新征程、新发展，具有泉州特色的传世之作。新当选的市作协主席蔡辉跃表示，今后要继续提高作家的精品意识，引导作家们深入泉州建设和发展的各条战线，以作家的文学才学描绘新时代新的画卷，要把泉州市壮丽的“海丝”人文景观、文化底蕴，打造成真正可以传世的文学精品。

市计生协会举行“5·29”会员活动日系列宣传活动

由市计生协会、丰泽区计生协会、丰泽街道办及街道计生协会、丰泽社区居委会及社区计生协会主办的以“会员心向党 建功新时代——谱青春华彩 筑梦新时代”为主题的“5·29”会员活动日系列宣传活动举行。活动现场有计生服务宣传服务、母婴喂养、早教咨询、开展义诊等，现场参与人数达300多人。志愿者向居民宣传人口计生政策、优生优育和生殖健康等科学知识，向群众发放宣传材料200余份，工作人员针对新婚及准备生育二孩夫妇做免费孕前优生健康检查。牙博士口腔机构、华夏泉州眼科医院为社区居民提供体检，解答居民提出的疑问，并讲解如何牙齿保健、眼睛保护等知识。泉州医高专的志愿者在现场教大家用工具折出不同作品。

市政协党组中心组（扩大）学习会召开

市政协党组中心组（扩大）学习会召开，传达学习习近平在全国生态环境保护大会上的讲话精神和省委常委会会议暨省国家生态文明试验区建设领导小组会议精神，《中共福建省委关于在全省进一步兴起习近平新时代中国特色社会主义思想“大学习”热潮的通知》，习近平关于加强和改进人民政协工作的重要思想暨全省政协系统党的建设工作座谈会精神，2018年省委、省政府工作检查精神、省长唐登杰到泉州调研精神及市委常委会会议精神。会议强调，全市各级政协组织要学深悟透习近平关于人民政协的新思想、新观点、新论断，贯穿于政协工作的各方面和全过程，实现履职工作的新提升。

市纪委监委开展形式主义官僚主义综合整治

根据省纪委监委统一部署，市纪委监委下发通知，在全市开展形式主义、官僚主义问题综合整治，要求各级各部门聚焦、对照文山会海、扶贫工作检查、民生项目、为官不为四大方面30种主要表现，对本地区本部门存在的形式主义、官僚主义上突出问题进行集中“画像”，并选准“切口”，细化整治方案。此次综合整治，市纪委监委运用统一举报电话、网站、微信公众号、邮箱等科技手段，发挥信访主渠道作用，通过探索实行党风政风廉政监督员、引入第三方、联合媒体明察暗访等多种监督方式，拓宽和畅通举报渠道。同时，市纪委监委综合运用深入基层“一线查”、确定专题“专项查”、紧盯关键“重点查”、派驻监督“常态查”、整合资源“联合查”、异地互动“交叉查”等多种形式，采取不发通知、不打招呼、不定时间、不定路线，直奔基层、直达现场开展立体式、全方位督查。

泉州市实施小型农田水利设施三年建设行动

按照市委、市政府实施乡村振兴战略的部署，为加快推动农田水利设施提档升级，泉州市出台《泉州市实施小型农田水利设施建设三年行动方案》。方案主要目标是建设高标准农田节水灌溉面积4666.67公顷，高效节水灌溉面积266.67公顷，实施南安罗梅溪灌区、泉港菱溪灌区和山美灌区（台商区片和南安丰州片）续建配套和节水改造工程，改善灌溉面积6666.67公顷，到2020年全市农田灌溉水有效利用系数达0.56以上，初步形成小型农田水利设施建后管护良性运行体制机制。泉州市按照方案确定的各项目标任务顺利推进。高标准农田节水灌溉工程，2018年计划建设1733.33公顷，完成实施方案审批；2019年和2020年分别计划建设1600公顷、1333.33公顷。高效节水灌溉工程，2018年计划发展666.67公顷，全面开工建设；2019年和2020年分别计划发展1000公顷。继续实施南安罗梅溪灌区节水改造；加快推进泉港菱溪灌区和山美灌区节水改造工程前期工作，力争2020年年底前全面完成。泉州市还加大小型农田水利建设体制机制创新，继续探索小型农田水利建后管护体制机制，落实完善县级小型农田水利建后管护实施细则，逐步实行精准补贴和节水奖励措施。

泉州市电影家协会第六次会员代表大会召开

泉州市电影家协会第六次会员代表大会召开，选举产生协会新一届领导班子，黄灿明当选主席。新当选的市电影家协会主席黄灿明表示，以后泉州市电影家协会将继续加强组织建设和人才储备，发展壮大电影艺术家队伍，促使泉州涌现出一批优秀的微电影、网络电影、院线电影作品，为泉州电影繁荣发展做出更大贡献。多年来，泉州市电影家协会发挥桥梁纽带作用，凝聚泉州电影艺术家，创作出《田埂上的梦》《生命树》《再见曼谷》等优秀作品，在国内外电影艺术节上获得大奖；成立电影放映志愿服务队，开展“到人民中去”系列义务放映活动；泉州市电影票房不断创历史新高，2017年达3.46亿元；过去一年，电影“2131工程”（指在21世纪，农村每月每村至少放映一场电影）放映上万场，让优秀文化惠及基层群众。

5月28日

农历戊戌年四月十四
星期一
温度：25℃—34℃
小雨

●市政协党组中心组（扩大）学习会召开，传达学习习近平在全国生态环境保护大会上的讲话精神和省委常委会会议暨省国家生态文明试验区建设领导小组会议精神等。

●市纪委监委开展形式主义官僚主义综合整治。

●按照市委、市政府实施乡村振兴战略的部署，为加快推动农田水利设施提档升级，泉州市出台《泉州市实施小型农田水利设施建设三年行动方案》。

●泉州市电影家协会第六次会员代表大会召开，选举产生协会新一届领导班子，黄灿明当选主席。

5月29日

农历戊戌年四月十五
星期二
温度：25℃—32℃
小雨

●在收听收看2018年全省高校毕业生就业创业工作视频会议后，市政府召开2018年全市高校毕业生就业创业工作会议，贯彻部署落实工作。

●市政法系统召开学习贯彻习近平新时代中国特色社会主义政法思想专题会。

●泉州市人防工程质量维护管理培训会在石狮市召开。

●泉州市示范性综合实践基地研学实践教育活动启动仪式暨营地研学实践教育项目任务对接培训会在晋江市金井镇石圳华侨中学的泉州市示范性综合实践基地举行。

●新编绍剧《绍兴师爷》在泉州高甲剧院上演。

●国际大体联世界杯运营推广签约仪式在晋江市举行。

全市高校毕业生就业创业工作会议召开

在收听收看2018年全省高校毕业生就业创业工作视频会议后，市政府召开2018年全市高校毕业生就业创业工作会议，贯彻部署落实工作。市委、市政府历来高度重视高校毕业生就业创业工作，据统计，2017年，全市高校应届毕业生3.4万人，就业率达98%以上，其中，在福建就业的约占80%，在泉州就业的约占40%，全市高校毕业生就业局势基本稳定。会议提出，面对严峻复杂的高校毕业生就业形势，全市各地、各有关部门、各高校将优化指导服务，推进毕业生就业创业工作，尽最大努力实现对毕业生就业服务全覆盖，对困难毕业生政策全兜底。泉州市将加快推进教育教学改革，提高毕业生就业创业能力；全面落实政策措施，引导毕业生面向基层就业；完善政策措施，实施创业引领行动；提供优质服务，全面开展就业启航计划；强化督查，狠抓责任落实，抓住关键环节，做好全市高校毕业生就业创业工作

市政法系统学习习近平新时代中国特色社会主义政法思想专题会召开

为学习贯彻全国、全省政法领导干部研讨班精神，市政法系统召开学习贯彻习近平新时代中国特色社会主义政法思想专题会。会议指出，全市政法系统要学习贯彻习近平新时代中国特色社会主义政法思想，统一思想认识，凝聚政法力量；要坚持党的领导，推动党管政法原则全面覆盖、落到实处，确保党的路线方针政策得到不折不扣落实；要增强忧患意识，增强维护社会稳定的责任感和使命感；要保持法治定力，毫不动摇把法治方式作为新时代政法工作的基本方式，履行好全面依法治国的职责使命；要加强队伍建设，掌握过硬本领，弘扬敢于创业创新、奋力创优创造的精神；要立足当前实际，开展社会化治理活动年工作，推动全市长远发展。

泉州市人防工程质量维护管理培训会在石狮市召开

泉州市人防工程质量维护管理培训会在石狮市召开。全市各县（市、区）人防系统有关工作人员、相关人防工程使用单位负责人等200余人参加培训。泉州市人防工程总量一直位居全省首位，在提升城市竞争力和市民安全感等方面发挥积极作用，但有些人防工程还不同程度地存在重建设轻管理、重使用轻维护的现象。市人防办相关负责人表示，人防工程是战时保护人民群众生命财产安全的重要战备设施，也是平时服务和应急支援的基础性工程，其日常维护管理水平至关重要。此次集中培训将有利于人防工程使用者、管理者掌握人防工程的基本常识、法律法规，全面提升主体责任意识，自觉提高全市人防工程维护管理水平。

培训会上，解放军理工大学柳锦春教授和郭海林教授，分别从人防地下工程防护原理、结构、战时功能和人防地下工程设施、设备维护管理、平战转换等方面进行图文并茂、深入浅出的讲解；泉州市闽联人防工程防护设备企业有关负责人现场教学维护管理技术。会议要求，各级人防工程主体责任单位要落实《中华人民共和国人民防空法》《福建省人民防空条例》，从对人民群众负责的高度，加强人民防空工程平时维护管理，使之保持良好状态，有效履行战时防空、平时服务、应急支援使命任务，确保人防工程的战备效益和经济效益。

国家艺术基金资助项目《绍兴师爷》到泉州展演

新编绍剧《绍兴师爷》在泉州高甲剧院上演，此系绍剧首次到泉州演出，此次演出活动为国家艺术基金资助项目。新编绍剧《绍兴师爷》由著名编剧陆伦章创作，基本情节均取材于绍兴师爷的趣闻轶事。致力于摘掉某些民间文学中视“绍兴师爷”为“恶讼师”“刀笔吏”的有色眼镜，既突出师爷“佐官而治”的敬业、忠诚和民本思想，又揭示官员复杂的内心世界和仕途智慧。《绍兴师爷》自2015年4月开始策划，2016年底确定由著名导演杨小青为核心的二度主创班子，对该剧进行反复打磨，终于于5月15日成功首演。

国家发改委和泉州企业签订加强信用信息共享合作备忘录

国家发改委直属单位国家公共信用信息中心与泉州市品尚电子商务有限公司（以下简称“品尚”）签订加强信用信息共享合作备忘录，双方将在数据共享方面开展全方位合作，共建具有示范和带动作用的企业公益性综合信用评价体系，助力中国社会信用体系建设。根据双方签订的备忘录，国家发改委和品尚将共享失信被执行人信息、企业经营异常名录信息、重大税收违法案件当事人名单信息、政府采购严重违法失信名单信息、信用平台认定的黑红名单、鞋服行业供应链相关失信自然人、鞋服行业企业合同违约黑名单、信贷违约黑名单、民间借贷违约黑名单等与企业信用息息相关的系列数据。

泉州市召开2018年“全国科技工作者日”座谈会

“全国科技工作者日”，泉州市围绕“不忘初心奋斗新时代、牢记使命创新我当先”主题，召开2018年“全国科技工作者日”座谈会。近年来，作为全市科技工作者之家，市科协引领科技工作者围绕实施创新驱动发展、建设创新型城市等战略任务，推动科协事业发展再上新台阶。其中，通过“外引内联”推动组建42家院士工作站、48家专家工作站和15个学会服务站。就下阶段工作，会议要求全市各级科协组织肩负起团结引领科技工作者“听党话、跟党走”的政治责任，把智慧和力量凝聚到党中央及省委、市委确定的各项任务上来。要推进科协系统改革，以改革破解难题、促进工作，大兴调查研究之风，推动工作下沉，在激发创新第一动力、服务人才第一资源上下功夫，为科技工作者实现人生价值创造良好环境。全市科技工作者要强化使命担当，继续面向经济社会发展主战场，在推进现代化泉州建设中展现新作为。

当日，市科协组织部分科技工作者到永春县花卉协会开展“送科技进企业”活动（图/吴宗宝 朱福祥）

泉州市举行规模最大防洪排涝应急演练

由市市政公用事业管理局（中心市区防洪排涝分指挥部）牵头组织，市委宣传部、卫计委、住建局、水利局、公安局交警支队、鲤城区政府、丰泽区政府等35个部门单位参与的中心市区防洪排涝应急演练举行，演练以鲤城东浦泵站、西北洋滞洪区及附近地区为重点演练区域，模拟强台风暴雨来袭，按事前预防、事中调度、事后抢险的阶段，通过11个连贯的演练场景（科目），突出就防洪排涝联合调度、危险区域群众转移、公共设施快速抢护、重点部位执守保障、公共媒体信息发布5项具体内容分别进行演练，出动人数286人，抢险排涝车辆（冲锋舟）等20余部，为中心市区防洪排涝首次规模最大、范围最广的应急演练。

中心市区防洪排涝应急演练现场（图/李芸生）

全国首次大学生单骑征兵宣传活动在泉州举行

由市政府征兵办公室、鲤城区政府征兵办公室、丰泽区政府征兵办公室主办的“我参军、我光荣”全国首次大学生单骑征兵宣传活动举行，400余名高校学子共同参与，宣传征兵工作。图为活动现场。（图/陈智勇 江新兴）

5月30日

农历戊戌年四月十六
星期三
温度：26℃—35℃
小雨转阴

●国家发改委直属单位国家公共信用信息中心与泉州市品尚电子商务有限公司签订加强信用信息共享合作备忘录。

●“全国科技工作者日”，泉州市围绕“不忘初心奋斗新时代、牢记使命创新我当先”主题，召开2018年“全国科技工作者日”座谈会。

●由市市政公用事业管理局（中心市区防洪排涝分指挥部）牵头组织，市委宣传部、卫计委、住建局、水利局、公安局交警支队、鲤城区政府、丰泽区政府等35个部门单位参与的中心市区防洪排涝应急演练举行。

●泉州市启用新能源汽车专用号牌。

●由市政府征兵办公室、鲤城区政府征兵办公室、丰泽区政府征兵办公室主办的“我参军、我光荣”全国首次大学生单骑征兵宣传活动举行，400余名高校学子共同参与，宣传征兵工作。

5月31日

农历戊戌年四月十七
星期四
温度：22℃—35℃
小雨

●全国工会推动解决女职工生育后顾之忧工作现场推进会在泉州召开。

●市人大常委会党组专题讲座举行，省人大常委会委员、研究室主任徐平应邀作《新形势下加强人大常委会监督工作的几点思考》辅导报告。

●《2018年泉州市农村公路建设养护工程包实施方案》印发。

●由福建省学生资助管理中心和兴业消费金融股份公司合作开发的“福建助学”App启动仪式在晋江市举行。

●以“传承经典 不忘初心”为主题的纪念马克思200周年诞辰经典诵读音乐会在市委党校举行。

●5月31日至6月3日，由国际排球联合会主办，中国排球协会、省体育局、晋江市政府承办，泉州市体育局协办的2018年世界沙滩排球巡回赛（晋江站）在晋江市龙湖镇衙口景区举行。

全国工会推动解决女职工生育后顾之忧工作推进会在泉州召开

全国工会推动解决女职工生育后顾之忧工作现场推进会在泉州召开，泉州市总工会和北京市总工会、上海市总工会、福建省总工会等多家工会组织在会上作经验交流。泉州市现有职工200多万人，其中女职工近150万人，子女放学接送难成为职工遇到的突出问题。2016年以来，全市各级工会和教育部门发挥学校主体作用，在有条件的学校开展四点半课后服务，解决一大批职工的后顾之忧。在学校添置活动设施、学习用品、支付教补贴等经费的筹措上，采取“财政出资、工会补助、学校自筹”相结合的经费补助机制。四点半课堂在化解泉州市职工子女接送难题的同时，为孩子的全面发展提供舞台。泉州市试点学校发挥自身资源优势，为学生提供作业辅导、书香伴读、科普讲座等各种服务，深受学生和家长的欢迎。

《2018年泉州市农村公路建设养护工程包实施方案》印发

《2018年泉州市农村公路建设养护工程包实施方案》（以下简称“实施方案”）印发。跟以往不同的是，2018年农村公路工程包不仅包括建设改造工程，还首次向养护工程延伸。根据实施方案，农村公路建设改造方面，2018年泉州市重点推进贫困地区扶贫公路建设和通村公路“单车道改双车道”，计划建设和改造农村公路200千米，其中“单改双”90千米；而养护方面，实施农村公路安保提升工程300千米，改造农村危桥15座。2018年首次提出的“养护工程包”，分三个不同方面实施。一是针对县道和重要乡道的日常养护与小修、水毁应急等零星工程，具备条件的将按工程包方式，推行养护企业市场化养护或委托当地公路分局专业化养护。二是危桥改造、安全生命防护工程、大中修工程及排水设施修缮硬化、水泥混凝土路面清灌缝、桥梁伸缩缝更换等养护专项工程，将按项目类别专项打包或分区域多类别专项联合打包。三是一般乡道及村道日常养护及小修工程，鼓励各地因地制宜参照工程包方式组织实施。

“福建助学”App启动仪式在晋江市举行

由福建省学生资助管理中心和兴业消费金融股份公司合作开发的“福建助学”App启动仪式在晋江市举行，标志福建省学生资助工作向数字化、智能化、精准化目标迈出了重要一步。为落实教育部“精准资助”“资助育人”的政策要求，福建省学生资助管理中心承担省教育厅“十三五”规划“建立精准资助工作机制研究”课题研究工作，构建“学生家庭经济情况量化测评指标体系”，并应用该指标体系对家庭经济困难学生进行认定。此次与兴业消费金融合作开发的“福建助学”App将“学生家庭经济情况量化测评指标体系”纳入其中，并建立一套集信息采集、审核、评定等功能于一体的精准认定信息化工作平台，可覆盖福建省所有高校，实现资助对象认定精准、资助名额分配精准、资助资金发放精准。

纪念马克思200周年诞辰经典诵读音乐会举行

以“传承经典 不忘初心”为主题的纪念马克思200周年诞辰经典诵读音乐会在市委党校举行。图为活动现场。

（图/吴宗宝）

2018年世界沙滩排球巡回赛（晋江站）举行

5月31日至6月3日，由国际排球联合会主办，中国排球协会、省体育局、晋江市政府承办，泉州市体育局协办的2018年世界沙滩排球巡回赛（晋江站）在晋江市龙湖镇衙口景区举行。相较于之前，此次承办的是国际顶级赛事，赛事等级仅次于奥运会和世锦赛，参赛阵容强大，共有63支队伍进行较量。

全国大中学生海洋文化创意设计大赛获奖作品泉州巡展开幕

由市海洋与渔业局、市文化遗产保护促进会等单位承办的全国大中学生海洋文化创意设计大赛获奖作品泉州巡展活动在泉州师范学院开幕。大赛系“世界海洋日暨海洋宣传日”活动之一，至今已举办6届，收到参赛作品逾66600件，旨在向大中学生普及海洋知识，培养学生创新精神和实践能力，在全社会营造关注海洋、热爱海洋、保护海洋的氛围。巡展持续至6月14日，分为三场，分别在泉州师范学院（至6月2日）、福建深沪湾海底古森林遗迹国家级自然保护区管理处（6月5日）、泉州海洋学院（6月11—14日）举办。

海洋文化创意设计大赛获奖作品泉州巡展现场
（图/陈小阳 傅成志）

“台湾关帝庙千年联合世纪大谒祖”活动在泉州举行

“台湾关帝庙千年联合世纪大谒祖”活动在泉州举行，400余名台湾信众组团到泉州谒祖。此次活动分巡游祭祀和谒祖团拜两个部分。巡游祭祀活动从泉州华侨大厦出发，途经打锡街、庄府巷、中山路和涂门街，最后抵达泉州通淮关岳庙。参加巡游的有台湾云林四湖保安宫、台南开基武庙、台南麻豆文衡、福兴福安宫、通霄通天宫等由泉州通淮关岳庙分灵的主祀关帝的庙、宫、殿。台湾云林四湖保安宫主委黄西明表示，关帝文化在台湾有很深的群众基础，现在台湾关帝庙大部分是从泉州通淮关岳庙分灵过去的，通过谒祖活动可以促进两岸关帝文化交流，把两岸同根同源的同一华夏文化连接起来。

相关链接：泉州通淮关岳庙始建于五代时期，距今已有1000余年的历史，文化积淀深厚，已发展成为一座融合“忠义”崇拜和祖先崇拜的庙宇，分灵远播东南亚和港澳台地区，特别在台湾久负盛名，是台湾众多关帝庙的祖庙。

台湾信众谒祖团拜（图/苏玮杰 吴嘉晓）

文化定向亲子徒步游活动举行

由市古城办、鲤城区文明办主办的文化定向亲子徒步游活动举行，全市100个家庭300多人一起分享古城童年的美好时光。活动安排10处古城比较有代表性的街巷、寺庙和古城门遗址点，以点串线，以定向徒步游这种喜闻乐见的形式，让大家感受古城的韵味。孩子们在寓教于乐中，感受闽南文化和“海丝”文化的魅力，学习独具特色的泉州民俗知识，有利于弘扬和传承中华优秀传统文化。通过亲子互动平台，大手拉小手，让平时忙于事业发展、没时间陪伴孩子的家长，与孩子共同度过一个不一样的儿童节。该活动旨在通过家长和孩子一起玩游戏、趣味体验，在亲子互动、快乐过节的同时，多了解千年古城的辉煌历史，感受千年古城的文化魅力，坚定文化自信，齐心协力推动古城提质和转型发展。

泉州市首届书画南音作品展开幕

由泉州市西湖文化促进会和鲤城区文联主办的泉州市首届书画南音作品展在市区西湖公园开幕。展览持续至7月15日。作品展旨在迎接泉州南音入选人类非物质文化遗产代表作名录10周年，展出55幅以南音为题材的书画作品。这些作品视野开阔、构图新颖、笔墨生动、形式多样，涵盖书法、国画、油画、篆刻等，体现作者对书画艺术的探索创新之道。泉州市西湖文化促进会会长龚万全表示，以书画形式表现和反映南音艺术及文化保护、繁荣的相关主题，是守护文化遗产、弘扬优秀艺术的创新方式，期待更多书画艺术家创作出更多以南音为主题的优秀书画作品。

6月1日

农历戊戌年四月十八
星期五
温度：21℃—26℃
阴转小雨

●“六一”国际儿童节，市领导及市直有关部门负责人到市青少年宫、市妇女儿童活动中心、市特殊教育学校及市区几所幼儿园、小学看望少年儿童。

●继收听收看全省机关效能建设工作视频会议后，泉州市召开全市机关效能建设工作会议，及时传达贯彻全省会议精神，安排部署泉州市机关效能建设工作。

●由市委宣传部、市教育局、市文联等主办的2018泉州市庆祝“六一”国际儿童节文艺演出举行。

●由市海洋与渔业局、市文化遗产保护促进会等单位承办的全国大中学生海洋文化创意设计大赛获奖作品泉州巡展活动在泉州师范学院开幕。

●“台湾关帝庙千年联合世纪大谒祖”活动在泉州举行，400余名台湾信众组团到泉州谒祖。

●由市古城办、鲤城区文明办主办的文化定向亲子徒步游活动举行。

●由泉州市西湖文化促进会和鲤城区文联主办的泉州市首届书画南音作品展在市区西湖公园开幕。

●“你好，新时代”泉州市少先队欢庆“六一”主题队日活动在泉州市青少年宫举行。

6月2日

农历戊戌年四月十九
星期六
温度：22℃—31℃
多云

●泉州市银行业积极支持乡村振兴战略。

●泉州市创新PPP项目回报机制。

●2—5日，由中国大学生体育协会、中国足球协会主办的2018中国大学生五人制足球联赛福建赛区在福建船政交通职业技术学院进行，华侨大学队获冠军。

●福建炼化公司与安溪县政府有关部门筹划，由福建炼化公司结对帮扶的安溪县芦田镇石盘村、蓝田乡乌殊村牵头，联合其他13个建档立卡贫困村，组织近50种农产品参与在市区福炼职工生活小区举行的展销活动。

泉州市银行业积极支持乡村振兴战略

2018年以来，泉州市银行业积极支持乡村振兴战略。其中，泉州银监分局出台《泉州银行业支持乡村振兴战略行动方案（2018—2020年）》《关于2018年泉州银行业普惠金融服务工作的意见》等文件，督促银行业金融机构形成支持乡村振兴的服务框架和工作体系，加大支农支小信贷投放力度。截至4月末，辖内银行业金融机构发放涉农贷款3562.24亿元，比年初增加56.25亿元。围绕“产业兴旺”主题，深化农村现代产业体系金融服务，引导辖内银行业支持优势特色农业、品牌农业、园区农业和海洋经济发展。至4月末，全市辖内各银行业机构支持林权抵押贷款1.36亿元，比年初增加0.57亿元；支持海域使用权抵押贷款235283万元，比年初增加4983万元。围绕“生态宜居”主题，泉州市持续加大对农村基础设施和环境保护的支持力度，通过引导银行业金融机构支持农村基础设施、乡村旅游产业链和生态环境建设，提升“三农”绿色发展水平。至3月末，全市辖内各银行业机构支持小城镇建设贷款1412040万元，比年初增加39886万元；支持农田水利建设贷款288092万元，比年初增加49664万元。

围绕“生活富裕”主题，我市全力做好金融精准扶贫和民生金融工作。至4月末，辖内各银行业机构支持农村住房抵押贷款18.73亿元，比年初增加1.42亿元；支持农村土地承包经营权抵押贷款2.71亿元，比年初减少987.38万元；支持联户经营、专业大户、家庭农场等农户集约化经营贷款209749万元，比年初增加3759万元。

泉州市创新PPP项目回报机制

为充实PPP项目库，经市直各部门、各县（市、区）的征集与筛选，2018年泉州市征集PPP项目31个，总投资额460.83亿元。2018年征集到的PPP项目，包括重点推介项目21个，总投资额333.06亿元；储备项目10个，总投资额127.77亿元。项目类型丰富，涉及七大领域：交通运输类6个，总投资额160.87亿元；环境保护类10个，总投资额110.84亿元；重大市政工程类6个，总投资额64.72亿元；社会事业类4个，总投资额46.75亿元；信息类1个，总投资额4.9亿元；农林水类2个，总投资额48.76亿元；其他项目2个，总投资额23.99亿元。不少项目还进入财政部PPP综合信息平台项目库。

其中，南安市医院新院区（一期）PPP项目为社会事业类项目，整个新院区项目将分两期建设一所三级综合性医院，拟设1000张床位，包括门诊综合楼、住院楼、感染楼及地下室、室外工程等配套设施。交通运输类项目中，惠安县联三线黄塘至虎窟段等一揽子公路PPP项目总投资19.74亿元，由五个子项目组成，包括联三线黄塘至虎窟段工程、县道309线石井至净峰段公路拓宽改造工程、惠安县农村公路工程包、惠安县岩峰至崇武古城路段提升改造工程、小岞镇区道路提升改造工程等。重大市政工程类项目中，南安高新技术园区市政道路PPP项目总投资24.99亿元，包括两个项目包，即芦科路与后科路、后海路与院前路，建设内容包含道路范围内的道路工程、桥涵工程、交通工程、雨水工程、污水工程、道路照明工程、道路绿化工程及其他配套工程等。

在推进PPP项目落地过程中，泉州市不断创新项目回报机制，对同类项目起到良好的示范作用。值得一提的是，泉州市积极探索政府付费最优计算价格回报机制。以往，非经营性基础设施PPP项目的政府付费机制，是PPP模式的关键难点，鉴于此，泉州市加快探索“影子价格”，即最优计算价格回报机制。该机制在运营期间，运营方或社会资本不对使用者收费，而是政府根据使用量和社会效益付费，有助于建立良好的风险分担机制。

华侨大学队获中国大学生五人制足球联赛福建赛区冠军

2—5日，由中国大学生体育协会、中国足球协会主办的2018中国大学生五人制足球联赛福建赛区在福建船政交通职业技术学院进行，华侨大学队获冠军。此次比赛有福建师范大学、福州大学、福建中医大学等15支高校代表队参与角逐，华侨大学足球队在小组赛和淘汰赛两个阶段的比赛中，以五战五胜的战绩获德冠军，代表福建省参加2018中国大学生五人制足球联赛全国分区赛。在此次比赛的各项最佳评比中，华大队林泽锟获最佳运动员奖，华大队金贤获最佳射手奖，华大队杨孟获最佳守门员奖。中国大学生五人制足球联赛致力于大学足球运动的健康发展。该赛是中国高校参与范围最广、竞技水平最高、影响最大、最具规格的大学生五人制足球官方赛事。2018年的联赛历时9个月，全国15个省市、500余所高校的近15000名大学生球员参与其中。

泉州“美丽古城 家园共造”社区营造试点选点决赛举行

由市古城办、鲤城区政府主办，泉州文旅集团—古城发展公司、乡愁经济学堂承办的泉州“美丽古城 家园共造”社区营造试点选点决赛在鲤城区举行，10支竞赛团队参与角逐，最终，5支团队即5个社造试点脱颖而出。古城社区营造是泉州与国家要求创新社会治理、“共建共治共享”高度一致的创新实验，核心内涵是要基于群众真实的生活经验，发动群众爱护古城、认同古城、参与古城提升。泉州市古城社造培训选点工作从2017年9月启动，已经过9个月的探索、摸索，特别是最近4个月的“以赛代练”，使参赛团队对社区营造有了真实体验。

溪亭家婆队、泉城淘井队、无穷想巷队、东门社聚队、城南地保队、鱼乐巷里队、沙砾留金队、Puppetry木偶队、黄金梅丽号队、新桥新生队10支入围团队开展角逐，每支队伍都将各自的亮点通过文图和音视频等形式呈现出来，力争让各自的营造理念打动评委们。特别是在“答疑”环节，专家给各支代表队提出各种疑难问题，但更多的启示与引导，是期待每一支参赛队伍均能将社区营造继续深化下去，为泉州古城保护探索出新经验。经过角逐，城南地保队获优等奖，泉城淘井队获潜力奖，新桥新生队、溪亭家婆队和Puppetry木偶队获鼓励奖，获得这三个奖项的队伍分别获得4万元、3万元和1万元的奖励。

泉州“美丽古城 家园共造”社区营造试点选点决赛现场
（图/泉州晚报社）

北京印刷学院科技成果发布暨对接交流会在泉州举行

北京印刷学院科技成果发布暨对接交流会在泉州举行，全市数十家印刷企业到场参加，助力校地合作，携手发展绿色印刷产业。北京印刷学院是中国最高水准的印刷院校之一。会上，该学院专家教授分享北印印刷电子材料与技术研发、北印检测能力及继续教育新模式、柔性可印制传感器、储能油墨和磁性油墨与器件、北印设计艺术能力等领域最新发展成果，吸引泉州市印刷企业的广泛兴趣，双方进行了对接交流。泉州市高度重视印刷业转型升级，2016年成立泉州市印刷产业转型升级路线图推进工作领导小组，提出建设8个平台和28个龙头项目，并与北京印刷学院绿色印刷包装产业技术研究院签订共建“泉州分院”战略合作框架协议书。2017年，北京印刷学院绿色印刷包装产业技术研究院泉州市北印印刷技术服务中心成立，北京印刷学院与泉州印刷企业沟通往来密切，进行多项技术成果对接交流，部分项目已在泉州落地并产生效益。

泉州台商区海上救援队入选“感动福建十大人物”

由福建日报社（报业集团）旗下海峡都市报社主办的“2017年度感动福建十大人物”颁奖典礼在福建大剧院举行。在3年多的时间里勇救43名落水者及遇险人员的泉州台商投资区海上见义勇为工作室救援队，入选2017年度“感动福建十大人物”。该届“感动福建”评选出来的十大人物，或孜孜不倦于公益事业，或默默奉献于平凡岗位。有的在关键时刻挺身而出，有的牺牲自我以全孝道。前见村是泉州台商投资区一个靠海小渔村，村边有一条数千米长的海岸线。因两侧是著名的清沙湾、月亮湾景区，常常有游客到这里的沙滩上游玩。2014年农历六月十五，时值天文大潮，6名到此游玩的游客因为不懂得潮水规律被困礁石上。前见村村民张世天等人挺身而出，展开救援行动，最终将6名游客救下。随后不久，在张世天带头下，泉州台商投资区海上见义勇为工作室救援队成立。在随后的3年多时间里，救援队队员由最初的6人增加到54人，共救起43名落水者及遇险游客。

6月3日

农历戊戌年四月二十
星期日
温度：23℃—32℃
阴转多云

● 由市古城办、鲤城区政府主办，泉州文旅集团·古城发展公司、乡愁经济学堂承办的泉州“美丽古城 家园共造”社区营造试点选点决赛在鲤城区举行。

● 北京印刷学院科技成果发布暨对接交流会在泉州举行。

● 由福建日报社（报业集团）旗下海峡都市报社主办的“2017年度感动福建十大人物”颁奖典礼在福建大剧院举行，泉州台商投资区海上见义勇为工作室救援队入选2017年度“感动福建十大人物”。

● 庆祝泉州闽南语音乐学会成立两周年闽南语音乐会在石狮市举行。

6月4日

农历戊戌年四月廿一
星期一
温度：24℃—32℃
阴

●市委常委会召开会议，传达学习习近平在中国科学院第十九次院士大会、中国工程院第十四次院士大会上的讲话精神和中央审计委员会第一次会议上的讲话精神，以及省委常委会会议精神，研究泉州市贯彻意见。

●市人大常委会党组（扩大）会议召开，传达学习中央全面深化改革委员会第二次会议精神，习近平在十九届中央国家安全委员会第一次会议、中央审计委员会第一次会议、全国生态环境保护大会、两院院士大会等会议上的讲话精神等。

●泉州市侨商联合会第二届会员大会暨第二届理监事会就职典礼举行。

市委常委会学习习近平讲话精神

市委常委会召开会议，传达学习习近平在中国科学院第十九次院士大会、中国工程院第十四次院士大会上的讲话精神和中央审计委员会第一次会议上的讲话精神，以及省委常委会会议精神，研究泉州市贯彻意见。

会议指出，习近平在两院院士大会上的讲话，对建设世界科技强国作出重要部署、提出明确要求，对泉州推进高质量发展、跨越赶超具有重大指导意义。全市各级各部门要认识创新是第一动力，抢抓历史机遇，加快科技创新，坚定不移地把中央和省委的决策部署贯彻好、落实好。实施创新驱动发展战略，狠抓体制机制创新，推进国家自主创新示范区、“中国制造2025”城市试点示范建设，抓好新型研发机构等平台建设管理，更多引进创新活跃的“人才+项目+团队”。抓住创新发展窗口期，一手抓高新技术产业发展，在技术迭代周期内趁势做大做强集成电路、半导体产业链，一手抓高科技改造提升传统产业，加速数字化、智能化、石墨烯等技术转化应用。

会议指出，习近平在中央审计委员会第一次会议上的讲话，为做好新时代审计工作提供根本遵循。全市各级各部门要提升思想认识，全面深刻领会，不折不扣地抓好贯彻落实。各级党委要加强对审计工作的领导，各级各有关部门尤其是领导干部要依法自觉接受审计监督，积极主动支持配合审计工作，严肃抓好问题整改。要持续深化改革，对接落实中央、省里部署，梳理完善市级层面改革任务、进度安排，推进审计专业化、职业化、信息化，既消除监督盲区、实现全覆盖，又突出重点、靶向发力，更好地发挥审计“免疫系统”功能。

市人大常委会党组（扩大）会议学习习近平讲话精神

市人大常委会党组（扩大）会议召开，传达学习中央全面深化改革委员会第二次会议精神，习近平在十九届中央国家安全委员会第一次会议、中央审计委员会第一次会议、全国生态环境保护大会、两院院士大会等会议上的讲话精神，以及相关省委、市委常委会会议精神，和省、市国家生态文明试验区建设领导小组会议精神。会议指出，要学习领会讲话精神，依法做好深化机构改革相关工作。要维护党的绝对领导，防范化解风险，加强法治保障，履行主体责任，提高国家安全防范能力。要强化认识，依法履职，即知即改，有效担责，推进审计监督迈向全覆盖。要学好精神，用好法治，履好职责，强好素质，推动生态文明建设再上新台阶。要深化认识，精准发力，主动作为，加强领导，在开展监督或重大事项决定方面，有重点有目标地选择课题，协同推进科技工作开展。会议还听取全国地方人大常委会负责人学习班培训情况汇报。

泉州市侨商联合会第二届会员大会举行

泉州市侨商联合会（以下简称“泉州侨商会”）第二届会员大会暨第二届理监事会就职典礼举行。经大会选举，周永伟连任会长。市委常委、统战部部长林万明指出，泉州侨商分布广、数量多、实力强，对故土有深厚的感情，始终把家乡的发展与自己的命运紧紧维系在一起。泉州侨商会成立以来，开展了很多闪耀人性光辉、充满社会正能量的活动。在“百侨帮百村”、精准扶贫、“莫兰蒂”台风灾后重建，以及统一战线开展的“同心工程”建设、南洋华裔族群寻根谒祖综合服务平台建设、华侨博物馆“奉献史馆”建设等工作中，都不乏侨商们的真情奉献。

泉州市侨商联合会第二届会员大会现场（图/苏田田）

沈跃跃到泉州调研妇联工作

全国人大常委会副委员长、全国妇联主席沈跃跃到泉州，围绕学习贯彻习近平新时代中国特色社会主义思想，贯彻党中央决策部署，推进妇联家庭工作，深化妇联改革进行调研。沈跃跃到石狮市宝盖镇妇联“咱厝边”家庭服务中心、晋江市安踏（中国）有限公司妇联等地考察。就下一步妇联工作，沈跃跃强调，要注重家风，深化寻找“最美家庭”等活动；要坚持立德树人，深化家庭教育指导服务；要贯彻落实习近平生态文明思想，团结带领妇女为建设美丽中国做贡献；要注重研究家庭建设中的问题，以家庭和睦促进社会安定。

2018年全省地方综合年鉴主编培训班在晋江市举办

5—8日，由省方志委和省年鉴研究会主办的2018年全省地方综合年鉴主编培训班在晋江市举办。省方志委主任陈秋平、泉州市副市长肖汉辉在开班式上讲话。全省各设区市及各县（市、区）方志委（办）领导、年鉴主编和业务骨干共一百多人参加培训。

2018年全省地方综合年鉴主编培训班现场（图/谢晓艺）

2017年度泉州市环境质量状况公报发布

第47个世界环境日，市环保局在《泉州晚报》发布《2017年度泉州市环境质量状况公报》。公报显示，2017年，泉州市环境质量状况总体良好，空气、水、声等环境质量持续保持较好水平。过去一年，市委、市政府贯彻落实中央、省决策部署，坚持“生态立市”，突出“生态+”，打造“美丽泉州”，走出一条生态“高颜值”、发展“高素质”的路子。泉州市GDP连续19年领跑全省的同时，全市生态环境质量保持优良，生态环境质量稳定向好。

2017年，泉州市区空气质量状况总体良好，达标天数比例为94.5%。全市降水pH均值为6.00，酸雨程度有所改善。按照《环境空气质量标准》评价，全市11个县（市、区）空气质量均达到国家环境空气质量二级标准，达标天数比例范围为92.2%—98.1%，全市平均为96.2%，较2016年上升0.5个百分点。水环境状况方面，自2004年起，晋江水系水质状况连续14年保持优。2017年，泉州市12个县级及以上集中式饮用水水源地水质达标率均为100%。山美水库总体为Ⅱ类水质，惠女水库总体为Ⅲ类水质，水体均呈中营养状态。近岸海域一、二类水质比例93.8%。小流域水质稳中向好。泉州市城市功能区、区域及道路交通声环境质量总体保持较好水平。2017年，泉州市区昼间声环境功能区声环境质量达标率为100%，夜间达标率为62.5%，均与2016年持平。2017年，全市一般工业固体废物综合利用率为90.79%；全市工业危险废物处置利用率为93.42%；全市医疗废物处置率为100%；全市生活垃圾无害化处理率98.63%，全市生活垃圾焚烧飞灰处置利用率81.53%。

泉州市纪念世界环境日广场宣传活动举行

由市环保局主办、农工党泉州市委员会协办的2018年泉州市纪念“6·5”世界环境日广场宣传活动在市区府文庙广场举行。2018年世界环境日中国主题为“美丽中国，我是行动者”。市环保局围绕“美丽中国我是行动者”主题开展“生态文明 我知我行”环保知识网络答题、“环保，让生活更美好”主题实践、宣传海报进机关等系列活动，旨在推动社会各界和公众参与生态文明建设，携手行动，共建天蓝、地绿、水清的美丽中国。

泉州市纪念世界环境日广场宣传活动现场
（图/张九强）

6月5日

农历戊戌年四月廿二
星期二
温度：25℃—31℃
小雨

●全国人大常委会副委员长、全国妇联主席沈跃跃到泉州调研妇联工作。

●全市劣Ⅴ类水体攻坚治理动员大会召开，通报全市流域水环境问题、省重点考核小流域整治工作进展情况、城市建成区黑臭水体治理情况，部署下阶段工作。

●第47个世界环境日，市环保局在《泉州晚报》发布《2017年度泉州市环境质量状况公报》。

●由市环保局主办、农工党泉州市委员会协办的2018年泉州市纪念“6·5”世界环境日广场宣传活动在市区府文庙广场举行。

●由市垃圾分类办、鲤城区垃圾分类办、海滨街道办事处主办的“垃圾分类在行动 美丽金山践于行”宣传活动在鲤城区金山社区核心价值观主题广场举行。

●5—8日，第三季中国新歌声福建赛区总决赛在泉州体育旅游文创园举行。

6月6日

农历戊戌年四月廿三
星期三
温度：24℃—32℃
小雨

●6—7日，水利部副部长周学文对泉州市2017年度落实最严格水资源管理制度进行考核检查。

●6—8日，省方志委主任陈秋平到晋江、德化、安溪调研，了解指导方志文化建设，商谈重修《德化陶瓷志》等事宜。

●全国爱眼日，由市老龄服务志愿者协会主办的“志愿助老·让老年人视界更清晰”活动在市区丰泽社区举行。

周学文到泉州开展考核检查

6—7日，水利部副部长周学文带队，对泉州市2017年度落实最严格水资源管理制度进行考核检查。副市长肖汉辉参加相关活动。考核检查组检查晋江市恒安纸业集团取用水管理情况、晋江西溪河长制实施情况、晋江干流水源地保护及水资源动态管理系统运行情况、永春县河长制实施情况。周学文对泉州市实行最严格水资源管理制度给予肯定，认为泉州实行最严格水资源管理制度，加大水资源保护管理力度，健全完善政策体系，全面推行河长制，打造河长制法制化、社会化、信息化“三化”模式，创立“社会化河流管养模式”，组建“河湖长制观察组”，成立“河长宣讲团”，拓展社会公众参与管河、护河空间，精细化管理水资源，科学调度水源，建立生态补偿机制，推进流域综合治理和生态修复，取得明显成效。考核检查组同时要求，要继续深化落实最严格水资源管理制度。

陈秋平到泉州调研方志文化建设工作

6—8日，省方志委主任陈秋平到晋江、德化、安溪调研，了解指导乡村方志文化建设，商谈重修《德化陶瓷志》等事宜。调研期间，泉州市副市长肖汉辉，晋江市、德化县、安溪县负责人分别与陈秋平座谈。

在晋江市，陈秋平了解金井镇围头村文化建设情况，对该村率先成立村级方志文史研究会、续修《围头村志》等方志文化建设工作表示赞赏，并为该村的方志文史研究会揭牌。陈秋平指出，要抓住国家实施乡村振兴战略的历史机遇，发掘整合村里的战地文化、滨海文化、渔村文化、华侨文化、涉台文化等文化资源，加强对外宣传和交流，提升乡村文化品牌。

陈秋平（左二）在德化县陈仁海中国白艺术馆调研

在德化县，陈秋平参观泉州工艺美术职业学院“海丝情·陶瓷韵”作品展、2018毕业设计作品展、创意设计中心、华夏贤哲瓷塑艺术展，并与学院负责人座谈，商谈重修《德化陶瓷志》事宜。陈秋平指出，陶瓷作为古代海上丝绸之路的核心产品和现代德化的支柱产业，是德化的符号和名片。泉州工艺美术职业学院和县方志委要发挥各自优势，通力合作，重新编修好《德化陶瓷志》，传承陶瓷工艺、弘扬陶瓷文化，为地方经济文化发展服务。

陈秋平（左四）在安溪县李光地宅祠调研（图/陈雪娥）

晋江市金井镇围头村方志文史研究会揭牌仪式

在安溪县，陈秋平走访湖头镇阆湖博物馆、慈山学园和李光地宅祠。陈秋平强调，乡村振兴、文化铸魂。镇里的经济发展了，更要抓好文化建设。要围绕“中国历史文化名镇”和“现代科技新城”两张名片，推动全镇文化与经济协同发展。县方志委要尽快介入，用志书、影像等形式把地方的历史文化记录好、传承好，提升历史文化名镇的品位，扩大方志工作的社会影响力。

全省首个“民革党员之家”在泉州成立

全省首个“民革党员之家”——泉州“民革党员之家”在市区领SHOW天地文创产业园成立，旨在为泉州民革党员学习交流、展示风采、互帮互助、服务社会提供一个充满活力的载体和平台。泉州民革拥有党员900多人，地方组织和基层组织47个。设立“民革党员之家”既是补齐泉州市民革基层组织建设短板之举，更是提升民革组织凝聚力、战斗力和社会影响力的必要之措。泉州“民革党员之家”将打造成继承和发扬民革前辈与中国共产党勠力同心光荣传统的加油站，成为坚持好、发展好、完善好中国新型政党制度的实践基地。

台湾“中华妇女总会”到泉州考察交流

7—9日，到福建参加第十届海峡论坛·海峡妇女论坛的台湾“中华妇女总会”一行38人，到泉州开展“绿色家庭·绿色生活”系列考察交流活动。在走访崇武古城、洛阳桥、开元寺、永春县岵山镇茂霞村古村落等泉州人文景观和风景名胜后，大家对泉州多年来坚持绿色发展理念的做法和成效表示赞赏。大家表示，这是个难得的机会，不仅交流两岸妇女生态建设理念，也展示两岸女性在生态建设中的责任担当，更凸显“姐妹情一家亲”；回去后，将复制和推广一些泉州的经验和做法，增强两岸生态意识和环保意识的交流，促进两岸生态和谐、绿色发展。

全市41533人报名参加高考

7—8日，2018年福建省普通高考举行，泉州市41533人报考，设12个考区，45个考点，1433个考场。全市为伤病等特殊照顾的考生专门安排备用考场6个，为残疾考生等提供考试便利服务。全市无出现任何违纪舞弊事件，为历年来首次。市教育局有关负责人介绍，全市各地考试秩序井然，没有出现试答卷失泄密事件，没有出现任何违纪舞弊事件，没有出现突发、偶发事件，没有出现考试工作事故，没有接到举报电话，实现平安高考、诚信高考、公平高考、温馨高考。

在泉州实验中学考点，考生走出考场（图/张九强）

2018年亚马逊全球开店卖家服饰鞋包选品会泉州首场举行

2018年亚马逊全球开店卖家服饰鞋包选品会泉州首场在东海跨境生态圈运营中心举行，泉州本土的50家制造商集中展示服饰鞋包三大传统优势产业，并与全国100多家亚马逊大卖家、服务商开启现场对接。此系泉州跨境电商行业首次尝试与平台方合作，以“选品会”模式相互导入优势资源，促进采供对接。泉州作为全国最重要的先进制造业基地，货源充足，品类丰富，产业集群数量居全省首位。在全球最大跨境电商平台亚马逊上，鞋服类第三方卖家的供货渠道有20%来自泉州。泉州市电子商务中心负责人表示，通过举办选品会，帮助泉州本地鞋服箱包企业了解跨境电商业务及亚马逊全球开店品牌，拓展销售渠道，对接更多来自全国的优质卖家，加速泉州产品上线进程。同时，活动也能为有意向的贸易商推荐泉州优质制造，让这些贸易商获得更丰富、优质的选品。

6月7日

农历戊戌年四月廿四
星期四
温度：25℃—33℃
阴

●市委中心组（扩大）学习会召开，邀请国家应急管理部信息研究院原院长贺佑国作《地方党政领导干部安全生产责任制规定》辅导报告。

●市人大常委会组织对市十六届人大二次会议代表建议（环城类）办理情况进行专题调研。

●全省首个“民革党员之家”——泉州“民革党员之家”在市区领SHOW天地文创产业园成立。

●7—9日，到福建参加第十届海峡论坛·海峡妇女论坛的台湾“中华妇女总会”一行38人，到泉州开展“绿色家庭·绿色生活”系列考察交流活动。

●7—8日，2018年福建省普通高考举行，泉州市41533人报考，设12个考区，45个考点，1433个考场。

●2018年亚马逊全球开店卖家服饰鞋包选品会泉州首场在东海跨境生态圈运营中心举行。

6月8日

农历戊戌年四月廿五
星期五
温度：25℃—33℃
阴

●康涛到晋江市调研村级组织换届选举工作。

●泉州市2018年放鱼活动在惠安县崇武中心渔港举行。

●市检察院在惠安县举行“护卫泉州海岸线生态检察司法保护联盟”启动仪式。

●泉州市中小企业“1+N”服务计划在市中小企业服务中心启动，并为“中小企业协同服务战略合作机构”授牌。

●世界海洋日暨全国海洋宣传日，市海洋与渔业局在《泉州晚报》发布《2017年泉州市海洋环境状况公报》。

●由省文化厅主办，福建省非物质文化遗产保护中心、泉州南音中心承办，泉州市文广新局和泉州市文联协办的庆祝2018年中国“文化和自然遗产日”活动——“刺桐乡村古韵——泉州南音音乐会”在石狮音乐厅举行。

●8—9日，2018年“挑战杯——彩虹人生”福建省职业学校创新创效创业大赛决赛在泉州黎明职业大学举行。

泉州市2018年放鱼活动举行

泉州市2018年放鱼活动在惠安县崇武中心渔港举行，旨在增加渔业资源数量，改善水域生态环境，引导公众树立“人海和谐”理念。市领导康涛、陈万里、翁祖根、林万明、肖汉辉，以及市、县两级相关部门负责人，海洋环保志愿者等近百人登上中国海监8003船到泉州湾外海域。大家纷纷提桶放鱼，30万尾黑鲷鱼苗顺着导流槽飞奔入海。市委书记、市长康涛听取泉州市海洋管理、海洋生态环境保护和现代渔业发展等相关汇报。

泉州市2018年放鱼活动现场（图/陈晓东）

2017年度泉州市海洋环境状况公报发布

世界海洋日暨全国海洋宣传日，市海洋与渔业局在泉州晚报发布《2017年泉州市海洋环境状况公报》。公报显示，2017年，泉州市海洋环境质量稳定，保持良好状况。按管理海域面积测算，泉州市海水优良率（第一、二类海水水质海域面积比例）为94.3%，比2016年提高0.1%；海洋沉积物质量基本符合第一类海洋沉积物质量标准；海洋贝类质量总体良好；海洋生物群落结构较为稳定。

2017年，泉州市对湄洲湾、大港湾、泉州湾、深沪湾、围头湾、安海湾6个典型海湾的环境质量状况进行监测。结果表明：湄洲湾、大港湾、泉州湾外湾、深沪湾和围头湾水质较好，以第一类和第二类海水水质为主。与2016年相比，泉州湾和围头湾海水水质略有好转，其他海湾海水水质变化不大。

2017年，泉州市对近岸海域各主要养殖区的僧帽牡蛎、近江牡蛎、翡翠贻贝、波纹巴非蛤和缢蛏等贝类品种进行监测。结果表明：海洋贝类质量总体良好，所有贝类样品石油类、总汞、六六六、滴滴涕和多氯联苯含量符合第一类海洋生物质量标准；铅、镉和砷含量符合或优于第二类海洋生物质量标准；个别样品铜含量超出第二类海洋生物质量标准。

围头湾风光（图/吴寿民）

海洋保护区方面，2017年，深沪湾海底古森林遗迹国家级自然保护区海洋生态环境保持良好状态，海水pH、石油类、溶解氧和悬浮物含量均符合第一类海水水质标准，与2016年相比，保护区海水水质基本持平。崇武国家级海洋公园海水水质总体优良、沉积物质量优良。泉州湾河口湿地省级自然保护区海域水质和沉积物状况与2016年基本持平。值得一提的是，泉州湾、围头湾多次发现中华白海豚，反映泉州市近岸海域生态环境逐步得到改善。

泉州南音音乐会在石狮市举行

由省文化厅主办，福建省非物质文化遗产保护中心、泉州南音中心承办的庆祝2018年中国“文化和自然遗产日”活动——“刺桐乡村古韵——泉州南音音乐会”在石狮音乐厅举行。音乐会由泉州市各地9个南音世传家庭或家族献演。演出由嗳仔指《霏霏飒飒》拉开序幕，紧接着《感谢公主》《咱东吴》《听爹说》等曲目轮番上演，最后南音名谱《梅花操》将整场音乐会推向高潮。参加演出的大部是三、四代传承的家庭或家族，最长的已经有五代了，参演人员有年过七旬的老者，也有未满十岁的少儿。

泉州市2018年“文化和自然遗产日”活动启动

由市文化广电新闻出版局和泉港区政府主办的泉州市2018年全国“文化和自然遗产日”活动启动仪式在泉港文化中心举行。全市各地举行丰富多彩的主题活动，加强文化遗产的传播与传承，提高人民群众对非物质文化遗产的保护意识，营造保护文化和自然遗产的社会氛围。泉州市是非物质文化遗产大市，现有“非遗”代表性名录434项。启动仪式上举行“非遗”展演，泉州北管《欢乐北管》、施厝扁担拳、舞蹈《渔家姑娘在海边》、罗家枪法、泉州南音《风打梨》等先后上演，展示泉州市非物质文化遗产独特的魅力。活动还现场展示“泉州南音记录工程”成果。展演结束后，与会人员考察闽南文化生态保护区整体性保护重点区域土坑海商聚落。

丰泽区开展非物质文化遗产宣传展示活动（图/郑玲玲）

2018年福建省职业学校创新创效创业大赛决赛在泉州举行

8—9日，由团省委、省教育厅、省人社厅、省科学技术协会、省学生联合会主办，团市委、黎明职业大学承办的2018年“挑战杯——彩虹人生”福建省职业学校创新创效创业大赛决赛在泉州黎明职业大学举行。全省各地职校的92件入围作品进入决赛。经过作品展示、现场答辩，共有19件参赛作品获特等奖。经由决赛脱颖而出的若干参赛项目将进入全国职业学校创新创效创业大赛。从参赛作品来看，不少学生将创意运用到“互联网+”与现有的技术平台，创作出“接地气”作品，如《共享护士——您身边的移动护理专家》《互联网时代下的漆艺精神》《“布语坊”禅文化服饰互联网+订制》等，其中已有部分作品在现实生活中得到应用。大赛于5月启动，组委会收到全省35所职校189件作品。泉州职校在此次大赛中取得好成绩，黎明职业大学的《无线输液提醒器》《“Automatic”多功能无屏投影电视支架》等5件作品获所在组别特等奖，泉州幼儿师范高等专科学校的《自闭症儿童多功能教室》、泉州华光职业学院的《[DIVA SPRING]蕾丝系列》等也获得所在组别特等奖。

泉州市校园文化建设校长论坛报告会举行

由市教育局、泉州市校园文化促进会主办的泉州市校园文化建设校长论坛报告会在泉州一中东海校区举行，全市各中小学300多名校长参加。论坛报告会上，举行泉州少年文学院成立仪式、泉州一中校园文化游学基地校授牌仪式以及泉州市校园文化建设校长论坛报告。市教育局负责人表示，从一定意义上来讲，校长的高度就是学校的高度，校长的水平就是学校的水平，校长的工作质量就是学校的教育、教学质量。希望教育管理者以及所有的校长们，学会运用文化密码对学生、老师、家长和学校关联者产生持续强大的影响力，学会借用文化力量提升教育的正向价值和教育效率。要从校长开始，去推动更多学校重视学校文化的创建，建构属于每所学校独特的文化基因。

第八届泉州市布袋戏（掌中木偶）邀请赛举行

9—12日，由泉州市民族民间文化保护工作研究会主办的第八届泉州市布袋戏（掌中木偶）邀请赛在泉州天后宫举行，南安、安溪、永春、德化等地12个民间木偶剧团参加。活动期间每天上午和下午均有展示演出。参演剧目包括《冯金宝娶亲》《德化挑瓷人》《抢亲》《审三如》《秦文打猎》等，既有传统剧目，又有当地特色的创新剧目，很好地展示泉州市民间木偶发展的最新水平。比赛期间，部分优秀团队还被选派到泉州实小、湖心实验小学等校园表演，进行非遗文化活态展示。

6月9日

农历戊戌年四月廿六
星期六
温度：24℃—33℃
阴转小雨

●由市文化广电新闻出版局和泉港区政府主办的泉州市2018年全国“文化和自然遗产日”活动启动仪式在泉港文化中心举行。

●由市教育局、泉州市校园文化促进会主办的泉州市校园文化建设校长论坛报告会在泉州一中东海校区举行。

●由市档案馆主办的“图说改革开放新变化——泉州改革开放四十周年档案图片展”举行。

●“泉州旅游推介PPT设计大赛”现场决赛在泉州华侨大厦举行，泉州文旅集团凭借《海丝泉州：一港一世界 一城一中国》获一等奖。

●9—12日，由泉州市民族民间文化保护工作研究会主办的第八届泉州市布袋戏（掌中木偶）邀请赛在泉州天后宫举行。

●2018泉州晚报社读者节系列活动举行。

6月10日

农历戊戌年四月廿七
星期日
温度：24℃—30℃
小雨转多云

●2018年中国城市信用建设高峰论坛在福州海峡国际会展中心举办。国家发改委下属的国家信息中心发布《中国城市信用状况监测评价报告2018》蓝皮书，泉州2017年多项城市信用指标进入全国261个地级市前10名行列。

●泉州市下发《关于进一步激发民间有效投资活力促进经济持续健康发展工作若干措施的通知》，提出8个大类23条具体措施，全面落实“非禁即准，平等待遇”，激发民间有效投资活力。

●2018年省级示范物流园区名单公布，共有5个园区入选，其中泉州有1家，为海西石材物流园。

泉州多项信用指标进入全国前十

由国家发改委指导，新华通讯社和福州市政府主办，中国经济信息社、福州市发改委、福州市数字办和京东金融集团承办的2018年中国城市信用建设高峰论坛在福州海峡国际会展中心举办。国家发改委下属的国家信息中心在论坛上发布《中国城市信用状况监测评价报告2018》蓝皮书，泉州2017年多项城市信用指标进入全国261个地级市前10名行列。

该蓝皮书通过对2017年全国城市信用状况的监测分析，向社会公布36个省会及副省级以上城市综合信用指数前20名，261个地级市综合信用指数前50名，以及361个县级市综合信用指数前50名等一系列排名。其中，泉州生产领域信用制度信息量排名全国261个地级市之首，环境保护和能源节约领域信用制度信息量居第2位，信用信息透明度得分名列第7位，信用市场发育水平得分居第4位。

近年来，泉州市城市信用监测综合水平持续位居福建省地级市之首（福州、厦门参评省会及副省级以上城市排次），且在全国261个地级市中不断进位，截至5月，已列第25位。在搭建公共信用信息共享平台基础上，泉州市2017年归集全市39个单位4个大类17个类别1590项信用信息目录，整理入库数据60余万条，同时实现“信用泉州”平台与公共信用信息共享平台的“双公示”数据实时交互，对外及时公示信用“红黑榜”等内容。在联合惩戒方面，泉州不仅为失信被执行人设置专门手机彩铃，还对被执行人等非合法占用人逾期仍拒不搬迁的厂房、商铺、办公用房等，依法依规采取停水、停电、停气“三停”措施，压缩失信被执行人的活动空间。

泉州市出台八大类举措激发民间投资活力

泉州市下发《关于进一步激发民间有效投资活力促进经济持续健康发展工作若干措施的通知》，提出8个大类23条具体措施，全面落实“非禁即准，平等待遇”，激发民间有效投资活力。8个大类措施包括全面落实民间投资平等市场主体待遇、深入推进“放管服”改革、落实税费减免优惠政策、着力破解民营企业融资难题、着力降低企业成本负担、不断拓展民营企业投资领域、持续拓展民间投资项目、进一步构建“亲”“清”新型政商关系。作为民营经济大市和民间资本强市，泉州市实行一系列鼓励政策，激活民营资本投资热情。该通知着眼进一步解决制约民间投资发展的重点难点问题，推动民间有效投资增长。在税费减免上，泉州市明确将贯彻落实高新技术企业、科技型中小企业研发费用加计扣除、固定资产加速折旧；小型微利企业、符合条件的软件企业、符合条件的非营利组织免税收入，创业投资企业和天使投资个人、技术先进型服务企业、非货币性资产投资、促进企业重组、增值税税率下调等企业所得税优惠政策，落地“应享尽享”。

泉州海西石材物流园入选2018年省级示范物流园区

2018年省级示范物流园区名单公布，共有5个园区入选，其中泉州有1家，为海西石材物流园。根据《福建省创建省级示范物流园区实施细则》，省级示范物流园区的支持重点包括货运枢纽型、生产服务型、商贸服务型、口岸服务型、综合服务型五大类。其中，货运枢纽型重点发展多式联运、甩挂运输、水路滚装运输等先进运输组织方式；生产服务型重点提供供应链一体化服务，通过有效整合制造企业分散、自用的物流资源，满足生产制造企业的物料供应与产品销售等物流需求，促进制造业与物流业联动发展；商贸服务型重点促进物流业和商贸流通、电子商务的融合发展，主要为商贸企业提供运输、配送、仓储、快递等物流服务以及商品展示、电子商务、融资保险等配套服务；口岸服务型重点突出口岸服务特点，为进出口货物提供报关、报检、国际采购、分销和仓储、配送、国际中转、商品展示等服务；综合服务型至少兼具货运枢纽、商贸服务、生产服务、口岸服务中的两种以上服务功能，重点发挥综合性、多元化优势。依据相关文件规定，对获评省级示范物流园区的，从省工业和信息化发展专项转移支付资金中给予一次性100万元的奖励。

檀云坤到泉州检查《大气污染防治法》实施情况

11—12日，省人大常委会副主任檀云坤带队到泉州开展《中华人民共和国大气污染防治法》实施情况执法检查，走访洛江、丰泽、石狮、晋江等地，查看空气质量、机动车尾气等监测情况。市委常委、常务副市长张永宁，市人大常委会副主任蔡思红及市直有关部门负责人参加活动。

市政府第三十二次常务会议召开

市政府第三十二次常务会议召开，研究并通过《泉州市进一步激发社会领域投资活力的实施意见》《2018年全市治理“餐桌污染”建设“食品放心工程”工作方案》《泉州市人民政府关于统筹推进县域内城乡义务教育一体化改革发展的实施意见》等。

会议要求，各级各部门要从放宽行业准入、扩大投融资渠道、落实土地税费政策、促进融合创新发展等方面入手，注重增加产品和服务供给，多措并举激发医疗、养老、教育、文化、体育等社会领域投资活力。要发挥泉州民间资本雄厚的优势，建立完善工作机制，研究制定细化措施，紧盯社会资本投资动向和高端项目布局方向，加强沟通对接，采取有效措施，把新一轮产业发展的“根”留住。

会议强调，要坚持党政同责、源头管控、社会共治，提高食品和食用农产品质量安全水平。要重点抓好种植养殖、水产养殖等主要食品治理，组织农（兽）药、“瘦肉精”等10个食品安全专项整治，推进食品安全全过程追溯体系建设等49条具体任务，解决食品安全领域突出问题。

会议强调，要加强义务教育资源建设，优化城乡学校布局规划；加快学校标准化建设，推进义务教育学区化集团化办学，提升城乡学校建设和管理水平；统筹城乡教师队伍建设，健全师德教育长效机制，增强教师业务素质；实施素质教育，提高乡村和薄弱学校教育质量；完善随迁子女就学机制，精准关爱农村留守儿童、残疾儿童等特殊群体。

“精准扶贫攻坚”专题培训班开班

由市委组织部、市人社局主办的“精准扶贫攻坚”专题培训班在华侨大学开班。培训对象主要为市级扶贫开发重点帮扶村所在乡镇（街道）分管扶贫、就业工作的主要负责人。培训采用集中授课、分组研讨、现场教学等方式，开展包括省市扶贫政策解读、乡村旅游扶贫开发模式与实践、精准扶贫致富带头人创业导师工作的实践与探索等培训内容，旨在提升乡镇干部推进精准扶贫、精准脱贫的专业化能力，加强脱贫攻坚队伍建设，为打赢脱贫攻坚战提供保障。2017年以来，泉州市出台系列政策措施，推进就业扶贫工作落实。其中，帮扶就业困难人员享受扶持政策，为5301名灵活就业的就业困难人员发放补贴573万元；帮助近5000名离校未就业实名登记毕业生实现就业。

泉州颁发首张即办机动车维修经营许可证

打算在泉州开汽车维修厂的黄东旭，在现场作出承诺后，从市直属运管所审批窗口工作人员手中接过一张经营许可证，从此其公司可正式开展机动车维修业务。此系泉州实行“证照分离”改革试点以来颁发的首张“即办”的机动车维修经营许可证，这种审批模式被称为“告知承诺制”。为推进这项工作，泉州在全省机动车维修经营许可领域内，率先制定试点办法。所谓“告知承诺制”，是交通部门开展行政审批改革的新尝试，也是“证照分离”改革的措施之一。也就是说，申请人向审批窗口提交相关资质材料，签署承诺书后，就可以当场领取经营许可证。承诺书内容除自身符合审批条件，还包括愿意接受主管部门的后续监管等。

泉州首位即办机动车维修经营许可证获得者（图/林泳坤）

6月11日

农历戊戌年四月廿八

星期一

温度：23℃—32℃

多云

●11—12日，省人大常委会副主任檀云坤到泉州开展《中华人民共和国大气污染防治法》实施情况执法检查。

●市政府第三十二次常务会议召开，研究并通过《泉州市进一步激发社会领域投资活力的实施意见》《2018年全市治理“餐桌污染”建设“食品放心工程”工作方案》《泉州市人民政府关于统筹推进县域内城乡义务教育一体化改革发展的实施意见》等。

●市政协党组中心组（扩大）学习会召开，传达学习习近平在中国科学院第十九次院士大会、中国工程院第十四次院士大会上的讲话精神和中央审计委员会第一次会议上的讲话精神，以及省委、市委常委会议精神。

●由市委组织部、市人社局主办的“精准扶贫攻坚”专题培训班在华侨大学开班。

●泉州颁发首张即办机动车维修经营许可证。

●11—20日，市爱卫办在全市开展“清洁家园 灭蚊防病”夏季爱国卫生运动，铲除卫生死角，宣传蚊媒传染病防控知识。

●11—14日，中央芭蕾舞团到华侨大学、泉州师范学院、泉州幼儿师范高等专科学校和仰恩大学演出。

●2018年亚洲大学生篮球邀请赛在石狮市举行。

●南安市举行公安专线接入税务部门开通仪式，将公安网络接入县级税务部门，此举为全国首创。

6月12日

农历戊戌年四月廿九
星期二
温度：23℃—32℃
阴转小雨

●12—13日，由全国人大常委会委员、华侨委员会主任委员王光亚带领的调研组到泉州开展华侨权益保护专题调研。

●12—13日，省委常委、宣传部部长梁建勇到泉州调研宣传文化工作。

●12—13日，省政协副主席洪捷序带领调研组到泉州，就“优化营商环境”议题开展调研。

●中宣部组织的“壮阔东方潮 奋进新时代——庆祝改革开放40年”大型主题采访活动第二站在晋江市启动。中央和地方30多家主流媒体的100多名编辑记者围绕“晋江经验”展开集中采访报道。

●由市环保局主办的2018年首期企业环保法制培训班开班。

●12—13日，由中国美术家协会连环画艺术委员会、市古城办、市旅游发展委员会、华侨大学美术学院主办的“绘画与文化——泉州古城美术与文化采风活动”举行。

●反映永春县苦寨坑与坑刀山原始瓷窑址的纪录片《永春瓷窑探秘》在中央电视台十套《探索·发现》栏目播出。

梁建勇到泉州调研宣传文化工作

12—13日，省委常委、宣传部部长梁建勇到泉州调研宣传文化工作。市委常委、宣传部部长陈铁晗参加调研。 在晋江洪山文创园、安平桥和永春余光中文学馆、达埔中国香都、大羽村永春白鹤拳发源地、永春老醋文创园等地，梁建勇指出，要梳理地方特色文化符号，把文物保护和文化场所的建设与市民休闲活动场所、旅游景区等的建设结合起来，把传承文化遗产与发展文化产业、旅游等结合起来，用优秀传统文化丰富群众文化生活、带动地方发展。要把保护传承发展优秀传统文化与实施乡村振兴战略结合起来，挖掘传统文化内涵，找准乡村文化定位，注重保护乡村的文化肌理和脉络，提升乡村的文化底蕴。

洪捷序到泉州调研营商环境

12—13日，省政协副主席洪捷序带领调研组到泉州，就“优化营商环境”议题开展调研。市领导陈灿辉、吕刚、林志建参加有关活动。调研组强调，要打造便利化法治化营商环境，健全完善权责清单管理制度，加强各区各部门的协同协作，让服务更精准更贴心。要加强社会信用体系建设，坚持依法行政和政务公开，严格规范监管执法行为，为持续优化营商环境提供信用保障。要加大知识产权保护力度，依法保护各类创新主体，加快建立严保护、大保护、快保护、同保护的工作机制。要推动政府部门工作人员转变职能，主动担当积极作为，提高政务服务水平。要提高区域教育医疗等公共服务水平，构建科学、便捷、高效的一流营商环境。

庆祝改革开放40年大型主题采访活动第二站在晋江市启动

中宣部组织的“壮阔东方潮 奋进新时代——庆祝改革开放40年”大型主题采访活动第二站在晋江市启动。中央和地方30多家主流媒体的100多名编辑记者围绕“晋江经验”展开集中采访报道。改革开放40年来，晋江这个曾经的“高产穷县”闯出一条独具特色的县域发展路子，连续多年跻身全国百强县市前十。习近平2002年在《人民日报》《福建日报》发表署名文章，总结提炼出“晋江经验”，并指出这是地方主动探索中国特色社会主义发展道路的积极实践。晋江也是继深圳第一站之后，中宣部组织的“壮阔东方潮 奋进新时代——庆祝改革开放40年”大型主题采访活动的第二站。座谈会上，省委常委、宣传部部长梁建勇，泉州市委书记、市长康涛，晋江市负责人分别介绍“晋江经验”诞生的背景和过程，通报福建、泉州、晋江学习贯彻习近平新时代中国特色社会主义思想，全面传承创新“晋江经验”的新举措、新进展、新成效。泉州市委常委、宣传部部长陈铁晗参加座谈会。接下来三天的集中采访中，编辑记者围绕“建设现代化经济体系/坚持平衡发展共建共享”和“构建‘亲清’政商关系/发挥非公党组织服务功能”两个主题，通过走访、对话，挖掘“晋江经验”的丰富内容内涵和创新创造，记录“晋江经验”新时代的新篇章。

采访团参观晋江市城市展馆（图/陈晓东）

2018年首期企业环保法制培训班开班

作为世界环境日“美丽中国，我是行动者”主题活动之一，由市环保局主办的2018年首期企业环保法制培训班开班，全市各县（市、区）的52家重点排污单位企业代表参加培训。为打好污染防治攻坚战，2018年，市环保局面向全市逾300家重点排污单位的企业法人或其分管环保负责人举办六期企业环保法制培训班，邀请市打击环境污染联席会议成员单位和省内环保相关领域的权威专家授课，服务、指导企业做好环保工作，以案释法，帮助企业了解国家最新生态环境保护政策和法律法规，促使企业主动承担环保主体责任，自觉提高污染防治水平。

全国人大调研组到泉州调研华侨权益保护工作

12—13日，由全国人大常委会委员、华侨委员会主任委员王光亚带领的调研组到泉州开展华侨权益保护专题调研。全国人大常委会委员、华侨委员会副主任委员贾廷安参加调研。省人大常委会秘书长刘道崎，市领导陈万里、杨晓山、张建生参加相关活动。调研组考察泉州华侨历史博物馆、华侨大学、黎明职业大学、洛江双阳南山社区和嘉泰数控科技有限公司等处。王光亚指出，在新时代新背景下，泉州要把侨务工作与中华民族的伟大复兴结合在一起，提高为侨服务水平，将华侨权益保护落到实处；要细致把握侨情变化，加强与海外侨胞、归侨侨眷的联系，发挥侨乡优势，调动海外华侨与归侨侨眷参与地方经济建设的热情，推动侨务工作向更高层次发展。

全国人大调研组在泉州调研（图/王虎文）

泉州市启动专项行动打击整治非法社会组织

市民政局、市公安局发出公告，从是日起在全市范围内开展打击整治非法社会组织专项行动。此次专项行动是根据省民政厅、公安厅统一部署要求，旨在打击非法社会组织活动，净化社会组织发展环境，维护人民群众合法权益，保障国家安全和社会稳定，为泉州市社会组织健康有序发展营造良好环境。根据《社会团体登记管理条例》等法规的有关规定，非法社会组织主要指：一是未经民政部门登记，擅自以社会组织名义开展活动的组织；二是被撤销登记后，继续以社会组织名义开展活动的组织；三是筹备期间开展筹备以外活动的社会组织；四是未经登记、备案，擅自在境内以社会组织名义开展活动的“离岸社团”“山寨社团”等境外非政府组织。

泉州古城美术与文化采风活动举行

12—13日，由中国美术家协会连环画艺委会、市古城办、市旅游发展委员会、华侨大学美术学院主办的“绘画与文化——泉州古城美术与文化采风活动”举行，中国美术家协会、鲁迅美术学院、重庆美术家协会、天津美术家协会等的13位国内画家用画笔讲述泉州故事。活动以“讲泉州古城故事”为主题，旨在通过回望历史、关注当下的创作视角，讲述泉州人的奋斗历程，展现历史文化名城的历史文化，赞颂美好生活的和谐安宁；在主题创作中实现对绘画艺术语言和表现形式的当代性革新，响应中央关于“推动中华优秀传统文化创造性转化、创新性发展”指示精神。

沈尧伊、李晨、翟羽、侯国良、张宇、刘智勇、董克诚、俞梦彦、齐鑫、吕子扬、郑盛龙、江松、王尔义13 位画家在泉州老城区的西街、开元寺、金鱼巷、清净寺等地写生创作。中国美协连环画艺委会主任沈尧伊表示，城市的发展与文化的留存如何协调好关系至关重要。在泉州古城感受到浓郁的闽南文化味道，这里遍布的文化遗产是城市记忆的载体，希望用画笔将所见到、感受到的古城风情绘画记录下来，吸引更多年轻人关注。市古城办的工作人员介绍，希望泉州古城的老街老巷、古厝洋楼、老庙古寺、特色小吃、习俗风情能与画家们碰撞出灵感的火花，激发创作激情。希望画家们通过此次写生创作，加深对泉州古城的印象，将泉州元素、古城元素这些素材运用到以后的艺术创作中，让泉州古城的美长留在大家的心中，长留在画面中，提升泉州的文化艺术品位，丰富泉州市民的文化艺术生活。

泉州古城美术与文化采风活动现场（图/殷斯麒）

6月13日

农历戊戌年四月三十
星期三
温度：23℃—30℃
多云转小雨

●市民政局、市公安局发出公告，从是日起在全市范围内开展打击整治非法社会组织专项行动。

●洛江区“网格化+检察监督”社区检察工作启动仪式举行。

6月14日

农历戊戌年五月初一
星期四
温度：23℃—32℃
阴

●市政协开展“公安信息化建设工作情况”重点视察。

●全市各地举行世界献血者日活动。

●由福建省纺织工程学会、台湾纺织工程学会、石狮市政府、泉州市科协等主办的海峡两岸智能纺织品及服饰设计发展研讨会在石狮市举行。

●14—16日，2018海峡科技专家论坛之海峡两岸美丽乡村融合发展研讨会在晋江市举行。

●由中国纺织科学研究院有限公司、泉州市发改委、泉州市经信委主办的2018中国纺织科技成果对接峰会暨第五届“中国十大纺织科技”发布会在晋江市举行。

●2018年印尼首届华裔青少年“中国寻根之旅”夏令营福建晋江营开营仪式在泉州轻工职业学院举行。

市政协开展“公安信息化建设工作情况”重点视察

市政协开展“公安信息化建设工作情况”重点视察。市政协主席陈灿辉、副主席王瑞强参加活动。调研组视察丰泽新村智慧小区建设情况和晋江市社会治理便民服务中心、应急指挥中心，并召开座谈会，就政务信息资源共享、智慧小区建设情况等问题展开探讨。陈灿辉强调，公安机关要结合泉州实际，补齐信息化发展不均的短板，推进公安信息化建设与应用，构建更加实用实效的警务科技平台，在新起点上提升公安信息化水平。要制定科学的信息化管理机制，从建设、运营、管理、运用等方面下功夫，形成可借鉴、可复制、可推广的经验和做法。要加大数据采集、分析和分类，整合好社会共享资源，做大做强数据库，搭建更多实用、管用、好用的平台，让科技信息化引领公安实战迈上新台阶。要将信息化、大数据和警务工作深度融合，提高公安干警的素质和专业化水平，强化信息化实战能力。

海峡两岸美丽乡村融合发展研讨会在晋江市举行

14—16日，2018海峡科技专家论坛之海峡两岸美丽乡村融合发展研讨会在晋江市举行，海峡两岸“三农”领域的专家学者与会。研讨会以“两岸融合发展 共谋乡村振兴”为主题，会议由开幕式、主旨报告两部分组分。第一阶段开幕式由福建省农学会会长马国林主持。有“杂交水稻之母”之称的中科院院士谢华安在致辞中表示，通过研讨会，推进项目落地实施，推动两岸整合发展取得实实在在的成效，有利于推进地区经济发展、社会进步、生态保护三者的高度和谐，有利于最大限度地发挥人类的创造力，促使城镇文明程度不断提高；有利于自然和人工环境复合系统的稳定、协调与永续发展。开幕式还举行2018年晋江市大学生寒假社会实践营颁奖仪式，举行福建省农学会与中华两岸交流协会组建两岸番薯产业联盟合作协议签约仪式，举行“海峡两岸薯业种苗（晋江）基地”揭牌仪式。第二阶段主旨报告由福建农林大学党委委员、博士生导师林文雄教授主持。中国科学院地理科学与资源研究所资源生态与生物资源研究室副主任闵庆文教授作《农业文化遗产保护与乡村振兴战略》主旨发言，台湾逢甲大学教授陈金发作《广殖生态农业 建构食安之源》主旨发言，中国林业科学研究院林研所所长王成作《美丽乡村建设中乡愁生态景观保护与延续》主旨发言。

2018中国纺织科技成果对接峰会在晋江市举行

由中国纺织科学研究院有限公司、泉州市发改委、泉州市经信委主办的2018中国纺织科技成果对接峰会暨第五届“中国十大纺织科技”发布会在晋江市举行，现场发布30项行业科技成果，其中，获评年度“中国十大纺织科技奖”的3个项目与泉州本土企业成功“牵手”。

该活动是“第十六届中国·海峡项目成果交易会”系列活动之一，旨在促进纺织行业科技成果转化，助力泉州纺织服装产业的转型升级。自1月17日启动以来，第五届“中国十大纺织科技”评选活动受到业界广泛关注和踊跃参与。在两个多月的时间里，主办方收到全国各地纺织服装企业的几十项科技创新成果，涵盖纤维、印染、服装、家纺、装备、检验检测等纺织产业链的各个环节。经专家评审及网络投票，“废旧纺织品化学法高质化循环再利用”“活性染料无盐染色关键技术”“星载天线金属网制备关键技术”“超仿棉聚酯纤维及其纺织品产业化技术开发”等三十项纺织科技创新成果分获年度“中国十大纺织科技奖”四个奖项。

值得一提的是，其中获年度“中国十大纺织科技”的3个项目与泉州市企业签约，加速推进项目实现产业化。中国纺织科学研究院有限公司分别与福建凤竹纺织科技股份有限公司、浩沙实业(福建)有限公司就“超仿棉聚酯纤维及其纺织品产业化”“高品质原液着色纤维开发及应用”两个项目的研究开发签订意向合作协议；宁波慈星股份有限公司与福建匹克集团有限公司就“C2M针织鞋服云定制平台及3D编织鞋面机和制鞋自动化生产线”的研究开发签订意向合作协议。

市人大常委会调研代表建议办理情况

市人大常委会组织开展对市十六届人大二次会议代表建议（教科文卫类和侨台民宗类）及重点督办件办理情况进行专题调研，走访惠安县第三实验幼儿园和惠安县螺城镇社区卫生服务中心。市人大常委会党组书记陈万里、副主任张建生、市政府领导陈荣洲参加相关活动。座谈会上，市人大代表与承办单位就建议办理情况，特别是重点督办件《关于大力办好我市学前教育的建议》及《关于加强我市基层全科医生队伍建设的建议》的办理情况进行交流。会议指出，各级各部门要高度重视代表建议办理工作，深化认识，明确责任，认真对待；要加快进度，尤其是教育、卫计部门要深入研究，加大力度，将工作向前推进；要加大统筹，协同协作，促成重点督办件持续推进；要加强督办，督促有关职能部门做好代表建议“回头看”工作，推进代表建议落到实处，真正取信于民，取信于代表。

市人大常委会调研组在惠安县螺城镇社区卫生服务中心调研（图/王虎文）

“华大讲堂”第76讲举行

“华大讲堂”第76讲举行。中共中央党校校委委员、一级教授韩庆祥作题为《习近平新时代中国特色社会主义思想与意识形态》的专题报告。市委学习中心组成员陈万里、陈灿辉、杨晓山等参加报告会。韩庆祥围绕“中国特色社会主义强起来”的命题，阐述历史方位论、民族复兴论、人民中心论、发展理念论、两大布局论等十大要义及其深刻的内在逻辑；同时，分析中共十八大以来加强意识形态建设呈现出来的新气象，提出意见建议。报告观点鲜明、思想深刻，对于用习近平新时代中国特色社会主义思想武装头脑、指导实践、推动工作，具有借鉴指导意义。

“华大讲堂”第76讲课堂（图/吴天适）

“我们的节日·端午诗会”举行

由市委宣传部、市文联主办，泉州市作家协会、泉州文学院承办，洛江区文联协办的“新时代·新征程”泉州市宣传中共十九大精神文艺志愿服务“我们的节日·端午诗会”在洛江区洛阳桥举行。活动旨在学习、宣传、贯彻习近平新时代中国特色社会主义思想和中共十九大精神，讴歌改革开放40年来的伟大成就。市、区两级作协骨干成员、文学爱好者及洛江区实验小学师生等近百人参加诗会。诗会上朗诵了《橘颂》《端午的歌吟》《端午，端午》《藏着诗意的端午习俗》《晋江，四十年的流水》《海上泼水节》《沸腾的热土》等诗歌。

“我们的节日·端午诗会”现场（图/陈智勇）

6月15日

农历戊戌年五月初二
星期五
温度：22℃—34℃
多云

●市人大常委会组织开展对市十六届人大二次会议代表建议（教科文卫类和侨台民宗类）及重点督办件办理情况进行专题调研。

●市政协开展“实施卫生与健康暖心工程，探索大病统筹解决途径”民主监督调研。

●“华大讲堂”第76讲举行。中共中央党校校委委员、一级教授韩庆祥奉作题为《习近平新时代中国特色社会主义思想与意识形态》的专题报告。

●全市首个新的社会阶层人士服务社区的联络平台——金山社区同心服务站成立。

●由市委宣传部、市文联主办，泉州市作家协会、泉州文学院承办，洛江区文联协办的“新时代·新征程”泉州市宣传中共十九大精神文艺志愿服务“我们的节日·端午诗会”在洛江区洛阳桥举行。

●由泉州市工人文化宫、市文联、泉州社区大学、泉州歌舞剧团主办的第八届文化宫端午文化节“诵读粽香情”文艺晚会在市区工人文化宫乡音广场举行。

●安溪县医院和厦门大学附属厦门眼科中心在安溪县医院综合大楼一楼大厅举行医疗联合体签约暨授牌仪式，标志着泉州首个眼科医联体成立。

6月16日

农历戊戌年五月初三
星期六
温度：23℃—31℃
阴转小雨

●康涛到丰泽区、惠安县、泉州开发区调研党委主责主业和跨越发展落实情况。

●市区北峰污水处理厂提标改造项目进入工艺阶段（即试运行），成为全市率先完成提标改造建设任务的污水处理厂。

●全国生态建设委员会、健康安全战略委员会志愿者联盟及福建省姓氏源流研究会魏氏委员会泉州市分会到洛江区河市镇岭客村、蛟南村寨顶、南塘村青后和下魏，慰问70周岁以上老人与贫困户。

●16—23日，“永宁古卫城空间艺术季”在石狮市永宁古城举办。

●泉州开发区“美丽园区”杯全民健身首届5人足球邀请赛举行。

康涛调研党委主责主业和跨越发展落实情况

市委书记、市长康涛到丰泽区、惠安县、泉州开发区调研党委主责主业和跨越发展落实情况，并分别召开座谈会，议发展、摆问题、明举措。康涛指出，近年来，丰泽主动担当、负重拼搏，征迁攻坚形成氛围导向，城市服务功能有所提升，基层党建抓出成效；惠安团结干事、务实创业，掀起项目攻坚新高潮，城乡建设有新面貌，大发展的气势正在形成；开发区有为运作、务实干事，实现小园区大发展、小空间大作为。各地要提振奋斗实干精气神，紧抓新一轮发展窗口期，以“功成不必在我”、但“功成必定有我”的历史责任感，再掀大干项目招商热潮，多抱带动性强的“金娃娃”，为跨越发展大局多做贡献，创造经得起历史和人民检验的业绩。

康涛（右四）在丰泽区调研

就下阶段工作，康涛要求，丰泽要一鼓作气做好征迁工作，趁势凸显高端服务功能，同步抓好精细化管理，打造城市核心形象。向腾挪要空间，向业态要效益，抓好本土企业增资提质，盘活修缮旧厂房，搭平台、造环境，繁荣发展新兴业态。惠安要发挥潜在优势和区位条件，全速延伸石化产业链条，加快后续配套项目洽谈落地。要力促特色产业加快转型、提质扩量，精准策划滨海旅游。促回归、补缺口，全面落实今年各项指标任务。开发区要继续奋斗争先进位，对标一流开发区，瞄准高新定位，加快一批带动性强的项目落地转化，引导纺织鞋服就地升级。要多为民考虑、为发展考虑，打造小清新配套环境，营造人才集聚氛围。

康涛强调，党委和各套班子党组要抓牢管党治党主业，开展“大学习”活动，推进党建工作项目化管理。要层层压实作为担当，加强干部日常教育管理监督，周密组织村级换届，按计划消除“空壳村”、薄弱村。要维护社会安定稳定大局，统筹抓好安全生产、信访维稳、金融风险防控等工作，为实现全年发展目标提供良好环境。

康涛（右四）在惠安县调研

康涛（左二）在泉州开发区调研（图/陈起拓）

北峰污水处理厂提标改造项目提前试运行

经过多日的新设备联动通水调试，市区北峰污水处理厂提标改造项目进入工艺阶段（即试运行），成为全市率先完成提标改造建设任务的污水处理厂。工艺调试完成后，该厂排入晋江的出水将提升至类地表水Ⅳ类水质。未来只需加铺管网、增建泵站，就能实现中水回用。北峰污水处理厂位于西郊新村以南，西环城河以北，旧防洪堤以东，北峰组团区域将近17万群众生活污水均汇集该厂处理。在提标改造之前，该厂经处理后的出水水质为《城镇污水处理厂污染物排放标准》一级B标准。2017年底，按照《泉州市中心市区污水再生规划》，为满足未来市区内河生态补水、城市绿化灌溉、冲厕、道路清洗等城市杂用水需要，借助环保整改契机，市政府将中心市区4家污水处理厂的改造标准由一级B标准，提高至高于一级A标准的类地表水Ⅳ类水质。

市政府采购网上超市启动运营

根据省政府采购网上超市管理办法相关要求，市政府采购网上超市启动运营，并在泉州市第一医院试水成功第一笔交易。泉州市首批政府采购网上超市品目包括计算机设备及软件、办公设备、车辆、电气设备、通信设备，广播、电视、电影设备，办公消耗用品及类似物品等7个大类79种品目。

泉州市首批政府采购网上超市品目及采购金额标准，按照《福建省政府采购网上超市品目及采购金额标准》规定执行。市本级首批供应商征集工作于15日完成。征集期间，采购人根据需要，自行选择市本级或省库供应商供货。电子商务类供应商，在网上超市上线运行稳定两个月后启动征集。采购人采购时，根据采购预算金额或采购需求自行选择网上直购、网上议价、网上竞价、网上询价等采购方式。

政府采购网上超市对供应商有严格规定。其中，供应商所提供的产品质量、配置、服务等，均应符合国家相关规定和合同约定的标准，且应及时维护产品信息和价格。在一定时期或具备一定成交量基础后，供应商要及时更新调整相关的比价信息，以利于采购人的价格查询和选择。上架商品供应商不得以缺货等理由拒绝采购人，缺货时应及时补充，如果确实缺货无法补充的，必须将缺货商品下架，且下架商品一个月内不得再申请上架。值得一提的是，政府采购网上超市还对售后服务有具体要求，供应商对成交的货物无论成交额大小，均应按约定提供一视同仁的售后服务。

与传统的采购模式不同，网上超市采购系统实行全过程电子化操作。采取“一个账号、一把CA、一位采购专管员”的采购模式，确保所有网上操作全过程留痕。交易价格由市场充分竞争，接受各方监督，将有效遏制价格虚高和监管难度大等问题，为各采购人和供应商搭建一个规范便捷、服务高效和公平竞争的采购平台。不仅如此，采购中心将不定期对供应商报价（价格优惠）、信息发布、履约等情况进行考核。采购人也应当对成交供应商的履约情况进行评价，每季度末按评分高低自动公布供应商评价结果。

泉州港港口视频监控系统全面建成投用

泉州港港口视频监控系统全面建成投用，并同步接入福建省港口管理信息系统，实现危货作业港口管理信息系统可视化。

危险货物在泉州港靠泊作业，其安全问题始终使港口管理部门紧绷着一根弦，因为危货装卸作业在港口生产中最容易出现问题，一旦出现事故，就容易酿成重大的爆炸、泄露、污染等事件。泉州港口局相关负责人介绍，视频监控系统的应用，让监管人员能实时查看危货作业过程，有效督促装卸作业人员遵守操作规程，如果发现违规行为，可及时提醒纠正。万一发生事故，也可以第一时间掌握事故的情况及时处理。该套视频监控系统共设77个摄像头，全面监控泉州港辖区的21家港口企业（含危货企业9家），企业端的视频监控信号，通过电信专网汇总接入福建省泉州港口管理局视频监控中心，实现监控中心12个界面的同步、实时监控和港口信息管理系统的网上在线查看。

该监控系统使用后，有助于港口执法人员及时发现港口作业中存在的违法行为，及时记录违法企业的违法时间、情节、监控点位置等基本情况，固化视频监控所采集的违法作业证据。此外，它可以辅助港口安全监管人员便捷高效地了解各个现场情况，提升安全监管、事故处理、应急救援水平。近年来，福建省泉州港口管理局通过整合升级企业已有设备、补点消除覆盖盲区、建设视频监控中心、信号接入管理信息系统，建成布点合理有效、数据实时共享、接口规范统一、运行管理高效的“互联网+视频监控系统”。

作业中的泉州石湖港（图/苏德辉）

6月17日

农历戊戌年五月初四
星期日
温度：23℃—30℃
小雨

●根据省政府采购网上超市管理办法相关要求，市政府采购网上超市启动运营。

●泉州港港口视频监控系统全面建成投用。

●斯里兰卡、巴拿马、苏丹等20个国家的71名外国友人到德化县，开展“2018年发展中国家落实2030可持续发展议程研修班——减贫专题”考察活动。

6月18日

农历戊戌年五月初五
星期一
温度：23℃—28℃
大雨转中雨

●康涛、吕刚到第十六届中国·海峡项目成果交易会泉州馆了解项目、技术和企业参展情况。

●18—19日，泉州市文学艺术界联合会第三次代表大会召开，审议通过市文联第二届委员会工作报告和大会决议，选举产生第三届委员会，许旭明当选新一届市文联主席。

●截至是日，泉州市2018年新对接民企项目151个，合同投资总额1069.72亿元，连续三年位居全省第一，成为全省唯一投资总额突破千亿元的地市。

●第十六届中国·海峡项目成果交易会开幕，泉州21家企业31件展品参展。

●端午假日期间，全市接待游客71.06万人次，实现旅游收入5.24亿元。

●由省委文明办、泉州市精神文明建设指导委员会、石狮市政府主办的第十二届闽台对渡文化节暨蚶江海上泼水节在石狮市蚶江镇举行。

●由中国晚报摄影学会、福建省摄影家协会、泉州晚报社、石狮市政府主办的纪念中国晚报摄影学会成立30周年石狮采风活动暨丝路国家青少年摄影发展交流研讨会在石狮市举行。

●惠安县人工智能产业推介对接会暨人工智能产业论坛在福州海峡国际会展中心举办。

●余光中夫人范我存携女儿余佩珊和台湾文化名流到永春县，指导余光中文学馆建设并捐赠相关文物和资料。

泉州市文学艺术界联合会第三次代表大会召开

18—19日，泉州市文学艺术界联合会第三次代表大会召开。会议指出，全市文艺工作者要保持对自身文化理想、文化价值的高度自信，把艺术理想融入现代化泉州建设。要志存高远、勇立潮头，担负起为时代讴歌的职责使命，坚持把艺术追求寓于社会实践，践行以人民为中心的创作导向，秉持德艺双馨的高尚情操。各级文联要增强政治性、先进性、群众性，团结带领文艺工作者听党话、跟党走，把好文艺政治方向、工作方向、创作导向、价值取向。各级党委要加强和改进对文艺工作的领导，营造有利于出人才、出精品的良好环境。会议审议通过市文联第二届委员会工作报告和大会决议，选举产生第三届委员会，许旭明当选新一届市文联主席。会议还通过新修改的《泉州市文学艺术界联合会章程》。

泉州民企对接项目投资总额连续三年位居全省第一

2018年以来，泉州市民企对接围绕“转型攻坚、聚力跨越”工作大局，力促重大产业项目接续落地，取得良好成效。截至是日，泉州市2018年新对接民企项目151个，合同投资总额1069.72亿元，连续三年位居全省第一，成为全省唯一投资总额突破千亿元的地市。市经信委相关负责人介绍，2018年泉州市加大民企产业项目对接力度，突出抓好重大项目招商和落地建设，发挥龙头项目的引领作用和虹吸效应，推动重点产业集群发展壮大。在新对接的项目中，合同投资50亿元以上的项目占5个，合同总投资达705亿元。其中，3个制造业项目合同投资额达445亿元、2个服务业项目合同投资额达260亿元。5个项目分别为：南安三安光电产业化项目、南安绿色泛家居小镇项目、石狮佳龙文旅一期项目、泉港劣质重油深加工综合利用项目、晋江年产50万吨差别化直纺长丝项目。项目的投产达产，将促进集成电路、建材家居和石油化工等产业链完善和壮大。

泉州市31件自主创新展品集中亮相“6·18”

第十六届中国·海峡项目成果交易会（即“6·18”）开幕。展会设置智能制造馆、养老产业馆、新能源汽车产业馆、生态环保馆等8个展馆，免费向公众开放。展会总面积8万平方米，设置120个国际标准展位、245个特装展位。据不完全统计，该届“6·18”有1500多家企业参展，企业规模层次比往年高。泉州市设置泉州展馆，主要围绕创建国家创新型城市和国家自主创新示范区主题，突出展示半导体、集成电路、石墨烯等高新技术产业建设及17个重点产业转型升级路线图实施方面取得的成效，集中展示创新成果、发布技术需求。泉州馆内有21家企业31件展品参展，主要集中在集成电路、半导体、智能制造、节能环保、新材料、新能源等领域。泉州市还举办2018中国纺织科技成果对接峰会暨第五届“中国十大纺织科技”发布会、2018“创意泉州”创新设计成果对接会暨新技术应用论坛、惠安县人工智能产品推介会暨智能产业论坛等系列活动。

项目成果交易会泉州馆（图/郭雅莹）

余光中夫人范我存到泉州捐赠余光中文物

余光中夫人范我存携女儿余佩珊和台湾文化界相关人士到永春县，指导余光中文学馆建设并捐赠相关文物和资料。范我存一行到永春五里街、大羽村和余光中文学馆，并参加文学交流会。此次范我存捐赠的有余光中生前用过的公文包、影音资料和书籍，其中有两盘DVD特别有价值：一盘记录台湾中山大学音乐系主办的诗朗诵音乐会，许多作品由余光中亲自朗诵；还有一盘记录余光中在香港中文大学11年的情况，里面有不少香港中文大学师生对余光中的回忆与讲述。

全国安全生产月组委会办公室调研组到泉州调研

19—22日，全国安全生产月活动组委会办公室第四督导调研组到泉州开展全国安全生产月活动督导调研工作。调研组了解泉州市安全生产工作和安全生产月活动开展情况，听取泉州市工作情况汇报，对泉州市安全生产工作和安全生产月各项活动开展情况给予肯定。调研组强调，要重视安全生产各项工作，加大安全宣传力度，推进安全生产月活动的开展，通过安全生产宣教，提高公众安全意识，从“被动要安全”转变为“主动要安全”，提升全民安全文明素质和全社会整体安全水平。

相关链接： 作为国务院安委办确定的首批创建国家安全发展示范城市试点单位，泉州市于2013年启动创建活动。创建活动以来，泉州市安全生产“四项指数”，即生产安全事故起数、死亡人数、受伤人数和经济损失金额数呈现逐年下降趋势，全市没有发生重大或特别重大生产安全事故。2013—2017年，泉州市在省政府安全生产责任制考核中均名列前茅。

周济到泉州考察“中国制造2025”城市试点示范工作

19—20日，中国工程院原院长、中国工程院院士周济带队到泉州考察，并召开泉州市推进“中国制造2025”城市试点示范工作座谈会。中国工程院院士段正澄、李德群，市领导康涛、陈灿辉、洪自强，省科协有关领导等参加相关活动。市委书记、市长康涛为周济、段正澄、李德群三位院士颁发泉州市“中国制造2025”战略咨询顾问和战略咨询委员聘书、泉州市高层次人才举荐专家聘书。在泉州期间，院士专家们到西人马联合测控、省特检院机器人中心、翰宏科技、迪特工业产品设计、梅洋塑胶五金制品、七星电气、华宝智能科技等企业考察指导。

周济在会上从智能制造是建设制造强国的主攻方向、智能制造的基本范式与“并行推进、融合发展”的技术路线、新一代智能制造引领和推动新一轮工业革命、中国智能制造的发展战略建议四个部分入手，深入浅出分析中国智能制造未来走向，对泉州的试点示范建设提出指导意见。在听取泉州市推进“中国制造2025”城市试点示范工作情况汇报和企业家代表、院士专家发言后，周济指出，泉州作为“中国制造2025”城市试点示范，各项工作持续走在全国前列，富有特色，成效显著。下阶段，泉州要继续从企业内在需求出发，通过智能制造提升制造业质量，促使产业迈向价值链中高端。康涛表示，泉州将坚定不移地推进“中国制造2025”城市试点示范工作，扎实完成各项任务，形成值得在全国推广的品牌，争创“中国制造2025”国家级示范区，为制造强国建设多做贡献。

市政协常委会第九次会议召开

市政协常委会第九次会议召开。会上，市政府与市政协开展“围绕赶超战略加快军民融合产业发展”专题协商。市政协课题组和10位委员围绕“如何加快军民融合深度发展”分别作主题发言和建言献策。

市政协主席陈灿辉指出，军民融合产业发展是推动区域产业转型升级的重要引擎，也是补齐短板促进经济社会发展的重要抓手。要增强紧迫感和责任感，认识泉州军民融合的巨大潜力，在更大范围、更深程度上全力推进，助推泉州创新转型、产业升级；要强化组织领导，加大扶持力度，建立服务平台，打造军民融合产业发展良好环境；要把握机遇吃透政策，依托特色产业培育龙头骨干企业，围绕重点领域建设军民融合产业园区，规范有序引导企业融入军工市场。政协委员要围绕全市中心大局，结合各自岗位实际，认真履职积极参与，把军民融合打造成泉州落实高质量发展和赶超战略的新的重大引擎。

市委常委、副市长杨晓山指出，军民融合既是国家战略，也是产业转型的重要抓手。市政府将紧跟中央和省上整体布局，按照市委统一部署，抢抓发展机遇，抓紧制定路线图，迅速开展各项工作；要扩大“民参军”合作，积极引项目、拿资质，做大做强军民融合产业规模；要通过完善扶持政策、探索设立产业基金、成立产业联盟等，提供全方位服务，营造军民融合的良好环境。

6月19日

农历戊戌年五月初六
星期二
温度：26℃—32℃
小雨转阴

●19—22日，全国安全生产月活动组委会办公室第四督导调研组到泉州开展全国安全生产月活动督导调研工作。

●19—20日，中国工程院原院长、中国工程院院士周济到泉州考察，并召开泉州市推进“中国制造2025”城市试点示范工作座谈会。

●市政协常委会第九次会议召开。会上，市政府与市政协开展“围绕赶超战略加快军民融合产业发展”专题协商。

●十二届市政协第九次主席会议召开。会议协商十二届市政协常委会第九次会议相关事宜。

●由团市委、市教育局主办，泉州市青少年宫承办的2018泉州市区校外实践基地教学汇报演出在泉州音乐厅举行。

●“中国面线文化之乡”授牌仪式在永春县蓬壶镇观山村举行。

6月20日

农历戊戌年五月初七
星期三
温度：26℃—33℃
小雨

●市委常委会会议召开，学习贯彻习近平对脱贫攻坚工作指示和5月31日在中央政治局会议上的讲话精神及省委常委会会议精神，传达贯彻省党政代表团到宁夏、广东考察精神，研究泉州市贯彻意见。

●市全面深化改革领导小组会议召开，学习传达习近平在中央深改委第二次会议上的讲话精神和省委常委会会议精神，研究泉州市贯彻意见。

●泉州市厅级领导干部学习贯彻习近平新时代中国特色社会主义思想专题研讨班开班。

●由中国信息协会主办的"最多跑一次"创新实践升级暨智慧城市、数字经济生态合作大会在泉州举行。

●由市农业局、商务局主办的2018年泉州市"互联网＋精准扶贫"电商培训班首场在安溪县开班。

●人民日报官方微博头条转载泉州籍战士叶芳强在桂林漓江救助溺水儿童的事迹。

●由世界品牌实验室（World Brand Lab）主办的第十五届"世界品牌大会"在北京举行。会上发布2018年"中国500最具价值品牌"榜单，该榜单综合财务数据、品牌强度和消费者行为分析得出。其中，有16个泉州籍品牌上榜。

●20—22日，第五届南安郑成功文化节在南安市举办。

●永春县"中国香都"知识产权保护中心在该县达埔镇揭牌，系全市首个知识产权保护警示教育基地。

市委常委会会议学习贯彻习近平对脱贫攻坚工作指示

市委常委会会议召开，学习贯彻习近平对脱贫攻坚工作指示和5月31日在中央政治局会议上的讲话精神及省委常委会会议精神，传达贯彻省党政代表团到宁夏、广东考察精神，研究泉州市贯彻意见。会议指出，实施乡村振兴战略，是新时代做好"三农"工作的总抓手。打赢脱贫攻坚战，是全面建成小康社会的重大政治任务。各级各部门要学习贯彻习近平的指示和讲话精神，按照中央、省委部署，不折不扣抓好落实。要把实施乡村振兴战略摆在优先位置，抓好泉州市规划编制，推进19项专项行动，细化工作举措，抓重点、抓示范，确保每个阶段都有实质进展。要推动高质量稳定脱贫，抓好难点攻坚，抓实扶贫项目，构建稳定脱贫的长效机制。

第十二届闽台对渡文化节在石狮市举办

18—20日，作为第十届海峡论坛两岸青年交流与文化交流的重要配套活动，由省委文明办、泉州市精神文明建设指导委员会、石狮市政府主办的福建省"我们的节日·端午"——第十二届闽台对渡文化节暨蚶江海上泼水节在石狮市蚶江镇举行。台湾鹿港文教基金董事会参与组织协办。活动内容包括龙舟邀请赛、海上泼水、"海上捉鸭"、"王爷船"巡海仪式、攻炮城等多项民俗活动。全国17个省（市、区）37家媒体的总编、编辑和摄影记者到活动现场，参加"重走海丝遗迹　聚焦海上泼水"摄影采风活动，用镜头为全国各地的读者介绍石狮民俗，传播精彩瞬间。

第十二届闽台对渡文化节暨蚶江海上泼水节活动现场
（图/陈小阳　林劲峰）

2018年泉州市"互联网＋精准扶贫"电商培训班开班

由市农业局、市商务局主办的2018年泉州市"互联网＋精准扶贫"电商培训班首场在安溪县开班。安溪县省定建档立卡贫困村的下派村驻村干部和农村电商带头人参与培训，学习电商平台的相关基础知识和运营、农村电商营销策略等知识。培训班还走进永春、德化，全面覆盖全市181个省定建档立卡贫困村，推进电商助力精准扶贫。近年来，泉州市抢抓电商发展机遇，发展农村电商产业，市商务局、市农业局出台政策，扶持农村电商发展。为落实电子商务助力精准扶贫工作，2018年，市商务局按因素分配法各分配50万元至安溪县、永春县、德化县，用于开展农村电商人才培训、试点村培育、本地特色农产品推广营销、贫困户电商创业就业补贴等电子商务助力精准扶贫项目。市农业局对线上销售本地农产品、休闲农业网上营销和放心农资网络下乡销售额达100万元以上的，一次性给予5万元奖励；对建设生鲜配送中心（直供店、直供点）5个以上、物流配送订单达100万元以上的各类新型农业经营主体，给予一次性5万元的奖励。

第五届南安郑成功文化节举办

20—22日，第五届南安郑成功文化节在南安市举办。海峡两岸、港澳社团、海外社团及南安异地商会550多人参加活动。其中，台湾岛内民众参加人数达400多人，为历年之最。该届文化节致力于打造两岸文化、民宗交流的盛会，围绕"共叙成功缘，同筑中国梦"主题，举行开幕式、南安市"郑成功故里""福建省对台交流基地"授牌仪式、《郑成功》南音说唱表演、郑成功陵园拜谒活动、郑成功主题两岸少儿书法交流暨闽南语说故事、郑成功庙民间信仰活动场所揭牌仪式、民俗活动——郑成功庙祭祀大典、人才"港湾计划"深化人才交流行动系列活动、国际郑成功文化交流协会理事大会、成功故里游10项内容。

全市人才工作专题会召开

全市人才工作专题会召开，分析当前问题，部署下阶段工作。会议强调，要发挥新兴研发机构孵化溢出功能，突出激励约束，探索解决研发机构受事业单位体制束缚、布局分散、前沿产业细分领域空白，以及产业政策与人才政策不匹配等问题。要满足医疗卫生教育扩容对人才的迫切需求，探索同工同酬、定向培养、职称直聘、市场化评价、紧缺岗位引进特别措施等办法，尽快解决专业人才缺口问题。要满足人才普惠与个性化需求，通过贴心服务、市县分级保障、定点配套等，让高层次人才感觉在泉州工作舒适又有面子。要加快壮大人才总量，压实条块引才任务，把招才引智与招商引资相结合，引导泉州籍人才回归，精准引进紧缺专业毕业生，加强本地院校培养，确保实现人才总量倍增计划。要动态调整既有政策，全面梳理盘点，针对性修订人才认定、补助待遇等方面措施，发挥“港湾计划”政策效力。

泉州“6·18”项目数量和投资总额居全省首位

第十六届中国·海峡项目成果交易会（以下简称“6·18”）闭幕，泉州市通过省组委会审核的对接合同项目938项，总投资615亿元，项目数量和投资总额均居全省设区市第一位。此外，泉州市还获省组委会授予的“优秀组织奖”“优秀设计奖”和“最佳人气奖”。2018年“6·18”，泉州市对接项目主要涉及电子信息、装备制造、新材料、新能源、生物医药、节能环保等领域，其中投资总额超亿元项目55项，超5000万元项目172项。同时，全市在线征集技术需求216项。

泉州展馆主要围绕泉州市创建国家创新型城市和国家自主创新示范区主题，集中展示创新成果、创新平台、创新政策和发布技术需求。重点围绕新一代信息技术、新材料、新能源、节能环保、高端装备制造等领域，泉州市筛选确定三安光电半导体、锐驰集团反射式超短焦激光电视镜头、信和新材料石墨烯养生房、西人马联合测控传感器、桑川电气高性能伺服驱动器、和邦永业人工智能舌诊系统和人工智能居家养老服务机器人等26家企业31个创新成果产品参展。

“6·18”期间，泉州市邀请浙江大学、四川大学、哈尔滨工业大学、天津大学、东华大学、华中科技大学国家数控系统工程技术研究中心等高校和科研机构的102名专家参会。据不完全统计，泉州市共组织680多家企业参加会议期间各种现场活动。在展馆外，泉州市围绕“项目—技术—人才”主题重点策划举办2018年中国纺织科技成果对接峰会暨第五届“中国十大纺织科技”评选活动、2018“创意泉州”创新设计成果对接会暨新技术应用论坛和惠安县人工智能产业推介会暨人工智能产业论坛三专场对接活动，也取得显著成效。

泉州湾大桥首次举行大型应急救援演练

泉州湾大桥首次举行集海陆空三方力量的大型应急救援演练活动。此次演练模拟泉州湾大桥主桥处发生客车追尾槽罐车事故，高速公路管理公司及交警部门联动响应，协调安监、交通、消防、海事、环保等多部门，在现场指挥部统一指挥下，调集相关救援力量对事故进行有效处置。演练出动市环保局、泉州海事局、公安消防支队等各类处置车辆50余部，执法艇3艘，清污船2艘，直升机1架，参演人数160余人，并首次应用直升机降落在大桥桥面进行救援处置，展现跨行业协同、区域联动及高新科技应急救援设备在突发事件处置上的优势。

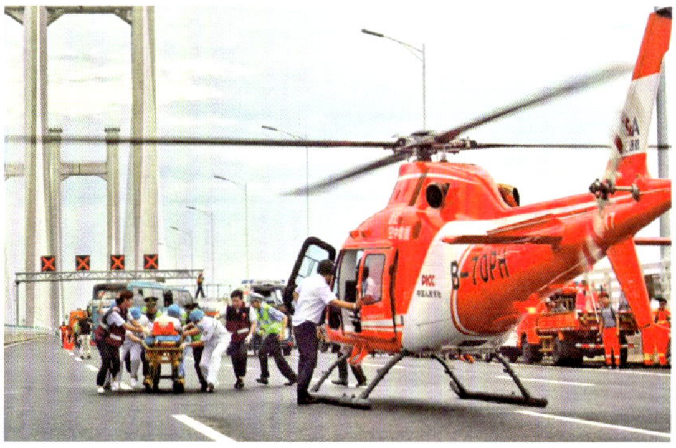

泉州湾大桥应急救援演练活动现场（图/泉州晚报社）

6月21日

农历戊戌年五月初八
星期四
温度：24℃—32℃
中雨

●全市村级组织换届选举工作推进会召开，传达上级部署要求，对下阶段工作再部署、再强调。

●浙江台州市党政代表团到泉州考察。

●全市人才工作专题会召开，分析当前问题，部署下阶段工作。

●第十六届中国·海峡项目成果交易会闭幕，泉州市通过省组委会审核的对接合同项目938项，总投资615亿元，项目数量和投资总额均居全省设区市第一位。

●泉州湾大桥首次举行集海陆空三方力量的大型应急救援演练活动。

6月22日

农历戊戌年五月初九
星期五
温度：26℃—30℃
小雨转阴

●康涛到市防汛抗旱指挥部检查防强降雨工作。

●市十六届人大常委会第二十一次主任会议召开，讨论《泉州市中山路骑楼建筑保护条例（草案二审稿）》等。

●全市基层党建工作重点任务和发展壮大村集体经济及村级组织活动场所建设推进会召开。

●由2018年“创响中国”活动组委会主办，省发改委、市政府指导，丰泽区政府承办的2018年“创响中国”泉州丰泽站暨海上丝绸之路国际数字商业创新节在市区领SHOW天地开幕。

●22—23日，由福建省教育国际交流协会主办，黎明职业大学承办的福建省教育国际交流协会第五届会员代表大会第四次会议、第二次理事会暨“海上丝绸之路”职业教育国际化联盟成立大会在黎明职业大学举行。

●全省精准服务离休干部工作暨“老党员之家”建设现场推进会在泉州召开。

●由阿联酋福建总商会承办的2018世界闽南文化节在阿拉伯联合酋长国迪拜举办。开幕式上，泉州、台湾和迪拜三地的数十名演职人员同台献艺。

●由市民宗局主办的“百家宗教场所帮百村”活动永春片区启动仪式在永春县桂洋镇壶永村举行。

●22—24日，2018年中考举行，全市71789名考生在96个考点2438个考场参加考试。

市十六届人大常委会第二十一次主任会议召开

市十六届人大常委会第二十一次主任会议召开。会议讨论《泉州市中山路骑楼建筑保护条例（草案二审稿）》，关于加快全市垃圾分类处理利用情况的调研报告和审议意见稿，关于少数民族特色村寨保护与发展情况的调研报告，关于泉州市2017年市本级财政收支决算报告与2017年市本级预算执行和其他财政收支审计工作报告的审议意见稿，关于2018年地方政府债券转贷收支相应调整市本级预算的审查报告，关于检查《中华人民共和国企业国有资产法》《中华人民共和国人民调解法》《中华人民共和国水土保持法》实施情况的报告和审议意见稿，关于开展推进以审判为中心的刑事诉讼制度改革及金融犯罪审判工作专题调研的方案，关于开展泉州市环湾城市规划、建设、管理工作情况综题询问工作方案，关于开展市农业局精准扶贫工作情况评议调查的方案，关于开展市教育局新改扩建幼儿园工作情况评议调查的方案，关于开展泉州市2018年为民办实事项目进展情况的视察方案等。

市十六届人大常委会第二十一次主任会议现场
（图/王虎文）

2018年“创响中国”泉州丰泽站开幕

由2018年“创响中国”活动组委会主办，省发改委、市政府指导，丰泽区政府承办，国际数字商业创新协会（IECIA）、ECI Awards国际艾奇奖组委会、泉州环湾体育文化投资有限公司、福建省领秀文旅集团协办的2018年“创响中国”泉州丰泽站暨海上丝绸之路国际数字商业创新节在市区领SHOW天地开幕，海上丝绸之路沿线30个国家（地区）的300余个海内外创业项目、60余家一线投资机构、500余位知名业内人士参会。

活动从智能制造到产业升级，从文创经济到营销创新，从传统行业到新零售，为丰泽区企业导入国内及国际优质资源搭起桥梁，为泉州企业连接国内乃至国际主流资源提供渠道。开幕当天，涵盖“海丝”文化、智能制造等议题的多场对话、主题演讲轮番上演。美国、韩国、日本、斯里兰卡、孟加拉国等国和中国香港的演讲嘉宾，分享创新理念和创新趋势。除国际嘉宾、企业大咖、行业专家论道外，为期两天的活动现场还设有创新成果展览，展现全球黑科技产品，把活动打造成启迪创意、展示和转化创新创业成果的发展平台。同时，活动期间还开展项目路演。

2018年“创响中国”泉州丰泽站开幕式
（图/东南早报）

泉州文艺工作者献演2018世界闽南文化节

由阿联酋福建总商会承办的2018世界闽南文化节在阿拉伯联合酋长国迪拜举办，世界各地20余个闽南社团上千名乡亲与会。此次文化节旨在推动闽南文化的传承、展示、交流和联谊。活动内容包括开幕式、文艺演出、闽南文化报告会、闽南传统技艺及文创产品展洽会、“家在闽南”摄影作品展和泉州文化旅游推介会等。开幕式是此次文化节的重头戏，主办方邀请中国、阿联酋、马来西亚、菲律宾、泰国、越南、新加坡、柬埔寨、印度尼西亚、安哥拉等国的代表参加。开幕式上，泉州、台湾和迪拜三地的数十名演职人员同台献艺，演出长达90分钟，包括15个节目，大部分由泉州文艺工作者献演，包括开场舞蹈《百花争妍》、南音清唱《静夜思》、提线木偶表演《钟馗醉酒》、掌中木偶表演《大名府》、闽南歌曲《爱拼才会赢》、梨园折子戏《绣孤鸾》、南少林武术《少林雄风》等。

“一带一路”大型网络主题活动到泉州采访

23—24日，由中央网信办网络新闻信息传播局主办、福建省网信办承办的“新时代·新平台·新机遇”——“一带一路”大型网络主题活动到泉州采访。采访团聚焦泉州“一带一路”历史沿革，感受泉州积淀深厚的多元文化，探访最具活力的民营经济，再现“海丝起点”“涨海声中万国商”的盛景，描摹泉州建设21世纪海上丝绸之路先行区这一跨越时空的宏伟蓝图。由人民网、新华网、中新网、中国网、国际在线等重点新闻网站、主要商业网站和媒体共33家39名记者组成的采访团调研采访南安九牧厨卫、“海丝”泛家居线下体验馆、德化中国白艺术宫、中国茶具城、顺美陶瓷文化生活馆、泉州海外交通史博物馆、铁拓机械公司、德润产业园、泉州丝路文化艺术展览馆、海上丝绸之路艺术公园·亚洲园等地，通过网媒视角，令泉州鲜活的发展故事在网络媒体中铺展开来。

相关链接：“新时代·新平台·新机遇”——“一带一路”大型网络主题活动从5月开始，在半年时间内到陕西、福建、重庆、广东、新疆五站，通过组织中央和地方网络媒体人员进行实地探访和亲身感受，展现“一带一路”倡议给各地带来的福祉，助力更大范围、更高水平、更深层次的区域合作，讲好“一带一路”故事，传播好“一带一路”声音，促进互联互通，助推“一带一路”建设。

“一带一路”记者组织论坛福建采访活动到泉州采风

由中国记者协会主办的“一带一路”记者组织论坛福建主题采访活动到泉州采风。由47个国家和地区的近百名记者组织负责人和媒体代表组成的国际采访团，到泉州清净寺、开元寺、海交馆和领SHOW天地采风。在清净寺，巴基斯坦独立新闻通讯社记者马吉德汗表示，该寺庙已有千年历史，至今仍受到很好的保护，来到遥远的中国能看到伊斯兰教文化被如此尊重，令人感到非常温暖。在开元寺，伊朗迈赫尔通讯社高级记者亚瑟表示，这里展示了和中东地区完全不同的文化魅力。不同文化应该互相交流、共生发展，而中国提出的“一带一路”构想为此创造了很好的条件。中国记者协会书记处书记王冬梅表示，透过福建展现中国海上丝绸之路的历史及改革开放40年来的发展成就，是此次采访活动选择福建的题中之意。泉州是古代文明和现代文明结合得非常好的城市，中外记者在此感受到了独特的“海丝”魅力。

“海丝”职业教育国际化联盟在泉州成立

22—23日，由福建省教育国际交流协会主办，黎明职业大学承办的福建省教育国际交流协会第五届会员代表大会第四次会议、第二次理事会暨“海上丝绸之路”职业教育国际化联盟成立大会在黎明职业大学举行。福建省教育国际交流协会及“海上丝绸之路”职业教育国际化联盟的170余名代表参加会议。

黎明职业大学校长黄世清表示，“海上丝绸之路”职业教育国际化联盟是响应教育部《推进共建“一带一路”教育行动》的具体举措，是服务“21世纪海上丝绸之路”建设的重要支点，是产教融合实现优质教育资源、产业资源携手走出去的重要平台。参与会议的中国—东盟教育交流周组委会执行秘书长刘宝利表示，“海上丝绸之路”职业教育国际化联盟，为“海上丝绸之路”沿线国家的职业院校、行业协会、企事业单位乃至政府部门，搭建一个开放性、国际性、跨界性的职教合作机制；在优势互补、互惠互利，深化产教融合、校企合作，提升技术技能人才培养，推进民心相通，服务构建“海上丝绸之路”国家命运共同体等方面发挥作用。福建省教育国际交流协会秘书长吴金兴表示，以该联盟为平台，今后能够吸纳国内及“海丝”沿线国家与地区的职业院校、教育机构和行业企业，共同推动职业教育国际化的产教合作。通过产学合作，能够为有志于开拓海外市场的企业开展职业技能培训，实现“引进来与走出去”双向发展。

中国教育国际交流协会副会长、秘书长赵灵山在会上作题为《新时期民间教育合作与交流》的专题报告。福建省教育国际交流协会会长施祖美就省教育国际交流协会相关工作成效及未来发展方向作报告。

6月23日

农历戊戌年五月初十
星期六
温度：25℃—33℃
阴

●23—24日，由中央网信办网络新闻信息传播局主办、福建省网信办承办的“新时代·新平台·新机遇”——“一带一路”大型网络主题活动到泉州采访。

●由中国记者协会主办的“一带一路”记者组织论坛福建主题采访活动到泉州采风。

●由国家文化和旅游部主管，厦门四十五分贝传媒主办的第四届“挑战新主播”全国中学生主持人大赛泉州赛区开幕。

6月24日

农历戊戌年五月十一
星期日
温度：25℃—33℃
阴

●2018年高考成绩揭晓。泉州市考生高考总体成绩较好，文理科前50名占全省比重大。晋江养正中学的黄亦陈获全省文科第一名、泉州市第一名；晋江一中丁泓馨获全省理科第三名、泉州市第一名。

●由市教育局、市社科联、泉州市职业技术教育研究会、泉州市轻工职业学院主办的两岸职业教育论坛第八次峰会在泉州轻工职业学院举行。

●24—26日，由民盟泉州市书画工作委员会、民盟泉州市书画总支、意大利那不勒斯美术学院、黎明职业大学等主办的“意起美丽”中意国际丝绸之路艺术交流展在泉州源和1916创意园举行。

泉州学生获2018年高考全省文科第一名

2018年高考成绩揭晓。泉州市考生高考总体成绩较好，取得大面积丰收，文理科前50名占全省比重大。晋江养正中学的黄亦陈以原始分687分获全省文科第一名、泉州市第一名；晋江一中丁泓馨以原始分705分获全省理科第三名、泉州市第一名。

据学校及考生查分后反馈，2018年泉州考生的成绩总体向好，比2017年有所提升。泉州五中理科尖子生取得突破、创历史新高，据不完全统计，文科600分以上152人，本一上线率85.9%、本二上线率99.2%；理科600分以上191人，本一上线率91.2%、本二上线率99.9%，在2017年的基础上有大幅提升。其中，理科黎善达704分，蔡耿松、马源698分，何鑫689分，进入全省前50名，7人进入全省前100名；文科黄晨楠674分、苏婧林663分、辛迪661分，进入全省前30名，7人进入全省前100名。泉州实验中学近百人总分超600分，文理科3人进入福建省前50名，包括理科林龙翔689分、文科刘彤661分、文科黄礼威659分，其中理科林龙翔理综290分，文科柳鸿楷数学150分，理科李仕毅英语149分，居全省前列。泉州一中文理科本一批上线率均大幅提升，文科朱家璇以659分位居全省第39名，艺术类考生陈依琳位居全省第18名，黄剑锋英语149分居全省前列。泉州七中1人进入理科全省前50名，2人进入全省前100名；文科2人进入全省前100名。

晋江一中考生除获全市理科第一名外，理科陈楚韩以693分进入全省前50名，文科洪斯铭664分位列全省第21名；文科蔡竟昕657分，进入全省前50名；理科陈晓曲以670分位列“侨生联考”福建省第1名。永春一中文科最高分陈佳薇660分，居全省第34名；文科颜钰杰数学150分居全省数学单科第一名，学校本一上线率67%，本科上线率98.5%，文理科600分以上共92人。惠安一中理科尖子生亦创历史新高：理科640分以上18人，其中郑若凡692分，位居全省前50名；文科最高分642分，600分以上32人。德化一中理科江德扬以693分进入全省前50名。

两岸职业教育论坛第八次峰会在泉州举行

由市教育局、市社科联、泉州市职业技术教育研究会、泉州市轻工职业学院主办的两岸职业教育论坛第八次峰会在泉州轻工职业学院举行。论坛以“需求导向，质量引领——卓越品质建设研究与实践”为主题。论坛由台湾大学机械工程博士、龙华科技大学校长、台湾私立科技大学校院协进会名誉理事长葛自祥主持。论坛上，澳门城市大学教务长李树英博士以《教少一点、学多一点：课程教学创新与教师专业发展研究与实践》为题讲述大学中学科、课程、科目的建设以及课堂教学改革创新和教师专业发展的路径等方面内容。台北海洋科技大学校长唐彦博博士以《迈向卓越品质一流学校建设》为题就学校发展特色、师资队伍建设、全人教育建设、智慧校园建设等方面阐述高等院校如何迈向卓越学校。浙江金融职业学院党委书记周建松教授以《优质高职院校建设实践与创新》为题就专家解读、地方实践、研究文章等剖析如何建设优质高职院校。

两岸职业教育论坛第八次峰会现场（图/洪 旭）

中意国际丝绸之路艺术交流展在泉州举行

24—26日，由民盟泉州市书画工作委员会、民盟泉州市书画总支、意大利那不勒斯美术学院、黎明职业大学等主办的“意起美丽”中意国际丝绸之路艺术交流展在泉州源和1916创意园举行。此次展览意方以意大利顶级艺术学院那不勒斯美术学院为主导，邀请多位国际知名艺术家到泉州参展。中方则以彭传芳、蔡沧洲、周雄波、吴斌、陈阳辉、林书樯、林向军、吕吉雕、吴志强、张跃达十位泉州籍艺术家为参展代表。

市政协党组（中心组）学习会学习习近平讲话精神

市政协党组（中心组）学习会召开，传达学习习近平在中央政治局会议审议乡村振兴战略规划时的讲话精神和对脱贫攻坚工作的指示精神及省委、市委常委会会议精神；传达学习习近平在中央全面深化改革委员会第二次会议上的讲话精神及省委、市委常委会会议精神。会议指出，市政协要围绕市委、市政府精准脱贫工作部署，聚焦重点任务深入调研、积极建言，助推工作落实。要做好2018年与市委关于“实施乡村振兴战略”的专题协商，为提升乡村文化事业发展水平，促进乡村振兴贡献力量。

泉州市实施制造业“个十百千万”重点工程

泉州市围绕打造高端、高质、高新的制造强市，全面实施“中国制造2025”城市试点示范，立足纺织鞋服、建材家居等传统优势产业，推动传统产业转型升级，对标世界一流产业，打造世界知名的纺织鞋服产业基地和建材家居产业基地，形成“中国制造2025”标志性成果，成为制造强国建设中特色鲜明的地方样板。2018年，重点针对制造业发展的关键和薄弱环节，实施“个十百千万”重点工程。

“个”即争创“中国制造2025”国家级示范区。“十”即在装备制造业中实施十个以上重大专项和首台套重大技术装备。支持企业开展数控系统、伺服电机、减速器、控制器和自动化控制、智能装备、关键智能基础件、重大智能成套装备等的研发应用，鼓励首台套重大技术装备研制。“百”即推广应用数字化生产线一百条。推进以数字化、智能化为重点的新一轮技术改造，实施市级以上重点技术改造项目234项，总投资272亿元。出台技术改造奖励细则，对企业数字化改造的项目，完工投产后连续三年，按对财政贡献地方留成增量部分的40%实行奖励，推动企业积极开展数字化改造。“千”即推广智能装备和工业机器人一千台（套）以上。分行业、分地区推广智能装备和工业机器人。选择技术水平较为先进、数控化与自动化水平较高、对产业影响较大的“数控一代”装备产品与机器人，确定为泉州市“数控一代”示范项目产品。“万”即培训一万名智能制造技术人才。落实人才“港湾计划”和企业家素质提升计划。一方面通过开展“数控一代”、智能制造技术人才专题培训活动，对智能制造生产、研发、信息化等企业人员进行全方位培训；一方面通过加强校企合作，深化工业机器人、机械装备、智能制造等领域产教融合，采用“订单式”培养的方式，培养智能制造技术人才。

泉州市学习宣传中共十九大精神知识竞赛总决赛举行

由市纪委、市委组织部、市委宣传部、市委市直机关工委、市委党校、泉州晚报社、泉州广播电视台主办的“不忘初心 牢记使命”泉州市学习宣传贯彻习近平新时代中国特色社会主义思想和中共十九大精神知识竞赛总决赛举行。经过角逐，泉州市纪委机关、晋江市、泉州市直公安系统党委三支代表队获一等奖，南安市、泉州市直水利系统、泉州市教育局、国网泉州供电公司、泉州市国税局五支代表队获二等奖。活动旨在引领全市各级党组织学习宣传贯彻中共十九大精神，兴起习近平新时代中国特色社会主义思想“大学习”热潮，引导党员过好“七一”主题党日活动，推进“两学一做”学习教育常态化制度化，引导全市党员干部不忘初心、牢记使命，投身“转型攻坚 聚力跨越”主战场。知识竞赛活动分网上竞答、知识竞赛预赛和电视知识竞赛总决赛三个阶段。

泉州市学习宣传贯彻习近平新时代中国特色社会主义思想和中共十九大精神知识竞赛总决赛现场　（图/泉州晚报社）

6月25日

农历戊戌年五月十二
星期一
温度：24℃—33℃
多云

●市政协党组（中心组）学习会召开，传达学习习近平在中央政治局会议审议乡村振兴战略规划时的讲话精神和对脱贫攻坚工作的指示精神及省委、市委常委会会议精神等。

●泉州市实施制造业“个十百千万”重点工程。

●由市纪委、市委组织部、市委宣传部、市委市直机关工委、市委党校、泉州晚报社、泉州广播电视台主办的“不忘初心 牢记使命”泉州市学习宣传贯彻习近平新时代中国特色社会主义思想和中共十九大精神知识竞赛总决赛举行。

6月26日

农历戊戌年五月十三
星期二
温度：25℃—33℃
多云

●全市百企帮百村精准扶贫推进会召开。

●市政府和丰泽区政府举行城镇燃气管道生产安全事故应急演练。

●国际禁毒日，由省检察院和华侨大学主办，市检察院承办的省检察机关“法治进校园”华侨大学专场巡讲活动举行。

●由市科协、市教育局、市发改委、市委文明办、团市委和市关工委主办的“体验科学·快乐成长——2018年泉州市青少年科学调查体验活动”在泉州市实验小学启动。

●泉州市关心下一代志愿者服务队集中授牌暨以会代训活动在泉州市老干部活动中心举行。

●由市教育局和泉州晚报社主办的2018年高校招生志愿填报咨询会在泉州晚报大厦举行。

●由市住建局和泉州歌舞剧团主办的庆祝建党97周年暨“安全生产月”活动文艺演出在市区城东至北峰快速通道五台尾山隧道东洞口举行。

●石狮市第十届渔民文化节开幕式在该市祥芝国家中心渔港举行。

●永春县禁毒委在县毒品预防教育社会实践基地举行创建“网格化+社区禁毒”工作模式启动仪式，此系全省首创。

泉州市举行城镇燃气管道生产安全事故应急演练

市政府和丰泽区政府举行城镇燃气管道生产安全事故应急演练。此次演练模拟场景：上午9时许，施工队在丰泽区东海街道东梅路进行道路施工，一台挖掘机在进行开挖作业时，不慎将该路段的市政中压燃气主干管挖破，导致大量天然气泄漏，施工现场一片混乱。挖掘机驶离现场时，由于挖掘机排气管未加装防火帽，导致尾气火花引燃泄漏的天然气，火焰迅速扩散，进而引燃周边废弃建筑材料，火势较大，并造成泄漏点附近的2名施工人员被烧伤。政府紧急调度各相关职能部门，实行部门应急联动，分成多个处置小组，参与事故抢险救援。经过多部门的应急联动，天然气泄漏扩散事故得到成功处置。市安监局有关负责人介绍，此次演练通过情景模拟、现场报警、部门响应、专家问询等形式开展一次贴近实战的应急演练，以检验市、区两级生产安全事故灾难应急预案的可操作性和有效性，检验政府部门及企业间的应急协调联动机制的运转情况，确保预案有效衔接、队伍联动、资源共享，实地锻炼和提高政府部门和企业有效应对和处置突发生产安全事故的能力。

省检察机关“法治进校园”华大专场巡讲举行

国际禁毒日，宣传主题是“健康人生、绿色无毒”。为增强青少年群体“远离毒品”的法治意识，由省检察院和华侨大学主办，市检察院承办的省检察机关“法治进校园”华侨大学专场巡讲活动举行，市检察机关“刺桐花团队”成员为学生们作《珍爱生命、远离毒品》讲座。活动现场，20名华大法学院大学生党员被聘为“法治进校园”全市巡讲活动第二批“志愿巡讲员”。“刺桐花团队”是市检察院一支得力的未成年人刑事检察工作力量，在3月十三届全国人大二次会议上，更是成为入选最高检工作报告的全国未检队伍九个优秀团队之一。该团队常年与市教育局、司法局开展“法治进校园”活动，以生动活泼的形式，向孩子们传播尊法、守法、学法、用法的理念。2017年以来，该团队力量进一步壮大，除市、县两级的检察官，还有来自其他相关行业的志愿巡讲员，其中就包括华大法学院的16名大学生党员。在成为志愿巡讲员的一年时间里，首批大学生“志愿巡讲员”根据远离毒品、预防性侵、学习宪法、远离校园暴力4个专题，组成4个团队，到多地巡讲，为10所中小学的1100名学生送去法治知识，提高中小学生守法及自我保护意识，预防和减少违法犯罪的发生，促进青少年的健康成长。随着该批巡讲员升入大四，“刺桐花团队”启动了第二批大学生“志愿巡讲员”的选拔、招募工作。

2018年泉州市青少年科学调查体验活动启动

由市科协、市教育局、市发改委、市委文明办、团市委和市关工委主办的“体验科学·快乐成长——2018年泉州市青少年科学调查体验活动”在泉州市实验小学启动。青少年科学调查体验活动作为一项全国性青少年科学普及活动，对于引导泉州市青少年在新时代培育和践行社会主义核心价值观，提升社会责任感、创新思维与实践能力提供了平台。2017年，泉州市发起“我爱绿色生活”主题活动，吸引近2万名青少年参与。2018年，活动围绕“体验科学·快乐成长”主题，下设能源资源、生态环境、安全健康和创新创意四个领域，学校和青少年可通过知识学习、科学调查、科学体验、拓展活动等形式参与科学调查体验，并于9月底前提交活动成果。

2018年高校招生志愿填报咨询会举行

由市教育局和泉州晚报社主办的2018年高校招生志愿填报咨询会在泉州晚报大厦举行。图为咨询会现场。（图/吴炯雯）

全国和省人大代表视察泉州法院执行工作

部分全国人大代表、福建省人大代表应福建省高级人民法院邀请，到泉州市中级人民法院和德化、石狮、晋江法院视察执行工作。代表们首站到德化法院，视察该院执行指挥中心，听取“网格化+执行”工作情况介绍，通过远程执行指挥系统观看执行案件的强制执行过程。代表们还视察陶瓷知识产权保护教育基地、诉讼服务中心、家事审判庭。第二站，代表们先到石狮法院，分4个小组随执行干警到执行现场，见证开启银行保管箱、扣押车辆、腾空房产、拘留被执行人等现场执行工作。在晋江法院，代表们视察该院设立在晋江市公安局的协助执行工作室。代表们还调研诺奇股份有限公司。代表们表示，通过视察，对执行工作中存在的困难有了更深的了解，也更加理解法院工作。同时，代表们还就推广特色亮点、加强信息化建设、加强宣传工作等提出意见和建议。

全市脱贫攻坚工作专题培训班举办

27—28日，全市脱贫攻坚工作专题培训班举办，旨在学习贯彻习近平在中央政治局会议上讲话和对脱贫攻坚工作指示精神，提升全市扶贫系统干部素质，推动全市脱贫攻坚工作更扎实、更有效地开展。培训对象为全市扶贫系统全体干部。培训内容涉及扶贫政策解读、财政资金监督管理、医保政策解读、扶贫领域监督等。中共十八大以来，泉州市坚持精准扶贫精准脱贫基本方略，强化政策保障、资金投入、责任落实和督查考核，脱贫攻坚工作取得决定性进展。截至2017年底，全市建档立卡贫困户已实现全部退出。下一步，各级扶贫办将发挥好参谋助手作用、协调督促作用，督促各行业扶贫部门落实部门职责、完成工作任务，调动社会各界参与脱贫攻坚积极性，实现行业脱贫、专项扶贫、社会扶贫联动。

“泉州—金边”直飞航线开通

泉州晋江国际机场开通首条柬埔寨金边直飞航线，每周一、三、五、日执飞。“泉州—金边”航班由厦门航空公司执行，航班号MF8675/6，15时15分从泉州起飞，17时20分到达金边；18时20分从金边返程，22时25分到达泉州（以上均为当地时间）。自2015年以来，厦航已开通“泉州—马尼拉”“泉州—曼谷”等多条东南亚直飞航线。厦门航空相关负责人表示，厦航将按照“强化干线、完善国内、拓展国际”的航线规划思路，实现泉州始发航线网络3个覆盖，即覆盖所有省会城市，覆盖“海丝”沿线的东南亚国家及地区热门城市，覆盖东北亚日韩地区知名城市。

机场及空乘人员庆祝“泉州—金边”直飞航线开通（图/廖平和）

晋江市政府与京东集团签订战略合作协议

晋江市政府与京东集团签订战略合作协议，双方将在智慧物流、云计算、大数据、跨境电商、金融等领域开展合作，通过强强联合实现大发展。晋江市商务部门表示，晋江此次与京东就智慧物流、大数据等签署战略合作框架，旨在借助京东先进的智慧物流体系倒逼晋江物流产业全面升级，助力晋江品牌在京东平台上的销售更具物流优势，降低物流成本，提升整体产品竞争力。此外，京东在“无界零售+精准零售”等新零售领域的新做法，将助推晋江企业拥抱新理念、新模式，紧跟零售业供给侧结构性改革新潮流，助力晋江产业转型升级。京东将从研、产、供、销四个方面，提供产业创新孵化、生产赋能、智慧供应链、品牌营销等提升服务，助推晋江传统中小企业品牌化、电商化、标准化、数字化、基金化，助力晋江打造百亿电商产业生态聚集区。

6月27日

农历戊戌年五月十四
星期三
温度：25℃—36℃
多云

●27—28日，部分全国人大代表、福建省人大代表应福建省高级人民法院邀请，到泉州市中级人民法院和德化、石狮、晋江法院视察执行工作。

●27—28日，全市脱贫攻坚工作专题培训班举办。

●由市委宣传部、市委文明办、市文广新局、市文联、泉州晚报社和泉州广播电视台主办的“欢乐泉州·走进台商投资区——泉州市宣传党的十九大精神暨庆祝中国共产党成立九十七周年文艺晚会”在泉州台商投资区“海丝”艺术公园举行。

●市供销社系统烟花爆竹应急救援演练在南安市洪濑镇举行。

●泉州晋江国际机场开通首条柬埔寨金边直飞航线。

●晋江市政府与京东集团签订战略合作协议。

●安溪县、德化县2018年第二季度重点项目开（竣）工活动举行。

6月28日

农历戊戌年五月十五
星期四
温度：26℃—35℃
多云

●市十六届人大常委会第十二次会议召开，审议表决通过关于批准市政府提出的2017年市本级决算的决议、《泉州市人民政府关于提请审议2018年地方政府债券转贷收支市本级预算调整方案的议案》的决议等。

●泉州市开展“夏送清凉”活动。

●市中级人民法院“不忘为民初心，永葆党员本色”歌咏比赛举行。

●由泉州市青少年文化艺术交流协会等主办的“一汽—大众 宝来杯”2018首届泉州青少年艺术节新闻发布会暨启动仪式举行。

●欧风堂捐赠书画展暨捐赠书画作品研讨会在中国闽台缘博物馆举行。

市十六届人大常委会第十二次会议召开

市十六届人大常委会第十二次会议召开。会议审议表决通过关于批准市政府提出的2017年市本级决算的决议、《泉州市人民政府关于提请审议2018年地方政府债券转贷收支市本级预算调整方案的议案》的决议。会议听取和审议市政府关于加快全市垃圾分类处理利用情况的报告，关于泉州市2017年市本级财政收支决算报告与2017年市本级预算执行和其他财政收支审计工作报告，市人大常委会执法检查组关于检查《中华人民共和国企业国有资产法》《中华人民共和国人民调解法》《中华人民共和国水土保持法》等实施情况的报告，市人大常委会调研组关于泉州市少数民族特色村寨保护与发展工作的调研情况的书面报告。

市十六届人大常委会第十二次会议现场（图/王虎文）

泉州入围中国跨境电商出口发展20强

亚马逊在杭州发布《亚马逊全球开店中国出口电商城市发展趋势报告》，并揭晓“亚马逊全球开店中国出口电商城市发展20强”城市榜单，泉州、福州、厦门三大海西重点城市均入围。根据该报告，2018中国跨境电商出口发展20强城市（排名不分先后）分别是北京、东莞、佛山、福州、广州、杭州、惠州、金华、南京、宁波、泉州、上海、深圳、苏州、天津、温州、武汉、厦门、中山和珠海。亚马逊全球开店透露，该趋势报告主要基于包括海关总署、国家统计局在内的官方公开数据、上千份中国卖家及跨境电商从业者调查以及亚马逊全球各站点所提供的信息，通过五大维度综合分析，包括城市卖家“基础竞争力”“结构竞争力”“活力竞争力”“潜力竞争力”和“品牌竞争力”。通过对20强城市的分析，报告从“地域趋势”和“发展特征”两大方向，探讨不同区域城市转型跨境出口电商的现状及未来发展建议。海西经济区加速构建以科技、品质和品牌驱动的创新经济增长点，并注重跨境电商产业环境建设。亚马逊有关负责人表示，以福建为主体的海西经济区蕴含巨大发展潜力。福建作为21世纪海上丝绸之路核心区，其三大中心城市泉州、福州、厦门均入围，印证了福建地区促进跨境电商转型发展的作为。

欧风堂捐赠书画展举行

欧风堂捐赠书画展暨捐赠书画作品研讨会在中国闽台缘博物馆举行，省内外近百名艺术家和书画艺术爱好者参加活动。欧风堂捐赠的223件/套作品多为国画和各类书法，其中不乏傅抱石、李可染、李苦禅、关山月、高剑父、谢稚柳、王雪涛、陆俨少等近现代名家作品。欧风是旅加华人，本名陈健，“欧风”为其字，自号“欧风堂堂主”。1947年，欧风出生于福州市仓山区，长期从事美术和工业设计工作，现为海峡文化艺术研究院常务副院长、国家注册艺术品鉴定师。20世纪90年代，欧风先生开始钟情于中国传统书画的鉴藏，尤其是对中国近现代名家的作品更是情有独钟，在工作之余节衣缩食，把自己的收入大多投入到名家书画作品的收藏上。2012年6月，欧风全家移居加拿大后，仍不时回国参加各类文化艺术交流活动。中国闽台缘博物馆馆长林建春表示，博物馆在全面改陈后，将创造条件开辟专门展室持续展示各界人士捐赠的珍贵文物、文献和艺术品，并在国家政策范围内予以相应的荣誉和表彰。

欧风堂捐赠书画展暨捐赠书画作品研讨会现场（图/中国闽台缘博物馆）

全市各地庆祝中国共产党成立97周年

为庆祝中国共产党成立97周年，全市各地举行主题鲜明、形式多样、广泛参与的纪念活动，营造浓厚的欢庆氛围。市委老干局举行纪念建党97周年暨“忆初心·再前行”政治生日主题活动，80多名老党员通过述说入党故事、表演红色经典、重温入党誓词、参与学习中共十九大精神知识竞赛等，表达对党的忠诚。市古城办党支部、古城公司党支部举行以“不忘初心，牢记使命”为主题的“七一”主题党日系列活动。市妇联机关党总支、南安市妇联机关党支部举行“不忘初心 牢记使命”主题党日活动，组织妇联系统党员干部到位于南安金淘的泉州华侨革命历史博物馆、叶飞故居参观学习。武警泉州支队组织官兵到驻地叶飞将军故里举行“传承红色基因，争当强军先锋”主题教育活动。

世界遗产委员会将“古泉州（刺桐）史迹”项目“发还待议”

第42届世界遗产委员会会议在巴林首都麦纳麦召开，审议中国申报的“古泉州（刺桐）史迹”文化遗产项目。多个委员国在讨论中肯定该项目具有列入《世界遗产名录》所需的“突出普遍价值”。最终，委员会未采纳评估机构此前作出的“不予列入”的建议，一致决定将该项目“发还待议”，即缔约国需要补充有关信息后重新提交申请并接受审议。世界遗产委员会对遗产申报项目有四档结论，分别是“准予列入”、“发还待议”、“重新申报”和“不予列入”。“发还待议”的项目一般有望在再次审议时被委员会准予列入《世界遗产名录》。

白濑水利枢纽工程移民安置先行工程开工

白濑水利枢纽工程移民安置先行工程开工。工程包括安溪一中剑斗分校、安溪县医院剑斗分院、剑斗镇中心小学等项目，均已完成勘察设计、林地土地报批、土地征用、环评水保批复、工程施工招标等施工前期准备工作。白濑水利枢纽工程项目可行性研究报告于4月28日获国家发改委批复实施。工程建设征地涉及安溪、永春2个县5个乡镇22个行政村以及2个集镇，需永久征收土地1712.26公顷，移民安置38857人；改复建等级公路54.7千米、铁路26.2千米；淹没影响区内政府机关、学校医院、公路、铁路等专业项目需进行改复建；工程总投资约138.6亿元。2016年10月起，泉州市按照“项目批复即动工建设”总体要求，先行启动剑斗新镇区道路交通、教育卫生、市政配套及部分安置区等12个先行工程前期工作。项目获国家发改委批复后，为落实好水利部关于“今年上半年项目要开工建设”的工作要求，泉州市确定安溪一中剑斗分校、安溪县医院剑斗分院、剑斗镇中心小学等群众关注度高、社会影响面大的项目作为首批开工建设项目。

泉州市第十五中学更名福建师范大学泉州附属中学

鲤城区政府与福建师范大学签约合作办学，同期举行“福建师范大学泉州附属中学”揭牌仪式。为加快补齐教育事业发展短板，推进鲤城区基础教育优质均衡发展，缩小老城新区办学差距，持续加大对教育的支持与投入，扶持江南新区加快形成优质教育资源，鲤城区政府与福建师范大学，经过多次接洽、深入协商，双方就合作办学达成共识，将泉州市第十五中学更名为“福建师范大学泉州附属中学”，进行全面提升。福建师范大学将通过品牌注入、管理输出的合作模式，采取派驻核心管理团队、选派一定数量的骨干教师参加支教、借助项目推动等方式，注入先进的管理经验和教育理念，推进校园文化建设，确保两年内“福建师范大学泉州附属中学”晋升为省一级达标高中，六年内达到省级示范性高中的办学水平。

学生在新校名牌前合影（图/庄伟瑜）

6月29日

农历戊戌年五月十六
星期五
温度：26℃—35℃
多云

●为庆祝中国共产党成立97周年，全市各地举行主题鲜明、形式多样、广泛参与的纪念活动。

●世界遗产委员会将“古泉州（刺桐）史迹”项目“发还待议”。

●白濑水利枢纽工程移民安置先行工程开工。

●由省作协、安溪县委组织部、县委宣传部、县关工委主办的“红色基因·党建引领”主题党日系列活动暨“新时代·新发展·新金谷”征文大赛颁奖活动在安溪县金谷镇安南永德苏维埃政府旧址举行。

●由陕西省商务厅、工信厅、台办和安康市政府主办的“丝路源点·中国硒谷·秦巴明珠——陕西省安康市名优特色产品走进泉州暨重点合作项目推介活动”在泉州举行。

●一批重达30321.13吨的锂辉石在泉州肖厝口岸放行，此系泉州关区首次进口锂辉石。

●鲤城区政府与福建师范大学签约合作办学，同期举行“福建师范大学泉州附属中学”揭牌仪式。

6月30日

农历戊戌年五月十七
星期六
温度：26℃—34℃
小雨

●6月30日至7月2日，省委常委、省纪委书记、省监委主任刘学新到德化、永春、安溪和南安等县（市），检查学习贯彻习近平新时代中国特色社会主义思想和中共十九大精神，落实十九届中央纪委二次全会和省区市纪检监察工作座谈会部署情况。

●创意党建手游“二万五千里”上线启动仪式在市区源和1916创意产业园举行。

●9家台资企业签约入驻位于泉港区的新辉大电商园区。

●6月30日至7月1日，由市古城办、市旅发委发起的“古城讲解员”第三季在市区天后宫进行现场测评活动。

●由市作协主办的首届泉州作家手稿展暨泉州作家手稿展览馆揭牌仪式在市区源和1916创意产业园温陵书院举行。

●“德化教育之窗”县级云平台启动运行，系全省首创、全国县级首家“互联网+教育+广电”教育云平台。

刘学新到泉州调研纪检监察工作

6月30日至7月2日，省委常委、省纪委书记、省监委主任刘学新到德化、永春、安溪和南安等县（市），检查学习贯彻习近平新时代中国特色社会主义思想和中共十九大精神，落实十九届中央纪委二次全会和省区市纪检监察工作座谈会部署情况。市委常委、市纪委书记、市监委主任温惠榕参加调研。刘学新强调，要围绕监督这个基本职责、第一职责，定位向监督聚焦，责任向监督压实，力量向监督倾斜，把纪律和监督挺在前面。深化扶贫、民生、涉黑腐败、移风易俗等专项治理和形式主义、官僚主义综合整治，增强人民获得感、幸福感、安全感。开展大学习大培训，严格教育、管理、监督干部，打造忠诚干净担当的“纪律部队”，为“再上新台阶、建设新福建”、实现高质量发展和赶超目标提供坚强政治保证。

创意党建手游“二万五千里”上线启动

创意党建手游“二万五千里”上线启动仪式在市区源和1916创意产业园举行。“二万五千里”是一款以“党建教育”为主题，集趣味、益智为一体的手机游戏，讲述的是一个小红军为到达胜利彼岸，永不止息的奋斗过程，让玩家在“润物细无声”中了解党建知识。活动有关负责人表示，开发该游戏的初衷是创新党员教育形式，以寓教于乐的方式，吸引更多年轻党员学习党建知识。近年来，市委组织部围绕新时代党的建设总要求，在园区党建中采取龙头企业牵头、分片网格管理、联席会议议事的办法，总结推广共享共建型、龙头带动型、网格推动型、同业互动型、混合联动型五种党建模式，推动园区党建有效覆盖。在此推动下，源和1916创意产业园联合园区网动科技有限公司开发线上“党建益智手游”，推动功夫动漫打造“动漫+党建”品牌项目等，促进园区党建与企业创新发展。

首批9家台资企业入驻泉州新辉大电商园

在海峡两岸中小企业联合促进会（简称“海促会”）成立五周年庆典之际，9家台资企业签约入驻位于泉港区的新辉大电商园区。同时，海峡两岸100多名休闲农业专家、学者齐聚一堂，听取“惠台三十一条”政策宣讲，共商两岸农业交流合作与发展。“海促会”创会主席、泉州新辉大电商园区负责人吕双辉表示，泉州是国内电子商务发展起步较早的城市，行业经验丰富，台湾高端农业、生物科技较为领先，两地可以深度合作、优势互补。事实上，早在2014年，新辉大电子商务园区就曾邀请两岸专家围绕“构建闽台名优产品电子商务合作平台”“农业云计算与大数据 创新政府服务新模式”等主题展开过研讨。此次，借“海促会”成立五周年之机，在协会的牵线搭桥下，多家台资企业最终确定在泉州的投资意向和方向。来自台湾屏东的刘浦江，已在大陆取得营业执照，他将无毒农药这一生物技术带到大陆，并着手准备在泉港开设厂房。同样入驻电商园区的台商企业中康控股集团总裁蓝溪水表示，其在大陆投资兴业已有30年，十分看好大陆休闲农业和养生产业，希望将台湾的高端农业引入泉州。“海促会”已拥有3万多名台湾会员、近万家企业会员，并成立十大专业委员会，精准地对接大陆各省市对台的招商对象。

第三批古城讲解员出炉

6月30日至7月1日，由市古城办、市旅发委发起的“古城讲解员”第三季在市区天后宫进行现场测评活动。该季的古城讲解员报名参与人数达300多人。经过5周12节课的集中培训，综合考核各种因素，最终确定100人进行现场测评。5名导师带领第三季100名学员分A、B两组测评。每组由一位测试考评官和测评督导员组成，每位讲解员限定在15分钟内讲述线路内容，考官打分记录。此次测评线路为天后宫—德济门—李贽故居—青龙巷—聚宝街等。现场测评后，主办方根据参赛者现场讲解一一打分，最终确定得分前30名者，作为第三批古城讲解员——“新讲古人”。

第五届“泉州市青年拔尖（优秀）人才”遴选活动启动

第五届“泉州市青年拔尖（优秀）人才”遴选活动启动。根据计划，此次泉州市最终将遴选50名青年拔尖（优秀）人才。此次遴选对象要求为1978年8月30日后出生的，并且在泉州市工作两年以上的各类青年人才，重点遴选纺织鞋服、石油化工、机械装备、建材家居等17个专业领域紧缺急需青年人才。2013年以来已入选泉州市“海纳百川”高端人才聚集计划人才项目或省级及以上同类人才项目的入选者和已认定为泉州市高层次人才，不再列入申报对象范围。遴选分为申报、初审、专家评审、实地考察、确认、公示六个阶段。

物业管理区域电动自行车消防安全专项治理启动

市住建局下发通知，即日起至年底，开展物业管理区域电动自行车消防安全专项治理，通过开展消防安全隐患排查、推动建设电动自行车充电设施、督促建设电动自行车集中停放场所、做好消防安全宣传教育等，预防和遏制物业管理区域电动自行车火灾发生，并从此建立长效管理机制。

7月至11月底前为集中整治阶段。通知要求，各地住建主管部门要督促物业服务企业开展对电动自行车集中停放和充电的安全管理排查整治，加强日常检查巡查，及时发现和制止在小区内的楼梯间、楼道、疏散通道、安全出口等区域违规停放电动车、摩托车和障碍物及乱拉电线充电行为，对存在违规用火、用电、用气、用油问题，应立即进行劝阻和制止，对劝阻和制止无效的，立即向公安、消防机关等主管部门报告处置。同时，制定严格的电动自行车停放、充电管理制度，要求与机动车分区停放，分类管理，停放车辆不宜过于密集，与建筑物保持安全距离，并设置火灾报警、灭火设施和消防器材，并进行统一维护。

泉州市在全省首创癌症中医药治疗可医保报销

市医保局印发《关于将恶性肿瘤（含白血病）中医药治疗纳入基本医保门诊特殊病种治疗项目的通知》，并于是日起开始实施。此举为全省首创。至此，泉州市基本医保特殊门诊项目达到39种。之前市医保局就下发通知，基本医保门诊特殊病种治疗项目到中医院就诊，降低一个等级报销，大部分县级中医院按一级报销，起付线为50元，报销比例高达90%；市级中医院按二级报销，起付线400元，报销75%。此次将恶性肿瘤（含白血病）中医药治疗纳入基本医保门诊特殊病种治疗项目，突破原来福建省规定的恶性肿瘤（含白血病）放（化）疗半年方可申请门诊特殊病种的界限。

清华大学博士生到泉州社会实践

清华大学16位博士研究生到泉州开展社会实践活动。2016年，泉州市与清华大学研究生院共建“清华大学研究生社会实践泉州市试点基地”，经过试点运营，2018年转为正式基地。在过去两年时间里，先后有56名清华大学的博士生到泉州开展52个社会实践项目研究，涵盖装备制造、电子信息、建筑建陶、水利工程、石油化工以及新能源新材料等大产业。博士撰写调研报告51篇，解决技术难题70项，申请专利15项，帮助实践单位解决了专业技术难题，树立校地合作的良好典范。

2018年，清华大学计算机科学与技术系、人文学院、航天航空学院、高等研究院、经济管理学院、机械工程系、电子工程系等学院和专业的16位博士研究生，分赴丰泽、洛江、晋江、南安、安溪、永春6个县（市、区）的9个单位，进行为期6周的社会实践活动，从高新技术产业、装备制造行业和管理方向进行项目研究。泉州市迫切需要各类各层次创新型、技能型、复合型和适用性人才的强力支撑。泉州市与清华大学共建研究生社会实践泉州基地，是纵深推进人才“港湾计划”的体现，将打造柔性引进高校人才的新平台，在促进企事业单位与清华大学开展协同创新的基础上，探索建立校企合作新模式、新平台，吸引更多高校人才资源向泉州集聚，促进产业转型升级。

7月1日

农历戊戌年五月十八
星期日
温度：26℃—34℃
小雨

- 第五届“泉州市青年拔尖（优秀）人才”遴选活动启动。
- 市住建局下发通知，即日起至年底，开展物业管理区域电动自行车消防安全专项治理。
- 市医保局印发《关于将恶性肿瘤（含白血病）中医药治疗纳入基本医保门诊特殊病种治疗项目的通知》，并于是日起开始实施。此举为全省首创。
- 清华大学16位博士研究生到泉州开展社会实践活动。
- 1—10日，由市委宣传部、市文广新局主办的“一带一路——望昆仑林文德油画作品展”在泉州海外交通史博物馆举行。
- 由福建省攀岩运动协会主办的2018福建省青少年攀岩联赛晋江站比赛在晋江SM广场举行。

7月2日

农历戊戌年五月十九
星期一
温度：26℃—33℃
小雨转阴

●张永宁到南安市督查不达标小流域水环境综合整治工作及部分重点项目。

●福厦客专泉州湾跨海大桥海上施工启动。

●泉州市启动福厦铁路沿线环境综合整治。

●由市慈善总会与泉州晚报社主办的“共同托起他们的理想2018行动”启动。

●当代诗人、美国耶鲁大学教授郑愁予在石狮市祥芝镇万祥图书馆作“郑愁予的诗歌光谱”专题讲座，分享诗歌创作心得。

张永宁到南安市督查不达标小流域水环境整治工作

泉州市委常委、常务副市长张永宁带队到南安市，督查不达标小流域水环境综合整治工作及部分重点项目。督查组走访水头镇大盈溪出海口——安海湾整治项目，了解大盈溪最新整治措施、成效等，查看“芯谷”三安项目，并听取南安关丁成功文化产业园、扬子山大地艺术项目规划设计情况介绍。张永宁强调，要坚持目标导向和问题导向相结合，围绕目标任务和问题清单、责任清单，综合施策，确保各项工作果断、及时、有力、有效地推进；要坚持用系统思维解决问题，摸清各河流底子，制定整体解决方案，同时注重加强项目策划、组合和运用；要开展项目攻坚行动，以打战役的决心和气势，做好前期准备、后期跟踪督查协调等工作，尤其是在项目推进过程中要做好项目实时风险评估工作。

福厦客专泉州湾跨海大桥海上施工启动

福厦客专泉州湾跨海大桥76号主墩海上施工平台处，一根钢管桩沉桩打入预定位置，标志该铁路6标段的海上施工启动。该座跨海大桥由中交二航局承建，起于泉州台商投资区，跨越泉州湾进入晋江市、石狮市，全长20.287千米，跨越泉州湾海域桥梁长约8.96千米，主桥全长800米，是福厦客专的重点控制性工程，也是全线施工难度最大的标段。项目建设工程遭遇三大难题，一是环境保护要求高，因为泉州湾跨海大桥地处泉州湾河口湿地省级自然保护区、天竺山森林公园水源保护区，沿线生态环境良好。二是泉州湾海域海况复杂，大风天气多，桥区航运繁忙，水上施工作业安全风险等级较高。三是沿线通过密集的人口居住区和厂房区，征拆协调难度大。

福厦客专泉州湾跨海大桥海上施工现场
（图/泉州晚报社）

泉州市开展福厦铁路沿线环境综合整治

为改善福厦铁路沿线面貌，泉州市启动福厦铁路沿线环境综合整治。此次整治以净化、绿化、美化、亮化、安全稳定为重点，通过“拆、清、绿、改、装、整、亮”等措施，集中力量、集中时间对福厦铁路沿线环境进行综合整治。此次整治按照“属地管理”原则，丰泽区、洛江区、泉港区、晋江市、南安市、惠安县行政执法局均在整治范围中，县（市、区）行政执法局为铁路栅栏（围墙）以外整治责任主体，泉州市行政执法局规划、市容、市政执法队按照职责督促、指导相关县（市、区）行政执法局做好沿线综合环境整治工作。整治范围包括泉州市境内88千米福厦铁路沿线（其中，丰泽区境内4千米、洛江区境内5千米、泉港区境内15千米、晋江市境内17千米、南安市境内28千米、惠安县境内19千米）。

诗人郑愁予到泉州分享诗歌创作心得

当代诗人、美国耶鲁大学教授郑愁予在石狮市祥芝镇万祥图书馆作“郑愁予的诗歌光谱”专题讲座，分享诗歌创作心得。被称为“宇宙的游子”的郑愁予，享誉海内外诗坛数十年，其诗句“哒哒的马蹄是一个美丽的错误”影响了一代又一代读者。郑愁予于1991年首次到泉州，随后不断跨越海峡到泉州交流。对泉州日新月异的变化十分关注，家乡的美景一直在他的心里，并化作一行行美丽的诗文。他对泉州戏曲文化十分感兴趣，着迷于梨园戏《陈三五娘》和《李亚仙》，他说这些戏剧作品与诗相通。此次专题讲座，郑愁予与大家分享自己对诗歌创作的思索和感悟，回味特定的时代所激发出来的创作情感，畅谈自己对中国传统文学的热爱之情。特别值得一提的是，他还在现场分享其新作《与醒狮共吼》，当场诵读多篇情真意切的散文诗，表达其希冀海峡两岸和平发展的渴望和追求。

中国侨联调研组到晋江市调研涉侨优惠政策

中国侨联兼职副主席邵旭军带领调研组，在省侨联主席陈式海等陪同下，到晋江市调研涉侨优惠政策。调研组听取泉州市、晋江市相关工作汇报，并与涉侨部门干部、侨界代表交流。调研组在对泉州、晋江多措并举开展侨务工作取得的成效表示肯定后表示，希望基层在工作实践中大胆创新，探索为华侨华人、归侨侨眷服务的创新措施，为上级决策提供建设性的意见建议、利于总结推广的经验做法，进一步凝侨心、助侨益。

市委常委会会议学习习近平讲话精神

市委常委会召开会议，学习贯彻习近平在中共中央政治局第六次集体学习时的讲话精神，传达贯彻省委常委、省纪委书记、省监委主任刘学新到泉州调研精神。

会议指出，习近平在中共中央政治局第六次集体学习时的讲话，阐述了党的建设规律、核心命题、重点任务和具体要求，提供了思想引领和实践动力。全市各级党组织和党员要紧密结合"大学习"，自觉对标崇高政治理想、高尚政治追求、纯洁政治品质、严明政治纪律，增强推进党的政治建设的坚定性，不忘初心、牢记使命，担当起奋斗新时代的历史重任。会议要求，要全面抓好党的政治建设各项任务，把政治方向、政治领导、政治根基、政治生态、政治风险、政治本色、政治能力七方面内容，落实到全面从严治党的各个领域，维护以习近平同志为核心的党中央权威和集中统一领导，站稳人民立场，保持忠诚干净担当，为实现"两个一百年"奋斗目标不懈努力，展现新作为。会议强调，要鼓足奋斗实干冲刺精气神，引导党员干部响应习近平"始终同人民想在一起、干在一起"的伟大号召，以"功成不必在我、功成必定有我"的奋斗担当，凝聚起落实高质量发展和跨越赶超的强大动力，当好新福建建设主力军。

会议指出，全市各级党委（党组）和纪检监察机关要兴起"大学习"热潮，以习近平新时代中国特色社会主义思想为指导，落实刘学新到泉州调研提出的工作要求。会议要求，坚持稳中求进基本工作方针。要严肃抓好责任制检查问题整改，坚定不移正风反腐，继续严查快办、通报曝光享乐主义、奢靡之风新变种，推动移风易俗往深里抓、实里做。一以贯之推动全面从严治党向基层延伸，聚焦村级换届纪律风气，打击干扰破坏选举行为；精准监督助推精准扶贫，推广运用"反腐门诊""资金在线监管"等，整治群众身边的腐败和作风问题。会议强调，各级纪检监察机关要加强自身建设，严守审查调查安全底线，依规依纪依法履职。要开展安全防范知识培训，严格日常教育、管理和监督，建设忠诚干净担当的党内"纪律部队"。

第三季度防范重特大生产安全事故视频会议召开

在收听收看2018年省政府第三季度防范重特大生产安全事故暨安委会全体成员视频会议后，市政府随即召开视频会议，部署第三季度防范重特大生产安全事故工作。

会议要求，要突出重点难点。抓实安全生产领域改革发展，完成好58项重点改革任务和111项成果化清单，尽快形成制度性成果并及时晾晒；抓好安全生产大检查，加强对企业日常检查的频次和密度，采取联合惩戒和联合激励措施，激发企业做好安全生产的自觉性和主动性；抓早汛期安全工作，排查整治可能由极端天气引发生产安全事故的隐患，重点督促客货运输、矿山、危化、建筑施工等企业落实汛期安全各项措施；抓细重点领域专项整治，加强部门联防联控，强化学生暑期安全、道路交通安全、出租房电动车以及大型商业综合体消防安全等宣传教育与综合整治。

康涛强调，要强化责任落实。各级党政"一把手"要统揽抓总、亲力亲为，分管领导要履行好统筹协调责任，党政其他班子成员要坚持"一岗双责"，各尽其责，齐抓共管，建立权责明晰的责任体系。特别要针对新业态、新领域等可能出现的监管盲区盲点，尽快明确监管部门和监管责任，严防严控"想不到""看不到"的问题酿成事故。

7月3日

农历戊戌年五月二十
星期二
温度：27℃—34℃
小雨转多云

●中国侨联兼职副主席邵旭军带领调研组，在省侨联主席陈式海等陪同下，到晋江市调研涉侨优惠政策。

●省政府农村集体产权制度改革工作督查组到洛江区督导农村集体产权制度改革工作。

●市委常委会召开会议，学习贯彻习近平在中共中央政治局第六次集体学习时的讲话精神，传达贯彻省委常委、省纪委书记、省监委主任刘学新到泉州调研精神。

●在收听收看2018年省政府第三季度防范重特大生产安全事故暨安委会全体成员视频会议后，市政府随即召开视频会议，部署第三季度防范重特大生产安全事故工作。

●3—9日，"大国重器 震撼湾海"2018泉州爱国主义教育国防兵器模型展在南安市水头镇举行。

●泉州台商投资区"中国渔政35399"执法船入列，此系该区首艘渔政执法船。

7月4日

农历戊戌年五月廿一
星期三
温度：27℃—32℃
多云转阴

●4—5日，全国政协常委、教科卫体委员会主任袁贵仁带领调研组到泉州，就“加强体育社会组织建设，推动全民健身”专题开展调研。

●4—5日，省人大常委会副主任、党组副书记黄琪玉带队到泉州开展《福建省河道保护管理条例》实施情况执法检查。

●市人大常委会党组中心组（扩大）学习会议召开，传达学习中央文件精神，习近平对脱贫攻坚工作指示和在中央政治局会上的讲话及省委、市委常委会会议精神，习近平在中央外事工作会议上的讲话精神等。

●泉州打击乐学会成立。

全国政协调研组到泉州调研体育社会组织建设

4—5日，全国政协常委、教科卫体委员会主任袁贵仁带领调研组到泉州，就“加强体育社会组织建设，推动全民健身”专题开展调研。全国政协委员、教科卫体委员会驻会副主任从兵、副主任冯建中，全国政协委员、国家体育总局副局长李颖川等参加调研。调研组走访惠安崇武海泳协会和海上救生志愿服务站、惠安崇武全民健身活动场所、晋江安踏体育用品有限公司、晋江市全民健身中心、晋江市老年体育协会等地，了解体育社会组织管理制度改革、机构运行和自身建设、购买公共体育服务、“互联网+体育”等情况，共同探讨体育社会组织特别是基层组织开展全民健身活动面临的主要困难和突出问题，提出针对性的意见建议。调研组强调，要贯彻落实中共十九大报告提出的“广泛开展全民健身活动，加快推进体育强国建设”号召，坚持以人民为中心的发展思想，健全全民健身公共服务体系，依靠各类体育社会组织，满足群众日益增长的多元化、多层次的体育需求，倡导健康文明的良好生活方式。

黄琪玉到泉州开展河道保护管理条例执法检查

4—5日，省人大常委会副主任、党组副书记黄琪玉到泉州开展《福建省河道保护管理条例》（以下简称“条例”）实施情况执法检查。部分省人大常委会委员、省人大法制委员、省人大代表参加检查。检查组察看永春县岵山镇金溪和洛江区河市洛阳江东溪支流保护整治等情况，并召开汇报会听取泉州市、永春县、洛江区政府贯彻实施条例的情况汇报。黄琪玉指出，要更加重视，学习贯彻落实习近平生态文明思想，坚持“绿水青山就是金山银山”的理念，走生态优先、绿色发展道路，像对待生命一样对待水生态环境；要更严保护，强化岸线管理、普法宣传、源头治理、统筹结合，严格涉河项目审批，严格执法。

市人大常委会党组中心组（扩大）学习会议召开

市人大常委会党组中心组（扩大）学习会议召开，传达学习中央文件精神，习近平对脱贫攻坚工作指示和在中央政治局会上的讲话及省委、市委常委会会议精神，习近平在中央外事工作会议上的讲话精神，新华社通讯《习近平同志推动厦门经济特区建设发展的探索与实践》及省委常委会会议精神，及全国省区市纪检监察工作座谈会及福建省纪检监察系统电视电话会议精神，并传达市纪委、市监委关于2起扶贫领域形式主义官僚主义典型问题的通报。会议指出，要以规划为引领，坚持脱贫目标和标准精准发力，推动精准扶贫精准脱贫。要学习领会习近平外交思想，对接国家对外战略布局，发挥泉州区位特色和优势，主动融入“一带一路”建设。要领会《习近平同志推动厦门经济特区建设发展的探索与实践》的丰富内涵和精髓要义，传承好、弘扬好这笔宝贵的精神财富。

泉州打击乐学会成立

泉州打击乐学会成立。泉州打击乐学会是隶属泉州市青年音乐人协会的二级学会，宗旨是给予所有热爱打击乐以及从事打击乐事业，愿意为打击乐事业做出贡献的人组成的一个专属于打击乐音乐人的大家庭。学会不仅吸引了从事专业打击乐演奏的表演艺术家，并且有教育教学第一线的专家学者等专业人士的加入，更为打击乐爱好者以及所有喜爱打击乐的艺术人士搭建了一个交流学习的平台。泉州市青年音乐人协会会长潘乔风表示，打击乐在泉州已成为新的乐器之宠，泉州市面上学习打击乐的学生有近万个，每年都在递增，此次泉州能够成立打击乐学会也是得到泉州打击乐圈内共同的维护和倡导。泉州打击乐学会常务副会长刘镇坤表示，很早之前泉州就想成立正式的打击乐团体，此次学会成立就有七十几个成员加入。学会成立后不仅对老师的专业成长培训有重要作用，而且更是一个专业的交流平台。

康涛到晋江南安开展第二季度活动周调研

根据市委、市政府关于2018年第二季度“领导干部一线办公”活动周安排，市委书记、市长康涛到晋江市和南安市一线开展调研，现场协调破解难题。晋江龙狮公路英林连接线（龙湖段）项目因土地与房屋征收问题，导致进度滞后。康涛现场责令相关单位以问题为导向，加大攻坚力度，持续跟踪、妥善解决，抓好质量和进度，确保按时间节点推进。南安申利卡轮毂生产项目按照配套供应世界一流汽车标准要求，引进国际先进技术，加快场地平整等各项建设。康涛嘱咐相关部门组织专班对接，加快道路、水电气等各项基础设施配套，为项目顺利推进扫清障碍。调研期间，康涛还到福建逸锦化纤年产56.6万吨新型功能纤维项目、兴泉铁路南安省新康美段施工现场，询问项目进展情况，了解企业困难和需求，要求相关部门主动靠前服务，全力排忧解难。康涛在现场办公会上强调，各级各部门要按照市委、市政府统一部署，紧盯赶超目标，加强联动配合，列出清单，倒排计划，想方设法加快进度，争取保质保量超额完成任务。要完善体制机制，系统总结经验，强化责任担当，组建专家团队提前介入，全程跟踪、及时帮助协调解决实际困难。要全力服务项目，成立专班，落实要素保障，破解征迁瓶颈。

国家税务总局泉州市税务局成立

国家税务总局泉州市税务局挂牌成立，标志原泉州市国税局、原泉州市地税局完成合并。国家税务总局党组成员、副局长孙瑞标为新税务机构揭牌，市委书记、市长康涛致辞，副市长李翔峰，国家税务总局第13联络（督导）组全体成员、国家税务总局福建省税务局领导等见证揭牌。

康涛指出，改革国税地税征管体制是以习近平同志为核心的党中央作出的重大决策，是深化党和国家机构改革的重要内容，是完善税收体制、优化政府服务的重要举措。希望泉州市税务局以习近平新时代中国特色社会主义思想和中共十九大精神为指引，坚持和加强党的全面领导，不忘初心、牢记使命，激扬奋斗精神，持续改进纳税服务，为泉州优化营商环境、服务全省高质量跨越大局作出新贡献。泉州各级党委政府将落实税务部门双重领导体制，全面支持税收工作，尽可能提供良好条件和环境。

为确保改革顺利推进，此前原泉州市国税局、地税局已实现联合党委组建到位、综合部门集中办公到位、“一厅通办”先行到位。泉州市各县（市、区）新税务机构在7月底前完成集中办公、新机构挂牌等改革事项，原国税局、地税局机构职责和工作由新税务机构承继。改革期间，纳税服务工作不受任何影响。纳税人在全市综合性办税服务厅均可办理有关税收业务，享受“一厅通办”服务；也可登录国家税务总局福建省税务局官方网站，“一网通办”原国税、地税部门的涉税业务。

首次省市跨部门内河水上交通应急演练举行

泉州市首次省、市跨部门内河水上交通应急演练在晋江金鸡拦河闸水域举行。演练模拟在晋江金鸡拦河闸水域，一艘客运船舶在航行途中突遇极端恶劣天气，触礁失去控制，两名乘客不慎落水，船舶主机设备也因此损坏，发生燃油泄漏、燃烧起火的险情。接到警报后，泉州市内河水上交通应急指挥部立即派出无人机到事发水域开展侦查。借助无人机侦查并实时传送回的画面，指挥部派出1艘指挥船和3艘冲锋舟，前往转移船舶乘客及落水人员，派出2艘消防救援艇进行灭火和水域外围警戒。

相关链接：泉州市境内主要有晋江、洛阳江和闽江支流大樟溪三大水系，大小河流34条，总长达1620千米。演练所处的金鸡拦河闸，是晋江下游一座多功能大（1）型水利枢纽，为福建省平板钢闸门单孔跨度最大和设计过闸流量最大的水闸，承担下游10个县（市、区）500多万人的生产、生活用水，被誉为“泉州人民的生命闸”。从2003年至今，泉州内河水上交通安全长期保持“零事故”“零伤亡”的良好态势，也未发生因船舶营运导致的内河水源污染事件。作为泉州主要水源地的金鸡拦河闸，也未发生水源污染事件，库区水质常年保持Ⅲ类标准。

7月5日

农历戊戌年五月廿二
星期四
温度：27℃—35℃
多云转阴

●康涛到晋江市和南安市开展第二季度“领导干部一线办公”活动周调研。

●国家税务总局泉州市税务局挂牌成立，标志原泉州市国税局、原泉州市地税局完成合并。

●市政府首次宪法宣誓仪式举行，224名由市政府任命的国家工作人员依法向宪法宣誓。

●5—18日，由国务院侨办主办，省侨办、市外侨办、惠安县外侨办等协办的2018美国华裔青少年“中国寻根之旅”夏令营——福建惠安营活动举办。

●省禁毒办检查组到南安市听取禁毒重点整治地区验收工作汇报。

●泉州市首次省、市跨部门内河水上交通应急演练在晋江金鸡拦河闸水域举行。

●全市“厕所革命”工作现场会召开。

●泉州市注册会计师协会第三次会员代表大会举行，选举产生协会新一届领导班子。

●鲤城区和丰泽区7272名小学毕业生参加市区公办中学初中招生电脑派位。

●泉港区政府和泉州市交警支队举行危化品运输车辆道路交通事故暨重特大道路交通事故应急处置演练。

7月6日

农历戊戌年五月廿三
星期五
温度：26℃—33℃
小雨

●陈万里到丰泽区开展第二季度“领导干部一线办公”活动周调研。

●泉州市人大常委会考察组到南安市，对泉州市2018年为民办实事项目进行考察。

●市国资委牵头发起设立泉州市人才创新创业投资基金。

●晋江市成立泉州市首个国际人才交流协会。

●由安溪县委、县政府与中化集团打造的全省首个新农村综合服务站在该县虎邱镇落成。

●德化县与宁夏吴忠市红寺堡区在泉州举行“中国好红酒，闽宁心连心”红寺堡产区推介会，推介红寺堡葡萄和葡萄酒产业。

●以“绿色开发区 幸福新征程”为主题的泉州开发区2018暑期文体卫计公益活动在泉州开发区实验幼儿园启动。

泉州市人才创新创业投资基金成立

市国资委牵头发起设立泉州市人才创新创业投资基金。基金总规模10亿元，首期规模1亿元。基金将投向泉州市人才聚集的高科技企业，对象包括但不限于：国家级人才工程入选者或国家级科技奖项主要完成人牵头实施的创新创业企业；省级重大人才工程入选者或省部级科技奖项主要完成人牵头实施的创新创业企业；取得先进创新成果或核心技术，拥有自主知识产权的优秀人才牵头实施的创新创业企业等。

晋江市成立泉州市首个国际人才交流协会

晋江市国际人才交流协会成立。协会由菲律宾、新加坡、马来西亚、泰国、美国、日本、德国、韩国等30个国家和地区的312名理事成员组成，涉及30个行业15个外语语种。此系泉州市首个国际人才交流协会。该协会将实行海外助学计划，每年资助3—5名优秀学子到海外留学深造，为泉州市对标国际水准和眼界，提供源源不断的智力支持。同时，协会将以服务第十八届世界中学生运动会、国际大学生体育联合会世界杯等国际赛事为重点，成立翻译志愿服务队，协助赛事筹办部门开展外联工作、赛事组织和赛事服务工作，消除语言鸿沟，减少沟通障碍，提高赛事筹备效率，提升办赛质量，确保各项赛事组织工作有序进行。该协会还计划开展“国际晋江 三语同行”全民学习活动，推动全体市民学习普通话、英语、闽南语。协会将在晋江市范围内全方位、多渠道投放三语教学视频，引领群众学习三语热潮。

全省首个新农村综合服务站在安溪县落成

由安溪县委、县政府与中化集团打造的全省首个新农村综合服务站在该县虎邱镇落成。利用农村荒地建成的服务站通体蓝色，占地面积不大，但“麻雀虽小、五脏俱全”。服务站内设有农资购销超市、太阳能并网发电、无人机物流停靠点、便利店、卫生间等，同时配套车辆加油、车辆救援和紧急救护等贴心服务。中化新农村工作队队员沈朱珠表示，该项目构想之初只是一个小小的加油点，通过政企互动、深入调研，大家发现消除空壳村需要给予老百姓更多看得见、摸得着的利好，加油点的功能随即不断丰富起来，成为“造血式”扶贫的新载体。

服务站所产生的利润，将全部返还地方政府用于扶贫事业。便利店、农资超市、成品油零售等一系列持续营收，能够精准支持贫困地区、贫困人口，产生立竿见影的扶贫效果。服务站的员工，则优先从贫困村、贫困户中招聘而来，统一按国家标准缴纳五险一金，通过企业培训、学历继续教育等，转化为社会有效劳动力，即便不在服务站工作，仍然具有职业竞争力，能够适应社会生存，确保不再返贫。每个服务站精准帮扶1—2个家庭，让贫困人员不出家门就能就业，改善空壳村人心思迁、村落萧条的状况。

德化县与红寺堡区举行葡萄酒产区推介会

德化县与宁夏吴忠市红寺堡区在泉州举行“中国好红酒，闽宁心连心”红寺堡产区推介会，推介红寺堡葡萄和葡萄酒产业。德化县与宁夏吴忠市红寺堡区是闽宁对口扶贫协作单位。推介会上，泉州市副食品生产与供应协会与红寺堡区葡萄与葡萄酒协会签订战略合作协议，还有多家企业签订经营销售协议，销售金额达1000万元。现场还发起公益众筹，帮助红寺堡当地农民开展葡萄种植等民生项目，众筹金额的50%将捐献给红寺堡教育基金会。活动现场相关人士介绍，此次红寺堡区葡萄酒在泉州落地，掀开闽宁对口扶贫协作新的一页。自2016年11月德化县与红寺堡区开展新一轮对口协作帮扶以来，两地签订两年互学互助对口协作协议，明确结对帮扶目标，建立交流互访、结对帮扶、互派互学、社会参与4项机制，开展特色产业、电子商务、村级车间、劳务协作、党建工作等方面对口协作。德化县投入的1000万元帮扶资金已全部到位。

7月7日

农历戊戌年五月廿四
星期六
温度：26℃—32℃
小雨转多云

●康涛到泉港区调研基层党建、乡村振兴等工作。

●省科技厅、省发改委、省经信委、省财政厅公布2018年新增省科技小巨人领军企业名单，福建泉工股份有限公司、回头客食品集团股份有限公司等132家泉州企业上榜。

●市食品药品监督管理局在全市范围内随机抽取28家药店进行GSP跟踪检查。

康涛到泉港区调研基层党建和乡村振兴工作

市委书记、市长康涛到泉港区调研基层党建、乡村振兴等工作。副市长肖汉辉参加调研。以党建为引领，前黄镇凤阳村从后进村一跃成为全国民主法治示范村、市级新农村建设示范村，村财收入连续八年超70万元。数年前，“跨村联带”党建模式就发端于此。在此基础上，泉港区深化探索，创建“村支书导师团”，通过优秀村主干挂钩指导、巡回问诊、论坛宣讲等，打造互学互促、相传相帮、联带联推的“带头人”队伍。康涛肯定当地基层党建探索实践，鼓励导师间加强经验交流，叮嘱要健全运作机制，传导压力、激发干劲，把基层党组织建设成凝心聚力、推动乡村振兴的坚强战斗堡垒。

惠屿岛是全市唯一设行政村的海岛。在各级党委、政府扶持下，当地从原来无水无电、信息闭塞、交通不便的孤岛，嬗变为“中国最美渔村”。通过集体股份制改革，该村先后实施沙滩整治修复、传统渔排改造为生态养殖体验中心、海岛民宿开发等，游客络绎不绝，村民人均纯收入达5.3万元。康涛乘坐“泉港号党建船”到岛上，察看海洋渔业经济发展、海岛生态修复项目建设，询问村民收入来源、海岛历史文化、美丽乡村建设等情况。康涛强调，要立足生态海岛建设，从细节入手推进沙滩修复整治、景观绿化提升、休闲公园等项目建设，注重保持渔岛原生态；要用好岛上资源，完善基础设施，丰富海上垂钓、休闲养殖、海洋科普等体验式旅游产品，善于讲好海岛故事，推动惠屿发展再上新台阶。

康涛（左三）在泉港区调研（图/陈起拓）

132家泉州企业上榜省科技小巨人领军企业名单

省科技厅、省发改委、省经信委、省财政厅公布2018年新增省科技小巨人领军企业名单。经各设区市遴选推荐、省科技小巨人领军企业培育工作联席会议审核确认，522家符合条件的企业被列入“科技小巨人领军企业培育发展库”。其中，福建泉工股份有限公司、回头客食品集团股份有限公司等132家泉州企业上榜。科技小巨人领军企业遴选以新一代信息技术、高端装备制造、新能源汽车、生物与新医药、节能环保、新能源、新材料、海洋高新等战略性新兴产业领域为重点，遴选具有较强创新能力、高成长、良好发展潜力和后劲、良好市场前景，在当地行业内有代表性和领头示范作用的科技型中小企业。到2020年，福建省将培育和发展科技小巨人领军企业1000家以上。此次是福建省第三次组织开展科技小巨人领军企业遴选和认定工作，前两年，全省共遴选1141家科技小巨人领军企业入库培育，有361家泉州企业入选。

泉州市启动药店GSP跟踪检查

为加强药品质量监管，规范药品企业的经营行为，市食品药品监督管理局在全市范围内随机抽取28家药店，并对这些药店进行GSP跟踪检查。开展药品GSP跟踪检查工作既是监管部门法定职责，也是强化药品经营事中事后监管的重要措施。根据《双随机一公开实施细则（试行）》的要求，市食品药品监督管理局邀请13家药品连锁企业代表对全市2018年应被跟踪检查的268家企业进行随机抽取。抽取方式为通过计算机抽签软件逐一随机抽取总数10%的企业，即28家企业。市食药监局执法人员对随机抽取的28家企业进行GSP跟踪检查，其余240家企业也由属地的监管部门开展跟踪检查。

7月8日

农历戊戌年五月廿五
星期日
温度：25℃—29℃
小雨转多云

●新华社播发长篇通讯《敢为天下先 爱拼才会赢——“晋江经验”启示录》。

●市防汛抗旱指挥部召开全市视频会议，部署第8号超强台风“玛莉亚”防御工作。

●泉州市首次出台大件垃圾（家具类）管理规定。

●由市委宣传部、市委文明办、泉州军分区政治工作处、市教育局、团市委、市关工委和市少工委主办的泉州市第三十三期少年军校在泉州聚龙外国语学校开营。

●8—12日，市农业局在福建农林大学安溪茶学院举办2018年休闲农业专题培训班。

●8—10日，2018年福建省青少年“未来之星”阳光体育大会活动在晋江市举行。

●由中国数字文化集团有限公司担任指导单位，丰泽区委宣传部、区文体旅游新闻出版局主办的院线电影《南少林·剑经》启动会在泉州举行。

泉州市首次出台大件垃圾（家具类）管理规定

市市政公用事业管理局根据垃圾分类处理工作情况，制定《泉州中心市区大件垃圾（家具类）管理规定（试行）》，自印发之日起实施。此系泉州市首次出台大件垃圾（家具类）管理规定。规定适用于中心市区范围（包括鲤城区、丰泽区、洛江区建成区、泉州开发区）的大件垃圾投放、收集、运输、处理及其监督管理等活动。规定中所称的大件垃圾，是指在日常生活中产生的重量超过5000克，或者体积超过0.2立方米，或者长度超过1米，且整体性强、需拆解处理的废旧家具及其他大件垃圾。

2018年休闲农业专题培训班举办

8—12日，市农业局在福建农林大学安溪茶学院举办2018年休闲农业专题培训班。培训班旨在提升泉州市休闲农业的综合能力和市场竞争力，提高休闲农业从业人员综合实力和生产技能，增加农民收入，促进农村经济持续稳步发展。培训对象为泉州市休闲农业企业、农民合作社和家庭农场负责人，特别是近三年获市级以上休闲农业示范点以及美丽乡村的负责人。培训内容包括提升美丽现代农业、体验休闲农业乐趣、休闲农业变革与实践、现代农业与“一村一品”、农村电商的机遇与现实问题、乡村旅游发展理念与思路、乡村旅游营销创新、服务礼仪与技能、美丽乡村建设的机遇与策略等内容及参观考察等。2018年中央1号文件明确提出，要实施休闲农业和乡村旅游精品工程，开展休闲农业和乡村旅游升级行动，打造一批生态优、环境美、产业强、农民富、机制好的休闲农业和乡村旅游精品。此次培训班贯彻落实中央、省、市要求，针对产业特点开展培训，全面提高培训对象产业从业理念、市场营销水平和经营管理能力，实现农民增收、企业增效、休闲农业发展的总体目标。

泉州市第三十三期少年军校开营

由市委宣传部、市委文明办、泉州军分区政治工作处、市教育局、团市委、市关工委和市少工委主办的泉州市第三十三期少年军校在泉州聚龙外国语学校开营。全市100名少先队员代表在消防中队官兵、辅导员老师的带领下度过6天少年军校集训生活。泉州市少年军校活动是泉州市的一项少先队活动品牌。活动自1989年启动以来，以生动活泼的教学形式、丰富多彩的训练方式，得到青少年学生、家长和少先队工作者的积极参与和高度赞誉，成为泉州市加强和改进未成年人思想道德建设、提高青少年儿童综合素质的有效载体。该期少年军校开设国防教育、军事知识讲座、军训活动、军体拳练习、少先队礼仪等课程，在提升少先队员的身体素质、磨炼少先队员吃苦耐劳优良品质的同时，培养少先队员追求真理、报效祖国的志向，引导他们从小听党的话、跟党走，做祖国和人民需要的好孩子，做祖国和人民事业发展的接班人。

院线电影《南少林·剑经》召开启动会

由中国数字文化集团有限公司担任指导单位，丰泽区委宣传部、区文体旅游新闻出版局主办的院线电影《南少林·剑经》启动会在泉州举行。该电影以泉州籍抗倭名将俞大猷生平为主线，力争通过当代电影艺术讲好俞大猷的故事，体现中华民族奋发向上、刚强坚韧的伟大精神。《南少林·剑经》主要记叙俞大猷就任福建总兵后，面对福建猖獗的倭寇匪患，得到河南少林寺和泉州少林寺僧兵相助。俞大猷将《剑经》等少林武学传授给官兵，又发明“蜈蚣阵”等阵法，扭转对倭寇的颓势。在俞大猷率领下，南北少林合作，取得崇武城等一系列战事的胜利，并最终与戚继光联手，在兴化城一战中消灭倭寇主力，最终制止长达二百余年的倭患，恢复福建沿海的和平。电影塑造了俞大猷以天下兴亡为己任、不畏艰险、英勇抗敌的民族英雄形象。该项目从2015年开始筹备，2016年获国家新闻出版广电总局的备案和拍摄制作许可。

泉州军分区党委第一书记任职大会召开

泉州军分区党委第一书记任职大会召开，省军区司令员宣读任职决定并颁发任职通知书。市委书记、市长康涛任泉州军分区党委委员、常委、第一书记。省军区司令员强调，要牢记党管武装赋予第一书记的职责，站准第一位置，履行第一责任，讲政治、重传承、勇担当，创造性地开展党管武装工作。要聚焦主业主责强武装，强化忧患意识、使命意识和紧迫意识，创新动员模式，走出一条新时代的路子。要深化军民融合兴武装，发挥泉州特色和优势，形成“全要素、多领域、高效率”的发展格局。要坚持稳中求进促武装，打好转型攻坚硬仗、安全托底仗、小康决胜仗，促进各项工作和建设逐步走向正轨。康涛表示，接过泉州军分区党委第一书记的“接力棒”，深感使命光荣、责任重大，将自觉以习近平强军思想为指引，服从省委、省军区党委领导，认真履职，主动作为。提高政治站位，确立习近平强军思想指导地位，科学统筹经济建设和国防建设，全面推动军民融合深度发展。提升履职能力，落实党管武装各项规定动作，完善沟通协调和应急处置机制，推进全民国防教育，推动新形势下国防后备力量再上新台阶。支持部队各项建设，落实拥军优属政策，巩固军政军民团结大好局面。

市人大常委会为民办实事项目进展情况座谈会召开

市人大常委会2018年市为民办实事项目进展情况视察汇报座谈会召开，听取市政府情况汇报，交流探讨下阶段工作。图为座谈会现场。

（图/王虎文）

市政府第三十三次常务会议召开

市政府第三十三次常务会议召开，研究并通过《泉州市进一步加快“六大旅游产品”培育（2018—2020年）实施方案》等。会议要求，各级各部门要全面落实市委、市政府加快旅游业发展的各项决策部署，以“世界海丝文化休闲旅游目的地”为目标，按照“亮点在古城、厚度在山海、空间在生态连绵带”的全域旅游发展思路，加快推进旅游供给侧结构性改革。重点要顺应大众旅游多样化、个性化、品质化的需求趋势，整合优质资源，加快培育特色旅游风景道、特色文化旅游示范基地、旅游休闲集镇、旅游特色村、旅游特色街区、旅游度假区“六大旅游产品”，实现旅游经济、旅游形象双提升。同时，要提升完善游客服务中心、旅游厕所、停车场、标识系统等旅游公共服务配套，强化旅游服务保障，打响“海丝泉州”旅游品牌。

市政协党组中心组（扩大）学习会召开

市政协党组中心组（扩大）学习会召开，传达学习习近平在中共中央政治局第六次集体学习时的讲话精神和新华社长篇通讯《习近平同志推动厦门经济特区建设发展的探索与实践》及省委、市委有关部署要求。会议指出，习近平在中共中央政治局第六次集体学习时的讲话，为增强推进党的政治建设的自觉性和坚定性，把党建设得更加坚强有力提供思想引领和实践动力。市政协要学习领会讲话精神，坚持把政治建设摆在首位，把旗帜鲜明讲政治作为根本要求，坚持以政治建设引领机关党建方向，坚定不移把讲政治要求落实到机关党建全过程和各个方面。会议强调，习近平在厦门经济特区工作时的探索与实践，为各级党员干部特别是领导干部如何履职尽责提供生动示范。市政协要学习领会文章的丰富内涵，传承和弘扬习近平在厦门工作时留下的思想财富、精神财富和实践成果，自觉在习近平新时代中国特色社会主义思想的指引下，以扎实的履职成效助力泉州高质量发展。

7月9日

农历戊戌年五月廿六

星期一

温度：25℃—35℃

多云

●泉州军分区党委第一书记任职大会召开，省军区司令员宣读任职决定并颁发任职通知书。市委书记、市长康涛任泉州军分区党委委员、常委、第一书记。

●市人大常委会2018年市为民办实事项目进展情况视察汇报座谈会召开，听取市政府●市政府第三十三次常务会议召开，研究并通过《泉州市进一步加快“六大旅游产品”培育（2018—2020年）实施方案》等。

情况汇报，交流探讨下阶段工作。

●市政协党组中心组（扩大）学习会召开，传达学习习近平在中共中央政治局第六次集体学习时的讲话精神和新华社长篇通讯《习近平同志推动厦门经济特区建设发展的探索与实践》及省委、市委有关部署要求。

●市老干部工作委员会成员会议召开，学习贯彻习近平新时代中国特色社会主义思想和中共十九大精神，落实全国、全省组织部长会议和老干部局长会议部署，研究老干部工作相关问题，部署下阶段工作。

●《人民日报》头版刊发报道《敢为天下先 爱拼才会赢——践行“晋江经验”探索与实践（一）》。

●9—13日，由市教育局、泉州晚报社主办的海峡两岸青少年书法交流活动举行。

●9—12日，石狮市国际友好城市菲律宾那牙市代表团访问石狮市。

7月10日

农历戊戌年五月廿七
星期二
温度：26℃—35℃
多云

●10—11日，副省长田湘利到泉州检查防御台风工作。

●中国轻工业联合会授予泉州市“中国工艺美术之都”称号。

●2018年上半年全市经济运行分析暨“项目攻坚2018”汇报会召开，通报分析上半年全市经济运行、项目攻坚、招商等情况，以及全市生态环境质量和省委、省政府“三合一”督查情况。

●在全省防御第8号台风“玛莉亚”工作视频会议后，泉州市召开会议，对防台防汛工作进行再部署。

●《人民日报》刊发报道《改革创新勇担当——践行“晋江经验”探索与实践（二）》。

●全市殡葬领域突出问题专项整治行动工作推进会召开。

●市旅发委布置全市排查自助游产品，加强安全隐患排查，对于不合格的自助游产品一律下架。

●财富中文网发布最新的《财富》中国500强排行榜，9家泉州籍企业上榜。

●南安市农村淘宝4.0模式天猫优品项目在该市成辉国际五金机电城签约落地。

上半年全市经济运行分析暨“项目攻坚2018”汇报会召开

2018年上半年全市经济运行分析暨“项目攻坚2018”汇报会召开。会议指出，要准确研判态势，抓好促进指标回升的着力点。抓指标要速度，抓龙头要产出，抓业态要效率。既在技术迭代期内把高新技术产业链做起来，又通过技术改造、闲置厂房二次招商等，把精品工厂、一体化项目、高科技环节做大做强。注重谋划城市新兴业态，力求服务业发展更好更快、贡献更大。要总结攻坚经验做法，加温大招商抢落地氛围。抢抓这一轮产业布局招商窗口期，“一把手”冲在前、亲自抓，加强力量专业运作，千方百计排除瓶颈。拿出强有力的举措、灵活的机制，战役式推进征迁工作。主动靠前服务，完善工程管理，打造良好的营商环境。

全市防御台风“玛莉亚”工作视频会议召开

在全省防御第8号台风“玛莉亚”工作视频会议后，泉州市召开会议，对防台防汛工作进行再部署。会议要求，要突出重点区域防范，抓紧海上安全转移，出海作业的渔船要全部进港避风，沿海渔排上人员要全部撤离上岸，沿海旅游景点、海滨浴场、沿海大排档等要全部关闭，并采取有效措施防止游客擅自到海边游玩；加强山区转移避险，突出抓好山边水边临河房屋、低洼地带、山洪地质灾害易发区等危险区域的巡查、预警工作，及时果断组织群众转移。要加强安全隐患排查，重点对水库、山围塘、堤防、水闸等进行全方位巡查检查，果断消除险情隐患，科学调度水量。要做好抢险救灾准备工作，提前预置防汛物资、机械设备及应急抢险队伍。

泉港区沙格边防所组织官兵帮助渔民加固船舶、渔排、网箱，转移物资，做好防台风工作（图/陈晓东　林弘棱）

9家泉州企业上榜2018《财富》中国500强

财富中文网发布最新的《财富》中国500强排行榜，考量全球范围内最大的中国上市企业在过去一年的业绩和成就。2018年《财富》中国500强排行榜上榜公司的年营收门槛为138.64亿元，继2017年首次突破百亿元后，提升22.44%。9家泉州籍企业上榜，包括5家房地产公司、1家食品企业、1家体育用品、1家纺织企业、1家生活用品行业。其中，世茂房地产仍列泉州籍企业榜首，营收达704.26亿元。禹洲地产、世茂股份、安踏体育、中骏置业排名比2017年有所上升；禹洲地产排名上升最多，上升95名。世茂房地产、恒安国际、达利食品、天虹纺织、宝龙地产排名比2017年有所下降，其中恒安国际下降最多，下降53名。

全省首个天猫优品项目落户南安市

南安市农村淘宝4.0模式天猫优品项目在该市成辉国际五金机电城签约落地，成为泉州第三个启动村淘的县市，也是阿里村淘升级后在福建省内全新亮相的首个项目。升级后的天猫优品项目更具营销、物流、服务能力，带给南安农村消费者更好的体验。南安计划在五年内建成不低于100个村淘服务站点，实现服务范围全覆盖。阿里巴巴政府事业部相关负责人林青叶介绍，村淘4.0模式下，农村配送效率基本与城市相当。例如，南安本地仓储直配货品，80%可实现当日下单当日送达，100%次日送达。天猫优品作为“网上沃尔玛”，真正帮助农民提升网购的即时性、便利性。南安成辉电子商务产业园地处南安与泉州市区交界处，连接高速、省道，可快速通达南安各乡镇，因此成为菜鸟中转仓的优质选择。本地企业提供500—800平方米的仓储空间，作为南安村淘项目的中转仓，菜鸟中转仓则负责后台仓储的库存管理和配送，以及对后台电商和物流数据的整合、分析和挖掘等。同时，电商园内还设立培训中心，为村淘合伙人后续的精进学习提供场地。

田湘利检查泉州防御台风工作

10—11日，副省长田湘利检查泉州防御台风工作。副市长卢炳椿参加检查。10日，田湘利在市防汛抗旱指挥部听取情况汇报。随后田湘利还走访泉港区南埔镇肖厝村、福建联合石化有限公司，了解外出作业渔船回港避风及渔排养殖人员上岸情况，检查企业防御台风具体措施。11日，在市防汛抗旱指挥部，田湘利视频连线预测雨情最严重的德化指导相关工作后，又走访德化的水库、滑坡灾害隐患点、施工低洼工地等。每到一处，田湘利都询问群众安置情况，了解被转移群众的生活起居，嘱咐当地政府防御工作要做足做细，妥善转移安置群众，灵敏应对雨情。在德化县防汛抗旱指挥部，田湘利强调，要克服麻痹侥幸和松劲懈怠心理，加强巡查监测，第一时间层层压实责任；要深化防御措施，做好游客劝返、防止已转移人员返流等工作，密切关注局部强降雨可能带来的山洪、泥石流等灾情；要提前考虑灾后重建工作，尽快恢复群众生产生活。

康涛检查防台防汛工作

市委书记、市长康涛到市防汛抗旱指挥部、德化县检查防台防汛工作。市领导陈铁晗、肖汉辉参加检查。在市防汛抗旱指挥部，康涛随机抽查德化、泉港等地的人员在岗值守情况，并叮嘱各地工作人员强化责任落实，做好防御台风工作。康涛还到德化县随机抽检盖德镇大墘村地质灾害点、盖德镇政府，并要求继续保持高度警惕，做好地质灾害防范工作，确保人民生命财产安全。就下阶段工作，康涛强调，要把各项措施落细落实。特别是山区县，要严防次生灾害发生，做好已转移群众的安置工作，防止转移人员回流。住建、交通等部门要监督协助在建工地管好工人队伍，果断撤离施工现场，确保人员生命安全。

康涛（右二）在彭村水库检查防御台风措施落实情况
（图/陈起拓）

11家泉州企业上榜省级服务型制造示范企业名单

2018年省级服务型制造示范企业名单公布，全省40家企业上榜，其中泉州企业11家。该项目旨在发挥示范引领作用，推动制造业和服务业融合发展，提高服务型制造整体发展水平。根据《福建省服务型制造示范企业培育和扶持实施细则》（以下简称“细则”），发展省级服务型制造的支持重点涵盖总集成总承包、个性化定制、在线支持与诊断服务、全生命周期管理、制造业主辅分离等。其中，从上榜的泉州企业名单上看，在总集成总承包方面，有惠安浩然古建园林工程有限公司、蓉中电气股份有限公司、阳光中科（福建）能源股份有限公司三家企业入选；在主辅分离方面，福建天广消防有限公司、福建群峰机械有限公司两家企业入列；在创新设计方面，信泰（福建）科技有限公司一家企业进入名单；在线支持与诊断服务方面，泉州市三联机械制造有限公司、福建省威盛机械发展有限公司、福建泉工股份有限公司、福建南方路面机械有限公司四家企业入选；在个性化定制方面，有爱谱乐科技有限公司一家企业入列。

细则明确，省级服务型制造示范企业需达到的条件包括，经营两年（含）以上的制造业企业；企业内部成立专门的服务性部门或剥离设立独立的服务性公司；企业近一年内实施服务型制造项目不少于两个。同时，企业须满足以下其中一项经济指标，分别为企业最近一年的服务性收入占主营业务收入比重超过15%（含）；企业通过开展服务型制造，推动企业最近一年的主营业务收入比上年增长10%以上（含）；企业通过开展服务型制造，推动企业最近一年的利润比上年增长10%以上（含）等。至此，全市共有23家企业获评省级服务型制造示范企业。

7月11日

农历戊戌年五月廿八
星期三
温度：26℃—32℃
中雨转小雨

●康涛到市防汛抗旱指挥部、德化县检查防台防汛工作。

●《人民日报》刊发报道《与时俱进，谱写发展新篇章——践行“晋江经验”探索与实践（三）》。

●2018年省级服务型制造示范企业名单公布，全省40家企业上榜，其中泉州企业11家。

7月12日

农历戊戌年五月廿九
星期四
温度：25℃—32℃
小雨转多云

●市委常委会召开会议，学习新华社长篇通讯《习近平同志推动厦门经济特区建设发展的探索与实践》，传达学习省委常委会会议和省委《关于学习习近平推动厦门经济特区建设发展的探索与实践的通知》精神等。

●市委书记、市长康涛到市行政服务中心调研检查，并主持召开座谈会。

●泉州市与俄罗斯迈科普市结为友好城市。

●中央电视台《新闻联播》播发报道《晋江：咬定实体经济 发力转型升级》。

●泉州市深化产教融合工作推进会在泉州信息工程学院召开，总结交流政产学研合作经验，探索深化产教融合、校企合作的有效途径，加快构建具有泉州特色的现代职业教育体系，更好地服务泉州市“转型攻坚、聚力跨越”。

●12—13日，福建省纪念第29个世界人口日主题宣传活动在安溪县举行。

●12—16日，由省体育局、省教育厅主办，省社会体育指导中心、省象棋协会、市教育局、市体育局承办的2018年福建省青少年象棋锦标赛在洛江区举行。

市委常委会会议学习新华社长篇通讯

市委常委会召开会议，学习新华社长篇通讯《习近平同志推动厦门经济特区建设发展的探索与实践》，传达学习省委常委会会议和省委《关于学习习近平推动厦门经济特区建设发展的探索与实践的通知》精神；学习习近平关于禁毒工作的指示精神和省委常委会会议精神，传达省扫黑除恶专项斗争领导小组成员（扩大）会议精神，研究泉州市贯彻意见。会议指出，习近平在厦门、福建工作时的一系列生动实践和深刻思考，为我们创造了极为宝贵的物质财富和精神财富。要带着感情全面系统学。按照省委部署要求，开展大学习，用实际行动把习近平在福建工作时的科学理念、宝贵经验和优良作风推动好、落实好。要坚持改革开放大战略。学习习近平高瞻远瞩的战略眼光、先行先试的改革魄力、敢于担当的务实精神，大胆探索更多开创性的、敢为人先的新举措。

康涛到市行政服务中心调研

市委书记、市长康涛到市行政服务中心调研检查。康涛指出，要深化规范自由裁量权，晒出群众看得懂的审查细则标准清单，实现“按章办事”。要建立健全台账管理机制，定期分析问题，研究制度机制改进，把体制外审批服务环节管住管死，压缩审批时限。要加大社会监督，聘请体制外机构和人士，与办事群众企业沟通交流，及时听取百姓诉求和意见，及时改进工作。康涛强调，办事窗口是服务群众企业的一线平台，与政府形象息息相关。各级各部门要以2018年行政服务中心搬迁为契机，加强干部管理，强化业务培训，提升服务质量，改进工作作风，对刁难群众企业、办事效率不高、服务态度恶劣的单位和人员坚决问责，全面展现泉州深化“放管服”改革新形象。

泉州市与俄罗斯迈科普市结为友好城市

市人大常委会党组书记陈万里代表泉州，与俄罗斯迈科普市市长安德烈·盖特曼诺夫在阿迪格共和国大学图书馆会议室，签署友好城市协议书。迈科普市成为泉州在俄罗斯缔结的首个正式友好城市。签署协议书前，阿迪格共和国总理亚历山大·纳罗林会见泉州市代表团。自2014年11月签署建立友好城市关系意向书以来，泉州市与迈科普市在政府高层互访、文化等领域开展卓有成效的交流活动，增进对彼此经济社会发展情况的相互了解，推动双方友好关系的发展。此次与迈科普市结为友好城市后，泉州市的正式友好城市达到9个。2017年9月4日，市政府第十五次常务会议原则同意泉州市与俄罗斯迈科普市建立友好城市关系；11月28日，泉州市第十六届人民代表大会常务委员会第六次会议听取审议市政府关于提请审议泉州市与俄罗斯迈科普市正式建立国际友好城市关系的议案，决定予以批准；12月5日，全国友协批复同意两市结好。

泉州市深化产教融合工作推进会召开

泉州市深化产教融合工作推进会在泉州信息工程学院召开，总结交流政产学研合作经验，探索深化产教融合、校企合作的有效途径，加快构建具有泉州特色的现代职业教育体系，更好地服务泉州市“转型攻坚、聚力跨越”。与会代表参观泉州信息学院产教融合项目及实训基地、泉州师范学院创新联合分析检测中心、泉州信和涂料公司等，体验泉州市校企合作、产教融合的成功案例。华侨大学、泉州师范学院、黎明职业大学、泉州华中科技大学智能制造研究院、福建省创新环境检测有限公司的代表作经验交流。近年来泉州市职业教育改革发展工作成效显著，校企合作、产教融合取得新突破。全市高校与2052家企业建立校企合作关系，其中年产值亿元以上企业560家；7所高校分别牵头组建3个省级、7个市级职教集团，共有392家行业企业参与；全市获批26个省级“二元制”试点（全省最多）、39个省级现代学徒制试点，试点专业基本覆盖泉州市主要产业。

泉州建材中国行系列推介活动在云南昆明举行

由泉州市政府主办，市经信委、市住建局、市财政局、市工商联、泉州晚报社、昆明报业传媒集团、云南省福建总商会等承办的泉州建材中国行系列推介活动第十站在云南昆明举行。1300多人次到场洽谈对接，23000多人线上观看直播，达成初步意向金额21.16亿元。泉州市除华泰、腾达、协进、华宝、宗艺、华辉、东升、申鹭达、中宇等30多家建陶、石材和水暖龙头企业参展外，还有亚伦、佳乐、惠美等家居、安防、新材料等领域的代表性企业到场推介拳头产品，开拓市场，也丰富了西南市场对泉州建材全品类的认识。活动吸引昆明市及周边城市的160多家房地产、建筑、装修、经销及设计单位到场对接，参加推介活动的昆明、泉州两市各级领导、有关部门人员，建材生产企业人员和建筑、房地产、装饰装修、经销企业及设计单位人员达1300多人次。南安泛家居产业项目、中国花岗石现板集中采购平台和晋江华宝石业公司分别上台推介，中国建筑学会室内设计分会云南地区负责人上台阐述设计和建材的关系。据初步统计，参展企业与客户达成初步意向150多对，初步意向金额21.16亿元。

全市各地开展“世界人口日”主题宣传活动

为纪念第29个“7·11”世界人口日，全市各地开展形式多样、内容丰富的主题宣传活动，提高群众生育文明和健康水平。

10日，洛江区卫计局和马甲镇政府举行纪念2018年世界人口日暨“健康洛江村村行”义诊活动。在马甲镇梧峰村，现场共为50多名群众提供医疗志愿服务，走访慰问“二女”困难户、失独家庭等困难群众10户。

12—13日，福建省纪念第29个世界人口日主题宣传活动在安溪县举行。活动主题是“共建生育文明 共享美好生活”和“健康生活 健康你我”，活动提出，各级政府部门、社会各界要提高认识、积极行动，加强宣传倡导，为育龄群众提供高效可及的健康和计划生育优质服务，引导群众自觉遵守计划生育法律法规，做到有计划、按政策生育，负责任养育，养成良好卫生习惯和健康生活方式，共谱“健康福建”美好愿景。13日，在安溪县蓬莱镇举行系列宣传活动，现场开展卫生、计生和健康知识政策宣传，老年人健康操会演，《中华人民共和国中医药法》颁布一周年宣传服务活动，安溪县医院、县中医院等专家团队义诊，安溪第八中学展示青春教育进校园活动的成效。另外，还到2户健康扶贫和家庭医生签约服务对象（计生家庭）家中进行慰问。

13日，由市计生协会、惠安县人口和计划生育领导小组主办的泉州市纪念第29个世界人口日活动暨人口计生文化书画作品展启展仪式在惠安县小岞镇举行。当天，举行书法美术爱好者夏令营、为人口计生文化书画作品获奖代表颁奖、人口计生文化书画作品展等活动。

多家泉州企业上榜中国服装业百强名单

中国服装协会发布2017年中国服装行业百强企业名单，泉州企业九牧王、特步、大帝、浩沙上榜。2017年中国服装行业百强企业根据“会员参与、自愿申报”原则，分别对“产品销售收入”“利润总额”和“销售利润率”三项指标进行排序。131家企业上榜。2017年中国服装行业“产品销售收入”百强企业实现产品销售收入6572.93亿元，同比增长12.53%，占规模以上企业产品销售收入的30.01%，比2016年提高5.26个百分点；“利润总额”百强企业实现利润总额517.9亿元，同比增长16.71%，占规模以上企业利润总额的40.98%，比2016年提高8.46个百分点；“销售利润率”百强企业平均销售利润率达11.16%，比2016年提高0.02个百分点，比规模以上企业平均销售利润率高出5.39个百分点。2017年“产品销售收入”百强企业指标全部超过6.5亿元，比2016年提高8.2%；“利润总额”百强企业指标全部超过3000万元，比2016年提高12.16%。百强前10名企业的产品销售收入和利润总额保持增长，同比分别增长14.56%和14.24%；第11名至第50名企业产品销售收入同比增长10.35%，而利润总额增速达21.42%，高于产品销售收入增速11.06个百分点；第51名至第100名企业产品销售收入同比增长6.88%，利润总额同比增长14.49%，高于产品销售收入增速7.61个百分点。

7月13日

农历戊戌年六月初一
星期五
温度：25℃—34℃
小雨

●杨晓山、曾巍到石狮市开展第二季度“领导干部一线办公”活动周调研。

●由泉州市政府主办，市经信委、市住建局、市财政局、市工商联、泉州晚报社、昆明报业传媒集团、云南省福建总商会等承办的泉州建材中国行系列推介活动第十站在云南昆明举行。

●全市各地开展“世界人口日”主题宣传活动。

●中国服装协会发布2017年中国服装行业百强企业名单，泉州企业九牧王、特步、大帝、浩沙上榜。

●“白银时代——中国外销银器特展”在中国闽台缘博物馆开幕。

●13—16日，第三届海峡两岸武术文化节在福州举办。代表泉州参赛的石狮市自然门学校选手获36枚金牌、26枚银牌、25枚铜牌及团体总分冠军。

●金门县102位黄氏宗亲护送“紫云始祖”黄守恭的全身塑像到泉州开元寺进香谒祖。

7月14日

农历戊戌年六月初二
星期六
温度：26℃—35℃
多云

●中央电视台《焦点访谈》播发专题报道《“晋江经验”的启示》。

●在2017年省委、省政府对设区市党委政府脱贫攻坚成效考核中，泉州市被评为“好”，并获奖励1000万元。

●市市政公用事业局制定《泉州中心市区园林绿化垃圾管理规定（试行）》。

●由泉州晚报社、泉州市音协钢琴艺术专业委员会、泉州市青少年宫主办的2018泉州农商银行杯“我的中国梦”留学生钢琴演奏会在泉州市青少年宫举行。

泉州市获2017年省脱贫攻坚工作成效考核优秀

在2017年省委、省政府对设区市党委政府脱贫攻坚成效考核中，泉州市被评为“好”，并获奖励1000万元。此次考核分为“好”“中”“差”三个等级，全省只有3个设区市获评为“好”。此外，在2017年度脱贫攻坚财政扶贫资金投入成效考核中，泉州市被评为“优秀”，获中央财政扶贫资金600万元的奖励；在2017年度省政府对市政府脱贫攻坚绩效考评中，泉州市获99.4分，排名全省第二。截至2017年底，泉州市脱贫攻坚重点工作全部完成或超额完成省上下达的任务，全市农村建档立卡贫困人口62658人全部达到市定贫困线以上。

泉州市出台规定独立分类处理园林绿化垃圾

为逐步建立和完善园林绿化垃圾管理，健全泉州市园林绿化垃圾收集、运输、处理体系，根据国家相关法规和泉州市关于开展垃圾分类处理工作等有关文件精神，市市政公用事业局制定《泉州中心市区园林绿化垃圾管理规定（试行）》（以下简称“规定”），规定自印发之日起实施。该规定适用于泉州市中心市区范围，包括鲤城区、丰泽区、洛江区建成区、泉州开发区内的园林绿化垃圾收集、运输、处理等环节。规定所称的园林绿化垃圾，是指公园、道路绿化等公共区域园林绿化在施工、养护过程中，以及因暴雨、台风等特殊因素影响所产生的枝条、树叶、枯树等。

根据规定，市园林绿化行政主管部门是本市城市园林绿化垃圾主管部门，负责中心市区园林绿化垃圾收集、运输、处理的管理工作。区园林绿化行政主管部门负责本辖区范围内园林绿化垃圾管理工作。园林绿化垃圾应单独分类收集和运输，并进行资源化利用处置，不得混入生活垃圾投放、收运及处置。中心市区园林绿化垃圾由各园林绿化建设、管养单位收集，按规定运送到园林绿化垃圾处理场所。各园林绿化建设、管养单位在收运前应将各类垃圾分类清楚，严禁将其他非园林绿化垃圾夹杂在园林绿化垃圾中。规定指出，从事园林绿化垃圾收运的企事业单位，禁止任意倾倒、抛洒或者堆积园林绿化垃圾；禁止擅自停业、歇业；禁止在运输过程中沿途丢弃、遗撒园林绿化垃圾。园林绿化垃圾运输车辆应按交通运输管理部门规定的路线和时间工作，不应随意行驶。车辆应采取有效的覆盖措施。区园林绿化主管部门要完善绿化垃圾收集、运输、处理体系，统筹建设本辖区内园林垃圾临时堆放点，转运到园林绿化垃圾处理场所。园林绿化垃圾应优先考虑景观和木材应用；园林绿化修剪产生的绿化垃圾、枯枝落叶等，应通过枝叶粉碎、堆沤积肥等处理方式，实现绿化垃圾源头处理，循环利用；鼓励各区建设园林绿化垃圾处理设施。

东湖公园桃花林

滨海公园花海（图/市市政公用事业局）

“我的中国梦”留学生钢琴演奏会举行

由泉州晚报社、泉州市音协钢琴艺术专业委员会、泉州市青少年宫主办的2018泉州农商银行杯“我的中国梦”留学生钢琴演奏会在泉州市青少年宫举行。泉州市音协钢琴艺术专业委员会会长周晓凡表示，此次演奏会是泉州市钢琴艺术事业发展腾飞的一个重要体现。近十年来，在所有钢琴教育工作者的共同努力下，钢琴教学质量不断提升，硕果累累，很多学生在国内外各项赛事中名列前茅，每年都有优秀的学生考上国内外知名音乐学院。此次演奏会是他们的学习成果展示。

康涛到市信访局接访群众

市委书记、市长康涛到市信访局接访群众。市领导翁祖根、林锦明等参加接访。康涛要求，各级各部门坚持公平、公正、公开，加强沟通协调，解决好群众合理合法的利益诉求，真正听民声、知民情、解民忧。对群众反映较集中的征迁、交通等问题，要厘清症结，尽快明确牵头单位，拿出解决方案，加快推进落实。

市人大常委会调研组到惠安县调研代表建议办理情况

市人大常委会副主任张建生带领调研组到惠安县，就学前教育和全科医生队伍建设情况，开展代表建议及重点督办件办理情况调研。调研组指出，学前教育关键在于能否用足现有政策，能否合理、科学布局幼儿园，及扩改建幼儿园。希望惠安能够继续按照目前的计划抓落实、抓推进。惠安医疗机构门类齐全、基础好，应进一步完善制度，在全科医生待遇、职称评定、绩效考核等方面给予优惠政策，充实全科医生队伍。

2018两岸青年人才文创设计邀请赛在安溪县启动

第十三届两岸青年联欢节·2018两岸青年人才文创设计邀请赛在安溪县蓬莱镇清水岩启动，中国美术学院、台北商业大学及网络报名的19支文创团队近百名青年设计师参赛。赛事以“清水祖师文化”为主题，内容包括清水祖师文化旅游伴手礼设计与清水岩旅游景区纪念门票设计两个项目。赛事还通过互联网面向社会征集文创作品。比赛于19—20日对参赛团队及网上提交的作品进行评选，获奖者获得最高3万元的奖金，获奖团队主要设计者被授予“安溪县技术能手”称号。团市委负责人介绍，2018两岸青年文创设计邀请赛是2017年两岸青年文创赛的延续，并首次作为两岸青年联欢节的子项目，将扩大两岸青年在“创新”“创业”“创优”领域的交流，打造两岸青年融合交流的“文化名片”。主办方表示，通过邀请赛，贯彻落实泉州市人才“港湾计划”以及团市委青年人才“鸿鹄行动”，深化人才交流合作，推动两岸校地合作。活动当天，举行安台青年交流中心和安溪县青年就业创业服务中心授牌仪式，金门县青年发展协会与中国邮政集团公司福建省安溪县分公司签订商贸合作意向书。

安台青年交流中心和安溪县青年就业创业服务中心授牌
（图/林钦固）

“李光地与御前清曲”学术研讨会在安溪县举办

由海峡两岸民间首次自发举办的纪念名相李光地诞生376周年系列主题活动之“李光地与御前清曲”学术研讨会在安溪县湖头镇举办。研讨会上，福建南音网高级编辑顾问林中澡与湖头南音协会副秘书长苏旺太，向与会者共同佐证李光地与御前清客、五少芳贤的传奇故事的真实性。据传，李光地曾在康熙六十大寿的时候，举荐湖头乡贤李仪等多位弦管先生到北京演奏南音，得到康熙皇帝的高度赞赏。故有钦赐“五少芳贤、御前清客”等称号的传说。当天，还举行南音交流演唱与直播演唱，活动不仅首次全面开放以南音“大撩曲”为主的两场直播演唱，独具新意的指套曲诗朗读，还有两岸弦友大合奏。各地南音社团41个超300人参加活动。

湖南中学生到泉州开展“海上丝绸之路”研学旅游活动

15—16日，湖南160多名中学生到泉州开展“海上丝绸之路”研学旅游活动。带队开展研学活动的周老师表示，研学之旅通过教育与旅游紧密结合的方式，让孩子们实现“研有所思，学有所获，旅有所感，行有所成”。特别是此次泉州之旅，把泉州当地景点知识、历史知识、文化知识融入旅游的互动游戏中，让学生在游览中增加知识。在旅途中将沿途的美景与专业知识相结合，每到一地就增加地域文化与历史发展的了解，拓宽孩子的知识面。

7月15日

农历戊戌年六月初三
星期日
温度：25℃—34℃
多云

●康涛到市信访局接访群众。

●张建生带领调研组到惠安县，就学前教育和全科医生队伍建设情况，开展代表建议及重点督办件办理情况调研。

●第十三届两岸青年联欢节·2018两岸青年人才文创设计邀请赛在安溪县蓬莱镇清水岩启动。

●由海峡两岸民间首次自发举办的纪念名相李光地诞生376周年系列主题活动之“李光地与御前清曲”学术研讨会在安溪县湖头镇举办。

●15—16日，湖南160多名中学生到泉州开展“海上丝绸之路”研学旅游活动。

●由闽江学院、泉州晚报社主办的，以“迈进新时代，建设新都溪”为主题的“十九大精神宣传文艺会演”在永春县蓬壶镇都溪村举行。

7月16日

农历戊戌年六月初四
星期一
温度：27℃—32℃
多云

●市委常委会召开会议，学习贯彻习近平在中央外事工作会议、中央外事工作委员会第一次会议上的讲话精神，习近平与团中央新一届领导班子成员集体谈话时的讲话精神和省委常委会会议精神。

●市委中心组学习会召开，集中学习“壮阔东方潮 奋进新时代——庆祝改革开放40年”大型主题采访活动“晋江经验”系列报道，并开展学习讨论。

●2018年上半年政党协商专题座谈会召开，听取各民主党派泉州市委员会、市工商联、无党派人士代表对上半年全市经济运行情况的意见、建议。

●16—19日，由中国合唱协会主办的第九届中国魅力校园合唱节在陕西西安举办，泉州市青少年宫侨乡少儿艺术团合唱团获一等奖。

●16—22日，“新设计 新制造 新营销——中国白2018德化陶瓷创新发展周”活动在德化县举行。

●全省首个台资企业工会联合会在泉州台商投资区成立。

●16—19日，由中国高等教育学会摄影专业委员会和省教育厅主办的首届全国大学生摄影邀请赛暨第二届海峡两岸大学生摄影创作大赛在泉州华光职业学院举行。

市委常委会学习习近平讲话精神

市委常委会召开会议，学习贯彻习近平在中央外事工作会议、中央外事工作委员会第一次会议上的讲话精神，习近平与团中央新一届领导班子成员集体谈话时的讲话精神和省委常委会会议精神。会议指出，习近平在中央外事工作会议、中央外事工作委员会第一次会议上的讲话，为推进新时代对外工作指明前进方向、提供根本遵循。全市各级各部门要学习贯彻习近平外交思想，把牢正确政治方向，贯彻中央外事方针，推动形成全面开放新格局。要发挥泉州侨台、文化、区位、民营经济等优势，用好海丝先行区等试点，扩大经贸合作，凸显交流窗口，在服务国家外交大局、服务地方发展中作出特色、多做贡献。习近平与团中央新一届领导班子成员集体谈话时的讲话，是做好新时代党的青年工作的根本遵循。要深入学习、全面领会，加强对青年的政治引领，做好泉州市青年工作和共青团工作。要当好党的助手和后备军，压实政治责任，把握工作主线，实施青年人才“鸿鹄行动”，动员青年建功高质量赶超跨越大局。

市委中心组学习会学习“晋江经验”系列报道

市委中心组学习会召开，集中学习“壮阔东方潮 奋进新时代——庆祝改革开放40年”大型主题采访活动“晋江经验”系列报道，并开展学习讨论。会议要求，要领会习近平博大思想，增强对习近平的政治认同、思想认同、感情认同，维护习近平总书记的核心地位，维护党中央权威和集中统一领导，自觉以新思想武装头脑、指导实践、推动工作。要迅速兴起学习宣传热潮，利用中心组学习、干部教育培训、小分队宣传宣讲等形式，推动学习宣传全覆盖。会议强调，要鼓足赶超跨越奋斗精气神，保持爱拼敢赢精神，上下动员打好项目建设、招商落地、审批清障、三大攻坚等战役，只争朝夕落实高质量发展和赶超跨越目标，续写“晋江经验”新篇章。

第二届海峡两岸大学生摄影创作大赛在泉州举行

16—19日，由中国高等教育学会摄影专业委员会和省教育厅主办的首届全国大学生摄影邀请赛暨第二届海峡两岸大学生摄影创作大赛在泉州华光职业学院举行。大赛以“重走朱子之路，走入古代书院”为主题，吸引海峡两岸众多学子参与。经过角逐，台湾台中科技大学徐盟善等6人获一等奖；华侨大学周之青等10人获二等奖；三明医学科技职业学院赵锦华等20人获三等奖；广东财经大学华商学院林吴悠等19人获优秀奖。泉州市高校学子在此次大赛中取得丰硕成果，其中泉州华光职业学院王杰明、洪彤靖和泉州幼儿师范高等专科学校许松昊三人获一等奖；华侨大学周之青等三人获二等奖；泉州师范学院苏丽珍等四人获三等奖；泉州医学高等专科学校张宇欣等四人获优秀奖。

全省首个台企工会联合会在泉州台商投资区成立

全省首个台资企业工会联合会在泉州台商投资区成立。该工会联合会现有台资企业18家，会员职工1177人，其中台湾职工百余人。2018年以来，中央31条惠台措施、福建省66条惠台措施、省总工会促进闽台职工交流合作16条措施相继出台。从国家到地方，逐步为台湾职工在大陆学习、创业、就业、生活提供与大陆职工同等的待遇。泉州台商投资区自建区以来，立足区情实际，将开展对台基层交流、推进经贸合作、提升台湾同胞福祉待遇等内容纳入全区对台工作要点。在构筑台湾职工在泉州“娘家”为己任理念的指引下，台商区总工会不定期组织台湾职工会面座谈、发展台湾职工加入工会、探索建立“台资企业党建+台湾人才”服务综合体，推动惠台政策落地，为台湾职工提供高效一体的服务。经选举，台商区引进的台湾优秀人才、颐和医院筹备处主任邱俊杰当选台企工会联合会主席。邱俊杰表示，台企工会联合会将成为台湾职工在台商区工作生活有保障、干事创业无顾虑的坚实后盾，成为维系两岸同胞情感纽带、两岸关系稳定发展的助推剂。

7月17日

农历戊戌年六月初五
星期二
温度：26℃—35℃
多云

●市扫黑除恶专项斗争领导小组成员（扩大）会召开，传达贯彻中央、省委工作部署，总结交流泉州市扫黑除恶专项斗争开展情况，分析研判当前形势，查找短板弱项，动员部署迎接中央督导和纵深推进专项斗争工作。

●泉州市人大常委会组织调研石狮市现代产业体系建设情况。

●由国务院侨办、省侨办、市外侨办、鲤城区外侨办及泉州七中主办的2018年台湾青少年“中国寻根之旅”夏令营——福建鲤城营开营仪式在泉州七中举行。

●省安办督查组到晋江市督查2018年上半年安全生产目标责任和重点工作落实情况。

●17—29日，由市食品安全委员会办公室、市司法局、市食品药品监督管理局主办的食品安全宣传周活动在中心市区举行。

●由市卫计委主办，泉州市中医院承办的“中医中药中国行——中医药健康你我他”大型主题活动（泉州站）在泉州市中医院举行。

●由省职业技能鉴定指导中心、市人力资源和社会保障局、市总工会、惠安县政府主办的福建省砌筑工职业技能竞赛在惠安县开成职业中专学校举行。

●17—23日，福建省第16届运动会大学生部男子足球乙组（体育专业及高水平运动队组）、丙组（高职高专组）足球比赛在福建船政交通职业技术学院举行，华侨大学代表队获冠军。

市扫黑除恶专项斗争领导小组成员（扩大）会召开

市扫黑除恶专项斗争领导小组成员（扩大）会召开，传达贯彻中央、省委工作部署，总结交流泉州市扫黑除恶专项斗争开展情况，分析研判形势，查找短板弱项，动员部署迎接中央督导和纵深推进专项斗争工作。会议要求，要突出问题导向，提前自查自纠，对照六个方面的督导重点，把成效亮点整好整新，把问题差距找准找全，把短板弱项补齐补强，把责任链压紧压实，抓紧查缺补漏，逐级传导压力、压实责任，督促迅速整改到位。要突出精心谋划，提高迎检实效，对照中央督导方案要求，抓紧统筹协调，细化制订方案、密切挂钩联系、督促检查落实，紧而有序做好各项工作。

泉州市食品安全宣传周活动举行

17—29日，由市食品安全委员会办公室、市司法局、市食品药品监督管理局主办的食品安全宣传周活动在中心市区举行，活动以“尚德守法，食品安全让生活更美好”为主题，旨在为市民答疑解惑，普及食品安全知识。启动仪式现场，市食品安全委员会相关成员单位悉数到场，并在现场搭设起咨询点，为到场市民普及食品安全知识，解答市民疑问，指导市民识别假冒伪劣食品。现场还设立市食品药品监督管理局“12331”投诉举报服务中心投诉台，接受市民的举报与投诉。同时，主办单位安排食品安全“你送我检”活动，为到场市民免费开展食品安全快速检测，同时开展假冒伪劣食品现场销毁活动。市食安委办公室主任表示，食品安全宣传周活动旨在科普食品安全知识，引导督促食品生产经营企业树立“尚德守法”的经营理念，在全社会营造人人关心、支持和参与食品安全工作的良好氛围，共同推动泉州市食品质量安全，满足人民群众日益增长的美好生活需求。

监管人员向市民介绍食品安全相关知识
（图/泉州晚报社）

“中医中药中国行”主题活动泉州站举行

由市卫计委主办，泉州市中医院承办，泉州市中医药学会协办的“中医中药中国行——中医药健康你我他”大型主题活动（泉州站）在泉州市中医院举行。活动现场为市民展示中医药传统健康功法。多名国家级、省级名老中医开展义诊，为市民答疑解惑。在健康咨询（义诊）区，泉州市中医院的国家级名老中医和专家为市民进行现场免费健康咨询。专家们通过把脉，看舌苔、面色，询问患者最近的饮食、睡眠、病史、生活习惯等，给予建议并给出配方。活动现场还向市民展示针灸、刮痧、耳穴埋豆、穴位贴敷、火罐、小儿推拿等中医特色疗法，并让市民们进行体验。现场还开设“中药饮片道地药材与伪品展示区”，展示包括枸杞、当归、黄芪、白芷在内的一些常见药材，以及它们的功效、用法。专家们还向到场咨询、观看的市民宣传辨别中药真假的方法、技巧，提高市民辨别真假中药的能力。

福建省砌筑工职业技能竞赛在惠安县举行

由省职业技能鉴定指导中心、市人力资源和社会保障局、市总工会、惠安县政府主办的福建省砌筑工职业技能竞赛在惠安县开成职业中专学校举行。全省16家建筑企业48名选手参赛。此次竞赛采用理论考核和实操两种方式，参加技能实际操作考核的选手不仅需要比技术、拼速度，还要考安全文明。评比打分时，不仅考核选手砌筑过程中的操作规范、质量控制水平，而且对成品的垂直度、平整度、砂浆饱满度、灰缝的顺直程度等进行评判。最终，福建省惠东建筑工程有限公司代表队徐礼华获一等奖。竞赛中总分第一名的选手被授予“泉州市五一劳动奖章”称号，代表队中前三名的选手被授予“泉州市技术能手”称号。

7月18日

农历戊戌年六月初六
星期三
温度：26℃—34℃
多云

●全市领导干部会议召开。省委组织部常务副部长杨国豪宣布省委决定王永礼任中共泉州市委委员、常委、副书记。

●中国海军陆战队在石狮市将军山海域举行“国际军事比赛—2018”“海上登陆”陆战队分队比赛誓师动员大会。

●全省精神文明建设工作暨先进命名表彰大会在福州召开。会上命名表彰2015—2017年度精神文明建设各类先进，泉州74所中小学、职校、幼儿园入选省级文明校园，数量为全省设区市之最。

●市关工委在规模以上企业361°（中国）有限公司挂牌。

●18—21日，福建省第十六届运动会皮划艇比赛在宁德古田县举行，泉州体育运动学校皮划艇队获3金5银1铜。

全市领导干部会议召开 王永礼任泉州市委副书记、市政府党组书记

全市领导干部会议召开。省委组织部常务副部长杨国豪到会宣布省委关于泉州市政府主要领导调整变动的决定并讲话。市委书记康涛主持会议。省委决定王永礼任中共泉州市委委员、常委、副书记。康涛、王永礼在会上作表态发言。市委委员、候补委员，市各套班子领导成员，市中级人民法院院长、市检察院检察长，市正厅职老干部，县（市、区）和开发区、台商投资区党政正职，市委、市政府工作部门主要负责人等参加会议。随后，市政府党组召开扩大会议，宣布市委的研究决定：王永礼任市政府党组书记；康涛不再担任市政府党组书记。

康涛（右）、王永礼（左）在全市领导干部会议上（图/陈英杰）

相关链接：王永礼，男，福建仙游人，1966年9月出生，中共党员，在职研究生学历，管理学博士，经济师。中共十九大代表。第十届中共福建省委委员，第十次中共福建省党代会代表。1983.09—1987.07 安徽财贸学院计划统计系计划统计专业学习；1987.07—1991.02 福建商业专科学校教师；1991.02—1994.04 福建省人大常委会财经委秘书处科员；1994.04—1995.06 福建省人大常委会财经委秘书处副主任科员；1995.06—1999.08 福建省人大常委会财经委秘书处主任科员；1999.08—2001.11 福建省人大常委会财经委业务处副处长；2001.11—2002.06 福建省人大常委会法工委经济立法处处长；2002.06—2005.12 福建省人大常委会财经委预算审查监督处处长；2005.12—2013.09 福建省财政厅副厅长、党组成员；2013.09—2016.07 福建省政府副秘书长、办公厅党组成员；2016.07—2016.09 福建省财政厅党组书记；2016.09—2018.06 福建省财政厅厅长、党组书记；2018.06—2018.07 泉州市委副书记；2018.07— 泉州市委副书记，市政府党组书记。

中国海军陆战队在石狮市举行誓师动员大会

中国海军陆战队在石狮市将军山海域举行“国际军事比赛—2018”“海上登陆”陆战队分队比赛誓师动员大会。会上，海军陆战队领导对赛事组委会前期筹备工作表示肯定，并勉励全体参赛队员全力备赛，在国际赛场上向世界展示中国海军陆战队的风采。誓师动员大会结束后，参赛官兵立即奔赴训练场，进行适应性训练。“国际军事比赛—2018”“海上登陆”陆战队分队比赛，是中国海军承办的国际海军陆战队分队间的综合性比赛，旨在加强参赛国之间的军事、文化交流与合作，展示各国海军陆战队作战能力，提高参赛队员的实战技能，增进参赛国之间友谊。在2017年“国际军事比赛—2017”“海上登陆”陆战队分队比赛中，中国海军陆战队以包揽前三名的优异成绩取得障碍赛、求生赛两个阶段的冠军，并在接力赛中获得亚军。

参赛官兵在训练场进行全要素适应性训练（图/尚文斌）

泉州市一批学校入选省级文明校园

入选省级文明校园的泉州第一中学校门（图/吴寿民）

全省精神文明建设工作暨先进命名表彰大会在福州召开。会上命名表彰2015—2017年度精神文明建设各类先进，包括省级文明城市、文明村镇、文明单位、文明校园、文明家庭等。其中，全省512所学校被列入省级文明校园，泉州74所中小学、职校、幼儿园入选，数量为全省设区市之最。另外，泉州地面上还有7所高校入选省级文明校园。

全市网络安全和信息化工作会议召开

全市网络安全和信息化工作会议暨数字泉州建设推进会召开，学习贯彻习近平网络强国战略思想，全面落实全国、全省会议精神，研究部署泉州市网络安全和信息化工作及数字泉州建设。会议强调，要落实网络意识形态和网络安全工作责任制，加强分析研判，守牢网上阵地，敢于举旗亮剑，做强网上正面宣传，净化网络生态环境；要筑牢网络安全屏障，完善网络综合治理体系，加强关键信息基础设施防护和数据安全管理，打击电信网络诈骗、互联网非法金融、侵犯公民个人隐私等违法行为。

泉州直飞蒙古乌兰巴托航班开通

空乘及机场人员庆祝泉州直飞蒙古乌兰巴托航班开通（图/廖平和）

由泉州飞往蒙古乌兰巴托的包机在泉州晋江国际机场首航。该航班于凌晨1时30分满载145名旅客，由泉州晋江国际机场起飞，历时仅4小时25分钟到达蒙古乌兰巴托。该航班由蒙古航空公司执行，机型为737-800（10座公务舱、149座经济舱）。该航班在7月、8月旅游旺季期间执行6个往返航班，此后，根据市场情况和需求开通航班。在该航班开通前，内地仅有5条飞往乌兰巴托的旅游航线，并且大都需要转机，航程时长至少要9个小时以上。

“小白”公交车推介古城十二景

中心市区100辆“小白”公交车新增一项功能，成为古城关帝庙、府文庙等十二处景点的“导游”。每途经一个景点，“小白”都会向乘客语音播放该景点的简介。为提升“小白”的服务功能，助力泉州古城的旅游发展，泉州公交在市旅发委的配合与支持下，为100辆“小白”新增语音播报古城景点功能，首批入选的有关帝庙、府文庙、钟楼、开元寺、天后宫、西湖、金鱼巷、承天寺、西街、铜佛寺、清净寺、元妙观12个景点。泉州公交“小白”负责人表示，“小白”营运的古城区有丰富的旅游资源，泉州公交还将优化该功能，增加其他景点的语音播报。

“小白”公交车（图/吴寿民）

“中国白2018德化陶瓷创新发展周”启动

“新设计 新制造 新营销——中国白2018德化陶瓷创新发展周”系列活动启动、签约、授牌、授旗、受聘仪式在德化县举行。其中，德化“互联网+陶瓷”平台备受瞩目，该互联网平台包括国内、国际2个，以连接全产业要素。国内是建立陶瓷产业链条化互联网大平台，主要包含新零售、信息公共服务、大师艺术陶瓷、新媒体、行业大数据、供应链管理6个大板块，集聚陶瓷全产业要素和资源，服务企业做大做强；国际是跨境电商平台，建立陶瓷全球数字贸易平台，融入国家“一带一路”倡议，推动陶瓷出口升级。启动仪式上还集体为德化县陶瓷艺术创作服务中心、顺美集团“张守智陶瓷艺术设计工作室”和泉州工艺美术职业学院“美育·陶艺培训基地”等授牌。此次陶瓷创新发展周还举行多场展览，包括“中国白·德漂艺族”2018陶瓷艺术展、德化陶瓷新技术新产品暨全国科研院所陶瓷研发成果展、第一期“中国白”陶瓷创新设计对接会和泉州工艺美院师生作品展等。

“中国白·德漂艺族”2018陶瓷艺术展现场（图/泉州晚报社）

7月19日

农历戊戌年六月初七
星期四
温度：25℃—34℃
多云

●王永礼到晋江市调研安踏、晋华等企业和项目，并与部分企业家、人大代表座谈。

●全市网络安全和信息化工作会议暨数字泉州建设推进会召开，学习贯彻习近平网络强国战略思想，全面落实全国、全省会议精神，研究部署泉州市网络安全和信息化工作及数字泉州建设。

●第四次全国经济普查电视电话会议召开，泉州市设立市级分会场和县级分会场，组织各级各有关部门负责人听取工作部署。

●19—24日，第十八届中国青少年机器人竞赛暨2018世界青少年机器人邀请赛在贵州贵阳举行。泉州市6支参赛代表队获5枚金牌1枚银牌，总成绩位居福建省设区市首位。

●泉州直飞蒙古乌兰巴托航班开通。

●19—24日，第四届海峡两岸化学工程与技术学术交流营活动在福州大学石化学院泉港校区举行。

●19—22日，市旅发委举办2018年导游技能提升培训班，全市优秀专职导游及各行业兼职导游近200人参加。

●中心市区100辆“小白”公交车新增语音播报古城景点功能。

●“新设计 新制造 新营销——中国白2018德化陶瓷创新发展周”启动。

7月20日

农历戊戌年六月初八
星期五
温度：25℃—34℃
多云

●市委、市政府召开工作通报会，向老干部通报上半年全市工作情况。

●市人大常委会党组中心组（扩大）学习会议召开，传达贯彻习近平在中央政治局第六次集体学习、全国组织工作会议、中央全面深化改革委员会第三次会议等会议上的讲话精神等。

●全市各县（市、区）国税局、地税局合并，各县（市、区）新税务局集中统一挂牌并对外履行职责。

●全市移风易俗工作现场观摩会召开，传达全省精神文明建设工作暨先进命名表彰大会精神，对泉州市移风易俗工作进行再动员再部署。

●20—22日，首届海峡两岸台北夏季旅展在台北世贸中心展览馆举行，泉州作为福建省唯一代表，带着“清新福建·海丝泉州”旅游品牌组团参展。

泉州市2018年上半年工作通报会召开

市委、市政府召开工作通报会，向老干部通报上半年全市工作情况。市委书记康涛，市委副书记、市政府党组书记王永礼，市委常委、秘书长翁祖根，市直单位离休干部、原任地厅级退休干部、“5·12”退休干部，省部属驻泉州单位离休干部、“5·12”退休干部参加会议。康涛指出，2018年以来，在省委、省政府和市委领导下，在全市老干部的支持和推动下，泉州各项工作取得新成绩新进展。聚焦高质量赶超跨越，开展“项目攻坚2018”，加快传统、重化、高新三大板块成形成势，经济向好格局更加协调。抓好国家生态修复城市修补试点，力促古城提质新城集聚，主动融入闽西南经济协作区，提高城市承载力和宜居度。防范化解重大风险，突出“造血”稳定脱贫，打造国家生态文明试验区“泉州样板”，倒排补齐公共服务短板。推动全面从严治党向纵深发展，自觉履行主体责任，兴起“大学习”热潮，抓好村级组织换届选举，标本兼治正风肃纪。当下，高质量赶超跨越重任在肩，泉州市将按照省委“当好主力军”定位要求，组织重点专题研究，深化拓展“五个泉州”建设，续写“晋江经验”新辉煌。希望老干部继续发挥优势，一如既往地关心支持泉州改革发展。市委、市政府将带着深厚感情做好老干部工作，拿出“有温度”的精准服务，让老干部、老同志安享晚年。

泉州市2018年上半年工作通报会现场（图/陈起拓）

市人大常委会党组中心组（扩大）学习会议召开

市人大常委会党组中心组（扩大）学习会议召开，传达贯彻习近平在中央政治局第六次集体学习、全国组织工作会议、中央全面深化改革委员会第三次会议等会议上的讲话精神，在同团中央新一届领导班子成员集体谈话时的讲话精神，及省委、市委相关贯彻意见精神；集中学习“晋江经验”系列报道及市委贯彻意见，学习贯彻省委关于推动全面从严治党向纵深发展的部署要求。会议强调，要加强党性锻炼，严肃党内政治生活，持续建设风清气正的政治生态。要坚持政治标准，遵循干部成长规律，严管和厚爱相结合，为年轻干部健康成长营造良好环境。要完善制度，激发活力，总结经验，及时推广，将新时代全面深化改革进行到底。

全市各县（市、区）国税局、地税局合并

按照国家税务总局关于国税地税征管体制改革的统一部署，全市各县（市、区）国税局、地税局合并，各县（市、区）新税务局集中统一挂牌并对外履行职责。泉州市委副书记、市政府党组书记王永礼与国家税务总局福建省税务局局长赵静为国家税务总局晋江市税务局揭牌，泉州市副市长季翔峰参加相关活动。

泉州组团参加首届海峡两岸台北夏季旅展

20—22日，首届海峡两岸台北夏季旅展在台北世贸中心展览馆举行，泉州作为福建省唯一代表，带着“清新福建·海丝泉州”旅游品牌组团参展。此次展会是岛内2018年夏季最大旅展，祖国大陆24个省组团到会推介。市旅发委市场科负责人表示，泉州馆在90平方米的展馆内，以水密隔舱福船为原型进行布展，参观者从船头走进，不仅可以进入船身感受水密隔舱的奥秘，还可以观赏泉州的美丽景致。此外还举办现场推介会，较为系统地介绍泉州文化旅游资源和发展情况。为让台湾同胞从各方面了解泉州的海丝旅游资源，组织者采用现场推介、互动体验、产品展示等多种形式。泉州木偶戏演员还在现场展示泉州提线木偶技艺，并和台湾木偶业界互动。展会现场设还有大米摞成的“乞龟”，台湾同胞参与互动活动，就可领取印有泉州天后宫图案的袋装大米。

7月21日

农历戊戌年六月初九
星期六
温度：26℃—36℃
多云

●王永礼到南安市调研。

●王永礼检查晋江西溪田安大桥出水口等。

●由市古城办和1915艺术空间主办的“阅尽人生绘罗汉——吕超然水墨作品展”开幕。

●由晋江市政府主办的第二届“金食奖”国际食品包装设计大赛暨中国食品创意设计国际论坛在晋江市举办。

●由晋江市政府主办，晋江市经信局、晋江市食品行业协会和晋江市经贸服务中心承办的中国国际食品工艺技术对接会暨晋江市第十期高新技术产业化对接会在晋江市佰翔世纪酒店举行。

●21—25日，由全国青少年校园足球工作领导小组办公室、省教育厅和南安市政府主办的2018年全国青少年校园足球夏令营（小学组）第八营区活动在南安市体育学校举行。

王永礼到南安市调研

市委副书记、市政府党组书记王永礼到南安市调研三安、九牧、英良、阳光中科及海湾生态修复等项目，并与部分企业家和人大代表座谈。副市长吕刚参加调研。王永礼指出，南安发展态势很好，未来充满希望，要紧盯赶超跨越目标，正视困难差距，抱团谋发展，用心解难题，全力帮扶企业，构建良好营商环境，为泉州发展多做贡献。

王永礼（右四）在南安市调研五里桥海湾生态修复工程
（图/陈晓东）

王永礼检查晋江西溪田安大桥出水口

水利部暗访组对泉州河流河段暗访后发出整改函。市委、市政府高度重视，市委副书记、市政府党组书记王永礼检查晋江西溪田安大桥出水口等。王永礼要求，要按照市委书记康涛批示，认真分析原因，找出问题症结，立即整改落实，源头上做好雨污分流、截污纳管等工作；做好日常巡查，加强部门联动，确保发现及时、整改彻底。

中国食品创意设计国际论坛在晋江市举办

由晋江市政府主办的第二届“金食奖”国际食品包装设计大赛暨中国食品创意设计国际论坛在晋江市举办，全国100多家食品企业参与活动。现场，泰国包装设计协会会长宋查那·康旺吉、日本包装设计协会常务理事永田麻美、中国台湾品牌暨包装设计大师陈进东分别从创新包装的新趋势、新理念以及成功的案例，解读食品包装的新发展。2018年“金食奖”国际食品包装设计大赛颁奖典礼同时举行。

中国国际食品工艺技术对接会在晋江市举行

由晋江市政府主办，晋江市经信局、晋江市食品行业协会和晋江市经贸服务中心承办的中国国际食品工艺技术对接会暨晋江市第十期高新技术产业化对接会在晋江市佰翔世纪酒店举行，60多家企业参会。现场，荷兰巧克力研磨科技公司工程服务部经理乔弟与大家分享巧克力、烘焙抹酱、可可、从可可豆到糖排以及不同种类油脂之应用等专业知识。业内人士表示，随着国内消费者对食品品质要求的提升，也对中国食品行业提出更高要求。作为高端食品的代表——巧克力制品呈现巨大的市场需求，销售量迅速增长，给中国食品企业带来新商机。

泉州市首次承办全国青少年校园足球夏令营

21—25日，由全国青少年校园足球工作领导小组办公室、省教育厅和南安市政府主办的2018年全国青少年校园足球夏令营（小学组）第八营区活动在南安市体育学校举行。福建、江西、广东、海南4个省的20支队伍分别参加男女混合组、男子甲组、男子乙组、女子甲组、女子乙组5个组别的活动。此系泉州市首次承办该夏令营活动，活动吸引各参赛省领队、教练员、运动员近500人参加。夏令营的主要项目有足球训练与竞赛、运动员选拔、教练员培训等，旨在让学生在活动中感受足球的乐趣。承办方表示，将通过夏令营发现具有足球潜力的学生，并选拔优秀球员、优秀教练员参加全国夏令营总营。活动期间，还举行西班牙专家专题讲座。来自西班牙足球联盟的专家何塞·埃尔南德斯、卡洛斯、尤西比奥·佩雷斯为营区的111位领队教练作专题讲座《西甲工作方法论》。

相关链接：近年来，泉州市高度重视青少年足球发展。南安有7名女足队员和4名男足队员入选省足球队，其中男女足球员各1名入选全国U系列精英训练营，分别获得4个省级、20个泉州市级校园足球冠军；开展校园足球活动的学校达124所，每年有70多所学校参加“市长杯”中小学生足球赛，校园足球人口达上万人。

7月22日

农历戊戌年六月初十
星期日
温度：26℃—36℃
小雨转多云

●22—25日，国务院第二次全国污染源普查领导小组检查组到泉州检查。

●22—26日，澳门青少年教育促进会第二届汉语英雄获奖队伍到泉州开展海丝文化游学之旅。

●2018年度国家艺术基金人才培养资助项目“提线木偶表演人才培养”培训班在泉州市木偶剧团开班。

●由泉州晚报社主办的“了不起的传承人”非遗传习首场活动举行。

●由丰泽区委宣传部、文明办和区民政局、团委、妇联、工商联及泉州晚报社主办的丰泽区“移风易俗、文明婚嫁”活动举行。

第二次全国污染源普查领导小组检查组到泉州检查

22—25日，国务院第二次全国污染源普查领导小组检查组到泉州检查。23日召开汇报会，会上透露泉州市已完成第二次全国污染源普查的清查工作，并建立清查基本名录库，8—11月开展全面入户调查逾四万个单位。自第二次全国污染源普查工作启动以来，泉州市、县两级政府于2017年年底前分别制定印发相关工作方案，将普查工作部署落实到有关部门、街道（乡镇）、社区（村）和普查对象，纳入地方党政领导生态环境保护目标责任书中，作为“生态环境重点工作”，实行按月调度。市、县两级分别成立工作机构，选聘普查员与普查指导员，构建由普查办、有关部门和街道（乡镇）、村委会（社区）、环保网格员、普查对象组成的工作网络。在省普查办开展的清查质量核查中，泉州市的“漏查率”“重复率”“错漏率”3项评估指标处于全省较好水平。

澳门青少年到泉州开展海丝文化游学之旅

22—26日，澳门青少年教育促进会第二届汉语英雄获奖队伍到泉州开展海丝文化游学之旅。此次交流旨在让澳门青少年了解内地汉语教育的情况，增强澳门青少年学习汉语的积极性。活动内容包括观看及体验木偶戏、南音、香道表演，跟着少林寺武僧体验少林武术，上山体验采茶过程等。25日，在华侨大学举行海丝专题讲座并开展座谈交流。在座谈会上，与会者进行汉语教学交流，了解泉州汉语文化推广的方法和成效。市教育局对外合作科负责人表示，希望借助此次交流，鼓励支持澳门与泉州中小学校缔结友好学校，推动两地青少年学生互访交流。

“提线木偶表演人才培养”培训班在泉州开班

2018年度国家艺术基金人才培养资助项目“提线木偶表演人才培养”培训班在泉州市木偶剧团开班，全国各地42名演员参加学习。此次培训班至9月25日结束，其间中国戏剧家协会秘书长崔伟、中国艺术研究院戏曲研究所长王馗、省戏剧家协会主席吴新斌、福建省著名编剧王景贤、中国艺术研究院副研究员黄忆南等专家到场授课。在提线木偶艺术表演方面，由泉州市木偶剧团的五名优秀老师现场指导，“手把手”教学。联合国教科文组织国际木偶联会中国中心主席、中国木偶皮影艺术学会会长李延年在开班仪式上表示，泉州木偶剧团是国内极少的木偶院团演员能自己操作表演并能自己唱念的团队，展示出该团的雄厚实力与艺术魅力。无论从人才培养、剧目创作、传承创新、基地建设、文化交流，还是从国际影响力的角度看，泉州提线木偶戏都展现了充沛的活力与美好的发展前景。

“了不起的传承人”非遗公益传习首场活动举行

由泉州晚报社主办的“了不起的传承人”非遗传习首场活动——泉州讲古专场举行。泉州电视台四套《泉州讲古》节目讲古人王培焕和其指导的多名学生表演了闽南童谣《报菜名》《博绞歌》《白吃先生》《母亲》以及泉州讲古《引公不值一个夜锡壶》等节目。王培焕还与现场的小朋友展开互动，通过学习简单的闽南话日常用语，让孩子们感受说家乡话的意趣和迫切。系列活动还包括提线木偶、泉州南音、花灯制作、木偶雕刻，让市民有机会近距离体验传统非遗魅力。

丰泽区“移风易俗、文明婚嫁”活动举行

由丰泽区委宣传部、文明办和区民政局、团委、妇联、工商联及泉州晚报社主办的丰泽区“移风易俗、文明婚嫁”活动举行，近百对即将举办婚礼的新人在市区今禧汇宴会中心，共同倡议举办庄重节俭的文明婚礼、艺术婚礼。近百对新人在“移风易俗婚礼新风”的倡议书墙布上签名表达自己的意愿。在活动现场，丰泽区工商联等单位发布《倡移风易俗 树文明新风》的倡议书，倡议社会各界人士参与移风易俗、倡导新风，弘扬正气、做好表率，乐善好施、投身公益，破除陈规陋习，倡导文明新风。

市委常委会会议传达学习习近平指示

市委常委会召开会议，传达学习习近平对推进中央和国家机关党的政治建设的指示和省委常委会会议精神以及省直机关党的政治建设推进会精神，研究泉州市贯彻意见。会议指出，习近平对推进中央和国家机关党的政治建设作出的指示，既是对中央和国家机关在政治方面的要求，也是对全党全国各级党政机关的政治要求，为推进新时代机关党的建设指明方向。全市各级党政机关要深入学习、坚决贯彻，按照中央、省委机关党的政治建设推进会部署要求，以党的政治建设为统领，开创机关各项事业发展新局面。

市十六届人大常委会第二十二、二十三次主任会议召开

市十六届人大常委会第二十二次主任会议召开。会议讨论有关人事任免事项，关于市十六届人大二次会议代表建议、批评和意见办理情况（上半年）的调研报告，市人大常委会关于召开泉州市第十六届人民代表大会第三次会议的决定（草案），关于市人大常委会审议泉州市“十三五”规划实施情况中期评估报告的工作方案；会议讨论通过关于立法评估工作规定，书面报告泉州市发展壮大村集体经济调研情况。会议还确定市十六届人大常委会第十三次会议的召开时间和建议议程，提出下次主任会议建议议题，并初定市十六届人大常委会第十四次会议的召开时间和建议议程。同日，市人大常委会第二十三次主任会议召开。会议讨论市人大常委会关于接受康涛辞去泉州市人民政府市长职务的请求的决定（草案），关于提请审议决定王永礼代理泉州市人民政府市长职务的议案（草案）和关于王永礼代理泉州市人民政府市长职务的决定（草案）。

市十六届人大常委会第二十二次主任会议现场
（图/王虎文）

王永礼代理泉州市人民政府市长

市十六届人大常委会第十三次会议召开，审议决定任命王永礼为泉州市人民政府副市长；免去卢炳椿泉州市人民政府副市长职务、泉州市公安局局长职务；接受康涛辞去泉州市人民政府市长职务，报泉州市第十六届人民代表大会第三次会议备案；决定泉州市人民政府副市长王永礼代理泉州市人民政府市长职务。会上，王永礼作任前供职发言。

市十六届人大常委会第十三次会议现场
（图/王虎文）

福建省第十六届运动会群众比赛桥牌项目在泉州开赛

福建省第十六届运动会群众比赛暨2018年福建省全民健身运动会桥牌总决赛在泉州举行。此次比赛是省运会首次将智力项目列入群体比赛中，与福建省桥牌运动的广泛开展有密切联系。开赛前，各地经过层层选拔，共有18支代表队，106名参赛运动员在省运会赛场上亮相。赛事设有团体和对子赛，团体赛采用循环制经过16轮比试，于25日分出胜负；对子赛分两天进行，于27日排出名次。全部比赛在27日结束。值得一提的是，此次省运会桥牌地市组的比赛是多年后重新在省运会上立项，让桥牌再次成为令人羡慕的智力比赛项目。活动有关负责人表示，这得益于福建省的桥牌活动近年来蓬勃开展，以及省桥牌协会致力于普及和提高的努力。特别是福建省桥牌选手在全国各级比赛中屡获佳绩，使得全省桥牌爱好者有了在省运会上比试身手的机会。

7月23日

农历戊戌年六月十一
星期一
温度：27℃—35℃
小雨转多云

●市委常委会召开会议，传达学习习近平对推进中央和国家机关党的政治建设的指示和省委常委会会议精神以及省直机关党的政治建设推进会精神，研究泉州市贯彻意见。

●市十六届人大常委会第二十二次主任会议召开，讨论有关人事任免事项，关于市十六届人大二次会议代表建议、批评和意见办理情况（上半年）的调研报告等。

●市人大常委会第二十三次主任会议召开，讨论市人大常委会关于接受康涛辞去泉州市人民政府市长职务的请求的决定（草案），关于提请审议决定王永礼代理泉州市人民政府市长职务的议案（草案）和关于王永礼代理泉州市人民政府市长职务的决定（草案）。

●市十六届人大常委会第十三次会议召开，审议决定任命王永礼为泉州市人民政府副市长，决定泉州市人民政府副市长王永礼代理泉州市人民政府市长职务。

●市政协党组中心组（扩大）学习会议召开，学习传承弘扬“晋江经验”和习近平在中央外事工作委员会第一次会议上的讲话精神等。

●23—29日，省扫黑除恶专项斗争第四督导组进驻泉州市开展督导工作。

●在石狮市举行的“国际军事比赛—2018”“海上登陆”陆战队分队比赛赛事组委会向各国参赛队交接比赛车辆并首次组织参赛队员进行赛前适应性训练，比赛进入备赛阶段。

●福建省第十六届运动会群众比赛暨2018年福建省全民健身运动会桥牌总决赛在泉州举行。

7月24日

农历戊戌年六月十二
星期二
温度：26℃—35℃
小雨转多云

●扫黑除恶专项斗争省第四集中督导组督导泉州市工作动员会召开。

●市政协学习习近平关于加强和改进人民政协工作的思想专题辅导讲座举行。

●市中级人民法院开通“法通泉旅”微信公众号，该官微以服务军旅维权、助力国防建设为目的。

●全市儿童早期发展工作现场推进会在永春县召开。

扫黑除恶专项斗争省督导组督导泉州市工作动员会召开

扫黑除恶专项斗争省第四集中督导组督导泉州市工作动员会召开。组长杨建平就做好督导工作作讲话，市委书记康涛作动员讲话，市委副书记、代市长王永礼主持会议。扫黑除恶专项斗争省第四集中督导组成员，市委常委、政法委书记林锦明，市中级人民法院院长陈明、市检察院检察长高扬捷等参加会议。

杨建平指出，开展扫黑除恶专项斗争，是以习近平同志为核心的党中央站在中国特色社会主义进入新时代、“两个一百年”奋斗目标进入历史交汇期的高度作出的一项重大决策部署。习近平高度重视扫黑除恶专项斗争工作，2018年以来多次作出指示，提出要求。杨建平强调，此次督导组进驻泉州市，重点是围绕政治站位、依法严惩、综合治理、深挖彻查、组织建设和组织领导，督导泉州市在扫黑除恶专项斗争中存在的问题和短板。泉州市各级党委和政府及其有关部门要树立以人民为中心的发展思想，打赢扫黑除恶专项斗争这场硬仗。

康涛要求，各地各部门要全力配合，确保督导工作顺利推进、取得实效。康涛表示，泉州市将以此次省委督导检查为契机和动力，在全面摸排上下足功夫，在从严打击上持续发力，在依法严惩上规范运作，在深挖彻查上集中攻坚，在治根治本上加大突破，在宣传发动上提升实效，在督查问责上动真碰硬，主动对标强化整改，补齐短板，补强弱项，推动泉州市扫黑除恶专项斗争向纵深发展。

市中级人民法院开通微信公众号服务军旅维权

市中级人民法院开通“法通泉旅”微信公众号，该官微以服务军旅维权、助力国防建设为目的。该官微服务对象为驻泉州部队官兵及其家属，在外地服役的泉州籍军人及其军属。官微由“自助服务”、“线上送法”及“联系我们”三大部分组成。通过官微，可以咨询法律问题，自助查找法律法规、涉军诉讼法律知识等。部队、官兵及其家属足不出户即可学习各类法律知识，享受方便、快捷、高效的司法服务。泉州法院历来高度重视司法拥军工作，把维护军队、军人、军属的合法权益作为一件大事来抓。两级法院坚持立足审判，妥善处理涉军案件；主动延伸司法职能，强化军地法院协作，确保司法维权服务到位，构建起涉军维权长效工作机制。“法通泉旅”微信公众号的开通，是创新“互联网+”司法拥军的先行先试，将为驻泉州部队提供更精准的司法服务，为助力中国梦、强军梦的实现提供更高质效的司法保障。

泉州市全面开展儿童早期发展工作

全市儿童早期发展工作现场推进会永春县召开。会议透露，2018年起，泉州市在全市范围内全面开展儿童早期发展工作，通过推进儿童早期发展项目，促进泉州市0—3岁儿童健康成长。根据《泉州市人口计生领导小组关于儿童早期发展工作的实施意见》，2018年起，泉州市围绕0—3岁婴幼儿家庭的实际需求，协调动员各级各有关部门、群众团体和社会各界力量，开设以科学育儿知识讲座、亲子互动辅导为主要内容的公益活动，帮助婴幼儿家长提升科学育儿意识并掌握基本方法。

该意见明确，2018年，各县（市、区）要选择3个以上乡镇（街道），每个乡镇（街道）选择2个以上村（社区）建立儿童早期发展项目点，每个项目点每年要举办4次以上科学育儿知识家长普及讲座，组织4次以上婴幼儿和家长共同参与的亲子互动辅导活动；各县（市、区）要因地制宜在妇幼保健院、有资质的职业培训机构或学校创设儿童早期发展指导中心，举办培训讲座，指导项目点工作开展，力争2018年服务家庭总数占新生儿人数（含流动人口）的15%，2019年服务占比达20%，2020年服务占比达25%。此外，泉州市将成立由儿科医生、学前教育工作者等专业人员组成的儿童早期发展咨询组或专家库，并在各县（市、区）建立常态化培训机制，从乡镇（街道）、村（社区）选派有志于从事儿童早期发展工作的儿童保健医生、计生管理员、基层计生协会工作者等参加育婴员或早期发展指导培训，建设一支相对稳定、贴近群众的工作队伍和保障儿童早期发展工作的人才力量。

第八届海峡两岸高校文化与创意论坛在泉州举办

25—31日，由福建省青年联合会、福建省学生联合会、华侨大学、台湾中原大学主办的第八届海峡两岸高校文化与创意论坛在泉州举办，两岸18所高校百余名大学生参加。论坛以“濡文化底蕴，创新意光辉”及“传统文化发展与产业升级”为活动主题，促进两岸创意产业人才及文化交流合作，搭建两岸大学生文化创意及情感交流平台。论坛主要由营销大赛和大学生领袖营两个活动组成。省青年联合会荣誉主席李文捷表示，两岸青年深入探索传统产业的文化价值，思考传统民间工艺再造新的发展契机，将为传统文化传承及福建创意产业发展注入青春力量。海峡两岸高校文化与创意论坛自2011年由华侨大学发起举办。此次活动，两岸大学生走访泉州企业，领略永春古城文化魅力，参访传统文化产业集群，全方位体验传统文化及其产业发展，激发大学生的内在潜力，以创新的营销方式助力地方传统产业振兴。

“泉州造”亚运会礼服首发

第18届亚运会中国体育代表团礼服交接仪式在北京举行，“蓝色梦想”亚运会礼服首发。该礼服的设计制作方是泉州市商务休闲男装品牌企业九牧王。“蓝色梦想”的设计融入五星红旗、国徽、北京故宫等具有国家符号的元素，彰显中国韵味。同时，紧扣体育强国的中国梦，告别传统的红黄主题色，采用孔雀蓝、云白色作为礼服的主题色，寓意中国体育代表团敢于拼搏，追求梦想的主旋律。“泉州造”不仅仅将亮相亚运会。6月，九牧王与中国体育代表团签署战略合作协议，成为中国体育代表团礼服供应商（2018—2024年）。未来6年，中国体育代表团参加重大赛事，都将身着九牧王设计制造的礼服参加开幕式，向世界展示中国的形象。

“蓝色梦想”亚运会礼服（资料图片）

香港“海上丝路历史文化考察团”到泉州考察

由香港城市大学中文及历史学系组织的“海上丝路历史文化考察团”一行33人到泉州承天寺，与泉州历史文化中心学者交流座谈，并欣赏泉州历史文化中心南音梅花馆和丰泽第二中心小学学生演奏的南音。“海上丝路历史文化考察团”由香港“田家炳基金会”赞助，主要组成人员为香港城市大学中文及历史学系教师和香港中学历史教师，泉州历史文化中心和香港城市大学中文及历史系是学术交流友好合作单位。考察历时七天，考察团游览泉州、厦门、金门等地，并欣赏地方戏曲表演。香港城市大学中文及历史学系副系主任、副教授陈学然博士表示，此次的考察和交流，让其对泉州的历史文化有了更深入的了解；尤其是福建省梨园戏剧团的演出，更是令其大开眼界，叹为观止。

全省首批共享法律云服务亭落户石狮市

全省首批共享法律云服务亭落户石狮市区，先行试点的3台共享法律云服务亭分别安放在石狮市人民广场、石狮市行政服务中心和石狮市人力资源大厦内。共享法律云服务亭是一项智慧民生项目，能让老百姓与全国各地上万名律师在线联系，通过微信式语音对讲、语音和视频通话，与律师面对面沟通，即问即答；还能将相关材料放在桌面“证据拍照区”由律师在线查阅解答，或者拍照发给律师查看，及时高效地获得律师服务。共享法律云服务亭的主要功能包括一是语音、视频、图文多种咨询沟通方式，实现与律师面对面解决法律问题；二是查找律师和律师事务所，并委托代理案件；三是查阅最新法规和国家政策，查阅最新相关案例；四是自动配置本地律师，全国律师区域可选；五是智能匹配相应专长和级别律师，保证服务权威性、专业性；六是法律服务人次统计，惠民账单查询。

7月25日

农历戊戌年六月十三
星期三
温度：26℃—36℃
多云

●25—31日，第八届海峡两岸高校文化与创意论坛在泉州举办。

●第18届亚运会中国体育代表团礼服交接仪式在北京举行。“蓝色梦想”亚运会礼服首发，礼服的设计制作方是泉州市商务休闲男装品牌企业九牧王。

●由香港城市大学中文及历史学系组织的“海上丝路历史文化考察团”一行33人到泉州考察。

●全省首批共享法律云服务亭落户石狮市。

●首届晋江大学生菁英训练营开幕，50名来自清华大学、厦门大学等高校的优秀晋江大学生参加活动。

●安溪县在全省率先探索出台针对“因病、因灾”致贫返贫对象的帮扶方案，并于是日启动该项帮扶工程。

7月26日

农历戊戌年六月十四
星期四
温度：26℃—36℃
阴转多云

●全市生态环境保护大会暨国家生态文明试验区建设推进会召开。

●市政府第三十四次常务会议召开，研究并通过《泉州市中心市区防控新增“两违”的实施意见》《泉州市人民政府关于扶持产业龙头企业和高成长企业做大做强的若干意见》等。

●市政府党组（扩大）会议召开，传达学习贯彻习近平在中央政治局第六次集体学习时的讲话精神，习近平对推进中央和国家机关党的政治建设的指示和省委常委会会议精神等。

●泉港区新社会阶层人士联谊会成立。

全市生态环境保护大会召开

全市生态环境保护大会暨国家生态文明试验区建设推进会召开。会议指出，习近平生态文明思想，为新时代推进生态文明建设提供了重要遵循。各级各部门要贯彻习近平生态文明思想，认识生态文明建设的极端重要性，按照中央、省委会议部署，加大力度推进生态文明建设，满足人民群众优美生态环境需要。会议要求，要全面推进污染防治攻坚战。抓住绿色发展这个根本，深化制造业转型与生态文明建设正向互动战略研究，确保生态环境质量只能更好、不能变坏。盯牢环境质量这个关键，打好蓝天保卫战，实施水污染防治行动计划，全面落实土壤污染防治，开展农村人居环境整治，提升农村人居环境水平。做好试验区建设这篇大文章，以解决突出问题为导向，用好政府和市场两种手段、两种力量，延伸拓展“生态+”理念，营造城市田园风光。落实督察整改这项硬任务，确保逐项整改、对账销号。要担负起生态文明建设政治责任。对导致环境质量恶化、造成严重后果的，一律严肃倒查、严格问责、终身追责。

会议指出，各级各部门要领会习近平生态文明思想，推动各项重点任务落到实处。要打好污染防治攻坚战，重点打好蓝天、碧水、净土保卫战和环保设施与能力建设大会战，使群众更有获得感、幸福感、安全感。要持之以恒推进绿色发展，做好重大项目环保审批服务保障，优化产业布局和结构，以环保约束倒逼产业转型升级。要铁手铁腕抓好环保督察反馈问题整改落实，对滞后问题要采取强有力措施推进，对挂牌督办问题要逐项整改销号。要深化体制机制改革，加快国家生态文明试验区建设，推进环保机构垂直管理制度改革，持续创新环保举措，加强环保科技支撑。

市政府第三十四次常务会议召开

市政府第三十四次常务会议召开，研究并通过《泉州市中心市区防控新增“两违”的实施意见》《泉州市人民政府关于扶持产业龙头企业和高成长企业做大做强的若干意见》《泉州市人民政府关于加快泉州市数字经济发展七条措施》《泉州市人民政府办公室关于稳步推进主辅分离积极发展服务型制造的实施意见》《泉州市人民政府关于进一步推动智能制造、推进智能装备和“数控一代”产品应用快速发展的实施意见》等。

会议要求，要在市委领导下，坚持问题导向，抓重点抓节点，持之以恒抓好城市管理。要同步做好防控新增“两违”（违法用地和违法建设行为）和破解存量“两违”，严肃纪律、压实责任，落实行动方案，构建常态化机制。要鼓励发动社会力量参与，定期公示“两违”拆除名单，加强部门联动配合，形成齐抓共管合力。会议指出，要选准抓牢产业龙头企业和高成长企业、数字经济、主辅分离、智能制造等重点工作，在关键环节采取精准措施，加大扶持力度，力促更好更快发展。各县（市、区）要立足各地产业特色、发展条件和区位优势，因地制宜研究制定符合本地实际的配套措施。要加大政策宣贯力度，强化落地见效，让更多企业了解政策、运用政策，享受更多政策红利。要探索建立服务企业发展常态化机制，促进企业与部门的沟通协调和双向信息共享，对企业反映的问题，要完善收集—协调—反馈办法，及时有效为企业办实事、解难题。

市政府党组（扩大）会议召开

市政府党组（扩大）会议召开，传达学习贯彻习近平在中央政治局第六次集体学习时的讲话精神，习近平对推进中央和国家机关党的政治建设的指示和省委常委会会议精神，以及“壮阔东方潮 奋进新时代——庆祝改革开放40年”大型主题采访活动“晋江经验”系列报道。会议指出，习近平关于党的政治建设的讲话，是在新起点上全面推进党的建设新的伟大工程的纲领性要求。要把党的政治建设摆在首位，营造良好政治生态，争创推进党的政治建设的模范行政机关。要贯彻落实市委“大学习”的决策部署，把“晋江经验”大型主题采访活动系列报道作为“大学习”的重要内容，带着感情、用实际行动争当“晋江经验”的忠实践行者，传承发扬好“晋江经验”，谱写“晋江经验”新篇章。

泉州市城市基层党建工作联席会议第一次会议召开

泉州市城市基层党建工作联席会议第一次会议召开，研究推进城市基层党建工作。会议要求，要对症下药破解城市基层党建短板。推动条块共驻共建，引导驻区单位参与组织共建、活动共联、资源共享、党员共管。强化基层党组织领导核心功能，落实街道管理体制改革，选优配强社区带头人。要重视城乡结合部基层治理，强化社区党组织统筹功能，大抓城市精细化管理，推进共建共治共享。改进新兴领域党建工作，创新组织覆盖方式，创新工作理念、内容和方式，加强互联网党建，扩大党的工作覆盖。打造“红色业委会”，推动把党组织建在小区业委会上，鼓励小区在职党员亮身份、发挥先锋作用。要确保联席会议高效运转，组织部要加强统筹指导，各成员单位要压实责任，加强指导督促、上下联动，引导各地多作探索，培育一批有特色、有影响、过得硬的典型。会上宣读《泉州市城市基层党建工作联席会议制度》，传达全国城市基层党建工作专题培训班精神，市委组织部、市委编办、市直机关工委、市民政局、市住建局作发言，石狮市委汇报试点工作情况。

全市安全生产电视电话会议召开

全国、全省安全生产电视电话会议结束后，泉州市随即召开全市安全生产电视电话会议，部署有关工作。会议要求，要提升认知站位。以高度的政治站位，认识安全生产形势，牢记“生命至上、安全第一”，毫不松懈抓牢、抓紧、抓落实。要清醒责任范围。既要清醒领导责任，按照“党政同责、一岗双责”要求，落实属地责任和属地义务；也要清醒部门监管责任，强化监督的同时注重早提醒早引导；还要清醒主体责任，督促企业严格履行法定义务，带着感情帮助个体户、农民等其他主体防范安全隐患。要抓紧工作落实。各级各部门要做好防台防汛工作，抓好预测预防预案措施细化、抢险救灾组织动员、灾后恢复与重建等各项工作落实，确保安全度汛；开展重点行业、道路交通、旅游安全、暑期学生安全、出租屋和电动车消防安全、危险化学品等重点领域专项整治；强化风险管控和隐患排查治理双重预防机制，坚持目标导向和问题导向，防范发生重大事故。要补齐基础短板。在安全投入上，补上安全设施欠账，推广“机械化换人、自动化减人”及信息化手段；在宣传教育上，采取生动活泼、通俗易懂的方式，宣传安全生产和应急救援基本常识；在应急救援上，完善应急预案，加强值班备勤，开展应急演练，统筹整合现有救灾救援力量。

泉州市庆祝中国人民解放军建军91周年文艺演出举行

由市委宣传部、市委文明办、市双拥办、市文广新局、市文联、泉州晚报社和泉州广播电视台主办的欢乐泉州——泉州市庆祝中国人民解放军建军91周年文艺演出在惠安县五峰中学举行。图为演出现场。（图/泉州晚报社）

“环境保护我先行！垃圾分类我能行！”环保宣传活动举行

由市环保局、市垃圾分类办主办的“环境保护我先行！垃圾分类我能行！”环保宣传活动在丰泽区丰泽街道源淮社区云谷文化广场举行。图为垃圾分类知识抢答现场。

（图/林福龙　胡彦明）

7月27日

农历戊戌年六月十五
星期五
温度：26℃—37℃
多云

●泉州市城市基层党建工作联席会议第一次会议召开，研究推进城市基层党建工作。

●全国、全省安全生产电视电话会议结束后，泉州市随即召开全市安全生产电视电话会议，部署有关工作。

●2018年驻泉州部队科技文化拥军集中现场办公会召开，学习习近平新时代中国特色社会主义思想，共商军地发展大计，帮助部队解决科技练兵和军营文化建设中遇到的问题。

●继全省征兵工作电视电话会议后，泉州市召开全市征兵工作电视电话会议，总结2017年征兵工作，部署年度工作任务。

●全市互联网企业党建工作联席会议召开。

●泉州水务集团召开战略规划发布暨工作推进会，发布集团中长期战略规划，并举行项目签约仪式。

●由市委宣传部、市委文明办、市双拥办、市文广新局、市文联、泉州晚报社和泉州广播电视台主办的欢乐泉州——泉州市庆祝中国人民解放军建军91周年文艺演出在惠安县五峰中学举行。

●由市环保局、市垃圾分类办主办的“环境保护我先行！垃圾分类我能行！”环保宣传活动在丰泽区丰泽街道源淮社区云谷文化广场举行。

●中国共产党党员、中国人民银行泉州市分行原行长、离休干部徐浩夫逝世，享年92岁。

7月28日

农历戊戌年六月十六
星期六
温度：26℃—36℃
多云

●“国际军事比赛—2018”海上登陆赛组委会在石狮市举行新闻发布会，向中外媒体介绍比赛筹备、科目设置等情况。

●2018年省级技术创新重点项目发布，泉州市73个项目入列。

●“泉州宗教齐助力 百家场所帮百村”活动推进会召开。

●由泉州晚报、福建高考信息平台、泉州信息工程学院主办的2018年泉州专科批志愿填报咨询会在泉州信息工程学院举行。

●丰泽区第三季度部分重点项目集中开（竣）工。

●泉州台商投资区首创审批“项目管家”。

泉州市73个项目入列2018年省级技术创新重点项目

为提升企业技术创新能力，促进产业转型升级，2018年省级技术创新重点项目发布，其中泉州市有73个项目入列，项目研发投入总额约54.08亿元，预计年新增销售收入77.91亿元。2018年省级技术创新重点项目涵盖产业创新重大专项，具体为在智能装备、增材制造、生物医药、新能源、新材料、新一代信息技术等领域实施重大技术攻关和产品研发；产学研合作，主要是企业与境内外高校、科研机构实施的联合技术攻关、科技成果转化项目；省级创新平台研发设备投资，即省级以上企业技术中心2017年6月之后购买研发仪器设备；技术创新公共服务平台建设，包括省级企业技术中心完善自主创新基础设施、建设国家级企业技术中心，以及龙头骨干企业建设众创空间，为创业者提供公共场地、试验、检测设备和研发设计、成果交易、市场推广等专业化服务；购买关键重大智能装备，即2017年6月以来规模以上制造业企业购买使用省内相关行业紧缺的关键重大智能装备与系统等。在泉州市入选的73个2018年省级技术创新重点项目中，包括15个产业创新重大专项、42个产学研合作项目、7个省级创新平台研发设备投资项目、9个购买关键重大智能装备项目。项目涵盖新能源、智能装备、新材料、信息技术、节能环保、纺织鞋服等众多领域。

“泉州宗教齐助力 百家场所帮百村”活动推进会召开

“泉州宗教齐助力 百家场所帮百村”活动推进会召开。会议透露，2018年以来，泉州市宗教界开展“泉州宗教齐助力 百家场所帮百村”活动，支持乡村重点项目建设，致力改善人民生产生活环境，帮助群众脱贫致富。各县（市、区）帮扶活动均取得良好进展。根据宗教活动场所帮扶意愿初步统计，2018—2020年鲤城区宗教活动场所将捐赠639.6万元开展“百家场所帮百村”活动；丰泽区拟引导宗教界变各自为战为统一谋划、统一协调、统一运作，提升帮扶水平、增强帮扶效益，形成具有更大态势和影响力的慈善帮扶品牌；洛江区统筹安排，精准帮扶；泉港区8个民族村（贫困村）已有宗教团体、宗教场所对接帮扶，帮扶资金累计300万元左右；晋江市参与活动的宗教活动场所达到20家，拟帮扶资金达700万元；石狮市发动宗教活动场所支持挂钩村（居）集体经济和民生项目建设；南安市宗教界2018年帮扶资金800万元左右；惠安县宗教界预计捐资500多万元用于扶贫、助学及乡村建设、环境整治等公益慈善事业；安溪县已有17个宗教活动场所和团体确定结对帮扶7个少数民族村、贫困村和集体经济薄弱村；永春县佛教界、道教界每年出资100多万元分散帮扶所在地及周边村（社区）；德化落实帮扶资金，加快项目实施；台商区10个村已有宗教团体、宗教场所对接帮扶，帮扶资金累计30万元左右。

泉州台商投资区首创审批“项目管家”

泉州台商投资区首创“项目管家”服务平台，通过“灰、蓝、红”三色时间轴，将项目审批台账信息“傻瓜化”、进度督查“精准化”，倒逼项目各方“零转悠”，实现智能会商、纪实、督查，为项目各方提供无忧服务。泉州台商投资区将“项目管家”平台搭建在现有的行政审批系统上，实现审批数据互联互通。同时，建立“1+N”常态化会商制度，将当日形成的项目会商《电子纪要》会商结果导入项目管家平台的“会上督查”模块，以“灰色时间轴”标识会商所议定的项目各方完成时间节点，包括中介机构服务承诺时限、项目业主申报承诺时限以及部门可折叠审批事项及承诺时限。“项目管家”平台以“蓝色时间轴”覆盖“灰色时间轴”的形式，实现记录项目各方的实际占用时间。另一方面，该平台还开发了智能短信督查提醒功能，按照会商约定的时间承诺，分2/3、最后1日、超过1日等三个时间节点，进行提醒、警示、督办。特别值得一提的是，该“项目管家”平台开发了移动服务端、嫁接区行政服务中心微信公众号，通过手机端输入关键词，即可查询项目审批进度，为项目各方实时掌握项目前期进度提供智能化跟踪服务。

国际军事比赛—2018海上登陆赛在石狮市开幕

国际军事比赛—2018海上登陆赛开幕式在石狮市将军山赛场举行。海军和地方党政领导、各国参赛队员、裁判员以及当地民众3000余人参加开幕式。

首先举行入场式，伊朗、俄罗斯、苏丹、委内瑞拉、中国参赛队队员和裁判员列队入场。随后，举行升旗仪式，中国海军陆战队仪仗队在赛场升起中华人民共和国国旗和国际军事比赛会旗。中国海军参赛队队员许晓飞、裁判员伍志威分别代表参赛队员和裁判员宣誓。在文艺表演环节，中国海军陆战队官兵和中外文艺团队分别表演歌曲《水兵兄弟》、大合唱《前进吧，陆战队士兵》、盘鼓舞《七月欢歌》、舞蹈《盛世开元飞天舞》、歌舞《俄罗斯》、舞狮《壮哉，东方醒狮》等节目，展示陆战队官兵的良好精神风貌和海上丝绸之路文化。

在开幕式的最大亮点军事表演中，中国海军陆战队演示三栖立体登陆作战科目。侦察引导分队首先出击，先后换乘高速小艇、单兵高速冲浪板等装备，从船坞登陆舰井冈山舰隐蔽上岸，并交替掩护向岸滩树林快速接近，对敌情进行侦察。随后，登陆兵力实施立体登陆，舰载直升机、两栖装甲战车和气垫艇协同出击，输送登陆兵上岸，陆战队员们在指挥员指挥下，利用地形地物，采取战斗队形接近。与此同时，两栖装甲分队也从海上发起冲击，泛水抵滩后迅速锁定目标，大口径突击炮、车载机枪、登陆单兵连番开火，远方的靶标应声而落。队员们过硬的军事素养、顽强的战斗作风赢得现场观众多次鼓掌和喝彩。

相关链接：国际军事比赛自2014年以来，已举办4届，成为有影响力的军事交流合作的重要品牌和参赛国军队增进友谊、互学互鉴的重要平台。项目设置涵盖陆、海、空军20多个专业领域，办赛参赛国家近30个，国际影响力越来越大。

中国海军陆战队演示三栖立体登陆作战科目（图/东南早报）

2018古城文创秀启动

由市委网信办、市文改办、市发改委指导，泉州晚报社主办的“保利城·时光里”2018古城文创秀第一期活动启动，九个项目团队在泉州保利城营销中心展出产品、登台演示，与到场观众交流、互动，并通过泉州网《直播泉州》栏目的现场直播，将好项目、好产品推送到市民面前，让文创走进生活。2018古城文创秀活动为期一个月。在首秀现场，各项目代表人轮流登台演示、解说产品创意、文化底蕴、技艺难度或实用价值等内容。不论是使用泉州元素、传统工艺进行创作，还是基于传统文化的融合创新，只要产品或服务面向市场开展商业转化，都是传承古城千年文化的有益尝试。

2018古城文创秀第一期活动现场（图/洪荣堆 邱用法）

7月29日

农历戊戌年六月十七
星期日
温度：27℃—37℃
多云

●国际军事比赛—2018海上登陆赛开幕式在石狮市将军山赛场举行。

●由市委网信办、市文改办、市发改委指导，泉州晚报社主办的“保利城·时光里”2018古城文创秀启动。

7月30日

农历戊戌年六月十八
星期一
温度：27℃—38℃
多云

●市委人大工作会议召开，贯彻习近平新时代中国特色社会主义思想和中共十九大精神，落实中央、省委关于加强和改进人大工作的部署要求，全面部署泉州市新时代人大各项工作。

●市领导康涛、陈万里、陈灿辉等到石狮市参加“军事日”活动，体验军事生活，接受国防教育。

●全市“身边故事、共同铭记”活动现场交流会召开，对该项工作进行再动员再部署。

●国际军事比赛—2018海上登陆赛首个比赛日开赛。

●7月30日至8月1日，国际军事比赛—2018海上登陆赛舰艇开放日活动在泉州石湖码头举行。

●30—31日，福建省第十六届运动会群众比赛太极拳暨2018年福建省全民健身运动会太极拳总决赛在宁德市体育中心举行，泉州代表队获8个一等奖，数量居全省首位。

市委人大工作会议召开

市委人大工作会议召开，贯彻习近平新时代中国特色社会主义思想和中共十九大精神，落实中央、省委关于加强和改进人大工作的部署要求，全面部署泉州市新时代人大各项工作。市委书记康涛强调，要弘扬传承“晋江经验”，提振爱拼敢赢精气神，开创新时代人大工作新局面。要把握新时代新要求，坚持党的领导、人民当家做主、依法治国的有机统一，增强坚持和完善人民代表大会制度的自觉性坚定性。要全面依法行使职权，坚持正确政治方向、尊崇宪法厉行法治、围绕中心服务大局、根植人民代表人民、与时俱进改革创新，在推进现代化泉州建设中展现担当作为。要加强和改进党对人大工作的领导，支持和保证人大及其常委会依法行使职权，加强各级人大及其常委会自身建设，为人大工作提供有力保障。市人大常委会党组书记陈万里表示，市人大及其常委会要在市委领导下，以习近平新时代中国特色社会主义思想为指引，把握人大工作正确政治方向，全面履行宪法和法律赋予的职责，把人大及其常委会打造成为名副其实的“工作机关”和“代表机关”。

市委人大工作会议现场（图/王虎文）

全市“身边故事、共同铭记”活动现场交流会召开

全市“身边故事、共同铭记”活动现场交流会召开，对该项工作进行再动员再部署。会议指出，2017年泉州市开展“身边故事、共同铭记”活动以来，各地结合实际，精心策划活动形式，丰富活动内涵，取得阶段性成效。活动紧密联系普通群众，探索群众自我教育自我宣传的载体；在推选身边典型过程中，推动社会主义核心价值观入脑入心；在以立碑铭传的形式宣传先进典型上取得实效。会议强调，各地各单位要统一思想，发动更多行业参与活动，拓展活动覆盖面；要发掘身边好人好事，并通过一定时间的培育，搭建全市各类先进典型评选的“好人库”；要创新活动开展形式，创新活动载体，做好后续提升工作。会上，市委宣传部、文明办为丰泽区丰泽社区等10个先进试点单位授牌；石狮市、南安市、安溪县文明委分别作经验交流；丰泽区丰泽社区、台商投资区洛阳村代表基层分别作经验交流。

国际军事比赛—2018海上登陆赛首个比赛日开赛

国际军事比赛—2018海上登陆赛首个比赛日开赛。伊朗、俄罗斯、苏丹、委内瑞拉、中国5个国家的13个陆战班参加赛程总长1200米、设置19个障碍物的障碍赛。该项目旨在检验单个军人及全班协同越障技能，设置待机区、出发线、障碍区、冲刺区、终点线。其中，障碍区设置5道平行的障碍物跑道，每道长120米，跑道两端设置折返标识。参赛队员需依次跨越木制栅栏、砖墙、北约标准围墙、残破建筑物、石头墙、建筑物正面、交通壕、混凝土墙、铁丝障碍物、砖墙和带水壕沟、鹿砦、通信线路、低桩铁丝网、高桩铁丝网、火箭筒战壕、带水管的铁路路段、排水系统路段、带水和越障设备的壕沟、斜梯等19个障碍物，最后沿跑道跑600米进行冲刺。经过7个波次的角逐，中国代表队3个陆战班分别以7分51秒、7分58秒、8分35秒包揽障碍赛前3名。

国际军事比赛—2018海上登陆赛舰艇开放日活动举行

7月30日至8月1日，国际军事比赛—2018海上登陆赛舰艇开放日活动在泉州石湖码头举行。图为市民在舰艇上参观。

（图/泉州晚报社）

市政协党组中心组（扩大）学习会议召开

市政协党组中心组（扩大）学习会议召开，传达学习习近平对推进中央和国家机关党的政治建设的指示精神和省委、市委常委会会议精神。会议要求，市政协机关全体党员干部要把握讲政治这一根本要求，维护习近平总书记的核心地位，维护党中央权威和集中统一领导。要落实改进作风这一重要任务，强化责任心，敢于负责、敢于担当、敢打硬仗，高质量完成各项工作任务。要紧盯遵规守纪这一关键环节，把纪律和规矩挺在前面，把严的要求贯穿到机关党员干部管理的全过程和各方面。

泉州市组织慰问部队伤病员

受市委、市政府委托，市民政局、市双拥办、泉州军分区、丰泽区组成慰问组，到解放军第180医院看望慰问在医院住院的部队伤病员。在医院病房，慰问组了解伤病员的病情和治疗情况，通报泉州市双拥工作开展情况，并代表市委、市政府和市双拥工作领导小组向他们表示节日的慰问，祝他们早日康复。慰问组表示，站在争创全国双拥模范城“九连冠”的新起点上，泉州市将继续发扬军爱民、民拥军的传统，制定出台更多惠及官兵的配套政策，探索解决军人“三后”（后路、后院、后代）问题的措施和办法，带着热情、带着感情、带着责任，为部队官兵排忧解难，构建军人荣誉感和获得感，谱写泉州双拥工作新篇章。

2018泉州电商创意创新创业大赛启动

由市商务局、市委人才办等主办的“2018泉州人才港湾计划·电商创意创新创业大赛”启动，电商领域的专家、学者以及行业领军人物、企业精英与会。“2018泉州人才港湾计划·电商创意创新创业大赛”以“聚产业优势，创电商强市”为主题，重点关注运用电子商务在技术创新、管理创新、机制创新、业态创新等方面具有前瞻性和创新性的项目。组委会介绍，为拓宽大赛覆盖面，引导和鼓励在校大学生参与电商创新创业活动，大赛名称更名为“创意创新创业大赛”，在原有仅面对社会人士/团体的基础上，增加大学生群体，旨在发挥在校大学生在电子商务创意创新创业方面的作用，提升创业就业能力。在总结2017电商双创大赛经验的基础上，该届大赛完善赛程赛制，按照参赛企业和参赛项目的不同发展阶段，分为成长组和初创组。通过报名、初赛、复赛、尽职调查和总决赛，每个组别各产生金奖1名、银奖2名、铜奖3名、优秀奖4名。大赛奖金总额79万元，分为大赛奖和落地奖。非在泉州落地获奖项目在大赛结束后6个月内落地泉州，可申请获得落地奖金。

在启动发布仪式上，主办方介绍泉州市电子商务发展整体情况，并表示希望通过举办电商项目比赛、高峰论坛及资源对接会等一系列活动，发现和遴选一批优秀电商项目，培育一批优秀电商人才，引导社会资源对接电商领域，促进泉州市电子商务全面发展和深化创新。值得关注的是，该届电商创意创新创业大赛首次被纳入2018泉州人才港湾计划。市委人才办主任介绍，在大赛原定奖金及扶持政策的基础上，叠加泉州市人才港湾计划政策。成长组金奖、银奖、铜奖项目负责人可分别直接申报认定泉州市第三、第四、第五层次人才享受相关生活待遇，初创组金奖、银奖项目负责人可分别直接申报认定泉州市第四、第五层次人才享受相关生活待遇。获优秀奖以上名次项目、符合相关的条件可申报泉州市人才“港湾计划”引进高层次人才团队，优先纳入市人才创新创业投资基金投向对象。

泉州电商创意创新创业大赛启动仪式
（图/刘 倩 刘龙真）

7月31日

农历戊戌年六月十九
星期二
温度：27℃—39℃
多云

●市政协党组中心组（扩大）学习会议召开，传达学习习近平对推进中央和国家机关党的政治建设的指示精神和省委、市委常委会会议精神。

●市领导到市公安局巡特警支队二大队、市交警支队鲤城一中队、泉州监狱六监区，了解一线干警执勤执法、装备配备和后勤保障情况。

●受市委、市政府委托，市民政局、市双拥办、泉州军分区、丰泽区组成慰问组，到解放军第180医院看望慰问在医院住院的部队伤病员。

●由市商务局、市委人才办等主办的“2018泉州人才港湾计划·电商创意创新创业大赛”启动。

●福布斯中文网公布2018中国慈善榜，9名泉州商人（家族）上榜。

8月1日

农历戊戌年六月二十
星期三
温度：27℃—38℃
小雨转多云

●由海政文工团、海军陆战队、福建省、泉州市主办的国际军事比赛—2018海上登陆赛军地联欢晚会在晋江市举行。

●王永礼到石狮市检查征兵体检工作。

●全市扫黑除恶专项斗争领导小组成员会议召开，贯彻落实上级督导要求，通报分析当前形势。

●市人社局发布泉州市2018年企业工资指导线。

●新华社播发通稿《福建晋江：小小陆地港　国际大贸易》。

●为方便台湾同胞在泉州安居乐业，泉州市在教育、住房、劳动保障等方面推出一系列举措，为台湾同胞提供多项优惠政策。

2018海上登陆赛联欢晚会在晋江市举行

由海政文工团、海军陆战队、福建省、泉州市主办的国际军事比赛—2018海上登陆赛军地联欢晚会在晋江市举行。泉州领导王永礼观看演出。晚会在舞蹈《金鸡辉煌》中拉开帷幕，随后，南音演唱《海丝航标颂》、流行歌舞《爱拼才会赢》、杂技绳技《梦向远方》、女声独唱《莫斯科郊外的晚上》、武术《蛟龙出海》等12个节目陆续上演。

全市扫黑除恶专项斗争领导小组成员会议召开

全市扫黑除恶专项斗争领导小组成员会议召开，贯彻落实上级督导要求，通报分析当前形势，主动对标，强化整改，压实责任，更好更快推动扫黑除恶专项斗争有效开展。会议要求，要开展集中行动，更快更实抓攻坚，以创新建立专业队伍为抓手，组成4支专业队伍和6支小分队，聚焦重点地区、行业、领域、环节存在的短板问题，集中开展排查核查、精准打击、深挖彻查、组织整顿、宣传发动、资料整理、指导督导7个专项行动。要强化责任担当，不折不扣抓落实，树立大局观念、责任意识，对专项督导工作进行再部署、再动员、再细化、再落实。

泉州市2018年企业工资指导线发布

市人社局发布泉州市2018年企业工资指导线。2018年，泉州市企业货币工资增长上线为13%，基准线为8%，下线为3%，且企业支付职工工资不得低于泉州市的最低工资标准。针对企业不同情况，泉州市分别对国有企业和非国有企业提出职工工资增长的指导意见。国有企业应按有关政策规定，在工资指导线范围内调整、确定工资增长速度和分配水平。工资水平已达到本地区上年度在岗职工平均工资3倍及以上的，要严格实行工资总额和工资水平双重调控，原则上不应再增加工资。国有企业要建立职工工资增长与负责人薪酬增长挂钩机制，职工平均工资水平不增长的企业，负责人工资也不宜增长，职工工资与负责人薪酬应保持合理的比例。

非国有企业应结合本企业生产经营和经济效益状况，通过开展工资集体协商等民主程序，合理确定企业职工工资水平，完善企业内部分配制度。经济效益增长较快的企业，确定工资增长幅度时不得高于工资增长上线。生产经营正常、经济效益增长的企业，确定工资增长幅度时应围绕工资增长基准线进行。经济效益下降的企业，经与工会或职工代表协商同意，可适当降低工资增长幅度，但其支付给依法提供正常劳动职工的工资不得低于当地最低工资标准。

此外，泉州市还发布2018年建筑业、批发零售业、住宿餐饮业、交通运输仓储和邮政业四个行业的工资指导线，确定2018年建筑业工资增长基准线为8%、批发和零售业工资增长基准线为10%、住宿和餐饮业工资增长基准线为10%、交通运输仓储和邮政业工资增长基准线为9%；四个行业工资指导线下线均为3%。如四个行业的企业经济效益亏损、职工工资发放出现困难，工资可以零增长，但其支付给依法提供正常劳动职工的工资不得低于当地最低工资标准。

泉州市为台湾同胞安居乐业提供保障

为方便台湾同胞在泉州安居乐业，泉州市在教育、住房、劳动保障等方面推出一系列举措，为台湾同胞提供多项优惠政策。为落实台湾同胞子女就读义务教育阶段学校与本地居民享有同等待遇，泉州市在义务教育阶段招生坚持的“划片招生、就近入学、统筹安排”原则，同步适用于台湾同胞子女。为方便台湾同胞咨询申请公共租赁住房政策，市住建局设立专门工作电话，作为全市台湾同胞申请公共租赁住房的咨询或受理联系电话。支持台湾同胞在泉州享受同等劳动保障待遇。如泉州台商投资区加强对台湾籍职工的服务和帮扶，开展节假日、会员生日、生病住院等慰问活动，对符合条件的台湾职工纳入工会职工医疗互助范围；设立台湾籍职工法律服务专员、台湾籍职工维权联络员等，负责依法维护台湾籍职工合法权益，为权益受到侵害的员工提供免费法律援助、法律维权“全程帮”等。

市委常委会会议传达习近平指示精神

市委常委会召开会议，传达习近平、李克强和省委书记于伟国关于防汛抢险救灾工作的指示精神；传达习近平关于巡视工作的指示、赵乐际在黑龙江召开巡视整改落实工作座谈会上的讲话和省委有关会议精神；传达栗战书到福建、到泉州调研精神和省委常委会会议精神，研究泉州市贯彻意见。会议指出，各级各相关部门要树立以人民为中心的思想，紧绷安全之弦，杜绝麻痹大意，紧盯薄弱环节，全面排查风险隐患，查找差距、补齐漏洞，完善预测预防预案措施和应急管理机制。结合村级组织换届，注重新老传帮带，指导基层加强应急演练，压紧压实防汛抢险救灾责任。会议指出，各级各部门要提高政治站位，主动对标中央要求、省委部署，做好巡视整改“后半篇文章”。要层层扛起责任，坚决改彻底改，对照省里整改任务分解方案逐项细化，严明市委巡视整改主体责任、书记第一责任人责任和班子成员“一岗双责”，严督实查，确保问题整改条条见成效。要突出成果运用，举一反三自查自纠，抓牢关键环节，营造良好政治生态，趁势提升管党治党水平。

市十六届人大常委会第二十四次主任会议召开

市十六届人大常委会第二十四次主任会议现场
（图/王虎文）

市十六届人大常委会第二十四次主任会议召开。会议听取市人大常委会代表资格审查委员会关于个别代表的代表资格的审查报告，讨论市十六届人大三次会议的日程安排（草案）和各项建议名单，确定市十六届人大常委会第十四次会议的召开时间和建议议程，提出第二十五次主任会议建议议题，初定市十六届人大常委会第十五次会议的召开时间和建议议程。会议指出，要按照大会筹备工作安排，认真过细，严格程序，做好市十六届人大三次会议的筹备工作，确保会议圆满成功。

全市提升跨境贸易便利化水平专项行动业务培训会举行

全市提升跨境贸易便利化水平专项行动业务培训会暨新海关政策宣讲会举行，约200家相关外贸企业业务负责人到会学习。宣讲会上，泉州市跨境贸易便利化水平专项行动小组成立，包括口岸各查验单位，福建省湄洲湾港口管理局、泉州港口管理局，泉州市口岸办、商务局、交通委、物价局、税务局等相关部门，将协力推动泉州市跨境贸易提效、降本。

会上，海关部门特别提醒企业，中国已与27个国家或地区签署区域性协定，应该用足、用好自贸区原产地证政策。产品出口至已签署区域性贸易协定的国家或地区，以及产品已列入降税产品清单范围的企业，可利用好产地证优惠带来的关税减免、通关便利，以提高市场竞争力、增加订单、提升客户满意度。企业也可登录中国自贸区服务网，进行降税清单查询。国家外汇管理局泉州支局相关负责人介绍该局支持泉州外贸发展的具体做法，包括：优化贸易收支结算、推出电子化审核、疏通结算渠道、支持外贸新业态。针对如何应对人民币汇率波动风险，上述负责人为企业支着，建议企业将出口收入用于支付进口及还贷、成本核算时提前计入汇率波动成本、谨慎办理衍生品业务、进口企业适当提前购付汇、增加跨境人民币结算、增加开证融资币种、继续推进“走出去”战略。企业可按自身实际情况，提早布局，综合运用风控措施。

全市提升跨境贸易便利化水平专项行动业务培训会现场
（图/泉州海关）

8月2日

农历戊戌年六月廿一
星期四
温度：26℃—33℃
小雨转阴

●市委常委会召开会议，传达习近平、李克强和省委书记于伟国关于防汛抢险救灾工作的指示精神等。

●市十六届人大常委会第二十四次主任会议召开，听取市人大常委会代表资格审查委员会关于个别代表的代表资格的审查报告等。

●市十六届人大常委会第十四次会议召开，听取市人大常委会代表资格审查委员会关于个别代表的代表资格的审查报告，审议表决通过市人大常委会公告稿、市十六届人大三次会议的日程安排和各项建议名单。

●全市政协系统学习习近平关于加强和改进人民政协工作的思想理论研讨会召开。

●全市2508个村（社区）全部完成党组织换届选举工作，比预期节点提前近一个月，一次性选举成功率100%。

●市直机关党的政治建设推进会召开，学习贯彻习近平对推进中央和国家机关党的政治建设的指示精神以及中央、省委、市委的部署，部署下阶段工作。

●全市提升跨境贸易便利化水平专项行动业务培训会暨新海关政策宣讲会举行。

●2—3日，由泉州市文广新局和泉州市教育局主办的泉州市第二十八届中小学生南音比赛在晋江市举行。

8月3日

农历戊戌年六月廿二
星期五
温度：26℃—33℃
小雨

●“国际军事比赛—2018”海上登陆赛求生赛第二轮比赛在石狮市举行，中国队获求生赛团体第一名。

●厦门航空泉州分公司揭牌成立，泉州市政府与厦门航空有限公司签订加强战略合作深化协议。

●经省科技厅、省经信委、省国资委、省总工会四部门确认，全省共有26家企业获评第九批省级创新型企业。晋江市维丰织造漂染有限公司等7家泉州企业入选，泉州市获评企业总数列全省各设区市首位。

●经上级公安机关批准，石狮市公安局撤销户政窗口，成为省内首家不再设立户政窗口的县级公安机关。

市政府与厦门航空签订加强战略合作深化协议

厦门航空泉州分公司揭牌成立，泉州市政府与厦门航空有限公司签订加强战略合作深化协议，加深双方合作，推动泉州民航事业持续发展。市委书记康涛，市委副书记、代市长王永礼，副市长吕刚，厦门航空董事长车尚轮，厦门航空总经理赵东参加。康涛在致辞中指出，泉州市委、市政府历来高度重视与厦门航空合作，自2015年签订战略合作框架协议以来，双方合作不断深化，促进泉州航空市场繁荣，为泉州经贸、文化、旅游发展做出贡献。希望厦门航空以泉州分公司成立为新起点，加大在泉州的运力投入，增加航线航班，推广厦门航空一流的服务管理模式，与地方共赢发展。车尚轮表示，厦门航空将配合泉州战略发展步伐，服务泉州经济发展、群众出行，支持泉州晋江国际机场建成千万级机场。

泉州民航事业快速发展，旅客吞吐量近三年年均增长25%，2017年达534万人次；2018年上半年增长53%，增速居全国200多个民用机场第二名。此次市政府与厦航签订加强战略合作深化协议后，厦航将在泉州投入更多运力，力争到“十三五”末，在泉州投入25架飞机，年旅客吞吐量达400万人次，通航航点达40个，实现泉州至国内千万级机场全通航，全国省会城市、主要经济发达及旅游城市全覆盖。同时，拓展国际航线，开通泉州至新加坡、首尔、曼谷等国际航班。

厦门航空泉州分公司揭牌成立（图/廖平和）

泉州市新增7家省级创新型企业

经省科技厅、省经信委、省国资委、省总工会四部门确认，全省共有26家企业获评第九批省级创新型企业。晋江市维丰织造漂染有限公司等7家泉州企业入选，泉州市获评企业总数列全省各设区市首位。至此，泉州市省级创新型企业达到229家。省级创新型企业评选指标包括研发能力、自主知识产权、创新绩效、创新管理等，评选条件包括采用新产品、新服务或新工艺带来的销售收入占当年主营业务收入比重达20%以上，过去3年内须推出过新产品（或工艺、服务）等，是对企业科技创新能力全方位的评估。

入选企业将获得省级创新成果后补助奖励。奖励经费由受奖励企业向省科技厅申报创新型企业创新成果后补助项目，用于支持企业开展技术创新活动。企业按国家创新型企业、国家创新型试点企业、评估优秀和良好的省级创新型企业四个档次给予资助，资助项目数和单个项目资助额度，根据当年创新型企业专项资金规模，结合当年申报的省级创新型企业数量和评价总体情况择优确定。

石狮市在全省率先撤销县级户政窗口

经上级公安机关批准，石狮市公安局撤销户政窗口，成为省内首家不再设立户政窗口的县级公安机关。石狮市公安局户政窗口停止对外办公后，原本由该窗口承担的业务，前移到石狮市14个派出所，实行户籍业务跨所办理，群众可就近到任何一个派出所，“一站式”办理全部户籍业务。

泉州市全面实施在建工程环境在线监测

为控制施工扬尘污染，保护和改善空气质量，市住建局下发通知，要求即日起中心市区及县（市）城镇规划区全面实施在建工程环境在线监测。在建工程环境在线监测安装范围包括两类：一是新开工的项目，即总建筑面积一万平方米以上的房建项目、工程造价5000万元以上的市政工程须在项目红线范围南北两侧至少各安装1台环境在线监测设备；总建筑面积不足一万平方米的房建项目、工程造价5000万元以下的市政工程须在场地内常年下风向至少安装1台环境在线监测设备。二是已开工但尚未完成土方作业的房建和市政基础设施项目（规模同新开工项目），也应当安装在建工程环境在线监测设备（安装数量同上）。

2017年度泉州文学奖颁奖

2017年度泉州文学奖在南安市颁奖。10位作者的优秀作品获2017年度泉州文学奖，分别为雷智华长篇小说《春风拂过你的脸庞》、郑国宝长篇纪实文学《烽火南洋》、庄丽萍散文《向下（外一篇）》、骆锦恋文学评论《太阳的温暖和月亮的神韵》、黄添银组诗《已是阔斧扛肩年纪》、傅友福短篇小说《终极旅行》、郑那君散文《被关起来的井》、柯秀贤组诗《柯秀贤的诗》、庄璐散文《童年的无花果》和陈淑芬散文《家有小弟》，这些作品都是2017年度发表在省级以上正式刊物的原创文学作品和文学评论作品。主办方希望获奖者继续深入基层，贴近生活，扎根群众，创作出更多优秀作品，为泉州文学事业的繁荣发展做出更大贡献。泉州文学奖由市文联、市作家协会主办，自2006年起已评选12届。

泉州市首个旅游民宿新规出台

为规范石狮市旅游民宿业管理，促进旅游民宿业健康有序发展，结合石狮市本土民宿产业实际情况，《石狮市关于发展永宁镇旅游民宿的实施意见（试行）》（以下简称“意见”）正式通过。此系泉州市首个旅游民宿新规，也是全省第二个以县（市）级政府的名义单独制订通过的旅游民宿新规。意见主要包括规模与范围、管理机制、基本要求、部门职责、申报对象、申报程序与时限、经营责任及其他八方面内容，自公布之日起施行，有效期两年。

值得关注的是，意见适用于永宁镇行政区域范围，并明确民宿的经营规模，即民宿单栋房屋客房数不超过14间，床位数应在30床以内，建筑总层数不超过4层，且建筑面积不超过800平方米。民宿管理实行“属地负责、分级管理、行业自律、行政监管”的原则，实行永宁镇政府属地管理、有关部门联合核验和监管的管理机制。民宿业主及经营管理者落实经营管理主体责任，永宁镇政府履行属地管理主体责任，各有关部门履行行业监管职责。

与此同时，社会法人或自然人均可申报经营民宿。民宿经营者在申请时，需填写石狮市民宿经营申报联合核验表及提供相关申报材料。意见明确民宿经营者作为民宿经营主体，必须待申报手续齐全（即提供审批通过石狮市民宿经营申报联合核验表、工商营业执照及提供相关申报材料）后才能从事具体经营活动。

2018晋江·全球华人跆拳道公开赛举行

4—6日，由晋江市体育总会指导，中华全球华人跆拳道总会主办，晋江市骄阳青少年体育俱乐部承办的2018晋江·全球华人跆拳道公开赛在晋江市祖昌体育馆举行。马来西亚、菲律宾、韩国、泰国等十多个国家和地区的64支代表队2000多名运动员参赛。比赛设品势比赛（包括个人品势、混合品势、团体三人品势）和竞技比赛（个人），采用世界跆拳道联盟最新的比赛规则，采用单败淘汰制，最终决出前三名。值得一提的是，该届比赛邀请多位跆拳道国际级裁判担任裁判工作，保障比赛的专业、高端与公正，赛事的规格和影响力均达到国际水平，也得到参赛队伍的好评。最终，国内代表队博武堂跆拳道、利兴跆拳道、我兴跆拳道分获品势团体总分前三名；博武堂跆拳道、利兴跆拳道、黑带跆拳道分获竞技团体总分前三名。

8月4日

农历戊戌年六月廿三
星期六
温度：27℃—33℃
小雨转多云

●为控制施工扬尘污染，保护和改善空气质量，市住建局下发通知，要求即日起中心市区及县（市）城镇规划区全面实施在建工程环境在线监测。

●2017年度泉州文学奖在南安市颁奖。

●《石狮市关于发展永宁镇旅游民宿的实施意见（试行）》正式通过，系泉州市首个旅游民宿新规，也是全省第二个以县（市）级政府的名义单独制订通过的旅游民宿新规。

●4—6日，由晋江市体育总会指导，中华全球华人跆拳道总会主办的2018晋江·全球华人跆拳道公开赛在晋江市祖昌体育馆举行。

8月5日

农历戊戌年六月廿四
星期日
温度：26℃—34℃
多云

●晋江向金门供水工程通水现场会在晋江市龙湖水库金门供水泵站举行，标志晋江向金门供水工程通水。

●5—6日，由北京大学中文系主办的第十三届全国中小学生创新作文大赛总决赛（高中组）在北京举行，泉州五中学生刘怡含以小小说《穷》获第一名。

●泉州大开元寺扶贫救灾公益协会与泉州市第一医院组织爱心医护人员和义工团队，到惠安县辋川镇后许村开展施医赠药义诊活动。

晋江向金门供水工程正式通水

晋江向金门供水工程通水现场会在晋江市龙湖水库金门供水泵站举行。中共中央台办、国务院台办主任刘结一，省委书记于伟国、省长唐登杰，水利部副部长周学文，省领导周联清、李德金，金门县民意机构负责人洪丽萍出席现场会。刘结一、于伟国、周学文、洪丽萍按下启动按钮，开机送水，标志晋江向金门供水工程正式通水。泉州市领导康涛、王永礼、陈奕辉、翁祖根、肖汉辉，晋江市有关负责人出席现场会并介绍金门供水工程建设概况，三百多位两岸嘉宾参加活动。

刘结一表示，该供水工程顺利实施，为金门民生需求、建设发展解燃眉之急，免后顾之忧，是金门发展史上的一件大事、喜事，是两岸同胞共同庆贺的一件大事、喜事，更为两岸关系史册增添同胞情谊水乳交融的又一佳话，体现出他们为台湾同胞谋福祉的担当作为。他们愿率先与台湾同胞分享大陆巨大的发展机遇，欢迎台湾同胞搭乘民族复兴快车，在这一伟大征程中实现更好更快发展。

刘结一指出，两岸关系好，台湾老百姓才会好，台湾才有前途。台湾某些人出于阴暗的政治目的，竟然对老百姓尽早解决吃水问题横加阻挠，无理取闹。这些人把台湾同胞的福祉、切身利益和生活必需置于何处？两岸同胞看得一清二楚。民心不可逆，民意不可违！这些人无视台湾同胞民意，背离台湾民众的利益，必然自食其果。台湾民众一定会做出正确的抉择。两岸同胞要团结一心，坚持体现一个中国原则的“九二共识”，坚决反对和遏制“台独”分裂活动，顺应历史大势，共担民族大义，共同推动两岸关系和平发展、推进祖国和平统一进程，共圆中华民族伟大复兴的中国梦。

刘结一在讲话中肯定福建省委、省政府对向金门供水工程高度重视，多次研究解决方案，克服种种困难，坚持不懈推进工程建设。“31条措施”发布后，福建省和厦门市结合本地实际积极先行先试，发布实施惠及台企台胞的进一步政策措施。相信福建省有关部门将在供水各个环节严把质量关，确保金门乡亲喝上、用上放心水。

唐登杰表示，该供水工程实现通水，展现福建省委、省政府对金门人民的深情厚谊，承载两岸人民对和平统一的企盼、对美好生活的共同追求。福建将进一步完善引供水网络，加强水源调度和水源地保护，保障供应充足，保障供水水质，让金门乡亲共享清洁水、安全水、生态水。我们要贯彻落实习近平对台工作重要思想，落实中央促进两岸经济文化交流合作的“31条措施”和福建省“66条实施意见”，深化闽台各领域交流合作，打造两岸交流合作的“桥头堡”和“试验田”。

周学文代表国家水利部向晋江向金门供水工程实现正式通水表示祝贺。周学文表示，该工程正式通水标志晋江向金门供水工程进入正常运行管理、全面发挥效益的新阶段。希望两岸加强合作、强化管理，确保工程科学稳定运行，持久发挥工程的民生效应。

洪丽萍表示，金门民众对来自家乡的水期盼已久，“两岸一家亲、共饮一江水”终于成为现实。感谢大家为金门通水作出的不懈努力。福建以优质、优先、优价向金门供水，金门同胞感念在心。希望我们手牵手、心连心，共同推动两岸关系和平发展。

晋江向金门供水工程由晋江龙湖取水泵站、陆地输水管道和跨海输水管道三个部分组成，线路总长约28千米，设计流量3.4万立方米/日，工程总投资3.88亿元人民币，水费按9.86元新台币/立方米计价。

晋江向金门供水工程通水现场会（图/泉州晚报社）

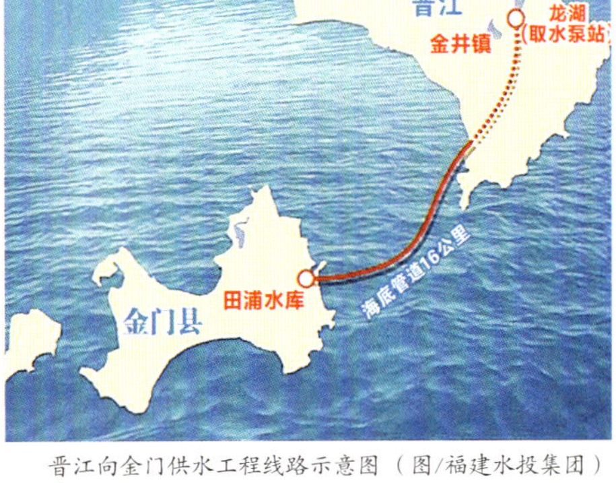

晋江向金门供水工程线路示意图（图/福建水投集团）

市委常委会会议传达习近平讲话精神

市委常委会召开会议，传达7月31日中央政治局会议和习近平在中央财经委员会第二次会议上的讲话精神；传达全国、全省组织工作会议精神；传达省委习近平新时代中国特色社会主义思想学习汇报会和全省精神文明建设工作暨先进命名表彰大会精神，研究泉州市贯彻意见；研究《泉州市提升营商环境行动实施细则》和《关于建设更高水平“平安泉州”的实施意见》。

会议指出，各级各部门要坚持稳中求进工作总基调，不折不扣贯彻中央、省里部署要求，加快一批高质量发展、区域交通改善等重大项目建设；把稳增长的立足点放在转型升级、实体经济发展上；做实“进”的文章，抓实抓细经济运行着力点，集中更多精力抓招商、抢落地，完成全年目标任务。要掌握科技发展主动权，营造人才创新环境，把握人才需求的敏感点，把握应用转化关键环节，立足优势、条件、需求，搭建创业载体，更精准更有针对性地开展工作。

会议指出，要全面落实新时代党的组织路线，加强组织体系建设，维护习近平总书记核心地位，维护党中央权威和集中统一领导，推动基层党组织全面进步全面过硬。做好干部培育、选拔、管理、使用工作，培养选拔优秀年轻干部，打造忠诚干净担当的高素质干部队伍。深化人才“港湾计划”，集聚各方面优秀人才。

会议指出，学习习近平新时代中国特色社会主义思想，是长期政治任务，更是每一名党员的政治责任。各级党组织要按照省委“学出忠诚、学出信仰、学出责任、学出宗旨、学出本领”要求，结合“不忘初心、牢记使命”主题教育，结合庆祝改革开放40周年，推动“大学习”不断引向深入。要贯彻习近平关于精神文明建设重要论述，按照全省会议部署，加强新思想宣传阐释，培育和践行社会主义核心价值观，推进全国文明城市创建常态化，深化移风易俗，展现精神文明建设新气象、新作为。

会议指出，各级各部门要围绕压缩行政自由裁量权、全过程台账管理等重点环节，借助现代化信息化手段，全面梳理简化办事流程，持之以恒、久久为功，把基础工作做好做扎实。要及时总结推广各地的好经验好做法，推动相互借鉴、全面提升，为实现高质量赶超跨越营造稳定公平透明、便捷高效、可预期的营商环境。

会议指出，要有效应对新时代综治维稳工作新挑战，抓牢抓实综治平安建设各项工作，落细落实“打、防、管、调、建”各项措施，打赢扫黑除恶攻坚战，提升社会治安防控体系整体效能。要层层推动压实综治责任，党政主官和部门“一把手”负总责，各级政法委、综治委发挥统筹、协调、督促作用，各成员单位抓好本系统本行业平安建设；加强督促检查、考核评价和督导问责，奖惩并举倒逼尽责担当。

两岸中学生“海上丝绸之路书法之旅”夏令营在洛江区举办

6—8日，由教育部语言文字管理司、省教育厅主办，福建省教育学会书法教育委员会、台湾省书法教育理事会承办，洛江区教育局、尤溪县教育局协办的2018年两岸中学生“海上丝绸之路书法之旅”夏令营在洛江区举办。此次夏令营以书法研学为主题，营员来自两岸四省，大陆和台湾的营员各40名，都具有良好的书法基础。双方采取一对一结对子的方式交流，不仅能切磋书法技艺，也能增进对彼此的了解。

泉州学生获第十三届全国中小学生创新作文大赛一等奖

由北京大学中国语言文学系和《课堂内外》杂志社主办的第十三届课堂内外杯全国中小学生创新作文大赛总决赛（初中组）在上海举行，泉州七中金山校区初中部学生王一婷、黄婧舒获一等奖。（图/王盼琛）

8月6日

农历戊戌年六月廿五
星期一
温度：27℃—34℃
多云

●市委常委会召开会议，传达7月31日中央政治局会议和习近平在中央财经委员会第二次会议上的讲话精神；传达全国、全省组织工作会议精神等。

●全市村级组织换届选举工作推进会召开，总结前阶段村级党组织换届选举工作，部署下阶段村（居）委会换届选举工作重点。

●泉州市加强农村基层组织建设、开展“村霸”问题专项整治工作推进会召开，传达省扫黑除恶专项斗争领导小组成员（扩大）会议精神，部署下阶段工作。

●6—8日，由教育部语言文字管理司、省教育厅主办，福建省教育学会书法教育委员会、台湾省书法教育理事会承办的2018年两岸中学生“海上丝绸之路书法之旅”夏令营在洛江区举办。

●由北京大学中国语言文学系和《课堂内外》杂志社主办的第十三届课堂内外杯全国中小学生创新作文大赛总决赛（初中组）在上海举行，泉州七中金山校区初中部学生王一婷、黄婧舒获一等奖。

●晋江市第二届海峡两岸大学生乡村营造夏令营开营。

8月7日

农历戊戌年六月廿六
星期二
温度：26℃—35℃
多云

●由市委统战部主办的习近平新时代中国特色社会主义思想学习会暨统战大讲堂开讲。

●由省教育厅主办，中德（福建）教育合作与发展中心、市教育局、泉州信息工程学院承办的2018年中德（福建）教育合作与发展师资培训项目开班仪式在泉州举行。

●由市卫计委、市体育局、市疾病预防控制中心等主办的2018年泉州市“健康中国行——科学健身”启动仪式暨环西湖公园健步走活动举行。

●由福建省中小企业互助商会、泉州市老龄服务志愿者协会主办的“父爱如山，孝行无疆”弘扬孝道文化活动在泉州举行。

●石狮（厦门大学）创新创业基地及石狮厦门云创智库科技离岸创新创业基地揭牌仪式在厦门举行。

习近平新时代中国特色社会主义思想学习会开讲

习近平新时代中国特色社会主义思想学习会暨统战大讲堂开讲，省委统战部部务会议成员、省社会主义学院党组书记李韧做主题演讲，市直统战系统成员单位、各民主党派市委会全体干部，市新阶联、市留联、市宗教团体相关负责人及部分党外处级干部，以及部分市直机关和在泉州高校负责人参加学习会。以“画出最美最大同心圆”为主题，李韧讲述了习近平新时代中国特色社会主义思想和中共十九大精神中统一战线的地位与任务，统一战线在历史和现当代中的作用，新时期统战工作形势与任务。李韧引用大量鲜活事例，并结合泉州统战实际，对习近平新时代中国特色社会主义思想进行生动准确的解读。与会人员表示，学习会通俗易懂、内容丰富而生动，让大家对新思想有了更透彻的理解。会议指出，全市统一战线将兴起习近平新时代中国特色社会主义思想“大学习”热潮，引导统战干部和统一战线成员全面学、系统学、长期学、深入学。以新思想为指引，开创全市统一战线新局面。

中德教育合作与发展师资培训项目在泉州开班

由省教育厅主办，中德（福建）教育合作与发展中心、市教育局、泉州信息工程学院承办的2018年中德（福建）教育合作与发展师资培训项目开班仪式在泉州举行。全省24所高职院校智能制造、大数据及物联网专业的30位骨干教师参加培训。此次培训旨在更好地学习借鉴德国的职业教育经验和做法，为福建省与德国职业教育的深度合作奠定基础，对福建职业教育中外合作与发展有着深远的意义。该培训作为智能制造专业研修，采用理论与实践一体化的培训方式，邀请德国专家讲授专业知识，通过智能制造公共实训基地提升专业技能，培训活动持续至18日。培训内容和课程安排较为全面、丰富，实训课程占比超过50%，具有较强的针对性、实践性。德国的汤卫思教授表示，此次主要是讲解一些机械类、计算机信息类等跨学科领域的课程，希望能让从事职业教育的老师在学习中得到启发。

相关链接：早在2009年，泉州信息工程学院就率先与德国莱茵兰—普法尔茨州教育学院开展合作项目，莱茵兰—普法尔茨州每年派团到泉州开展职业教育师资培训，泉州每年组团到莱茵兰—普法尔茨州参加职业教育培训。5月，省教育厅同意在中德（泉州）职业教育师资培训基地的基础上，依托泉州信息工程学院设立中德（福建）教育合作与发展中心。该中心的建立，旨在深化福建省与德国莱茵兰—普法尔茨州友好省州合作内涵，学习借鉴德国先进职业教育理念和模式，探索建立中德职业教育合作新机制。

2018年泉州市“健康中国行——科学健身”活动启动

由市卫计委、市体育局、市疾病预防控制中心等主办的2018年泉州市“健康中国行——科学健身”启动仪式暨环西湖公园健步走活动举行。活动分为现场义诊宣传、现场制作中医药膳、环西湖健步走三个环节。在义诊宣传区，市疾病预防控制中心工作人员为参加健步走的人员及过往群众分发宣传单，指导市民如何科学健身、预防疾病；多名专家、医生免费为市民开展义诊咨询，通过为市民测量血压、询问身体健康状况等方式，给予市民建议，倡导市民养成健康生活方式；在中医药膳区，由泉州市正骨医院相关人员制作“三身布丁”“玉池凤凰”“苦尽甘来”等中医药膳，供市民食用。环西湖健步走前，由专业教练带领团队通过伸展、扩胸、压腿、活动手腕脚腕、膝关节运动等方式进行热身运动，随后，全体参与人员从西湖公园西门出发，健步走到西湖公园东南门。

相关链接：“健康中国行——全民健康素养促进活动”是由国家卫生健康委员会在健康促进与教育领域开展的一项精品工程。活动于2013年启动，由国家卫生健康委员会宣传司牵头，由多部门共同发起，每年选定一个群众普遍关心的健康主题，面向公众开展健康科普宣传倡导活动。2018年的主题是“科学健身”。

2018海上登陆赛接力赛在石狮市举行

8—9日，“国际军事比赛—2018”海上登陆赛第三阶段——接力赛在石狮市将军山海域举行。接力赛的场地设置针对两栖登陆战斗作战样式和作战环境，紧贴实战，集快速射击、驾驶越障、指挥通联于一体，要求各车组成员操作步战车按规定路线、用最短时间越过各类障碍、击毁预设目标。赛道总长约8千米，其中水上约1千米。比赛既是对参赛装备的检验，更是参赛官兵作战能力、协同能力、战斗精神的对决。此次比赛用车均使用中方提供的05式两栖装甲步兵战车，是中国海军陆战队的主战装备。贴近实战化的赛道设置给车组构成不小挑战。整个约8千米的赛道，沿途设置反坦克壕、模拟登陆舰、车辙桥、崖壁等15个障碍物。在通过陆上S形限制路时，限制杆间隔18米，仅仅比车身长8米，行驶中极容易碰杆，驾驶员是通过安装在驾驶室上方的三个潜望镜观察车外情况的，而步战车的潜望镜大小与手机差不多，在颠簸的车内进行观察驾驶，其难度可想而知，要求驾驶员对车身姿态和位置有极强的感知能力；水上驾驶也是接力赛的一大难点，沙与海的碰撞，检验的是参赛队员的驾驶技术与协同配合。

全市基层理论宣讲员选拔赛举行

由市委宣传部、市委讲师团主办的“身边事我来讲”全市基层理论宣讲员选拔赛举行。6月，泉州市启动“身边事我来讲”泉州市基层理论宣讲员选拔赛，吸引各县（市、区）基层宣讲员参与。经过初评，25名选手进入选拔赛。经过比拼，朱桂香、郭钧淼、何舒婷等10名优秀基层宣讲员入围。全市基层理论宣讲员选拔赛旨在调动和激发基层理论宣讲员推动“大学习”深入开展，同时发现和培养一批扎根基层、热爱宣讲的基层理论宣讲骨干。

“中国渔政35301”执法船入列

“中国渔政35301”执法船入列仪式在市区后渚港码头举行，标志该船正式加入海洋与渔业执法序列。“中国渔政35301”执法船总吨位300吨，总长49.9米，型宽7.6米，型深4.2米，设计航速18节，续航力2000海里，自持力15天，满足Ⅱ类航区航行要求，是泉州市海洋与渔业系统吨位最大、设备最全、性能最好的执法船。“中国渔政35301”执法船的入列，象征泉州市海洋与渔业海上执法能力建设达到新高度。该船不仅将承担起泉州11360平方千米海域、541千米海岸线、293个海岛和24个三级以上渔港的海上执法巡航任务，开展“蓝剑”“亮剑”“碧海”“海盾”等专项执法行动和海上扫黑除恶专项斗争，还将发挥维护渔业生产秩序、保护渔业资源可持续利用和海上抢险救助的作用，为推进海上“平安泉州”建设保驾护航。

泉州市第十个全民健身日启动

全民健身日，泉州市第十个全民健身日启动仪式在泉州医高专举行。启动仪式上，6支代表队的百名队员分别进行舞狮、啦啦操、足球操、太极拳、广播体操等文体表演。当天，在泉州医高专等学校还举行2018年福建省全民健身运动会泉州市万米百队混合接力比赛。“全民健身日”期间，全市各地共举办60多场的比赛与活动。

相关链接：近年来，泉州市积极构建公共体育服务体系，基本建立覆盖全城、功能完善的全民健身公共服务体系。各类全民健身活动蓬勃发展，城乡居民的健身意识进一步增强，参加体育锻炼的人数显著增长。截至2017年底，泉州市经常性参加体育锻炼人口达330多万人，占常住人口总数的38.5%。此外，人均体育场地面积达1.8平方米。

泉州市第十个全民健身日启动仪式上的足球操表演
（图/魏献仁）

8月8日

农历戊戌年六月廿七
星期三
温度：26℃—35℃
多云

●8—9日，“国际军事比赛—2018”海上登陆赛第三阶段——接力赛在石狮市将军山海域举行。

●王永礼到市各民主党派机关走访，了解各民主党派工作开展情况。

●市政协党组中心组（扩大）学习会议召开，传达习近平关于巡视工作的指示精神和省委常委会（扩大）会议、省委巡视整改工作领导小组会议精神。

●8—11日，由省体育局、省教育厅主办的2018年福建省青少年田径冠军赛暨中学生联赛在泉州聚龙外国语学校举行。

●由市委宣传部、市委讲师团主办的“身边事我来讲”全市基层理论宣讲员选拔赛举行。

●泉州市妇产医院“同心楼”揭牌。

●“中国渔政35301”执法船入列仪式在市区后渚港码头举行，标志该船正式加入海洋与渔业执法序列。

●来自台湾的邱俊杰当选泉州台商投资区总工会副主席，成为大陆首个在区一级总工会担任副主席职务的台湾同胞。

●2018年泉州市农民工创业培训班开班。

●泉州市第十个全民健身日启动仪式在泉州医高专举行。

●泉州交警部门开出全市首张处罚私自违规占用停车位的罚单。

●2018环球旅游小姐福建赛区启动仪式在德化县云龙谷景区举行。

8月9日

农历戊戌年六月廿八
星期四
温度：25℃—34℃
晴转多云

●“国际军事比赛—2018”海上登陆赛在石狮市完成全部项目比赛，中国队获团体冠军。

●泉州市第十六届人民代表大会第三次会议在泉州影剧院开幕。

●9—10日，西藏自治区政府副主席甲热·洛桑丹增带领代表团到泉州开展参观考察和招商引资等活动，了解泉州市产业发展、社会建设情况。

●上半年全市旅游经济形势分析会暨旅游安全工作会召开。

●泉州海关全面实施过渡期间“查检合一”联合作业。

●北京丰泽商会成立。

中国队获2018海上登陆赛团体冠军

“国际军事比赛—2018”海上登陆赛接力赛在石狮市展开第二轮角逐，伊朗、委内瑞拉两国6个车组陆续登场完成接力。综合首轮比赛成绩，中国队以1小时08分56秒的成绩获接力赛团体第一名。接力赛赛程总长约8千米，其中1千米为水上赛段，包含模拟登陆舰、反坦克壕、水上S型限制路等15个障碍物，每个参赛队派出一个陆战排3个车组，每个车组由车长、驾驶员、炮长各1人组成，以检验陆战排整体作战能力为主要内容。至此，国际军事比赛—2018海上登陆赛完成全部项目比赛。赛后，裁判委员会召开裁判会议，结合障碍赛、求生赛、接力赛三个阶段比赛成绩、排名与积分情况，最终确定中国队获得海上登陆赛团体冠军，俄罗斯、委内瑞拉参赛队分获团体亚军及季军。各外军参赛队对中方的赛事组织能力及裁决评判工作给予高度评价与认可，对比赛成绩一致认同并签署会议纪要。

市十六届人大三次会议开幕

泉州市第十六届人民代表大会第三次会议在泉州影剧院开幕。主席团常务主席、会议执行主席康涛、陈万里、张建生、朱团能、曾巍、许文贵、吴友才、蔡思红、欧阳秋虹在主席台前排就座。主席团其他成员，市委副书记、代市长王永礼，市委副书记陈奕辉，市委常委、市纪委书记、市监委主任温惠榕，市委常委、组织部长孔繁军，市中级人民法院院长陈明，市检察院检察长高扬捷，华侨大学党委书记关一凡，老领导施永康、林大穆、陈海基、洪泽生、潘燕燕、陈全顺、吕竞、王远东等在主席台就座。主席团常务主席、全体会议执行主席、市人大常委会副主任张建生主持会议。市十六届人大三次会议应到会代表498名，出席会议的代表488名，符合法定人数。会议表决通过大会选举办法。选举办法确定，将补选泉州市人民政府市长1名。大会选举工作由大会主席团主持。

西藏自治区政府代表团到泉州参观考察

9—10日，西藏自治区政府副主席甲热·洛桑丹增带领代表团到泉州开展参观考察和招商引资等活动，了解泉州市产业发展、社会建设情况。市委常委、统战部部长林方明等参加活动。代表团希望两地进一步深化合作、共赢发展。

泉州关区全面实施过渡期间“查检合一”

泉州海关全面实施过渡期间“查检合一”联合作业。是日，泉州关区共有肖厝、围头、石湖、陆地港4个现场启动“查检合一”工作，对8票报关单执行“一次查验”，其中H2010、e-CIQ共同布控1票，H2010系统单独布控2票，e-CIQ单独布控5票，涉及商品为原油、荒料石、再生颗粒、男式上衣等。为推进海关货物监管查检作业深度融合，在海关总署新一代海关查验管理系统上线应用前，在过渡期间推动实现关检指令协同和共同编组、联合作业，厦门关区在统筹整合关区查验场地、设施设备、查检人力资源的基础上，通过系统下达指令、人工协调对碰、编组实施查验和系统内录入的形式，执行“一次查验”，实现现场查验“一支队伍、共同作业”。

为确保“查检合一”工作顺利实施，泉州海关强化内外沟通协调，有序推进部署、培训及授权工作。联系原泉州检验检疫局召开“查检合一”过渡期间相关工作座谈会，就货物监管“查检合一”过渡期间相关工作进行探讨部署；召集各业务部门现场召开“查检合一”专项工作推进会，组织学习总署、总关及本关实施方案，明确目标及要求；做好前期准备工作，共同确定查验人员和施检人员名单、确定查验场地信息表，办理检验检疫人员授权。

泉州海关实施过渡期间“查检合一”联合作业
（图/黄忠族）

王永礼当选泉州市人民政府市长

市十六届人大三次会议第二次全体会议召开。大会采用无记名投票方式，补选王永礼为泉州市人民政府市长。根据全国人大常委会关于实行宪法宣誓制度的决定及省人大常委会关于国家工作人员宪法宣誓办法和宣誓组织办法的规定，王永礼进行了宪法宣誓。

康涛在闭幕式上讲话。就政府工作，康涛提出五点希望：一是旗帜鲜明讲政治。兴起“大学习”热潮，维护习近平总书记核心地位，维护党中央权威和集中统一领导，确保中央大政方针、省委决策部署和市委工作安排落到实处。二是爱拼敢赢促跨越。弘扬传承“晋江经验”，以“功成不必在我，功成必定有我”的担当精神，多做打基础、利长远的事情，坚持不懈推动转型升级，推进一流营商环境、古城提质新城集聚、生态连绵带等重点工作。三是全力以赴稳增长。树立主动应变的思想和强烈的机遇意识，按照中央“稳就业、稳金融、稳外贸、稳外资、稳投资、稳预期”的要求，保持项目攻坚2018热度，确保完成2018年各项目标任务。四是补齐短板惠民生。坚持以人民为中心的发展思想，打赢脱贫攻坚战，确保如期全面建成小康社会，让发展答卷更有“厚度”，民生保障更有“温度”。五是廉洁勤政树形象。要抓好全面从严治党主体责任，驰而不息改进作风，加强干部日常教育管理监督，树立为民务实清廉的良好形象。

王永礼当选市长后作了表态讲话。王永礼表示，作为市长，将做到“五个始终”。一是始终坚守忠诚的政治本色，带头维护习近平总书记核心地位、维护党中央权威和集中统一领导，在学习贯彻习近平新时代中国特色社会主义思想、同党中央保持高度一致、贯彻落实党中央各项决策部署上作表率，推动省委、省政府和市委的各项决策部署落地见效，确保政府工作沿着正确的方向前进。二是始终秉承泉州人“爱拼敢赢”的精神，传承和弘扬“晋江经验”，围绕市委已经绘就的建设目标、三年赶超计划、现代产业体系等蓝图，对照十六届人大二次会议通过的各项政府工作任务，一个问题一个问题突破，一件事情一件事情做好，推动泉州赶超跨越和高质量发展。三是始终自觉维护宪法和法律权威，执行好市人大各项决议和决定，自觉接受人大的法律监督和工作监督，欢迎代表多提宝贵意见和建议。延续历届政府依法行政、依法办事的好传统、好做法，深化“放管服”改革，建设法治型政府。四是始终牢记政府前面“人民”二字，打好三大攻坚战，一件接着一件办好民生实事。五是始终讲政德、明大德、守公德、严私德，襟怀坦荡、公道正派，管住自己、管好家人亲属和身边工作人员；落实中央八项规定及其实施细则精神，抓班子、带队伍，打造为民务实、团结干事、清正廉洁、奋发有为的政府团队。

康涛（右）与王永礼（左）在市十六届人大三次会议上
（图/陈英杰）

市政府党组（扩大）会议召开

市政府党组（扩大）会议召开，传达学习7月31日中央政治局会议、习近平在中央财经委员会第二次会议上的讲话精神和市委常委会精神，研究市政府党组初步贯彻意见；传达贯彻习近平关于巡视工作的指示精神和省委常委会（扩大）会议、省委巡视整改工作领导小组会议精神及市委常委会精神；传达贯彻栗战书到福建、泉州调研精神及市委常委会精神。会议要求，要学懂弄通做实习近平关于巡视工作的思想，按照省委、市委部署要求，坚决扛起责任，狠抓中央巡视反馈问题整改落实；要以巡视整改为契机，突出常态长效，强化政治纪律和政治规矩，共同营造风清气正的良好政治生态。

8月10日

农历戊戌年六月廿九
星期五
温度：26℃—35℃
多云

●市十六届人大三次会议闭幕，王永礼当选泉州市人民政府市长。

●市领导与到泉州考察的香港南安公会访问团座谈。

●市政府党组（扩大）会议召开，传达学习7月31日中央政治局会议、习近平在中央财经委员会第二次会议上的讲话精神和市委常委会精神，研究市政府党组初步贯彻意见等。

●泉州市在中心市区试点开展住房公积金新业务，利用商业银行信贷资金发放个人住房公积金贴息贷款。

●泉州市陶瓷中试服务基地在德化县鹏祥工业园区落成。

●泉州市开展落实高温津贴规定情况专项督查。

●由泉州市希望工程办公室、丰泽区丫丫流行舞蹈培训中心主办的“筑梦计划”——“嘻哈有爱 与舞同行”希望工程圆梦行动公益展演在市青少年宫举行。

●泉州开发区生活垃圾分类项目启动仪式举行，标志该区全区域全覆盖生活垃圾分类启动，系全市首个全区域开展生活垃圾分类的试点县（市、区）。

8月11日

农历戊戌年七月初一
星期六
温度：27℃—34℃
多云

● “国际军事比赛—2018”海上登陆赛闭幕式在石狮市将军山赛场举行，赛事组委会宣布此次比赛的团体、单项和个人奖项并向获奖人员颁奖。

●副省长李德金带队到石狮市调研乡村振兴战略实施情况，检查渔业安全生产工作。

●市科技局确定泉州市汉威机械制造有限公司等42家企业为2018年度泉州市瞪羚企业培育库入库企业。

●2018年“丝路缘·泉昌情”融情夏令营活动开营仪式在泉州市青少年宫举行，来自新疆昌吉的孩子们与泉州市青少年宫的孩子们开展交流活动。

●晋江台湾两地企业家和青年大学生就学就业、创新创业交流对话会在晋江市举行。

2018海上登陆赛在石狮市闭幕

“国际军事比赛—2018”海上登陆赛闭幕式在石狮市将军山赛场举行，赛事组委会宣布此次比赛的团体、单项和个人奖项并向获奖人员颁奖。海军和地方党政领导、各国参赛队员、裁判员以及当地民众3000余人参加闭幕式。经各国裁判一致确认，中国队在障碍赛、求生赛、接力赛三个阶段比赛中均排名第一，并最终获得团体总分第一。此外，中国队还获得“最佳陆战班”“最佳车组”等集体奖和“优秀排长”“优秀狙击手”等9项个人奖。中国海军副司令员在致辞时向各国参赛队表示祝贺和敬意，向为办好这次比赛付出辛勤劳动的地方政府和官兵表示感谢。希望国际军事比赛不断发展，成为一个更加开放、包容的军事交流重要品牌及和平外交重要平台。闭幕式上安排军事文化科目演示，军乐行进表演《军威雄壮》、团体拳术、刺杀操、女兵匕首操，以及音乐短剧《千年海丝传友谊》、舞蹈《惠女风情》、歌曲《海军力量》等节目。在此次比赛中，伊朗、俄罗斯、苏丹、委内瑞拉、中国5个国家的200余名陆战队员在公开、透明、公平、公正、友好、激烈的氛围中顽强拼搏，展示过硬的军事技能和英勇的战斗作风，开展务实深入的多种交流活动，建立深厚的友谊。

李德金到石狮市调研乡村振兴战略实施情况

副省长李德金带队到石狮市调研乡村振兴战略实施情况，检查渔业安全生产工作。副市长肖汉辉参加调研。李德金到永宁镇前埔村察村情、看村貌，与村民拉家常、说变化。李德金强调，要实施乡村振兴战略，立足闽南特色，重点抓好农村垃圾污水处理、“厕所革命”、石结构房屋改造、移风易俗等工作。在祥芝国家中心渔港，李德金了解渔业安全生产各项工作，叮嘱海警、渔政、公安边防等部门加强渔船渔民网格化管理，强化气象信息、安全提示等服务保障，做到“船船有人负责、组组有人管理、天天有人服务”。在施工中的石狮环湾湿地公园，李德金要求省直相关部门组织专家指导建设，注重与城市公园区别开来，保留生态野趣和乡村韵味。

2018年度泉州市瞪羚企业培育库入库企业确定

经企业申报、专家评审、征求相关部门意见以及公示，市科技局确定泉州市汉威机械制造有限公司等42家企业为2018年度泉州市瞪羚企业培育库入库企业。此次入库企业，鲤城区4家、丰泽区5家、洛江区2家、泉港区5家、石狮市1家、晋江市4家、南安市6家、惠安县2家、安溪县3家、永春县1家、德化县3家、泉州开发区3家、泉州台商投资区3家，多为高成长性科技型企业。泉州市已启动开展国家自主创新示范区建设专项资金2018年度泉州市瞪羚企业培育库入库企业银行贷款贴息补助申报工作。申请企业为2018年度泉州市瞪羚企业培育库入库企业，该补助对符合条件的企业在2017年1月1日至12月31日发生的银行贷款利息，按实际利息发生额的50%给予补助，每家企业银行贷款贴息补助额度最高不超过50万元。入选企业将享受相应优惠政策。支持入库企业创新发展，鼓励和支持培育对象申报高新技术企业认定，优先纳入市级高新技术企业培育库，并按规定给予奖励。鼓励和支持培育对象开展科技研发，在市级各类科技计划中，提高该企业项目评审权重，优先给予立项支持；企业研发投入按照相关规定予以奖励补助等。

晋江台湾两地企业家和青年大学生对话会在晋江市举行

晋江台湾两地企业家和青年大学生就学就业、创新创业交流对话会在晋江市举行。两岸的大学生以及企业家共话未来的创业与就业。活动吸引76名两岸青年大学生，以及100多家晋江和台湾两地企业的代表共200多人参加。晋江企业还为青年大学生提供150多个实习岗位、就业职位、创业席位。晋台民间交流协会执行会长庄明栽介绍，“晋台两地青年大学生交流活动”将作为协会交流品牌，更好地服务晋台两地的青少年，让他们共同为创业就业打拼。

泉州上榜“2017年中国外贸百强城市”

《中国海关》杂志公布“2017年中国外贸百强城市”名单，泉州外贸综合竞争力得分70.5，位列全国第63名。从全国看，深圳市、上海市、东莞市蝉联榜单前三。就福建而言，上榜城市数量与2016年度一样，共4个，分别为厦门、福州、泉州、龙岩。“中国外贸百强城市”榜单由海关总署统计司联合《中国海关》杂志社共同完成，数据来源于中国海关统计数据，并综合国民经济数据排定。外贸百强城市评选指标包括外贸水平竞争力、结构竞争力、效益竞争力、发展竞争力和潜力竞争力5个大方面25个指标。

面对严峻复杂的国内外经济形势，市委、市政府持续推动泉州市开放型经济发展，并出台多项提升口岸综合竞争力、促进外贸进出口货物的相关措施，实现外贸高质量发展。月初，泉州市下发《泉州市提升跨境贸易便利化水平专项行动工作方案》（以下简称“方案”），从“优化流程”“减少环节”“减少单证”“降低成本”“优化服务”五个方面着手，压缩整体通关时间、降低通关成本、优化管理服务。同时，由市口岸办牵头成立跨境贸易便利化水平专项行动小组，小组成员单位包括口岸各查验单位、省湄洲湾港口管理局、省泉州港口管理局、市口岸办、商务局、交通委、物价局、税务局等外贸相关部门，协力推动泉州市跨境贸易提效、降本。泉州市外贸结构持续优化，新型贸易业态不断涌现，外贸综合服务、跨境电商等新型贸易方式发展迅速，外贸发展后劲不断提升。2017年，泉州实现外贸进出口总值1568亿元，同比增长2%。

泉州嘉利儿童用品公司展厅内，数十款由世界知名品牌车企签约授权生产的儿童电动玩具车准备投放海外市场（图/林劲峰）

6家泉州企业新认定为省级外贸综合服务（试点）企业

省商务厅公布2017年度省级外贸综合服务（试点）企业名单，全省8家企业被认定为“2017年度省级外贸综合服务试点企业”，泉州6家企业上榜。上榜泉州企业分别为泉州阿里一达通企业服务有限公司、泉州晋江陆地港港务有限公司、福建泉州市中太进出口有限公司、福建泉州市嘉晟供应链有限公司、福建省晋江市进出口有限公司、福建晋江华闽进出口有限公司。在国内外经济形势严峻复杂的背景下，地方商务发展也面临挑战。2016年5月，国务院出台《关于加快培育外贸竞争新优势的若干意见》，对培育外贸竞争新优势给予方向性的指引，福建省随即配套出台《关于加快培育外贸竞争新优势十二条措施》。市商务局相关负责人表示，近年来，外贸综合服务企业以互联网信息服务平台为载体，为外贸企业特别是中小企业报关报检、物流、退税、结算、融资、信保等进出口环节提供一体化专业服务，在降低企业成本、促进成交、开拓市场、缓解融资难融资贵等方面发挥积极作用。

李友茂宁夏同心支教摄影图片展开幕

“心疼 同心”李友茂宁夏同心支教摄影图片展在市区万维生邮票艺术馆开幕。此次图片展展出李友茂精挑细选出的200多幅摄影作品，内容涵盖同心地貌、荒漠生活、羊的印象、同心风物、移民情况、泉州援建印记、风土民情、学生面貌、可爱笑脸、同心花开等方面，展览以“心疼 同心”为题，旨在增进闽宁两地友谊。此次展览至9月12日结束。李友茂为泉州北峰中学美术老师，于2016年9月至2017年6月被福建省教育厅派往宁夏回族自治区同心五中（安溪中学）支教一年。支教期间，作为泉州市摄影家协会秘书长的李友茂，在同心境内拍摄了大量照片。

8月12日

农历戊戌年七月初二
星期日
温度：27℃—37℃
多云转阴

● 《中国海关》杂志公布“2017年中国外贸百强城市”名单，泉州外贸综合竞争力得分70.5，位列全国第63名。

● 省商务厅公布2017年度省级外贸综合服务（试点）企业名单，泉州6家企业上榜。

● 由市急救中心和东南早报东南公益主办的急救培训暑期特别行动举行。

● “唱响中国2018第三届全国大型词曲创作、音乐展演盛典”在北京举行，由惠安县闽南语文化交流协会会长康国强作词、国家一级作词作曲家施荣焕作曲的原创闽南语歌曲《印象净峰情》获金奖。

● “心疼 同心”李友茂宁夏同心支教摄影图片展在市区万维生邮票艺术馆开幕。

8月13日

农历戊戌年七月初三
星期一
温度：27℃—36℃
多云转小雨

●市人大常委会党组中心组（扩大）学习会议召开，传达学习习近平对推进中央和国家机关党的政治建设的指示等。

●全省首个个体户智能登记系统在泉州试点运行。

●晋江市政府与深圳航空签订合作协议。

●福建省中小学生研学实践教育管理和师资骨干培训班在晋江市开班。

市人大常委会党组中心组（扩大）学习会议召开

市人大常委会党组中心组（扩大）学习会议召开，传达学习习近平对推进中央和国家机关党的政治建设的指示，7月31日中央政治局会议精神和习近平在中央财经委员会第二次会议上的讲话精神，习近平关于巡视工作的指示精神、赵乐际在黑龙江召开巡视整改落实工作座谈会上的讲话精神，中央巡视五年规划专题培训班暨第二期全国巡查干部培训班精神，全国组织工作会议精神，以及省委、市委常委会会议相关精神。会议强调，要有为担当，有效运作，从人大角度出发，推动全市经济实现高质量发展；要学懂弄通做实习近平关于巡视工作的重要思想，做到思想认识到位、整改落实到位、成果运用到位、责任担当到位，结合工作实际做好整改工作；要突出政治站位、强基固本、用人导向、主体责任，全面落实新时代党的组织路线，推进党的组织工作取得新的成效。

全省首个个体户智能登记系统在泉州试点运行

福建省个体工商户全程智能化登记系统在泉州试点上线运行，首批发放4张通过智能化登记的个体工商户营业执照。市长王永礼、副市长季翔峰和省工商局领导为经营者颁发营业执照。此次率先在泉州试点运行的个体工商户全程智能化登记系统，是省、市工商局落实中央、省、市深化“放管服”改革、优化营商环境、推进“互联网+审批服务”工作部署，提升工商登记便利化水平的一项创新举措。系统依托手机微信端，采用“微信申请+直接登记+自动审核+自助打照”模式，对个体工商户登记流程进行再造与优化。申请人只要关注“泉州工商登记”等微信公众号，进入个体工商户全程智能化系统，录入身份证号码、手机号码等信息，获取验证码后即可登录，并可按照“请勾选”和“下一步”等简单明了的提示申报。信息提交后，系统将自动审查、核准，并直接反馈结果，审核通过后，申请人24小时后就可就近到自助打照机自助打印营业执照。

首批经营者取得自助打印营业执照
（图/李 菁 庄丽祥 苏晓晖）

晋江市政府与深圳航空签订合作协议

晋江市政府与深圳航空签订合作协议，双方将开展全面深入合作，共同推动泉州航空市场繁荣，提升城市对外开放水平，实现地企联手、互惠双赢。此系继2014年12月深圳航空与泉州市政府签订《战略合作框架协议》后，深圳航空与泉州携手推进泉州民航事业持续发展的深化合作，对于完善泉州立体交通网络有重要意义。深圳航空于2007年8月开通深圳—泉州航班，开始进入泉州市场，2008年8月在泉州设立分公司，从最初的一架飞机、一个航班逐步发展到12架飞机、50个航班，2017年占泉州航空市场份额约30%。深圳航空在泉州共开通深圳、北京、上海、广州等19个通航点，包括香港、台北两个地区航线，泉州分公司在2017年设立维修部、客舱服务部和保卫部，2018年增设飞行部，生产规模和经营水平逐步提升。伴随泉州经济社会快速发展，泉州晋江国际机场基础设施日益完善，运行效率持续提升，成功实现跨越式发展。深圳航空表示，将把泉州作为业务发展的战略重点，继续加大投资、扩建队伍、增添航线，为泉州市民提供更密集的航班和更优质的服务，力争到2020年实现在泉州运力投入20架飞机，年旅客吞吐量达400万人次。

晋江市政府与深圳航空签订合作协议（图/廖平和）

全市扫黑除恶专项斗争电视电话会议召开

继全省扫黑除恶专项斗争电视电话会议后，泉州市召开电视电话会议，动员部署进一步推进扫黑除恶专项斗争。会议指出，开展扫黑除恶专项斗争，是以习近平同志为核心的党中央作出的重大决策部署，习近平多次作出指示，为我们指明了方向、提供了遵循。全市各级各部门要以习近平新时代中国特色社会主义思想为指导，按照中央和省委部署要求，对标对表，主动作为，以良好的工作状态和斗争实效，向全市人民交上一份合格答卷。

会议强调，要提升政治站位，增强思想自觉、行动自觉。扛起扫黑除恶专项斗争重大政治任务，打好这场攻坚仗。要拿出强有力举措，集中开展精准打击、深挖彻查、村级组织整顿、宣传发动、指导督导等专项行动，把扫黑除恶专项斗争引向深入。要精准聚焦从严打击，围绕群众反映强烈、易发多发的涉黑涉恶问题，全面排查核查，突出打击重点，保持高压态势，坚决依法严惩。要找准扫黑除恶与反腐“拍蝇”的结合点，深挖彻查，形成震慑效应。要治根治本同步推进，从源头治理、综合治理、社会治理入手，抓常态促长效。要全面发动有效引导，正面宣传，专群结合，抓好法律宣讲、解疑释惑等工作，提高群众识黑、反黑、扫黑能力。要对照中央督导要求，压实锁紧责任链条，以实际成效接受检验督查。要敢担当善作为，从严从实从细落实各项措施。各级党委、政府“一把手”负总责、主责，分管领导履行直接责任，层层传导压实责任。强化严督实导，严肃追责问责，推动扫黑除恶专项斗争落到实处、见到实效。

泉州市举行食品药品安全突发事件应急演练

由省食品药品监督管理局指导，泉州市食安办、泉州市食品药品监督管理局、晋江市政府主办，晋江市食安办、晋江市市场监督管理局承办的食品药品安全突发事件应急演练和观摩培训会在晋江市举行。此次演练从防患于未然的角度，通过情景模拟、集中练兵的形式，强化食品药品安全应急预案检验，锻炼应急队伍，提高应急处置能力。在发现或获知食品安全突发事件后，晋江市市场监督管理部门立即向晋江市政府、泉州市食品药品监督管理局报告。晋江市政府立即启动一般食品安全事件（Ⅳ）级应急响应，同时成立食品安全突发事件应急指挥部。应急指挥部下设综合协调组、医疗救治组、事件调查组、危害控制组、专家咨询组、治安维护组和新闻宣传组，各组赶赴工作现场开展工作，进行先期处置和调查工作。

此次演练采用视频播放和现场实战演练相结合的方式，演练模拟食用水产品中毒引起的群体性食品安全突发事件，以及在对中毒病人的救治过程中，部分患者因为输液出现药品群体不良反应事件。演练共分为事件的发生与报告、响应与处置、事件调查、舆论宣传、应急响应终止五大场景，全景式展现从突发事件信息报告、应急响应到后期处置的全过程。演练历时两个小时，整场活动内容完整、设计合理、环节紧凑、组织有序，达到检验预案、磨合机制、规范程序、锻炼队伍的目的，提高泉州市应对食品药品安全突发事件的组织指挥、协调配合、快速反应和高效处置能力。

泉州职校作品获全国职业学校创新创效创业大赛一等奖

14—17日，2018年“挑战杯——彩虹人生”全国职业学校创新创效创业大赛决赛在江苏南京举行，黎明职业大学和泉州艺术学校均有作品获一等奖。该大赛以“慧聚青春 梦想彩虹”为主题。大赛启动以来，全国共有556所学校的929件作品进入复赛。经复赛评审，293所学校的370件作品进入终审决赛。经过评审委员会集体评审，最终决出大赛特等奖26项、一等奖92项。泉州市2项作品获一等奖，分别为黎明职业大学的《宝石鉴定便携式拉曼光谱仪》、泉州艺术学校的《“偶的创想”木偶衍生产品设计》；4项作品获二等奖，分别为黎明职业大学的《无线输液提醒器》、泉州华侨职业中专学校的《便携式太阳能分体LED灯》和《走出平面——泉州刻纸3D打印创作模式》、安溪华侨职业中专学校的《布语坊禅文化服饰互联网+订制》。

8月14日

农历戊戌年七月初四
星期二
温度：26℃—32℃
中雨转小雨

●继全省扫黑除恶专项斗争电视电话会议后，泉州市召开电视电话会议，动员部署进一步推进扫黑除恶专项斗争。

●由省食品药品监督管理局指导，泉州市食安办、泉州市食品药品监督管理局、晋江市政府主办，晋江市食安办、晋江市市场监督管理局承办的食品药品安全突发事件应急演练和观摩培训会在晋江市举行。

●14—17日，2018年“挑战杯——彩虹人生”全国职业学校创新创效创业大赛决赛在江苏南京举行，黎明职业大学和泉州艺术学校均有作品获一等奖。

●大型公益微电影《承诺》在洛江区石龙谷景区开机。该微电影由市委文明办指导，泉州市东南公益协会、资玺文化传媒联合推出，以关注留守儿童为主题。

8月15日

农历戊戌年七月初五
星期三
温度：26℃—30℃
大雨转多云

●康涛到晋江市调研指导村级组织换届选举，督导推动扫黑除恶专项斗争工作。

●王永礼到市信访局接访群众。

●市政协召开会议听取市检察院工作情况通报。

●全市第四次全国经济普查工作会议召开，贯彻落实全国、全省经济普查工作视频会议精神，全面启动和部署泉州市下阶段经济普查工作。

●15—30日，中心市区开展夜市大排档、烧烤摊集中整治行动。

●泉州贤銮福利基金会第三十一届（2018年）“贤銮奖”颁奖大会在泉州七中举行，1174名学生获“贤銮奖”，奖学助学支出152.35万元。

●第八届“达利集团许世辉惠安教育基金”奖学金颁奖仪式举行，2812名学生获得奖励。

康涛到晋江市调研指导村级组织换届选举

市委书记康涛到晋江市调研指导村级组织换届选举，督导推动扫黑除恶专项斗争工作，并召开座谈会，听取汇报，研究部署下阶段工作。市委常委、秘书长翁祖根参加调研。在英林镇新综治中心，康涛了解视频监控的覆盖范围，要求当地发挥综治信息系统的实时监测功能和威慑作用，灵敏应对各种突发情况。康涛指出，要依法依规操作，培训要更精准，以老带新、加强指导。要筑牢纪律规矩防线，从严查处扰乱村级组织换届选举的行为。要压紧压实主体责任，县（市、区）、乡镇（街道）党委要加强领导，第一责任人要紧抓不放，相关部门要各司其职，新任村党组织班子要发挥一线战斗堡垒作用。各级各部门要认识扫黑除恶专项斗争事关社会稳定，事关人心向背，事关基层政权巩固，坚决打赢这场人民战争。要加大打击力度。重宣传造氛围，抓延伸全覆盖，盯重点挖根源，把扫黑除恶与反腐“拍蝇”结合起来。要夯实基层基础。做到加强基层组织建设与扫黑除恶专项斗争相结合，专项整治与综合治理相结合，专门机关与群众路线相结合，治根治本同步推进。

康涛（左四）在晋江市调研（图/陈起拓）

市政协听取市检察院工作情况通报

市政协召开会议听取市检察院工作情况通报。市检察院通报2018年以来全市检察机关的工作情况。与会政协委员围绕履行检察职能、强化法律监督、维护公平正义等相关议题建言献策。会议指出，下阶段，各级检察机关要按照市委、市政府部署，结合泉州实际，强化法治保障，以更高站位融入大局、服务发展；坚持为民司法，聚焦群众新需求，以更强责任维护稳定、守护民生；增强法治理念，加强执法规范化建设，以更新思维强化监督、维护公正；坚定改革信心，以更高标准深化创新、引领发展；注重强本固基，以更大力气建设队伍、提升素能。市政协、各民主党派、工商联和政协委员要一如既往理解、支持检察院各项工作。

第三十一届“贤銮奖”颁奖大会举行

泉州贤銮福利基金会第三十一届（2018年）“贤銮奖”颁奖大会在泉州七中举行，1174名学生获“贤銮奖”，奖学助学支出152.35万元。泉州贤銮福利基金会是爱国侨胞何瑶煌捐资创办的社会福利事业。基金会成立于1986年9月，并设立泉州“贤銮奖”，旨在支持地方教育事业，激励培育优秀人才。“贤銮奖”连续颁奖31届，坚持“公平、公正、公开”的原则，择优奖励优秀学子。据不完全统计，共有13954名优秀学子获“贤銮奖”，发放奖学金、助学金2071.85万元。

“贤銮奖”除设置小学优秀毕业生奖、中考优秀生奖、高考优秀生奖外，还在华侨大学、泉州师院、黎明大学设立“贤銮优秀贫困生奖”，对参加各级技能竞赛获奖的中职学生、参加各项竞赛的优胜中学生给予嘉奖，并拨出专项资金支持设立福建省科协“贤銮科学教育基金专项奖”，市科协“泉州市青少年贤銮科技奖”，鲤城、丰泽、洛江三区（包括市直中小学）“青少年贤銮科技创新奖”等，鼓励支持学校科技教育。同时，拨款支持泉州市盲聋哑学校、鲤城区开智学校、东海中学、何瑶煌希望小学奖教奖学工作；拨款支持泉州市退休离休教育工作者协会开展活动。多年来，基金会坚持免费为优秀学子开展英语助学、扶优培训，2018年还为160名小学优秀毕业生免费提供数学课程，为120名中考优秀生免费提供英语课程。为践行泉州“平等、融入、成才”的理念，“贤銮奖”的小学优秀毕业生奖还特别列出在泉州务工人员子女的专项名额。

8月16日

农历戊戌年七月初六
星期四
温度：27℃—32℃
小雨转多云

●泉州市党政代表团到厦门学习考察。

●市委召开习近平新时代中国特色社会主义思想学习汇报会，总结交流学习宣传贯彻新思想的体会和成效，对下阶段“大学习”活动再动员、再提升。

●全市推进全国文明城市创建常态化工作会议召开，落实全省精神文明建设工作表彰大会精神，总结经验，部署动员。

●16—19日，第33届全国青少年科技创新大赛在重庆国际博览中心举行，泉州市选手取得优异成绩。

●38000吨柴油在泉州肖厝口岸完成装船，搭载“海湾城堡”号油轮起锚驶往南非里查兹贝港，标志福建省首次向全砖国家出口成品油。

泉州市党政代表团到厦门学习考察

市委书记康涛，市委副书记、市长王永礼带领泉州市党政代表团到厦门学习考察。在省委常委、厦门市委书记裴金佳陪同下，代表团到园博苑、集美新城、软件园三期、地铁运营控制中心、厦门市儿童医院等处考察，并与厦门市党政代表团座谈，围绕城市规划、新区建设、交通基础设施完善提升、医联体运营等课题面对面交流。厦门市领导陈家东、张健、陈秋雄、林文生、黄强、黄文辉、孟芊、李辉跃，泉州市领导陈万里、陈灿辉、陈奕辉、翁祖根、张永宁、季翔峰、吕刚参加调研考察或座谈会。

座谈中，裴金佳表示，近年来，同城化建设取得较好成效，但也存在推进力度不够，机制不够健全，区域综合竞争力有待提升等问题，需要大家共同努力，进一步强化协作。两市可以在加大发展规划对接，加快城际轨道和城市快速路互联互通，加快推进公共配套和公共服务一体化上着力，谋划启动一批具有示范带动效应的重大项目，构建更加有效的区域协作新机制，推进闽西南经济协作区发展壮大，为全国全省大局做出新的更大贡献。

康涛表示，要看齐厦门改革开放排头兵，看齐厦门高质量跨越标杆，传承弘扬“晋江经验”，学先进、找差距，提振敢于担当善于作为精气神，加快转型升级、城市建设、营商环境优化等，为新福建建设做出应有贡献。要拥护省委、省政府闽西南经济协作和厦漳泉同城化战略决策，树立“一盘棋”意识，对接龙头，自觉找准定位、主动融入，把优势做足、特色做响、短板补上，推动协同发展、融合发展、共赢发展。要加紧落实协作区重大台账项目，共同推进城市融合、高新技术产业带成形成势，合力推进基础设施互联互通，争取国家相关政策、规划支持。

泉州市党政代表团在厦门考察学习（图/陈起拓）

市委召开习近平新时代中国特色社会主义思想学习汇报会

市委召开习近平新时代中国特色社会主义思想学习汇报会，总结交流学习宣传贯彻新思想的体会和成效，对下阶段“大学习”活动再动员、再提升。会议强调，要以学懂、弄通、做实为标尺，带着感情学，强化对党中央、对习近平的政治认同、思想认同、情感认同；带着信仰学，筑牢理想信念，加强理论武装；带着使命学，激扬奋斗动力，同心协力推动高质量赶超跨越；带着情怀学，践行为民宗旨，让群众更有获得感幸福感安全感；带着实践学，锻造担当本领，从新思想中找方向、找方法、找路子。

泉州队在全国青少年科技创新大赛上创佳绩

16—19日，第33届全国青少年科技创新大赛在重庆国际博览中心举行。全国各地500多名青少年科技爱好者和200多名科技辅导员，以及50多个国家和地区的300多名青少年和科技教育工作者代表参赛。泉州市选手在此次全国大赛中取得优异成绩：参赛的6个青少年科技创新项目获一等奖1项、二等奖2项、三等奖3项；参赛的6个科技辅导员项目获一等奖2项、二等奖1项、三等奖1项；参赛的7个青少年创意作品获6个优秀创意奖；参赛的7幅少儿科幻画获一等奖2个、二等奖3个、三等奖1个；参赛的1个青少年科技实践活动获三等奖。其中，泉州五中学生林楷睿获大赛最高奖——中国科协主席奖。此外，泉州师范学院附属小学教师许文凤获辅导员项目最高奖——全国十佳优秀科技辅导员奖。此次大赛的国际化水平显著提升，参赛国别和人数规模创历史新高，已成为亚洲区域规模最大、参赛国别最多的青少年科技类竞赛活动。

8月17日

农历戊戌年七月初七
星期五
温度：27℃—34℃
小雨

●市委巡视整改工作领导小组会议召开，研究落实《中央第一巡视组关于巡视福建省反馈意见》涉及泉州市问题整改工作。

●市委常委会召开会议，听取泉州市开展2017年度落实全面从严治党主体责任“回头看”检查情况汇报，研究部署下阶段工作。

●17—19日，由省妇联、泉州市妇联、晋江市政府主办的第五届海峡两岸（晋江金井·围头）七夕返亲节在晋江市金井镇围头村举办。

●2018年亚洲大体联亚洲杯中国大学生足球选拔赛在晋江体育中心开幕。

●由大连市文化广播影视局主办，大连现代博物馆、泉州海上交通史博物馆承办的“刺桐帆影”——泉州“海上丝绸之路”遗存展在大连市现代博物馆开幕。

●泉州市“中国医师节”座谈会召开。

●由泉州晚报社主办，东南早报东南公益和中国金茂&阳光城等开展的“让泉州更有爱”七夕晚会在市区威远楼举行。

●安溪县举行《阿里巴巴新零售暨安溪县域电子商务发展项目合作协议书》签约仪式。

市委巡视整改工作领导小组会议召开

市委巡视整改工作领导小组会议召开，研究落实《中央第一巡视组关于巡视福建省反馈意见》涉及泉州市问题整改工作。会议要求，要压实责任，扛起整改担当。市四套班子成员要带头落实整改，发挥“头雁”效应；各责任人要加强组织领导、分析研究、督促检查，协调推动抓落实；各级党委（党组）要担负起本地区本部门的整改主体责任，确保整改问题一项不落、整改要求一分不减。要严格标准，真改实改彻底改。强化问题导向、目标导向、结果导向，对照市委整改方案列出的问题清单、责任清单、任务清单，挂图作战、压茬推进，杜绝“过关”思想。要标本兼治，确保实效到位。将巡视整改与深化“大学习”活动结合起来，提振干部干事创业精气神，与全面深化改革结合起来，既促进问题根本解决，又推动体制机制改革。要开好市委领导班子巡视整改专题民主生活会，坚持高标准、高质量、严要求，对照查摆剖析，触及思想、触及灵魂。

市委常委会听取落实全面从严治党主体责任检查情况汇报

市委常委会召开会议，听取泉州市开展2017年度落实全面从严治党主体责任“回头看”检查情况汇报，研究部署下阶段工作。会议指出，要拿出坚决态度，紧盯抓实彻底整改。各级党委（党组）“一把手”、党员领导干部要对照坚持问题导向，把中央、省委巡视反馈的问题一并纳入整改台账，全方位自查自纠，对症下药细化措施，举一反三堵塞漏洞、改进制度，一项一项彻底整改到位。会议强调，要注重改进提升，巩固拓展检查成果。深化主体责任检查工作机制，拓展检查内容、细化检查指标，更加突出“关键少数”、突出抓“一把手”，通过检查倒逼受检单位绷紧从严管党治党这根弦，推动全面从严治党向基层、向各领域延伸。

第五届海峡两岸（晋江金井·围头）七夕返亲节举办

17—19日，由省妇联、泉州市妇联、晋江市政府主办的第五届海峡两岸（晋江金井·围头）七夕返亲节在晋江市金井镇围头村举办，海峡两岸600多位姻亲代表参加活动。已有137位“围头新娘”嫁到台湾，9位“台湾新娘”嫁到围头，围头也因此成为大陆与台湾通婚最多的渔村，是“两岸一家亲”最鲜活的见证。自2010年以来，海峡两岸七夕返亲节每两年在围头村举办一届。该届活动内容包括闽南文化亲子配音展示、渔村旧物展示交流、亲子嘉年华、徒步嘉年华等。返亲节期间，还举行“创新她力量 筑梦新海峡”交流会、《海峡情抒》实景电视主题晚会、海峡两岸“家+文化”圆梦大会、海峡两岸亲子嘉年华、海峡两岸学子青年文化交流夏令营等活动。开幕式上，围头村被授予“福建省基层对台交流示范点”牌匾，台湾晋江商会妇女联合会、晋江市对台妇女儿童服务中心同时授牌成立。

第五届海峡两岸七夕返亲节开幕式（图/刘志家）

泉州“海上丝绸之路”遗存展在大连开幕

由大连市文化广播影视局主办，大连现代博物馆、泉州海上交通史博物馆承办的“刺桐帆影”——泉州“海上丝绸之路”遗存展在大连市现代博物馆开幕。展览展期55天，至10月10日结束。此次展览以77件文物，按“梯航万国的东方大港”“杂糅荟萃的多元文化”“生生不息的海洋人文”三个单元，从不同角度向观众展现一个中世纪西方旅行家笔下流光溢彩的“刺桐港”。希望借助泉州的遗存重温海上丝路的盛况，启迪当下，开拓未来：愿不同文化背景的人们，通过交流互动、对话沟通，共享和而不同的美好社会。

泉州市在全省率先出台环保机构垂直改革档案处置方案

市档案局、市环保局印发方案，对全市垂直管理制度改革中市、县（区）环保机构的各类档案处置工作进行具体部署。此系省档案局、省环保厅颁布《福建省环保机构监测监察执法垂直管理制度改革档案处置方案》以来，全省首个出台的地市级环保机构垂直改革档案处置方案。方案立足市、县两级环保机构档案工作实际，从总体目标、适用范围、实施步骤、主要任务、工作要求五方面进行阐述和部署，对实行垂直管理制度改革前后的泉州市各级环保局，以及其所属的环境监测站、环境监测大（中）队等其他事业单位的各类档案归属、流向作出统一规定。

泉州确定首批“乡村记忆文化”项目建设试点单位

市档案局、市方志委组成调研组，完成对全市72家申报“乡村记忆文化”项目建设村（社区）的调研和考察工作，并在12个县（市、区）各确定1个村（社区）作为首批试点单位。12个试点村（社区）分别为鲤城区江南街道王宫社区、丰泽区东海街道蟳埔社区、洛江区马甲镇新民村、泉港区前黄镇前黄村、台商投资区东园镇龙苍村、晋江市金井镇围头村、石狮市鸿山镇东埔村、南安市码头镇铺前村、惠安县崇武镇大岞村、安溪县湖头镇湖二村、永春县仙夹镇龙水村、德化县龙浔镇丁墘村。

市方志委在泉港区调研
（图/综合科）

晋江市“乡村记忆文化”项目建设座谈会现场
（图/地情科）

泉州16所学校上榜第三批省心理健康教育特色学校

在各地申报的基础上，经省专家组评审遴选，省教育厅确定100所学校为第三批省中小学心理健康教育特色学校，确定20所中小学校的心理健康教育工作室为心理健康教育名师工作室，泉州市16所学校入选心理健康教育特色学校，3所学校入选心理健康教育名师工作室。泉州市入选的心理健康教育特色学校包括培元中学、华侨职业中专学校、泉州市特殊教育学校、晋光小学、市第二实验小学、通政中心小学、市第二中心小学、丰泽区湖心实验小学、泉港一中、晋江养正中学、南安国光中学、惠安一中、安溪八中、南安侨光中学、永春华侨中学、德化一中。入选心理健康教育名师工作室的有泉州一中，领衔名师黄发森；泉州师范学院附属小学，领衔名师陈静；培元中学，领衔名师蔡文佳。每个省中小学校心理健康教育名师工作室将获省级奖补5万元。

“家风家训与闽南文化”专题讲座举行

由市文广新局和市纪委驻市文广新局纪检组主办，市图书馆和泉州府文庙文物保护管理处承办的“家风家训与闽南文化”专题讲座在泉州府文庙明伦堂举行。福建省炎黄文化研究会常务副会长马照南主讲。马照南表示，家风家训是文化最集中的表现，是民族精神的瑰宝，也是社会延绵发展最深厚的根基和源泉。闽南家风家训是千百年来闽南先辈人生经验的深刻总结和智慧的结晶，是家族和子孙后代的行为规范和价值准则。家风家训规范闽南人学习、生活、工作、务农、经商、为官等多个方面，蕴含深厚而独特的文化内涵和教育意义。从家风家训中，可以读出闽南人的性格，读出闽南人的智慧，读出闽南人的文化。马照南长期从事理论、文化、新闻等工作，对中华传统文化特别是对朱子学有较深造诣。其参与主编的全省第一部《福建家训》被评为2015年全国优秀科学普及作品。

8月18日

农历戊戌年七月初八
星期六
温度：26℃—32℃
小雨

●市档案局、市环保局印发方案，对全市垂直管理制度改革中市、县（区）环保机构的各类档案处置工作进行具体部署。

●市档案局、市方志委组成调研组，完成对全市72家申报“乡村记忆文化”项目建设村（社区）的调研和考察工作，并在12个县（市、区）各确定1个村（社区）作为首批试点单位。

●省教育厅确定100所学校为第三批省中小学心理健康教育特色学校，确定20所中小学校的心理健康教育工作室为心理健康教育名师工作室，泉州市16所学校入选心理健康教育特色学校，3所学校入选心理健康教育名师工作室。

●由市文广新局和市纪委驻市文广新局纪检组主办的“家风家训与闽南文化”专题讲座在市区府文庙明伦堂举行。

●百姓大舞台——同一片蓝天慈善公益晚会在市区府文庙举行。

●18—21日，由国家体育总局青少年体育司、教育部体育卫生与艺术教育司主办的2018年全国体育项目传统学校田径联赛（南部赛区）在泉州聚龙外国语学校举行。

●2018武汉网球公开赛系列赛·城市网球俱乐部巡回赛泉州站比赛开幕。

8月19日

农历戊戌年七月初九
星期日
温度：26℃—31℃
大雨转小雨

●市委书记康涛带队到南安市、惠安县开展扫黑除恶专项斗争专项督导，分别召开会议，听取工作汇报，就有关问题当场问询并提出工作要求。

●由市委文明办、市关工委、市红十字会指导，泉州真情在线公益协会主办的“为梦插上翅膀—2018”泉州真情在线第十二届金秋助学公益晚会，在市青少年宫音乐厅举行。

●19—21日，由市委人才办、团市委主办的2018年泉州市优秀大学生拓展营活动举行。

●市工商联（总商会）第十四届五次常委（扩大）会议召开，总结上半年工作，部署下半年任务，并组织会员单位学习习近平新时代中国特色社会主义思想。

●全市各地举行活动庆祝首个中国“医师节”。

康涛到南安惠安督导扫黑除恶专项斗争

市委书记康涛带队到南安市、惠安县开展扫黑除恶专项斗争专项督导，分别召开会议，听取工作汇报，就有关问题当场问询并提出工作要求。康涛指出，要提升政治站位，把扫黑除恶专项斗争作为体现对党绝对忠诚的现实检验，作为检验担当精神、领导能力、群众观点的重要标杆，按照中央和省委部署要求，以坚定的政治态度、严实的作风、过硬的举措，打赢扫黑除恶专项斗争攻坚仗。要强化政治责任，各级党政“一把手”要负总责、亲自抓，层层拉紧责任链条，把压力传导到底。

康涛要求，问题短板要再摸准，主动自查自纠，拿出强有力举措，以钉钉子的精神，一件件盯下去，一步步深下去，扫出一个风清气正的环境。现行打击要再聚焦，排查核查不留死角，紧盯黑恶势力易发多发的重点区域、易于涉足的重点行业领域，雷霆出击，打准打狠，打早打小，做到有黑必扫、有恶必除。背后根源要再深挖，聚焦“为黑为恶、护黑护恶、失职失责”三类问题，深挖彻查，决不放过任何蛛丝马迹，决不姑息手软；铲除黑恶势力滋生土壤，抓好村级组织换届选举、整顿软弱涣散村党组织等工作，严格规范基层自治组织管理，严防黑恶势力染指基层政权，增强基层对涉黑涉恶的“免疫力”。行动声势要再造大，加强纪检、政法、公安等部门定期沟通会商，形成强大合力；广泛发动群众，畅通举报渠道，掀起更大范围的宣传动员。

泉州市优秀大学生拓展营活动举行

19—21日，由市委人才办、团市委主办的2018年泉州市优秀大学生拓展营活动举行，活动内容包括素质拓展、专家讲座、名企参观、古城寻宝、座谈交流等。在古城寻宝项目中，队员们在泉州府文庙玩“飞花令”，进行诗词歌赋比拼；到关帝庙、清净寺寻找不同宗教的建筑；到后城街问答泉州非物质文化遗产知识；在中山路巷子里制作无骨花灯；在开元寺了解弘一法师生平并合唱《送别》。团市委有关负责人表示，此次活动是人才“鸿鹄行动”的一项重要举措，希望准大学生了解泉州文化，增进对家乡的感情，鼓励他们在未来大学毕业后回到泉州干事创业。参加活动的准大学生进入泉州市青年人才库，将享受到长期的重点青年人才跟踪配套服务。同时，泉州市还将为大学生进行必要的就业创业辅导和职业规划，及时提供优质就业资源和创业指导。对于大学生个人的学习、生活和急难困苦等情况进行及时救助和扶持，保障大学生健康成长。

全市各地举行活动庆祝首个“医师节”

是日为首个中国“医师节”，连日来，全市各地举行各种活动加以庆祝。14日，丰泽区卫计局组织泉州市正骨医院、区疾病预防控制中心、妇幼保健院、卫生局卫生监督所、流动人口管理站和各街道社区卫生服务中心等医疗卫生单位，到东海街道后埔社区开展大型义诊赠药活动，为居民群众提供义诊、咨询、赠药和健康教育宣传服务。16日，丰泽区在泉州市正骨医院举行拔河比赛，丰泽区卫计局机关等12支医师代表队参加比赛。最终泉州市正骨医院代表队获冠军，北峰、华大街道社区卫生服务中心代表队分获亚军和季军。同日，南安市举行第二届卫计文艺会演颁奖晚会，以文艺演出的形式纪念首个中国医师节。17日，泉州市第一医院举行表彰庆祝大会，向全院医师及所有坚守在临床一线、护佑生命健康的医务工作者致敬。会上，百名医生共同宣读《中国医师宣言》。同日，泉港区举行庆祝首个“中国医师节”系列活动暨表彰颁奖仪式，表彰泉港区十佳优秀医师。此外，泉港还举办同心环湖跑比赛，吸引全区各医疗卫生机构70多名医师参加，医师们与70多名群众结对参赛。同日，洛江区举行庆祝首个“中国医师节”大会暨文艺会演活动。19日，惠安县医疗卫生单位近200名医生代表齐聚一堂，共同庆祝首个中国“医师节”。与会者共同宣誓，重温使命。随后举行关爱医生健康讲座，帮助医护人员建立自我情绪管理。

市人大常委会党组学习习近平新时代中国特色社会主义思想

市人大常委会党组召开习近平新时代中国特色社会主义思想学习会。会议指出，习近平新时代中国特色社会主义思想，特别是关于人民代表大会制度的重要思想，博大精深，是做好新时代人大工作的政治思想基础和根本所在。各级人大工作者要按照栗战书的要求，把学习贯彻习近平人民代表大会制度重要思想作为一项重要的政治工作，在深化学习上跃升高度，在坚定信仰上达到新境界，在坚决贯彻上取得新进展，增强做好人大工作的政治担当、历史担当、责任担当。要按照学懂弄通做实的要求，开展大学习、大调研、大走访、大实践“四大行动”，抓住关键，统筹推进，做到以新思想指导新实践，以新作为破解新难题，促使人大制度和人大工作充满生机活力，更具时代鲜明特征。会上还就贯彻落实市委人大工作会议精神进行部署，强调要认真组织学习传达，真抓实干分解任务、落实责任，推动县（市、区）和市直有关部门将会议精神落到实处，推动新时代地方人大工作开创新局面。

王永礼调研教育舒心工程推进情况

市长王永礼带队调研泉州市教育舒心工程推进情况，并召开座谈会。王永礼到丰泽区第五实验小学、东海学园的新建幼儿园等，查看工程建设细节，了解施工进度、学校师资储备等情况，并对硬件配套等进行指导。王永礼指出，要突出保基本、补短板，站位全局，逐一对标，因地制宜，实事求是，不折不扣、保质保量推进教育补短板项目建设。要围绕抓改革、促公平，深入研究、探索教师编制、薪酬待遇、招生改革、财政支持等政策措施，坚持教育公平性，优化教育资源配置，稳定教师队伍，提高教学质量，促进教育均衡发展，办好人民满意的教育；要坚持目标导向，明确教育发展路线图，优化高校学科配置，深化产教融合，加快建设一批一流学科、高水平院校，增强服务经济转型升级能力。要高度关注校园安全、学生安全，落实教育部门监管责任和学校主体责任，抓好暑期安全、入学安全教育，做好校园安全及学校周边交通环境等隐患排查和治理，做到防患于未然。

市政府第三十五次常务会议召开

市政府第三十五次常务会议召开，听取当前安全生产工作汇报，研究部署下阶段工作。会议要求，要突出行业主管部门的监管责任，在落实企业主体责任的基础上，抓紧制定出台泉州市《地方党政领导干部安全生产责任制规定》实施细则，把责任分解到具体单位，把责任落实到具体工作环节和岗位，推动政府领导责任和部门监管责任有效落实。要把握升学季学生交通、秋季消防、中元节传统民俗活动等重要时间节点，抓住企业仓库、流水线等重点生产环节和人流集聚场所，把安全生产工作落到实处，防患于未然。要加强风险分级管控，对安全风险进行辨识评估和有效控制，全面开展风险点、隐患点排查整治，夯实安全生产基础。

市政协党组中心组学习（扩大）会议召开

市政协党组中心组学习（扩大）会议召开，传达学习市委常委会会议关于泉州市开展2017年度落实全面从严治党主体责任检查“回头看”有关精神。会议要求，市政协机关要以此次“回头看”为契机，落深落细落实主体责任，一以贯之推动全面从严治党向纵深发展。要坚定不移维护核心，坚决维护习近平总书记的核心地位，坚决维护党中央权威和集中统一领导。要学懂弄通做实新思想，注重发挥党组中心组在学习中的示范带动作用，拓展学习广度深度，增强针对性实效性。要聚焦党建主责主业，层层传导压力，形成责任倒逼机制，压实主体责任。要严肃党内政治生活，落实组织生活会等一系列党内生活各项制度，认真开展述责述廉。要驰而不息正风肃纪，开展廉政警示教育，持续深入推进党风廉政建设。

8月20日

农历戊戌年七月初十
星期一
温度：26℃—31℃
小雨转多云

●市人大常委会党组召开习近平新时代中国特色社会主义思想学习会。

●王永礼调研泉州市教育舒心工程推进情况。

●市政府第三十五次常务会议召开，听取当前安全生产工作汇报，研究部署下阶段工作。

●市政协党组中心组学习（扩大）会议召开，传达学习市委常委会会议关于泉州市开展2017年度落实全面从严治党主体责任检查“回头看”有关精神。

●2018年雅加达亚运会体操比赛在印度尼西亚雅加达国际展览中心举行，泉州运动员林超攀获男子个人全能冠军，系福建省在该届亚运会上获得的首枚金牌。

●福建省姓氏源流研究会许氏委员会暨许慎学术研究会举行2018年奖学助学活动，71名2018年高考入榜的优秀学子和家庭困难的考生获奖学助学。

●20—23日，福建省第十六届运动会群众比赛气排球暨2018年福建省全民健身运动会气排球总决赛在厦门海沧体育中心举行，泉州男子青年队获一等奖。

8月21日

农历戊戌年七月十一
星期二
温度：26℃—33℃
多云

●市委常委会召开会议，研究闽西南经济协作区建设有关工作；听取当前安全生产工作情况汇报；传达全省抓党建促脱贫攻坚工作现场推进会精神，研究泉州市贯彻意见。

●市委军民融合发展委员会会议召开，研究推动泉州市军民融合发展工作。

●市十六届人大常委会第二十五次主任会议召开，讨论《泉州市中山路骑楼建筑保护条例（草案三审建议稿）》等。

●市人大常委会党组（扩大）会议召开，传达学习栗战书到福建、泉州调研讲话精神，听取泉州市开展2017年度落实全面从严治党主体责任"回头看"检查情况汇报。

●21—22日，市侨联"一带一路"法律服务团成立仪式暨论坛活动举行。

●以"助力产业振兴 推动跨越发展"为主题的泉州市第二届巾帼巧匠工艺美术精品展作品征集在市行政中心启动。

●由市慈善总会与泉州晚报社主办的"共同托起他们的理想2018行动"助学金发放仪式在泉州江南老年颐乐园举行。

●由晋江检察院依法起诉的泉州市首例刑事附带民事公益诉讼案公开宣判，吴某素和吴某尼夫妇犯污染环境罪分别被判处有期徒刑1年2个月、罚金2万元，及有期徒刑1年、罚金1万元。

市委常委会会议听取安全生产工作情况汇报

市委常委会召开会议，研究闽西南经济协作区建设有关工作；听取当前安全生产工作情况汇报；传达全省抓党建促脱贫攻坚工作现场推进会精神，研究泉州市贯彻意见。会议指出，各级各部门要按照省委、省政府加快推进闽西南经济协作区发展的部署要求，树立"一盘棋"思想，自觉找准定位、主动融入，把优势做足、特色做响、短板补上，推动协同发展、融合发展、共赢发展。要大胆开拓，勇于担当，不等不靠，加快推进一批重大协作项目，共同做大经济体量，集聚更多发展要素，为全省大局做出应有贡献。会议指出，要坚持问题导向，全面堵塞漏洞，遏制重特大事故发生，确保风险隐患整治到位、监管责任落实到位。要强化基层基础，加强城市建设运行安全源头治理、风险管控、应急管理，加大教育宣传力度，提升安全发展保障水平。

市侨联"一带一路"法律服务团成立

21—22日，市侨联"一带一路"法律服务团成立仪式暨论坛活动举行。为全面履行维护侨益职能，更好地为泉州市侨商侨企"走出去"开展商务活动提供法律咨询服务，市侨联决定调整法律顾问委员会成员，并在市侨联法顾委的基础上，成立"一带一路"法律服务团。近年来，越来越多的泉州籍侨资企业"走出去"开展投资考察、经商贸易，成为泉州市对外经济合作的活跃力量。市侨联专门成立"一带一路"法律服务团，将与市侨联实施的侨界精准扶贫、寻根平台建设等一起，进一步延伸工作手臂，完善为侨服务体系。

会议提出，市侨联及相关部门要把服务团建设成为维护侨益的新平台、侨务工作的新品牌。希望服务团成员树立大局意识、责任意识、奉献意识、服务意识，认真履行职责，发挥好自身专业优势，开展"一带一路"沿线国家和地区法律环境调查，加强涉外民商事法律研究，为侨商侨企积极稳妥地对接、参与对外投资贸易提供精准、优质的法律咨询服务。全市涉侨涉外部门、司法部门等，要立足各自优势，为服务团成员履行职责、开展工作、发挥作用提供必要的支持保障。

市侨联"一带一路"法律服务论坛同时举办，邀请海内外专家学者围绕"海丝"投资权益保护分别作主题演讲，内容涉及商事纠纷的多元化解决、发挥涉外审判职能为"一带一路"建设提供有力司法保障、马来西亚的商贸环境和法律框架等。

泉州市第二届巾帼巧匠工艺美术精品展启动

以"助力产业振兴 推动跨越发展"为主题的泉州市第二届巾帼巧匠工艺美术精品展作品征集在市行政中心启动。此系泉州市开展"巾帼建功·助力乡村振兴、跨越发展"系列主题活动的一项重要内容，旨在培养壮大女性工艺美术大师，推动妇女工艺美术品发展的规模化、市场化、品牌化和产业化，引领妇女增强信心和决心，抢抓重大发展机遇，主动融入全省跨越赶超大局。

第二届巾帼巧匠工艺美术精品展作品征集启动仪式
（图/吴寿民）

"共同托起他们的理想2018行动"助学金发放仪式举行

由市慈善总会与泉州晚报社主办的"共同托起他们的理想2018行动"助学金发放仪式在泉州江南老年颐乐园举行。据统计，2018年活动共筹得127.6万元善款，让全市186名学子受益。活动自7月开展以来，得到社会各界支持，不仅市慈善总会下设的各慈善基金积极参与，不少单位或个人也纷纷表示要资助优秀贫困生。经泉州晚报报道的20名贫困学子全部获得结对资助。2003年起，市慈善总会与泉州晚报社携手开展"共同托起他们的理想"助学活动。16年来，助学活动共筹得善款1896万元，资助6696名品学兼优的寒门学子。

市委务虚会召开

市委召开务虚会，围绕贯彻习近平新时代中国特色社会主义思想，传承弘扬“晋江经验”，落实省委、省政府高质量发展和赶超跨越部署，研究泉州市发展的战略思路和目标举措。

会议指出，全市各级各部门要学习贯彻习近平新时代中国特色社会主义思想，紧密联系传承弘扬“晋江经验”，紧密联系高质量赶超跨越任务，推动“大学习”往深里走、往实里走、往心里走，从新思想中找方向、找方法、找路子。要围绕如何再创“晋江经验”新辉煌、如何踢好转型升级“后半场”、如何勇当高质量跨越主力军三个命题，认真思考再出发，大力解放思想，鼓起“三年大变样”的奋斗意志，拿出攻坚气势和工作计划，统一步调、同频共振。要拓宽时代视野，广泛思想动员、研讨动员，共同推进“大学习、深调研、理抓手”。要有机遇思维，抓住转型窗口期、闽西南经济协作等重要机遇，变中抢机，乘势推动产业升级、城市建设、项目落地。要有路径思维，创新政企互动模式，做大做强传统优势产业，大抓产业生态、新经济平台、高新板块、新空间载体等建设。要有系统思维，战略与战术相结合，“点线面”推进山水田园城市建设，整体谋划产城融合。要有包容思维，从制度建设、文化包容层面，优化人才创新、营商环境，主动引导城市文明，友商友客友人才。要有统筹思维，既要“一盘棋”又要有活力，高站位、有大局，推动环湾向湾同城化发展，统筹战略性新兴产业布局。要有抓手思维，把握发展的阶段性特征，注重落实，尽可能多地启动一批有意义、有分量、说得清、做得成的重点专项。会议强调，领导干部要发挥“头雁效应”，有“功成不必在我”的境界和“功成必定有我”的担当，一任接着一任干，亲自抓，靠前指挥；要树立正确用人导向，营造清朗政治生态，让担当作为者无后顾之忧；要提振士气，把项目攻坚作为主战场，为完成赶超任务打下坚实基础。

会议指出，要在稳中有变中找差距、谋赶超。盯牢发展要务，强化项目抓手，层层落实GDP增量目标，推进三次产业扩量提质。要在防范化解风险中稳投资、增后劲。以开展“项目攻坚2018”为契机，战役式推进融资、征迁、审批等要素瓶颈化解，特别要做好赶超项目直接融资和间接融资保障；有效利用外资“绿地”投资，激发民间资本投资，运用产业基金、PPP等多种融资方式。要在中美贸易摩擦中稳外贸、强实体。协同协作推动各项帮扶政策和措施落实，把贸易摩擦对泉州市的影响降到最低，加快实体经济转型升级。会议强调，要在扩大内需中补短板、惠民生，从满足人民对美好生活的向往入手，提高居民收入，推动消费环境改善；从强化民生保障入手，加大社会事业补短板力度；从市民感受最直接的地方入手，抓好为民办实事项目，解决一批群众最关心、最迫切的热难点问题。

全市组织工作会议召开

22—23日，全市组织工作会议召开，全面贯彻习近平关于党的建设和组织工作重要思想，贯彻落实全国、全省组织工作会议精神，研究部署泉州市党的建设和组织工作。会议强调，要落实新时代党的建设总方针，遵循新时代党的组织路线，落实省委部署，实施组织工作提升工程，激发党员干部人才奋斗精神，全面提升党的建设和组织工作质量。要聚焦提升组织力，织密建强党的组织体系；聚焦忠诚干净担当，打造高素质干部队伍；聚焦转型升级需求，纵深推进人才“港湾计划”，集聚爱国奉献的优秀人才；聚焦数量质量并重要求，做好年轻干部工作。要提振奋斗精气神，完善实绩实干评价标准，真情真心关爱干部，为敢于担当善于作为的干部撑腰鼓劲。

埃克森美孚化工公司副总裁罗久安到泉州参访

22—23日，埃克森美孚化工公司副总裁罗久安到泉州参访。市委书记康涛与罗久安座谈，市领导王永礼、洪自强等参加相关活动。康涛感谢美孚长期以来为泉州经济社会发展做出积极贡献。康涛指出，当前泉州正在加快打造传统、重化、高新三大板块，致力营造一流营商环境，希望双方继续密切沟通、深化合作、共赢发展。

8月22日

农历戊戌年七月十二
星期三
温度：26℃—32℃
小雨转多云

●22—23日，省政协副主席刘献祥带领调研组到泉州，开展“‘一带一路’视野下的福建海洋文化产业发展建议”重点提案调研活动。

●市委召开务虚会，围绕贯彻习近平新时代中国特色社会主义思想，传承弘扬“晋江经验”，落实省委、省政府高质量发展和赶超跨越部署，研究泉州市发展的战略思路和目标举措。

●福建日报头版刊发专访文章《主动融入闽西南经济协作 共同推动高质量赶超跨越——访泉州市委书记康涛》。

●22—23日，全市组织工作会议召开，全面贯彻习近平关于党的建设和组织工作重要思想，贯彻落实全国、全省组织工作会议精神，研究部署泉州市党的建设和组织工作。

●22—23日，埃克森美孚化工公司副总裁罗久安到泉州参访。

●22—23日，全省侨联基层组织建设会议在南安市召开。

8月23日

农历戊戌年七月十三
星期四
温度：27℃—35℃
多云转小雨

●23—26日，由省体育局主办，三明市体育局、福建省羽毛球协会承办的福建省第十六届运动会群众比赛羽毛球暨2018年福建省全民健身运动会羽毛球总决赛在三明市体育中心体育馆举行，泉州市代表队获8个一等奖。

●泉州市第二批教育“领航团队”培养工程启动仪式暨行前培训会在泉州一中东海校区举行。

●“八二三”炮战60周年纪念活动在晋江市金井镇围头村举行。

●市残联和鲤城区残联在芳草园公园广场举行全国“残疾预防日”宣传活动。

●由鲤城区委统战部、区民宗局主办，泉州通淮关岳庙、区工商联（总商会）协办的鲤城区2018年“爱在鲤城·情满金秋”助学活动在通淮关岳庙广场举行。活动现场为162名困难家庭子女发放助学金46万元。

泉州市第二批教育“领航团队”培养工程启动

泉州市第二批教育“领航团队”培养工程启动仪式暨行前培训会在泉州一中东海校区举行，首批教育“领航团队”成员代表在分享会上为新一批培养对象提出建议。泉州市于2017年启动泉州市教育“领航团队”培养工程，旨在科学落实教育人才梯队建设，打造教育领航团队，为泉州教育事业培养中坚力量。泉州市100名第二批教育“领航团队”培养对象于26日开启为期一年的“北上”求学之旅，其中骨干教师36名、中层干部41名、校长23名。第二批“领航团队”培养工程的实施方案在首批“领航团队”的实施方案基础上做了精进和完善，形式上以跟岗研修为主，辅以集中研修、学校深度参访、高端学术论坛、读书分享会等，加上学员自我研修、集中展示和导师指导三大助力。通过建立更加系统科学的培训培养体系，提高学员们学习的针对性和实践意义。分享会上，首批“领航团队”的成员代表，泉港区第二实验小学教育集团福炼校区教师肖晓香分享自己的体验与思考；南安市五星中学教师陈海泉从骨干教师的培养角度出发，分享跟岗学习中与导师、跟岗校的沟通之道；南侨中学教师施珊妹则分享跟岗期间的自我角色定位、与人沟通技巧等内容。

纪念“八二三”炮战60周年系列活动在晋江市举行

“八二三”炮战60周年纪念活动在晋江市金井镇围头村举行。省、市有关部门及晋江市、金井镇、围头村等有关人员和“八二三”炮战参战老兵代表、民兵代表、村民代表等500多人参加活动。活动期间举行《战争与和平》纪念特刊首发仪式、“八二三”英烈纪念坛落成揭彩仪式、“八二三”炮战地公园“将军林”落成揭彩仪式，并向参加活动的群众赠送纪念特刊。参战老民兵用当地传统民调吟唱自编歌曲——《英雄的围头》，预备役民兵部队举行操炮填弹演练。与会嘉宾及群众一起参观“八二三”炮战阵地和烈士陵园，并瞻仰安业民烈士纪念碑。

《战争与和平》纪念特刊首发仪式

“八二三”英烈纪念坛揭彩（图/吴寿民）

新版《泉州市二维码旅游交通图》出版

新版《泉州市二维码旅游交通图》出版。二维码是一把信息钥匙，能让游客第一时间方便、快捷、高效、精准地了解景点的信息，提升游客体验感；也是景区立足“互联网+”模式，推动智慧旅游发展，加快旅游系统融合到大数据信息时代的重要步伐之一。由于泉州城市的发展变化，以及旅游资源日渐丰富，为更加适应自助游、背包族、自驾游的发展需求，泉州旅游协会编制出版《泉州市二维码旅游交通图》。《泉州市二维码旅游交通图》把泉州市的旅游景区、旅游企业、旅游特产名小吃、党政机关、企事业单位、城市规划建设等浓缩于一图，并结合时下流行的二维码信息表达方式在地图上体现，为电子地图、网络地图、GPS导航提供最新资讯。游客只需利用手机中的二维码识别软件，扫描地图上任意二维码，确认并进入信息窗口页面，即可获得相关资讯。泉州旅游协会介绍，该旅游交通图信息内涵丰富、精美实用，全面展示泉州市旅游景点以及丰富多彩的旅游资源和较完善的旅游配套服务设施。

内蒙古党政代表团到泉州考察

内蒙古自治区政协主席、党委政法委书记李佳带领党政代表团到泉州，围绕学习贯彻习近平新时代中国特色社会主义思想，学习借鉴“晋江经验”，到晋江市展馆、企业、五店市传统街区等地考察，了解泉州市产业发展、城市建设、文化传承等情况。图为内蒙古党政代表团在泉州考察。（图/陈起拓）

闽西南经济协作区联席会议第一次会议召开

闽西南经济协作区联席会议第一次会议在厦门召开。省委常委、厦门市委书记裴金佳，省政协副主席、三明市委书记杜源生，厦门市市长庄稼汉，泉州市委书记康涛，龙岩市委书记许维泽，漳州市市长刘远，泉州市市长王永礼，三明市市长余红胜，龙岩市市长林兴禄，就完善协作区工作机制、加快跨区域发展等发言，就推进协作区建设发展的思路举措进行交流。

会议一致同意建立闽西南经济协作区联席会议制度，将其作为协作区最高决策机构，原则上每年至少召开一次联席会，就重大事项、重大问题的决策进行协调。同意共同设立协作区办公室，由五市分别选派干部驻厦门办公，并建立综合组和经济协作、山海协作、基础设施等专门小组，协调推进工作落实。会议原则通过《闽西南经济协作区五市关于加快推进协作区建设的意见》《闽西南经济协作区合作章程》，并提出涉及铁路、公路、机场、港航、能源、水利、城市综合交通枢纽等基础设施建设，以及产业融合、社会事业发展共66项加快推进闽西南五市协作发展的重点项目。

会议提出闽西南经济协作区发展的近期目标、中期目标、远期目标。到2020年，共建共享机制不断完善，城乡基础设施加快建设，各市间1—2小时交通圈基本形成，区域协同创新体系初步建立，产业合作深入开展，基本公共服务共建共享体系初步建立，对外开放水平显著提升，两岸经济文化交流融合日渐紧密。厦漳泉都市区经济实力和区域影响力加快提升。到2025年，城乡功能定位更加完善，区域协同创新体系基本形成，各项资源、要素自由流动和高效配置的障碍基本消除，区域协调发展机制更加健全，区域竞争力显著增强，对外开放国际门户地位初步确立，成为两岸经济文化融合发展最紧密区域。厦漳泉都市区同城化格局基本形成，成为区域发展重要增长极。到2035年，闽西南经济协作区基本实现统一规划、协同治理、城乡融合、一体发展，全面引领区域经济发展，辐射和服务全国的枢纽地位更加突出，国际竞争力和影响力显著增强，成为社会主义现代化区域协调发展的样板。厦漳泉都市区辐射区域、服务全国的枢纽地位凸显，成为具有国际影响力的都市圈。

泉州市新增一国家级技能大师工作室

林阳顺国家级技能大师工作室在泉州台商投资区日春研发生产基地揭牌，成为泉州市第二个国家级技能大师工作室。该工作室围绕技能提升，发挥技能大师工作室全体成员的技能专长，发扬传、帮、带的优良传统，推广研究成果和经验。近年来，泉州市开展“百万职工技能大提升活动”“高技能人才培养工程”“技能振兴专项活动”“名师带徒”和技能竞赛等，建设一批培训教育基地，推进人才兴业，助力产业转型发展。已建成国家级高技能人才培训基地3个、国家级技能大师工作室2个和省级产业技工培养基地3个、省级技能大师工作室30个，职业技能培训学校（中心）72所、职业技能鉴定站82所，获评全国技术能手10人、省市级技能大师99人。截至7月底，全市培养引进高技能人才139675人，主要分布在纺织鞋服、装备制造、建材家居、食品加工、新一代信息技术、光电、现代物流等重点产业。

8月24日

农历戊戌年七月十四
星期五
温度：26℃—31℃
大雨转中雨

●内蒙古自治区政协主席、党委政法委书记李佳带领党政代表团到泉州，围绕学习贯彻习近平新时代中国特色社会主义思想，学习借鉴“晋江经验”，到晋江市展馆、企业、五店市传统街区等地考察调研，了解泉州市产业发展、城市建设、文化传承等情况。

●闽西南经济协作区联席会议第一次会议在厦门召开。

●王永礼到市防汛抗旱指挥部检查部署2018年第13号热带低压防御工作。

●由市总工会、市委文明办、市关工委、东南早报等主办的2018年泉州市“金秋助学”活动助学金发放仪式举行。活动共筹集爱心助学金475万元，589名贫困生得到数额不等的资助。

●2018年市关工委“爱心助学”座谈会在泉州市老年活动中心举行。

●林阳顺国家级技能大师工作室在泉州台商投资区日春研发生产基地揭牌，成为泉州市第二个国家级技能大师工作室。

●第十一届中国青少年科技创新奖颁奖大会在北京举行，泉州五中学生林子涵获中国青少年科技创新领域的最高荣誉——中国青少年科技创新奖。

●24—25日，由中国艺术研究院宗教艺术研究中心和中国艺术研究院戏曲研究所主办的“中国目连戏展演”暨“中国目连戏的保护与传承”研讨会在北京举行。此系中国首次举行目连戏展演，泉州提线木偶戏《四将开台》率先上台，拉开展演序幕。

●晋江合唱团应邀到韩国首尔参加2018第二届中韩国际合唱节并获金奖。

8月25日

农历戊戌年七月十五
星期六
温度：26℃—30℃
小雨

●康涛到市防汛抗旱指挥部检查2018年第13号热带低压防御工作。

●泉州在国家发改委国际合作中心召开专家研讨会，对泉州开发区与意大利打造“两国双园”课题项目进行探讨。

康涛检查第13号热带低压防御工作

市委书记康涛到市防汛抗旱指挥部检查2018年第13号热带低压防御工作，听取热带低压最新动态、风情雨情、水库调度等情况汇报。副市长肖汉辉参加检查。康涛强调，各级各部门要按照省、市防汛抗旱指挥部要求，把人民安全放在首位，杜绝麻痹思想，压实防汛责任，密切研判形势，盯紧盯牢地质灾害隐患点，做好次生灾害防范工作。

康涛（右二）在市防汛抗旱指挥部听取汇报
（图/市防汛办）

泉州提线木偶戏参加全国首次目连戏展演

24—25日，由中国艺术研究院宗教艺术研究中心和中国艺术研究院戏曲研究所主办的“中国目连戏展演”暨“中国目连戏的保护与传承”研讨会在北京举行。此系中国首次举行目连戏展演，泉州提线木偶戏《四将开台》率先上台，拉开展演序幕。展演吸引全国各地8个非遗保护传承单位选出的12个经典折戏，展示了中国目连戏基本风貌。目连戏是随着宋元时期中国古典戏曲走向成熟而形成的重要艺术经典剧目，至明代郑之珍编写《目连救母劝善戏文》而臻于兴盛。长期以来，目连戏被视作“村剧”“大戏”，盛行于长江流域南北各地，紧密依附节庆民俗，并在17世纪进入宫廷，成为中国人慎终追远、趋吉避害的重要演剧现象。

泉州开发区与意大利打造“两国双园”研讨会在北京召开

泉州在国家发改委国际合作中心召开专家研讨会，对泉州开发区与意大利打造“两国双园”课题项目进行探讨。在国家发改委国际合作中心，外交部、商务部、发改委等部委的相关专家积极建言献策，大家纷纷表示，泉州在产业特点、企业结构、配套环境等方面都与意大利存在优势互补，中意“两国双园”项目对于促进泉州产业转型升级，向全球价值链的中高端跃升具有重要意义。

中意“两国双园”项目将结合意大利产业优势，重点推动机械装备产业、高端纺织鞋服、建材家居、新一代信息技术产业和医药食品产业等产业要素资源的整合，促进泉州优势产业高质量发展。项目将集成金融、保险、税收、通关、检验检疫和财政等政策，促进人才、技术、资金各类要素集聚；推动国际规则标准对接，完善投资贸易环境，加强知识产权保护；推进制造业与服务业，国内园与国外园，货物贸易与服务贸易的互动融合发展；建立和完善技术创新体系和工业服务体系，探索工业设计领域的合作，促进国内园区传统制造业加快提升产品和品牌价值。

根据初步方案，中意“两国双园”将构建双核多主体的“2+N”空间布局体系。双核，即分别于泉州开发区和意大利海外园区的两大核心发展区域，包括位于泉州开发区的清濛园区及2.5产业区共同构成的工业服务发展区和位于博洛尼亚中意（泉州）产业园（实体园）。多主体，即包括位于泉州开发区的官桥园智能制造发展核心区、意大利实体产业园和若干虚拟园。

中意“两国双园”将积极对接“一带一路”倡议，依托泉州区位、文化、港口、产业优势，实施一批创新政策，建成一批试验项目，力争将“两国双园”建设成为21世纪海上丝绸之路国际合作的引领区、与发达国家开展第三方合作的样板区、以服务贸易开放合作促进产业链重构的示范区、中意两国中小企业合作的试验平台，成为中意乃至中欧合作的重要载体和平台。作为中国和意大利政府开启新海上丝绸之路合作的一个项目，也是省重点招商策划项目，中意“两国双园”将推动意大利和泉州中小企业开展深入而紧密的合作，促进泉州市纺织鞋服、机械制造、建材家居等传统产业加快转型升级步伐，形成一批具有国际影响力的品牌。

王永礼到南安市调研扫黑除恶专项斗争工作

市长王永礼带队到南安市调研督导扫黑除恶专项斗争工作进展情况，并召开座谈会，研究部署下阶段工作。在诗山镇红星村，王永礼要求当地要发挥“雪亮工程”的威慑作用，实时监测，专人职守，灵敏应对突发状况。在诗山镇派出所，王永礼查看派出所扫黑除恶工作台账，要求多角度、多渠道广辟线索来源，紧盯重点，深挖根源，提升扫黑除恶工作实效。座谈会上，王永礼强调，要再发动，突出宣传发动、部门发动、基层发动，调动各方力量，在全社会营造扫黑除恶的浓厚氛围，凝聚全市扫黑除恶的强大合力。要再摸排，核查深挖黑恶线索，做精做专深度打击，紧盯黑恶势力易发多发的重点地区、重点人群、重点行业，严密日常监管，做到标本兼治、抓源治本。要再深化，围绕政治站位、依法严惩、深挖彻查、组织建设、综合治理五个环节，强化责任督导，铲除黑恶势力滋生土壤，推动扫黑除恶专项斗争工作纵深开展。

央视国庆特别节目《唱响新时代》在晋江市进行演出录制

中央广播电视总台戏曲和音乐频道国庆特别节目《唱响新时代——走进福建晋江》在晋江市晋阳湖城市之眼广场进行正式演出录制。《唱响新时代——走进福建晋江》分为“敢为天下先”“爱拼才会赢”“世界第一等”三个板块。央视主持人张宇、张腾岳结合演出节目亮点，向全国观众“解读”、推介晋江。在“敢为天下先”板块中，祖籍晋江的歌手张明敏演唱《我的中国心》，流行男歌手平安演唱《我爱你中国》《越战越勇》，歌唱家钟丽燕、徐莺洛演唱《外婆的澎湖湾》等。在“爱拼才会赢”板块中，台湾歌手叶启田带领晋江企业家洪肇明、蔡金垵、赖世贤、王良星、丁水波、周永伟演唱《爱拼才会赢》。在歌曲演唱过程中，来自中国书法家协会的牛宝义现场表演书法，写下“爱拼才会赢”五个字。

《唱响新时代——走进福建晋江》演出现场（图/陈英杰）

泉州港迎来最大尺度集装箱船

12时15分，集装箱运输船“恒辉6号”轮靠泊泉州港围头作业区10万吨级泊位，成为泉州港建港史上靠泊的最大尺度集装箱运输船，也是泉州港围头作业区10万吨级泊位投产以来靠泊的最大尺度和吨位的船舶。“恒辉6号”轮长294.1米，宽32.2米，载重68189吨，可载箱量5060标箱，此次航程为京唐—围头—南沙。该轮将以周班的形式投入围头作业区运营内贸航线。围头作业区是泉州港集装箱主要集散地，对台“三通”重要口岸，依托腹地经济社会的发展，围头作业区重点发展集装箱内外贸喂给港，已建成投产泊位3个（其中万吨级以上2个），设计年通过能力393万吨（其中集装箱31万标箱）。

集装箱运输船“恒辉6号”轮靠泊泉州港（图/泉州晚报社）

8月26日

农历戊戌年七月十六
星期日
温度：26℃—31℃
中雨转小雨

●王永礼到南安市调研督导扫黑除恶专项斗争工作进展情况。

●市防汛抗旱指挥部召开全市视频会，部署强降雨防御工作。

●中央广播电视总台戏曲和音乐频道国庆特别节目《唱响新时代》在晋江市晋阳湖城市之眼广场进行正式演出录制。

●集装箱运输船“恒辉6号”轮靠泊泉州港围头作业区10万吨级泊位，成为泉州港建港史上靠泊的最大尺度集装箱运输船，也是泉州港围头作业区10万吨级泊位投产以来靠泊的最大尺度和吨位的船舶。

●国际乒联捷克公开赛男单决赛举行，泉州选手郑培峰获冠军。

●市关工委2018年爱心助学仪式（李双连、许锦全爱心团队）座谈会暨助学金发放仪式在市区立成小学举行，现场为64名受助学生发放398300元的资助金。

●泉州市美术家协会第八次会员代表大会召开，郭宁当选泉州市美术家协会主席。

●泉州集美校友会第25届“李德文奖学金”颁奖大会在泉州集美校友楼举行，优秀博士、硕士、高考生、中学生等59人次获奖。

8月27日

农历戊戌年七月十七
星期一
温度：25℃—30℃
大雨转中雨

●27—28日，省人大常委会副主任、省总工会主席黄琪玉带队到泉州调研工会工作。

●市委常委班子召开落实中央巡视组巡视整改意见专题民主生活会。

●由市残联、市体育局、市教育局主办的泉州市第五届残疾人运动会在泉州师范学院田径场开幕。

●27—28日，由京报集团北京晚报和北京市足协、北京电视台体育中心、国家奥林匹克体育中心主办的第三届北京晚报百队杯少儿足球城际赛在北京国家奥林匹克体育中心举行。来自北京、天津、泉州、张家口、乌鲁木齐等地的8支少年足球队参赛。

黄琪玉到泉州调研工会工作

27—28日，省人大常委会副主任、省总工会主席黄琪玉带队到泉州调研工会工作。市领导孔繁军参加调研。黄琪玉到东海工人文化宫项目工地察看文化宫建设进展情况并强调，工人文化宫要突出“工”字特色，做到回归主业，发挥独特作用，打造成吸引和组织职工开展文化体育和教育培训活动的重要阵地。在泉州台商投资区辖区内的台资企业钜闽机械公司，黄琪玉勉励台资企业工会要发挥密切联系职工群众的优势，服务好在福建就业创业的台湾职工，宣传好落实好各项惠台措施，使台企和台胞同等享受政策红利，推动共同发展。在三创园区，黄琪玉与劳动模范交谈，希望劳模焕发劳动热情，释放创造潜能，汇聚磅礴力量，成为旗帜鲜明讲政治的楷模、学习新思想的楷模、推动高质量赶超的楷模、维护社会和谐稳定的楷模，在推动高质量发展、实现赶超目标、建设新福建中书写精彩人生。黄琪玉还到市总工会、国网泉州电力职工创新成果孵化基地调研。每到一处，黄琪玉询问情况，要求各级工会引导职工创业创新创优，团结带领职工群众在奋进新时代中建功立业。

市委常委班子召开专题民主生活会

市委常委班子召开落实中央巡视组巡视整改意见专题民主生活会。为开好此次民主生活会，一段时间来，市委常委会、市委巡视整改工作领导小组学习贯彻习近平新时代中国特色社会主义思想和中共十九大精神，学习贯彻习近平关于巡视工作的讲话精神，对民主生活会方案进行专题研究；市委常委班子和各位常委坚持从严从实，开展谈心谈话，集体研究班子对照检查材料，广泛征求意见，撰写个人发言提纲，做好会前各项准备工作。

会上，市委书记康涛代表市委常委班子作对照检查，紧扣巡视反馈问题，深入查摆剖析，明确整改方向和主要措施。市委常委逐一作个人对照检查，深入剖析根源，坦诚互相批评，增强党内政治生活的政治性、时代性、原则性、战斗性。康涛表示，要强化政治担当抓整改。深入开展“大学习”，维护习近平总书记的核心地位、维护党中央权威和集中统一领导。要把抓好巡视整改工作，作为一项严肃的重大政治任务、政治责任，牢牢抓在手上、扛在肩上、落实在行动上。要不讲条件抓整改。结合巡视反馈问题和民主生活会查找出来的问题，制定整改方案，明确目标、压实责任、挂图作战，以“钉钉子”精神，高标准高质量推进整改。要以上率下抓整改。市委常委班子要发挥“头雁效应”，班子成员要发挥带动示范作用，推动个性问题和班子问题、显性问题和隐性问题、表层次问题和深层次问题一起解决。要完善长效机制抓整改。延伸运用巡视成果，推动建章立制、标本兼治，提高管党治党水平；以案明纪，引导党员干部坚定理想信念，坚守思想道德防线、廉政底线和党政纪红线。

泉州市第五届残疾人运动会开幕

由市残联、市体育局、市教育局主办的泉州市第五届残疾人运动会在泉州师范学院田径场开幕。600余名运动员、工作人员、志愿者、裁判员、教练员参与赛事活动。在三天比赛时间里，全市各县（市、区）12支残疾人代表队近300名残疾人运动员参加田径、游泳、乒乓球、羽毛球、飞镖5个大项123个小项的比赛。为扩大该届残疾人运动会的影响，提高全社会对残疾人和残疾人事业的关注度，市残联于第五届残疾人运动会举办期间同步举行“生命阳光 激情飞扬”随手拍摄影作品有奖征集活动。

泉州市第五届残疾人运动会开幕式（图/吴寿民）

康涛到泉州晚报社、泉州广播电视台调研

市委书记康涛到泉州晚报社、泉州广播电视台考察，并调研宣传思想工作，市领导翁祖根、陈铁晗参加调研。康涛强调，要坚持党性原则举旗帜，坚持“党媒姓党”不动摇，抓牢学习宣传贯彻习近平新时代中国特色社会主义思想首要政治任务，开展“大学习”，建设具有强大凝聚力和引领力的社会主义意识形态，让党的创新理论“飞入寻常百姓家”。聚焦“再创‘晋江经验’新辉煌、蹚好转型升级‘后半场’、勇当高质量跨越主力军”三个时代命题，策划专题专版，调动各县（市、区）、干部群众、企业家、社会各界等参与。围绕市委、市政府中心工作，结合创新转型成功典型推广、人才创新和营商环境建设、文化复兴和共聚环湾、城市包容和文明养成、民生补短板等，持续“泼泼水、点点火、加加油”，引领观念转变。善于融合发展，用好新媒体，使互联网这个最大变量变成事业发展的最大增量。高度重视人才队伍建设，加强能力和作风建设，锤炼“讲故事”基本功，让新闻宣传更活跃、更有生气，打造一支党和人民放心的新闻舆论工作队伍。

康涛（右四）在泉州晚报社调研（图/陈英杰）

康涛王永礼部署全市防御强降雨工作

康涛、王永礼部署全市防御强降雨工作（图/市防汛办）

市委书记康涛、市长王永礼到市防汛抗旱指挥部，了解暴雨趋势，部署全市防御强降雨工作。市领导陈奕辉、肖汉辉等参加。市领导强调，要增强政治责任感，克服麻痹思想，加强会商预判，落实应急预案，做好地灾点和渔船渔排人员转移、在建工地安全度汛等工作，防范山洪、山体滑坡、城乡内涝等次生灾害，确保群众生命财产安全。

市人大常委会、市政府上半年联席会议召开

市人大常委会、市政府上半年联席会议召开，互相通报2018年以来工作情况，并围绕推进高质量赶超跨越、实现全年目标任务进行座谈。市长王永礼强调，要紧盯总量赶超目标，抓好实体经济存量增长和增量支撑，强化要素保障；要推动高质量发展，力促传统、重化、高新“三大板块”和现代服务业提质增效；要抓改革促活力，打造良好营商环境；要保障和改善民生，推进民生工程，增进民生福祉。市人大常委会党组书记陈万里表示，市政府及其组成部门要全力冲刺第四季度，实现目标预期；致力实施民生工程，有效补齐短板；推进生态修复、城市修补，提升城市颜值；化解历史遗留问题，维护社会发展稳定；办好人大议案决议，回应人民期盼。市人大将以贯彻落实市委人大工作会议精神为契机，围绕赶超跨越、民生福祉、法制建设等任务，勇于担当、有效作为。

市人大常委会、市政府上半年联席会议现场（图/陈意鸣）

8月28日

农历戊戌年七月十八
星期二
温度：25℃—28℃
大雨

●继收听收看中央扫黑除恶第四督导组督导福建省工作动员会后，泉州市随即召开市扫黑除恶专项斗争领导小组成员（扩大）会议，贯彻落实中央、省委部署要求，对全市工作进行再动员、再细化、再推进。

●康涛到泉州晚报社、泉州广播电视台考察，并调研宣传思想工作。

●康涛、王永礼到市防汛抗旱指挥部，了解暴雨趋势，部署全市防御强降雨工作。

●市人大常委会、市政府上半年联席会议召开，互相通报2018年以来工作情况，并围绕推进高质量赶超跨越、实现全年目标任务进行座谈。

●泉州市召开落实意识形态领域巡视整改任务专题会议，传达学习中央、省委、市委关于巡视整改工作的重要精神和决策部署，明确责任分工、细化整改措施，推动宗教工作等方面的巡视整改任务落到实处。

●28—29日，2018年全市新闻发言人培训班举办。

●德化县在该县文庙举行2018年高考学子“儒瓷助学”活动。

8月29日

农历戊戌年七月十九
星期三
温度：24℃—27℃
暴雨

●康涛、王永礼就继续做好暴雨重点影响区域防御工作进行部署。

●市十六届人大常委会第二十六次主任会议召开，讨论有关人事任免事项。

●29—30日，市十六届人大常委会第十五次会议召开，会议审议决定，接受郑新聪辞去泉州市第十六届人民代表大会常务委员会主任职务的请求，报泉州市第十六届人民代表大会第四次会议备案；决定朱团能代理泉州市第十六届人民代表大会常务委员会主任职务。

●全国工商联发布2018中国民营企业500强榜单及分析报告，泉州3家企业上榜。

●第十次全国归侨侨眷代表大会在北京人民大会堂开幕，会上表彰全国侨联系统先进集体和先进工作者。经中共泉州市委推荐，泉州市侨联被人力资源社会保障部、中国侨联表彰为全国侨联系统先进集体。泉州市侨联推荐的3个组织、21名个人获表彰。

●市旅发委启动征集“闽南美好生活节”活动形象标识（LOGO）的活动。

●泉州市武术协会第五届会员代表大会召开，泉州少林寺方丈常定当选泉州市武术协会会长。

●全市首个扫黑除恶法治教育基地在洛江区河市镇白洋村揭牌。

市十六届人大常委会第二十六次主任会议、第十五次会议召开

市十六届人大常委会第二十六次主任会议召开，讨论有关人事任免事项。29—30日，市十六届人大常委会第十五次会议召开。会议审议决定，接受郑新聪辞去泉州市第十六届人民代表大会常务委员会主任职务的请求，报泉州市第十六届人民代表大会第四次会议备案；决定朱团能代理泉州市第十六届人民代表大会常务委员会主任职务。会议听取市人大常委会关于《泉州市中山路骑楼建筑保护条例（草案二审稿）》修改情况的报告，审议通过《泉州市中山路骑楼建筑保护条例（草案表决稿）》；听取和审议市政府关于泉州市环湾城市规划建设管理工作情况的报告，并开展综题询问；听取和审议市政府研究处理《市人大常委会关于我市行政审批改革、加快简政放权、规范行政自由裁量权情况综题询问的审议意见》情况及《市人大常委会关于特色现代农业发展情况审议意见》情况的报告，并开展满意度测评；听取和审议市农业局关于精准扶贫工作情况的报告并开展工作评议，听取和审议市教育局关于2018年新改扩建幼儿园工作情况的报告并开展工作评议；听取和审议市政府关于2018年为民办实事项目进展情况的报告和市人大常委会有关考察报告，市政府关于1—7月国民经济和社会发展计划执行情况、关于1—7月预算执行情况的报告，及泉州市法院推进以审判为中心的刑事诉讼制度改革及金融犯罪审判工作情况的报告。

市十六届人大常委会第二十六次主任会议现场
（图/陈意鸣）

3家泉州企业入围2018中国民营企业500强

全国工商联发布2018中国民营企业500强榜单及分析报告，华为投资控股有限公司连续三年登上民营企业500强榜首。从福建来看，共20家福建企业上榜。泉州上榜企业共3家，数量仅次于省会福州，分别是排名385位的恒安集团、排名386位的达利食品、排名463位的安踏体育。相比于2017年榜单，2018年上榜福建企业数量增加了10家，其中泉州企业新增2家，分别是达利食品、安踏体育。从行业来看，福建上榜企业中闽系房企占最大比例，包括正荣集团、福晟集团、融信集团、融侨集团、泰禾集团、禹州集团、三盛集团7家，加上阳光龙净集团旗下的阳光城，闽系房企占福建上榜企业总数的40%。与2017年相比，2018民营企业500强榜单发生较大变化，有104家企业新进入榜单。受此影响，民营企业500强入围门槛继续增长，达156.84亿元，500强营收总额为244793.82亿元，此前一年该数字为193616.14亿元。

全市首个扫黑除恶法治教育基地在洛江区揭牌

全市首个扫黑除恶法治教育基地在洛江区河市镇白洋村揭牌。该基地是洛江区检察院与河市镇机关党支部共建的“红客空间”孵化出的第一批党建项目，占地约150平方米。馆内分“红色空间”“红色走廊”和“普法小剧场”三模块，内容涵盖扫黑除恶专项斗争的基本知识，以及与群众生产、生活相关的“套路贷”“软暴力”“村霸”的解释，并且通过全国、全省和河市镇发生的典型案例进行以案说法。揭牌当天，一部讲述村霸“欺行霸市、强揽工程、操纵选举”的情景剧公演。整场演出采用闽南语对话，穿插民间耳熟能详的俚语，让大家零距离感受“黑恶势力”在百姓日常生活的嘴脸。为让宣传方式更贴近群众，一支河市镇党员、团员组成的表演小分队将持续以情景剧、小品、快板等形式，向群众讲述扫黑除恶的故事。

市委巡视整改工作领导小组会议召开

市委巡视整改工作领导小组会议召开，通报即知即改进展情况，研究推进意识形态、巡察工作、干部担当方面专项巡视整改任务，细化责任分工和整改措施。会议要求，要认识意识形态工作的极端重要性，坚持党管宣传、党管意识形态、党管媒体，落实意识形态工作责任制，健全完善领导体制和工作机制，强化阵地建设和管理，保障意识形态安全。要加强对巡察工作的组织领导、系统谋划，统筹用好常规巡察、专项巡察、机动式巡察等方式，把巡察利剑直插基层，做好巡察“后半篇文章”，高质量推进一届党委任期巡察全覆盖。要强化各级党委（党组）干部培养主体责任，激励干部新时代新担当新作为，把关心关爱基层干部各项政策落实到位，树好导向、形成机制，营造干事创业、风清气正的环境。

市政府公布19户“泉州市教育世家”

市政府公布2018年度“泉州市教育世家”名单，共有19户从教三代以上、累计从教100年以上的教育世家上榜。2018年度“泉州市教育世家”名单如下：翁曼萍（黎明职业大学）、邓永清（泉州市教育局）、王达（鲤城区教育科学研究所）、洪明良（福建省泉州市第七中学）、汪小燕（泉州市丰泽区实验小学）、曾吉元（福建省泉州市泉港区第二中学）、蔡华南（晋江市内坑镇教育委员会办公室）、黄碧珠（南安市码头中心小学）、林琼瑜（南安市诗山中心小学）、陈炳煌（南安市官桥中心小学）、刘小坤（南安市教师进修学校）、吴淑英（惠安县东桥中心小学）、廖木德（安溪县第八小学）、李成益（安溪县龙涓中心学校）、龚书杉（安溪县感德中心学校）、李煜亮（安溪县第十三小学）、苏金通（德化县春美中心小学）、郭盛开（德化县雷峰中学）、郭文汉（福建惠安惠南实验中学）。

2018泉州市平安家庭专项活动推进仪式举行

2018泉州市平安家庭专项活动推进仪式举行，在全省范围内率先启动受暴妇女儿童紧急救助包项目，首批143个受暴妇女儿童紧急救助包发放至全市各县（市、区）妇女援助中心。在仪式现场，工作人员展示受暴妇女儿童紧急救助包的包含物品，除备用T恤、医药包、一次性内裤、卫生巾、雨衣等生活用品外，还包含100元人民币备用金。泉州市真爱家庭关怀促进中心工作人员介绍，很多妇女在遭遇家暴时，有可能出现匆忙逃离家庭的情况，提供紧急救助包就是希望给予受暴的妇女和儿童基本的生活保障。如有需要，妇女朋友可到各县（市、区）的妇女援助中心申领。此外也会根据实际情况，为受暴妇女儿童提供法律、医疗、心理等方面的援助。

相关链接： 泉州市高度重视“平安家庭”创建工作，市妇联等市直相关部门围绕抓宣传、抓创新、抓载体、抓项目、抓提升、抓实效做了大量工作，取得明显成效。年初，市妇联和市司法局还共同推出掌上法律服务平台，构建家庭“O2O”线上线下普法新模式，组织市、县两级妇女援助中心和法律援助中心的专业律师为妇女儿童提供法律援助。1—7月，该平台试运行期间，共有1548名妇女和608名未成年人获得无偿法律援助，挽回经济损失1543.68万元。

《海丝泉州》获评“一带一路”影响力影片

2018“一带一路”暨第六届两岸广播影视创新论坛在内蒙古海拉尔举办，在2017—2018“一带一路”优秀节目推荐征集活动中，第三届海丝国际艺术节献礼片《海丝泉州》获评“一带一路”影响力影片。纪录片《海丝泉州》生动翔实地纪录“海丝”泉州的珍贵史迹、史料，摄制组历经三年，拍摄了大量素材，全片以史诗巨篇的手法，表现历经沧桑更显风华正茂、古老而又青春的泉州。《海丝泉州》导演林同顺表示，为达到良好效果，该纪录片具备了普及性、深度性和立体性。无人机航拍、达·芬奇调色、三维特效运用等，使得这部纪录片创作的技术手段不断迭代升级，用全新的视角展示泉州独特的魅力。

8月30日

农历戊戌年七月二十

星期四

温度：23℃—26℃

大雨

●市委巡视整改工作领导小组会议召开，通报即知即改进展情况，研究推进意识形态、巡察工作、干部担当方面专项巡视整改任务，细化责任分工和整改措施。

●市委常委会召开会议，研究《关于泉州市创建国家公共文化服务体系示范区实施方案》。

●康涛、王永礼就继续做好暴雨重点影响区域防范工作分别提出要求。

●市十六届人大常委会第二十七次主任会议召开，讨论《泉州市中山路骑楼建筑保护条例（草案表决稿）》。

●市政府公布2018年度“泉州市教育世家”名单，共有19户从教三代以上、累计从教100年以上的教育世家上榜。

●2018泉州市平安家庭专项活动推进仪式举行，在全省范围内率先启动受暴妇女儿童紧急救助包项目，首批143个受暴妇女儿童紧急救助包发放至全市各县（市、区）妇女援助中心。

●2018“一带一路”暨第六届两岸广播影视创新论坛在内蒙古海拉尔举办，在2017—2018“一带一路”优秀节目推荐征集活动中，第三届海丝国际艺术节献礼片《海丝泉州》获评“一带一路”影响力影片。

●国家发展改革委发布全国中小城市综合改革试点典型经验案例，石狮市新市民积分管理入选“放管服”改革典型经验案例，获全国推广。

8月31日

农历戊戌年七月廿一
星期五
温度：24℃—28℃
中雨转小雨

●8月31日至9月1日，由海关总署副署长邹志武任组长的国务院大督查第十三督查组到泉州督查。

●为推进全市扫黑除恶专项斗争，鼓励人民群众踊跃举报黑恶势力违法犯罪线索，市扫黑办出台《群众举报黑恶势力违法犯罪线索奖励办法》。

●全市公立医院“暖心服务”三年行动启动视频会议召开，就提升全市公立医院服务水平工作进行动员部署。

●8月31日至9月1日，2018年市区府文庙“开笔礼”暨新学年“拜孔子、送红蛋”活动举行，超万名学子到场拜孔子、行开笔礼。

国务院大督查第十三督查组到泉州督查

8月31日—9月1日，由海关总署副署长邹志武任组长的国务院大督查第十三督查组到泉州督查。市领导康涛、王永礼、张永宁等参加相关活动。此次实地督查采用“1+5+地方特色+营商环境调查”的模式进行。“1”是综合督查，主要督查党中央、国务院重要决策部署、《政府工作报告》重点任务和量化指标，以及打好三大攻坚战和实施乡村振兴战略推动落实情况；“5”是专题督查，主要聚焦推进创新驱动发展、深化“放管服”改革、持续扩大内需、推进高水平开放、保障和改善民生五个方面。同时，要核实地方的典型经验、开展营商环境调查。在泉州期间，督查组到全市各地明察暗访，并召开座谈会听取部分企业家、创业者、干部群众的意见建议。

泉州市鼓励群众举报黑恶势力违法犯罪线索

为推进全市扫黑除恶专项斗争，鼓励人民群众踊跃举报黑恶势力违法犯罪线索，市扫黑办出台《群众举报黑恶势力违法犯罪线索奖励办法》（以下简称“办法”）。根据办法，黑恶势力线索范围细分为11类：威胁政治安全特别是制度安全、政权安全以及向政治领域渗透的黑恶势力；把持基层政权、操纵破坏基层换届选举、垄断农村资源、侵吞集体资产的黑恶势力；利用家族、宗教势力横行乡里、称霸一方、欺压残害百姓的“村霸”等黑恶势力；在征地、租地、拆迁、工程项目建设过程中煽动闹事的黑恶势力；在建筑工程、交通运输、矿产资源、渔业捕捞等行业、领域，强揽工程、恶意竞标、非法占地、侵占海域、霸占渔区、滥开滥采的黑恶势力；在商贸集市、批发市场、车站码头、旅游景区等场所欺行霸市、强买强卖、收保护费的市霸、行霸等黑恶势力；操纵、经营“黄赌毒”等违法犯罪活动的黑恶势力；非法高利放贷、暴力讨债的黑恶势力；插手民间纠纷、充当“地下执法队”的黑恶势力；组织或雇佣网络“水军”在网上威胁、恐吓、侮辱、诽谤、滋扰的黑恶势力；境外黑社会入境发展和组织出国（境）实施绑架、抢劫、滋扰等暴力威胁侨胞和损害中国形象的黑恶势力。

全市公立医院“暖心服务”三年行动启动

全市公立医院“暖心服务”三年行动启动视频会议召开，就提升全市公立医院服务水平工作进行动员部署。会议指出，近年来，在市委、市政府领导下，泉州市开展改善医疗服务行动，推行一系列便民、利民、惠民举措，群众就医体验不断提升。各级各相关部门要以习近平新时代中国特色社会主义思想为指引，客观看待“眼皮子底下”的医疗服务态度短板，增强医疗工作责任感，提升认识和站位，提高医疗服务水平。会议要求，公立医院要扛起主体责任，结合《泉州市公立医院“暖心服务”三年行动方案》确定的12项内容，“一院一策”，形成符合实际、操作性强的具体工作方案；把“人民群众是否满意”作为检验成效的重要标准，畅通群众反馈意见、提出建议、评价监督的渠道，启动医疗卫生系统医德医风考评机制，做到“软服务”有“硬约束”；医院党委发挥党建工作引领作用，提升基层党建工作，负起把方向、管大局、做决策、保落实的领导作用。各级各部门要形成推动工作的强大合力，认真履责，分类实施，精准施策，层层传导压力、压实责任，以扎实有效的工作，提高群众就医的获得感，让群众就医更加暖心。

泉州市医院服务中心为患者就医提供便利（图/林劲峰）

中央扫黑除恶专项斗争第4督导组到泉州开展下沉督导

中央扫黑除恶专项斗争第4督导组与市委主要领导在督导组驻地进行座谈，动员部署督导期间工作。下沉督导组指出，将围绕政治站位、依法严惩、综合治理、深挖彻查、组织建设和组织领导等重点内容，督导泉州市在扫黑除恶专项斗争中存在的问题和短板，坚持边督边改，共同推动泉州市扫黑除恶专项斗争向纵深发展。督导期间，下沉督导组听取工作汇报，开展个别谈话，查阅资料卷宗，发放调查问卷，到县、乡开展督导，倾听群众呼声，督促整改落实。

康涛与泉州市留联会、青商会代表座谈

市委书记康涛与泉州市留学人员联谊会、泉州市青年商会部分代表座谈，重温“晋江经验”，畅谈高质量赶超跨越，共话奋斗新时代。市委常委、秘书长翁祖根参加座谈。座谈中，与会代表畅所欲言，谈理想、议发展、献良策。康涛表示，中央出台弘扬优秀企业家精神的意见，表明以习近平同志为核心的党中央对企业家队伍建设的重视。留学人员、青年企业家思维敏锐、充满激情，定能在传承“晋江经验”、高质量跨越大潮中，当好生力军。康涛倡议，新生代要把握时代际遇，紧盯创新潮流，变中寻机，成就事业；传承好百年基业，坚守实业，永无止境打磨民族工业品牌，变传统产业为“朝阳产业”；多引进源头活水，把更多先进理念、技术、管理和创业资本引进来，与城市共成长。

康涛表示，泉州将按照全省非公企业家座谈会精神，对标先进城市，聚焦新时期创业群体、企业家的需求点、敏感点、堵点、痛点。一方面抓好城市建设，强化九大片区功能，提升城市颜值品位，搭建都市型产业、新兴业态的发展载体，一方面提升教育、医疗、养老等服务水平，压缩行政审批自由裁量权，打造稳定、公平、透明、可预期的营商环境。康涛要求，留联会、青商会要增强政治性、先进性、群众性，发挥桥梁纽带作用，组织动员海外留学人员、青年企业家坚定不移跟党走，创新服务载体，让更多青年才俊脱颖而出，为泉州创新转型注入源源不断的活力、动力、新生力量。统战部、团市委要搭建联系沟通渠道，吸纳留学人员、青年企业家的意见建议。

泉州市2018年尊师重教座谈会召开

泉州市2018年尊师重教座谈会在市区府文庙明伦堂召开，市领导康涛、王永礼、陈铁晗、张建生、周真平、王祖耀等，与省杰出人民教师、省特级教师，全国、省、市级优秀教师、教育工作者代表，在泉州高校、民办学校、离退休教师代表与会，弘扬尊师重教的社会风尚和优秀师风师德，共商教育事业发展。座谈会上，教师代表围绕“弘扬高尚师德、潜心立德树人”的主题，畅谈从教以来的亲身感受与收获，并结合工作实际建言献策。在听取教师发言后，市委书记康涛代表市四套班子向全市教育工作者致以由衷的敬意和节日的问候。康涛表示，全市教师孜孜以求、精益求精，体现了献身教育、甘为人梯的崇高精神，各级各部门要继续做好保障，为教育事业发展营造良好环境。

康涛指出，2018年以来，习近平在全国宣传思想工作会议等场合，围绕教育的职责使命、战略任务、培养导向等提出一系列论述和观点，阐释立德树人、以文化人的实践方向，是做好教育工作的根本遵循。全市各级各部门和教师要学习领会新思想，自觉担负起“育新人”使命任务，深化师德师风建设，把正确的政治方向、价值导向贯穿教育教学全过程。康涛要求，要把牢师德师风第一标准，系统推进立德树人。教师要参与“大学习”，学深悟透新思想，理解把握核心价值观内涵，培养过硬的政治素质，当好学生的指导者和引路人。各级学校要旗帜鲜明加强党组织领导，重视校园文化熏陶。教育主管部门要关心教师切身利益，加强人文关怀，让教师在岗位上有幸福感、事业上有成就感、社会上有荣誉感。康涛强调，教育是基本民生，要加快推进教育舒心工程，加紧实施扩容提质工程包，满足群众更高质量、更为多样的需求。教育是发展环境，要提升办学质量，满足不同层次、个性化需求，打造吸引人才落户的教育资源品牌。

9月1日

农历戊戌年七月廿二
星期六
温度：25℃—31℃
小雨转多云

●中央扫黑除恶专项斗争第4督导组到泉州开展下沉督导。

●康涛与泉州市留学人员联谊会、泉州市青年商会部分代表座谈。

●泉州市2018年尊师重教座谈会在市区府文庙明伦堂召开。

●市公安局鲤中派出所受理全市首个港澳台居民居住证办理申请。

9月2日

农历戊戌年七月廿三
星期日
温度：25℃—32℃
多云

●市政府召开党组会、常务会，对深化扫黑除恶专项斗争进行再部署、再落实。

●市政府办公室印发《关于进一步推动智能制造推进智能装备和“数控一代”产品应用快速发展的实施意见》。

市政府党组会、常务会对扫黑除恶进行部署

市政府党组会召开，对习近平关于扫黑除恶专项斗争的指示精神，以及中央和省委、省政府关于扫黑除恶专项斗争的决策部署要求进行再学习；对市委关于扫黑除恶专项斗争各项任务措施的落实情况进行再对照、再检查；对中央第4督导组督导福建第一次通报对接会反馈的问题进行全面对标、主动认领、积极整改。会后，市政府紧接着召开常务会，对市政府深化扫黑除恶专项斗争进行再部署、再落实。会议要求，要按照省委、省政府和市委的工作部署，提高政治站位，把思想统一到党中央、国务院、省委省政府和市委的决策部署上来。各级政府要依法履行主体责任，将扫黑除恶专项斗争摆在工作全局的突出位置。对扫黑除恶专项斗争目标任务要再深化细化实化，通过通报、约谈、挂牌督办等推动各项工作落实，对问题不查清、整改不到位、责任不落实、群众不满意的，要依法依规问责。要建立“各司其职、齐抓共管”的系统治理机制，形成高压态势，确保线索有新增加、核查有新进展、打击有新成效。各县（市、区）、各行业主管部门要针对性开展专项整治，强化行业监管，持续加大打击力度。要自觉接受督导检查，对反馈的问题要全面对标、主动认领、立即整改，同时举一反三、剖析根源、建章立制。要全方位开展宣传发动、警示教育，提升群众知晓率和参与度。

泉州市印发推动智能制造实施意见

市政府办公室印发《关于进一步推动智能制造推进智能装备和“数控一代”产品应用快速发展的实施意见》（以下简称“意见”）并明确，泉州市到2020年，力争机械装备产业规模超2200亿元，形成2—3个智能装备产业集聚区，成为全国重要的智能轻工装备基地。将智能制造作为“泉州制造”向“泉州智造”转变的主攻方向，意见指出，到2020年，培育10家以上以国家智能制造标准认定的市级智能化标杆工厂、10家以上智能制造系统集成商、150个以上市级数字车间，通过示范引领，带动一批企业实施智能化转型升级。

意见提出，培育示范典型，重点围绕离散型智能制造、流程型智能制造、网络协同制造、大规模个性化定制、远程运维服务等模式，在纺织鞋服、纸业印刷、光伏电子、建材家居、食品饮料、石油化工、机械装备等特色优势产业开展试点示范，带动全行业智能制造新模式应用，提升泉州市制造业整体智能化水平。其中，按照国家智能制造标准，经专家认定达到领先水平的智能化标杆工厂，按照实际投入给予20%、最高2000万元的补助；对获国家智能制造试点示范项目和智能制造试点专项项目，一次性给予实施单位200万元奖励；对获省级智能制造企业试点示范的企业，一次性给予50万元奖励；建设一批市级数字化车间，对新确认为数字化车间的，给予50万元补助。

发展智能制造系统集成，对智能制造系统集成商为本市企业实施智能制造项目提供服务，年度签订的累计服务合同金额（不含设备购置）大于100万元的，按实际累计服务金额的10%给予补助，最高不超过200万元；对智能制造系统集成商被列入国家智能制造系统解决方案供应商推荐目录的，一次性给予100万元奖励。

推动工业化和信息化深度融合。对首次通过国家两化融合管理体系贯标评定的企业，每家一次性奖励20万元；对两化融合示范建设项目和公共服务平台建设项目，按项目与信息化相关软硬件投资额的10%给予补助，最高不超过200万元。

洛江嘉泰数控（图/洛江区方志办）

市委中心组学习《习近平谈治国理政》

市委中心组学习会召开，交流学习《习近平谈治国理政》第一卷、第二卷等重要读本心得体会，集体学习《福建省弘扬“马上就办、真抓实干”优良传统作风若干规定（试行）》文件精神。会上，各位常委一致认为《习近平谈治国理政》第一卷、第二卷等重要著作，是系统丰富的思想理论宝库，集中反映习近平领导全党推动新时代中国特色社会主义建设的大思路、大战略、大智慧；要按照学懂弄通做实要求，常学常新、真学真用，在实践磨砺中提高觉悟。会议要求，要突出融会贯通学，把握思想精髓和核心要义，跟进学习新思想的最新篇章，学深学透、学以致用。要坚持以上率下学，各级领导干部带头学、带头讲、带头做，市委常委走前头、做表率，带动全市干部群众深入学习。要结合实际学，把学习成果转化为推动实际工作的成效，确保各项目标任务完成。

会议强调，要坚持问题导向，精准施策，从理念、职能、作风到习惯，制度全方位变革，常态化、长效化抓落实。各级领导干部要带头践行，勇挑重担，敢于担当、保持情怀，带头扑下身子抓落实。要推动干部作风养成，树好导向，刚性约束，亮出衡量干部实干实绩的标尺，让干事创业的干部更有信心、更有斗志，激励党员干部增强服务意识、提升服务效能。要纳入制度建设，着眼打造一流营商环境，长短结合、完善机制、形成规范，对标落实若干规定，抓紧出台泉州市贯彻意见，把“马上就办、真抓实干”作为全面从严治党的硬约束、硬任务，强化督查督导、检查通报、问责问效，让泉州办事氛围风清气朗。

泉州市印发扶持产业龙头企业和高成长企业若干意见

市政府办公室印发《关于扶持产业龙头企业和高成长企业做大做强的若干意见》（以下简称“意见”），适应经济新常态，加快推动产业龙头企业和高成长企业改造升级、持续做大做强。意见明确，要培育一批创新驱动、主业突出、关联度大、带动性强的产业龙头企业，力争到2020年，工业产值达10亿—30亿元、30亿—50亿元、50亿—100亿元和100亿元以上的产业龙头企业分别为225家、50家、15家和10家。在激励措施上，鼓励产业龙头企业做大做强。意见鼓励产业龙头企业围绕增资扩产、改造升级、延伸链条、补齐短板等方面建设实施项目，积极做大总量，实现高质量发展。对产业龙头企业工业产值首次超过10亿元、30亿元、50亿元和100亿元的，由受益财政一次性分别给予30万元、50万元、100万元和200万元奖励。

泉州市宣传中共十九大精神文艺志愿服务活动在石狮市举行

由泉州市委宣传部、泉州市文联主办，石狮市委宣传部、石狮市文联、泉州市曲艺家协会等承办的“新时代 新征程”——泉州市宣传中共十九大精神文艺志愿服务活动在石狮市湖滨街道玉湖社区举行。南音弦友合奏的“暧仔指”《出庭前》拉开序幕，梨园戏《李亚仙·莲花落》、高甲戏小品《喜婆欢乐唱新歌》、革命红歌联唱《高楼万丈平地起》、喜剧小品《戒赌》等先后上演。石狮市曲艺家也献上舞蹈《咱厝门前唱大戏》、表演唱《石狮新风》、舞蹈《不忘初心》等。

泉州市宣传中共十九大精神文艺志愿服务活动演出现场（图/陈智勇 黄杰辉）

9月3日

农历戊戌年七月廿四
星期一
温度：26℃—33℃
多云

●中央扫黑除恶第4督导组泉州下沉督导小组进驻南安市开展督导工作。

●市委中心组学习会召开，交流学习《习近平谈治国理政》第一卷、第二卷等重要读本心得体会，集体学习《福建省弘扬“马上就办、真抓实干”优良传统作风若干规定（试行）》文件精神。

●市政府办公室印发《关于扶持产业龙头企业和高成长企业做大做强的若干意见》，适应经济新常态，加快推动产业龙头企业和高成长企业改造升级、持续做大做强。

●由泉州市委宣传部、泉州市文联主办，石狮市委宣传部、石狮市文联、泉州市曲艺家协会等承办的“新时代 新征程”——泉州市宣传中共十九大精神文艺志愿服务活动在石狮市湖滨街道玉湖社区举行。

9月4日

农历戊戌年七月廿五
星期二
温度：27℃—34℃
多云

●中央扫黑除恶第4督导组泉州下沉督导小组进驻晋江开展督导工作。

●市委统战部中心组召开专题会议，交流学习《习近平谈治国理政》第一卷、第二卷心得体会。

●《泉州市社会组织异常名录和失信黑名单管理办法》印发，对社会组织加强信用约束和管理。

●商务部、国务院台办决定将泉州、平潭等8个城市（区）列为新一批“两岸冷链物流产业合作城市（区）”。

●文化和旅游部文化产业司下发关于2018年度“文化产业双创扶持计划”通知，泉州古城新门文旅产业有限公司运营的泉州新门片区“三创园”成为全省唯一入选项目。

●省教育厅公布2018年福建省高校特色新型智库立项名单，泉州师范学院民营经济发展研究院获批A类立项建设。

泉州市加强社会组织信用约束和管理

《泉州市社会组织异常名录和失信黑名单管理办法》印发，对社会组织加强信用约束和管理。社会组织是指在民政部门依法登记的社会团体、社会服务机构（民办非企业单位）和基金会。全市登记全市性社会组织803家，其中社会团体596家、社会服务机构（民办非企业单位）192家、基金会15家。根据该管理办法，社会组织活动异常名录与失信黑名单属于对社会组织的信用约束和惩戒，不免除其依照其他有关法律、法规规定应当履行的义务，社会组织被载入异常名录或失信黑名单的，不免除其应当承担的法律责任。根据该管理办法规定，对被列入失信黑名单的社会组织，登记管理机关可采取或者建议有关部门依法采取一系列惩戒措施。被列入失信黑名单的社会组织将被列入重点监督管理对象，有关部门将不给予资金资助、不向该社会组织购买服务、不授予相关荣誉称号；社会组织被列入失信黑名单，将作为取消或者降低社会组织评估等级的重要参考，不得申报公益性捐赠税前扣除资格和非营利组织免税资格，已认定的按规定予以取消。

泉州市入列两岸冷链物流产业合作城市

商务部、国务院台办决定将泉州、平潭等8个城市（区）列为新一批“两岸冷链物流产业合作城市（区）”。合作城市创建工作将围绕城市冷链物流发展规划，根据地区水产品、禽肉、果蔬、食品生产加工等产业发展需要，围绕冷链基础设施建设和改造升级、冷链物流技术应用、管理模式创新和冷链标准化、信息化等重点领域，通过加强两岸贸易通道建设，优化两岸冷链物流节点布局、开展合资合作、技术交流和人才培训，提升冷链物流各环节装备设施、技术和管理水平。2011年以来，商务部、国务院台办牵头推动两岸冷链物流产业合作并取得丰硕成果，已设立天津、厦门、昆山、北京、武汉5个试点城市，落地64个合作项目，形成一批可复制、可推广的合作模式。

新门片区“三创园”入选“文化产业双创扶持计划”

文化和旅游部文化产业司下发关于2018年度“文化产业双创扶持计划”通知。经推荐申报、专家评审，共有40家单位的文化产业众创空间、双创服务平台入选2018年度“文化产业双创扶持计划”。泉州古城新门文旅产业有限公司运营的泉州新门片区“三创园”成为全省唯一入选项目。“三创园”项目正有序规划建设中。北临新门街，东邻芳草园，南接笋浯溪，“三创园”项目包含四个厂区，分别是蔬菜公司、中侨化建机电公司、中侨皮革厂和豆制品厂。项目周边存在官亭寺、临漳门、石笋公园、金山公园等一批景点。地块周边一千米以内有公园、小学、商场、酒店等价值资源，北侧与新门街的连接依靠支路连接，南侧与笋浯溪边道路相接，优势明显。结合城市微空间改造、低冲击更新等理念，“三创园”项目致力营造创新型文化旅游社区，达到见人、见物、见生活的状态，力争成为泉州文化旅游资源及“非遗”项目的展示窗口，推动古城文化旅游复兴。未来“三创园”的实施落地，将依托古城的传统优势，扮演建筑空间叙事的探索者、古城共享生活的示范者、青年文创品牌的理想园。

泉州高校入选省级特色新型智库

省教育厅公布2018年福建省高校特色新型智库立项名单，泉州师范学院民营经济发展研究院获批A类立项建设。民营经济发展研究院结合省、市民营经济发展实际，凝练形成四个特色鲜明、研究基础雄厚的研究方向，包括科技创新能力培育及知识产权保护、产业转型升级、民营企业投融资、企业家精神与品牌建设，针对民营经济发展中的现实问题和长远问题，开展全局性、战略性、前瞻性研究，为政府和民营企业发展提供决策咨询和政策建议，打造成为泉州市民营经济领域的人才培育基地。此次全省共立项建设20个福建省高校特色新型智库，其中，A类立项建设15个，B类立项建设5个。此系继海丝文化传承发展研究院后，泉州师范学院又新增的一个省级高校特色新型智库。

市人大常委会党组（扩大）会议召开

市人大常委会党组（扩大）会议召开，就学习《习近平谈治国理政》第一卷、第二卷和《习近平新时代中国特色社会主义思想三十讲》等重要读本，结合工作实际作交流发言。会议指出，要把学习《习近平谈治国理政》第一卷、第二卷和学习《习近平新时代中国特色社会主义思想三十讲》，作为长期学习的主要任务，有计划、分阶段、多形式开展新时代新思想学习，从人大机关实际出发，以大学习带动大调研、大走访，推动大实践。具体要做到学而识，提升政治站位、增强政治意识、坚定政治方向，做到真学真懂；要做到学而思，以新思想统领深入思考，深入学、系统学、精细学，理清思路，做到学懂弄通；要做到学而用，以新思想指导工作，推动实践，知行合一、学用结合；要做到学而实，抓好新思想的学习贯彻落实，结合实际推进工作，务求取得新的成效、实效。

泉州市给予高校新生景区门票减免政策

市旅发委、市教育局决定于新学期开学之初，联合泉州市部分旅游景区给予2018年在泉州高校新生门票减免的优惠政策。9月5日至10月31日期间，2018年在泉州高校新生只要在微信内搜索小程序“泉州市智慧旅游云平台”并在平台上注册，凭获得的串码及新生入学通知书即可免费扫码进入泉州八大收费景区：清源山、崇武古城、仙公山、石龙谷森林公园、后深溪漂流、牛姆林、云河谷、船山岩生态园，同行的新生亲属还可享受门票优惠。此次活动的免费景区涵盖国家AAAAA级、AAAA级景区。活动旨在推广泉州文化旅游，使到泉州就读的大学新生尽快融入泉州生活，热爱泉州、推广泉州。

市国税局举行“媒体记者体验行”活动

国家税务总局泉州市税务局举行“媒体记者体验行”活动，邀请新华网、人民网、东南网、泉州晚报、泉州电视台、泉州网等媒体记者零距离感受税务机构改革后纳税服务的新变化。图为纳税人正在办理涉税业务。

（图/泉州晚报社）

泉州市第二个“圆梦班”落户南安市

为支持泉州市教育和精准扶贫工作，让家境贫寒、品学兼优的初中毕业生能够享受优质教育、圆“大学梦”“成才梦”，由江苏中远助学帮老基金会捐资设立的南安一中“圆梦班”开班启动。江苏中远助学帮老基金会成立于2012年，旨在济困扶危、行善助人。资金来源于徐中远《毛泽东晚年读书纪实》等著作的收入，以及爱心企业家的捐赠。此次在南安启动的“圆梦班”，为全国第19个“圆梦班”、全省第三个、泉州市第二个。全省前两个“圆梦班”分别落户泉州市安溪一中和龙岩市龙岩一中。是日，基金会向南安一中“圆梦班”捐助资金120万元，用于“圆梦班”学生高中三年的学习、生活资助及教师奖励。同时，基金会还向“圆梦班”全体师生赠送徐中远著作，并向“圆梦班”学生发放第一学年度的助学金，每人5000元。

泉州市首部“非遗”题材影视作品《狮舞石狮》开机

由云响天歌（北京）影视文化有限公司出品的院线电影《狮舞石狮》开机仪式在石狮市举行。《狮舞石狮》是泉州市第一部“非遗”题材影视作品。影片通过曲折的故事主线，把泉州、石狮的“非遗”项目巧妙地结合起来，融入动作剧、爱情等元素。《狮舞石狮》还邀请国内著名演员沈保平以及马来西亚著名动作影星陈沛兴加盟，主演熊彦鑫更是提前一周到石狮学习狮阵技法，了解该“非遗”项目的精髓，女一号由马来西亚女演员齐浠儿担纲主演。该片全程在石狮取景。

9月5日

农历戊戌年七月廿六
星期三
温度：26℃—32℃
小雨转阴

●中央扫黑除恶第4督导组在安溪县召开扫黑除恶专项斗争座谈会。

●市人大常委会党组（扩大）会议召开，就学习《习近平谈治国理政》第一卷、第二卷和《习近平新时代中国特色社会主义思想三十讲》等重要读本，结合工作实际作交流发言。

●市人大常委会召开专题调研座谈会，听取市政府关于泉州市“十三五”规划及各重点专项规划实施中期评估情况的汇报并进行座谈。

●市旅发委、市教育局决定于新学期开学之初，联合泉州市部分旅游景区给予2018年在泉州高校新生门票减免的优惠政策。

●福建省泉州港口管理局联合辖区执法力量，对辖区海上涉黑涉恶情况进行突击排查。

●国家税务总局泉州市税务局举行“媒体记者体验行”活动，邀请新华网、人民网、东南网、泉州晚报、泉州电视台、泉州网等媒体记者零距离感受税务机构改革后纳税服务的新变化。

●由江苏中远助学帮老基金会捐资设立的南安一中“圆梦班”开班启动。

●由云响天歌（北京）影视文化有限公司出品的院线电影《狮舞石狮》开机仪式在石狮市举行，此系泉州市第一部非遗题材影视作品。

9月6日

农历戊戌年七月廿七
星期四
温度：26℃—33℃
多云

●市扫黑除恶专项斗争领导小组会议召开，传达中央扫黑除恶第4督导组到泉州督导精神，研究泉州市贯彻意见。

●市政协党组中心组（扩大）学习会议召开，专题学习《习近平谈治国理政》第一卷、第二卷等重要读本，结合工作实际作交流发言。

●全市统战系统科级干部业务培训班在市社会主义学院开班。

●泉州城建集团发行中期票据5亿元，系市属国有企业整合重组后的首次发债。

●晋江市政府与中国轻工集团签订协议，落地成立中国制浆造纸研究院有限公司。

●6—7日，全国“四好农村路”管理现场会召开，晋江市和永春县被授予新一批“四好农村路”全国示范县称号。

市扫黑除恶专项斗争领导小组会议召开

市扫黑除恶专项斗争领导小组会议召开，传达中央扫黑除恶第4督导组到泉州督导精神，研究泉州市贯彻意见。会议要求，要立行立整立改，推动专项斗争提速提质提效。按照“坚持边督边改，确保打准打狠”的要求，马上就办、真抓实干，组织开展线索大起底、大排查行动，深化“电信网络诈骗”等突出问题大整治，深挖黑恶势力背后“关系网”“保护伞”，既打“硬保护”又打“软保护”，抓好软弱涣散党组织整顿，全方位深层次组织大宣传，铲除黑恶势力滋生土壤，形成压倒性严打态势。要从严从细从实，确保各项工作掷地有声。各地党委政府要扛起主体责任，各职能部门要知责明责、履责尽责，压紧压实责任，清单对账销号，强化督导问责，杜绝“过关”思想，严明纪律，标本兼治，打赢专项斗争主动仗、攻坚仗、整体仗。

市政协党组中心组（扩大）学习会召开

市政协党组中心组（扩大）学习会议召开，专题学习《习近平谈治国理政》第一卷、第二卷等重要读本，结合工作实际作交流发言。会议指出，《习近平谈治国理政》对学懂弄通做实中共十九大精神，用新思想武装头脑、指导实践、推动工作，具有十分重要的意义。市政协机关党员干部要坚持不懈深入学习，自觉用新思想引领政协工作，找准推动泉州市政协工作的着力点，形成推动发展的科学思路和工作举措。会议强调，要把握《习近平谈治国理政》关于“坚定政治制度自信”这一论述的科学内涵和具体要求，认识中国特色社会主义政治制度的科学性和优越性，把握人民政协的性质定位，围绕中心、服务大局；要学习领会《习近平谈治国理政》阐述的社会主义协商民主的重大战略思想，结合工作实际，把协商民主贯穿政协履职尽责全过程，推进协商成果落到实处。

市属国有企业整合重组后首次发行债券

泉州城建集团发行中期票据5亿元（债券名称：2018泉州城投MTN001），系市属国有企业整合重组后的首次发债。该期中期票据期限3年，票面利率为4.60%，全场认购倍数为5倍，边际认购倍数为7.25，为全国市场近期可比债券发行利率最低，体现市场对城建集团整合重组工作的认可及对泉州城市建设发展的信心。泉州城建集团相关负责人表示，该笔债券由招商银行和广发证券联合承销，获得资本市场的高度认可。今后泉州城建集团将贯彻落实中央有关国企改革精神，按照集团“海丝新城开发建设的主力军”和“城市建设运营服务综合提供商”的战略定位，全面实施“聚变提升”计划，通过资源二次整合，提升企业竞争力，增强自我“造血”功能，搭建一个机制活、通道宽、效率高、融资强的城建大平台，为泉州城市建设提供动力。

晋江市政府与中国轻工集团签订合作协议

晋江市政府与中国轻工集团（以下简称“中轻集团”）签订协议，落地成立中国制浆造纸研究院有限公司（以下简称“中纸院”）。根据协议，未来将依托中纸院在造纸行业中的品牌、资源，结合当地企业的发展优势，建立以检测、标准、研发、认证、培训为基础，服务于卫生用品产业的公共服务平台，力求将卫生用品公共服务平台建成全国卫生用品产业有影响力的专业平台。公共服务平台以晋江为中心，辐射泉州、福建，以及珠江、长江三角洲，推动企业的技术创新和产业升级，为企业创新发展提供有力的技术支持和人才支撑。中纸院依据“政府主导、院校支撑、市场化运作、社会化服务”的宗旨，在晋江注册成立独立法人单位，福建恒安集团有限公司等几家规模化企业也参与出资。中轻集团旗下有四个研究院，除已落地的两个外，还有中国食品发酵工业研究院及中国日用化学研究院两个研究院。至此晋江已拥有包括中轻集团旗下中纸院、中皮院在内，以及中科院、哈工大、中纺院、东华大学等共8家“国字号”科研机构。

康涛到晋江市调研“世中运”场馆建设及筹办情况

市委书记康涛带队到晋江市，调研世界中学生运动会（以下简称“世中运”）有关场馆建设情况，并召开世中运筹办工作会，听取汇报，研究、协调筹办工作有关事项。市领导翁祖根、季翔峰参加调研。康涛强调，举办世界中学生运动会，是向全世界展示泉州城市形象的重要机遇，也是对组织能力、保障能力、服务水平的重大考验。要以举办世中运为契机，向国内外重大赛事举办城市取经，与国际理念、思路、标准接轨，抓好场馆设施、服务规范、宣传造势等细节，提升办赛水平。要立足抓早，提升城市形象和管理水平，细化安保、交通、医疗等各项预案，做好重要环节的接待工作准备；加强赛事周边主要交通干道的立面整治、绿化提升，倒排进度、加快推进。要专业化运作，建立相对稳定的筹办工作团队，提前做好志愿者、专业翻译人员的预选和培训工作，培养锻造一支专业素质过硬的“城市推销员”队伍。

康涛（右三）在晋江市调研（图/陈起拓）

市委市政府与市政协召开专题协商会议

市委、市政府与市政协召开会议，围绕“实施卫生与健康暖心工程、探索大病统筹解决途径”与“推进石化园区环境治理”民主监督议题进行专题协商。会上，市政协课题组作课题总报告，十位委员就两个议题分别发言，从不同角度提出意见建议。针对委员提出的意见建议，市长王永礼要求有关县（市、区）、市直部门按照市委既定的决策部署，及时将专题协商成果转化利用，研究制定破解医疗资源短板、探索大病统筹解决途径、推进石化园区环境整治等问题的具体举措，一件接着一件抓好落实、抓出成效。

王永礼要求，要补齐卫生与健康事业短板，多渠道扩充医疗资源总量，探索医疗存量共享，推动医疗资源向基层倾斜，让群众好看病，就近看好病；要发挥市级公立医院龙头作用，推动体制机制建设，加强临床医疗人才培养、引进，全面提升医技水平。要把加快大病统筹解决作为全面深化医改的重点内容，建立医保机构和医院沟通机制，统筹用好医保基金、医疗救助基金等，调动商业医保、社会慈善积极性，形成政府、保险机构、个人、社会力量共同分担大病费用的体系，把医疗卫生这项暖心工程做好做实。要抓好石化园区规划建设和环境治理，落实企业环保和安全生产的主体责任以及政府监管责任，形成政府与企业的良性互动关系，加强监测监管和应急处理能力建设；要建好石化安全控制区，绷紧安全生产和环保这根弦，建立长效机制，严防重大事故发生。

市政协主席陈灿辉强调，要推进医疗体系资源共建共享，引进高端医疗人才，建立专家定点门诊，推动大病理性科学合理诊疗，建立健全医疗保健体系。要以发展的眼光持续抓石化园区环境治理，落实规划环评，严把环境准入关，全面提升两个园区应急处置能力。要建立追责问责机制，强化法治管理，严肃责任落实。

阿拉伯工会国际联合会代表团到泉州访问交流

7—9日，阿拉伯工会国际联合会及下属成员埃及、巴林、黎巴嫩、摩洛哥、苏丹、叙利亚、巴勒斯坦等国的成员组织主要领导人一行13人到泉州访问交流。代表团走访清净寺、开元寺、海交馆、灵山圣墓、洛阳桥、特步集团、老君岩等地，围绕海上丝绸之路文化、基层工会组建等主题展开参观考察。阿拉伯工会国际联合会成立于1956年，是在20世纪50年代阿拉伯民族解放独立运动高涨的形势下成立的阿拉伯世界最具代表性的地区性工会组织，会员组织包括来自西亚和北非阿拉伯国家的15个国家工会和11个阿拉伯产业工会联合会，会员人数超过1000万人。

9月7日

农历戊戌年七月廿八

星期五

温度：25℃—32℃

小雨转中雨

●康涛到晋江市调研世界中学生运动会有关场馆建设情况，并召开筹办工作会，听取汇报，研究、协调筹办工作有关事项。

●市委、市政府与市政协召开会议，围绕“实施卫生与健康暖心工程、探索大病统筹解决途径”与“推进石化园区环境治理”民主监督议题进行专题协商。

●市政协召开会议听取市中级人民法院工作情况通报。

●泉州市召开创建国家公共文化服务体系示范区动员大会，对下阶段工作进行安排部署。

●7—9日，阿拉伯工会国际联合会及下属成员埃及、巴林、黎巴嫩、摩洛哥、苏丹、叙利亚、巴勒斯坦等国的成员组织主要领导人一行13人到泉州访问交流。

●市委统战部、市职教社组成慰问小组，到黎明职业大学、泉州理工职业学院、泉州工商旅游职业中专学校等市职教社团体社员院校走访慰问。

●陈守仁家族福利基金会慈善捐款仪式在泉州花桥慈济宫举行。

9月8日

农历戊戌年七月廿九
星期六
温度：23℃—26℃
大雨转小雨

●市委、市政府召开企业家代表座谈会。

●泉州市在厦门举行2018年外资专场招商推介会。

●第二十届中国国际投资贸易洽谈会在厦门开幕，泉州市推出208个重点招商项目，总投资3532亿元。

●8—10日，由海峡两岸经贸交流协会、闽台经济合作促进委员会、泉台经济合作促进委员会、台湾农会、台湾渔会、台湾农业合作社联合社主办的第十一届海峡两岸（泉州）农产品采购订货会在南安成功国际会展中心举行。

●泉州市第11个民族团结进步宣传月活动在惠安县涂寨镇新亭畲族村启动。

●市防汛抗旱指挥部发出紧急通知，要求强化全市水库防洪调度管理工作。

●华东片区泉州籍商会第五届联谊会暨“深入学习新思想，奋力拼搏新作为”经验交流会、南通泉州商会第五届理监事会就职典礼在江苏南通举行。

市委市政府召开企业家代表座谈会

市委、市政府召开企业家代表座谈会，重温学习“晋江经验”，倾听企业家心声，提振爱拼敢赢精气神，政企合力共谋高质量赶超跨越。市委书记康涛主持会议并讲话，市长王永礼通报泉州市经济运行情况、分析当前发展机遇、介绍高质量赶超跨越目标任务。与会企业家畅所欲言谈发展、说感受、提建议。康涛强调，政府服务要与企业发展同步升级，主动规划布局，优化空间载体，引导集群协作，提供创新要素，跟踪企业需求敏感点，“一对一”解决个性问题，分专项研究行业共性问题，系统构建新旧动能转换大环境。

泉州市2018年外资专场招商推介会在厦门举行

泉州市在厦门举行2018年外资专场招商推介会，与22个国家和地区的250多名客商和企业家代表共叙情谊、共话合作、共谋发展，现场签约20个项目。泉州市领导康涛、王永礼、杨晓山、季翔峰、吕刚、李宏绪等参加推介会并与部分客商代表座谈交流；市发改委重点推介“21世纪海上丝绸之路先行区”建设、“泉州芯谷”产业园区及重点产业招商项目；市科技局专题推介泉州市集成电路产业；市旅发委专题推介旅游招商项目。现场签约项目投资总额19亿美元，拟利用外资11.38亿美元，涉及集成电路、现代物流、智能制造、高档纸业、电子信息等领域，项目含金量高、发展潜力大、带动作用强，落地投产后有望对泉州经济社会发展起到推动作用。

泉州市组织参与第二十届中国国际投资贸易洽谈会

第二十届中国国际投资贸易洽谈会（以下简称投洽会）在厦门开幕。投洽会首日，泉州市签约项目27个，投资总额20.47亿美元，拟利用外资12.75亿美元。其中，合同项目19个，投资总额17.12亿美元，合同外资10.3亿美元；意向项目8个，投资总额3.35亿美元，拟利用外资2.45亿美元。泉州市领导康涛、王永礼、杨晓山、季翔峰、吕刚、李宏绪等到厦门参加投洽会相关活动，并到福建展馆泉州分团主展位、泉州台商投资区展示区、泉州经济技术开发区展示区、晋江三创园展示区巡馆指导。

该届投洽会以“贯彻新发展理念、融入一带一路，促进双向投资”为主题，围绕服务“一带一路”倡议和三大攻坚战等国家战略，策划展览展示、论坛研讨、对接洽谈等系列活动。其中，展览面积达13万平方米，由“投资主题馆”和“产业招商馆”两大部分组成，设置展位6000个。在项目招商方面，泉州市推出208个重点招商项目，总投资3532亿元，涉及基础设施、社会事业、城市建设、园区平台、工业、现代服务业等领域。前期已对接的拟签约项目中，涵盖投资总额超亿美元的泉州葳格国际学校项目、普洛斯智能物流园、民生电商项目、宇培（石狮）冷链仓储物流项目等，吸引中国港澳台地区和新加坡、菲律宾、坦桑尼亚等国的企业家关注投资。

投洽会首日，泉州代表团还组织参加2018年福建省现代服务业专场对接活动。南安美的智慧家居小镇、普洛斯石狮物流园、丰泽中介服务产业园、世茂休闲农庄项目、泉州葳格国际学校项目5个服务业重大招商项目签约。中国水暖城、石狮服装城两家新晋省级现代服务业集聚示范区在对接活动上授牌。此外，中国皮革和制鞋工业研究院“鞋创云”项目、安通物流信息化平台、弘桥智谷（泉州）电商产业基地等在福建现代服务业展馆对外展示；陆宝智慧场站有限公司、泉州大宇三维打印科技有限公司、晋江国际工业设计园3家现代服务业企业上台路演推介。

泉州市外资专场招商推介会签约现场（图/刘泽阳）

康涛与俄联邦卡累利阿自治共和国行政长官座谈

市委书记康涛与到泉州访问的俄罗斯联邦卡累利阿自治共和国行政长官帕尔芬奇科夫一行座谈。市领导杨晓山参加座谈。康涛介绍泉州的历史文化与产业发展情况，希望两地加深了解，增进友谊，人文交流、民间往来、旅游观光等更加热络；加强石材、食品、造纸等产业对接，互惠互利，实现共赢发展。

韩国光州广域市代表团访问泉州

9—10日，韩国光州广域市市长李庸燮带团到泉州访问。受市委书记康涛委托，市长王永礼会见代表团，指出两地自共同当选首届“东亚文化之都”以来，开展一系列友好交流活动，两地人民友谊日益深厚，希望双方在贸易、产业、教育、文化、医疗等方面拓展交流合作，在更广领域实现互利共赢、共同发展。

泉州市石材采购平台与俄罗斯企业签订备忘录

随俄罗斯联邦卡累利阿自治共和国代表团访问泉州的俄罗斯REAL RK公司，与设于南安市的中国花岗岩现板集中采购平台签订谈判内容备忘录，同意在开采天然矿石、提供石材加工产品方面意愿实现合作关系。此举标志着双方在石材开采加工等相关领域合作向前迈出重要一步。2017年11月，福建省与俄罗斯联邦卡累利阿自治共和国缔结友城关系。作为福建省的友城“朋友圈”新伙伴，卡累利阿自治共和国拥有丰富优质的花岗岩矿藏，而南安通过进口全球石材，并将加工好的石材销往全球各地，已成为国内规模最大、种类最齐全的世界级石材生产交易中心。自福建与卡累利阿自治共和国缔结友城关系以来，双方交流频繁。南安先进的石材加工技术，成熟的采购、销售平台以及“泛家居”联盟理念等，引起卡累利阿的兴趣。卡累利阿的优质石材矿藏也吸引着南安的石材从业者。卡累利阿已有两家石材企业与南安签约，通过线上线下进驻中国花岗岩现板集中采购平台的形式，拓展石材销售市场。在此前签约的基础上，REAL RK公司签订谈判内容备忘录，就是希望在石材领域与南安建立长期实质性的交流合作机制。

泉州·光州2018郑律成音乐会在泉州举行

由东亚文化之都·中国泉州和韩国光州广域市主办，泉州市文广新局和韩国光州广域市光州文化财团承办，泉州市闽南民间歌舞传承中心、晋江市文体新局、福建省梨园戏传承中心、晋江市文化馆、晋江市高甲柯派表演艺术中心协办的泉州·光州2018郑律成音乐会在市区梨园古典剧院举行。演出由郑律成童谣《和平鸽》和《我们多么幸福》拉开序幕，由韩国光州市立少年少女合唱团演唱。此外，光州市立交响乐团、光州市立合唱团和光州市立唱剧团的艺术家献演韩国童谣《培养蓝色的梦想》、韩国民歌《景福宫打令》、郑律成歌剧《望夫云》序曲和韩国现代舞蹈。

该场音乐会也是东亚文化之都系列文化交流活动之一，泉州市也准备了《闽南听雨》和《将进酒》等节目参与演出，由福建省梨园戏传承中心、泉州市闽南民间歌舞传承中心和泉州市南音传承中心献演，展示泉州独特的文化魅力。整场演出在中国民歌《茉莉花》和韩国民谣《阿里郎》的合唱中掀起高潮，凝聚泉州和光州人民的友谊。《茉莉花》是中国民歌杰出代表，旋律优美，感情细腻，表达人们热爱生活，追求幸福的美好心愿；《阿里郎》为韩国代表性民谣，其唯美的旋律、婉转的期盼之情，具有鲜明的民族特色。

相关链接：出生于韩国的音乐家郑律成是《中国人民解放军进行曲》的曲作者。1914年，郑律成出生于朝鲜（现韩国）全罗南道光州。1933年到中国并参加抗日组织。1950年，郑律成携夫人加入中国国籍。1976年12月7日，郑律成在北京突发脑溢血逝世。郑律成是中国近现代历史上继聂耳、冼星海后又一位杰出的优秀作曲家，是中国无产阶级革命音乐事业的开拓者，被誉为“军歌之父”。郑律成与中国音乐家合作谱写大量音乐作品，如《中国人民解放军进行曲》《延安颂》《志愿军十赞》等，在国际上享有广泛声誉。

9月9日

农历戊戌年七月三十
星期日
温度：23℃—28℃
多云

●康涛与到泉州访问的俄罗斯联邦卡累利阿自治共和国行政长官帕尔芬奇科夫一行座谈。

●9—10日，韩国光州广域市市长李庸燮带团到泉州访问。

●随俄罗斯联邦卡累利阿自治共和国代表团访问泉州的俄罗斯REAL RK公司，与设于南安市的中国花岗岩现板集中采购平台签订谈判内容备忘录。

●由市体育局主办的2018年泉州市第三届广场舞锦标赛总决赛在泉州市侨乡体育中心广场举行。

●由泉州市南音传承中心、泉州艺术学校、韩国光州市立合唱团、光州市立交响乐团和光州市立唱剧团等献演的泉州·光州2018郑律成音乐会在市区梨园古典剧院举行。

9月10日

农历戊戌年八月初一
星期一
温度：24℃—30℃
多云

●康涛到南安市检查督办中央、省级环境保护督察反馈问题，以及全国饮用水源地保护专项行动整改项目。

●市委常委会会议暨市"海丝"先行区建设工作领导小组会议召开，学习习近平在推进"一带一路"建设工作5周年座谈会上的讲话精神和省委常委会会议精神等。

●市委巡视整改工作领导小组会议召开，研究中央巡视福建反馈意见涉及泉州市整改任务落实情况。

●"爱学会赢闯天下——全面推动习近平新时代中国特色社会主义思想进泉商全国行"启动仪式在泉州市社会主义学院举行。

●王永礼到安溪县西坪镇龙地小学，代表市委、市政府看望偏远农村一线教师。

●市政府第三十七次常务会议召开，研究《泉州市智能网联汽车多场景应用及研产用一体化发展试点工作方案》《泉州市加快发展健身休闲产业实施方案》，以及2018年泉州市"桐江学者奖励计划"特聘教授选聘工作等。

●10—12日，由省旅发委主办的全省旅游公共服务业务培训班在惠安县举办。

●泉州市召开迎接省安全生产巡查工作电视电话会议，动员部署安全生产工作。

●鲤城区在泉州七中召开第三十四个教师节庆祝大会，表彰获得集体荣誉称号的42所区属学校及在教育教学工作中成绩突出的481名教师，共989人次受到表彰，发放奖教基金150万元。

市"海丝"先行区建设工作领导小组会议召开

市委常委会会议暨市"海丝"先行区建设工作领导小组会议召开，学习习近平在推进"一带一路"建设工作5周年座谈会上的讲话精神和省委常委会会议精神；学习习近平在中央全面依法治国委员会第一次会议上的讲话精神和省委常委会会议精神；学习修订后的《中国共产党纪律处分条例》；传达全省实施乡村振兴战略工作会议精神，研究泉州市贯彻意见。会议指出，要推动"海丝"先行区建设走深走实，攻坚突破一批大项目好项目，打开对外交流窗口，提升城市颜值气质。要深耕拓展"一带一路"市场，稳外贸稳外资，加强技术交流引进，抢先突进新的领域。会议指出，要学习领会习近平关于全面依法治国的新理念新思想新战略，开展宪法学习主题教育，推进科学立法、民主立法、依法立法，落实党政主要负责人履行推进法治建设第一责任人职责，深化司法体制改革，突出抓好法治社会建设，推动依法治市各项工作落地见效。加强党对依法治市的领导，推动各项工作沿着法治化轨道前进。会议要求，要学习贯彻习近平关于党的纪律建设的论述，以铁的纪律推动全面从严治党向纵深发展，维护政治纪律，坚持问题导向，加大纪律监督力度。会议要求，各级各部门要把握习近平关于乡村振兴的战略思想，按照省委部署要求，系统组织推进五大任务，抓实抓细19项专项行动，聚焦特色农业发展，推进美丽乡村建设、扫黑除恶专项斗争、深化移风易俗、农村垃圾污水治理、农村厕所革命等重点工作，抓出阶段性成效，让群众有获得感。

"推动习近平新时代中国特色社会主义思想进泉商全国行"启动

"爱学会赢闯天下——全面推动习近平新时代中国特色社会主义思想进泉商全国行"启动仪式在泉州市社会主义学院举行。市委书记康涛出席并讲话；省社会主义学院领导到会指导并作动员讲话；市领导孔繁军、林万明参加启动仪式。根据安排，泉州站活动除5个专题理论课程学习外，还组织学员们参观考察市非公有制企业和社会组织党建展馆、晋江市展馆等，并组织开展学习研讨、招商引资、人才引进、政策宣传解读等活动。对全国泉州籍商会的全覆盖宣讲持续到10月。

第十一届海峡两岸（泉州）农产品采购订货会举行

8—10日，由海峡两岸经贸交流协会、闽台经济合作促进委员会、泉台经济合作促进委员会、台湾农会、台湾渔会、台湾农业合作社联合社主办的第十一届海峡两岸（泉州）农产品采购订货会（以下简称"农订会"）在南安成功国际会展中心举行。该届农订会设有800个国际标准展位。其中，台湾地区精品展区400个展位（含台湾啤酒美食嘉年华50个展位）、大陆展区220个展位、"一带一路"沿线国家及中国港澳地区展区50个展位、泉州特色农产品展区10个展位、涉农电商及物流展区30个展位以及中心馆展区。"泉州农民丰收节"特色馆首次亮相农订会，设置119个展位，组织泉州市125家农产品生产、加工企业，集中展示水果、蔬菜、茶叶、食用菌、水产品、肉禽、粮油制品、休闲食品、花卉、特种养殖10个大类、500多种泉州各地特色优质农产品及系列产品。"泉州农民丰收节"还配套举办"海峡两岸农产品展示采购对接活动"、"海峡两岸农产品供需洽谈对接会"、"第五届海峡两岸互联网农业电商峰会"以及"台湾十佳伴手礼"和"大陆十佳伴手礼"评选活动。

第十一届海峡两岸（泉州）农产品采购订货会开馆式（图/陈龙山）

市全面深化改革领导小组会议召开

市全面深化改革领导小组会议召开，传达学习中央全面深化改革委员会第三次会议和省委全面深化改革领导小组第二十一次、二十二次会议精神，研究泉州市贯彻意见。会议要求，要聚焦关键攻坚突破，由点到面扩大改革成效。找准改革路径方法，加强改革系统集成，在带动多点突破、形成整体效应上下更大功夫。要落实改革督察问效，对照中央、省和市确定的重点改革任务，完善改革工作推进机制，一项一项梳理、检查、评估，更好反映改革实效。要马上就办真抓实干，激发改革干事创业精气神，各级各部门“一把手”要亲力亲为、扑下身子抓改革，勇于挑最重的担子，啃最硬的骨头，发挥好示范带动效应。同时，要以改革的思维和办法，健全监督、考评、推进机制，推动“马上就办、真抓实干”常态化长效化。

全市重要通道沿线环境整治动员部署会召开

全市高铁高速、城乡重要通道沿线环境综合整治攻坚会战、“两违”治理“百日拆违行动”动员部署暨“项目攻坚2018”上半年工作表扬视频会召开。会议指出，赶超跨越总攻临近，全市各级各部门要贯彻省委“马上就办、真抓实干”“敢于担当、善于作为”要求，做好思想动员、组织动员，通过保护关心敢担当干部、“坚决调”不作为干部、党纪政纪硬约束，树好一线建功、实干实绩风气，引导干部全身心投入战役攻坚。要打好“项目攻坚2018”，抓好“变中抢机”，把握扩大合理有效投资机遇，靠前争取支持，大干快上“抢一把”。抓好高质量产业支撑，盯住高新链条，在智能制造、新材料、军民融合等领域争取突破。抓好招商引资活动月、“清障拔钉”等专项，更精准、“点穴式”解决阶段性问题，保持攻坚热度。抓好2019年盘子谋划，掐紧投产见效节点，抢抓一批项目落地，确保跨越支撑。

泉州在投洽会上签约外资项目64个

第二十届中国国际投资贸易洽谈会（以下简称投洽会）在厦门闭幕。泉州在投洽会上签约外资项目64个，投资总额39.59亿美元，拟利用外资22.91亿美元，同比增长19.6%。其中，合同项目52个，投资总额31.64亿美元，合同外资16.09亿美元，同比增长26.8%；意向项目12个，投资总额7.95亿美元，拟利用外资6.82亿美元。实现预定的“项目签约成果好于上届”“项目对接成效居全省前列”的参会目标。该届投洽会突出“贯彻新发展理念，融入‘一带一路’，促进双向投资”主题，吸引110多个国家和地区的超过12万名客商参会。泉州企业带着项目积极参与其中，除在福建展馆泉州分团主展位和泉州台商投资区、泉州经济技术开发区、晋江三创园展示区等现场展出一批产业成果，在中德经济合作对接会、福建—长崎经贸对接会、西班牙投资推介会、两岸冷链物流产业合作分论坛、福建澳门投资合作论坛等场合也频现身影、屡屡发声。

泉州海峡两岸工业礼品设计大赛在线发布会举行

由市经信委指导，泉州市工业设计协会主办，矮凳网、华侨大学美术学院承办的“2018礼好·泉州海峡两岸工业礼品设计大赛”在线发布会在华侨大学美术学院举行。图为发布会现场。 （图/王宇静）

9月11日

农历戊戌年八月初二
星期二
温度：25℃—31℃
多云

● 市全面深化改革领导小组会议召开，传达学习中央全面深化改革委员会第三次会议和省委全面深化改革领导小组第二十一次、二十二次会议精神，研究泉州市贯彻意见。

● 全市高铁高速、城乡重要通道沿线环境综合整治攻坚会战、“两违”治理“百日拆违行动”动员部署暨“项目攻坚2018”上半年工作表扬视频会召开。

● 市扫黑除恶专项斗争领导小组成员（扩大）会议召开，传达贯彻落实中央扫黑除恶第4督导组到泉州督导精神，研究部署推进泉州市扫黑除恶专项斗争工作。

● 市政府党组（扩大）会议召开，安排理论学习中心组学习，传达中央扫黑除恶第4督导组到泉州督导和市委常委会会议精神，研究市政府贯彻意见等。

● 第二十届中国国际投资贸易洽谈会在厦门闭幕。泉州在投洽会上签约外资项目64个，投资总额39.59亿美元，拟利用外资22.91亿美元，同比增长19.6%。

● 市委党校2018年秋季开学典礼举行。

● 由市经信委指导，泉州市工业设计协会主办，矮凳网、华侨大学美术学院承办的“2018礼好·泉州海峡两岸工业礼品设计大赛”在线发布会在华侨大学美术学院举行。

9月12日

农历戊戌年八月初三
星期三
温度：25℃—30℃
多云

●泉州市2018年度新兵入伍欢送仪式在泉州动车站举行。

●全市食品生产监管业务培训暨“岗位大练兵技能大比武”活动在鲤城区一家食品生产企业举行。

●“2018泉州服务业企业百强”排序审定工作评审会召开，推出“2018泉州服务业企业百强”排序审定公示名单。

●2018年福建省陶瓷行业职工技能竞赛暨德化县首届“筑梦港湾”人才嘉年华活动启动仪式在该县安成创业园举行。

泉州市2018年度新兵入伍欢送仪式举行

泉州市2018年度新兵入伍欢送仪式在泉州动车站举行。该批新兵分别送往浙江、江苏、广东、广西、河南等地，兵种涵盖海、陆、空、战略支援部队、武警等。在集中欢送新兵仪式后，剩余入伍新兵陆续起程。图为鲤城区欢送新兵入伍。（图/吴寿民）

全市食品生产监管业务“技能大比武”活动举行

全市食品生产监管业务培训暨“岗位大练兵技能大比武”活动在鲤城区一家食品生产企业举行，全市13个县（市、区）食品监管部门派出业务骨干参与竞赛。此次竞赛以食品生产现场岗位实践技能练兵的方式，结合技能竞赛，检阅监管人员业务理论水平以及现场实际运用能力。竞赛旨在提高食品生产监管实践技能，推动基层全面落实食品生产监管措施，提升食品生产监管水平和队伍综合素质。比赛开始后，13个县（市、区）食品监管部门业务骨干分三组，走访检查食品工厂的生产车间、原辅材料库，并查看出厂检验及管理台账，最后根据检查情况制作检查文书。考核组对各个检查环节设置时限，文书制作结束后，考核组收回检查文书进行考评。市食品药品监管局相关负责人介绍，实践技能竞赛是岗位练兵活动的重要形式和有效载体，也是加强食品药品监管队伍建设、提高监管队伍整体素质的一项重要举措。监管部门希望以这次大练兵活动为契机，提高监管业务水平，以保障食品生产质量安全为目标，坚持“突出重点、排除风险、点面结合、巩固提升”的监管思路，防范食品生产质量安全事故和行业性、系统性、区域性重大食品生产质量安全事件的发生，提升泉州市加工食品质量安全整体水平。

全省旅游公共服务业务培训班在惠安县举办

10—12日，由省旅发委主办的全省旅游公共服务业务培训班在惠安县举办。2014年以来，省旅发委牵头在省内高铁沿线中心城市以及旅游品牌县、旅游强县，布局建设集旅游集散、咨询、换乘、投诉处理等功能于一体的旅游集散服务中心。全省已建成旅游集散服务中心48个。在泉州，惠安县、安溪县、永春县以及泉州动车站、泉州晋江国际机场的旅游集散服务中心已投入运营。其中，惠安旅游集散服务中心依托惠安交通枢纽站，提供导游咨询、线路查询、交通换乘等多项服务，自2017年5月投用以来，为自助旅行提供了极大便利。培训中，全省48家旅游集散服务中心发布《福建省旅游集散服务中心联盟合作宣言》，将在客源互送、服务提升、信息共享、体制创新、业务交流等方面展开全面合作。市旅发委相关负责人表示，泉州市将推动各地旅游集散服务中心建设，为到泉州自助旅游的游客提供更多的出行方便。

2018年福建省陶瓷行业职工技能竞赛在德化县举行

2018年福建省陶瓷行业职工技能竞赛暨德化县首届“筑梦港湾”人才嘉年华活动启动仪式在该县安成创业园举行。此次“筑梦港湾”人才嘉年华活动历时一个月，开展包括技能竞赛、对接交流、展会论坛等8项15场内容丰富、形式多样的活动。在人才项目对接方面，有高层次人才引进签约、陶瓷创新设计作品对接会；在人才成果展示方面，策划了国家大剧院的“对·白”现代陶艺展、“瓷都遗韵”古代陶瓷展；在人才交流互动方面，有新时代职业经理人大讲坛、人才工作座谈交流会、人才沙龙；在人才价值实现方面，举行省陶瓷行业职工技能竞赛、青年陶瓷创新设计大赛，建立人才志愿者服务队；在人才发展环境方面，认定一批“飞地”机构及人才、创建大学生创客联盟、选派人才工作特派员等。

省政府安委会安全生产第四巡查组进驻泉州

以省安监局原副局长周惠珍为组长的省政府安委会安全生产第四巡查组到泉州，对泉州市2017年以来安全生产工作情况开展为期15天的巡查。泉州市召开动员汇报会，市委书记康涛作动员讲话。巡查组指出，希望泉州市各级各部门认识安全生产巡查工作的重要意义，把思想和行动统一到党中央、国务院和省委、省政府决策部署上来，增强配合巡查的自觉性和坚定性，确保巡查工作扎实开展、取得实效。巡查组将依靠泉州市委、市政府，统筹做好巡查相关工作，运用好巡查成果，确保巡查取得预期成效。康涛指出，全市各级各部门要按照中央和省委省政府的部署要求，提升政治站位，严肃对待、自觉主动接受巡查，不折不扣、全力支持配合到位。要即知即改、坚决落实整改意见，以此次巡查为契机，传导压力、查找差距、正视问题、堵塞漏洞，推动安全生产各项工作再上新台阶。

市委与市政协召开专题协商会议

市委与市政协围绕“实施乡村振兴战略，提升农村文化事业发展水平”展开专题协商。会上，市政协课题组和委员、民主党派人士、基层干部代表等围绕主题分别作汇报发言，从不同层面提出建议

在听取发言后，市委书记康涛指出，对于此次专题协商成果，相关部门要认真梳理、吸收采纳，抓好成果转化利用，细化落实到具体工作中。要贯彻习近平关于乡村振兴战略思想，系统谋划，凸显特色，顺应时代阶段特征，重塑城乡关系，既前瞻长远，又抓阶段性成效。要加强统筹，紧密结合环境整治攻坚会战、文明城市创建等重点工作，加快基础设施向农村延伸、公共服务向农村覆盖。要调动资源力量，造就一支懂农业、爱农村、爱农民的农村工作队伍，让农民合理分享价值收益。康涛要求，要集智聚力，共同推动协商民主深入发展。各级政协要兴起“大学习”热潮，打牢共同思想政治基础，画出最大同心圆。要提升多层协商实效，充分发挥优势，贡献智慧力量，推动专题协商制度化发展，保障协商成果取得实效。

市政协主席陈灿辉指出，乡村振兴包罗万象，要建立衡量标准，突出工作重点，增强乡村造血功能，实现可持续发展。乡村振兴要保基本，也要创特色，建设一批示范点，发动社会各界广泛参与，创新产业融合模式，发展乡村生态旅游。要加强传承保护，弘扬乡村传统文化，保留不同乡村独有的人文情怀和乡土气息，培育更多特色“民魂”。要坚持工作实效，推行简便灵活措施，在政策制定上为乡村发展松绑，激活乡村振兴活力。

“推动习近平新时代中国特色社会主义思想进泉商全国行”异地宣讲首站举行

“爱学会赢闯天下——全面推动习近平新时代中国特色社会主义思想进泉商全国行”大型宣讲活动异地宣讲首站在北京中央社会主义学院举行。北京、河北、天津等地的41家泉州籍商会近百人参加活动。首场讲座上，福建省社会主义学院党组书记、副院长李韧，泉州市社会主义学院齐延生副教授，泉州市社会主义学院理论教研室主任李尚清，分别作学习新思想、学习弘扬“晋江经验”、促进非公经济领域“两个健康”（非公有制经济人士健康成长、非公有制经济健康发展）新探索的主题辅导。

全市首张港澳居民居住证发放

香港居民陈女士到鲤城公安分局鲤中派出所，从鲤城公安分局负责人手中接过她的港澳居民居住证。此系全市发出的首张港澳居民居住证。图为全市首张港澳居民居住证。

（图/王丽虹　黄嘉泽）

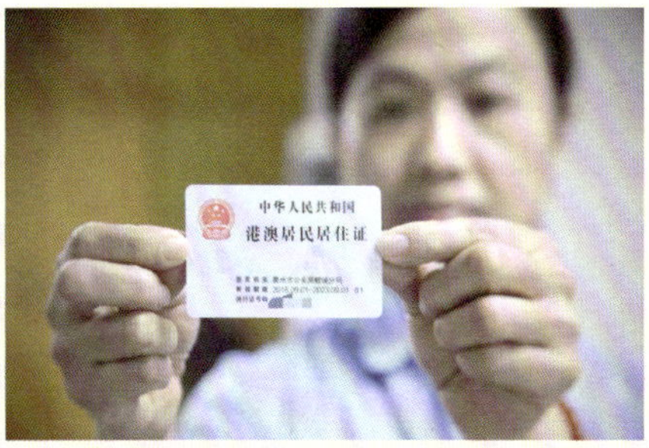

9月13日

农历戊戌年八月初四
星期四
温度：25℃—32℃
多云

●13—14日，省政协副主席洪捷序带领调研组到泉州开展“做强做优我省茶产业”课题调研。

●以省安监局原副局长周惠珍为组长的省政府安委会安全生产第四巡查组到泉州，对泉州市2017年以来安全生产工作情况开展为期15天的巡查。

●市委与市政协围绕“实施乡村振兴战略，提升农村文化事业发展水平”展开专题协商。

●十二届市政协第十次主席会议召开，协商十二届市政协常委会第十次会议相关事宜。

●全市企业挂牌上市工作推进会召开。

●13—17日，由文化和旅游部、山东省政府主办的第五届中国非物质文化遗产博览会在山东济南举行，泉州提线木偶戏和南音等作为福建省优秀非遗代表节目参会。

●“爱学会赢闯天下——全面推动习近平新时代中国特色社会主义思想进泉商全国行”大型宣讲活动异地宣讲首站在北京中央社会主义学院举行。

●香港居民陈女士到鲤城公安分局鲤中派出所，从鲤城公安分局负责人手中接过她的港澳居民居住证。此系全市发出的首张港澳居民居住证。

9月14日

农历戊戌年八月初五
星期五
温度：26℃—33℃
多云

●中国共产党泉州军分区第八次代表大会召开。大会审议通过中共泉州军分区第七届委员会工作报告和纪律检查委员会工作报告，选举产生中共泉州军分区第八届委员会和新一届纪律检查委员会。

●康涛到市防汛办研判台风“山竹”动态，听取部门会商意见，部署全市防御工作。

●市防汛抗旱指挥部召开视频会议，会商分析台风“山竹”的发展趋势以及对泉州市的影响，并部署相关防御工作。

●14—15日，福建省县级公安巡特警岗位技能比武（泉州赛区）活动在市公安局训练基地举行。

●14—16日，由福建省高尔夫球协会指导，中线体育主办的2018泉州高尔夫超级联赛决赛举行。

洪捷序到泉州开展“做强做优我省茶产业”课题调研

13—14日，省政协副主席洪捷序带领调研组到泉州开展“做强做优我省茶产业”课题调研。市领导陈灿辉、肖汉辉、洪川夫参加有关活动。调研组走访安溪等地茶企，了解泉州市茶产业生产经营情况，并召开座谈会，就如何提高茶叶质量安全、完善茶业生产技术标准、提升茶叶品牌影响力、壮大茶企龙头引领作用等集思广益。

泉州军分区第八次党代会召开

中国共产党泉州军分区第八次代表大会召开。大会审议通过中共泉州军分区第七届委员会工作报告和纪律检查委员会工作报告，选举产生中共泉州军分区第八届委员会和新一届纪律检查委员会。市委书记、泉州军分区党委第一书记康涛参加会议并讲话。

康涛指出，泉州军分区党委贯彻省军区党委决策，在市委领导下，团结官兵和民兵预备役人员，锐意进取，真抓实干，部队全面建设取得新成绩。康涛强调，今后五年，面对新的编制体制和职能使命，军分区要贯彻习近平强军思想，抢抓历史机遇，加快实践创新，开创军分区建设新局面。要突出举旗铸魂根本要求，学习贯彻习近平新时代中国特色社会主义思想，坚持听党指挥，坚决看齐追随，全面深入贯彻军委主席负责制，在思想上政治上行动上同党中央、中央军委和习近平保持高度一致，确保部队改革发展沿着正确方向前进。要强化练兵备战导向，把主责主业放在心上，把国防动员扛在肩上，把后备力量抓在手上，紧贴使命任务，强化练兵备战，全面提高部队遂行多样化任务能力，做到招之即来、来之能战、战之必胜。要压紧压实管党治党政治责任，把握新时代党的建设总要求，以政治建设为统领，以中央军委党的建设会议精神为指导，突出抓好思想理论武装，严肃党内政治生活，狠抓工作作风转变，强化班子自身建设，推动全面从严治党向纵深发展。

康涛部署全市防台风工作

市委书记康涛到市防汛办研判台风“山竹”动态，听取部门会商意见，部署全市防御工作。康涛强调，要按照省委、省政府和省防汛抗旱指挥部要求，克服麻痹大意思想，强化值班值守，落实海上作业渔船回港避风、渔排人员撤离上岸，以及景区景点、滨海浴场、施工工地关闭关停等防御措施，确保人民群众生命财产安全。

康涛（正面前排左三）部署全市防御台风“山竹”工作
（图/市防汛办）

2018泉州高尔夫超级联赛决赛举行

14—16日，由福建省高尔夫球协会指导，中线体育主办的2018泉州高尔夫超级联赛决赛举行。泉州港航队、泉州台商队、泉州欢喜队分获冠亚季军。此次比赛旨在为泉州的高尔夫球爱好者提供一个以球会友、展示自我的全新平台，同时也推动整个泉州地区高尔夫球运动的发展。历时近四个月的比赛分预赛和决赛两个阶段，预赛采用团体比杆赛的形式决定正赛排位对阵，正赛则采用4人4球团体比洞赛的形式进行。赛事组织者表示，2018年是泉州高尔夫超级联赛第二次举办，中线体育希望在各方支持下，能够给球友提供越来越好的参赛体验，进而在推动泉州高尔夫球运动的普及以及城市体育名片的打造方面贡献自己的力量。

唐登杰在印尼与泉州籍华商座谈

15—16日，省长唐登杰带领福建省代表团到印度尼西亚考察访问，代表省委、省政府和省委书记于伟国走访印尼华社、看望乡亲，拜会中国驻印尼大使肖千，与福建“走出去”的企业家代表交流座谈，共商扩大福建对外开放、助推“一带一路”建设之策。考察访问期间，代表团与泉州籍华商、金光集团董事长兼总裁黄志源等座谈，畅叙情谊，共话发展。此外，在随后召开的座谈会上，省交通运输集团有限责任公司、中建海峡建设发展有限公司、青拓集团有限公司、春申股份有限公司、福建佳和能源有限公司、泉州七星电气股份有限公司和中国银行福建省分行、中国进出口银行福建省分行等企业、金融机构的代表踊跃发言，介绍“走出去”情况，并从加大政策、人才、资金支持以及融入当地、共同发展等方面提出具体建议。

相关链接：黄志源是印尼爱国华侨、金光集团创办人兼董事长黄奕聪（祖籍泉州市罗溪镇）的长子，1944年生于印尼，1960年回中国求学，1963年考入北京大学数学力学系，1968年毕业，于二十世纪七十年代初返回印尼，加入印尼金光集团。金光集团创立于1962年，现有数百家法人公司，拥有员工15万名，资产约200多亿美元，曾被世界著名财经杂志《福布斯》评为印尼第一大财团。2011年，《亚洲全球》杂志公布印尼十大富豪排名榜，金光集团黄奕聪成为印尼首富。

全市做好台风“山竹”防御工作

全市严格按照省委、省政府和省防汛抗旱指挥部的指示、指令，全面部署、全力落实，做好台风“山竹”各项防御工作。市防汛抗旱指挥部发出紧急通知，要求沿海各地有关部门务必坚决执行省防指部署的各项防御指令，确保船进港、人上岸，滨海景区景点、施工工地关停关闭，沿海码头渡口、客运航线关闭停航（泉金航线、肖厝码头均已停航）。督查督导全面展开。防汛、海洋渔业、住建等部门派出督查组到沿海各乡（镇）明察暗访，市防指对取消双休的沿海乡镇一一进行电话抽查。同时，要求沿海乡镇防汛指挥长将渔港、码头、滨海浴场等敏感地带的实时情况拍成手机视频上报指挥部，对措施落实情况进行随机抽查。

福建省县级公安巡特警岗位技能比武（泉州赛区）活动举行

14—15日，福建省县级公安巡特警岗位技能比武（泉州赛区）活动在市公安局训练基地举行，晋江市公安局巡特警反恐大队代表队获两个单项团体第一名，并获总分第一名。此次比武共有全市各县（市、区）的12支代表队60名特警队员参赛，参赛内容包括92手枪近战射击、79微冲应用射击、1000米武装跑三大类竞赛项目，是全市公安特警队伍建设的集中展示。

泉州师范学院获全国大学生物联网设计竞赛总决赛一等奖

15—16日，由教育部高等学校计算机类专业教学指导委员会主办的2018年全国大学生物联网设计竞赛（TI杯）全国总决赛在江苏无锡举行。泉州师范学院“守护星星的孩子”团队以“自闭症谱系儿童教学辅助教具”项目获全国总决赛一等奖，同时获最佳人气二等奖。全国大学生物联网设计竞赛是国内物联网领域最具规模和影响力的学科竞赛。竞赛吸引国内500余所高校的1950支代表队、2000余名指导教师和8800余名学生参赛，经过华北、华东、东北、西北、华中及西南等分赛区的网评预赛、分赛区现场决赛，逐层选拔，遴选出120支队伍进入全国总决赛，入选率不足7%，竞争激烈。由泉州师范学院教育科学学院靖涛教授、刘修豪博士指导，学生张裕民、罗诗婷、陈如红、钟金群组成的“守护星星的孩子”团队队根据自闭症谱系儿童教育的现状与存在的问题，结合近年国内外针对自闭症谱系儿童进行教学辅助教具的主要研究成果，采用Arduino+mblock+micro：bit技术与特殊教育整合，通过感知自闭症儿童的动作进行判断分析，从而触发相应的教学内容或者安抚情绪，辅助特教老师的教学，提高自闭症谱系儿童的适应能力。

9月15日

农历戊戌年八月初六
星期六
温度：28℃—32℃
阴

●15—16日，省长唐登杰带领福建省代表团到印度尼西亚考察访问。考察访问期间，代表团与泉州籍华商、金光集团董事长兼总裁黄志源等座谈。

●市防汛抗旱指挥部发出紧急通知，要求沿海各地有关部门务必坚决执行省防汛抗旱指挥部部署的各项防御指令，确保船进港、人上岸，滨海景区景点、施工工地关停关闭，沿海码头渡口、客运航线关闭停航。

●2018年中国三对三篮球联赛全国总决赛在北京五棵松体育文化广场举行，代表福建省参赛的泉州体校队获女子青年组全国总冠军。

●15—16日，由教育部高等学校计算机类专业教学指导委员会主办的2018年全国大学生物联网设计竞赛（TI杯）全国总决赛在江苏无锡举行。泉州师范学院“守护星星的孩子”团队以“自闭症谱系儿童教学辅助教具”项目获全国总决赛一等奖。

●德化县召开闽宁合作发展恳谈会。

9月16日

农历戊戌年八月初七
星期日
温度：26℃—32℃
多云

●由市体育局、丰泽区政府、泉州文化旅游发展集团有限公司主办的助力2018环湾赛·“邮储银行”杯海峡两岸骑游活动在闽台缘博物馆启动。

●泉州市新增2家众创空间。

海峡两岸骑游活动在泉州举行

由市体育局、丰泽区政府、泉州文化旅游发展集团有限公司主办的助力2018环湾赛·“邮储银行”杯海峡两岸骑游活动在闽台缘博物馆启动。海峡两岸800多名骑友参赛，骑行线路全程约29.8千米。路线起点设在闽台缘博物馆，体现与祖国大陆同根同源、密不可分的历史关系，也反映泉州与台湾的紧密联系；穿行北清东路经江滨北路、丰海路顺沿城区江边骑行拐入瑞泰街，终点是泉州市海峡体育中心。起点和终点都与“海峡”有关，寓意海峡两岸从历史出发，穿过现在、走向未来。现场还邀请蟳埔女领骑。作为2018环泉州湾国际公路自行车赛的配套预热活动之一，此次骑游活动秉承传播健康生活、弘扬单车魅力的精神，以促进两岸文化交流、促进单车运动发展、促进健康理念传播为宗旨和己任。活动不仅宣扬和倡导自行车便捷、低碳、生态、环保的出行方式，也将增进海峡两岸骑行文化的交流和友谊。

助力2018环湾赛·海峡两岸骑游活动现场（图/吴聪伟）

泉州市新增2家众创空间

福建尚雅苑石文化众创空间和星球食代众创空间被确认为泉州市众创空间。至此，全市共有市级以上众创空间53家，其中国家级众创空间7家。获评市级众创空间需要在服务配套设施、完善运营管理方面有一定要求。例如，众创空间可自主支配场地建筑面积原则上不少于500平方米，工位不少于20个，公共办公（工位）与服务场地面积之和不低于总面积的90%；属租赁场地的，租期应在5年以上；能为入驻企业、创业团队提供免费或低成本的路演室、会议室、洽谈室等公共办公场地及商务、文印、宽带网络等相关服务；集聚一批创新创业企业和创业团队。入驻众创空间的创业企业或创业团队的数量不少于10个，入驻的创业企业和创业团队的创业项目应满足“应用新技术、开发新产品、开拓新市场、培育新业态”的要求，且有明确的创业目标和计划，并已开展创业活动。创业团队应与众创空间签订服务协议，以通过成立企业或成果转让实现商业化开发为目标，并在法律、法规允许的范围之内从事经营活动等。

2018年，全市“双创”（“大众创业、万众创新”）工作以平台建设为基础，推进技术、人才、资金等创新要素汇聚，力争建设科技孵化器、众创空间和星创天地80家。一方面，持续采取“一院（所）一策”办法，加大创新平台引进力度。另一方面，加强市级新型研发机构的精细化分类管理，更加注重对新型研发机构从“量”到“质”的转变提升。推动新型研发机构加强创新共享，提质增效，培育扶持一批现有新型研发机构进入省级平台行列。此外，还创新科技金融服务模式，发挥自创区建设专项资金、创新创业投资基金、高新技术企业等政府性资（基）金的撬动作用，引导民间资本投入创新领域，鼓励金融机构对创新创业提供优惠的融资贷款支持等。

洛江巾帼众创空间(图/陈隽雯)

全省“人大代表联系群众活动室”建设推进会在晋江市召开

17—18日，全省“人大代表联系群众活动室”建设现场推进会在晋江市召开。图为与会代表在晋江市参观。（图/王虎文）

市委常委会会议学习习近平对信访工作批示精神

市委常委会召开会议，学习贯彻习近平对信访工作批示精神，听取泉州市信访工作汇报；传达贯彻省委书记于伟国在学习贯彻习近平新时代中国特色社会主义思想专题班的报告精神；传达贯彻省委常委会研究全省关心下一代工作有关精神，听取市关工委工作汇报。会议要求，要把政治建设摆在首位，提高政治能力，在政治原则问题上旗帜鲜明、态度坚决，善于从政治上分析问题，确保新福建建设战略落地生根。会议强调，要坚持服务青少年的正确方向，把中央、省委的部署贯彻落实到位，推动泉州市关心下一代事业更好发展。要抓住立德树人这个根本任务，加强思想引领，突出精准关爱，净化成长环境。完善“党建带关键”机制，为关工委开展工作创造良好条件。

市十六届人大常委会第二十八次主任会议召开

市十六届人大常委会第二十八次主任会议召开。会议讨论关于市十六届人大二次会议代表建议办理工作的视察方案，关于市教育局新改扩建幼儿园工作情况的评议意见稿，关于市农业局精准扶贫工作情况的评议意见稿，市人大常委会关于决定授予地方荣誉称号的暂行规定（草案）；会议还讨论、通过市人大常委会关于贯彻落实《福建省人民代表大会常务委员会关于深入学习宣传和贯彻实施〈中华人民共和国宪法〉的决定》的实施意见，提出第二十九次主任会议建议议题，初定市十六届人大常委会第十六次会议的召开时间和建议议程。

市十六届人大常委会第二十八次主任会议现场（图/王虎文）

全市土地矿产卫片执法检查约谈会召开

全市土地矿产卫片执法检查和土地例行督察整改约谈会召开，对各县（市、区）进行集体约谈，落实9月14日自然资源部集体约谈会议精神，全面动员部署整改工作。会议要求，要全面进入整改攻坚会战状态。行动要快，对违法占用破坏永久基本农田、土地闲置处置不到位和违规以地融资等重点难点问题，要疾风厉势、铁腕执法、重拳出击，加强督促指导，层层压实责任；力度要大，对情况复杂和难度较大的问题，要列入效能督办、整改销号，对性质恶劣、违法占地面积较大的重大案件要公开通报、挂牌督办；质量要高，拿出硬约束、硬措施，加强实地巡查、自我检查，高质量高标准完成整改任务。要用好“撒手锏”，严肃执法执纪追责问责。严格责任倒逼，强化国土执法的严肃性和实效性，坚持既查事又查人，对工作进展缓慢的进行通报约谈，对整改到位率低于目标要求的，要依法依规问责追责。

福州大学厦门工艺美术学院惠安石雕研修班开班

由省文化厅主办、福州大学承办的中国非物质文化遗产传承人群研培计划——惠安石雕及半宝石雕刻研修班在福州大学厦门工艺美术学院开班。全省各地20名学员参加研修班。培训班为期45天，旨在系统化利用高校多学科文化平台扩大非物质文化遗产的传承人群，让更多的人进入大学校园，增学养、拓眼界、再创造，进行系统培训，让非遗传承者清楚自己肩上的传承责任，通过在大学校园里学习，更好地提高自己手中的技艺。

9月17日

农历戊戌年八月初八
星期一
温度：25℃—32℃
多云

●17—18日，全省“人大代表联系群众活动室”建设现场推进会在晋江市召开。

●市委常委会召开会议，学习贯彻习近平对信访工作批示精神，听取泉州市信访工作汇报；传达贯彻省委书记于伟国在学习贯彻习近平新时代中国特色社会主义思想专题班的报告精神等。

●市十六届人大常委会第二十八次主任会议召开，讨论关于市十六届人大二次会议代表建议办理工作的视察方案等。

●全市土地矿产卫片执法检查和土地例行督察整改约谈会召开，对各县（市、区）进行集体约谈，落实9月14日自然资源部集体约谈会议精神，全面动员部署整改工作。

●中央、省级环保督察反馈意见整改和党政领导生态环境保护目标责任书项目推进会召开，通报整改项目推进情况，部署下一步工作。

●市河长制工作专题会议召开，听取2018年以来泉州市河长制推进情况汇报，研究部署下阶段工作。

●全市县级融媒体中心建设现场会召开。

●由省文化厅主办、福州大学承办的中国非物质文化遗产传承人群研培计划——惠安石雕及半宝石雕刻研修班在福州大学厦门工艺美术学院开班。

9月18日

农历戊戌年八月初九
星期二
温度：25℃—33℃
多云

●全国人大常委会副委员长白玛赤林到泉州开展海洋环境保护法执法检查。

●市政协党组中心组（扩大）学习会议召开，学习习近平在推进“一带一路”建设工作5周年座谈会上的讲话和省委、市委常委会会议精神等。

●18—20日，第三届中法文化论坛在陕西西安举办。泉州与西安、苏州、珠海等作为中国城市代表参会交流。

●泉州市第21次防空警报试鸣暨人员疏散演练举行。

●由泉州商报和泉州经贸职业技术学院主办的泉州经贸大讲堂启动。

市政协党组中心组（扩大）学习会议召开

市政协党组中心组（扩大）学习会议召开，学习习近平在推进“一带一路”建设工作5周年座谈会上的讲话和省委、市委常委会会议精神；学习习近平在中央全面依法治国委员会第一次会议上的讲话和省委、市委常委会会议精神；学习修订后的《中国共产党纪律处分条例》；传达全省实施乡村振兴战略工作会议精神。会议强调，要为推动全面依法治国履职尽责，开展涉法问题调研，开展监督建言活动，将法治思维和法治方式贯穿于履职的全过程。要强化纪律意识，坚守纪律底线，压实主体责任，抓实抓好政协系统党风廉政建设，营造风清气正的良好政治生态。要为实施乡村振兴战略献计出力，引导委员积极履职，助力乡村振兴战略落地生根，同时，推动市委市政协乡村文化振兴专题协商成果转化落实。

泉州市参加第三届中法文化论坛交流

17—20日，第三届中法文化论坛在陕西西安举办。论坛以“一带一路：文明互鉴与创新”为主题，旨在实现丝路的东方起点与西方终点跨时空牵手合作，传承丝路精神，携手“一带一路”建设，促进东西方文明交流与互鉴。泉州与西安、苏州、珠海等作为中国城市代表参会交流。法方城市有尼斯市、图尔市、圣埃蒂安市、沙马利埃市、昂古莱姆市、里昂市。论坛期间，双方城市本着交流互鉴、共商共赢的原则在多个方面增进交流了解，扩大合作范围。

泉州市受邀参加第三届中法文化论坛的主要活动内容包括中法市长对话、“遇见大师·匠心传承”交流活动、中法教育与创新论坛等系列活动。副市长洪自强作为泉州市代表参加中法市长对话，围绕论坛主题展开面对面交流。第二届“中国白”国际陶瓷艺术大奖赛在“遇见大师·匠心传承”交流活动上启动，木偶雕刻大师林聪鹏、陶瓷艺术大师苏献宗等五位艺术大师和匠人受邀参加活动。论坛的“中法教育与创新论坛”活动中，里昂商学院和泉州师范学院、泉州市企业与企业家联合会签订三方合作备忘录，三方将就体育管理、体育人才培养等方面展开交流合作。

第三届中法文化论坛开幕式（图/寇婉琼）

泉州市第21次防空警报试鸣暨人员疏散演练举行

泉州市第21次防空警报试鸣暨人员疏散演练举行。主演练场设在永春第二中学，同时在全省首次开展跨地域异地人口疏散演练。全市近40万人在不同地点参与演练。在主演练场永春第二中学，“预先警报”“空袭警报”“解除警报”按照预定的试鸣顺序响起。除试鸣防空警报，主场演练还安排治安防控、重要经济目标防护、人口紧急疏散掩蔽、消防救援、医疗救援、蓝天救援、电力抢修、供水抢修、通信保障、防化演习、临战早期疏散接收安置等演习内容，以增强全体市民的国防观念，检验警报系统指挥控制性能，提高人防专业队伍应急救援能力。

泉州经贸大讲堂启动

由泉州商报和泉州经贸职业技术学院主办的泉州经贸大讲堂启动。泉州经贸大讲堂首开泉州市属高校与本土媒体合作举办经济系列讲坛的先河，定期邀请泉州企业界人士做客演讲，与学子分享创业故事、评析商业事件、前瞻经济趋势，致力于打造成传递泉州企业家正能量的窗口、学子们融入社会实践的第三课堂和校企媒联动、寻求共赢的平台。主办方邀请宏远集团党委书记、总经理，海陆丝绸之路城市联盟工商理事会秘书处主任陈苍松作“‘一带一路’下的泉商机会”主题演讲。

习近平新时代中国特色社会主义思想研讨班开班

按照省委“大学习”部署要求，泉州市举办五期“深入学习贯彻习近平新时代中国特色社会主义思想”专题研讨班，对全市市管干部以及乡镇（街道）主要负责人进行轮训。研讨班设市直教学点和县（市、区）分教学点，采取主题报告、专题讲座、研讨交流、个人自学相结合的培训形式。是日，市委书记康涛为首期研讨班学员作主题报告。康涛围绕“党的政治建设”主题，就怎样理解党的政治建设、怎样正视泉州市党的政治建设存在问题、怎样加强党的政治建设三个方面，与学员进行交流。

康涛指出，要从讲政治高度看待赶超跨越，扛起责任，思考作答市委提出的“再创‘晋江经验’新辉煌、蹚好转型升级‘后半场’、勇当高质量跨越主力军”三个时代命题，做足思想动员、工作动员、士气动员，理清一批重点专项并尽快启动。要从讲政治高度看待作为担当，贯彻省委“马上就办、真抓实干”“敢于担当、善于作为”要求，激励、鞭策冲刺攻坚的精神状态，旗帜鲜明树起一线建功、实干实绩的风气导向，打好一场接一场的战役。要从讲政治高度看待经济“稳中有变”，学习掌握新思想蕴含的立场、观点、方法，增强政治敏锐性、政治鉴别力和政治定力，在紧要关头、大是大非面前保持头脑清醒和立场坚定，提升驾驭复杂局面的能力。

国家人才计划专家泉州芯谷行在晋江市举行

由省发改委等指导，泉州市政府主办，泉州市发改委、市委人才办、晋江市政府等承办的国家人才计划专家泉州芯谷行暨项目成果对接会在晋江市举行。活动上，“6·18”协同创新院微电子分院授牌，标志全省“6·18”协同创新院唯一的集成电路领域创新平台落户晋江。“6·18”协同创新院微电子分院筹建以来，举办“首届全国集成电路‘创业之芯’大赛总决赛”等活动，网络平台入驻专家达120多位，推介项目成果89项，征集技术需求40余项，推进成果对接10余项。同时搭建福建集成电路知识产权创新平台，为全市乃至全省集成电路产业提供服务。该院还将继续在集成电路产业领域提供技术、人才、项目等支持。

泉州市委书记康涛与参加国家人才计划专家泉州芯谷行暨项目成果对接活动的专家、企业家座谈，市领导孔繁军参加座谈。康涛指出，泉州产业基础扎实，政企互动密切，正大力发展高新技术产业，期待专家、企业家与泉州携手，深入合作，共同打造具有市场竞争力、产业辐射力和创新活力的半导体产业特色集聚区。

此次人才计划专家行共邀请27名半导体领域国家人才计划专家、行业资深专家到泉州考察，了解泉州半导体产业发展情况，考察创新创业环境，聆听人才政策宣讲，与地方上下游产业探讨合作需求，推动新技术实践、应用。此次邀请的专家在集成电路半导体传感芯片、材料、光电、先进工艺、人工智能、物联网等领域各有建树。现场还举行专家项目路演和对接交流活动，7名专家团代表依次上台做项目路演推介，“智能传感器芯片”“高端大功率IGBT模块产品”“第三代半导体材料合成智能技术”等技术和项目纷纷登台。此次对接会旨在吸引高端人才到泉州创新创业，促进泉州半导体重点优势新兴产业发展。

康涛（右四）与参加国家“千人计划”专家泉州芯谷行的专家、企业家座谈（图/陈晓东）

9月19日

农历戊戌年八月初十
星期三
温度：24℃—32℃
多云

●泉州市“深入学习贯彻习近平新时代中国特色社会主义思想”专题研讨班开班。

●康涛与参加国家“千人计划”专家泉州芯谷行暨项目成果对接活动的专家、企业家座谈。

●由省发改委等指导，泉州市政府主办，泉州市发改委、市委人才办、晋江市政府等承办的国家“千人计划”专家泉州芯谷行暨项目成果对接会在晋江市举行。

●首届“中国农民丰收节”系列活动之中国美丽乡村休闲旅游行精品推介活动在湖北举行，泉州市2个休闲农业点——惠女风情园、皇旗尖休闲茶庄园代表福建省参加推介活动。

●由市委文明办、市教育局、市妇联委托泉州市校外未成年人心理健康辅导中心举办的泉州市“阳光心灵，亲近父母”未成年人心理健康团体辅导进校园、社区公益活动在丰泽区第二实验小学启动。

●由西安报业传媒集团联合全国副省级城市和“一带一路”沿线城市党报，包括泉州晚报社在内的全国26家媒体单位携手发起的“一带一路”城市党报联盟在陕西西安成立。

9月20日

农历戊戌年八月十一
星期四
温度：25℃—32℃
多云

●康涛检查城市综合体、酒店、文物建筑单位等安全管理责任落实情况，并检查督办有关环保问题和河长制工作落实。

●王永礼到市行政服务中心调研深化行政审批制度改革、提升营商环境工作。

●20—21日，由省金联、泉州市金联、晋江市金联主办的2018年两岸金门乡亲中秋联谊活动在泉州举行。

●由市委宣传部、市委文明办、市教育局、团市委主办的2018年泉州市道德模范、身边好人、美德少年基层巡讲活动首场活动在市区城东中学举行。

●由市经信委主办，市中小企业服务中心和市装备制造业协会承办的“协同创新·装备智造企业家精英沙龙”在市区湖美大酒店举办。

●由市全民科学素质工作领导小组主办，市科协、丰泽区全民科学素质工作领导小组承办的2018年“全国科普日”泉州市主会场科普广场活动在市区西湖公园举行。

●中国驻马耳他大使馆举行国庆招待会，泉州市提线木偶戏传承保护中心和晋江市掌中木偶艺术保护传承中心联合献演木偶戏《狮子舞》。

康涛检查安全管理责任落实情况

市委书记康涛检查城市综合体、酒店、文物建筑单位等安全管理责任落实情况，并检查督办有关环保问题和河长制工作落实。市委常委、秘书长翁祖根等参加检查。在浦西万达广场、东海某快捷酒店和中国闽台缘博物馆，康涛要求，各经营业主和管理部门要落实消防安全主体责任，做好员工消防安全培训、消防设施日常巡查和消防应急演练，预防和遏制事故发生。康涛还突击检查全国重点文物保护单位府文庙和天后宫。康涛指出，要以对历史、对百姓负责的态度，落实现有各项工作机制，做好文物古建的消防安全工作，重点防范电线老化、线路过载等引起的消防隐患。文物主管部门要统筹考虑，建立联网系统，运用现代技术手段，采取随机抽查、飞行检查等方式，加强对一线值守人员的管理和监督，确保问题早发现早处理。

王永礼调研深化行政审批制度改革工作

市长王永礼到市行政服务中心调研深化行政审批制度改革、提升营商环境工作，并主持召开座谈会。副市长吕刚参加调研。王永礼强调，要自觉对标全面深化改革任务，对标先进地区，结合地方实际，学习借鉴国内外先进理念，弘扬“马上就办、真抓实干”优良作风，为群众和企业提供更优质的服务环境。要坚持问题导向，站在办事群众的角度思考，围绕重点行业、各类主体理清办事难点，一个问题一个问题攻坚突破。要再造审批流程，主动扛起责任，有层次地梳理当前行政审批服务存在的壁垒、改革的切入点，推行“一窗受理”，强化数据共享，用更快的速度、更优的服务把企业和群众的事办好。

2018年两岸金门乡亲中秋联谊活动在泉州举行

20—21日，由福建省金门同胞联谊会（以下简称“金联”）、泉州市金联、晋江市金联主办的2018年两岸金门乡亲中秋联谊活动在泉州举行，海峡两岸金门籍乡亲共庆中秋节，共话两岸融合发展。市委副书记陈奕辉参加活动。陈奕辉指出，泉州拓展与深化“以金联台、以金促台”，泉州和金门两地联系越来越热络，2017年泉州—金门航线全年运行3224航次、运送两岸旅客14.06万人次，创下历史新高，特别是8月5日，晋江向金门供水工程顺利实施，解决金门同胞长期以来用水紧张的问题。两岸关系和平发展要由两岸同胞共同推动，两岸关系和平发展的成果要由两岸同胞共同享有，希望金门乡亲珍惜两岸合作发展的机会和环境，担当推动泉州和台湾深化交流合作的民间使者。该届活动被列为2018年国台办对台交流重点项目。活动期间，两岸金门乡亲到南安市山美水库、金鸡拦河闸、晋江市龙湖取水泵站和金井围头入海点等晋江向金门供水工程参观。

2018年“全国科普日”泉州市主会场科普广场活动举行

由市全民科学素质工作领导小组主办，市科协、丰泽区全民科学素质工作领导小组承办的2018年“全国科普日”泉州市主会场科普广场活动在市区西湖公园举行。活动现场设置科普文艺表演、智慧生活展区、关爱生命展区、青少年互动展区、科普咨询服务等，活动内容包括青少年科技创新作品展、青少年创客成果展、青少年3D打印技术展、VR体验区、青少年机器人教育展、流动科技馆互动科普项目等，吸引近1000名学生、群众参与。在“全国科普日”活动期间，全市各地还围绕主题，集中动员组织学会、企业、学校、社会机构以及流动科技馆、科普大篷车、农村中学科技馆等拥有单位结合“科普中国·百城千校万村行动”，到农村、社区、学校、企业等开展多形式、广覆盖的科普宣传联合行动。

2018年“全国科普日”泉州市主会场科普广场活动现场
（图/吴宗宝）

9月21日

农历戊戌年八月十二
星期五
温度：25℃—32℃
多云

●市委中心组（扩大）学习会召开，听取国防教育专题讲座。

●市政府党组（扩大）会议召开，学习贯彻习近平在中央全面依法治国委员会第一次会议上的讲话精神、对信访工作的批示精神、在推进“一带一路”建设工作5周年座谈会上的讲话精神等。

●市政府第三十八次常务会议召开，研究并通过《泉州市贯彻国家中医药发展战略规划纲要实施方案》《泉州市关于建立现代医院管理制度实施方案》。

●由省妇联、市委人才工作领导小组办公室、中国闽台缘博物馆、市文广新局、市城镇集体工业联合社、市总工会、市妇联、台湾“中华妇女会总会”主办的“海峡妇女艺术节暨泉州市第二届巾帼巧匠工艺美术精品展”在中国闽台缘博物馆举行。

●由市交通委等主办的“绿色出行，从身边做起”宣传活动在市区威远楼广场举行。

●第六届丰泽购物节在中骏世界城外广场启动。

市政府党组（扩大）会议学习习近平讲话精神

市政府党组（扩大）会议召开，学习贯彻习近平在中央全面依法治国委员会第一次会议上的讲话精神、对信访工作的批示精神、在推进“一带一路”建设工作5周年座谈会上的讲话精神，以及省委常委会会议、市委常委会会议精神；传达贯彻省委书记于伟国在学习贯彻习近平新时代中国特色社会主义思想专题班上的报告及市委常委会会议精神。

会议要求，市县政府和部门的领导干部要带头学法，增强依法行政、依法办事意识，规范行政决策程序，加强文件合法性审查，提升依法行政能力；要理解把握全面依法治国的指导思想，在党委指导下推进依法行政，支持法院和检察院推进公正司法，抓好依法治市各项任务落实。

会议强调，各县（市、区）、市直各部门要学习贯彻习近平对信访工作的批示精神，不折不扣抓好贯彻落实，特别要聚焦群众反映强烈的信访工作重点、难点问题，深入分析研判，注重综合施策，做好应对化解工作。信访工作联席会议成员单位要主动扛起部门主管职责，齐抓共管、形成合力，推动泉州市信访工作再上新台阶。

会议要求，要站位新时代，认识“一带一路”建设的意义，把习近平讲话，省委常委会会议、市委常委会会议精神贯彻到位；要对标21世纪“海丝”先行区建设目标任务，做好经贸交流、文化往来等工作，展现泉州市服务“一带一路”建设的新面貌、新作为。

市政府第三十八次常务会议召开

市政府第三十八次常务会议召开，研究并通过《泉州市贯彻国家中医药发展战略规划纲要实施方案》《泉州市关于建立现代医院管理制度实施方案》。会议要求，要结合泉州实际，梳理、明确泉州市中医药事业创新发展的战略目标和任务，从服务体系、服务能力、人才培养、传承创新等方面入手，提高中医药发展水平，推动健康泉州建设，打造闽南中医药名城。会议强调，要履行政府办医主体责任，发挥公立医院党委的领导作用，以改革推动现代医院管理制度建立，制定更加科学的分配激励机制，调动医务人员积极性，全面提升医疗服务水平，提高群众就医获得感。

泉州市第二届巾帼巧匠工艺美术精品展举行

由省妇联、市委人才工作领导小组办公室、中国闽台缘博物馆、市文广新局、市城镇集体工业联合社、市总工会、市妇联、台湾“中华妇女会总会”主办的，以“海峡两岸同筑梦，巧女匠心展芳华”为主题的“海峡妇女艺术节暨泉州市第二届巾帼巧匠工艺美术精品展”在中国闽台缘博物馆举行。此次精品展展出泉州女性工艺美术大师、女性工艺美术新秀、特邀中国工艺美术大师和台湾女性手工艺大师的作品200多件，涉及影雕、漆线雕、陶瓷彩绘、剪纸、竹藤、文化创意等20多种技艺品种。展品形式多样、形态各异，有的精雕细刻，有的豪放大气，有的融合文化创意，散发独特的艺术魅力，展示海峡两岸妇女的精巧技艺和时代风采。台湾农村美国际观光发展协会理事长黄翠文表示，泉州和台湾在工艺美术、生活美学上有很大的交流空间，希望通过此次展览，为两岸工艺美术更深层次合作创造可能。活动期间，还举办陶瓷、木雕、影雕、漆线雕、香道、花灯等现场创作表演，以及泉州市第二届巾帼巧匠工艺美术精品网上巡展等。

泉州市第二届巾帼巧匠工艺美术精品展开幕式（图/吴寿民）

9月22日

农历戊戌年八月十三
星期六
温度：25℃—31℃
多云

●泉州市发布中秋、国庆旅游餐饮食品安全警示。

●22—23日，由市体育局、泉州晚报社和中国邮政集团公司泉州市分公司主办，泉州网和泉州市乒乓球协会承办的2018泉州“乒乓球王”全民争霸赛总决赛在泉州市邮政公司举行。

●马耳他中国文化中心在马耳他首都瓦莱塔皇家露天剧场举行“天涯共此时——闽韵流芳，清新福建”暨庆祝马耳他中国文化中心成立15周年大型晚会，泉州提线木偶戏《青春梦》参与表演。

●世界晋江东石青年联合会、晋江市东石镇侨界青年联合会成立大会暨首届理监事就职仪式在晋江侨声中学举行，成为全省首个镇级侨界青年组织。

●由永春县旅游事业局、泉州晚报社主办的“永春全域旅游系列体验活动”启动。

泉州市发布中秋国庆旅游餐饮食品安全警示

为防范系统性、群体性的旅游餐饮食品安全风险，保障市民和游客玩得开心、吃得安心，市食品药品监督管理局、市旅游发展委员会发布旅游餐饮消费食品安全警示，提醒市民及游客就餐尽量选择量化分级管理等级较高、特别是实施“明厨亮灶”的餐饮店，不要光顾无证照的餐饮店，尽量不要选择客流量陡增的餐饮店和路边露天摊点用餐。市食药监局还要求旅游餐饮服务提供者落实主体责任，严格执行各项食品安全管理制度，排查潜在安全隐患；加强原料把控，落实食品原辅料采购索证索票和进货查验制度，重点加强米面制品、食用油、肉类、水产品等食品原料采购管理，严禁采购和使用假冒伪劣的食品原料和酒水饮料；严把原料储存、人员健康晨检、餐具消毒、凉菜制作等关键环节，做到生熟分开防止交叉污染，食物要彻底烧熟煮透，控制贮存温度与时间；接待旅游团队、零散游客时，接待量要与自身供餐能力相适应，不得超范围超负荷接待，不得临时雇佣无健康证的从业人员；一旦发生食物中毒或疑似食物中毒事故，应当立即救治患者，封存导致或者可能导致食物中毒事故的食品及其原料、工具及用具、设备设施和现场，同时向辖区食品药品监管和相关部门报告。

2018泉州“乒乓球王”全民争霸赛总决赛举行

22—23日，由市体育局、泉州晚报社和中国邮政集团公司泉州市分公司主办，泉州网和泉州市乒乓球协会承办的2018泉州“乒乓球王”全民争霸赛总决赛在泉州市邮政公司举行。全市各县（市、区）赛区的球王和种子选手进行角逐，分别决出各组别的乒乓球王和前五名。安溪的陈依玄和泉港的陈春芳分获女子单打冠亚军，惠安的温华炜和洛江的杨国龙分获男子单打组前两名，晋江的父子档张健康和张韩桓获家庭组球王的荣誉。总决赛期间，泉州网对球王争夺战进行现场直播。泉州市“乒乓球王”全民争霸赛自2017年9月启动以来，以各县（市、区）为赛区，从村镇起组织发动，举办多种形式的选拔赛，晋级赛区球王赛，再到市级球王总决赛，层层选拔，市县联动。据统计，赛事共吸引参赛选手两千余名，年纪最小的11岁、最大的62岁。从总决赛成绩单看，获奖选手覆盖11个县（市、区）。整体赛事时间跨度之长、参与人数之多、业余水平之高，是泉州市历年来全民健身活动少有的。

全省首个镇级侨界青年组织在晋江市成立

世界晋江东石青年联合会、晋江市东石镇侨界青年联合会（以下简称“东石侨青会”）成立大会暨首届理监事就职仪式在晋江侨声中学举行，成为全省首个镇级侨界青年组织。新成立的“东石侨青会”汇聚海内外晋江东石籍青年精英，有委员414名，分布在菲律宾、马来西亚、新加坡、泰国等20多个国家和地区。经大会选举，澳门著名实业家陈明金长女、澳门城市大学副校长陈倩雯当选“东石侨青会”首届理、监事会会长。陈倩雯表示，希望海内外东石青年发挥人才荟萃、联系广泛、融通中外的特点，深化中外交流合作，讲好晋江故事、东石故事，共同推动“一带一路”建设，为祖籍国与住在国间的经贸发展、文化交流做出贡献。大会期间举行“石战派”启航仪式，宣读《侨心向祖国共圆中国梦》倡议书，并向世界晋江东石青年联合会、晋江市东石镇侨界青年联合会首届理监事会会长、执行会长、监事长、秘书长等颁发荣誉证书。

世界晋江东石青年联合会成立大会（图/陈龙山）

泉州直达香港高铁开通

广深港高铁香港段通车，成为香港直通内地高铁网的首条高铁。泉州与香港进入高铁互通互联时代。9时34分，在泉州火车站，由福州始发至香港西九龙的首趟高速列车G3001次稳稳停下，367名乘客排队上车，其中有244名乘客直达香港西九龙。9时36分，G3001次列车驶离泉州站台，意味着泉州开通至香港直达高铁。G3001次列车从福州始发，途经莆田、泉州、厦门北、潮汕、深圳北，全程5小时35分。泉州至香港西九龙二等座票价为280元。18时52分，首趟从香港到泉州的高铁列车G3002次返程抵达泉州站，共有370名旅客下车。为让首批乘坐高铁直达泉州的港澳居民感受到泉州人民的热情，市旅发委、泉州火车站在出站口举行欢迎仪式。

乘坐首趟高铁从香港直达泉州的港澳居民受到欢迎（图/郭雅莹）

泉州市首个中国农民丰收节系列活动举行

第一个中国农民丰收节，泉州市于9月上旬至11月下旬组织开展首个中国农民丰收节系列庆祝活动。活动以激发全市农民的积极性、主动性和创造性为目标，按照“务实、开放、共享、简约”的要求，在农村开展喜闻乐见、生动活泼的庆祝活动，展示泉州特色现代农业、泉州与台湾农业合作、脱贫攻坚、农村改革发展取得的成就，以及各地的农耕文化和乡风民俗，提升农民的获得感、幸福感、光荣感。

市级庆祝活动“泉州农民丰收节”，作为第十一届海峡两岸（泉州）农产品采购订货的组成部分，于9月7—9日在南安市成功国际会展中心举行。“泉州农民丰收节”创办泉州特色馆，设置119个展位，组织全市125家农产品生产、加工企业，集中展示水果、蔬菜、茶叶、食用菌、水产品、肉禽、粮油制品、休闲食品、花卉、特种养殖10个大类500多种各地特色名优农产品及系列产品。同时，举办“海峡两岸农产品展示采购对接活动”“海峡两岸农产品供需洽谈对接会”“第五届海峡两岸互联网农业电商峰会”，开展“台湾十佳伴手礼”和“大陆十佳伴手礼”评选活动。

首个中国农民丰收节，泉州人民开展庆丰收活动（图/泉州晚报社）

各县（市、区）依托特色现代农业，围绕特色农产品展示、农村民俗文化活动、休闲观光农业宣传等，开展各具特点、丰富多彩的庆祝活动。洛江区在该区虹山乡举行“喜迎丰收节·趣玩虹山乡”系列活动；泉港区在该区涂岭镇举办“少数民族风情旅游文化节暨第七届涂岭海丝猪脚美食文化节”；南安市在该市蓬华镇山城村举办南安市首届蓬华脐橙采摘文化节；安溪县在该县人民广场举行“中秋茶香·故乡月圆”茶事活动；永春县在该县桃城镇花石村举办“美丽乡村民俗旅游节”；德化县在该县葛坑镇富地村举办“葛坑特色水果采摘节”。

2018古城文创秀系列活动颁奖

由市委网信办、市文改办、市发改委指导，泉州晚报社主办的2018古城文创秀系列活动颁奖仪式暨文创产业资源对接会举行。活动持续近两个月，举办三期文创集市、一场大型网络展播，筛选出23个项目团队参加路演和展出。图为古城文创秀系列活动现场。

（图/洪荣堆）

9月23日

农历戊戌年八月十四
星期日
温度：25℃—31℃
小雨

●泉州直达香港高铁开通。

●第一个中国农民丰收节，泉州市于9月上旬至11月下旬组织开展首个中国农民丰收节系列庆祝活动。

●由泉州晚报社主办的2018古城文创秀系列活动颁奖仪式暨文创产业资源对接会举行。

●海峡两岸中秋篝火诗会在永春县天禄寺举行，台湾、厦门、泉州等地的诗词爱好者参加活动。

●晋江安海建镇888周年·晋江市（安海）第三届中秋文化节开幕，连捷国际董事长、许书典家族资产基金管理人许清流代表许书典公益慈善基金会向晋江市慈善总会捐赠88888888元，成立晋江市安海后林许书典公益慈善基金会。

9月24日

农历戊戌年八月十五
星期一
温度：24℃—29℃
多云

●24—28日，国家生态环境部派出督察组到泉州开展集中式饮用水水源地环境保护专项行动第二轮督察，重点核查市级饮用水水源地环境问题整改工作进展。

●泉州市出台《泉州市移风易俗节俭办婚丧喜庆等事宜工作实施意见（试行）》。

●中秋小长假期间，全市接待游客72.22万人次，实现旅游收入4.92亿元。

●由泉州台商投资区党群工作部、教育文体旅游局、洛阳镇政府和泉州市南音艺术家协会主办的“洛阳桥畔望明月”戊戌中秋泉州弦管大会在泉州台商投资区洛阳镇屿头村举行。

泉州市出台移风易俗简办婚丧喜庆事宜实施意见

泉州市印发关于《泉州市移风易俗节俭办婚丧喜庆等事宜工作实施意见（试行）》（以下简称“意见”）的通知。意见提出明确的目标任务，即通过着眼改变有悖于公共环境、公共秩序、社会公德的陈规陋习、不良行为习惯，加强有利于公共环境、公共秩序管理的公共设施建设，敦风化俗，提高社会文明程度和乡村治理水平，减轻人民群众的负担。意见对婚丧喜庆事宜均有具体要求。操办婚丧喜庆等事宜，不得妨害公共环境秩序、危害公共安全、侵害他人合法权益，并倡导婚丧喜庆事宜不收非亲人员贺仪丧礼。

在实施过程中，泉州市将通过宣传引导、依法行政，提高城乡居民文明节俭办婚丧喜庆等事宜的自觉性，对婚事喜事、丧事以及神（佛）事的举办等，都提出倡导内容与方向。坚持婚事新办：倡导订婚不办宴席，参加“颁证式婚礼”、集体婚礼、公益（慈善）婚礼或者举行旅游结婚；倡导宴席按照请柬或邀约的时间开席，宴请席数、标准按照村（居）规民约落实，减少迎亲车辆，反对天价彩礼、炫耀嫁妆，反对低俗闹洞房等陋习。坚持喜事不办或简办：倡导生日、升学、入伍、开业、乔迁等喜庆事宜不办或者简办宴席。鼓励、支持开展公益捐赠（植树）、志愿服务等活动以纪念“十六岁成人礼”等喜庆事宜。节俭办理店庆、开业等事宜，举行的促销活动需短期占用店外人行道的，须按相关规定，向所在辖区城管办申请，办理临时占道相关手续。坚持丧事简办：倡导治丧不超过3天、最长不超过5天（非正常死亡除外）。倡导出殡“阵头”不超过3阵，花圈、花篮、挽匾不超过15个。倡导不办“答谢宴”；倡导治丧膳食从简，严格执行集体聚餐食品安全管理规定；倡导丧后纪念日以文明祭祀的方式进行，不大操大办。

中秋小长假全市实现旅游收入4.92亿元

据市旅发委统计数据显示，中秋小长假期间，全市接待游客72.22万人次，实现旅游收入4.92亿元。在泉州市接待的国内游客中，自助游（含自驾游）占比89.8%。中秋小长假期间，泉州市推出多元宗教、西街古巷、漫步城南3条泉州古城半日游线路，为游客规划各具特色的行程。其间举行的“我们为古城发声”分享会，则把古城讲解活动与校园研学活动相结合，通过新生免费游古城、春秋游等方式，带动市民游客了解古城文化。三天假期，仅西街就接待游客4.32万人次。全市各地以“我们的节日·中秋”为主题，举办各类民俗文化庙会、中秋赏月、经典诵读、民间祭祖等活动。在晋江，第三届中秋文化节、“月是故乡明”诗歌音乐会、烧塔仔民俗活动等吸引众多游客参与体验，五店市内的“线上全民博饼赛”等活动更是将民俗“玩”到了线上，节日氛围浓厚。

23日恰逢首个中国农民丰收节，全市各地举办各类节庆活动，市民游客纷纷到乡村，一边欣赏乡景秋韵，一边感受节日氛围。洛江区举行“喜迎丰收节·趣玩虹山乡”活动，田园养生、山地运动等一系列主题精品旅游项目吸引众多游客到场体验；永春县举行“田园欢歌·富逸永春”活动，融入乡村民俗表演、乡村厨艺赛等内容，展示永春农业特色产业，让游客感受秋收的喜悦。此外，夏季伏天已过，不少市民游客抓住“玩水季”的尾巴，纷纷到亲水主题公园、海边游玩，不仅洛阳桥、崇武古城、惠女风情园、惠女家园等滨海旅游景点，游客络绎不绝，石龙谷景区的空中玻璃漂流道、泉港区涂岭镇的黄田漂流、泉州欢乐水世界的宝贝水城等亲水游玩项目也备受欢迎。

戊戌中秋泉州弦管大会在泉州台商投资区举行

由市文联指导，泉州台商投资区党群工作部、教育文体旅游局、洛阳镇政府和泉州市南音艺术家协会主办的“洛阳桥畔望明月”戊戌中秋泉州弦管大会在泉州台商投资区洛阳镇屿头村举行。整场演出由嗳仔指《纱窗外》拉开序幕，分下午和晚上两场，共有《满空飞》《直入花园》《刺桐帆影》30余个曲目，以传统曲目为主，也有不少是创新作品，较全面地展示泉州市南音发展的最新成果。此次活动还吸引不少省外南音弦友到场参与。

康涛到晋江市项目一线调研

市委书记康涛到晋江市项目一线调研，现场督办国土、环保上级督察反馈问题整改工作，并召开现场办公会，协调解决困难和问题。在现场办公会上，康涛肯定晋江取得的各项成效，鼓励晋江保持势头、先行探索，继续为全市创造好经验。康涛指出，泉州转型升级步入“后半场”，晋江要继续保持攻坚的气势和干劲，找准抓手，千方百计加快进度，完成好高质量赶超任务。要强化“一把手”招商，发挥资源优势，造浓招商氛围，夯实发展后劲。要因地制宜，科学制定设计方案，不等不靠，分阶段推进示范段工程，总结推广各地创造性做法，互学互鉴，确保见实效、出形象。

王永礼到晋江市督查土地问题整改情况

为贯彻落实中央巡视反馈意见、自然资源部集体约谈会精神，根据市委集体约谈会部署要求，市长王永礼到晋江市督查土地问题整改情况，并召开全市落实土地问题整改推进会。副市长洪自强、市政府秘书长廖国文参加。王永礼要求，要对标对表，狠抓整改。责任要扛起，一级一级传导压力，守土有责，守土尽责；情况要理清，深入分析问题原因，找出根源、找准症结，做到心中有数；措施要到位，按照“一宗一策一举措”的思路推进整改工作；督查要跟进，重点督任务完成、督节点推进、督问题突破。要聚焦难点，组织攻坚。依法依规查处非法占用破坏永久基本农田行为，快速推进闲置土地清理处置。王永礼强调，国土问题整改过程中，要妥善做好涉及群众、企业的工作，最大限度降低对生产生活的影响。

第三季度“领导干部一线办公”活动周启动

为贯彻省委、省政府关于赶超跨越重大战略部署，落实“项目攻坚2018”、城乡建设、招商引资大会战、高铁高速及城乡重要通道沿线环境整治、“两违”（违法用地和违法建设行为）治理百日拆违具体部署，市委、市政府决定在全市开展2018年第三季度“领导干部一线办公”活动周，时间从9月25日起至9月30日。活动周突出“转型攻坚、聚力跨越”主线，一线服务推动，一线督促检查项目攻坚、企业发展。各相关领导根据梳理的问题清单，现场督办、一线协调。

市县乡人大学习习近平新时代中国特色社会主义思想交流会召开

市县乡人大学习习近平新时代中国特色社会主义思想交流会召开。会上，部分县（市、区）人大常委会主任、乡镇人大主席、县乡人大代表作交流发言。会议指出，学习习近平新时代中国特色社会主义思想、学习《习近平谈治国理政》（第一、二卷）和《习近平新时代中国特色社会主义思想三十讲》，是全党全社会共同的首要任务，是每一位人大工作者和各级人大代表重大的政治任务。要按照省、市委统一部署，自觉做新思想的坚定信仰者、积极宣传者、有力践行者和忠诚捍卫者，推动全市人大工作与时俱进，不断取得新进展。要切实做到真学，筑牢政治根基，在深学上见精神、在用好上见功力、在作为上见转变；做到真懂，提升政治站位，以新思想指导新实践，以新作为破解新难题；做到真信，坚定政治信仰，学出忠诚、维护核心不动摇，学出信仰、坚定理想信念不动摇，学出宗旨、坚持人民立场不动摇，学出本领、提升履职能力不动摇，学出责任、强化使命担当不动摇；做到真用，强化政治担当，把学习成果转化为指导实践、推动工作的具体行动。

市县乡人大学习习近平新时代中国特色社会主义思想交流会现场（图/王虎文）

9月25日

农历戊戌年八月十六
星期二
温度：22℃—28℃
多云

● 康涛到晋江市项目一线调研，现场督办国土、环保上级督察反馈问题整改工作，并召开现场办公会，协调解决困难和问题。

● 王永礼到晋江市督查土地问题整改情况，并召开全市落实土地问题整改推进会。

● 2018年第三季度“领导干部一线办公”活动周启动。

● 市县乡人大学习习近平新时代中国特色社会主义思想交流会召开。

● 全市抓党建促脱贫攻坚促乡村振兴暨壮大村集体经济现场推进会在安溪县召开，现场观摩泉州市与中化公司合作共建的新农村综合服务站，部署下阶段工作。

● 市政府、市政协联合开展“居家社区养老方面”重点提案督办活动，内容包括“提升我市社区养老服务质量”“加快我市社区养老服务建设”“培育新型居家社区养老服务模式”。

9月26日

农历戊戌年八月十七
星期三
温度：21℃—29℃
晴

●市委常委会召开会议，传达第十次全国归侨侨眷代表大会和省委常委会会议精神，研究泉州市贯彻意见。

●陈万里、杨晓山到丰泽区检查项目攻坚情况。

●2018年市委人才工作领导小组第三次会议召开，研究审议人才总量倍增任务、高层次人才认定标准修订、企业自主评价人才、人才工作目标责任制考评等事项，部署下阶段人才工作。

●市政府、市政协联合开展《关于进一步完善泉州市区“城市双修”工作的提案》《以“双修”试点驱动古城提质和转型发展》《关于做好海丝泉州城市营销工作的几点建议》三个重点提案督办活动。

●中国驻外使领馆邀请土耳其知名媒体记者和学者团访问泉州，考察海上丝绸之路起点历史发展情况等。

●“爱学会赢闯天下——全面推动习近平新时代中国特色社会主义思想进泉商全国行”大型宣讲活动异地宣讲杭州站在浙江省社会主义学院举行。

●由市委文明办、市老龄办主办的泉州市第三届夕阳红（婆媳亲）才艺交流展示大赛在泉州老年大学举行。

●由泉州市跨境电子商务协会编写的2018泉州跨境电商发展报告发布，系泉州首次发布跨境出口相关趋势报告。

●由市委宣传部、市委文明办、市文广新局、市文联、泉州晚报社、泉州广播电视台主办的“欢乐泉州·走进安溪一中”——庆祝中华人民共和国成立69周年文艺晚会在安溪第一中学举行。

市委常委会会议传达全国归侨侨眷代表大会精神

市委常委会召开会议，传达第十次全国归侨侨眷代表大会和省委常委会会议精神，研究泉州市贯彻意见。会议要求，各级党委（党组）要学习贯彻习近平关于侨务工作的论述，落实全国侨代会和省委常委会会议精神，最广泛地团结、引导、服务归侨侨眷和海外侨胞。要把握凝聚侨心侨力同圆共享中国梦主题，加强思想政治引领，夯实侨界共同思想基础，画好最大同心圆；要聚侨力助发展，发挥好独特优势，内引外联更多侨资、外资项目落地，推动侨胞参与乡村振兴、精准扶贫、民生补短板等事业，助推高质量赶超跨越；要传播好泉州声音，主动展示泉州独特的人文风貌与内涵，呵护好华侨华人“根、魂、梦”。会议强调，各级党委、政府要加强和改进对侨联工作的领导，支持侨联依照法律和章程创造性开展工作。各级侨联组织要与时俱进深化改革，坚持海内海外、老侨新侨并重，深化拓展“大侨务”格局，建好侨胞团结之家、奋斗之家、温暖之家。侨联干部要提高工作水平，做好有效沟通，当好海外侨胞和归侨侨眷的贴心人，成为侨务工作的实干家。

市领导到丰泽区检查项目攻坚情况

市人大常委会党组书记陈万里，市委常委、副市长杨晓山到丰泽区项目一线督促检查项目攻坚情况，协调解决建设发展难题。在浔美渠改造工程项目现场，市领导了解项目建设进展情况，要求施工单位树立质量意识，在保证工程质量的前提下，合理组织安排，确保工程按期交付使用。在福建三盛实业有限公司3号楼地块前，市领导了解该地块申请旧厂房改造面临的困难，表示将从支持企业发展的角度，结合整个城市发展规划，依法依规促进问题解决。在丰泽区第五实验小学、第五实验幼儿园现场，市领导了解校园配套设施建设情况，针对通往江滨北路道路未打通的情况，要求抓紧施工、安全施工；针对校园临近滞洪渠，叮嘱学校要加强学生安全教育、重视安全问题。

2018泉州跨境电商发展报告发布

由泉州市跨境电子商务协会编写的2018泉州跨境电商发展报告发布，系泉州首次发布跨境出口相关趋势报告。该报告通过业务模式、渠道分布、卖家分布、品类分布等多个维度，展现泉州跨境电商出口现状及特色，并从供应链、渠道、市场、人才等方面梳理跨境电商出口机遇，帮助泉州卖家把握新贸易时代的方向和商机。报告显示，随着跨境电商产业链的完善以及政策的支持，泉州市跨境电商迅猛发展，呈现出“体量逐渐增大，发展逐渐集聚，政策支撑体系日渐完善，产业链配套逐渐成熟，氛围趋于良好”的特征。具体来看：一是市场规模稳步扩大。在2018年发布的《亚马逊全球开店中国出口电商城市发展趋势报告》中，泉州位列“亚马逊全球开店中国出口电商城市发展20强”，在全国主要跨境出口城市中彰显实力与潜力。二是发展呈现集聚化趋势，包括产业集聚、区域集聚、资本集聚三方面。三是政策支撑体系日渐完善，明确电子商务总体发展思路、主要任务及保障措施，优化跨境电商的发展环境。四是服务产业链配套逐渐成熟，特别是过去一年，泉州跨境电商收获诸多利好——东海跨境电商生态圈投入建设、南航（晋江）城市货站开通、泉州国际邮件互换局获批。

从事跨境电商发货的物流企业（图/王宇静 洪宝森）

全市实施乡村振兴战略暨脱贫攻坚工作会议召开

全市实施乡村振兴战略暨脱贫攻坚工作会议召开。会议强调，要坚持以习近平新时代中国特色社会主义思想为指导，学习贯彻习近平关于乡村振兴的战略思想，按照中央、全省实施乡村振兴战略工作部署要求，加快推进泉州市乡村振兴和脱贫攻坚各项任务。要理解把握乡村振兴战略的时代使命、战略定位、目标导向，结合泉州实际，系统谋划推进。

会议强调，要按照“产业兴旺、生态宜居、乡风文明、治理有效、生活富裕”要求，抓实抓细19个专项行动，推动乡村振兴五大任务落细落实。要坚持从增产向提质转变，提升特色品牌价值，抓好农产品质量安全；激活农村“沉睡资产”，引导要素资源上山下乡，促进乡村产业兴旺。要紧抓环境综合整治，让乡村生态宜居更有质感。要践行社会主义核心价值观，深化移风易俗，弘扬优秀乡土文化，让乡风文明蔚然成风。要深化村民自治实践，开展扫黑除恶专项斗争，推动农村善治善成。要坚持农业农村优先发展，加快农村社会事业、基础设施、公共服务延伸覆盖，增进群众生活福祉。

会议指出，要把打好脱贫攻坚战作为实施乡村振兴战略的优先任务，跟进完善政策体系，及时做好动态管理，真正帮到点、实施好。要巩固提升脱贫质量，以长效机制激活“造血”功能、夯实稳定脱贫基础，扶贫与扶志结合，让贫困户既有稳定收入又有尊严。要层层压实责任，以“找问题、抓整改”为导向查缺补漏，较真碰硬干出实效。

会议强调，各级党委和党组织要强化统筹协调，实行市县抓落实、镇村组织实施的工作机制；发挥堡垒作用，创新“乡村振兴讲习所”、科技特派员制度；坚持规划先行分类推进，结合实际制定振兴模式，确保既前瞻性、又接地气；坚持一线检验锻炼队伍，对在推进乡村振兴中表现突出的镇村干部给予表彰和政治倾斜，提高基层干部待遇。

泉州珠三角区域招商项目洽谈会在广州举行

泉州珠三角区域招商项目洽谈会在广东广州举行，吸引近200名珠三角区域企业家及泉州籍乡贤参加。招商洽谈会现场，市直有关部门相关负责人介绍泉州纺织鞋服、建材家居、食品饮料、工艺制品、新一代信息技术、生物医药、石油化工等重点产业发展规划和招商项目。此后，晋江集成电路产业园区、南安高新技术产业园区、泉港石化工业园区、泉惠石化工业园等产业园区相关负责人进行重点招商项目推介，力邀全国行业龙头企业对接洽谈、共商发展大计。市经信委相关负责人介绍，通过招商洽谈，深化合作意向、推进合作进程、拓展合作空间。此次招商洽谈会现场洽谈项目41个，合同总投资345.19亿元。其中有16个项目举行现场签约仪式，合同总投资79.02亿元。广东泉州商会会长李振家表示，招商洽谈会让在粤企业家更深刻感受到家乡投资环境越来越优化，各项惠企政策越来越给力，作为在粤泉州商会，将引导更多优质企业回乡投资创业。

泉州市“港湾计划”科技人才沙龙举办

泉州市“港湾计划”科技人才沙龙暨泉州与台湾人才交流活动举行，40多名泉州市人才创新共享联盟成员单位及拟入会单位的负责人和相关科研人员等参加。活动围绕“坚持传统与不断创新”主题，邀请中科院泉州装备制造研究所副研究员林名强、福建正域跨境电子商务有限公司总经理车伟达分别代表研究机构和企业做主题分享，并邀请在场人才参与互动交流，分享在泉州创新创业的经验。活动还组织人才品鉴茶道、香道、花道，邀请专家讲授泉州传统文化。在场人才纷纷表示，通过参加此次活动，不仅促进科技与文化的交流，碰撞出思维的“火花”，同时增强了在泉州干事创业的归属感和获得感。活动有关负责人表示，此次人才沙龙活动以轻松愉悦的方式进行，旨在纵深推进泉州市人才“港湾计划”，创新党委、政府联系人才、服务人才、凝聚人才的新途径，加强市级人才创新共享联盟成员以及到泉州创新创业的台湾科技人才之间的交流与合作，为人才搭建一个优势技术分享交流、感受泉州特色传统文化底蕴和魅力的平台。

9月27日

农历戊戌年八月十八
星期四
温度：22℃—30℃
多云

●全市实施乡村振兴战略暨脱贫攻坚工作会议召开。

●全省政策性粮食库存数量和质量大清查工作动员视频会议后，泉州市随即召开全市视频会议，就贯彻落实全省会议精神作具体部署。

●市政府、市政协联合开展“健康泉州建设”重点提案督办活动，督办提案包括《关于着力打造“闽南中医药名城”的建议》《关于进一步做好“家庭医生签约”服务的建议》《关于加快泉州市基层中医药事业发展的提案》《关于在我市积极推广“互联网+急救”的建议》。

●周真平到安溪县开展第三季度“领导干部一线办公”活动周调研。

●共青团泉州市第十七次代表大会召开。

●泉州珠三角区域招商项目洽谈会在广东广州举行。

●泉州市“港湾计划”科技人才沙龙暨泉州与台湾人才交流活动举行。

●安溪县35个重点项目在全县各地集中开（竣）工，总投资60.95亿元。

●女排精神“陈亚琼故事馆”在永春县岵山镇塘溪村古街揭牌，系全国首个女排精神个人主题展馆。

●“丝路狮缘——故宫狮文化珍宝展”在石狮博物馆开幕。

9月28日

农历戊戌年八月十九
星期五
温度：23℃—29℃
多云

●新修订《中国共产党纪律处分条例》宣讲会在泉州举行。

●王永礼到南安市企业、项目一线调研。

●泉州市“深入学习贯彻习近平新时代中国特色社会主义思想”专题研讨班县（市、区）教学点第一期结业仪式在晋江市委党校举行。

●市政府党组理论学习中心组举办法治政府建设专题讲座。

●全市侨情与港澳乡情普查工作会议召开，在全省率先启动侨情与港澳乡情普查工作。

●“华大讲堂”第77讲举行。中央党校（国家行政学院）公共管理教研部主任、中国行政体制改革研究会副会长王满传作《学习贯彻十九届三中全会精神 深化党和国家机构改革》专题报告。

●共青团泉州市第十七次代表大会闭幕，大会选举产生共青团泉州市第十七届委员会。

●由晋江市政府主办，晋江市经信局、晋江市三创园等承办的晋江市第十一期高新技术产业化项目对接会举行。

●德化县戊戌年祭孔暨孔子文化教育奖颁奖典礼举行。

新修订《中国共产党纪律处分条例》宣讲会在泉州举行

根据省委统一部署安排，省纪委监委组织宣讲团到全省各地开展新修订《中国共产党纪律处分条例》（以下简称“条例”）宣讲活动。泉州市举行宣讲会，省纪委副书记、省监委副主任黄汉升作专题辅导报告。黄汉升系统阐述条例修订的背景、重大意义、主要特点，深入解读条例的主要内容、学习理解的重点，并就学习贯彻工作提出要求。黄汉升强调，要提高对条例重要性的认识，增强学习宣传贯彻的自觉性和坚定性；担负起全面从严治党主体责任，以严明纪律营造良好政治生态；党员领导干部要发挥“头雁效应”，在学习、遵守和执行纪律上走前头、做表率；要坚持执纪必严、违纪必究，发挥纪律建设标本兼治的利器作用。

市委书记康涛主持宣讲会。康涛强调，全市各级各部门要按照中央和省委部署要求，以高度的政治自觉、思想自觉和行动自觉，抓好条例的学习宣传贯彻。要提升政治站位。始终在政治立场、政治方向、政治原则、政治道路上同以习近平同志为核心的党中央保持高度一致。要扩大学习教育。党员领导干部要带头学，做到应知、应会、应用。要组织党员深入学，对照开展警示教育，把铁的纪律转化为日常习惯和自觉遵循。要扛起责任。各级党委要严格履行主体责任，推动全面从严治党向纵深发展。各级纪委监委要肩负起纪律建设的监督责任，推动条例落地落实。要严肃监督执纪。把纪律利剑挥向腐败问题和不正之风、黑恶势力“保护伞”、形式主义官僚主义等，巩固提升风清气正的政治生态。

王永礼到南安市企业、项目一线调研

市长王永礼到南安市企业、项目一线调研，并召开现场办公会，帮助协调解决困难和问题。在现场办公会上，王永礼一边听取企业家的意见建议，一边记录，并不时与企业家互动交流。王永礼对南安政企良性互动，推动经济社会发展给予肯定。王永礼指出，南安经济总量大，在全市发展中的地位举足轻重。要根据泉州市委统一部署,加强指标运行调度，注重研判预警、政策帮扶、协同合作，有为应对中美贸易摩擦，冲刺第四季度，确保完成年度目标任务，为全市赶超发展多做贡献。要创新政企互动模式，加快建立工作联系制度、问题反馈制度，对活动周企业反映的困难问题，要抓紧梳理形成清单，及时分解，限期督办，做到企业有所呼、政府有所应。要战役式推进项目攻坚突破，明确目标时限，层层压实责任，加强一线督促，做好融资、用地等要素保障工作，夯实高质量赶超支撑。

王永礼（右二）在南安市调研（图/陈晓东）

全市侨情与港澳乡情普查工作启动

全市侨情与港澳乡情普查工作会议召开，在全省率先启动侨情与港澳乡情普查工作。会议传达省委统战部工作会议精神，总结重点乡镇侨情普查试点工作经验，安排部署全市侨情与港澳乡情普查工作。晋江市、南安市和安溪官桥镇等在会上交流侨情普查试点的主要做法、经验、体会。会议指出，侨情普查是做好新时代侨务工作的基础，是贯彻落实习近平关于侨务工作论述的具体举措。泉州是全国著名的侨乡，做好侨情与港澳乡情普查工作对融入党和国家大局、做好新时代统战及侨务工作具有重要意义。会议要求各级各相关部门站在贯彻落实习近平论述的高度，运用试点经验，精心组织，压实责任，扎实推进，确保普查取得实实在在的效果。

市委常委会会议学习习近平在全国教育大会上的讲话

市委常委会召开会议，传达学习习近平在全国教育大会上的讲话和福建省庆祝2018年教师节暨优秀教师表彰大会精神，听取泉州市实施教育舒心工程进展情况汇报，研究部署下一步工作；传达贯彻省委十届六次全会精神，研究召开市委全会有关事项。会议要求，要办好人民满意的教育。抓牢根本任务，把立德树人贯穿教育教学全过程；深化改革创新，统筹抓好教育规模增长和质量提升，促进教育均衡发展；建强教师队伍，从提升思想政治素质、提升专业素质、完善聘用管理、提高地位待遇等方面入手，让教师安心从教、热心从教、静心从教；尽快补上短板，实施好教育舒心工程，倒排推进，保质保量按时完成。

泉州市京津冀区域招商洽谈会举行

由泉州市政府主办、市发改委承办的2018年泉州市京津冀区域招商洽谈会在北京举行。数十家央企国企负责人、京津冀区域企业家及泉州籍企业家参加活动。恰好在北京出差的副省长郑新聪到会看望客商。泉州市领导杨晓山、吕刚出席洽谈会。会上，泉州市政府、市发改委负责人介绍泉州经济社会发展情况、泉州产业发展规划、招商项目及优惠政策。部分县（市、区）、开发区相关负责人进行推介。2018年以来，泉州致力推进高质量赶超发展，勇当新福建建设主力军，产业转型升级进入良性轨道，传统、重化、高新三大板块加快成形成势，服务业新业态新模式加快发展壮大。此次招商洽谈会现场签约产业投资合作项目23个，总投资423.9亿元。3月，泉州加大与京津冀、长三角和珠三角三个全国重点区域的项目招商对接力度，成立专责招商工作组，选派招商干部到北京开展工作。累计对接京津冀区域项目94个，其中签约48个，在谈（含意向和策划）46个。

第十二届“书香泉州”全民读书月活动启动

由市委宣传部、市委文明办、市文广新局、市教育局、市总工会、团市委、市妇联、市文联等主办的泉州市第十二届“书香泉州”全民读书月活动启动仪式在市区中山公园文化广场举行。该活动从即日起，至10月底结束。活动以“学习新思想、建设新泉州、书香伴我行”为主题，开展“读好书、做好人、圆好梦”系列活动。启动仪式活动内容丰富多彩，举行福建省全民阅读“七进”（进农村、进社区、进家庭、进学校、进机关、进企业、进军营）示范点授牌仪式；图书馆捐赠活动，主办方向洛江虹山村农家书屋、德化承泽村农家书屋和外来工子女及小学生捐赠图书；“点亮读书灯，开启智慧门”讲座，知名儿童文学作家慕榕到场引导家长教育孩子怎样读书，读什么书；同时还举行《鼓上舞》和悬空书法《书香泉州》等节目表演。

在全民读书月期间，市全民阅读工作组委会成员单位举办20余项活动，共同营造“书香泉州”。主要内容有：庆祝改革开放40周年主题演讲比赛、“刺桐花讲堂”等全民阅读系列活动；“书香家庭·阅读泉州”征文评选颁奖仪式暨“书香家庭”阅读分享会；图说历史图片展之开国大典、网上展览之华夏文明之光——中国古代印刷术等全民阅读系列活动；“馨声”公益绘本讲读活动；“温陵讲座”《弘扬传统文化坚定文化自信——浅谈儒释道文化》《泉州文化内涵漫谈》等；同时，全市各大型图书发行单位开展全民阅读宣传、优惠售书。

泉州市第十二届“书香泉州”全民读书月活动启动仪式
（图/陈智勇）

9月29日

农历戊戌年八月二十
星期六
温度：21℃—31℃
多云转晴

●市委常委会召开会议，传达学习习近平在全国教育大会上的讲话和福建省庆祝2018年教师节暨优秀教师表彰大会精神，听取泉州市实施教育舒心工程进展情况汇报，研究部署下一步工作；传达贯彻省委十届六次全会精神，研究召开市委全会有关事项。

●陈灿辉、洪自强到永春县开展第三季度“领导干部一线办公”活动周调研。

●陈奕辉、曾巍到石狮市开展第三季度“领导干部一线办公”活动周调研。

●由泉州市政府主办、市发改委承办的2018年泉州市京津冀区域招商洽谈会在北京举行。

●由市委宣传部、市委文明办、市文广新局、市教育局、市总工会、团市委、市妇联、市文联等主办的泉州市第十二届“书香泉州”全民读书月活动启动仪式在市区中山公园文化广场举行。

●第四届世界石狮同乡联谊大会在石狮市举行，49个国家和地区的石狮乡贤与会，并向石狮市公益事业捐资5.25亿多元。

●国内首座跨海高铁大桥新建福厦高铁泉州湾跨海大桥主栈桥贯通。

●华侨大学30名新生免费游览清源山，成为第一批免费游泉州的大学新生。

9月30日

农历戊戌年八月廿一
星期日
温度：21℃—29℃
晴

●中共泉州市委十二届七次全会召开，审议通过《中共泉州市委关于深入贯彻习近平总书记重要指示精神坚持高质量发展落实赶超的意见》和《中国共产党泉州市第十二届委员会第七次全体会议决议》。

●泉州市在革命烈士陵园举行向革命烈士纪念碑敬献花篮仪式。

●9月30日至10月6日，由市纪委、市委组织部、市委市直机关工委、市政协办公室、市总工会、市文联主办的“不忘初心 牢记使命”——泉州市直机关庆祝中华人民共和国成立69周年书法邀请展在泉州市华侨历史博物馆举行。

●9月30日至10月4日，第二十四届中国·泉州国际车展在晋江SM国际展览中心举行。

中共泉州市委十二届七次全会召开

中共泉州市委十二届七次全会召开。此次全会的主要任务是，全面学习贯彻习近平新时代中国特色社会主义思想和中共十九大精神，贯彻落实习近平对福建工作的指示精神，落实省委十届六次全会关于坚持高质量发展落实赶超的决策部署，传承弘扬“晋江经验”，振奋爱拼敢赢精气神，勇当高质量赶超主力军，为建设“机制活、产业优、百姓富、生态美”的新福建做出应有贡献。

市委书记康涛代表市委常委会向全会作报告，要求全市要把坚持高质量发展落实赶超，作为贯彻落实习近平新时代中国特色社会主义思想和中共十九大精神的具体举措，抓住这一新时代新福建建设的鲜明主线和根本战略，把思想认识、工作重心、精神状态统一到省委决策部署上来，做到认识再深化、思路再提升、举措再抓实，以更高的政治站位、更昂扬的精神状态、更有力的思路举措，把各项工作抓实做好。

康涛指出，习近平总结的“晋江经验”，不仅是历史的光环，更是长久的制胜法宝。要常学常新、常讲常新，把这一思想财富传承好、发展好，在历届党委政府打下的坚实基础上，以“功成不必在我”的情怀，以“功成必定有我”的担当，一张蓝图绘到底，以新担当新作为作答好“再创‘晋江经验’新辉煌、踢好转型升级‘后半场’、勇当高质量赶超主力军”三个时代命题。坚持高质量发展落实赶超，围绕高质量发展落实赶超这一战略目标，以新担当新作为，传承弘扬“晋江经验”，加快建设“创新、智造、海丝、美丽、幸福”的现代化泉州。坚持高质量发展落实赶超，关键是，转变发展方式、优化经济结构、转换增长动力，跻身万亿GDP城市行列；坚持以人民为中心的发展思想，力争2020年全市主要民生指标达到或高于全省平均水平，确保全面建成小康社会。重点是，继续改革开放走前列，推动质量变革、效率变革、动力变革。具体是，落实《中共泉州市委关于深入贯彻习近平总书记重要指示精神坚持高质量发展落实赶超的意见》，并分解为“落实一批、转化一批、谋划一批”具体专项，真抓实干，滚动推进。

康涛强调，此次市委全会，既是宣言，更是行动。要把握结构调整窗口期，坚守实体经济根基，加快传统、重化、高新三大板块成形成势，集中精力抓好商务会展、现代流通、文旅支柱、商圈消费、高技术服务等潜力热点。要构建产业生态圈，进军新价值制造，拉开新产业板块，汇聚新平台经济，升级新载体空间，探索政企互动新服务模式，更好地提供公共服务、专业服务、个性服务。要把握闽西南协同发展、复兴城市文化两大历史际遇，坚持环湾向湾同城化发展，做强中心、联动两岸、连接组团、贯通两翼，统筹抓好古城提质、海丝新城、城市经济、创新中心、山水田园、文明友好“六个城市展示面”，崛起海丝重要门户城市。要全面调动干部、企业家、人才的智慧力量，健全“马上就办、真抓实干”“敢于担当、善于作为”长效机制，激励干部担当作为；瞄准国际公认先进水平，以群众满意为最高评判标准，建设一流营商环境；实施人才“港湾计划”，强化“一把手抓第一资源”，放大创新平台效用，聚焦人才需求敏感点，扩充紧缺专业人才，让各类人才在泉州安居乐业。

全会号召，全市要紧密团结在以习近平同志为核心的党中央周围，全面贯彻习近平新时代中国特色社会主义思想，振奋爱拼敢赢精气神，知重负重、苦干实干，一刻不停地冲刺既定目标，勇当高质量赶超主力军，再创泉州改革发展新辉煌。全会审议通过《中共泉州市委关于深入贯彻习近平总书记重要指示精神坚持高质量发展落实赶超的意见》和《中国共产党泉州市第十二届委员会第七次全体会议决议》。

中共泉州市委十二届七次全会现场（图/陈起拓）

首届闽南美好生活嘉年华活动启动

“清新福建·海丝泉州”首届闽南美好生活嘉年华活动启动。活动从1日起持续至31日，全市60多项活动轮番上演。嘉年华以市区为主要活动地，覆盖各个县（市、区），活动包括主旨活动篇、文化艺术篇、时尚消费篇、闽韵生活篇、户外康养篇、市集展览篇、音乐歌舞篇、综合节庆篇八大篇章。1日，首届闽南美好生活嘉年华开幕式在市区源和1916创意园区大麦仓举行。1—3日，源和1916第二届国庆后备箱市集在源和1916三期面粉厂大罐秀广场举行，展示精致后备箱、手工创意、烘焙花艺等。1—7日，非遗传承创新系列活动在市区金鱼巷举行，通过静态展示和动态展演的形式开展文化旅游系列活动。1—7日，偶遇闽南·地方民俗文化快闪在市区西街、金鱼巷等地举行，以闽南地方民俗文化作为快闪元素，将泉州传统艺术与现代街头文艺形式结合。1—3日，西街小西埕主题活动在市区西街小西埕广场举行，有“叮叮车”主题市集、大埕民谣展演、暖心弹唱、潮玩抖音大赛等。2日，“当中国旗袍遇上惠女服饰”活动在惠安县大岞村惠女风情园举行。1日，2018“相约海丝·缘定今生”集体婚礼在泉州台商投资区海丝艺术公园水镜广场举行。1—7日，国庆美好生活周活动在清源山景区举行。

首届闽南美好生活嘉年华启动仪式（图/李芸生）

“相约海丝·缘定今生”集体婚礼现场（图/黄雅珊　吴志勇）

“2018润物无声国庆展”主题策展活动开幕

由市古城办、泉州文旅集团主办，泉州古城发展有限公司、泉州环湾文体投资有限公司承办的“2018润物无声国庆展|共生Old is New”主题策展活动开幕式在市区西街肃清门广场举行。活动通过在西街肃清门广场、金鱼巷、1915艺术空间、陈光纯故居、新门街集合空间五个地点联动，以不同主题诠释“共生Old is New”。西街肃清门广场周边为主展区，一边是“旧物仓时光花园”，一边是现代文创的佼佼者。此外还有香道、铅活字印刷、木板刻画、胶麻版印刷等手工体验活动。其他联动活动包括：在金鱼巷举行的“金鱼衫/裁影/右手的猜想/大漆文创/温故知新”等主题展；在陈光纯故居以黑白、人文纪实类的摄影图片和诗歌介绍古城；在新门街的集合空间举行“古法酱油、十洲、刻纸、在地美器、红砖雕、城市之外”等主题策展活动或体验活动。

“2018润物无声国庆展”活动现场（图/吴春民）

“2018幸福泉州·为爱乐跑”活动举行

由市体育局指导，泉州晚报社主办，东南赛事传媒承办的“2018幸福泉州·为爱乐跑”活动在市区江滨北公园举行。图为活动现场。

（图/李芸生）

10月1日

农历戊戌年八月廿二
星期一
温度：22℃—29℃
多云转晴

●市直机关升国旗仪式在市行政中心广场举行。

●王永礼到车站、城市综合体、在建项目工地等，检查国庆节期间各项安全生产工作部署、相关岗位负责人带班和人员值班值守情况，慰问坚守岗位的干部职工。

●“清新福建·海丝泉州”首届闽南美好生活嘉年华活动启动。

●1—5日，由鲤城公安分局与泉州广播电视台拍摄的全市首部公安题材电视系列情景剧《鲤城警事》第一季五集在泉州广播电视台黄金时间连续播出。

●国庆假期首日，泉州高速交警全警在岗，首次启用无人机高空执勤，并派出直升机巡逻应对突发状况。

●由市古城办、泉州文旅集团主办，泉州古城发展有限公司、泉州环湾文体投资有限公司承办的“2018润物无声国庆展|共生Old is New”主题策展活动开幕式在市区西街肃清门广场举行。

●由市体育局指导，泉州晚报社主办，东南赛事传媒承办的“2018幸福泉州·为爱乐跑”活动在市区江滨北公园举行。

10月2日

农历戊戌年八月廿三
星期二
温度：20℃—27℃
多云转晴

●商务部网站对全国供应链创新与应用试点城市和企业评审结果进行公示，福建斯兰供应链服务有限公司、九牧集团有限公司、泉州晋江陆地港港务有限公司3家泉州企业进入试点企业公示名单。

●经商务部、发改委、财政部、海关总署、税务总局、市场监督管理总局、国家外汇管理局七部委评审，石狮服装城市场采购贸易方式试点获批，成为福建省唯一一个获批的国家级市场采购贸易方式试点。

●纪念何淑敏一百周年诞辰暨吴艺华师徒传承梨园戏传统折子戏专场演出在泉州南音艺苑举行。

●“盛世迎国庆 明月映侨心”体育文化交流活动在洛江区双阳华侨农场举行。

●“惠安县陇西文史研究会2018年会暨纪念南宋宰相文会公921周年诞辰活动”在惠安县小岞镇举行。

3家泉州企业成为全国供应链创新示范企业

商务部网站对全国供应链创新与应用试点城市和企业评审结果进行公示，福建斯兰供应链服务有限公司、九牧集团有限公司、泉州晋江陆地港港务有限公司3家泉州企业进入试点企业公示名单。现代供应链是产业和经济的新型组织形态，是一个城市的核心竞争力。年初，根据《国务院办公厅关于积极推进供应链创新与应用的指导意见》的要求，商务部等8部门发布关于开展供应链创新与应用试点的通知，泉州企业高度重视，积极参与。经济新常态下，国家深化供给侧结构性改革，对物流运输“提质增效降成本”提出新需求。作为有“民营经济特区”美称的泉州，既有雄厚的产业基础作为支撑，也有敢为天下先的企业精神。以全产业链的视角和开放性心态，泉州市供应链企业不断整合资源、铺设通路，更好地服务制造型企业转型升级。

晋江陆地港集装箱堆场一角（图/陈起拓）

石狮服装城获批国家级市场采购贸易方式试点

经商务部、发改委、财政部、海关总署、税务总局、市场监督管理总局、国家外汇管理局七部委评审，石狮服装城市场采购贸易方式试点获批，成为福建省唯一一个获批的国家级市场采购贸易方式试点。市场采购贸易方式是指在经国家认定的专业市场内采购的出口商品，由具备资质的经营者直接办理出口的贸易方式，实行增值税“免征不退”等政策。市场采购贸易方式对比一般贸易方式，具有3个突出的优点：一是解决市场商户“单小、货杂、品种多”的无票出口贸易，实现在家门口做国际贸易；二是门槛低，供货商、采购商不用深度参与实质性的外贸环节，不具备国际贸易能力的中小商户也能简单地参与外贸；三是实现便利化通关，在市场设立贸易服务中心，海关、税务、外汇管理、市场监督管理等部门集中办公，一条龙服务，让商品快速走向国际市场。可以说，市场采购贸易就等于国内贸易加国际物流，让出口更简单。此次石狮服装城市场采购贸易方式试点获批集聚区面积为73.33公顷，在服装城、轻纺城区域内注册的企业适用市场采购贸易方式试点相关便利化政策。

石狮服装城（图/吴寿民）

五地归侨侨眷体育文化交流活动在洛江区举行

“盛世迎国庆 明月映侨心”体育文化交流活动在洛江区双阳华侨农场举行，活动内容包括足球赛、羽毛球赛和欢度国庆歌舞晚会。此外，到访的许多侨眷更是借此次活动走亲访友、互道祝福。主办方介绍，福清东阁华侨农场和洛江双阳华侨农场可谓是血脉相连一家亲的兄弟农场。为表达归侨侨眷对双阳华侨农场家乡和对亲人的思乡思亲之情，丰富两场归侨侨眷的文化生活，东阁华侨农场在国庆前主动倡议并组织百人亲友团到双阳走亲访友、开展文化体育交流活动。南安雪峰华侨农场、永春北硿华侨农场及厦门华侨足球队在知悉双阳与东阁将举行两地侨友足球赛时，亦主动要求参加联谊赛，促成此次五地归侨侨眷一起欢度国庆的文体活动。此外，厦门印尼归侨联谊会、云霄常山华侨农场等多地的归侨代表一同参加联欢活动。足球联谊赛是此次活动的重头戏，泉州双阳百事特足球、阳山社区足球队、福清东阁华侨农场足球队、雪峰北硿华侨农场足球队、厦门华侨足球队五支球队，共举行4场7人制比赛。

泉州入选"国字号"服务型制造示范城市

泉州入选工业和信息化部发布的服务型制造示范城市名单，全国仅6个城市入选，此系工业和信息化部首次开展服务型示范城市遴选活动。除示范城市之外，此次公布的第二批服务型制造示范名单还包括示范企业、示范项目及公共服务平台三项。多家泉企入选名单，泉州成为全省唯一在"国字号"服务型制造示范名单里的"四项全能"城市。

市经信委相关负责人表示，泉州在服务型制造产业领域结出累累硕果，在全国范围内起到引领带头作用。泉州市制定出台《关于稳步推进主辅分离积极发展服务型制造实施意见》及配套政策，促进制造业向"产品+服务"转变，助力制造业高质量发展。泉州拥有国家级服务型制造公共服务平台4个，除厦门单列市外，福建省的国家级平台全都在泉州。泉州市国家级服务型制造示范（企业、平台、项目）共7个，总数居全省第一，另外还拥有省级服务型制造示范企业23个、省级服务型制造公共服务平台6个，示范数量均居全省前列。

从研发设计、生产制造再到流通消费，让服务贯穿制造业全链条，离不开市委、市政府及各级各部门的精准帮扶和政策支持。在工业设计方面，泉州通过引导企业建立工业设计中心，支持开展综合性、行业性工业设计大赛活动，推动海峡两岸大学生工作坊、工业设计成果对接活动等抓手，有效促进设计成果转化。泉州拥有5个国家级工业设计中心，数量居全国地级市第一。在物流方面，泉州围绕"生产基地+物流+互联网"推动仓配一体化建设，培育促进第四方物流平台发展，构建产业物流生态圈。国家级AAA级及以上物流企业94家，数量居全省第一。在供应链平台培育方面，泉州鼓励引导制造业、互联网龙头企业发展行业性供应链服务平台，打造快速响应的供应链管理服务，促进柔性供应链更好满足消费者个性化需求，培育环球鞋网、一品嘉、六合云创、矮凳网等一批服务生产制造的服务平台，建成恒安家用智能生产、包装、仓配一体化项目、安踏仓配一体化等一批供应链重要节点项目。

泉州市出台规范党员档案管理规定

为提升新时代党员教育管理工作水平，加强党员档案管理工作，落实全面从严治党战略，市档案局联合市委组织部制发《泉州市中国共产党党员档案管理规定（试行）》（以下简称"规定"），系全省首个设区市级党员档案管理的规范性文件。基于泉州市民营经济发达、外来人口众多、非公党建快速发展的特点，规定在调研论证基础上制定而成。规定主要内容共8部分、29条，从党员档案的收集、整理、保管、利用、转递等方面进行规定，具有较强的指导性、操作性和实用性，有利于保护党员档案的完整与安全，促进各级各部门党员档案管理工作规范化、制度化和科学化。规定适用范围包括组织关系隶属于本市的各级各类党组织和党员，不仅国家机关、国有企事业单位、人民团体需要遵照执行，为数众多的非公党组织和党员也同样适用，有利于整体推进党员档案工作。按照标准化建档的理念，在档案收集范围、分类整理、编目、装订、最终归属等方面都作出统一规定，有利于解决因地区差异，或工作制度不同而出现的党员档案整理差异问题。接下来，泉州市拟在鲤城区、晋江市、惠安县等县（市、区）率先开展党员档案规范化管理试点工作，以点带面示范性推动全市党员档案规范管理工作。

全省首个航空模型运动飞行训练基地在晋江市落成

全省首个航空模型运动飞行训练基地落成仪式在晋江市金井镇举行。为推动社会体育事业发展，丰富群众文化体育生活，激发航空航天模型爱好者的兴趣，培养青少年航空航天意识，省体育局社体中心、省模型运动协会、晋江市农业局、晋江市文体新局联合筹备并创建全省首个航空模型运动飞行训练基地。金井镇在半年时间里，按照国家遥控航空模型飞行场地建设标准，打造了这个高等级的遥控模型飞行训练基地。8月，训练基地就承接了近年来福建省参赛运动员最多的一届省青少年航空航天模型锦标赛。

10月3日

农历戊戌年八月廿四
星期三
温度：20℃—28℃
多云转晴

●泉州入选工业和信息化部发布的服务型制造示范城市名单，全国仅6个城市入选，此系工业和信息化部首次开展服务型示范城市遴选活动。

●市档案局联合市委组织部制发《泉州市中国共产党党员档案管理规定（试行）》，系全省首个设区市级党员档案管理的规范性文件。

●全省首个航空模型运动飞行训练基地落成仪式在晋江市金井镇举行。

10月4日

农历戊戌年八月廿五
星期四
温度：20℃—29℃
晴

●为贯彻落实《国务院关于印发“十三五”促进民族地区和人口较少民族发展规划的通知》和《福建省人民政府关于贯彻国务院“十三五”促进民族地区和人口较少民族发展规划的实施意见》，市政府出台实施意见，促进民族地区加快发展。

●首届中国帆船公开赛上海—泉州赛段所有参赛船队抵达泉州崇武并靠港停泊。至此，该赛段为期4天的角逐结束。

泉州市出台实施意见促进民族地区加快发展

为贯彻落实《国务院关于印发“十三五”促进民族地区和人口较少民族发展规划的通知》和《福建省人民政府关于贯彻国务院“十三五”促进民族地区和人口较少民族发展规划的实施意见》，确保泉州市少数民族和民族乡村与全市同步建成小康社会，市政府出台实施意见，促进民族地区加快发展。

泉州市是沿海少数民族散居地区，根据第六次人口普查数据，居住着53个少数民族，少数民族人口22.9万人，约占全市人口的2.82%。有1个民族乡（台商投资区百崎回族乡）和48个民族村（社区）。其中回族村30个，人口约6.5万人；畲族村15个，人口约2.6万人；蒙古族村1个，人口约0.27万人；满族村2个，人口约0.27万人。长期以来，泉州市把握“共同团结奋斗、共同繁荣发展”的主题，贯彻执行党和国家各项民族政策，全市民族乡村经济不断发展，少数民族群众生产生活水平不断提高，平等、团结、互助、和谐的民族关系不断得到巩固和发展。市政府曾连续三次被国务院评为“民族团结进步模范单位”。

意见指出，要加强民族团结进步宣传教育。开展民族团结进步创建工作，利用广播电视、报纸杂志、网络传媒等多种载体，宣传各族群众交往、团结和谐的典型事迹。每年9月，开展民族团结进步宣传月活动，营造关心和支持民族工作的氛围。要全力以赴坚决打赢脱贫攻坚战和深化挂钩帮扶工作。至2020年，全面落实各部门承担的脱贫攻坚具体工作和目标任务，发挥资金、人才、信息、技术等优势，实施脱贫攻坚重点工程，确保少数民族群众同步迈入全面小康社会；同时，要促进民族乡村经济快速发展，重点推动宜业宜居的少数民族自然村村道硬化，拓展少数民族群众就业、增收渠道，培育“造血”功能，壮大民族乡村集体经济，增强自我发展能力。

意见着重指出，各地各部门要保护发展少数民族特色村寨。以改善民生为核心，以特色产业培育为龙头，以保护和传承民族文化为主线，以民族团结进步创建活动为载体，加强少数民族特色村寨的保护发展。依托泉港区涂岭镇小坝蒙古族村、石狮市永宁镇郭坑回族村、安溪县官桥镇善坛畲族村、永春县东关镇南美回族村4个“中国少数民族特色村寨”，打造特色村寨建设精品；推动泉港区山腰街道钟厝畲族村、石狮市蚶江镇石渔回族村、南安市码头镇铺前畲族村、安溪县湖上乡盛富畲族村和泉州台商投资区百崎回族乡白奇回族村5个民族村建成特色村寨。在保护发展少数民族特色村寨基础上，需开展少数民族传统文化传承保护和民族文化交流活动。鼓励和支持民族乡村进行文化馆建设，加快发展民族文化产业，加强民族文艺创作，培育民族文化品牌。

泉港区山腰街道钟厝畲族村文化馆（图/陈晓东）

第二十四届中国·泉州国际车展在晋江市举行

第二十四届中国·泉州国际车展现场（图/薛凌 张和琛）

9月30日至10月4日，由晋江市政府、泉州晚报社、泉州汽车同业协会主办，泉州市环亚展览策划有限公司承办的第二十四届中国·泉州国际车展在晋江SM国际展览中心举行。该届车展以“低碳节能，乐驾未来”为主题，调动各主、承办单位的优势，以参展商及参观者的实际需求为出发点，在展区规划、细致的服务体系，打造一个高品质、人性化的汽车盛会。

全市首部公安题材电视系列情景剧《鲤城警事》播出

1—5日，由鲤城公安分局与泉州广播电视台拍摄的全市首部公安题材电视系列情景剧《鲤城警事》第一季五集在泉州广播电视台黄金时间连续播出。《鲤城警事》从场景、语言到民风民俗、情景构成，都充满了老鲤城风情。剧中主要角色均由鲤城公安分局民警扮演，剧情均来源于日常警务工作中的真实事例。该剧精心策划，将有细节、有温度、有共鸣的警察故事展示给观众，虽还是略显粗糙和稚嫩，但都是真情流露，既展现了民警风采，也向市民群众宣传安全防范知识。既有泪点也不乏诙谐和幽默。

《鲤城警事》开播仪式（图/王盼阳）

泉州市发起“西街—垃圾不落地”志愿劝导活动

国庆假期期间，市旅发委、古城办、文明办和鲤城区委宣传部、文明办发起“西街—垃圾不落地”志愿劝导活动。特别是针对古城多处古迹游客众多的情况，泉州市微公益协会、泉州七中志愿者服务队等志愿人员手举宣传牌，配备垃圾夹，通过宣传引导、身体力行的方式推广文明旅游。西街、市工人文化宫、中山公园威远楼广场、天后宫广场、芳草园广场、江南新区公园6个志愿者驿站，均为游客提供休息、旅游引导、茶水供应和紧急充电等服务项目。同时，全市各地还在景区、宾馆饭店、旅行社、旅游集散中心、游客集中区域、旅游大巴等重点场所，设立文明旅游公益广告及“遵德守礼”提示牌，以提高文明旅游宣传引导效果、强化游客文明意识。

泉州50种船型入选省第二批渔船标准船型

福建省第二批87种渔船标准船型公布，其中泉州报送入选50种，数量占全省总数的58%。此次泉州入选的50种标准船型均为新造船较为成熟的船型，不但样船建造数量多，安全性能好，而且符合农业农村部关于渔船更新改造的“安全、环保、经济、节能、适居”技术原则，与辖区渔船的作业区域和捕捞方式等要求相适应，具有广泛代表性。另外，2017年福建省第一批62种渔船标准船型中，泉州获选30种。至此，泉州共有80种船型入选福建省标准渔船船型，占全省总数的53.7%。

泉州祥芝渔港（图/颜华杰）

梨园戏《陈仲子》首演

梨园戏《陈仲子》在市区梨园古典剧院首演，该剧由著名编剧王仁杰创作，中国戏剧梅花奖“二度梅”获得者、福建省梨园戏传承中心主任曾静萍执导。梨园戏《陈仲子》以战国时期齐国人陈仲子为创排原型。陈仲子为著名的思想家及隐士，曾任齐国稷下学宫教席。他生长于官宦世家，其兄陈戴承父荫为上卿，过着骄奢淫逸的生活。但仲子则素慕贞廉，厌倦世态之炎凉、官场之贪婪丑恶，决意避兄离母，携妻子移居於陵僻地，耕织为生。王仁杰表示，梨园戏《陈仲子》取陈仲子真人真事，平铺直叙，剧作结构仿佛“冰糖葫芦”状。在陈仲子身上，体现了古代士大夫的高贵品格，但也对他的某些极端行为提出质疑。历史上，虽毁誉不一，但大多数论者仍肯定陈仲子追求完美人格、事事反求诸己，三省吾身而又坚韧不拔、义无反顾的崇高精神，叹惜他的某些极端与迂腐及最终饥饿而死的人生悲剧。

10月5日

农历戊戌年八月廿六
星期五
温度：21℃—30℃
晴转多云

●市旅发委、古城办、文明办和鲤城区委宣传部、文明办发起“西街—垃圾不落地”志愿劝导活动。

●福建省第二批87种渔船标准船型公布，其中泉州报送入选50种。

●梨园戏《陈仲子》在市区梨园古典剧院首演。

●首届中国帆船公开赛参赛船队从泉州出发，驶向终点深圳。

10月6日

农历戊戌年八月廿七
星期六
温度：21℃—30℃
晴转多云

●为使进驻新行政服务中心的工作人员熟练使用新中心窗口设备及操作系统，市行政服务中心管委会组织进驻中心窗口人员及窗口负责人，进行操作培训和模拟办件测试。

●市人社局转发省人社厅《“互联网+调解仲裁”2020行动实施计划》，加强调解仲裁行风建设，更好发挥信息化引领和保障作用，提高调解仲裁工作质效和公共服务能力。

●石狮市祥芝渔港见义勇为海上救援志愿者服务队获“2018年福建省志愿服务项目大赛银奖”，泉州台商投资区海上见义勇为工作室救援队获“2018年福建省志愿服务项目大赛铜奖”。

泉州市提高调解仲裁工作质效和公共服务能力

市人社局转发省人社厅《“互联网+调解仲裁”2020行动实施计划》，加强调解仲裁行风建设，更好发挥信息化引领和保障作用，提高调解仲裁工作质效和公共服务能力。“互联网+调解仲裁”是劳动人事争议调解仲裁工作的信息化建设，是推动劳动人事争议调解仲裁工作发展的重要支撑和保障，对增强工作质效、提升服务能力、加强管理指导发挥着重要作用。根据计划，到2020年，将基本建立功能完备、运行高效、服务优质、监督有力的调解仲裁信息化网络，基本实现线上办案全覆盖，网上调解仲裁服务普遍开展，与有关部门信息共享机制初步形成，信息化建设在调解仲裁事业发展中的引领和保障作用充分发挥，调解仲裁工作服务当事人、服务人社事业发展、服务改革发展稳定大局的能力显著提升。其中，将推进网上调解仲裁服务平台建设，通过网站、手机APP等载体为当事人提供在线调解和在线仲裁服务，畅通调解仲裁服务渠道。同时，推进劳动人事争议仲裁机构及其工作人员管理信息系统建设，全面、及时、准确掌握仲裁机构和工作人员基本情况，加强仲裁机构及其工作人员管理。

市直机关庆祝建国69周年书法邀请展举行

9月30日至10月6日，由市纪委、市委组织部、市委市直机关工委、市政协办公室、市总工会、市文联主办的“不忘初心 牢记使命”——泉州市直机关庆祝中华人民共和国成立69周年书法邀请展在泉州市华侨历史博物馆举行。图为展览现场。　　（图/陈智勇）

泉州市两支见义勇为志愿者队伍获省级奖项

为推动福建省志愿服务事业的健康发展，同时在“好中选优”的基础上选拔出一批志愿服务组织的好做法、好经验，以便培育和完善志愿服务项目，省委文明办、团省委、省民政厅、省老龄办、省水利厅、省残联等主办“2018年福建省志愿服务项目大赛”。经过项目申报、初评、集中评审、路演答辩等评选环节，石狮市祥芝渔港见义勇为海上救援志愿者服务队获“2018年福建省志愿服务项目大赛银奖”，泉州台商投资区海上见义勇为工作室救援队获“2018年福建省志愿服务项目大赛铜奖”。

石狮市祥芝渔港见义勇为海上救援志愿者服务队，是石狮市祥芝渔港义务救援协会管辖的一支具有专业素质的志愿者队伍，于2016年6月挂牌成立，由泉州市见义勇为协会授旗，有见义勇为志愿者380多人，由船主、渔民、渔民家属及当地村民组成。自成立以来，志愿者服务队成功开展数十起海上救援行动，无偿救助因触礁或发生火灾等各类困难的渔船，为群众挽回直接经济损失500多万元，同时救起40多名海上溺水、遇险人员，服务队的事迹被光明网、福建电视台、《泉州晚报》、《东南早报》等多家媒体报道，2016年11月在泉州市第十五次见义勇为模范暨见义勇为志愿者先进集体表彰大会上获“见义勇为志愿者先进集体”称号。石狮市祥芝渔港见义勇为海上救援志愿者服务队以“弘扬社会正气、倡导见义勇为”为宗旨，自筹经费，制定章程，吸收志愿者成员，组织演练；购买三艘消防船、两艘快艇、三套潜水设备、数条逾百米尼龙绳、数条100米钢丝绳等救生器材，在港区设立三个瞭望点（中心渔港、祥农、桥尾）实行24小时值班制度。

泉州台商投资区海上见义勇为工作室救援队于2014年成立。救援队队员由最初的6人，增加到60多人。海滩不再有失去亲人的哭泣声，是队员们的最大心愿。因此，这个不要任何报酬的见义勇为义务救援队，一次又一次地及时出手相救，在4年多的时间里救起50多名落水者及遇险游客。同时，队员们当起义务安全宣传员，数百次劝说千百名游客及时离开海上危险地段，避免悲剧的发生。

国庆长假全市实现旅游收入38.69亿元

国庆长假期间，泉州市以“清新福建·海丝泉州”旅游品牌为主线，策划举办首届闽南美好生活嘉年华等一系列文化旅游活动，游客出行呈现出节庆游、文化游红火兴旺，自助游、自驾游持续火爆，近郊游、休闲游全面开花的趋势。市旅发委统计，2018年国庆假期全市接待游客417.18万人次，同比增长21%，实现旅游收入38.69亿元，同比增长23.9%。其中，一日游游客占比约75%，共309.38万人次，过夜游游客超107万人次。

随着“海丝泉州”旅游品牌深入人心，到泉州进行“海丝之旅”的游客越来越多。国庆假期期间，市旅发委、市文广新局打造了“清新福建·海丝泉州”首届闽南美好生活嘉年华，8个大类共60多项旅游主题活动从1日起陆续举行，为游客献上“海丝”盛宴。古城里，金鱼巷、西街小广场、新门文旅街区、1915艺术空间、陈光纯故居五个区域同时开展“润物无声”国庆展览活动。据专项监测数据，5—6日，西街游客量就达13.26万人次，金鱼巷游客量达1.78万人次；国庆假期期间，开元寺接待游客14.26万人次，同比增长31.2%。古城外，各县（市、区）也为外地游客准备了各具特色的文旅活动，其中，石狮第七届永宁古卫城暨城隍文化节、惠安第三届潮乐村水关月文化旅游节、南安向阳花开·佛手花开节旅游活动等，向游客集中展示各地文化、民俗风情。

国庆假期期间，不少人选择错峰出游，改国内游、省内游为市区或近郊的都市休闲游，以家庭、亲友结伴出游的自驾游、自助游成为假日旅游的主要方式。游客抽样调查显示，国庆假期期间，泉州市接待的国内游客中，自助游占比超过九成。各主要景区自助游游客增多，海上丝绸之路艺术公园·亚洲园、月亮湾、洛阳桥、中国闽台缘博物馆等景区内停车场更是爆满，其中，中国闽台缘博物馆游客同比增长77.5%。此外，随着9月中旬泉州水线公交接驳服务的开通，串联西湖公园、潘山公园、田安公园、江滨体育公园等八大公园，到公园观光、休闲的游客络绎不绝。

泉州开元寺（图/吴寿民）

泉州南音演员获“牡丹奖表演奖”

第十届中国曲艺牡丹奖颁奖系列活动新闻发布会在江苏扬州举行，评奖结果揭晓，泉州市知名南音演员庄丽芬凭借南音《海丝航标颂》的表演获“牡丹奖表演奖”，是该届曲艺牡丹奖福建省唯一获奖者，庄丽芬也成为福建省最年轻的“牡丹奖”获得者。中国曲艺牡丹奖是由中国文联和中国曲协主办的全国性曲艺专业奖项，每两年评选一届。该届牡丹奖收到符合参评资格的报送节目312个，涵盖87个南北曲种，参评作者57人，参评演员140人。经初评、分赛区比赛、终评等环节，最终评出节目奖5个、表演奖6个、新人奖5个、文学奖4个。20个奖项涉及16个曲种，覆盖东、西、南、北、中、少数民族地区和部队系统。

南音新作《海丝航标颂》由泉州市南音传承中心创排，以海上丝绸之路起点城市之一泉州的航标塔——六胜塔为创作题材。该塔屹立于泉州湾出海口，是世界上最早建成的航标高塔之一，为国家级文物保护单位。泉州市南音传承中心负责人庄小波表示，该曲目创排得到市文广新局等多方支持，彰显泉州丰富的历史文化积淀和中华民族开放包容、走向世界、走向复兴的民族自信和伟大梦想。庄丽芬为国家一级演员，现为福建省曲艺家协会副主席、省曲艺家协会青年艺委会主任，2012年获全国第十五届群星奖。2014年获中国曲艺牡丹奖新人奖。2015年入选首批中国曲艺“牡丹绽放”十朵牡丹花之一。

10月7日

农历戊戌年八月廿八
星期日
温度：21℃—29℃
晴转多云

●国庆假期全市接待游客417.18万人次，同比增长21%，实现旅游收入38.69亿元，同比增长23.9%。

●第十届中国曲艺牡丹奖颁奖系列活动新闻发布会在江苏扬州举行，评奖结果揭晓，泉州市知名南音演员庄丽芬凭借南音《海丝航标颂》的表演获“牡丹奖表演奖”，是该届曲艺牡丹奖福建省唯一获奖者。

●中央电视台音乐频道《唱响新时代》国庆特辑节目直播，节目中晋江籍歌手张明敏献唱《我是晋江人》。

10月8日

农历戊戌年八月廿九
星期一
温度：21℃—29℃
多云转晴

●市政府党组（扩大）会议召开，传达贯彻省委十届六次全会、市委十二届七次全会精神。

●市政府第三十九次常务会议召开，研究《驻泉部队现役军人随军家属就业安置工作实施意见》《泉州市人民政府办公室关于进一步压缩企业开办时间的实施意见》等。

●王永礼到石狮市检查督办生态环境问题整改并调研粮食安全工作。

●位于丰泽区海星街东海大厦的市行政服务中心试运行。

●《2018年中国中小城市科学发展指数研究成果（一）》在《人民日报》发布,内容包括2018年度“全国综合实力百强县”“全国绿色发展百强县”“全国投资潜力百强县”榜单等，泉州市7个县（市、区）上榜。其中，晋江、石狮、南安、惠安、安溪入选2018年全国综合实力百强县。

●市工商局发布2018年国庆期间“12315”消费投诉情况专项分析。

●泉州市旅发委在香港举行“海丝泉州”旅游推介会。

王永礼到石狮市督办生态环境问题整改工作

市长王永礼到石狮市检查督办生态环境问题整改并调研粮食安全工作。王永礼察看将军山垃圾填埋场、焚烧厂整改进展情况，要求石狮市采取有效措施，加快推进垃圾筛分生产线建设，督促项目业主加快完成垃圾焚烧厂技改，尽快实现全产能运转。在位于鸿山镇的石狮中心粮库，王永礼向保管员询问仓房温控、监管和粮食轮换、收购入库等情况。王永礼指出，粮食安全事关民生，要落实粮食安全行政首长责任制，落实粮食储备规模，抓好粮食收购，高度重视粮库建设和智能化改造，规范履行好储备粮日常管理、粮食轮换等监管职责，保障粮食安全。

新行政服务中心试运行

位于丰泽区海星街东海大厦的市行政服务中心试运行。至此，市行政服务中心完成整体搬迁工作。试运行首日，市行政服务中心接收办件总数2106件。图为新市行政服务中心发出首本不动产登记证。（图/吴寿民）

泉州5县市入选2018年全国综合实力百强县

《2018年中国中小城市科学发展指数研究成果（一）》在《人民日报》发布,内容包括2018年度“全国综合实力百强县”“全国绿色发展百强县”“全国投资潜力百强县”榜单等，泉州市7个县（市、区）上榜。其中，晋江、石狮、南安、惠安、安溪入选2018年全国综合实力百强县。2018年中国中小城市科学发展指数研究成果由中国中小城市发展指数研究课题组、中小城市发展战略研究院、中城国研智库发布。其中，综合实力指数从全方位对县（市、区）发展进行综合评价，是“综合评分”的对决，也是最受关注的排名之一。综合实力指数指标的评价体系立足践行新发展理念和高质量发展的要求，从经济发展、社会进步、环境友好、城乡融合和政府效率五方面进行评价。泉州市入选2018年度全国综合实力百强县的有晋江市（排名第8）、石狮市（排名第16）、南安市（排名第29）、惠安县（排名第35）、安溪县（排名第63）。

国庆节期间“12315”消费投诉情况专项分析发布

市工商局发布2018年国庆期间“12315”消费投诉情况专项分析。2018年国庆假期（10月1—7日），市工商局“12315”指挥中心受理消费者咨询、投诉和举报1642件（含无效电话101件），同比减少6%。

国庆期间，泉州市“12315”受理消费咨询1468件，占受理总量的89%，热点咨询类别有餐饮和住宿服务、服装鞋帽、交通工具类。排名第一的餐饮和住宿服务类咨询内容主要集中在服务质量和服务价格方面；排名第二的服装鞋帽类咨询内容主要为质量和价格方面；排名第三的交通工具类咨询问题集中在合同和质量两方面；排名第四的食品类咨询主要是反映食品质量问题；排名第五的通讯产品类咨询主要为手机三包方面的问题。此外，国庆期间涉及旅游方面的咨询有9件。

消费投诉方面受理161件，占受理总量的10%，同比减少14%。其中，以服装鞋帽类消费投诉最多，反映的问题主要是服装鞋帽类商品的质量及促销价格问题；排名第二的是电信服务类消费投诉，反映的问题主要是移动电信服务信号、话费及宽带等方面；交通工具类消费投诉排名第三，投诉的内容主要集中在对家用汽车类产品的合同、价格及售后服务方面；排名第四的是通信产品类消费投诉，主要反映的是手机质量及三包服务问题。另外，家居用品类消费投诉也有9件，投诉的内容主要集中在质量和售后服务方面。

举报方面受理13件，占受理总量的1%，同比减少43%，其中对无照经营的举报6件，广告虚假宣传的举报4件，生产销售假冒伪劣产品的举报2件，侵害消费者权益的举报1件。

王永礼到华侨大学调研

市长王永礼到华侨大学调研，了解学校建设发展情况。座谈会上，针对校方提出的用地、资金、政策等困难需求，王永礼逐一协调相关部门现场答复、推动解决。王永礼指出，华侨大学是泉州的一张重要城市名片，希望华侨大学继续扎根泉州，发挥资源优势，深化产学研对接，办出侨校特色、闽南特色，为泉州高质量发展落实赶超做出更大贡献。市政府将在市委领导下，一如既往重视和支持华侨大学各项建设，推动困难和问题一件一件落实解决，为学校发展创造更有利的条件。

王永礼（左五）在华侨大学调研（图/陈晓东）

泉州市宣传中共十九大精神文艺志愿服务活动在德化县举行

由市委宣传部、市文联主办，德化县委宣传部、县文联、泉州市曲艺家协会等承办的泉州市宣传中共十九大精神文艺志愿服务活动在位于德化县的泉州工艺美术职业学院举行。整场演出由南音“暖仔指”《出庭前》拉开序幕，紧接着革命红歌联唱《高楼万丈平地起》、木偶小品《驯猴》、高甲小戏《公子游》等轮番上演，最后梨园折子戏《李亚仙·莲花落》将演出推向高潮。此次参演艺术家以专业剧团人员为主。

全省建筑施工质量安全标准化现场观摩活动在晋江市举行

9—10日，由省住建厅主办、泉州市住建局和晋江市住建局承办的2018年第二次全省建筑施工质量安全标准化现场观摩活动在晋江市举行。在晋江市池店南片区一期市政道路工程（第六标段）项目工地，观摩人员参观该项目标准化施工现场。沥青基层面层施工样板、桥墩桥台施工样板、台背回填施工样板、箱梁预制施工样板、箱梁自动喷淋养护系统、预应力智能张拉系统、箱梁二维码信息管理系统等先进施工工艺及技术，得到观摩人员肯定。在晋江市青阳组团和平路拓改工程安置房项目现场，观摩人员考察该项目施工细部控制做法、新型墙板应用、工程实体展示、安全文明施工等，并听取工作人员讲解。观摩人员对该项目在推进建筑施工质量安全标准化方面取得的成效给予积极评价。

全省建筑施工质量安全标准化现场观摩活动现场（图/林书修）

泉州刑警父女上央视传授安全防范知识

中央电视台综艺频道（三套）播出《非常6+1》节目，鲤城公安分局刑警陈巧毅及其8岁女儿陈雨歌在节目中介绍安全防范知识。中央电视台综艺品牌节目《非常6+1》特别节目《小不点大能耐》系列，是面向全国选拔具备优秀才艺的小朋友，代表自己家乡向全国观众展示自己的才艺。年初，中央电视台《非常6+1》节目到泉州进行海选，陈雨歌进入决赛。7月底，陈巧毅和陈雨歌到北京录制节目，共同表演一首歌曲。

陈巧毅父女在央视传授安全防范知识（图/王盼阳）

10月9日

农历戊戌年九月初一
星期二
温度：21℃—29℃
多云

●王永礼到华侨大学调研，了解学校建设发展情况。

●市人大常委会党组中心组（扩大）学习会议召开，传达贯彻中共泉州市委十二届七次全体会议精神。

●由市委宣传部、市文联主办，德化县委宣传部、县文联、泉州市曲艺家协会等承办的泉州市宣传中共十九大精神文艺志愿服务活动在泉州工艺美术职业学院举行。

●9—10日，由省住建厅主办、泉州市住建局和晋江市住建局承办的2018年第二次全省建筑施工质量安全标准化现场观摩活动在晋江市举行。

●中央电视台综艺频道（三套）播出《非常6+1》节目，鲤城公安分局刑警陈巧毅及其8岁女儿陈雨歌在节目中介绍安全防范知识。

10月10日

农历戊戌年九月初二
星期三
温度：20℃—27℃
多云

●王永礼会见到泉州考察的菲律宾安德集团董事长吴聪满。

●市直机关“深入学习贯彻习近平新时代中国特色社会主义思想”骨干研讨班在泉州师范学院举办，对市直机关基层党支部书记及系统党委办公室主任、驻泉州省部属单位党委党群部主任进行集中培训。

●由市残联、市人社局主办的泉州市第五届残疾人职业技能竞赛在黎明职业大学开幕。

●10—14日，中国第十九届工艺美术大师作品暨手工艺精品展在厦门会展中心举行，泉州9件作品获金奖。

●福建省教育科研基地授牌仪式暨福建省2018年度规划课题开题会在泉州市实验小学举行。

●胡润研究院发布2018年胡润百富榜，42位泉州籍企业家（家族）上榜。

王永礼会见到泉州考察的菲律宾安德集团董事长吴聪满

受市委书记康涛委托，市长王永礼会见到泉州考察的菲律宾安德集团董事长吴聪满，市领导季翔峰参加会见。王永礼感谢旅菲乡贤长期关心家乡建设，慷慨支持家乡慈善公益事业。王永礼表示，泉州正处于加快高质量发展落实赶超的关键时期，希望旅菲侨胞密切与家乡联系，一如既往地关心支持家乡各项事业发展。吴聪满向泉州市慈善总会捐赠1000万元人民币善款仪式同时举行。

市直机关举办习近平新时代中国特色社会主义思想骨干研讨班

市直机关“深入学习贯彻习近平新时代中国特色社会主义思想”骨干研讨班在泉州师范学院举办，对市直机关基层党支部书记及系统党委办公室主任、驻泉州省部属单位党委党群部主任进行集中培训。研讨班要求学员坚持把党的政治建设摆在首位，力促机关在推进党的建设新的伟大工程中当好标杆。要把握提高政治能力这个根本。把好正确政治方向；筑牢思想根基，自觉坚定理想信念；加强政治历练，增强政治本领。要把握涵养政治生态这个关键。牢记党员身份，加强党性修养；强化大抓基层，严肃党内政治生活；对党绝对忠诚，严守党纪党规。要把握强化政治担当这个核心。敢于担当使命，大力解放思想；敢于担当责任，致力真抓实干；敢于担当困难，破解矛盾问题。

泉州市第五届残疾人职业技能竞赛开幕

由市残联、市人社局主办的泉州市第五届残疾人职业技能竞赛在黎明职业大学开幕。竞赛设置信息通信技术、服装、美术、手工艺、服务5个大类15个竞赛项目以及12个展示项目，吸引各县（市、区）12支代表队203名残疾选手参加。竞赛将产生70多个单项个人奖，成绩特别优异的5名选手由市人社局授予“泉州市技术能手”称号，部分获奖选手经过培训，代表泉州参加福建省第六届残疾人职业技能竞赛。竞赛还设置团体奖、优秀组织奖、道德风尚奖等奖项。

相关链接：市委、市政府高度重视残疾人就业工作，出台一系列帮扶残疾人就业创业的政策措施。全市扶持创建10个省级“福乐种养基地”、9个市级农村残疾人扶贫基地、11个残疾人就业创业示范点、281个“爱心小店”、12个盲人保健按摩机构和23个职业培训基地。泉州市还连续3年在“全国助残日”期间举办残疾人艺术作品展览和义卖活动，搭建“泉州市残疾人手工艺品网络展销平台”，不定期举办残疾人就业援助招聘会和职业技能培训，帮助残疾人拓宽就业创业渠道。

泉州市第五届残疾人职业技能竞赛开幕式（图/吴春民）

42位泉州籍企业家（家族）登上2018年胡润百富榜

胡润研究院发布2018年胡润百富榜，共有1893位企业家上榜。42位泉州籍企业家（家族）上榜，其中前100名仍占四席。2018年上榜泉州籍企业家（家族）比2017年减少3位。其中24位泉州籍富豪排名上升，16位泉州籍富豪排名下降；1位泉州籍富豪新上榜，2017年上榜的4位富豪跌出榜单。21位泉州籍富豪财富增加，16位泉州籍富豪财富缩水，4位泉州籍富豪财富不变。相关企业涉及行业囊括房地产、食品、体育用品、投资、船运物流、纺织服装、软件开发等。与2017年相比，在2018年胡润百富榜前100名中，泉州籍企业家（家族）仍占四席，但排名发生变化。许荣茂家族时隔三年以850亿元成为泉州籍首富，在泉州籍榜单中财富增加最多，增加305亿元，位列百富榜第19位；达利食品的许世辉家族以650亿元位列第26位；三安集团林秀成、林志强父子以330亿元列第79位；新华都的陈发树以290亿元列第99位。

市委常委会会议研究市委十二届七次全会重点任务分解方案

市委常委会召开会议，研究落实市委十二届七次全会重点任务分解方案和《关于贯彻落实〈福建省弘扬“马上就办、真抓实干”优良传统作风若干规定（试行）〉的实施方案》。会议指出，市委十二届七次全会，既是宣言，更重落实。各级各部门要增强责任感和使命感，把高质量发展要求贯穿始终，增强工作系统性、整体性、时效性，尽快形成具体的项目清单、配套政策、中间成果，确保各项任务按时序进度高质量、高效率推进。要落细落实落到位，市一级要持续研究、持续推动，相关县域要发挥好主战场作用，把重点任务落实到具体的试点和项目上，拿出可学、可复制、可晾晒的成效。会议强调，“马上就办、真抓实干”是习近平在福建工作期间倡导的精神状态和优良作风。全市要传承好、弘扬好，增强“马上就办、真抓实干”的政治自觉和行动自觉。要突出实施方案的刚性执行，转作风、树形象、造氛围，使“马上就办、真抓实干”蔚然成风。要把衡量干部实干实绩的标尺亮出来，把群众、基层和企业等的满意度、获得感作为评价标准，强化监督考核、第三方评估、舆情反映等，倒逼工作不断改进，让泉州办事氛围风清气朗。

康涛与到泉州访问的菲律宾众议长阿罗约座谈

市委书记康涛与到泉州访问的菲律宾众议长阿罗约座谈，市领导王永礼、季翔峰参加座谈。康涛指出，泉州与菲律宾交往源远流长、两地人民感情深厚。泉州响应国家“一带一路”建设扩大开放，希望借此良机深化多层次交流合作，促进共同发展。阿罗约表示，希望与泉州建立更广阔的交流平台，加强两地经贸、文化、旅游等领域合作。

泉州市第二届大学生物流方案设计大赛决赛举行

由泉州物流与供应链协会主办、泉州师范学院陈守仁商学院承办、福建加茂网络科技有限公司冠名的泉州市第二届大学生物流方案设计大赛决赛在泉州师范学院特教大楼举行，泉州各大高校的12支晋级队伍参与最终决赛，经过展示和评委提问两个环节的角逐，泉州师范学院的“喜大普奔队”凭借课题“高校快递站点取件模式流程重组与优化”获得一等奖。比赛自4月启动报名以来，在高校中反响热烈，华侨大学、泉州师范学院、仰恩大学、泉州理工职业学校、泉州信息工程学院等院校的25支队伍报名参赛。经过初赛选拔，12支队伍晋级决赛，方案课题涉及包装、仓储、运输、配送等多个方面，在比赛的同时，也为物流产业建言献策。此外，大赛的专家评审阵容也很强大，汇聚福建省物流行业职业教育指导委员会、高校物流专业导师以及泉州本地实力物流企业闽运兴、天地汇的负责人。大赛旨在促进实现物流及相关专业的高等教育与产业发展的结合，提高学生创新精神、创业意识和实践能力，推动高校与物流企业的产学研合作，为高校搭建开放的理论研究与实践交流平台。活动上，大赛冠名单位福建加茂网络科技有限公司率先和泉州师范学院陈守仁商学院签署校企合作协议。

泉州市美容美发行业职工职业技能竞赛举行

11—12日，由市总工会、市人力资源和社会保障局主办的泉州市美容美发行业职工职业技能竞赛举行。竞赛旨在提高泉州市美容美发行业职工职业技能水平，弘扬精益求精的工匠精神。全市各县（市、区）108名选手参赛。竞赛设2个工种：美发师、美容师；设4个项目：男、女式剪发与吹发，新娘化妆、晚宴化妆等。考核分理论考试和实际操作两部分。评委遵照国家职业资格标准进行评选。经过角逐，共有4名选手获一等奖，8名选手获二等奖，12名选手获三等奖。君子兰美容美发学校的戴良水、视觉概念美发造型屋的赵红艳分获美容组、美发组综合成绩第一。

10月11日

农历戊戌年九月初三
星期四
温度：18℃—22℃
阴转多云

● 市委常委会召开会议，研究落实市委十二届七次全会重点任务分解方案和《关于贯彻落实〈福建省弘扬“马上就办、真抓实干”优良传统作风若干规定（试行）〉的实施方案》。

● 康涛与到泉州访问的菲律宾众议长阿罗约座谈。

● 由泉州物流与供应链协会主办、泉州师范学院陈守仁商学院承办的泉州市第二届大学生物流方案设计大赛决赛在泉州师范学院特教大楼举行。

● 11—12日，由市总工会、市人力资源和社会保障局主办的泉州市美容美发行业职工职业技能竞赛举行。

● 由市委老干局主办的“九九重阳敬老情，移风易俗倡新风”主题党日暨重阳节文艺会演活动在市区开元街道刺桐社区广场举行。

10月12日

农历戊戌年九月初四
星期五
温度：19℃—24℃
多云

●12—13日，由工业和信息化部、中国工程院、福建省政府共同指导，泉州市政府等主办的第二届中国服务型制造大会在泉州举行。

●市政协党组中心组（扩大）学习会议召开，传达学习省委十届六次全会、市委十二届七次全会精神。

●全市扫黑除恶重点领域专项整治行动推进会召开，通报前阶段工作情况，对下阶段工作进行再部署、再深化、再推进。

●由市委宣传部、市教育局和市国防教育办公室主办的“爱我国防”泉州市大学生主题演讲比赛决赛在泉州师范学院举行。

●“爱学会赢闯天下——全面推动习近平新时代中国特色社会主义思想进泉商全国行”大型宣讲活动异地宣讲在宁夏银川市委党校滨河校区举行。

●12—14日，由中国古陶瓷学会、市文广新局主办，市博物馆承办的2018泉州窑工艺传承与创新学术研讨会举行。

●12—14日，全国报纸自办发行协会第七届六次理事会议在泉州召开。

●全市各地中小学少先队集中开展“争做新时代好队员——集结在星星火炬旗帜下”主题队日活动。

●12—14日，2018年首届客家武术大赛在三明宁化县举行。泉州市武术协会代表队获十金二银二铜，居金牌榜首位。

第二届中国服务型制造大会在泉州举行

12—13日，由工业和信息化部、中国工程院、福建省政府共同指导，泉州市政府等主办的第二届中国服务型制造大会在泉州举行。全国服务型制造领域政、产、学、研、用等各界共700余位代表参加大会。工业和信息化部党组成员、副部长王江平，市长王永礼出席大会并致辞，副市长洪自强参加。大会以“赋能制造 服务未来”为主题，采取全体大会、专题论坛、企业培训、专题调研、展览展示相结合的方式，推动“政产学研用”跨界交流与合作，共谋中国服务型制造发展新蓝图。

王江平在致辞时强调，发展服务型制造是中国推动制造业由大变强的必然要求。服务型制造的理念已经深入人心，并成为愈来愈多企业家的自觉行为。要发挥好产业政策导向作用，重塑制造业价值链，实现质量效益转型，推动制造与服务融合协同发展，为中国制造业在新一轮产业竞争中突破瓶颈，实现跨越发展提供有力支撑。要把握新形势和新要求，谋划新思路和新目标，利用现代信息技术推进服务型制造工作，在工艺技术、产品质量、商业模式上创新发展，完善公共服务，为深度发展服务型制造创造条件。

王永礼在致辞中表示，泉州实体经济有基础有活力、制造业有特色有规模，全市按照习近平指示，传承弘扬“晋江经验”，爱拼敢赢、紧盯市场、坚守实业，走出一条泉州特色的实体产业转型升级道路。同时，立足产业转型升级和高质量发展，争创服务型制造示范城市，开展提升工业设计服务水平、推进定制化生产模式、发展现代物流服务等八项行动，加快推动制造业由生产型制造向服务型制造转变。泉州将在工信部、中国工程院的支持指导下，按照省委、省政府发展服务型制造的部署要求，学习借鉴先进地区的好经验、好做法，完善制造业发展生态，推动服务型制造向专业化、协同化、智能化方向发展，形成一批服务型制造标志性成果，为中国实体经济发展和产业智能化发展做出贡献。

会上公布一批服务型制造示范企业（项目、平台）和示范城市名单，并现场授牌。泉州获评首批服务型制造示范城市。相关领域专家学者及企业代表发表演讲。大会期间，还举行服务型制造示范经验交流研讨会、“服务型制造万里行——走进泉州”专题活动、服务型制造50人论坛研讨会、服务型制造发展实践展、服务型制造企业专题讲座、泉州服务型制造专题调研等活动。

泉州市大学生主题演讲比赛决赛举行

由市委宣传部、市教育局和市国防教育办公室主办的“爱我国防”泉州市大学生主题演讲比赛决赛在泉州师范学院举行。演讲以“传承红色基因，汇聚强军力量”为主题，激发大学生赓续红色血脉、热爱人民军队、矢志强国强军的政治热情。参赛选手为全市高校在读学生。在演讲中，各参赛选手结合学习贯彻习近平新时代中国特色社会主义思想和中共十九大精神，抒发对实现中国梦强军梦的理解感悟；结合讲述近代以来仁人志士为中华崛起而奋力求索的事迹，抒发传承红色基因，用青春报效祖国的理解感悟；结合讲述人民军队的发展历程，抒发对人民军队光辉历史和新时代职能使命的理解感悟；结合讲述参加学生军训或参军入伍的实践体会，抒发对火热军营和青春热血的理解感悟；结合讲述情系国防、献身国防的身边典型事迹，抒发对关心支持国防和军队建设的理解感悟。

全市中小学少先队集中开展主题队日活动

中国少年先锋队建队69周年纪念日，全市各地中小学少先队集中开展“争做新时代好队员——集结在星星火炬旗帜下”主题队日活动。

（图/陈晓东 林 升）

10月13日

农历戊戌年九月初五
星期六
温度：20℃—24℃
多云

●新的市行政服务中心揭牌运行。康涛、王永礼共同揭牌并调研行政服务工作。

●由市体育局、市旅发委、鲤城区政府、泉州文化旅游发展集团有限公司主办，泉州环湾文化体育投资有限公司承办的2018“泉州农商银行杯”探索泉州·中国（泉州）全能定向公开赛在市区源和1916创意产业园开赛。

●由市社科联、泉州市高校马克思主义理论教学研究会主办的泉州市高校马克思主义理论教学研究会2018年年会暨学术研讨会在闽南理工学院召开。

●泉州佛学苑创办70周年庆典大会在晋江市庆莲寺举行。

●泉州佛教界在清源山弘一大师舍利塔前举行弘一大师薙染100周年纪念活动。

●13—17日，由鲤城区政协办公室、民盟鲤城区工委会、民建鲤城区工委会、九三学社鲤城区工委会、泉州网主办的“泉州古巷风情”书法摄影作品展在市区威远楼举行。

康涛王永礼调研新行政服务中心

市委书记康涛、市长王永礼共同为新的市行政服务中心揭牌并调研行政服务工作。副市长吕刚参加活动。调研中，市领导到新中心设立的市场准入、社会民生、便民服务等五个主题办事专厅及食堂、母婴室、休闲区等，检查相关窗口的业务流程、台账管理和中心的高峰应急机制、餐饮服务等。

在随后召开的市行政服务工作专题会议上，康涛对新中心提出三个定位：一是树起城市形象，从理念、职能、作风到习惯、制度等领域，不可逆地掀起营商环境变革；二是打造服务品牌，一切以群众满意为最高标准，让群众、企业感受到党委政府的初心、诚心；三是发挥示范效应，自加压力、练好内功，带动县级同步升级。康涛指出，要在建立自由裁量权“泉州标准”、完善台账管理等方面抓出大成效。要在办事流程上做“减法”，在服务事项上做“加法”，在堵点痛点上做“除法”，减少群众、企业办事时间成本。要从严管理，狠抓服务规范，管出新作风、新气象。王永礼指出，要对标市委全会决策部署、先进城市先进经验，主动找差距、补不足，按时序推进工作，确保完成各项目标。要从已发现未解决的问题切入、从老百姓办事角度出发、从完善体制机制入手，台账管理、逐项销号，及时发现问题、解决问题。要弘扬“马上就办、真抓实干”的作风，拓展延伸预约服务、延时服务、周末服务等“人性化”服务举措，完善相关配套服务，开展第三方评估促进服务提升。

康涛（右四）、王永礼（右三）走访、检查各个办事窗口（图/陈起拓）

探索泉州·中国（泉州）全能定向公开赛举行

由市体育局、市旅发委、鲤城区政府、泉州文化旅游发展集团有限公司主办，泉州环湾文化体育投资有限公司承办的2018“泉州农商银行杯”探索泉州·中国（泉州）全能定向公开赛在市区源和1916创意产业园开赛。全国各地近2000人参赛。所有选手以四人一组为单位，根据地图规划路线完成任务。活动旨在通过举办城市定向运动比赛，打造泉州品牌赛事，引领城市体育文化，形成崇尚运动、参与健身的文明生活方式。

该活动历时一个多月搜集，选取分布于泉州市区的近两百个点标。活动在往年定向赛基础上进行全面升级，打破原有例行的路线规则——所有点标不再规定路线，设置点标地图及主支线任务规则，选手可根据自身需求自由组织比赛路线。在点标任务中，力求让泉州人、新泉州人和外来游客认识泉州，了解泉州的文化积淀，树立泉州城市名片。近两百个点标涵盖泉州极具代表性的历史文化建筑和特色食品，其中既有宗教特点的历史文化建筑如泉南基督教堂、开元寺、清净寺等，也有新一代泉州的记忆——飞天迎宾城雕、华侨新村等。特别值得一提的是，点位路线辐射到泉州人生活的方方面面，力求最贴近泉州本土生活并融入现代新型运动元素，透过运动、文化、旅游、商业等元素之间的有机互动，形成泉州古城与泉州新貌相结合的主题鲜明、独具魅力的城市文旅路线。

泉州市高校马克思主义理论教学研究会召开

由市社科联、泉州市高校马克思主义理论教学研究会主办的泉州市高校马克思主义理论教学研究会2018年年会暨学术研讨会在闽南理工学院召开。华侨大学、泉州师范学院等高校从事马克思主义理论学科研究和思想政治理论课教学的近200名专家、教师出席年会。图为研讨会现场。（图/洪 旭）

10月14日

农历戊戌年九月初六
星期日
温度：20℃—24℃
多云

●第二批市级现代服务业集聚示范区出炉，泉州传化公路港、成辉国际光机电贸展城、石狮青创城国际网批中心、泉州开发区圣弗兰小镇入选。

●由泉州市闽南民间歌舞传承中心打造，邢时苗、高山等国内著名艺术家共同创作的大型音乐舞蹈史诗《向大海》，在泉州梨园古典剧院剧场首次对外演出。

泉州九件作品获中国工艺美术大师作品展金奖

10—14日，中国第十九届工艺美术大师作品暨手工艺精品展在厦门会展中心举行。活动期间，泉州市挑选近百件作品参评，共有45件作品脱颖而出，其中9件作品获金奖。泉州市获奖作品涵盖陶瓷、石雕、木雕、铁艺、香道等主要类别，其中《释迦牟尼佛》（石雕，作者：蒋惠民）、《春晓》（石雕，作者：张华达）、《琴》（陶瓷，作者：温清民）、《水月观音》（陶瓷，作者：郑雄文）、《出使西域》（陶瓷，作者：陈德华）、《关帝圣君》（木雕，作者：陈添友）、《竹韵》（铁艺，作者：黄建文）、《其乐融融》（铁艺，作者：李天文）、《龙翔》（香道，作者：林文溪）9件作品获金奖，另有《虚云》（木雕，作者：郑秋平）等11件作品获银奖、《闽南古建筑模型》（木雕，作者：郑挺进）等14件作品获铜奖、《鲁迅》（陶瓷，作者：陈永满）等11件作品获优秀奖。

2018泉州窑工艺传承与创新学术研讨会举行

12—14日，由中国古陶瓷学会、市文广新局主办，市博物馆承办的2018泉州窑工艺传承与创新学术研讨会举行。国内外古陶瓷专家学者、博物馆研究人员、各大陶瓷产区陶瓷学术研究与创新设计的专业人员，围绕对古泉州窑的认知、对泉州窑工艺传承与创新的创作体会、对泉州窑现代作品鉴赏与创新产业发展方向三个主题，展开讨论与交流。与会者还考察永春介福乡传统陶瓷工艺传承与创新作坊、德化“月记窑”传统作坊、邱双炯大师作坊、泉州东门窑考古工地等。

大型音乐舞蹈史诗《向大海》在泉州首演

由泉州市闽南民间歌舞传承中心打造，邢时苗、高山等国内著名艺术家共同创作的大型音乐舞蹈史诗《向大海》，在泉州梨园古典剧院剧场首次对外演出。整场演出由合唱与舞蹈《向大海》拉开序幕，共有11个篇章，由歌曲《造船歌》、音乐短剧《市井十洲人》、女声独唱《海上花》、女子群舞《金色的海》、情景表演与合唱《风暴》、男女声二重唱《思念》、男子群舞《正是扬帆时》、男声独唱《我们拥有未来》、领唱合唱《中国启航》等层层递进，再现刺桐港“市井十洲人，涨海声中万国商”的景象，诠释海上丝绸之路的人文历史，从多个角度展现闽南特色的民俗文化和泉州先辈们特有的爱拼敢赢的海洋精神、敢为天下先的经商精神和诚信、谦恭、团结、拼搏的晋江　精神。

《向大海》整剧将闽南博大精深的历史文化、非物质文化遗产的音乐、舞蹈及海丝沿线亚洲各国文明、艺术特色融入其中。《向大海》原为第三届海上丝绸之路国际艺术节开幕式演出，由国家一级导演、中国“突出贡献舞蹈家”荣誉获得者邢时苗和国家一级编剧、中国舞蹈家协会理事高山担任总导演，由国家一级作曲家方鸣担任作曲，撰稿由国家一级作家何继青担任。邢时苗表示，大型音乐舞蹈史诗《向大海》与原来开幕式的演出一脉相承，有些增减，比如少了埃及的舞蹈团表演，为此还创作了两个舞蹈以丰富节目内容，一个是男性为主的舞蹈《正是扬帆时》，另一个是女性为主的舞蹈《金色的海》，围绕“向大海”这个主题，增加中西方文化交流的内涵。值得一提的是，歌剧与戏曲《从刺桐港到威尼斯》，通过意大利歌曲与梨园戏的有机结合，展示出多种文化艺术在泉州实现中外文明相互对话、和谐共融的情景；同时，还有泉州提线木偶戏与芭蕾舞的对话环节。

大型音乐舞蹈史诗《向大海》（图/泉州晚报社）

第三季度全市经济运行分析暨“项目攻坚2018”汇报会召开

2018年第三季度全市经济运行分析暨“项目攻坚2018”汇报会召开，通报前三季度全市经济运行、项目攻坚、经济普查等情况。会议布置七项具体工作，一是好中知难、稳不忘忧，强化“旬监测、月分析、季调度”，强化政策出台、落地、储备，强化一线指导、帮扶督促，确保完成年度目标任务。二是抓好第四次经济普查工作，实行“一把手”工程，落实县（市、区）和行业主管部门的责任，调动基层力量。三是开展项目“百日攻坚”和“招商突破”专项行动，战役式推进要素保障，集中开工一批、投产一批、竣工一批；要把招商任务落实到县（市、区）、部门和行业，创新招商方式，完善部门协作、市县联动机制，夯实赶超项目支撑。四是推进重要通道沿线综合整治，提升方案设计，探索裸房整治模式，同步开展绿化美化工程。五是加强生态环保建设，保质保量按期完成环保督察整改和土地例行督察整改任务。六是加大文物保护力度，落实属地管理责任，加强日常管护，建立文物保护和合理利用的长效机制。七是科学谋划2019年工作，落实市委全会精神，抓紧研究2019年指标安排和项目支撑，高质量抓好政府工作报告、计划报告、预算报告等起草工作。

泉州市第33届戏剧会演开幕

由市文广新局主办的泉州市第33届戏剧会演开幕式在市区梨园古典剧院举行。开幕式后，大型音乐舞蹈史诗《向大海》演出。会演持续20多天，参加会演的12台剧目都是新创剧目，其中3台是现实题材作品。这些作品集中展示泉州市舞台艺术创作的新成果和新风貌。首场演出现代偶戏三题《铁窗蝴蝶》《慈母曲》《赴宴斗鸠山》于12日举行，《向大海》为第二个亮相的剧目，接下来还有10个剧目陆续上演，涵盖南音、梨园戏、高甲戏、掌中木偶戏等，最后一场演出南音与交响——《晋水向海流》于11月3日在市区梨园古典剧院压轴出场，由泉州市南音传承中心和泉州市闽南民间歌舞传承中心打造。此次会演设立优秀剧目奖、剧目奖、演出奖若干个，同时还设编剧、导演、演员、音乐、舞美奖若干个，设优秀组织奖若干个。会演期间，主办方组织专家到各演出剧场观摩，然后集中评议，并通过无记名投票评定相关奖项。

相关链接：泉州素有“戏剧之乡”的美誉，拥有南音、梨园戏、木偶戏、高甲戏等蜚声海内外的古老剧种。近年来，在市委、市政府支持下，泉州市实施“文艺精品”战略，戏剧发展态势良好，成效斐然。近三年来，各文艺团体共获得20多项全国性集体和个人荣誉，同时，泉州市还秉承“文艺为大众服务”的宗旨，在全市范围持续开展公益性演出活动，实现社会效益和经济效益双丰收。

音乐短剧《市井十洲人》（图/吴月容）

实体航空发动机首次落户泉州高校

黎明职业大学举行中美合作办学专业校企战略合作签约仪式。为适应福建省民航业大发展对技术人才的需求，黎明职业大学与美国沃恩航空科技大学合作，开设航空机电设备维修和机场管理两个专业。此次，该校引进涡喷13系列航空发动机，成为福建省第一所也是唯一一所具有实体航空发动机设备的高校。

10月15日

农历戊戌年九月初七
星期一
温度：20℃—24℃
多云转小雨

●2018年第三季度全市经济运行分析暨“项目攻坚2018”汇报会召开，通报前三季度全市经济运行、项目攻坚、经济普查等情况。

●市委召开新时代激励干部新担当新作为座谈会暨市管领导班子和领导干部年度考核情况反馈会，学习习近平新时代中国特色社会主义思想，落实中央、省委激励干部新担当新作为要求和市委十二届七次全会精神。

●康涛到市信访局接访，现场为群众排忧解难。

●由市文广新局主办的泉州市第33届戏剧会演开幕式在市区梨园古典剧院举行。

●“泉工e家”网上工会平台、“泉工惠”职工服务卡投入使用。

●黎明职业大学举行中美合作办学专业校企战略合作签约仪式。

●台湾云林县麦寮拱范宫813人进香团到泉州天后宫、富美宫举行进香谒祖仪式，并在江滨路、义全街、中山南路等进行巡游绕境活动。

●第十届中国曲艺牡丹奖颁奖仪式暨“讴歌新时代 共筑中国梦”成果汇报演出在江苏扬州京杭会议中心举行。泉州市知名南音演员庄丽芬凭借南音《海丝航标颂》获“牡丹奖表演奖”，成为该届福建省唯一获奖者，也成为福建省唯一的二度“牡丹奖”获得者。

10月16日

农历戊戌年九月初八
星期二
温度：20℃—25℃
多云转小雨

●泉州市下发《关于贯彻落实上级有关退役军人和其他优抚对象信息采集工作要求的通知》，全面开展全市退役军人和其他优抚对象信息采集工作。

●2018年市级城乡石结构房屋改造财政专项资金4099.8万元下达，分别奖补石改重点项目24个。

●由市委老干部局、市人社局、市老龄办主办的泉州市第十一届老年文化艺术节开幕。

●由市侨联、市社科联主办，泉州华侨历史博物馆、泉州华侨历史学会、南洋华裔族群寻根谒祖综合服务平台、幸福姓氏文化传播中心承办的“情系‘根·魂·梦’——中华姓氏现代雕塑群相约侨乡古城”系列活动在泉州开幕。

●由中国海外交通史研究会主办、国家文物局水下文化遗产保护中心与泉州海外交通史博物馆承办的“航海文献与中外交流互鉴”学术研讨会在泉州海外交通史博物馆召开。

●“新时代 新征程”泉州市宣传中共十九大精神暨弘扬林俊德将军精神文艺演出在永春县介福中学举行。

泉州市开展退役军人和其他优抚对象信息采集工作

泉州市下发《关于贯彻落实上级有关退役军人和其他优抚对象信息采集工作要求的通知》，全面开展全市退役军人和其他优抚对象信息采集工作。根据通知，此次信息采集对象共有12类人员，主要包括军队转业干部、退役士兵、军队离休退休干部和退休士官、军队无军籍离休退休退职职工、复员军人、退伍红军老战士（包括西路军红军老战士和红军失散人员）、残疾军人、享受国家抚恤的伤残民兵民工、烈士遗属（包括烈士的父母或抚养人、配偶、子女和兄弟姐妹）、因公牺牲军人遗属（包括因公牺牲军人的父母或抚养人、配偶、子女和兄弟姐妹）、病故军人遗属（包括病故军人的父母或抚养人、配偶、子女和兄弟姐妹）和现役军人家属（包括现役军人的父母、配偶和子女）。

24个石改重点项目获市级奖补资金

2018年市级城乡石结构房屋改造财政专项资金4099.8万元下达，分别奖补石改重点项目24个，第一批、第二批石结构传统建筑修缮保护项目共101个。24个石改重点项目包括后埔片区改造项目、莲埯片区改造项目、西华洋滞洪片区改造项目、龙兴小区二期项目、南滨江国际社区项目等。根据补助标准，成片改造重点项目，即占地规模6.67公顷以上的改造项目纳入成片改造项目库，市级最高补助300万元。

“中华姓氏现代雕塑群相约侨乡古城”系列活动在泉州开幕

由市侨联、市社科联主办，泉州华侨历史博物馆、泉州华侨历史学会、南洋华裔族群寻根谒祖综合服务平台、幸福姓氏文化传播中心承办的“情系‘根·魂·梦’——中华姓氏现代雕塑群相约侨乡古城”系列活动在泉州开幕。此次活动由展览和讲座组成，“情系‘根·魂·梦’——中华姓氏现代雕塑群相约侨乡古城展”展示101个姓氏雕塑、100个姓氏起源故事、泉州宗祠文化和移民家族图版、部分泉州家谱和“根脉寻踪”视频等，通过内涵丰富的姓氏、族谱、宗祠文化和形式多样的展示手法，弘扬传承中华传统文化，激发华侨华人对故土家园的亲情和乡情，增强民族凝聚力。姓氏雕塑是现代表现手法与传统姓氏文化碰撞融合的产物，创作者运用穿越时空的思维方式，游息在传统文化博大广袤的世界中，以史前文字为雏形，摄取甲骨文、鸟虫文、籀文、钟鼎文、金文等创作元素，将姓氏文化以前所未有的现代雕塑艺术形式呈现在大众面前，重燃人们对姓氏文化的关注和热情。展览为期一个月。中华姓氏现代雕塑群创作者李廷贵作题为《寻根之旅——谈“中华姓氏现代雕塑群”的“八个关于”》专题讲座，讲述其在创作中华姓氏现代雕塑群所涉及的姓氏、解读、图形、雕塑、符号、图腾和祈福等几个方面的思考。

“航海文献与中外交流互鉴”学术研讨会在泉州召开

由中国海外交通史研究会主办，国家文物局水下文化遗产保护中心与泉州海外交通史博物馆承办的“航海文献与中外交流互鉴”学术研讨会在泉州海外交通史博物馆召开。国内各大高校和科研机构的近30位学者，围绕海图与针经、航海传统文献、造船和航海以及中外关系等主题展开交流。研讨会意在响应“一带一路”倡议，推动航海文化与中外交流史研究。与会学者期待通过崭新视角重新审视中外航海文献，发现新的航海资料。古代海上丝绸之路的路线，从南中国海、印度洋、红海经埃及古运河，由尼罗河入地中海，是贯通欧亚非三洲的海上大通道。民国2年（1913年），法国汉学家沙畹首先提出“海上丝绸之路”概念，而迄今为止，关于“海上丝绸之路”的研究，更偏重考古、贸易与港口，对于海上丝绸之路的政治、宗教、文化研究成果尚少。因此，此次研讨会集中进行“一带一路”沿线区域史、交通史、历史地理研究，结合新近发现的航海文献和出土文献，吸收国外学术界的理论与方法，将“一带一路”相关历史的研究推向深入，以更好服务“一带一路”发展策略。

市十六届人大常委会第二十九次主任会议召开

市十六届人大常委会第二十九次主任会议召开。会议讨论市政府关于提请审议《泉州市晋江洛阳江流域水环境保护条例（草案）》的议案，关于泉州市国民经济和社会发展第十三个五年规划实施及其中期评估情况、加强全市流域水环境保护检查情况、市检察院公益诉讼工作情况的调研报告和审议意见稿，关于市十六届人大二次会议第1440号和1279号代表建议办理情况的调研报告，关于2018年市本级政府性基金预算调整方案的初步审查报告和决议（草案），关于依法推动打好防范化解重大风险、精准脱贫、污染防治三大攻坚战的决定（草案），泉州市海外华文调研情况（书面）。

市十六届人大常委会第二十九次主任会议现场
（图/王虎文）

泉州市养老服务组织孵化基地揭牌

泉州市养老服务组织孵化基地揭牌仪式在市区民政福利大厦举行，正式投入运营。泉州市养老服务组织孵化基地运行后，将以推动泉州市壮大养老服务组织，提升养老服务品质为目标，通过培育、交流、资源配置等手段，将孵化基地打造成政府连接养老服务组织的平台和纽带，培育和优化养老服务组织，推进泉州市养老服务业发展。已有11家专业化养老服务组织入驻市养老服务组织孵化基地，涵盖智慧养老（2家）、养老机构（5家）、养老健康用品（2家）、养老专业人才培训（1家）、养老护理服务（1家）等领域。

全市各地开展重阳节敬老活动

重阳节，全市各地开展各种形式的敬老活动。

由市委宣传部、市委文明办、市文联主办，泉州市作家协会、泉州文学院、泉州市闽南文化促进中心等承办的“我们的节日——重阳节经典诵读活动”在市区源和1916创意产业园闽南文化交流中心举行。活动由《祖国啊，我亲爱的祖国》拉开序幕。《枫桥夜泊》《望庐山瀑布》《重阳席上赋白菊》《九月九日忆山东兄弟》《将进酒》等诗篇先后上演。同时，还有古筝演奏《渔舟唱晚》、陶笛演奏《千年风雅》和汉舞表演《不染》等。最后，一首《新时代 新征程》将活动推向高潮。

由民进泉州市委会等主办的“‘九九’重阳享健康·人间百善孝为先”主题党日活动在市区肃清门广场举行。活动借重阳节之际慰问鲤城区鲤中街道通政社区部分老人，举办抽奖活动等。在弘扬传统文化的同时，树立移风易俗新风尚，普及扫黑除恶专项知识。

鲤城区老龄办、泉州市区黄氏宗亲会、鲤城区海滨街道新门社区在市区芳草园广场举行以“营造爱老敬老的社会氛围·纪念改革开放四十周年”为主题的重阳节系列公益活动。志愿者为老人义诊，免费理发、按摩、理疗、奉茶，普及社区安全知识等，同时还免费为80岁以上老人投保意外险。鲤城区鲤中街道清正社区举行“温陵敬老情 筑梦新时代”重阳节爱老敬老活动，举办集体生日会、游园会、义诊等一系列活动。社区为辖区退休党员及70岁以上的离退休干部等50人举办集体生日会。鲤城区开元街道泉山社区党支部与老人协会、新村小学举行“九九重阳 关爱永久”重阳节活动，为12位80周岁老人举行集体庆生会。

丰泽区丰泽街道丰泽社区在社区法治公园举行庆祝改革开放40周年暨“孝老爱亲 情暖重阳”庆典活动。活动现场举办文艺联欢会，除为150名社区老党员、老同志、老寿星祝寿等活动外，还表彰102家“孝老爱亲”最美家庭和十佳优秀老年活动团队，同时开展健康主题宣传咨询活动，以及入户慰问等一系列敬老志愿服务。

南安市金淘镇盖溪村举办关爱老人文化艺术节。80岁老人领操，跳起老年人广场操，拉开活动序幕。随后，歌舞表演、二胡演奏等各个节目轮番上演。

10月17日

农历戊戌年九月初九
星期三
温度：19℃—23℃
多云

●康涛、王永礼在《泉州晚报》发表《致全市老年朋友的慰问信》。

●市十六届人大常委会第二十九次主任会议召开，讨论市政府关于提请审议《泉州市晋江洛阳江流域水环境保护条例（草案）》的议案等。

●中心城区公立医院“暖心服务”三年行动现场推进会在泉州市正骨医院举行。

●泉州市养老服务组织孵化基地揭牌仪式在市区民政福利大厦举行，正式投入运营。

●全市各地开展重阳节敬老活动。

●17—19日，2018年教育部中小学骨干教师网络学习空间人人通专项培训会议在泉州第九中学召开。

●有“科学界奥斯卡”“科学第一巨奖”之称的“科学突破奖”揭晓，祖籍安溪县长坑乡的得克萨斯大学西南医学中心科学家陈志坚获“生命科学突破奖”。

●第五个国家扶贫日，第26个国际消除贫困日，安溪县委、县政府与市扶贫办等举行以“扶贫济困、携手同行”为主题的扶贫日系列活动。

●第二届平遥国际电影展“平遥之夜”颁奖典礼在山西平遥电影宫举行，泉州籍导演叶谦的《番薯浇米》获“发展中电影计划·无限自在”的荣誉。

10月18日

农历戊戌年九月初十
星期四
温度：19℃—25℃
多云

●18—19日，由中国犯罪学学会主办、市人民检察院承办的中国犯罪学学会第27届学术研讨会在泉州召开，系该研讨会首次在地级市举行。

●“2018泉州服务业企业百强”排序发布会举行。

●著名爱国华侨、教育家、慈善家李光前125周年诞辰纪念日。李光前125周年诞辰纪念活动在南安市梅山镇举行。

●由市教育局主办，泉州经贸职教集团、泉州经贸职业技术学院承办的泉州市2018年大学生会计技能竞赛在泉州经贸职业技术学院举行。

●由泉州市高甲戏传承中心创排的新编高甲戏历史剧《浮海孤臣》在泉州影剧院首演。

●国家艺术基金资助项目“瓷彩·中国白——福建德化陶瓷艺术精品展”在厦门国际会展中心举行。

“2018泉州服务业企业百强”排序发布

“2018泉州服务业企业百强”排序发布会举行。2018年参与及入围百强榜单的企业无论从体量、结构占比及盈利和纳税水平上都较2017年有大幅提升。副市长吕刚到会讲话。此次排序审定工作由泉州市企业与企业家联合会承办。

根据市委、市政府开展“第三产业提升年”的决策部署，2018年“服务业企业百强”排序审定工作从6月初开始全面启动。在市政府、市服务业发展领导小组的高度重视和政府各级各部门的推动下，申报企业整体质量比上年有大幅提高。吕刚表示，百强排序审定工作为市委、市政府全面了解第三产业发展情况，推进结构性改革提供决策依据。2018年入围企业的营收情况向好，说明泉州服务业能主动把握经济发展新常态，持续推进创新升级，呈现稳中向好的发展态势。泉州市在生产性、生活性服务领域拥有向好的发展时机，“十二五”以来，服务业占GDP比重不断提升，1—9月，泉州市服务业增加值增长10.2%，超过工业增加值1.5个百分点、超过GDP1.1个百分点，增速在全省设区市中排位第一。泉州更是刚刚成为全国服务型制造示范城市，服务业发展正当其时。希望企业家抓好坚持质量、不断创新、培育人才三方面工作，共同为泉州服务型经济高质量赶超发展贡献力量。

泉州市企业与企业家联合会执行会长介绍，前期市政府召开专题会议进行精准发动，全面营造氛围，经过公平、公开、公正报名及三次评审会审定、入围名单权威公示之后，产生最后的百强榜单。参与企业涉及服务业的批发零售，物流、交通运输、仓储和邮政业，信息传输、软件和信息技术服务业，金融业，房地产业，租赁和商务服务业等多个行业，覆盖国有、民营、外资等多种所有制企业，参与范围涵盖全市13个县（市、区），基本反映泉州市服务业的发展状况。2017年企业百强入围营收金额是1亿元，2018年入围门槛营收金额是2.24亿元，比2017年提增122.21%；同时，2018年百强上榜企业有34家新面孔。2017年泉州首度发起服务业企业百强排序审定工作，从近两年的企业百强名单分析中可以看出，企业的做强做优意识不断增加，服务业整体发展水平不断提升。

2018年首度出现营收超百亿的入围企业，分别是福建石油化工集团华南联合营销有限公司、中石化化工销售（福建）有限公司；营收从30亿—100亿元的有11家；10亿—30亿元的有25家；5亿—10亿元的有23家；2亿—5亿元的有39家。收入排在前七位的福建石油化工集团华南联合营销有限公司，中石化化工销售（福建）有限公司、福建省烟草公司泉州市公司、国网福建晋江市供电有限公司、泉州安通物流有限公司、泉州银行股份有限公司、九牧厨卫股份有限公司2017年的营业收入超过2018年中国服务业企业500强的入围门槛。

南安市举行李光前125周年诞辰纪念活动

著名爱国华侨、教育家、慈善家李光前125周年诞辰纪念日。李光前125周年诞辰纪念活动在南安市梅山镇举行，全省各界人士及海内外华侨华人、专家学者等700余人参加。

受岳父陈嘉庚影响，在新加坡事业有成后，李光前一生都遵循“取诸社会，用诸社会”“财富需要分享才有价值”的理念，将艰辛创业积累的财富全部用于公益慈善事业。李光前的三个儿子李成义、李成智、李成伟也热心公益，南安芙蓉基金会就是在李氏三子和马来西亚著名实业家、慈善家李成枫的倡导支持下成立的。新加坡李氏基金代表、南安芙蓉基金会理事长李扬川表示，27年来，李氏基金通过芙蓉基金会持续支持家乡公益事业，捐赠总额超过3亿元，其中有70%以上用于教育事业。

此次系列活动包括拜谒光前铜像仪式、纪念李光前125周年诞辰座谈会、南安市优企惠企政策宣讲及招商选资推介会、欢乐泉州·走进光前故里梅山——2018泉州市“身边故事·共同铭记”主题文艺会演、五大工程开竣工仪式、“探访光前足迹·走读多彩梅山”乡镇定向挑战赛等。南安国光中学也举办系列活动纪念校主李光前。国光学生到学校内的南安市爱国主义教育基地光前堂，拜谒李光前塑像，聆听李光前事迹。随后，师生们参加光前主题公园、光前事迹陈列馆的竣工仪式。

中国犯罪学学会第二十七届学术研讨会在泉州召开

18—19日，由中国犯罪学学会主办、市人民检察院承办的中国犯罪学学会第27届学术研讨会在泉州召开，系该研讨会首次在地级市举行。全国各地法学专家学者和司法实务部门代表近200人与会，围绕核心主题“现代社会与犯罪治理”展开研讨。中国犯罪学学会名誉会长、中国政法大学教授王牧，最高检察院党组成员、副检察长童建明，省委常委、政法委书记王洪祥，省检察院党组书记、检察长霍敏，市委书记康涛出席会议并致辞。童建明以“检察工作创新发展”为主题作主旨报告。

童建明指出，中共十九大对党和国家发展历史方位作出精辟概括，中国社会主要矛盾已经转化为人民日益增长的美好生活需要和不平衡不充分的发展之间的矛盾。社会主要矛盾的变化对建设中国特色社会主义提出许多新任务、新要求，对整个社会犯罪治理体系和治理能力也提出新挑战、新考验。犯罪的新形势新变化，迫切需要更新观念，需要我们运用新的知识、新的技术，探索犯罪治理的新举措、新方法；需要运用新的思维、新的理念，去研究惩治和预防犯罪的新对策、新机制。相信中国犯罪学学会在新时代一定会有新的担当，利用学会优势，聚合各方资源，加强犯罪学学术研究，为现代社会的犯罪治理体系建设献计献策，为新时代平安中国、法治中国建设贡献智慧和力量。王洪祥指出，中国特色社会主义进入新时代，人民群众对公共安全、人身安全、财产安全、信息安全、环境安全提出新的更高的要求。在这样的形势之下，借鉴社会治理，犯罪打击和控制的新理念、新技术和新经验，为维护大局的安全稳定提供有力的理论支撑、智力支撑尤为重要。此次中国犯罪学学会以“现代社会与犯罪治理”为主题，恰当其时，很有必要，意义重大。

全省人大系统庆祝改革开放40周年研讨会在晋江市召开

全省人大系统庆祝改革开放40周年研讨会在晋江市召开。省人大常委会副主任、党组书记张广敏出席会议并讲话。省人大常委会副主任、党组副书记黄琪玉主持会议，副主任邓力平、吴洪芹、檀云坤，秘书长刘道崎和常委会其他组成人员、专委会组成人员；市领导康涛、陈万里、刘文儒、陈铭福、陈益出席会议；市人大常委会代理主任朱团能在会上作交流发言。张广敏指出，面对新形势新任务，全省各级人大及其常委会要兴起“大学习”热潮，学习贯彻习近平新时代中国特色社会主义思想特别是关于坚持和完善人民代表大会制度的思想，贯彻落实党中央和省委决策部署，自觉融入全省发展大局，打好立法、监督、决定等“组合拳”，以法治思维和法治方式推进改革发展，全面加强自身建设，推动人大工作在新的历史起点上再上新台阶，为深化改革开放，实现高质量发展落实赶超提供有力法治保障。市委书记康涛在致辞中指出，此次全省人大系统研讨会，总结交流地方人大工作的实践成果和经验，必将助推新福建建设。泉州市将贯彻习近平新时代中国特色社会主义思想，坚定人民代表大会的制度自信，发挥人大职能作用，全面落实省委十届六次全会部署，学习弘扬“晋江经验”再出发，勇当高质量赶超主力军。

2018年全市公安交警岗位业务技能竞赛举行

由市公安局交警支队、市总工会和团市委主办的2018年“中国梦·劳动美”全市公安交警岗位业务技能竞赛举行。此次竞赛设交通事故处理、机动车驾驶人考试、指挥研判3个项目，采取分岗位基本知识测试和业务技能竞赛（现场处置警情）的方式进行。各县（市）公安局交警大队、交警支队各直属大队分别选派7人参赛，其中交通事故处理岗位每队4人，机动车驾驶人考试岗位每队1人，指挥研判岗位每队2人。竞赛名次分团体、单项、个人3类进行排名。对于在比赛中取得前三名的，市公安局交警支队联合市总工会和团市委颁发奖牌、奖状。对竞赛成绩优异的，择优推荐参加“中国梦·劳动美”全省公安交警岗位业务技能竞赛。

10月19日

农历戊戌年九月十一
星期五
温度：18℃—22℃
多云

●全省人大系统庆祝改革开放40周年研讨会在晋江市召开。

●19—20日，全省实施乡村振兴战略现场推进会在永春县召开。

●驻泉州部队参与打赢脱贫攻坚战对接座谈会召开，就驻泉州部队与地方有关部门开展打赢脱贫攻坚战“对接好”“连得上”“铺得开”等工作进行研究部署。

●由市公安局交警支队、市总工会和团市委主办的2018年“中国梦·劳动美”全市公安交警岗位业务技能竞赛举行。

●泉州市、县两级食品药品监管部门同步启动“全国安全用药月”活动。

●“广电网络杯”福建省第二届广场舞蹈大赛泉州赛区复赛在泉州府文庙广场举行。

●“清新福建·海丝泉州”名镇之旅嘉年华暨“探访光前足迹·走读多彩梅山”乡镇定向挑战赛在南安市梅山镇举行。

10月20日

农历戊戌年九月十二
星期六
温度：18℃—24℃
多云

●副省长李德金到安溪县调研乡村振兴战略实施情况。

●“2018第三届泉州海丝古城徒步穿越”活动启动仪式在市区德济门遗址和天后宫之间广场举行。

●20—21日，2018年中国技能大赛——“高岭杯”第四届全国陶瓷职业技能竞赛总决赛暨全国职业院校陶瓷专业学生技能竞赛在江西景德镇举行。在全国职业院校陶瓷专业学生技能竞赛中，泉州工艺美术职业学院学生获4个一等奖、5个二等奖、3个三等奖。

●由晋江市委文明办、老干部局等主办的晋江市首个“孝心陪伴日”启动仪式暨高龄老人贺寿礼活动在晋江万达广场举行。

全省实施乡村振兴战略现场推进会在永春县召开

19—20日，全省实施乡村振兴战略现场推进会在永春县召开。省委副书记、福州市委书记王宁，副省长李德金出席会议并讲话。泉州市领导康涛、王永礼、肖汉辉参加。王宁要求，推进乡村振兴要着眼长远、立足当前，把握好、处理好关键问题。要坚持因地制宜，发展各具特色的乡村产业，打造各具特点的美丽乡村；坚持循序渐进，分阶段分步骤实施初级版、中级版、高级版，提升乡村振兴水平；坚持示范引领，抓好试点村建设，以点带面、连线成片，带动全域振兴；坚持发挥人才支撑作用，培育乡村振兴“领头雁”和各类专业人才；坚持加大财政支持，整合资源，多渠道增加乡村振兴投入。要尊重农民意愿，探索农民参与机制，发挥村民自治作用，调动农民参与乡村振兴积极性；要加强党对乡村振兴的组织领导，压实压紧责任，选准选好基层组织带头人，发展壮大村级集体经济，推动五级书记抓乡村振兴落到实处。李德金要求，要学习借鉴浙江省和永春县等地的先进经验，增强赶超意识，找差距增压力，抓重点求突破，创机制促提升。要打好农村人居环境整治第一场硬仗，压实领导责任，加大投入力度，推进厕所革命、垃圾治理、污水处理、农房整治、村容村貌提升、铁路沿线整治、传统村落保护等工作。要持之以恒抓落实、出成效，强化规划编制，坚持示范引路，聚焦产业带动，健全工作机制，强化要素保障。

李德金到安溪县调研乡村振兴战略实施情况

副省长李德金到安溪县调研乡村振兴战略实施情况，副市长肖汉辉参加调研。在湖头镇光电产业园，李德金指出，要发挥优势，专注产品高质量发展，强化多领域多行业技术衔接，带动产业兴旺。在三安幸福小镇，李德金强调，要以习近平新时代中国特色社会主义思想为指导，巩固提升厕所革命、污水垃圾处理、裸房整治等工作，发展壮大特色产业，拓宽农民增收渠道。在位于龙门镇的八马茶业总部，李德金要求政府部门与企业同心同向，共同呵护铁观音金字招牌，持之以恒讲好闽茶故事。

“2018第三届泉州海丝古城徒步穿越”活动启动

“2018第三届泉州海丝古城徒步穿越”活动启动仪式在市区德济门遗址和天后宫之间广场举行，报名通道随之开启。启动仪式上，最受瞩目的就是德济门在遗址上“腾空而起”，现场百人同步穿越的场景。活动现场采用3D全息技术，重现“古城墙下千年路涨海声中万国商”宋元时期德济门的模样。组委会在长达两三个月的时间里，对泉州文史专家学者、闽南古建学者进行访问，在专家帮助下，翻阅无数的书册和史料，终于呈现出这场宋元时期的胜景。德济门见证了泉州国际地位最鼎盛、东方第一大港最繁荣的时代。1948年的一场大火，让德济门从此覆于地下，直到2001年才在城市建设中被工人挖出城基。

此次徒步穿越活动推出4条线路，分别为6千米、15千米、30千米和50千米。6千米为爱的路线，是亲子和敬老专属路线，残障人士可以直通。区别于15千米和30千米、50千米的4—10的人数要求，6千米人数2—6人，2人即可组队，每队至少含有一名残障人士或儿童或老人，而每名残障人士或儿童或老人必须由至少一位随行监护队员陪伴。值得一提的是，为鼓励更多外地徒步爱好者报名参与活动，感受泉州千年历史文化底蕴，此次活动特针对外省人员比例占50%以上的团队进行优先摇号，摇号名额1000人。如果外省人员比例占50%以上的团队人数未超1000人，则直通参与活动，若超过则先进行摇号，未中签的团队再次参与其他名额摇号。

3D技术复原德济门（图/殷斯麒）

2018年泉州市社会科学普及宣传周启动

由市委宣传部、市社科联、鲤城区委宣传部、区社科联主办的2018年泉州市社会科学普及宣传周启动仪式在市区府文庙举行。此次宣传周以“新时代新征程新使命，谱写泉州发展新篇章”为主题。启动仪式上，“泉州市2018年社会科学普及宣传周主题知识竞答——海丝百问”上线。主办方向泉州师范学院“求索”等25个第四届泉州市社科普及基地（2018—2020年）授牌，向社科社团、高校、社科普及基地赠送科普书籍；向“社科专家带你游古城”服务队授旗。2018年泉州市社会科学普及宣传周采用省、市、县三级联动举办的形式进行，活动期间在全市范围内开展社科知识咨询、社科专题讲坛讲座、社科普及读物进基层等218场社科普及宣传、展示展览活动。

2018年泉州市社会科学普及宣传周启动仪式（图/洪　旭）

全国县市新闻发言人培训班在南安市举办

全国县市新闻发言人培训班在南安市举办。福建、江西、湖北、甘肃、青海等多个省的新闻宣传思想文化工作者等200多人参加培训。培训班邀请包括原教育部新闻发言人王旭明等专家授课，开设重要会议精神解读、新闻发言人媒介素养与新闻发布技能训练、党政部门形象塑造等重要课程，通过现场互动、实战演练、实地考察等形式，引导新闻宣传思想文化工作者掌握新闻发布应对的方法与技巧，提升运用媒体宣讲政策主张、推动实际工作的能力，提高新闻思想文化工作者素养。南安市相关负责人介绍，近年来，南安高度重视新闻舆论和对外宣传工作，通过创新平台建设、拓宽宣传渠道、推动媒体融合等，讲好南安故事，传播好南安声音，打造南安城市品牌。该市已在全省各县（市、区）中率先打造出微信公众号联盟和“今日南安”宣传服务平台，成立融媒体中心，并依托中央外宣媒体同时开通Facebook（脸书）、Twitter（推特）、Youtube（优兔）等海外社交媒体账号，成为全省首个同时开通三个海外社交媒体账号的县级市。

泉州市设立17个旅游纠纷调解委员会

随着惠安崇武古城旅游纠纷人民调解委员会的成立，泉州市已设立17个旅游纠纷人民调解委员会，至此旅游纠纷人民调解委员会实现县级全覆盖。市旅发委与市司法局在AAAA级以上景区推广设立“旅游纠纷人民调解委员会”，并列入2018年市委政法委社会化治理创新项目。全市各县（市、区）均设立1个以上,实现县(市、区)全覆盖，形成全市旅游纠纷化解网络化格局，已全部完成年初制定的社会化治理创新项目的计划。

已设立的17个旅游纠纷人民调解委员会，通过社会法律专业力量及运用旅游专业知识，借助专业力量，提高调解的权威性和公信力，及时、快速化解与预防旅游纠纷，将旅游纠纷化解在发生地、化解在基层、化解在萌芽状态，维护旅游者、旅游经营者的合法权益。2018年以来，泉州市旅游纠纷人民调解委员会已调解各类矛盾纠纷达60多件，调解成功率在95%以上，将旅游纠纷及时化解在发生地、化解在基层、化解在萌芽状态，避免旅游纠纷矛盾进一步激化，从而避免上升为旅游投诉件或旅游诉讼件。

旅游纠纷人民调解委员会形成旅游纠纷化解网络化格局，深化和完善泉州市旅游市场综合监管体系。旅游警察、旅游工商、旅游巡回法庭三支专业执法队伍以及物价、司法等重点涉旅部门相互融合，形成整治合力，逐步实现行业监管向综合治理转变。

10月21日

农历戊戌年九月十三
星期日
温度：20℃—25℃
多云转小雨

●由市委宣传部、市社科联、鲤城区委宣传部、区社科联主办的2018年泉州市社会科学普及宣传周启动仪式在市区府文庙举行。

●全国县市新闻发言人培训班在南安市举办。

●随着惠安崇武古城旅游纠纷人民调解委员会的成立，泉州市已设立17个旅游纠纷人民调解委员会，至此旅游纠纷人民调解委员会实现县级全覆盖。

●第九届“外研社杯”全国高职高专英语写作大赛福建赛区复赛在黎明职业大学举行。

●泉州市中西医结合学会麻醉医学分会成立大会举行。

●由南安市高甲戏剧团创排的《清客》在泉州高甲剧院首演。

10月22日

农历戊戌年九月十四
星期一
温度：20℃—24℃
小雨转多云

●全市第四季度防范重特大生产安全事故视频会议召开，分析当前形势，部署下阶段工作。

●全市促进中小企业发展工作领导小组会议暨工业运行分析会召开。

●即日起，鲤城、丰泽两区的街道、派出所共设10余个受理点免费为市民安装电动车智能防盗系统（即小电卫士）。

●22—24日，第四届中国县域电商大会在安徽铜陵举行，阿里研究院发布“2017—2018年电商示范百佳县”排行榜。福建省12个县上榜电商示范县百强，其中安溪县位居全国第三。

全市第四季度防范重特大生产安全事故视频会议召开

全市第四季度防范重特大生产安全事故视频会议召开，分析当前形势，部署下阶段工作。会议要求，要克服麻痹松懈思想，认识安全生产工作的长期性、艰巨性、反复性，毫不松懈地抓好安全生产各项工作。要针对省巡查初步反馈的各类问题，明确整改时限，建立清单台账，落实整改责任，跟踪复查核实，形成闭环管理；同时，随机抽查上报已完成整改的问题，从重追究整改不严不实问题单位及人员责任。就强化安全监管，会议要求，要研判安全生产形势，集中力量开展专项整治行动。同时，要加强应急管理工作，有序有力有效应对处置险情或出现突发情况，把各类突发事件造成的危害和影响降到最低。会议还要求，要层层拉紧安全生产责任链条，学习贯彻《福建省党政领导干部安全生产责任制实施细则》，强化安全生产巡查考核，督促落实企业主体责任，力求安全生产长治久安。

全市促进中小企业发展工作领导小组会议召开

全市促进中小企业发展工作领导小组会议暨工业运行分析会召开。会议透露，1—9月，全市完成规模以上工业增加值2884.80亿元，同比增长9.1%，高出年初目标任务1.1个百分点。数据显示，前9月，全市37个工业大类中有34个行业实现正增长，增长面91.9%，增速两位数的行业达19个。其中，工艺制品、建材家居、机械装备、纺织鞋服、食品饮料等产业分别增长13.2%、12.3%、11.8%、10.3%和9.7%。重点企业表现抢眼，1—9月产值超亿元企业2276家，合计完成工业产值11192.23亿元，占全市规上工业总产值的91.5%，增长20.1%；其中产值超10亿元企业189家，合计完成工业产值5108.47亿元，同比增长19.3%。工业用电是经济发展的晴雨表，1—9月，全市工业用电255.39亿千瓦时，同比增长7.5%，增速比上年同期高0.3个百分点。工业及技改投资稳步推进，1—9月，全市工业投资增速28.1%，位居全省第二。智能制造持续发展，全市已有2000多家规模以上企业参与“数控一代”、智能化改造，企业装备数控化率提升10%以上，相应减少劳动用工约30%；部分国产装备实现对进口装备的替代，帮助采购企业降低购置成本约50%。

安溪县位列“电商示范百佳县”全国第三

22—24日，第四届中国县域电商大会在安徽铜陵举行，阿里研究院发布“2017—2018年电商示范百佳县”排行榜。福建省12个县上榜电商示范县百强，其中安溪县位居全国第三。此次“电商示范百佳县”排行榜基于阿里巴巴海量数据和专门的评价体系计算形成。阿里研究院高级专家盛振中介绍，评价指标体系包括3个一级指标、6个二级指标。三个一级指标分别是电商创业指数、网购消费指数、电商服务指数。评价的对象是2014—2017年750余个电商进农村综合示范县。分析显示，“电商示范百佳县”排行榜背后是综合实力的较量，排名领先的电商示范县，大多在电商创业、网购消费、电商服务均具有领先性。

此次以前三甲成绩上榜全国“电商示范百佳县”的安溪县，既是泉州传统农业大县，也是互联网与传统产业、特色产品相融合的县域电商典范。安溪县促进电商聚集规范发展、推进国家电子商务进农村综合示范县创建，结合阿里巴巴集团战略引入阿里巴巴村淘项目。全县已有2个“淘宝镇”、11个“淘宝村”，从事电商行业7万多人，其中，电商企业3000多家、电商个体35000多人，产品涉及茶叶、工艺品、食品包装、广告传媒等。尤其在农村电商方面，安溪摸索出独具特色的发展之路。该县逐步实现“工业品下乡”和“农产品进城”的双向流通功能，加速城乡一体化，并首创“零元”创业，“造血”扶贫电商助力扶贫新模式，助力乡村振兴发展战略。同时，安溪县培育电商农产品品牌建设，“御品龙涓”贡糖获“福建好礼”百佳旅游商品称号，龙涓香菇、笋干、蜂蜜等山野珍品系列获“泉州伴手礼”称号。2017年，安溪县还进入商务部公布的国家电子商务进农村综合示范县名单，成为泉州市唯一入选的县（市、区）。

市委实施乡村振兴战略领导小组会议召开

市委实施乡村振兴战略领导小组会议召开，传达学习习近平在中央政治局第八次集体学习时的讲话、对脱贫攻坚工作的指示精神，省委常委会会议精神以及全省实施乡村振兴战略现场推进会精神，研究泉州市贯彻意见。会议指出，要组织抓好乡村振兴各项工作，紧盯19个专项行动，推动落细落实。突出规划先行，遵循乡村规律，注重质量、从容建设；突出阶段成果，打好农村人居环境整治第一场硬仗；突出因地制宜，市县加强指导，尤其是产业发展、环境整治、生态提升等工作，都要彰显“农村像农村”；突出示范引路，探索各具特色的乡村振兴模式，建成一批典型村、示范村。

全市市县两级人大常委会主任座谈会召开

全市市县两级人大常委会主任座谈会召开，围绕学习习近平新时代中国特色社会主义思想、贯彻落实市委人大工作会议精神、推动新时代地方人大工作进行交流探讨。会议指出，要学习、宣传和贯彻习近平关于坚持和完善人民代表大会制度的思想，增强使命感和责任感。要把握改革开放40周年的重大成就，传承弘扬“晋江经验”，与时俱进、创新发展。要落实市委人大工作会议精神，增强立法规范力、监督执行力、决定有效力、任免公信力、代表作用力、上下协同力，围绕大局，依法履职，助推赶超发展。要顺应新要求、把握新机遇，加强政治、队伍、能力、作风建设，开创工作新局面。

全市市县两级人大常委会主任座谈会现场（图/王虎文）

“推动习近平新时代中国特色社会主义思想进泉商全国行”在深圳举行

由省社会主义学院、泉州市委组织部、市委统战部、市工商联、市社会主义学院主办的“爱学会赢闯天下　全面推动习近平新时代中国特色社会主义思想进泉商全国行”大型宣讲活动终点站在广东深圳举行，41家省、市泉州籍商会，粤港澳福建籍企业家等180多名代表集中学习、交流研讨。福建省委常委、统战部部长、省社会主义学院院长雷春美，福建省政协副主席、省工商联主席王光远出席开学式；泉州市委常委、统战部部长林万明在开学式上作动员讲话。雷春美希望福建企业家要树立新发展理念，坚守实体经济，激发创业激情、创新精神、创造斗志，在创新中实现“破茧成蝶”；发扬福建企业家精神，回乡创新创业，为加快高质量发展落实赶超贡献力量；自觉履行社会责任，投身光彩事业和公益慈善事业，强化责任担当，用实际行动推动形成“亲”上加“清”的政商关系。工商联所属商会要发挥联系广泛的优势，推进改革，建设“班子建设好、团结教育好、服务发展好、自律规范好”的商会组织。

泉州建材中国行推介活动在南宁举行

由泉州市政府主办，泉州市经信委、财政局、住建局、工商联，南宁日报社、泉州晚报社、泉州广播电视台、南宁泉州商会、南宁南安商会等承办的泉州建材中国行推介活动在广西南宁举行，为南宁和泉州两地建筑建材行业供需双方提供面对面对接平台，到场对接、洽谈的客商超过400人，初步达成产能对接意向金额22.18亿元。活动现场，有九牧厨卫等47家泉州品牌企业布展，展示数百款新产品、新技术，吸引南宁市及周边城市的200多家房地产、建筑、装修、经销及设计单位到场对接。启动仪式上，福建华泰集团和南安市海丝泛家居供应链平台分别上台推介。南宁、泉州两市各级领导，有关部门人员，建材生产企业营销负责人和建筑、房地产、装饰装修、经销企业及设计单位的专业人士超过400人参加现场推介、交流。

10月23日

农历戊戌年九月十五
星期二
温度：20℃—25℃
多云

●市委实施乡村振兴战略领导小组会议召开，传达学习习近平在中央政治局第八次集体学习时的讲话、对脱贫攻坚工作的指示精神，省委常委会会议精神以及全省实施乡村振兴战略现场推进会精神，研究泉州市贯彻意见。

●市委常委会召开会议，传达学习习近平在中央财经委员会第三次会议上的讲话精神，以及省委常委会会议精神，研究泉州市贯彻意见。

●全市市县两级人大常委会主任座谈会召开，围绕学习习近平新时代中国特色社会主义思想、贯彻落实市委人大工作会议精神、推动新时代地方人大工作进行交流探讨。

●泉州市“七五”普法中期督导调研工作汇报会召开。

●由省社会主义学院、泉州市委组织部、市委统战部、市工商联、市社会主义学院主办的“爱学会赢闯天下——全面推动习近平新时代中国特色社会主义思想进泉商全国行”大型宣讲活动终点站在广东深圳举行。

●由泉州市政府主办，泉州市经信委、财政局、住建局、工商联，南宁日报社、泉州晚报社、泉州广播电视台、南宁泉州商会、南宁南安商会等承办的泉州建材中国行推介活动在广西南宁举行。

●阿里研究院以2014—2017年创建的756个国家电子商务进农村综合示范县为分析对象，首次发布“2017—2018年电商示范百佳县”排行榜。安溪县入围电商示范县百强，名列榜单第三，系全市唯一上榜的县（市、区）。

10月24日

农历戊戌年九月十六
星期三
温度：20℃—25℃
多云

●市委中心组（扩大）学习会召开，邀请省民族宗教厅原副厅长林致知作“当前宗教、宗教工作及相关问题思考”专题讲座。

●由省科技厅、省发改委、省经信委、机械科学研究总院、市政府主办的福建省智能制造项目成果推介对接会在泉州举行。

●全市未成年人思想道德建设工作联席会召开。

●《泉州港总体规划（修订）环境影响报告书》审查会在福州召开，并通过省环保厅审查，标志《泉州港总体规划（修订）》的审批工作取得突破性进展。

●由省贸促会主办，致公党泉州市委会、市商务局协办，市贸促会、福建省中小企业互助商会、北京盈科（泉州）律师事务所承办的“涉外商事法律服务八闽行”暨“一带一路”商事法律服务高峰论坛在泉州举办。

●市农业局组织专家完成对永春县农业检测中心的验收。至此，全市已立项建设的县级检测中心全部完成验收，泉州市成为全省首个完成市、县两级农业检测中心验收的设区市。

●24—26日，由市食品药品监管局、市总工会、市人力资源和社会保障局主办的泉州市食品药品稽查执法技能竞赛举行。

●2018年福建省“海峡杯”工业设计（晋江）大赛颁奖仪式在晋江市举行。

●全国工商联在北京举行新闻发布会，发布由中央统战部、全国工商联推荐宣传的“改革开放40年百名杰出民营企业家”名单，泉州籍企业家、恒安集团有限公司董事局副主席、CEO许连捷入选。

市委中心组（扩大）学习会召开

市委中心组（扩大）学习会召开，邀请省民族宗教厅原副厅长林致知作“当前宗教、宗教工作及相关问题思考”专题讲座。学习会上，林致知阐释习近平关于宗教工作的论述，从宗教、民间信仰历史及基本情况和特点谈起，运用大量案例和事实，全面介绍新修订的《宗教事务条例》，并讲解宗教文化的地位和作用。市委书记康涛强调，要坚持问题导向，学习贯彻新修订的《宗教事务条例》，提升运用法治思维和法治方式处理宗教问题的能力。要加强党对宗教工作的领导，落实主体责任、领导责任和第一责任人责任，完善县、乡、村三级宗教管理网络和乡、村两级责任制，提升宗教工作水平。

福建省智能制造项目成果推介对接会在泉州举行

由省科技厅、省发改委、省经信委、机械科学研究总院、市政府主办的福建省智能制造项目成果推介对接会在泉州举行。此次对接会旨在借助机械科学研究总院在智能制造领域卓越的研发能力，推动泉州市乃至全省智能制造产业进一步发展。机械总院的5位专家分别就智能制造解决方案、标准与标准化、智能化工厂、汽车轻量化零部件成形制造技术及应用等方面进行专题推介。与会人员聚焦智能制造产业发展，发表真知灼见，分析未来发展趋势和方向，探讨前沿理念和技术，现场交流氛围热烈。

全市未成年人思想道德建设工作联席会召开

全市未成年人思想道德建设工作联席会召开。会议指出，要认清形势任务，狠抓各项工作措施落实，坚持推进“立德树人”三年行动计划，做好加强社会主义核心价值观宣传、规范文明校园创建活动、推进城市学校少年宫项目建设与普及推广、加强社区家长学校和未成年人文体活动设施等场所建设、加强爱国主义基地和公益性文化设施建设管理、加强校外未成年人心理健康辅导站建设、加强校园周边环境管理等工作。

泉州市在全省率先建成农产品检验检测体系

市农业局组织专家完成对永春县农业检测中心的验收。此前，农业部门已完成对泉州市级农业检验检测中心及泉港、惠安、晋江、南安、安溪、德化6个县（市、区）级农业检测站的验收。至此，全市已立项建设的县级检测中心全部完成验收，泉州市成为全省首个完成市、县两级农业检测中心验收的设区市。此外，全市所有涉农乡镇已全部配备速测仪器。标志泉州市已初步建成以市级检测机构为龙头、县级为骨干、乡（镇）级为基础的农产品检验检测体系。

许连捷入选“改革开放40年百名杰出民营企业家”

全国工商联在北京举行新闻发布会，发布由中央统战部、全国工商联推荐宣传的“改革开放40年百名杰出民营企业家”名单。有4位福建籍企业家入选，其中包括1位泉州籍企业家：恒安集团有限公司董事局副主席、CEO许连捷。作为福建企业家代表人物，许连捷本人的创业历程及恒安的成长见证了改革开放40年民营实业的发展历程。恒安集团始创于1985年，是最早进入中国卫生巾市场的企业之一，也是国内最大的妇幼卫生产品和生活用纸企业。许连捷带领恒安进行3次管理革命，遵循绿色低碳和可持续发展理念，以“追求健康，你我一起成长”为使命，创造价值，回馈社会，积极履行企业社会责任。仅上市20年来，恒安集团上缴税收超250亿元，给股东带来的回报超过50倍。出身寒门的许连捷多年来慷慨行善，个人捐款超5亿元，恒安集团及其主要股东捐款超13亿元，热心于社会公益和慈善事业，获得广泛赞誉。许连捷不仅在商业上取得令人瞩目的成就，也在社会责任和可持续发展方面作出表率，此前已获评全国劳动模范、全国优秀中国特色社会主义建设者、全国全面建设小康社会先进个人、中华慈善事业突出贡献奖等多项荣誉。

10月25日

农历戊戌年九月十七
星期四
温度：20℃—26℃
多云转晴

●市人大常委会第三十次主任会议召开，讨论关于接受温惠榕辞去市监察委员会主任职务的请求的决定（草案），关于提请审议游宇飞代理市监察委员会主任职务的议案（草案）和关于游宇飞代理市监察委员会主任职务的决定（草案）。

●25—26日，市十六届人大常委会第十六次会议召开。会议审议决定，任命游宇飞为泉州市监察委员会副主任，并代理泉州市监察委员会主任职务；任命李伙金为泉州市政府副市长、泉州市公安局局长。

●福建省首次秋冬护飞行动在德化县开展。

●25—28日，由泉州市医学会放射学分会和泉州市第一医院承办的福建省第二十五次放射学会会议暨国家级继续教育项目磁共振基础知识及基本技能培训班在泉州举办。

●2018福布斯中国400富豪榜发布，13位泉州籍富豪上榜，许世辉蝉联泉州籍富豪首富。

市十六届人大常委会第十六次会议召开

25—26日，市十六届人大常委会第十六次会议召开。会议审议决定，任命游宇飞为泉州市监察委员会副主任，并代理泉州市监察委员会主任职务；任命李伙金为泉州市政府副市长、泉州市公安局局长；接受温惠榕辞去泉州市监察委员会主任职务的请求，报泉州市第十六届人民代表大会第四次会议备案。

会议听取和审议市政府关于《泉州市国民经济和社会发展第十三个五年规划纲要》中期评估的报告和市人大常委会调研组调研报告、关于贯彻执行市十六届人大一次会议《关于进一步加强全市流域水环境保护的决议》情况的报告，关于泉州市深化医改工作情况的报告；市政府研究处理《市人大常委会关于〈中华人民共和国教师法〉执行情况的审议意见》情况的报告，并对审议意见办理情况进行满意度测评，测评结果为满意；关于市十六届人大二次会议第1440号和第1279号代表建议办理情况的报告，并对办理情况开展满意度测评，测评结果为满意；市中级人民法院研究处理《市人大常委会关于全市法院执行工作情况的审议意见》情况的报告，并对审议意见办理情况开展满意度测评，测评结果为满意；市人民检察院关于泉州市检察机关开展公益诉讼工作情况的报告。会议还审议表决通过市政府关于2018年市本级政府性基金预算调整方案的议案，市人大常委会关于依法推动打好防范化解重大风险、精准脱贫、污染防治三大攻坚战的决定。

市十六届人大常委会第十六次会议会场（图/王虎文）

福建省首次秋冬护飞行动在德化县开展

福建省首次秋冬护飞行动在德化县开展。市林业局工作人员和志愿者一行10多人到第一站德化县水口镇，与护林员共同巡护山林，并进村开展科普宣传，开启2018年候鸟南迁中国东线福建段首站护飞行动。同时，在泉州工艺美术职业学院举行“保护野生动物，我参与我行动”签名活动、中国野生动物科普讲座、常见80种鸟类的图片展，并为该校授予“中国野生动物保护协会志愿者联盟”旗。此次活动旨在指导乡村将保护候鸟作为乡俗民约建设内容，建立长期合作关系，推进候鸟保护进乡村。水口镇和湖坂村分别是此次候鸟保护行动中福建省签订的第一个镇（乡）和第一个村。

13位泉州籍富豪登上2018福布斯中国400富豪榜

2018福布斯中国400富豪榜发布，13位泉州籍富豪上榜，许世辉蝉联泉州籍富豪首富，以627.9亿元的财富在2018福布斯中国400富豪榜排第16名，虽然财富较2017年缩水1亿元，但排名仍比2017年上升1名，稳固福建首富位置。除许世辉，还有5位泉州籍富豪排名上升。其中，信义玻璃李贤义家族排名上升最多，从2017年的第339名上升115名至224名，李贤义家族的财富亦增加15亿元至93.8亿元，是2018年榜单中唯一排名、财富双升的泉州籍富豪；安踏体育丁世忠以187亿元的财富排第93名，较2017年上升4名；安踏体育丁世家以183.5亿元的财富排第97名，较2017年上升1名；恒安集团施文博、恒安集团许连捷皆以165.6亿元的财富排第110名，其中施文博的排名较2017年上升1名，许连捷上升2名。此外，泉州籍富豪有6位排名下降。美图公司蔡文胜排名下降最多，从2017年的第152名排名下降228名至2018年的第380名；排名下降较多的还有新华都实业集团陈发树、三安光电林秀成家族及厦门恒兴集团柯希平家族，分别下降101名、74名和38名。与2017年相比，2018年上榜泉州籍富豪数量减少2名，2017年上榜的海能达陈清州家族、贵人鸟林天福跌出榜单。

10月26日

农历戊戌年九月十八
星期五
温度：21℃—27℃
多云

●全市首批人才自主评价试点企业现场推进会召开，市委人才办、市人社局、市经信委有关负责人分别介绍人才评价情况。

●由市旅发委、市文明办、市外事侨务办主办的2018“文明旅游　为中国加分”主题晚会在市区新门街源和1916大麦仓举行。

●由市文广新局主办，泉州市民族民间文化保护工作研究会、泉州市民间文艺家协会承办的第八届泉州民间音乐邀请赛在市区府文庙广场举行。

●由泉州市教育局、泉州市职教中心主办，晋江市教育局、晋江市职教中心协办的2019年厦漳泉三地市中等职业学校学生信息技术类和加工制造类技能竞赛在晋江职校举行。

●鲤城、丰泽法、洛江法院共同构建失信被执行人车辆“网猎”智能预警布控平台，只要失信被执行人的车辆进入布控平台，法官马上就能知道，就能迅疾赶到现场，对该车辆进行查扣。此系全省首创。

●丰泽区第四季度部分重点项目集中开（竣）工。

●北京永春商会成立。至此，泉州市所辖县（市、区）在北京同乡已全部成立商会组织。

全市首批人才自主评价试点企业现场推进会召开

全市首批人才自主评价试点企业现场推进会召开，市委人才办、市人社局、市经信委有关负责人分别介绍人才评价情况，市、县两级组织、人社、经信部门相关科室负责人以及31家试点企业代表参加会议。企业人才自主评价试点工作，是泉州市推进人才评价机制改革的一项关键性创新举措，其目的是建立导向明确、竞争择优的人才评价机制，让真正品德好、能力强、贡献大的人才能够脱颖而出，形成人人渴望成才、人人努力成才、人人皆可成才、人人尽展其才的良好局面。会议通过现场讲解、研讨交流等方式，取得较好效果。与会试点企业代表纷纷表示，从评价结果的接受者转变为评价工作的主导者，激活了泉州企业和人才的“一池春水”。

泉州市已确定福建火炬电子科技股份有限公司等31家企业作为首批高层次人才自主评价试点企业，涵盖高新技术、机械制造、物流、体育用品、食品、纺织鞋服、通讯、能源、茶叶等行业。各企业人才自主评定工作在11月全面启动。各试点企业结合生产经营实际和人才岗位特点，对标新修订的《泉州市高层次人才认定标准》人才认定标准的兜底条款，制订企业的具体认定方案，报经市、县两级人才自主认定工作小组审核批准后组织实施。通过企业自主评价认定的泉州市第一至第七层次人才，享受泉州市高层次人才相关政策待遇。各县（市、区）结合实际，将自主评价人才的权限延伸至县级人才，并允许享受县级人才相关政策待遇。

2018“文明旅游　为中国加分”主题晚会举行

由市旅发委、市文明办、市外事侨务办主办，中侨集团、源和1916创意产业园承办的2018“文明旅游　为中国加分”主题晚会在市区新门街源和1916大麦仓举行。晚会上，主办方还举行《文明旅游 安全出行》手册首发仪式，市民、行业代表一起宣读文明旅游倡议书，倡议全体市民参与到文明旅游中来，共同为美丽泉州喝彩，展现泉州文明，践行社会主义核心价值观。主题晚会在《狮鼓献瑞》锣鼓声中拉开序幕。晚会有着浓浓的闽南韵味，《蟳埔女亲子秀》《海边的花头巾》将泉州蟳埔女、惠安女的传统与现代的美演绎出来；有着“东方迪斯科”之称的《拍胸舞》引起阵阵喝彩；南音曲目《我是泉州海丝小导游》，更是让观众感受到传统南音的生机。晚会围绕“文明旅游”的主题，小品《机上邂逅》向观众讲述旅游加文明才是最美的风景，文明出行加文明服务才能与安全同行。晚会在歌伴舞《文明似春风》表演中结束。

第八届泉州民间音乐邀请赛举行

由市文广新局主办，泉州市民族民间文化保护工作研究会、泉州市民间文艺家协会承办的第八届泉州民间音乐邀请赛在市区府文庙广场举行。活动旨在丰富全市人民群众的文化生活，传承和发展民间优秀音乐，营造保护非物质文化遗产的优良环境。整场演出由鲤城区彩亭店笼吹《将军令》《秦王破阵乐》拉开序幕，紧接着泉港区南音传承中心什音传习所、安溪县代表队、石狮市文化馆什音团等上台献演《什音》《安溪茶歌》《西湖柳》等极具特色的节目，涵盖笼吹、大鼓吹、北管、什音、安溪茶歌等泉州市原汁原味的乐种。

厦漳泉中职学校学生技能竞赛在晋江市举行

由泉州市教育局、泉州市职教中心主办，晋江市教育局、晋江市职教中心协办的2019年厦漳泉三地市中等职业学校学生信息技术类和加工制造类技能竞赛在晋江职校举行。此次联赛，晋江职校承办信息技术类的动画片制作、网络综合布线技术、工业产品设计与创客实践、计算机检测维修与数据恢复以及加工制造类的电子电路装调与应用、单片机控制安装与调试、机电一体化设备组装与调试、电气安装与维修、机器人技术应用等赛项。三地市中职学校的50支代表队，师生、裁判超过500人参赛。经过角逐，晋江职校共有19位学生获省赛资格。

泉州市公布首批人才自主评价试点企业

泉州市公布首批人才自主评价试点企业31家，涵盖高新技术、机械制造、物流、体育用品、食品、纺织鞋服、通讯、能源、茶叶等行业。企业人才自主评价试点工作，是泉州市推进人才评价机制改革的一项关键性创新举措，其目的是建立导向明确、竞争择优的人才评价机制，让真正品德好、能力强、贡献大的人才能够脱颖而出，形成人人渴望成才、人人努力成才、人人皆可成才、人人尽展其才的良好局面。根据工作安排，各试点企业将结合生产经营实际和人才岗位特点，对标新修订的《泉州市高层次人才认定标准》的兜底条款，制定企业的具体认定方案，报经市、县两级人才自主认定工作小组审核批准后组织实施。通过企业自主评价认定的泉州市第一至第七层次人才，享受泉州市高层次人才相关政策待遇。

企业自主评价总体把握两个原则。一是企业自主评价人才要以职业属性和岗位要求为基础，坚持凭能力、凭实绩、凭贡献评价人才，克服唯学历、唯资历、唯论文等倾向；二是试点企业自主认定的高层次人才，必须是企业内部正式员工，遵纪守法、德才兼备，且无列入失信联合惩戒对象名单、无涉黑涉恶及其他违法违纪行为，员工个人薪资待遇须达到上年度企业所有员工平均收入的3倍以上，对企业生产经营发展有突出或明显贡献，重点倾斜专业技术人员和一线技能人才。

17种抗癌药纳入泉州医保目录

国家医保局、省医保办下发通知，将17种抗癌药纳入医保报销目录。泉州第一时间部署将17种抗癌药品纳入医保目录，同时将2017年16种国家谈判抗癌药品医保个人先行自付比例降低10%，降低患者用药负担。市医保局相关负责人介绍，此次纳入药品目录的17个药品中包括12个实体肿瘤药和5个血液肿瘤药，均为临床必需、疗效确切、参保人员需求迫切的肿瘤治疗药品，涉及非小细胞肺癌、肾癌、结直肠癌、黑色素瘤、淋巴瘤等多个癌种，17个谈判药品与平均零售价相比，平均降幅达56.7%。除尼洛替尼和奥曲肽2种药品的省本级医保个人先行自付比例定为10%，其他15种药品自付比例定为30%。另外，为降低患者用药负担，提高参保人员医保待遇，对2017年曲妥珠单抗等16种国家谈判抗癌药品的省本级医保个人先行自付比例从40%调整为30%。此次国家谈判药品按照所属类别进入门诊特殊病种医保可支付的用药范围。为保障特殊病患用药，将伊马替尼的限定支付范围调整为“限有慢性髓性白血病诊断并有费城染色体阳性的检验证据；胃肠间质瘤；急性淋巴细胞白血病”。

泉州淘宝村镇数量位居全国第五

阿里研究院公布2018年中国淘宝村及淘宝镇名单。名单中包括泉州的140个淘宝村、19个淘宝镇，其数量均为全国第五、全省第一。在第六届中国淘宝村高峰论坛上，阿里研究院发布《中国淘宝村研究报告（2018）》。淘宝村呈现裂变式扩散、集群化发展的特征，在东部沿海地区尤其明显。从全国来看，淘宝村数量超过100个的城市仅12个。就全省而言，在福建233个淘宝村、29个淘宝镇中，泉州以140个淘宝村、19个淘宝镇占据绝对优势，在全省分别占比60%、65.5%。与2017年泉州126个淘宝村的成绩相比，2018年泉州市淘宝村数量同比增长10%。晋江拥有50个淘宝村，成为福建省最大的淘宝村集群。

相关链接：近年来，泉州市出台多项农村电子商务项目扶持政策，培育本土特色农产品电商平台，培植农产品电商企业。尤其是2018年以来，市商务局、市农业局等部门相继出台并实施《泉州市农村电子商务三年行动方案（2018—2020）》《关于促进电子商务助力精准扶贫实施方案》，推进农村电子商务乡村振兴战略，推动农业增效、农村发展、农民增收，助力乡村振兴。通过举办农产品电商对接会、开展电商扶贫工作，电商扶贫通道更加通畅，农村电商人才体系逐步建立。全市从事农产品电子商务的龙头企业、农民专业合作社和家庭农场有2000多家，全市十大农产品电商平台销售额达25亿元。

10月27日

农历戊戌年九月十九
星期六
温度：15℃—24℃
多云转晴

●泉州市公布首批人才自主评价试点企业31家。

●国家医保局、省医保办下发通知，将17种抗癌药纳入医保报销目录。泉州第一时间部署将17种抗癌药品纳入医保目录。

●阿里研究院公布2018年中国淘宝村及淘宝镇名单。名单中包括泉州的140个淘宝村、19个淘宝镇，其数量均为全国第五、全省第一。

10月28日

农历戊戌年九月二十
星期日
温度：14℃—23℃
晴

●全市首个以知识产权法为主题的法治文化公园——泉州软件园法治公园完工并投入使用。

●由省体育局社会体育指导中心、泉州台商投资区教育文体旅游局、福建省大学生体育协会、福建省健美健身协会等主办的第三届海峡两岸健美健身锦标赛暨全国健美健身冠军总决赛福建赛区选拔赛在泉州浅水湾体育中心开赛。

●由市委文明办、市教育局、市文广新局、市文联、泉州晚报社、兴业消费金融股份公司主办的“书香家庭 阅读泉州”征文暨评选活动颁奖典礼暨阅读分享会在市区新华北路“书想所”复合书店举行。

●芬兰艺术家劳拉·普什卡个展“矛盾螺旋”在市区华侨新村五排五号空间开幕。

全市首个知识产权法主题公园投入使用

全市首个以知识产权法为主题的法治文化公园——泉州软件园法治公园完工并投入使用。该法治公园占地面积约1500平方米，园内设置十多块形式各异、色彩亮丽的宣传展板和宣传栏，内容紧扣知识产权主题，融合《计算机软件保护条例》等与园区企业密切相关的法律法规，让园区企业和员工可近距离接受法治文化的熏陶，提高园区企业知识产权保护意识。丰泽区政府有关人士表示，在有80多家高新技术企业的软件园建设知识产权法主题公园，是丰泽区创建法治宣传阵地的探索和尝试。此外，丰泽区还建设以宪法为主题的公园，即桃花山法治文化公园。该园内通过富有美感的法治石雕、现场刻字等形式，把法治思想理念与桃花山公园环境有机融合。其中，长50米、高3米的国家宪法墙，是全国最长的宪法全文墙。至此，泉州市法治文化阵地已超过150个，在数量上处于全省领先水平，为泉州市开展全民普法工作、营造法制宣传教育氛围提供良好平台。

第三届海峡两岸健美健身锦标赛在泉州开赛

由省体育局社会体育指导中心、泉州台商投资区教育文体旅游局、福建省大学生体育协会、福建省健美健身协会等主办的第三届海峡两岸健美健身锦标赛暨全国健美健身冠军总决赛福建赛区选拔赛在泉州浅水湾体育中心开赛。此次比赛是福建省健美健身界的一项传统赛事，设有健美和健身两个大项比赛内容，其中健美项目包括男子传统健美、男子古典健美和健美元老组3个组别；健身项目设健身先生、健身小姐、美臀和体能测试等7个组别。共有38个代表队、235名选手参加，参赛人数创下历届之最。比赛旨在推动福建省健美健身运动的发展，加强海峡两岸相关体育政策的实施，并为两岸健美健身爱好者提供相互交流学习的平台。

“书香家庭 阅读泉州”征文暨评选活动颁奖

由市委文明办、市教育局、市文广新局、市文联、泉州晚报社、兴业消费金融股份公司主办的“书香家庭 阅读泉州”征文暨评选活动颁奖典礼暨阅读分享会在市区新华北路“书想所”复合书店举行。“书香家庭 阅读泉州”征文活动自2017年10月启动以来，受到市民积极响应，共有147个家庭参与评选，这些家庭藏书丰富，喜爱阅读，用文章分享他们的阅读故事与心得，泉州晚报《清源》副刊《新悦读》版面开辟专栏选登优秀稿件，泉州通APP同步开设作品展示专区，最终有10个家庭脱颖而出，获颁泉州市“书香家庭”称号。此次参加评选的家庭，既有公务员、教师、媒体人，也有很多家庭来自偏远山区农村，从他们身上，透着爱书藏书的高雅品位，传递着热爱学习的家庭氛围。此次“书香家庭，阅读泉州”征文暨评选活动的颁奖典礼及分享会直播吸引数千人关注。

“书香家庭 阅读泉州”颁奖典礼暨阅读分享会现场
（图/陈小阳）

芬兰艺术家个展“矛盾螺旋”在泉州开幕

芬兰艺术家劳拉·普什卡个展《矛盾螺旋》在市区华侨新村五排五号空间开幕。此次展览作为海内外游吟诗人驻地创作活动的一部分，在一周时间里，韩藜、胡小隆、徐加成、黄雯青等国内文坛新秀聚首华侨新村，驻地期间还开展华侨新村往事与泉州地方志分享、艺术家创作进程分享和驻地成果展等多场活动。劳拉·普什卡生于芬兰，毕业于荷兰阿姆斯特丹里特维尔艺术学院，曾在芬兰、冰岛、荷兰、法国、西班牙、加拿大、伊朗等国参与驻地项目和举办个展。

康涛到晋江市调研民营企业

市委书记康涛到晋江市，与民营企业家学习贯彻习近平近期关于支持民营经济发展的指示精神，调研民营企业增资扩营、技术改造情况，促进民营经济高质量发展。市领导翁祖根、刘文儒参加调研。每到一处，康涛都了解企业的新项目进展和生产运营情况，鼓励企业增强信心，加大研发投入，推动技术创新，要求经济部门加大帮扶力度，拿出当年“机器换工”的劲头，支持染整等相关产业提升，促进增资扩营。

康涛指出，习近平在东北、广东考察时的讲话和给“万企帮万村”行动中受表彰的民营企业家的回信，表明党中央始终鼓励、支持、引导民营企业发展。2018年以来，市委、市政府围绕传承弘扬“晋江经验”，召开务虚会、企业家座谈会，与留联会、青商会座谈，并开展一系列专题调研，旨在弘扬政企互动好传统，倾听企业家心声，致力构建“亲”“清”新型政商关系，提振爱拼敢赢精气神。各级各部门要学习领会习近平讲话和回信精神，从产业生态圈入手，发挥龙头企业的示范引领作用，服务、扶持中小企业发展，推动大中小企业全链条协同，让转型企业“留下来、发展好”。

康涛要求，市、县两级要在落实好党政领导与企业家恳谈、非公有制企业诉求受理处置反馈等机制和相关政策措施的基础上，引导企业坚定发展信心，心无旁骛聚焦主业。要突出全产业链提升和产业生态健康发展，结合谋划2019年工作，加强服务、扶持中小企业发展的课题研究，抓住关键环节，出台扶持政策，为破解中小企业、成长型企业融资难等问题“开药方”。工商联、各行业协会要发挥好政府参谋、企业之家的作用，了解中小企业所急所难，使政府帮扶企业的政策更加精准。

康涛到泉州台商投资区调研农村人居环境整治工作

市委书记康涛到泉州台商投资区调研农村人居环境整治工作。市委常委、秘书长翁祖根参加调研。在张坂镇山内村，康涛强调，各级各部门要因地制宜推进农村人居环境整治，立足城郊型、山区型等多种类型，探索更多可复制、可推广、可长效的好模式；要发挥农村能人的作用，想方设法促进村集体经济增收，引导村民自觉参与改善提升家园环境。康涛现场随机抽查位于洛阳镇云庄村的生活污水处理厂。康涛指出，各级各相关部门要健全管护长效机制，引入专业化技术力量，委托第三方运营维护。镇村干部要密切关注、持续跟踪，及时掌握辖区内设施运转情况；市、县两级要加强监管，创新随机抽查、考评监督等机制，盯紧抓牢管理职责，确保已建成设备长效稳定运行、发挥实际作用。

第二届福建省黄炎培职业教育奖创新创业大赛决赛在泉州举行

由福建省中华职业教育社、福建省教育厅主办，福建省汇众创新创业研究院、黎明职业大学承办的“和职教杯”第二届福建省黄炎培职业教育奖创新创业大赛决赛在泉州黎明职业大学举行。大赛以“职教育工匠，双创筑梦想”为主题，旨在弘扬黄炎培职业教育思想，为院校大学生搭建展现创新创业成果的舞台，引导大学生学习技术技能，激发创新活力，提高创业能力。

大赛参赛对象为全省中职学校（含技工院校）、高职院校、本科高校的全日制在校学生。大赛设中职组、高职组和本科组三个参赛组别。福建师范大学、福建农林大学、福建医科大学等全省130所院校组织参与初赛，选拔推荐584个项目参加此次省级复赛。经过网络评选，评选出120个优秀项目，其中本科组、高职组、中职组各40个入围省级现场决赛。在大赛决赛中，本科组、高职组、中职组各评选出8个金奖项目、12个银奖项目、20个铜奖项目。其中，泉州市有2项作品获本科组金奖，分别为泉州师范学院的《健康监护智能杯》、泉州信息工程学院的《光伏分布式停车场》；1项作品获高职组金奖，为黎明职业大学的《宝石鉴定手持式差分拉曼光谱仪》；2项作品获中职组金奖，为南安职业中专学校《B计划—交流220V电动卷帘门备用电源》、泉州华侨职业中专学校《便携式太阳能分体LED灯》。

10月29日

农历戊戌年九月廿一
星期一
温度：17℃—26℃
晴转多云

●康涛到晋江市，与民营企业家学习贯彻习近平近期关于支持民营经济发展的指示精神，调研民营企业增资扩营、技术改造情况，促进民营经济高质量发展。

●康涛到泉州台商投资区调研农村人居环境整治工作。

●市政协党组中心组（扩大）学习会议召开，传达学习习近平在中央政治局第八次集体学习时的讲话、对脱贫攻坚工作的指示精神，省委常委会会议精神和全省实施乡村振兴战略现场推进会精神及市委常委会会议精神等。

●29—31日，市国防动员委员会组织举行泉州市经济动员演练，检验经济动员系统应战应急能力。

●由福建省中华职业教育社、福建省教育厅主办的“和职教杯”第二届福建省黄炎培职业教育奖创新创业大赛决赛在泉州黎明职业大学举行。

●泉州晚报社与南威软件集团签署战略合作框架协议，建立战略合作伙伴关系，推动泉州智慧城市建设。

●2018年体操世锦赛在卡塔尔多哈举行，由晋江籍选手林超攀及其国家队队友肖若腾、邓书弟、邹敬园、孙炜组成的中国队，获得男子团体金牌。

10月30日

农历戊戌年九月廿二
星期二
温度：19℃—26℃
多云

●30—31日，省委常委、省纪委书记刘学新到惠安、洛江，检查学习贯彻习近平新时代中国特色社会主义思想和中共十九大精神，落实十九届中央纪委二次全会和省区市纪检监察工作座谈会部署情况。

●泉州市党内政治生活体验馆在永春县开馆。

●由中国轻工业联合会主办，泉州市城镇集体工业联合社协办的中国工艺美术大师工作委员会成立大会在泉州召开。

●王永礼到南安市向阳乡调研乡村振兴和脱贫攻坚工作。

●30—31日，市人大常委会组织对市十六届人大二次会议代表建议、批评和意见办理工作情况进行视察。

●由团市委、泉州市青年企业家协会、泉州市青年商会主办，泉州市各县（市、区）青年商会承办的2018年“青商杯”篮球赛在泉州师范学院明德体育馆开幕。

泉州市党内政治生活体验馆在永春县开馆

泉州市党内政治生活体验馆在永春县开馆。全市村党组织书记代表、有关县（市、区）委组织部干部到该馆参观学习、接受党性洗礼，并参加为期两天的全市村党组织书记示范培训班。市委书记康涛，市委常委、组织部部长孔繁军参加相关活动。在培训班开班式上，康涛结合贯彻习近平关于乡村振兴战略和党的建设、组织工作的论述，为学员上题为《认清使命 振奋精神 努力做一名合格的村党组织书记》的党课。康涛指出，农村基层党组织的工作重点是：抓班子建设，搞好团结、管好队伍、加强学习；抓民生兜底，打好精准脱贫攻坚战；抓产业发展，挖掘本地的拳头产品、特色品牌，千方百计壮大村集体经济；抓环境整治，注重长效管理机制；抓传统村落保护，留住乡愁记忆，保护好濒危历史建筑；抓社会治理，旗帜鲜明扫黑除恶，循序渐进移风易俗。

康涛在体验馆内为学员上党课（图/陈起拓）

中国工艺美术大师工作委员会成立大会在泉州召开

由中国轻工业联合会主办，泉州市城镇集体工业联合社协办的中国工艺美术大师工作委员会成立大会在泉州召开。中国轻工业联合会领导、各省中国工艺美术大师评选工作牵头单位负责人、历届中国工艺美术大师代表、行业专家学者等300多人参加会议。中国轻工业联合会会长张崇和出席会议并讲话。市长王永礼、省工信厅领导致辞，副市长洪自强参加。

张崇和指出，中国工艺美术大师工作委员会的成立，标志工艺美术行业组织更加健全，协调自律机制更加规范，指导服务更加完善，人才队伍更加壮大。大师工作委员会将继承优良传统，弘扬大师奉献精神，不断强化服务机制，增强服务能力，提升服务水平，统筹工艺美术大师服务协调工作，团结大师发挥专业作用，引领大师德馨艺强。接下来，大师工作委员会将做好巩固大师评选工作成果、资助大师传承基地建设、推动首批传统工艺振兴项目落实、开展大师工匠推荐学习活动、筹备举办首届工艺美术博览会等五方面工作。王永礼表示，泉州将以此为契机，在中国轻工业联合会的指导支持下，按照省委、省政府高质量发展落实赶超的部署要求，强化品牌、基地、人才队伍等方面建设，将泉州建成国内最具影响力的工艺美术生产基地、人才高地和文化圣地。希望大家常来泉州考察、创作，加强交流合作，共同推动工艺美术事业繁荣发展。

“中国工艺美术之都·泉州”授牌仪式（图/吴寿民）

会上还举行“中国工艺美术之都·泉州”授牌仪式，中国轻工业联合会与市政府战略合作框架协议签字仪式等。

王永礼到南安市调研乡村振兴和脱贫攻坚工作

市长王永礼到南安市向阳乡调研乡村振兴和脱贫攻坚工作。

在向阳乡三农互联网+星创天地，王永礼鼓励创客们继续优化发展模式，锻造品牌价值，分享成功经验。在向阳乡山夫残疾人合作社，王永礼鼓励合作社带头人要更加自信，用榜样的力量，示范引领残疾人、贫困户脱贫致富，走上全面小康路。在九仙斛生物科技企业，王永礼针对企业反映的用工、用电、发展休闲旅游等方面存在的困难和问题，叮嘱当地政府和村里要加大宣传力度，发动外出乡亲回乡就业，建议企业采取弹性就业方式吸纳周边富余劳动力，并在适当环节通过“机器换工”长效破解招工难问题；同时，向上争取对接各项优惠政策，帮助企业解决用电、公路设施等问题。

中化泉州土建施工百日劳动竞赛动员大会举行

中化泉州100万吨/年乙烯及炼油改扩建项目土建施工百日劳动竞赛动员大会在泉惠石化工业园区举行。中化集团党组成员、副总裁江正洪，市长王永礼等参加动员大会。

江正洪指出，希望各级党委、政府能一如既往地为项目建设给予支持与帮助，各参建单位能继续与中化深化合作、实现互利共赢。项目施工要高度重视安全和质量，做好整体统筹；要以科学至上的理念为工作指导，树立“敢打敢拼、勇于创新、争创一流、坚决完成”的竞赛精神，加大人员和施工资源投入，积极主动、务实创新，完成劳动竞赛目标；要激发干劲，为项目建设冲锋战蓄足力、加满油；要以逢山开路、遇水架桥的拼搏奋斗精神，打造“精品工程、样板工程、平安工程、廉洁工程”。

王永礼表示，泉州正高举习近平新时代中国特色社会主义思想伟大旗帜，全面贯彻中共十九大精神，按照省委、市委决策部署，推动传统、重化、高新三大板块成形成势，加快高质量发展落实赶超目标。此次中化泉州100万吨/年乙烯及炼油改扩建项目对整个泉州和中化的未来发展都具有重大战略意义，期盼中化集团发挥央企的资金、技术、资源等优势，与泉州拓展合作，布局更多大项目、好项目。希望全体参建单位比出干劲、赛出作风，比出能力、赛出成绩，比出担当、赛出形象。全市各级各相关部门要做好赛事保障工作，全心全意服务好竞赛，支持项目早日建成。

市政府党组（扩大）会议召开

市政府党组（扩大）会议召开，传达学习习近平在中央财经委员会第三次会议上关于自然灾害防治的讲话、省委常委会、省政府党组会、市委常委会会议精神；召开市政府党组理论学习中心组学习会，学习贯彻习近平在中共中央政治局第八次集体学习时对乡村振兴战略的讲话、对脱贫攻坚工作的指示和省委常委会、省政府党组会、全省实施乡村振兴战略现场推进会、市委实施乡村振兴战略领导小组会议精神，研究市政府贯彻意见。

会议指出，各县（市、区）政府、市直各部门要提升对灾害危害和防治的认知，以严的态度、实的举措，全面落实防灾减灾各项措施。要坚持问题导向，对照建设九项重点工程、十大防灾减灾体系的要求，立足泉州实际，聚焦关键领域和薄弱环节，尽快补齐短板，提升灾害风险防范能力。要完善防灾减灾各项机制，从“市、县、镇、村层层压实”和“政府部门协同协作”两个维度共同构筑安全屏障，确保人民群众生命财产安全。会议要求，各级各部门要把乡村振兴作为推进高质量发展落实赶超、全面建成小康社会的重要战略措施。要抓责任，提高政治站位，层层落实落细责任，遵循乡村规律，突出规划先行，坚持长远和短期结合，注重质量、从容建设。要抓两头，坚持顶层设计和基层探索相结合，抓出典型示范的同时，抓好薄弱村、困难村提升。要抓主体，突出发挥农民和村两委的作用，激发内生动力，让村民自己“说事、议事、主事”。要抓治理，攻坚农村厕所革命、垃圾治理、污水治理、扫黑除恶等专项行动。

泉州市组织学习习近平给民营企业家回信精神

泉州市召开学习贯彻习近平给“万企帮万村”行动中受表彰的民营企业家回信精神座谈会，全市各领域的30多名民营企业家与会，学习习近平给民营企业家的回信以及在辽宁、广东调研的讲话精神。泉州南少林武术国际学校校长陈翔表示，作为企业，要不断练好内功，把创新发展的主动权掌握在手中，在壮大自身的同时要不忘反哺社会，参与精准扶贫，为实现共同富裕贡献力量。泉州市德源轴承实业有限公司总经理林靖翔表示，授人以鱼不如授人以渔，民营企业在参与精准扶贫行动时，要着眼于产业扶贫，利用自身优势带动农村、农民脱贫致富。福建东方奇迹农业科技发展有限公司经理王东表示，民营企业应当参与“百企帮百村”行动，把精准扶贫行动与国家的乡村振兴战略结合起来，将先进科技带到农村农业领域，壮大企业的同时帮助农民依靠自己的双手脱贫。

10月31日

农历戊戌年九月廿三
星期三
温度：18℃—25℃
多云转小雨

●中化泉州100万吨/年乙烯及炼油改扩建项目土建施工百日劳动竞赛动员大会在泉惠石化工业园区举行。

●市政府党组（扩大）会议召开，传达学习习近平在中央财经委员会第三次会议上关于自然灾害防治的讲话、省委常委会、省政府党组会、市委常委会会议精神。

●市政府第四十一次常务会议召开，研究《泉州市人民政府关于促进全市开发区高质量发展的实施意见》等。

●泉州市召开学习贯彻习近平给“万企帮万村”行动中受表彰的民营企业家回信精神座谈会。

●作为全省唯一一个扩大受理商标业务范围的试点窗口——泉州商标受理窗口在泉州东海市行政服务中心对外开展业务。

●甘肃白银旅游专场推介会在泉州举行。

11月1日

农历戊戌年九月廿四
星期四
温度：16℃—20℃
小雨转大雨

●市委常委会召开会议，研究修订《中国共产党泉州市委员会工作规则》，传达学习省委《关于巡视整改进展情况的通报》及省委常委、省纪委书记、省监委主任刘学新到泉州调研精神，研究泉州市贯彻意见。

●泉州市组织收听收看全省深化落实第四次全国经济普查工作视频会议。

●继全国、全省电视电话会议召开之后，泉州市召开非洲猪瘟防控工作视频会，分析形势，部署防控工作，严防非洲猪瘟疫情传入。

●泉州市“乡村记忆文化”项目建设领导小组会议召开，研究确定38个村（社区）为泉州市第二批市“乡村记忆文化”项目建设试点村（社区）。

●由省知识产权局支持,晋江市委、市政府主办的“知创中国 闽商领航”晋江企业家领航计划发布会在“知创福建”福建省知识产权公共服务平台大厅召开。

●1—4日，由中国陶瓷工业协会主办的第十一届中国陶瓷艺术大展在浙江龙泉举行。德化县160多件（套）作品参展、参评，53件作品获奖，其中金奖8件、银奖17件、铜奖28件。

市委常委会会议研究修订《中国共产党泉州市委员会工作规则》

市委常委会召开会议，研究修订《中国共产党泉州市委员会工作规则》（以下简称“工作规则”），传达学习省委《关于巡视整改进展情况的通报》及省委常委、省纪委书记、省监委主任刘学新到泉州调研精神，研究泉州市贯彻意见。

会议指出，此次修订工作规则，主要是把习近平新时代中国特色社会主义思想和党中央的新部署、新要求落实到制度中。要结合“大学习”活动，领会新思想、把握新要求，把工作规则细化实化到日常工作中。市委常委会要带头贯彻执行工作规则，在严肃党内政治生活、马上就办真抓实干、密切联系群众、履行全面从严治党责任等方面为全市各级班子作出表率，确保中央、省委决策部署落到实处。各级党委（党组）要对照市委工作规则，健全完善各项工作制度，提升制度治党、依规治党水平。

会议要求，要对表中央要求，落实省委部署，做好巡视整改工作。要落实主体责任，把巡视整改政治责任扛到底、扛到位。要举一反三，从源头抓好建章立制、堵塞漏洞，适时开展“回头看”，确保常态长效。要学习省委巡视整改工作机制，坚持问题导向，集中攻坚，持续拿出阶段性成效。

会议强调，全市各级党委（党组）和纪检监察机关要兴起“大学习”热潮，落实刘学新到泉州调研工作要求，履行好全面从严治党主体责任和监督责任。要毫不松懈抓好巡视整改、生态环保领域专项交叉巡察等近期重点工作，及早谋划启动2018年主体责任落实情况检查前期工作。要加强纪检监察机关自身建设，行使权力慎之又慎，自我约束严之又严，锻造全面过硬的执纪铁军。

第二批“乡村记忆文化”项目建设试点村（社区）确定

泉州市“乡村记忆文化”项目建设领导小组会议召开，研究确定鲤城区常泰街道树兜社区等38个村（社区）为泉州市第二批市“乡村记忆文化”项目建设试点村（社区）。根据《泉州市实施“乡村记忆文化”项建设三年行动方案》工作部署，市档案局、方志委组成调研组，按照《关于做好“乡村记忆文化”示范村（社区）推荐申报工作的通知》要求，对各县(市、区)推荐申报的第二批项目建设试点村（社区）进行专项调研和现场考察后，经领导小组会议研究，确定38个村（社区）为泉州市第二批市“乡村记忆文化”项目建设试点村（社区）。会议要求，各县（市、区）在总结提炼首批试点项目建设经验的基础上，组织第二批试点项目实施，督促各试点村（社区）保障人财物投入，确保第二批试点项目于2020年6月30日前完成建设。

泉州市“乡村记忆文化”项目建设领导小组会议现场
（图/刘志家）

晋江企业家领航计划发布会在福州召开

由省知识产权局支持,晋江市委、市政府主办的“知创中国 闽商领航”晋江企业家领航计划发布会在“知创福建”福建省知识产权公共服务平台大厅召开。省科技厅党组成员、省知识产权局局长颜志煌，晋江市负责人，以及投石智库CEO徐凯祥，领航班全球战略行家导师陈广乾等出席发布会。发布会上，颜志煌指出，为更好地传承和弘扬“晋江经验”，必须发扬与时俱进的改革精神，坚持创新驱动、创造兴业。而这一切，关键在人，关键在新一代的企业家身上。因此，省知识产权局着眼于知识产权工作与晋江“领航计划”的创新属性契合点，集中优质知识产权资源要素，支持此次“知创中国 闽商领航”晋江企业家领航计划的开展实施，为“晋江经验”增添知识产权要素，丰富“晋江经验”的时代内涵。

全市深化扫黑除恶专项斗争推进会召开

在收听收看全省深化扫黑除恶专项斗争推进会后，泉州市随即召开全市深化扫黑除恶专项斗争推进会，贯彻落实全国、全省推进会精神和中央扫黑除恶第4督导组督导反馈会精神，部署推进下阶段工作。会议要求，要严格对标对表，落实中央督导组反馈的问题整改。严肃对待、主动认领，马上就办、立行立改，逐一制定整改细案，确保整改问题一项不落、整改要求一分不减。坚持高标准严要求，举一反三、标本兼治，从体制机制等方面补短板、堵漏洞，边整改、边总结、边提高。层层压实责任，各级各部门要履行好本地区、本系统整改的主体责任，主要领导要亲自抓、牵头抓、具体抓，把督导整改成果转化为推进专项斗争的更大成效。

泉州市确定首批23个市级“人才之家”

为推动各地“人才之家”建设再上新台阶，厚植尊才重才的氛围环境，市委组织部下发文件，加强泉州市“人才之家（社区）”建设，筛选一批作为首批市级“人才之家”并挂牌。经评估验收，鲤城区新门会客厅等23个“人才之家”被确定为首批市级“人才之家”。市级“人才之家”作为人才的定点联络和服务阵地，向全市人才共享开放。确定市级“人才之家”后，将完善软硬件设施，配备专兼职管理人员，制定专门管理办法，明确惠才服务项目，细化特色服务清单，提升服务质量和服务内涵。“人才之家”突出“家”的特性、彰显“家”的温暖，将发挥人才交流和服务的桥梁纽带作用。市人才办相关负责人表示，通过建设一批“人才之家”，有利于各级党委、政府更加密切地联系服务人才；有利于提升人才的自豪感和获得感，激发人才创新创业创造热情；有利于增强人才的归属感、认同感，引导人才更好地融入泉州、扎根泉州、奉献泉州。

泉州市69家企业参展第十一届“文博会”

第十一届海峡两岸文化产业博览交易会（以下简称“文博会”）在厦门会展中心开幕。泉州首日签约18个项目，总金额67.2亿元。该届“文博会”为期四天。泉州市组织69家企业参展，通过195个展位全面展示泉州市文化产业发展的最新成就。该“文博会”主会场重点打造“省市与文化名企强企板块”，突出“文化+金融”，聚焦各省市文化名企强企、金融和投资机构的文化产业项目投融资及合作对接需求；“工艺艺术品板块”展区面积2.63万平方米，荟萃两岸陶瓷、木雕与沉香、玉石雕、综合艺术四大门类近500家工艺展商；“创意设计板块”方面，台湾地区五大艺术高校与大陆40多所高校同场竞技；“数字内容与影视板块”打造“海峡两岸影视大客厅”，全面呈现两岸影视文化产业和数字内容产业发展动态；“文创旅游板块”则将台湾地区的风光民俗与文创产品带到现场。

“美丽古城 家园共造”社区营造全程影像拍摄大赛颁奖

“美丽古城 家园共造”社区营造全程影像拍摄大赛颁奖仪式举行，获奖作品展同步开始。泉州“美丽古城 家园共造”社区营造工作自2017年8月启动以来，通过“培训—提案—竞赛—选点”一系列过程，对泉州古城社区营造试点社区进行选拔，古城范围内各街道、社区的干部群众以及社会热心人士、规划专业者等积极参与。为记录泉州古城社区营造的全过程，市古城办与黎明职业大学共同策划“美丽古城 家园共造”社区营造全程影像拍摄大赛。大赛的参赛主体为社区营造活动各初赛入围团队及其成员。借助影像大赛，各社区营造队伍用照片讲述故事，用镜头捕捉瞬间，用“微作品”讲述“大道理”，用“小行动”传播“大价值”。影像大赛征集到图片作品200余件、视频作品7件，作品记录社区营造活动开展以来各社区营造团队的工作情况，每一张照片定格的时刻，都是对社区营造活动的生动展示。此次“美丽古城 家园共造”社区营造全程影像拍摄大赛获奖作品展首展在金鱼巷展出，持续到11月18日。随后在各社区举办巡回展。

11月2日

农历戊戌年九月廿五
星期五
温度：16℃—20℃
中雨转小雨

●在收听收看全省深化扫黑除恶专项斗争推进会后，泉州市随即召开全市深化扫黑除恶专项斗争推进会，贯彻落实全国、全省推进会精神和中央扫黑除恶第4督导组督导反馈会精神，部署推进下阶段工作。

●市委组织部下发文件，加强泉州市“人才之家（社区）”建设，筛选一批作为首批市级“人才之家”并挂牌。

●第十一届海峡两岸文化产业博览交易会在厦门会展中心开幕，泉州市组织69家企业参展。

●“美丽古城 家园共造”社区营造全程影像拍摄大赛颁奖仪式举行。

11月3日

农历戊戌年九月廿六
星期六
温度：19℃—24℃
多云

●3—4日，泉州市城市管理提升行动之社区营造初阶培训举行。

●3—4日，由中华全国体育总会联络部和福建省体育总会主办的2018“丰泽杯”海峡两岸暨港澳地区群众网球赛在丰泽区宝珊花园网球中心和华侨大学网球场举行。

●3—7日，由泉州历史文化中心主办的泉南书画学社同人作品展在市区威远楼举行。

●南音与交响《晋水向海流》在市区梨园古典剧院首演。

2018“丰泽杯”海峡两岸暨港澳地区群众网球赛举行

3—4日，由中华全国体育总会联络部和福建省体育总会主办的2018“丰泽杯”海峡两岸暨港澳地区群众网球赛在丰泽区宝珊花园网球中心和华侨大学网球场举行。云南、贵州、广西、江西、山东、福建、天津以及港澳台地区24支代表队280多名选手参赛，参赛人数和赛事规模远超往届。竞赛项目为团体赛，每场团体赛由5场单项比赛组成，分为男双50岁（指两名选手年龄总和，下同）以上组、女双60岁以上组、男双80岁以上组、混双90岁以上组、男双100岁以上组。比赛采用5场3胜制，录取前八名。

泉南书画学社同人作品展举行

3—7日，由泉州历史文化中心主办的泉南书画学社同人作品展在市区威远楼举行，展示陈祥耀、施子清、周焜民、李大洲、陈文岩、黄清禄、林英明、郭景仁等海内外泉州人书画作品60幅。同时，还分别在市区承天寺、芳草园崇正书院举行《泉州书法史略》首发座谈会和古玉收藏讲座——“点趣轩谈玉”等系列活动，古玉收藏讲座由香港陈文岩教授主讲。《泉州书法史略》被称作“泉州书史开山之作”，为泉州历史文化中心副理事长、泉州晚报原副总编林英明新著，该书以中国书法史为经，以各个历史时期泉州主要书法家的活动为纬，着重追述书法的律动及其与社会文化的相互关系，从而印证泉州历史文化的源远流长。在一千多年的泉州书法史上，蜚声海内外的书法名家不乏其人。书中所涉历史时期的书家，从唐代欧阳詹开始，经宋、元、明、清，止于近代。全书7章28节，梳理泉州不同历史时期的书法发展脉络，并对一些书法现象进行理论探析。作为一部地级市书法史专著，在国内还不多见，该书的正式出版从人文角度充实“海丝泉州”的文化内涵，引起社会各界瞩目。

《泉州书法史略》首发座谈会现场（图/廖平和）

南音与交响《晋水向海流》首演

南音与交响《晋水向海流》在市区梨园古典剧院首演，该剧由泉州市南音传承中心和泉州市闽南民间歌舞传承中心创排，为泉州市第33届戏剧会演的压轴之作。南音与交响《晋水向海流》在保持南音特色的前提下，借助、发挥交响音乐的表现力和烘托功能，通过序曲、第一乐章《草庵之火》、第二乐章《深沪帆影》、第三乐章《安平明月》、第四乐章《围头湾婚礼》、第五乐章《五店市弦歌》、第六乐章《少年追梦》、第七乐章《大江奔流》等结构乐章，表现风靡全国的经济发展模式“晋江模式”背后不可或缺的“晋江精神”。泉州市南音传承中心负责人表示，该作品是对传统音乐文化遗产保护、传承、发展、创新的大胆探索，其文化意义是将闽南民众引以为自豪的南音古乐，和现代的交响乐结合在一起，从而让其贴近群众、贴近生活、贴近时代。

南音与交响《晋水向海流》首演（图/陈智勇 何韶峰）

南音与交响《晋水向海流》是泉州市创排的南音新作，由众多名家携手打造。文本由泉州市南音艺术家协会主席谢万智创作，其作品曾获全国群星奖等，曾任第六届全国农运会开幕式及多场大型演出总撰稿。作曲、导演、舞美等均为实力派名家，作曲由国家一级演奏员吴世安担任，他为国家级非物质文化遗产代表性传承人；总导演由福建省歌舞剧院国家二级导演杨新胜担任，其作品曾获第三届全国少数民族文艺会演（专业组）创作金奖等。

香港泉州慈善促进总会第七届董事就职典礼在泉州举行

4—5日，香港泉州慈善促进总会成立十七周年暨第七届董事局董事就职典礼在泉州举行。会前，市长王永礼与到泉州参加活动的创会会长陈守仁等座谈。中华全国归国华侨联合会、省委统战部、省侨联相关领导到会指导。市领导林万明、杨晓山、刘文儒、张建生、季翔峰、洪川夫参加相关活动。王永礼对乡贤们推动泉州与香港发展，凝聚乡情、热心公益、造福桑梓等义举表示肯定。王永礼指出，泉州正按照市委十二届七次全会部署，作答“再创‘晋江经验’新辉煌、蹚好转型升级‘后半场’、勇当高质量赶超主力军”三个时代命题，推动泉州改革发展继续走在前。希望乡贤们发挥桥梁纽带作用，为推动两地发展做出新贡献，泉州也将尽力做好乡贤服务工作，促进合作共赢。

在5日的就职典礼上，骆志鸿当选香港泉州慈善促进总会第七届董事局会长，苏千墅当选主席。陈守仁通过仁善扶贫基金会，分别向福建省归国华侨联合会和泉州市慈善总会捐赠200万元、1000万元，用于支持精准扶贫、创业脱贫，并与福建省归国华侨联合会精准扶贫工程具体项目签署四方协议。陈守仁家族福利基金会与南台寺签署捐助南台寺景观提升工程意向书，并向泉州师范学院捐出100万元善款。苏千墅向晋江市政府捐赠500万元，用于支持2020年在晋江举行的世界中学生运动会。香港泉州慈善促进总会向家乡9个县（市、区）赠送“同心工程”救护车。

相关链接：自2001年成立以来，香港泉州慈善促进总会秉承“团结乡亲、共襄善举、造福桑梓、服务社群”的宗旨，筹集慈善基金近1亿元，用于服务香港泉州籍乡亲和支持家乡泉州的慈善事业。

泉州9件作品获第六届海峡工艺精品奖金奖

第六届海峡工艺精品奖揭晓，泉州市44件作品获奖，其中《紫鸢》（作者：黄景平）、《般若》（作者：李璋高）、《许多话对你说》（作者：黄国銮）、《彩绘瓷塑陈三五娘》（作者：林振昌）、《十八罗汉》（作者：陈建阳）、《家婆》（作者：倪世杰）、《三打白骨精》（作者：郑国明）、《四君子》（作者：蔡碧海）、《木偶人物变脸》（作者：刘墩林）9件获金奖，《逍遥自在》（作者：倪伟栋）等8件获银奖，《无上清凉》（作者：庄少卿 黄明玉）等21件获铜奖，《门神》（作者：曾祎）等6件分获“最佳技艺奖”“最佳创意奖”和“最佳传承奖”。海峡工艺精品奖是第十届海峡两岸文博会的重要活动之一，由原“中华工艺精品奖”更名而来。在该届海峡工艺优秀作品奖角逐中，泉州市也收获甚丰，《大圣归来》（作者：黄志亮）、《十二生肖》（作者：苏础辉）、竹编漆器《盛世天香》（作者：陈清河）等3件作品获金奖，一批作品获银奖和铜奖。

泉州南音作品入选第二届全国曲艺小剧场新作展演

4—7日，由中国曲艺家协会和江苏省文联主办的第二届全国曲艺小剧场新作展演在江苏南通举行，泉州南音表演唱《海峡同名村》入选参演。《海峡同名村》为南音创新作品，是全省唯一一件入选此次展演的作品。

此次展演旨在反映新时代新风貌，发现培养中青年曲艺人才，推动曲艺小剧场持续健康发展。《海峡同名村》由泉港区文体旅游新闻出版局出品、泉港区南音传承中心编排选送参演。泉州市曲艺家协会名誉主席尤春成应邀执导该作品。尤春成表示，泉港区多年来探索闽台文化交流的新形式、新途径、新载体，创新性地开展两岸“同名·同宗·同乐”文化交流，即同名村对接、同宗亲寻根、同礼乐交流“三同文化”活动，举办了三届闽台“三同文化”节，参与交流的台湾同胞遍及宝岛各地。《海峡同名村》文本由陈小平创作、莘韵担任作曲，泉州市南音界知名人士白云娉和施阿兰联袂演绎。

11月4日

农历戊戌年九月廿七
星期日
温度：19℃—24℃
多云

●4—5日，香港泉州慈善促进总会成立十七周年暨第七届董事局董事就职典礼在泉州举行。

●第六届海峡工艺精品奖揭晓，泉州市44件作品获奖。

●4—7日，由中国曲艺家协会和江苏省文联主办的第二届全国曲艺小剧场新作展演在江苏南通举行，泉州南音表演唱《海峡同名村》入选参演。

●“陈守仁家族福利基金会慈善捐赠仪式”在泉州花桥慈济宫举行。实业家、慈善家、香港联泰集团董事长陈守仁及其长孙陈孝殷，代表家族福利基金会，向花桥慈济宫郭仙姑殿维修工程捐赠120万元。

●洛江区首届青年集体婚礼举行。

●福建省十佳服装制版师表彰活动暨服装制版核心技艺分享会在晋江市金井镇举行。

11月5日

农历戊戌年九月廿八
星期一
温度：20℃—25℃
多云

●首届中国国际进口博览会在上海开幕，泉州市组团参会。

●第十一届海峡两岸文化产业博览交易会在厦门闭幕，泉州市再获优秀组织奖（最高奖），签订19个项目，签约总金额67.2亿元人民币，

●市委统战部召开专题会议，学习习近平在民营企业座谈会上的讲话精神。

●由市禁毒办、市教育局、团市委、市公安局和泉州司法强制隔离戒毒所主办的2018年全市“健康青春·绿色无毒”青少年毒品预防教育进校园巡讲活动在泉州华侨职校启动。

●安溪县召开民营企业座谈会，了解企业运营情况，倾听企业发展中存在困难问题。

泉州市组团参加首届中国国际进口博览会

首届中国国际进口博览会在上海开幕，泉州市组团参会。作为世界上第一个以进口为主题的大型国家级展会，首届中国国际进口博览会吸引130多个国家和地区的3000多家企业签约参展。泉州交易分团积极参与对话、合作。作为对外贸易的前沿阵地，7月以来，泉州市便密集部署，成立交易分团，分析梳理区域内产业结构、进口需求及消费特点，发动企业报名参会。市商务局负责人表示，泉州市主动与省交易团以及商务部对接了解展商整体状况、产业结构等，同时市商务局也进行摸底，摸清泉州企业技术需求、产业需求，以更好地进行对接。展会期间，泉州市与省交易团共同举办福建省高端装备、医疗医药进口对接会，同时还组织采购商参加福建新一轮开放政策解读和项目对接会、签约仪式等现场活动，为泉州企业寻找新商机，展示泉州市开放发展的新形象、新作为。此次世界各地的高端智能制造、医疗设备以及电子设备展商云集上海，泉州市根据之前摸底实际情况，有针对性的组织企业采购对接。

泉州市获第十一届“文博会”最高奖

第十一届海峡两岸文化产业博览交易会（以下简称“文博会”）在厦门闭幕，泉州市再获优秀组织奖（最高奖），签订19个项目，签约总金额67.2亿元，大部分为亿元项目，涵盖文化旅游、影视演艺、文化产业园区、工艺美术、工业设计等众多领域，这些大项目带动性极强，将优化文化产业结构。此次签约最大的项目为启迪鸿星永春冰雪世界，金额达40亿元，将建设室内冰雪世界、冰雪精灵城、冰球馆和极限运动中心、亲子酒店、清华启迪精英学校以及配套的景观公园、度假公寓等。此次成功签约的文化旅游项目所占比重最大，泉州美食城、德化戴云山文化创意园、泉州台商投资区洛阳古桥共生文化艺术特区等项目均为超亿元项目，带动性强。影视演艺项目也收获颇丰，其中电影《南少林·剑经》和电影《极品师徒2》也是超亿元项目，均为弘扬南少林武术的重要作品。

市委统战部专题学习习近平民营企业座谈会讲话精神

市委统战部召开专题会议，学习习近平在民营企业座谈会上的讲话精神。会议指出，习近平主持召开民营企业座谈会并发表讲话，极大地提振民营企业创新发展的信心。泉州市作为非公有制经济大市，促进非公经济“两个健康”（非公有制经济人士健康成长、非公有制经济健康发展）责任重大，各级统战部、工商联要组织非公经济人士学习贯彻此次座谈会的精神，传递信心，凝聚共识，提升服务，让民营企业家心无旁骛地办好企业，为坚持高质量发展落实赶超做出新的更大贡献。会议要求，各级统战部、工商联要开展新思想“大学习”活动，打造新思想武装的泉州企业家队伍；要强化平台载体建设，提升服务非公经济的水平；要深化构建亲清新型政商关系，推动政企良性互动；要打造新时代泉州企业家新形象，引导民营企业家做爱国敬业、守法经营、创业创新、回报社会的典范；要加强自身建设，提高经济领域统战工作水平。

全市青少年毒品预防教育进校园巡讲活动启动

由市禁毒办、市教育局、团市委、市公安局和泉州司法强制隔离戒毒所主办的2018年全市“健康青春·绿色无毒”青少年毒品预防教育进校园巡讲活动在泉州华侨职校启动，两名正接受戒毒治疗的戒毒人员进入校园“现身说法”，以亲身经历讲述毒品危害，增强学生禁毒意识。巡讲活动为期两周，覆盖全市14所中小学及职业院校。活动现场，学生观看学校毒品预防教育专题片《致青春》和禁毒图片展览，纷纷表示要洁身自爱，自觉远离毒品。

相关链接：全市各级各相关部门开展青少年毒品预防教育工程，提升人民群众特别是青少年群体的识毒、防毒、拒毒意识，新滋生吸毒人员数量明显减少，吸毒人员低龄化趋势得到有效控制，青少年毒品预防教育工作取得显著成效。

泉州市参与主办福建省高端装备、医疗医药进口对接会

由福建省交易团、中国医药保健品进出口商会、东浩兰生集团、泉州市政府主办的福建省高端装备、医疗医药进口对接会在上海举行。副省长郑新聪，泉州市领导王永礼、季翔峰等出席活动。郑新聪在致辞中表示，希望各位企业家代表一如既往关心支持福建发展，寻找最合适的商机，共享福建开放发展带来的红利。会上，福建省金龙汽车、申远新材料、冠华新材料等34家采购商与采埃孚、神钢集团、新弘一等参展商及进出口银行、中国银行等金融机构现场签订39个高端装备、医疗医药采购和金融服务项目。泉州市、福建省医用设备商会分别就高端智能制造产业园、医疗医药产业园进行推介，境外参展商就相关产品进行推介。采购商和参展商还进行现场对接洽谈。会前，郑新聪、王永礼等会见英国驻上海总领事馆副总领事托尼·克莱蒙森等重要嘉宾及多位世界500强企业代表。

王永礼在上海与泉州籍企业家代表座谈

在首届中国国际进口博览会召开期间，泉州市长王永礼到上海泉州商会，与泉州籍企业家代表座谈交流，共同学习习近平近期关于支持民营经济发展的讲话精神。副市长季翔峰参加座谈会。会上，王永礼向泉州企业家代表送上来自家乡的问候，并对大家在异乡创业拼搏所取得的业绩给予肯定。王永礼一边听取企业家代表发言，一边对大家的意见给予回应。王永礼指出，泉州人素有爱拼敢赢、输人不输阵的精神，大家的发言，说出支持家乡高质量发展的真情，说出干事创业的豪情；大家的好建议、好项目，我们将认真梳理，逐一对接落实。希望企业家们常回家看看，多建言献策，多回家乡投资兴业，继续为泉州经济社会发展和慈善公益事业贡献力量。王永礼指出，习近平在不同场合明确表态支持民营企业发展，给广大民营企业家吃了“定心丸”。大家要学习贯彻习近平讲话精神，把握时代大势，抓住发展机遇，化困难为动力，踏踏实实苦练内功，增强核心竞争力，把企业做优做强。泉州各级政府各部门要按照中央、省和市委部署要求，主动靠前服务，回应企业诉求，逐项列出问题清单，一个一个推动解决；要优化营商环境，加强土地、融资、科技、人才等要素保障，支持民营企业走向更加广阔的舞台。

晋江市第二届海峡精英人才节开幕

泉州人才“港湾计划”——晋江市第二届海峡精英人才节开幕。该届人才节活动持续到12月，涵盖双创赛事、双创平台、创业培训、成果对接和配套服务5个大类29项系列活动，搭建起人才、科技、资本、项目的对接平台，为招商引资、招才引智开辟新渠道。与第一届相比，该届人才节呈现三个特色亮点。其中之一就是更加突出“服务”主题，该届活动以“创新创业 服务先行”为主题，从构建“引育用留”全链条人才生态出发，提供全要素保障的创业生态服务、市场化的人才管理服务和高品质的生活服务，策划开展的29项系列活动，“服务”主题就占26项。如推进“一中心（国际人才交流服务中心）、一窗口（一站式服务窗口）、一网络（聚才网）、一本通（《营商事务“一本通”》《民生事务“一览通”》）服务；又如聚焦“食住行、游乐购、医教养”，成立卫生健康发展基金、提供高层次人才家庭医生签约服务，开展“文化惠人才”等，为人才提供“家门口”的高品质生活。

该届人才节更加突出“市镇联动”。活动由晋江市、镇两级联动策划，双创平台、创业培训等大多延伸到镇一级，10多个双创平台中，镇级平台占近一半，出现一批服务基层产业发展的创新创业“标杆”。如计划于11月上旬启动运营的磁灶产业协同创新平台、池店镇与陕西科技大学成立轻工技术联盟中心、内坑镇拖鞋行业跨境电商人才孵化基地等。此外，该届人才节还引导人才、资本、项目、平台等各类创新要素向企业集聚，策划开展多场产学研成果、技术对接会，加速科研成果、人才项目落地集聚效应显现。

11月6日

农历戊戌年九月廿九
星期二
温度：20℃—26℃
多云

●由福建省交易团、中国医药保健品进出口商会、东浩兰生集团、泉州市政府主办的福建省高端装备、医疗医药进口对接会在上海举行。

●在首届中国国际进口博览会召开期间，王永礼到上海泉州商会，与泉州籍企业家代表座谈交流，共同学习习近平近期关于支持民营经济发展的讲话精神。

●市委中心组（扩大）学习会召开，邀请省企业与企业家联合会会长刘捷明作《中国国有企业改革之路》专题报告。

●泉州市组织收听收看福建省建设新时代文明实践中心试点工作电视电话会议。

●泉州旅游推介团在三明开展“清新福建·海丝泉州”旅游推介会。

●泉州人才“港湾计划”——晋江市第二届海峡精英人才节开幕。

11月7日

农历戊戌年九月三十
星期三
温度：20℃—27℃
多云

●根据省委巡视工作领导小组统一部署，省委巡视二组向市委反馈巡视情况。

●全市第四季度新闻季谈会暨庆祝第19个中国记者节采风活动、座谈会在惠安县举行。

●7—9日，由中国侨联主办、省侨联承办的2018海外侨胞故乡行活动在泉州举行。

●泉州旅游推介团在龙岩举行“清新福建·海丝泉州”旅游推介会。

●7—9日，第十届国际绿色复合材料研讨会在泉州师范学院举行。

省委巡视二组向市委反馈巡视情况

根据省委巡视工作领导小组统一部署，省委巡视二组向市委反馈巡视情况。会上，省委巡视二组组长张才毕反馈巡视情况，省委巡视办正厅级巡视专员黄伟庆对抓好巡视整改工作提出要求。市委书记康涛主持反馈会并作表态讲话。

张才毕提出四点意见：一是学习贯彻习近平新时代中国特色社会主义思想和中共十九大精神，在学懂弄通做实上下功夫，维护习近平总书记核心地位、维护党中央权威和集中统一领导，落实习近平对福建工作的指示精神，按照省委十届六次全会的部署，坚持高质量发展落实赶超，破解发展难题，增强人民群众的获得感幸福感。二是坚持以党的政治建设为统领，在全面夯实党的建设基础上下功夫，加强党员干部的理想信念教育，贯彻落实全国宣传思想工作会议精神和新时代党的组织路线，把握意识形态领域的领导权，树立正确用人导向。三是加大全面从严治党力度，在压紧压实管党治党政治责任上下功夫，泉州市委要担负起全面从严治党的主体责任，落实中央“八项规定”精神和省委实施细则，加强廉政风险防控。四是以高度的政治自觉抓好巡视整改，在做好巡视“后半篇文章”上下功夫，泉州市委要带头担负起巡视整改主体责任，把巡视整改工作摆到突出位置上来抓，统筹抓好上次巡视整改不到位问题和此次巡视发现问题的整改，逐条“对账销号”，建立督促整改长效机制，同时落实纪律建设的政治要求，让铁规发力、禁令生威。

黄伟庆就抓好巡视巡察工作特别是巡视整改工作，提出三点要求。一要在思想上政治上行动上同以习近平同志为核心的党中央保持高度一致。要旗帜鲜明讲政治，时时处处从政治和大局上向核心看齐；要学习贯彻习近平新时代中国特色社会主义思想和中共十九大精神，落实党中央、省委重大决策部署；要推动党内政治生态实现根本好转，结合省委巡视二组反馈的问题，严明政治纪律和政治规矩。二要强化管党治党政治担当，推动全面从严治党向纵深发展。要把握全面从严治党形势和阶段特征，落实全面从严治党责任；泉州市委要增强紧迫感、责任感、使命感，把管党治党责任传导给所有班子成员，传导给下级党组织的“一把手”，纪检监察机关要履行协助党委推进全面从严治党的监督责任，加大整治群众身边腐败问题的力度；要以落实中央巡视专项检查反馈意见整改为契机，发挥巡视巡察在全面从严治党中的利剑作用；要对标党中央要求，把抓好中央巡视反馈意见整改落实作为一项重要的政治任务，结合市、县机构改革，配齐配强力量。三要在整改落实上集中发力，做好巡视“后半篇文章”。泉州市委要向省委对标看齐，扛起巡视整改主体责任，把巡视整改作为全面从严治党的重要抓手，明确责任分工，建立健全组织领导、责任落实、工作推进、督促检查四个机制。

全市庆祝中国记者节座谈会在惠安县举行

全市第四季度新闻季谈会暨庆祝第19个中国记者节采风活动、座谈会在惠安县举行。会议要求，要学习全省宣传思想工作会议精神，做大做强正面宣传，加强传播手段和话语方式创新，推动媒体融合发展，加强制度建设、阵地管理和对外传播能力建设，提高新闻舆论传播力、引导力、影响力、公信力。要围绕市委、市政府中心工作，加强组织策划，讲好泉州故事，深化新闻战线“走转改”，为坚持高质量发展落实赶超鼓呼造势。

2018海外侨胞故乡行活动在泉州举行

7—9日，由中国侨联主办、省侨联承办的2018海外侨胞故乡行活动在泉州举行。在泉州期间，访问团走访闽南科技学院、南洋华裔族群寻根谒祖综合服务平台、泉州华侨历史博物馆、泉州师范学院、晋江五店市传统街区、晋江城市规划馆、晋江文化中心祖昌音乐厅、石狮市博物馆“丝路狮缘——故宫狮文化珍宝展”、石狮文化馆非遗展和古代海丝重要渡口林銮渡等地。家乡的历史文化底蕴和经济社会发展变化，让侨胞们印象深刻。

市委常委会会议学习近平民营企业座谈会讲话精神

市委常委会召开会议，传达学习贯彻习近平10月31日主持召开的中共中央政治局会议精神和习近平在民营企业座谈会上的讲话精神及省委理论学习中心组学习会精神。恒安集团CEO许连捷受邀到会，分享参加民营企业座谈会的心得体会。会议指出，要传承“晋江经验”，支持实体经济，扶持民营企业，发展好历届市委市政府、几代企业家打下的基业，把泉州民营经济发展推向新高度。要弘扬政企互动优良传统，践行“亲”“清”新型政商关系，敢于担当作为，花更多的时间和精力帮助企业挺过困难、高质量发展。扶持企业要简明易行、迅速管用。政策要有感，政策制定、答疑宣传、执行落实要听取企业家、行业协会、商会的意见建议，及时跟进评估，推出实打实、接地气的举措。服务要专业，围绕产业链上下游企业的需求，放开手脚探索新办法，用心用情帮助企业转型好、留得住、扎下根。

市委巡视整改工作领导小组第一次会议召开

市委巡视整改工作领导小组第一次会议召开，研究《关于落实<省委巡视二组关于巡视泉州市的反馈意见>的整改任务和分解方案》，部署巡视整改工作。会议要求，要对标省委好机制、好做法，把巡视整改作为一项严肃的重大政治任务，确保高质量高标准如期完成整改。要强化整改政治担当，市委承担巡视整改的主体责任，各牵头单位、责任单位要对号入座、主动认领、倒排时序，全面改、深入改、改到位。要细化实化整改任务，坚持问题导向、目标导向、结果导向，对照省委巡视二组反馈意见，按照《整改任务与分解方案》，列出问题清单、责任清单、任务清单。既要拿出“当下改”的举措，又要形成“长久立”的机制，深挖根源、举一反三，做到标本兼治。要建立完善组织领导、责任落实、工作推进、督促检查等机制，加强综合协调，形成工作专班，组织专项督查，抓好日常监督，确保整改高效有序推进。

第十九届中国（南安）水头国际石材博览会举行

8—11日，第十九届中国（南安）水头国际石材博览会（以下简称“石博会”）在南安市石材产业展示中心举行。泉州市领导王永礼、季翔峰，中国建材联合会、中国石材协会等各级行业协会领导，以及乌兹别克斯坦、俄罗斯、土耳其、意大利等国家和地区的经济部门负责人和客商代表等出席。展会设9个展区，包括1个主展区以及8个常年展区，总展示面积92.3万平方米，还设有11处企业固定体验馆。该届“石博会”结合石材行业发展新趋势，以“产业提升、城市提质”为导向，突出“绿色、艺术、融合、创新”主题，集石材产品展览、标准发布、技术交流、专题研讨、经贸洽谈活动于一体。展会上配套的“新产品、新应用、新业态论坛”和中国花岗石集采平台“11·8”供需对接会、技术助推产业升级研讨对接等活动，立足于为石材产业提供全方位的绿色发展指导服务。参展产品突出石材创意与文化，不仅有石材，还有石材机械和辅料、建筑陶瓷、水暖器材及其他装饰材料。在展示区内，主办方设立中国石材设计新品美学馆，启动第一届美石家杯全民设计大奖赛，意在加强对石材新应用领域的推介和美学引导，为具有品牌意识的矿山或企业打造品牌和渠道升级的“超级平台”。在同期举行的石博文化节活动上，国内及意大利、巴西、法国、土耳其、阿根廷等国的10位IFFA国际花式足球协会大师参与表演，在石材产业中引入前沿文化，将南安石材推向全国。

第十九届中国（南安）水头国际石材博览会开馆式
（图/林劲峰）

11月8日

农历戊戌年十月初一
星期四
温度：19℃—26℃
多云

●全省机关体制机制创新现场交流会在晋江市召开。

●市委常委会召开会议，传达学习贯彻习近平10月31日主持召开的中共中央政治局会议精神和习近平在民营企业座谈会上的讲话精神及省委理论学习中心组学习会精神。

●市委巡视整改工作领导小组第一次会议召开，研究《关于落实<省委巡视二组关于巡视泉州市的反馈意见>的整改任务和分解方案》，部署巡视整改工作。

●市扫黑除恶专项斗争领导小组会议召开，传达全国、全省扫黑除恶专项斗争推进会和中央扫黑除恶督导组督导福建省情况反馈会议精神，研究泉州市贯彻意见。

●8—11日，第十九届中国（南安）水头国际石材博览会在南安市石材产业展示中心举行。

●8—9日，泉州市在洛江区举办智能制造领域高层次人才研修班，全市各地35名高层次人才参与研修。

●泉州市第十七次见义勇为模范暨见义勇为志愿者先进集体表彰大会在市公安局举行，对2017年7月以来全市涌现出的事迹突出的15名见义勇为先进人物和4个见义勇为先进群体（群体人数：12人）进行表彰，同时表彰6个见义勇为志愿者先进集体，一共发放奖励金60万元。

●由省住建厅、市政府主办，市市政公用事业管理局承办的第六届福建省菊花展览泉州展区在市区滨海公园开幕。

●石狮湖西家宴中心启用，系泉州市首个乡村标准化“家宴中心”。

11月9日

农历戊戌年十月初二
星期五
温度：18℃—23℃
多云

●市委常委会（扩大）会议召开，学习贯彻习近平关于巡视工作的指示，落实省委巡视二组巡视反馈会精神。

●全市深化扫黑除恶专项斗争暨综治维稳工作推进会召开，通报上阶段扫黑除恶专项斗争及维稳工作情况，并部署下阶段工作。

●9—11日，由中国自行车运动协会、省体育局、市政府主办的2018环泉州湾国际公路自行车赛举行。

●省生态环境厅会同市政府，就泉港裂解碳九泄漏引发的环境污染事件，邀请中国环科院、海洋三所、中国石油大学（华东）、福州大学、上海市环科院、国家化学品登记中心有关专家进行勘查研判。

●全省非洲猪瘟防控工作视频会议召开后，泉州市立即召开会议，对非洲猪瘟防控工作进行部署。

●市工商联（总商会）召开十四届六次主席（会长）扩大会议，学习贯彻习近平在民营企业座谈会上的讲话精神。

●由市妇联和丰泽区妇联主办的“巾帼心向党 建功新时代”红歌快闪活动举行。

●9—11日，第三届中国（南安）国际泛家居主题活动周在南安成功国际会展中心举行。

●由清华大学主办，惠安县城镇集体工业联合社、鼎立艺术馆承办的当代中国南北石雕艺术巡展在惠安县举行。

市委常委会（扩大）会议部署省委巡视反馈意见整改工作

市委常委会（扩大）会议召开，学习贯彻习近平关于巡视工作的指示，落实省委巡视二组巡视反馈会精神。会议强调，要高标准严要求，保质保量如期完成整改任务。整改责任要层层压实，市委承担巡视整改主体责任，市委书记为第一责任人，市级领导班子成员要履行好“一岗双责”，各级党委（党组）承担本地区本部门巡视整改主体责任，各级领导干部要以身作则、带头整改；整改任务要见底清零，对照巡视组反馈意见，逐条逐项研究细化整改，开好巡视整改专题民主生活会；整改措施要从严从实，把整改和深化标本兼治有机结合起来，建立健全整改落实常态化、长效化机制；整改成效要全面到位，倒排序时进度，严格组织验收，及时通报紧抓，确保整改一条不少、一项不落。

会议要求，要以巡视整改为牵引，聚焦重点发力，解决与全面从严治党要求不相符的各类问题，推动管党治党不断上新水平。把政治建设摆在首位，深化“大学习”活动，确保一轮比一轮深入。把中央和省委决策部署贯彻到位，践行新发展理念，以高质量发展落实赶超。落实党管意识形态、基层党建工作述职评议、党建工作项目化管理等。把反腐败斗争进行到底，正风肃纪常抓不懈，严格执行中央“八项规定”及实施细则精神，深化移风易俗，真正管出习惯、化风成俗。把巡察利剑直插基层，把中央和省委巡视反馈意见及整改落实情况纳入市县巡察监督重点，确保高质量完成巡察全覆盖。

2018环泉州湾国际公路自行车赛举行

9—11日，由中国自行车运动协会、省体育局、市政府主办的2018环泉州湾国际公路自行车赛举行。市领导王永礼、林锦明、张建生、周真平、李冀平，中国自行车运动协会、省体育局相关负责人参加启动仪式。

市长王永礼在致辞时指出，2018环泉州湾国际公路自行车赛以“海丝·青山·古城”三个独具特色的泉州标签，设计“海”“山”“城”3条赛道，全方位、立体化展示泉州的多元文化、多彩城市。通过不同赛段截然不同的体验，让自行车的小小车轮，带领大家领略精彩的泉州故事。作为东道主，组委会和市政府将为赛事提供周到、热情、专业的服务，为各地体育健儿打造超越自我、放飞梦想的舞台。泉州有信心、有决心、有能力将环湾赛打造成亚洲乃至世界级的品牌赛事，希望运动健儿们释放速度与激情，赛出水平、赛出风格，创造自行车运动的新佳绩。

从2016年开始举办的环泉州湾国际公路自行车赛已是第三年，系全球唯一以“海丝”和“环湾”为主题的专业自行车赛，在国内外产生广泛影响，成为展示泉州作为古代“海上丝绸之路”重要节点城市优势，向全国乃至全球讲好中国海丝故事的重要平台。赛事全程分为3个赛段，途经鲤城、丰泽、洛江、泉港、永春5个区（县），总里程约267.4千米。欧洲、亚洲、大洋洲以及国内的18支参赛队伍参赛。

开赛前，南少林雄风武术表演、蟳埔女亲子秀、儿童平衡车表演等独具特色的暖场节目接连上演。首场比赛，车手们角逐约82千米的“城”线，从海峡体育中心到中国闽台缘博物馆，一路领略泉州新城建设成就与古城人文魅力。第二赛段——永春“山”线，从永春旅游集散中心到雪山风雅颂山庄，线路总长约105千米，是此次赛程最长、最具挑战的“皇后赛段”。第三赛段围绕主题“海”展开，以泉港区后龙镇后龙村为起终点作绕圈赛，线路总长度约81.6千米。经过三个赛段的角逐，英国加农艾斯伯格洲际队的斯特德曼获个人总成绩冠军，中国香港队获车队总成绩冠军。

2018环泉州湾国际公路自行车赛现场（图/吴聪伟）

泉州市部署东港石化化学品泄漏事件后续处置工作

为贯彻生态环境部督查工作组督导要求，落实《福建省生态环境厅关于东港石油化工实业有限公司码头化学品泄漏专家会商及相关情况的通报》意见精神，泉州市召开专题会议，对东港石化公司化学品泄漏事件后续处置工作进行部署。会议指出，各级各部门要提高思想认识，从快从细从实、毫不松懈地推进各项后续措施落实，尤其是要做好群众损失的评估理赔、区域生态环境修复等工作；市、区两级、相关部门间要加强沟通协作，发挥市直部门和专家专业优势，加强现场指导，细化相关方案，确保系列措施落地见效；要全面开展事故调查，查明事故原因，追究相关责任人责任；要总结经验教训，强化规范管理，建立健全防范、检查、处置长效机制，做到举一反三。会议强调，市直有关部门要会同泉港区政府落实国家、省环保部门要求，按照专家意见，加强专业队伍力量，加快清理黏附在网箱泡沫、礁石、岸滩上的残余油污；及时更换泡沫浮球渔排，对使用过的吸油毡及时进行打捞清运、规范处置；根据医疗专家会诊意见，做好住院患者的诊疗工作；做好受影响区域大气、海洋环境、水产品质量监测，及时发布监测数据；邀请专家开展石化海域生态研讨咨询，组织海域功能布局和生态环境损失评估，制定海洋生态修复方案，并抓紧组织实施。

虚拟现实技术国际会议暨第十六届泉州市科协年会召开

10—11日，由中国仿真学会医疗仿真专委会、虚拟技术应用专委会、数字娱乐仿真专委会，泉州师范学院，市科协主办的虚拟现实技术国际会议暨第十六届泉州市科协年会在泉州市师范学院召开。国内外虚拟现实领域的30多位专家学者围绕行业热点、前沿科学、技术走势、产业经济等展开研讨。大会以“虚拟现实+医疗文化”为主题，在33场学术报告中，与会专家学者聚焦虚拟现实技术，结合基础理论研究及突破、医疗影像分析、技术驱动与产业集聚等课题进行交流。虚拟现实是新一代信息技术的重要前沿，是引领产业变革的重要力量。上海交通大学国家数字化制造技术中心教授谢叻表示，虚拟现实技术可应用于虚拟制造，其发展对泉州这样的制造业大市有重要意义。虚拟现实技术可应用在生产过程中的建模环节，还可对产品进行可制造分析，降低生产失误率，从而提升企业的生产效率。不仅如此，非物质文化遗产保护也是虚拟现实技术推广应用的重要内容。泉州拥有丰富的非物质文化遗产，这也是会议选择在泉州举行的重要原因，有利于推广虚拟现实技术在该领域的应用。

2018年晋江市文化产业周开幕

2018年晋江市文化产业周开幕。该届文化产业周以“文创+，美好生活再出发”为主题，以洪山文创园及周边文化阵地为中心，集聚海峡两岸文创机构，打造“晋江家门口的文博会”。

2018年晋江市文化产业周为期一周，包括“文创+艺术、文创+体育、文创+旅游、文创+制造对接和文创+演艺娱乐”5个大方面、19场文创活动。主办方表示，恰逢晋江迎接世界中学生运动会和举办亚洲大体联足球亚洲杯的重要节点，2018年的文化产业周凸显体育元素，举办世界城市定向挑战赛、首届垂直马拉松等赛事活动，启动世界中学生运动会形象大使选拔赛，以探索和营造文创与体育运动融合发展的氛围，助力晋江打造“体育城市”。

相关链接：晋江市围绕打造“国际化创新型品质城市”，深化文化体制改革，强化统筹协调和规划引导，推动文化产业高质量发展，文化产业连续保持快速增长。初步测算，2017年文化产业增加值超63亿元，同比增长14%。晋江文化产业发展集聚效应已得到初步呈现，形成“三园一基地多节点”的发展格局，即洪山文创园、创意创业创新园、五店市传统街区和包装印刷产业基地，以及利郎创意园、婴童文创园、海明文化城等民营文创园区，还有10余家众创空间。产业的集聚，令晋江吸引更多文创人才涌入。以洪山文创园为例，截至2017年底，园区累计吸引入驻各类企业、机构248家，聚集创新创业人才2300多名。

11月10日

农历戊戌年十月初三
星期六
温度：19℃—23℃
多云

●市委、市政府召开专题会议部署东港石化公司码头化学品泄漏事件后续处置工作。

●10—11日，由中国仿真学会医疗仿真专委会、虚拟技术应用专委会、数字娱乐仿真专委会，泉州师范学院，市科协主办的虚拟现实技术国际会议暨第十六届泉州市科协年会在泉州市师范学院召开。

●2018年晋江市文化产业周开幕。

●由惠安县政府、全国工商联石材业商会主办的2018年中国（惠安）国际雕刻艺术品博览会雕刻艺术与生活美学研讨会在惠安县世界石雕之都展示中心举行。

11月11日

农历戊戌年十月初四
星期日
温度：19℃—26℃
多云

●新华社刊发《新时代国门行丨泉州：“刺桐港”上演变奏曲》，以近1500字专题报道泉州边海防的历史变迁，以及“一带一路”倡议背景下的时代跨越。

●由市总工会、市卫计委主办，泉州医学高等专科学校、泉州市中医药学会中药分会承办的泉州市首届中药学岗位职工技能竞赛在泉州医学高等专科学校举行。

●是日，全市快递业务量（收件量）突破千万件，达到1072万件，比2017年11月11日增加236万件，增长26.7%；派件量102万件，同比增长9.78%，再创历史新高。

●泉州台商投资区庆祝改革开放40周年系列展在泉州丝路文化艺术展览馆开幕。

新华社、《参考消息》关注泉州边海防建设成效

11日、12日，新华社、《参考消息》陆续以专题、专版形式报道泉州“海丝”风采及边海防建设新貌。11日，新华社刊发《新时代国门行丨泉州：“刺桐港”上演变奏曲》，全文以近1500字专题报道泉州边海防的历史变迁，以及“一带一路”倡议背景下的时代跨越，12日，《参考消息》以两个整版的篇幅，分别刊发《从“炮战第一村”到“海峡第一村”——探访与金门一水之隔的围头村》《泉州：“海上丝绸之路”起点新起航》。从战火纷飞的前线围头，到硝烟散尽的静谧围头，再到百业兴旺的前沿围头，围头村作为“海峡第一村”的崭新形象跃然呈现。从藏在泉州多元文化中的基因密码，解读泉州的经贸发展及未来，泉州在“21世纪海上丝绸之路”上也实现了新突破。泉州市海防委员会办公室相关工作人员介绍，不久前，由新华社编辑、记者组成的媒体采访团专程到泉州，走访泉州“海丝”、海防史迹遗址以及海防新貌，采访海防一线事迹，并以“致敬改革开放四十周年 新时代国门行”为主题，对泉州边海防建设进行专题、专版报道。“昔日海防海战一线，今天改革开放前沿。”这是新华社在专题文章中的开篇第一句，也是央媒对泉州推进“21世纪海上丝绸之路先行区”建设给予的肯定。

晋江市金井镇围头村一角（图/吴寿民）

泉州市首届中药学岗位职工技能竞赛举行

由市总工会、市卫计委主办，泉州医学高等专科学校、泉州市中医药学会中药分会承办的泉州市首届中药学岗位职工技能竞赛在泉州医学高等专科学校举行。此次竞赛旨在加强泉州市中药师的培养，引导中药师立足岗位增知识、练技术、强本领，提升中药师专业技术水平和综合服务能力，建设一支高素质的中药师队伍，促进中药学学科建设与发展。

比赛通过理论知识竞赛、中药饮片性状鉴别竞赛、中药调剂竞赛、中药炮制竞赛、临床中药学（处方审核）等项目进行比拼，赛项全面，考核严格。在中药饮片性状鉴别项目中，主要考察选手是否能正确识别临床常用中药饮片；中药调剂则要求选手在规定时间内，按照处方笺上的饮片名，调配处方，要求操作规范，剂量准确；中药炮制项目中，选手要在规定时间内完成1味中药饮片的炮制加工，要求操作方法熟练，成品性状符合《中药药典》（2015版）要求；临床中药学（处方审核）项目中，要求选手指出处方中存在的问题，回答评委提出的用药问题。全市13家医院、4家医药企业、1所高校的44名选手参赛。经过角逐，泉州市中医院的黄金城获特等奖，福建医科大学附属第二医院陈晓明和泉州医学高等专科学校林水花获一等奖；泉州医学高等专科学校获团队一等奖。

“双11”全市快递业务量突破千万件

根据邮政业安全监管信息系统显示，2018年“双11”（11月11日）当天，泉州快递业务量（收件量）突破千万件，达到1072万件，比2017年11月11日增加236万件，增长26.7%，相当于每秒揽收124个快件；派件量102万件，同比增长9.78%，再创历史新高。市邮政管理局和全市邮政快递企业在场地、设备、车辆、航线、物料、人员等要素供应和储备上，提早介入，全力服务收、派、运、转、仓。通过购买、调整、合作、租用等方式新增各类车辆4272辆；通过调整、扩建和临时租用等方式新增作业场地19万平方米，百世、中通、申通、京东等调整新分拨场地；通过增员、校企合作和临时招聘等方式新增人员7081名。同时，在加班线路、航线、物资配备、支撑服务、后勤保障等方面都采取相应优化措施，邮政、顺丰、圆通、韵达、德邦、优速、苏宁天天、安能等改进设备和流程。

市人大常委会党组（扩大）会议传达省委巡视情况会议精神

市人大常委会党组（扩大）会议召开，传达省委巡视二组向泉州市委反馈巡视情况会议及市委常委会会议精神。会议指出，要学习领会、全面准确把握习近平关于巡视工作的论述，增强做好此项工作的政治自觉、思想自觉和行动自觉；要全面落实中央要求和省委、市委的安排部署，提高政治觉悟、明确整改方向，在整改上真用心、真发力，做到即知即改、立行立改、真改实改，确保取得扎实成效；要扛起政治责任，加强对巡视整改工作的组织领导，以“马上办”“钉钉子”精神，让巡视发现的问题条条都整改、件件有着落；要强化监督检查和成果运用，做到标本兼治，巩固整改成果，防止问题反弹。

市政府党组（扩大）会议传达市委常委会会议精神

市政府党组（扩大）会议召开，传达8日市委常委会会议、9日市委常委会（扩大）会议精神，研究《中共泉州市人民政府党组落实市委部署巡视整改任务工作方案》《中共泉州市人民政府党组关于成立市政府党组巡视整改工作领导小组的通知》，对落实省委巡视整改要求和市委部署巡视整改任务进行动员。

会议要求，要逐条逐项不打折扣抓好整改落实。要明确责任，市政府党组承担巡视整改中涉及市政府问题整改的主体责任，党组书记、市长为第一责任人；市政府领导班子成员抓好分管领域的整改事项，专题研究部署推进；市政府各部门党组（党委）承担本部门巡视整改主体责任。要明确要求，对照分工方案，主动认领责任，建立台账，分类管理，挂图作战，一项一项解决、销号。要明确时限，按照省委巡视工作领导小组和市委要求，紧盯规定时间节点抓好整改，并结合岁末年初各项工作，全面进入集中整改攻坚状态。要建立整改常态化、长效化机制，防止反弹、反复。要把以人民为中心的思想贯穿巡视整改全过程。以人民群众拥不拥护、赞不赞成、答不答应作为根本评判标准，聚焦脱贫攻坚、污染防治、营商环境等民生社会事业，破解人民群众关切的热点、难点问题。严格执行中央八项规定及实施细则精神，弘扬“马上就办、真抓实干”，持之以恒改作风、转作风。保持有贪必肃、除恶务尽的高压态势，扎牢不敢腐、不能腐的笼子。

市政协党组会议传达中共中央政治局会议精神

市政协党组会议召开，传达习近平10月31日主持召开的中共中央政治局会议精神和习近平在民营企业座谈会上的讲话精神及省委理论学习中心组学习会精神；传达全国、全省扫黑除恶专项斗争推进会和中央扫黑除恶督导组督导福建省情况反馈会议精神；传达全国、全省宣传思想工作会议和全省促进文化产业高质量发展座谈会、全省县级融媒体中心推进会精神；传达十九届中央第二轮巡视工作动员部署会暨全省设区市巡察办主任座谈会精神；传达市委常委会（扩大）会议精神。会议指出，市政协要增强整改落实的政治自觉、思想自觉和行动自觉，以最坚决的态度、最务实的作风、最果断的行动，抓好巡视整改工作。要坚持问题导向，成立整改工作领导小组，抓紧制定下发整改方案，把巡视反馈问题全面整改到位。

菲律宾达沃市政府代表团到晋江市进行友好访问

12—14日，菲律宾达沃市政府代表团到晋江市进行友好访问。其间，晋江市和达沃市举行建立友好城市关系协议签约仪式。达沃市成为晋江继意大利库内奥省后缔结的第二个国际友好城市。双方希望，两市以此次签约为新起点，在经贸、文化、教育等领域广泛对接，携手推动双方合作取得良好实效，为促进中菲两国关系发展做出贡献。达沃市是菲律宾第三大城市，交通便利，农业发达。2016年，晋江与达沃市开启友好往来的大门，两地在多个领域开展交流与合作。此次结成友好城市，双方将加强互动往来，拓展交流合作领域，实现优势互补、互利共赢，共同推动两地经济社会发展。

11月12日

农历戊戌年十月初五
星期一
温度：19℃—23℃
小雨转多云

●市人大常委会党组（扩大）会议召开，传达省委巡视二组向泉州市委反馈巡视情况会议及市委常委会会议精神。

●市政府党组（扩大）会议召开，传达8日市委常委会会议、9日市委常委会（扩大）会议精神，研究《中共泉州市人民政府党组落实市委部署巡视整改任务工作方案》《中共泉州市人民政府党组关于成立市政府党组巡视整改工作领导小组的通知》。

●市政协党组会议召开，传达习近平10月31日主持召开的中共中央政治局会议精神和习近平在民营企业座谈会上的讲话精神及省委理论学习中心组学习会精神等。

●《参考消息》以两个整版的篇幅，分别刊发《从“炮战第一村”到“海峡第一村”——探访与金门一水之隔的围头村》《泉州：“海上丝绸之路”起点新起航》。

●12—14日，菲律宾达沃市政府代表团到晋江市进行友好访问。

11月13日

农历戊戌年十月初六
星期二
温度：17℃—21℃
多云

●全市黑臭水体治理攻坚战暨城乡生活污水治理工作推进会召开，分析当前形势，部署下阶段工作。

●泉州市多举措增强普惠金融质效。

●福建省第九届少数民族传统体育运动会在三明市体育馆闭幕。泉州市代表团获竞赛项目7枚金牌、6枚银牌、6枚铜牌，表演项目2个金奖、1个银奖绩，金牌数和奖牌数均居全省第二位。

●泉州市落实“消防救援人员优先”政策。

全市黑臭水体治理攻坚战推进会召开

全市黑臭水体治理攻坚战暨城乡生活污水治理工作推进会召开，分析工作形势，部署下阶段工作。会议要求，要强化工作推进，紧盯目标，做足“成色”，如期“交账”，做到水里岸上一起治、健全机制常态抓。要落实工作保障，强化组织领导，细化责任分工，加大资金保障，加强督查问责，引导公众参与，按时序推进各项工作。就城乡生活污水治理工作开展，会议要求，要树立城乡一盘棋思想，抓紧制定具体的工作实施方案，排出时间表，明确责任人，密切配合，主动服务，加强督查，强化资金、机制、舆论保障，确保城乡生活污水治理取得实效。

泉州市多举措增强普惠金融质效

泉州市多举措增强普惠金融质效，取得良好效果。实施农村金融服务3年行动方案。推动与省农信联社签订5年2500亿元信贷投放战略合作协议，全面推广“农e贷”系列产品，发展“公司+农户”、“合作社+农户”、互助担保基金等信用共同体融资模式，开展生猪价格指数保险、蔬菜价格指数保险等新型农村保险，提升金融支持乡村振兴战略的水平。深化小微金融服务创新。开展金融创新产品（项目）评选活动，推广“小微快贷”“云税贷”等“互联网+大数据+金融”服务，建立小微企业贷款专营机构235家，推行“442”政银担合作风险分担机制，287家企业在中征应收账款融资服务平台融资186.06亿元，全市小微企业信贷覆盖率超过40%。加大绿色贷款投放。推动银行业机构设立绿色信贷主办支行、实施“环保一票否决制”，创新绿色信贷工作机制。推动兴业银行泉州分行与市河长办签订合作协议，“十三五”期间为市河（湖）长制相关项目提供绿色融资100亿元。创新金融精准扶贫模式。为全市64568名“建档立卡”贫困人员购买政府扶贫救助责任保险，提供风险保障金额121.87亿元，赔付扶贫保险950人次，已决赔款金额231.47万元。

泉州市获省民运会金牌数全省第二

为期3天的福建省第九届少数民族传统体育运动会在三明市体育馆闭幕。经过角逐，泉州市代表团获竞赛项目7枚金牌、6枚银牌、6枚铜牌，表演项目2个金奖、1个银奖绩，金牌数和奖牌数均居全省第二位。该届运动会以“中华民族一家亲，同心共铸中国梦”为主题，遵循“平等、团结、拼搏、奋进”的宗旨，设置蹴球、陀螺、射弩、民族武术、高脚竞速、板鞋竞速等6个竞赛项目和综合类、竞技类、技巧类3类表演项目，全省9个设区市和平潭综合实验区10个代表团1600多人参加。福建省少数民族传统体育运动会每四年举办一次，是全省少数民族的大型体育盛会，比赛项目具有浓厚的民族性、广泛性和趣味性，深受少数民族群众欢迎。为备战此次赛事，泉州市民族与宗教事务局组织蹴球、板鞋竞速、高脚竞速、民族武术、射弩、陀螺、表演等项目运动员的选拔、集训工作，最终从中挑选59名运动员组成泉州市代表团，参加蹴球、陀螺、民族武术、板鞋竞速4个竞赛项目和3个表演项目的比赛。

泉州市落实“消防救援人员优先”政策

泉州市行政服务中心、机场、动车站、客运站、长途汽车站、部分医院等单位相继对消防救援人员推出优先优待政策，在醒目位置张贴“消防救援人员优先”标识。10月18日，中共中央办公厅、国务院办公厅印发《组建国家综合性消防救援队伍框架方案》明确提出建立尊崇消防救援职业的荣誉体系。设置专门的“中国消防救援队”队旗、队徽、队训、队服，建立符合职业特点的表彰奖励制度，消防救援人员继续享受国家和社会给予的各项优待，以政治上的特殊关怀激励指战员许党报国、献身使命。为确保消防救援人员各项优待政策在全市范围内得以落实，泉州消防支队党委联系有关部门，宣讲有关政策，争取最大支持，同时主动对接交通、医疗卫生、银行、旅游等有关单位和部门，推动“消防救援人员优先”政策落实。

市委巡视整改工作领导小组会议召开

市委巡视整改工作领导小组会议召开，学习中央巡视工作领导小组署名文章《巡视整改落实是“四个意识”的试金石》和省委巡视整改领导小组《关于认真学习中央巡视工作领导小组署名文章深入抓好巡视整改落实的通知》，研究泉州市贯彻落实意见。会议指出，《巡视整改落实是“四个意识”的试金石》文章，为学习贯彻习近平关于巡视工作的论述提供重要指导。各级党委（党组）和党员干部既要深入系统学，又要联系实际学，把巡视整改作为推动党的路线方针政策贯彻落实的重要环节，作为落实全面从严治党战略部署的重要抓手。

会议要求，要增强巡视整改的政治自觉、思想自觉、行动自觉，把巡视整改政治责任扛在肩上。市委要承担主体责任，层层传导压力，形成全市动手一起抓整改的良好局面。要细化实化具体整改措施，加强整改专项检查、日常监督，推动整改落实见真章、动真格、求实效。要坚持高标准严要求，既从紧从速确保进度，又从实从细动真碰硬，既拿出“当下改”的举措、集中解决巡视发现的突出问题，更要建立“长久立”的机制，从源头上堵塞漏洞。要以巡视整改为牵引，深化“大学习”，激发干部新担当新作为，更好地推动改革促进发展，带动各项工作实现新提升，凝心聚力推动高质量发展落实赶超。

市委常委会会议传达贯彻省人大常委会精神

市委常委会召开会议，传达贯彻省人大常委会学习贯彻习近平关于坚持和完善人民代表大会制度的思想交流会精神；传达习近平指示、全国党委秘书长会议和全省党委秘书长、办公厅（室）主任会议主要精神，传达习近平同中华全国总工会新一届领导班子成员集体谈话时的讲话、中国工会十七大和省委常委会会议精神，研究泉州市贯彻意见；学习《中国共产党支部工作条例（试行）》。

会议指出，全市各级各部门特别是各级人大组织要全面学习领会习近平关于坚持和完善人民代表大会制度的思想，坚持人大工作正确政治方向，发挥职能优势，突出立法引领，回应社会关切，与时俱进展现担当作为。各级党委要把人大工作和建设统筹纳入总体工作布局，主动提供有力保障。习近平对全国党委秘书长会议的批示，为做好新时代办公厅（室）工作提供基本遵循。各级党委办公室要学习领会，贯彻到党办履行职能职责各方面各环节。要坚持讲政治、有情怀、善参谋、树形象，建设让党放心、让人民满意的政治机关、模范机关。要扛好使命担当，以极端负责的态度，马上就办，真抓实干，以协调体现权威，以落实体现职能。

会议要求，要团结动员一线建功，聚焦高质量发展落实赶超，造就一支宏大的知识型、技能型、创新型产业工人大军；以改革激发活力，树立大抓基层的鲜明导向；当好职工“娘家人”，打造工会服务品牌。各级党委要加强和改进对工会工作的领导，各级工会党组织要履行好管党治党主体责任，团结带领职工群众听党话、跟党走。

会议强调，全市各级党组织要贯彻执行《中国共产党支部工作条例（试行）》（以下简称“条例”），把建强支部作为管党治党的基本任务，推动全面从严治党落实到每个支部、每名党员。要组织学习宣传条例，与“两学一做”学习教育和党支部“达标创星”紧密结合，确保各级党组织和党员全面掌握、应知应会；各级党委（党组）书记要学在前、做在前，发挥好党支部的战斗堡垒作用。

泉州市24项成果获2017年度省科技奖

省政府公布2017年度福建省科学技术奖获奖名单，泉州市24个项目成果获奖，其中技术发明奖2项（占该奖项获奖总数的28%），科技进步奖22项。由华侨大学土木工程学院许斌教授主持完成的“基于压电材料的超高层建筑钢—混凝土组合结构检测新技术与应用”获技术发明奖二等奖。泉州七洋机电有限公司的“热量表综合检定装置及关键技术的研发与应用”获技术发明奖三等奖。泉州市农业科学研究所的“高淀粉甘薯新品种泉薯9号的选育与应用”等获科技进步奖。

11月14日

农历戊戌年十月初七
星期三
温度：16℃—23℃
多云转晴

●市委巡视整改工作领导小组会议召开，学习中央巡视工作领导小组署名文章《巡视整改落实是“四个意识”的试金石》和省委巡视整改领导小组《关于认真学习中央巡视工作领导小组署名文章深入抓好巡视整改落实的通知》，研究泉州市贯彻落实意见。

●市委常委会召开会议，传达贯彻省人大常委会学习贯彻习近平关于坚持和完善人民代表大会制度的思想交流会精神等。

●省政府公布2017年度福建省科学技术奖获奖名单，泉州市24个项目成果获奖，其中技术发明奖2项（占该奖项获奖总数的28%），科技进步奖22项。

11月15日

农历戊戌年十月初八
星期四
温度：18℃—23℃
多云转小雨

●王永礼到市信访局接访群众。

●市人大常委会召开民营企业家人大代表座谈会，学习贯彻习近平在民营企业座谈会上的讲话精神及省委、市委有关精神，听取企业家代表对发展壮大泉州市民营经济的意见建议。

●市政协召开专题会议，听取市纪委监委工作情况通报。

●由市人大、市检察院、市环保局、市科协、市科技馆等主办的“凝聚红色力量 共创低碳生活”环保主题系列活动在市区丰泽街道源淮社区举行。

●由市委宣传部、市委文明办、市发改委、市教育局、市社科联、市诚信促进会主办的泉州市中小学生“做诚信小公民”主题教育活动讲故事比赛在泉州师范学院附属小学举行。

●纪念中共泉厦临工委成立70周年座谈会召开。

●泉州古城“润物无声”青年创客文化IP孵化文化创意讲座举行。

市人大常委会召开民营企业家人大代表座谈会

市人大常委会召开民营企业家人大代表座谈会，学习贯彻习近平在民营企业座谈会上的讲话精神及省委、市委有关精神，听取企业家代表对发展壮大泉州市民营经济的意见建议，共商人大工作更好推动鼓励支持引导民营经济发展的对策措施。会上，来自泉州市民营企业的8位省、市人大代表畅谈学习心得，一致认为习近平的讲话给大家吃下“定心丸”，注入“强心剂”，并就民营企业面临的困难和亟须扶持与帮助的方面提出意见建议。市人大常委会党组书记陈灿辉指出，习近平的讲话具有极强的指导性、创新性和针对性，为新时代民营经济发展指明方向。泉州是民营经济发达地区，学习贯彻习近平讲话精神，对推动高质量发展落实赶超意义重大，市人大常委会将按照中央、省委和市委的部署，充分履职，梳理落实研究代表意见建议，为民营企业和民营经济健康发展提供支持。希望企业家代表发挥代表作用，坚定信心谋发展，聚精会神办企业，为泉州高质量发展落实赶超做出新的更大贡献。

民营企业家人大代表座谈会现场（图/王虎文）

市政协专题听取市纪委监委工作情况通报

市政协召开专题会议，听取市纪委监委工作情况通报。市委常委、市纪委书记游宇飞交流对中共十八大以来全面从严治党的认识和体会，并通报全市纪检监察工作情况。在听取市政协委员围绕泉州市党风廉政建设和反腐败工作的建言献策后，市政协党组书记李转生希望，全市纪检监察机关把正风反腐引向深入，以维护群众利益为根本出发点，强化监督职能，加强巡察力度，提升履职水平，重视支持政协工作，打造一支忠诚、干净、担当的纪检监察队伍，以反腐成果取信于民。李转生要求，全市政协组织和政协委员要学习贯彻习近平关于党风廉政建设和反腐败斗争的论述，按照市委要求，通过调研、视察、提案督办等方式，加强对反腐倡廉相关问题的调查研究，更好地为市委决策提供有益参考。要服务发展大局，支持全市纪检监察机关工作，为泉州市高质量发展落实赶超营造良好的政治生态。

“凝聚红色力量 共创低碳生活”环保主题系列活动举行

由市人大、市检察院、市环保局、市科协、市科技馆等主办的“凝聚红色力量 共创低碳生活”环保主题系列活动在市区丰泽街道源淮社区举行。活动内容包括举办垃圾分类知识问答、小手拉大手志愿者分发垃圾分类宣传材料、签订垃圾分类承诺书；现场制作环保酵素、展示再生资源的手工作品、游戏互动、公益义诊等。活动旨在宣传垃圾分类的重要意义，提高居民的知晓率、参与率、满意率。同时，凝聚各单位党员志愿者力量，为创造低碳生活、美化环境、服务民生，发挥先锋模范作用，引导更多的党员群众参与到共创低碳生活中来。

市中小学生“做诚信小公民”主题教育活动讲故事比赛举行

由市委宣传部、市委文明办、市发改委、市教育局、市社科联、市诚信促进会主办的泉州市中小学生“做诚信小公民”主题教育活动讲故事比赛在泉州师范学院附属小学举行，全市各县（市、区）的35名中小学生参赛。此次活动从9月持续至11月，由“写诚信好故事”“讲诚信好故事”“推选诚信好故事”“讲诚信好故事评选展示活动”等内容组成。作为主题教育活动的收官之战，当天的讲故事比赛精彩不断。车站逃票、诚信经商、诚信交友等题材故事都是同学们从身边的真实事件改编而成，加上生动的演讲，既鲜活又极具感染力。

市十六届人大常委会第三十一次主任会议召开

市十六届人大常委会第三十一次主任会议召开。会议讨论有关人事任免事项，市人大常委会关于全面深化改革情况的调研报告和审议意见稿，关于召开泉州市第十六届人民代表大会第四次会议的决定（草案），关于发挥泉州“申遗”效应打造特色文化旅游品牌工作的调研情况（书面）；讨论通过市人大常委会关于缔结友好城市暂行规定，确定市十六届人大常委会第十七次会议的召开时间和建议议程，提出第三十二次主任会议建议议题，初定市十六届人大常委会第十八次会议的召开时间和建议议程。会议指出，要以全面深化改革调研，推动各方凝聚力量、增进共识，形成合力，让改革成果惠及人民群众；要以制定缔结友好城市暂行规定为契机，加强与友城的交流合作，推动共同发展。

市十六届人大常委会第三十一次主任会议现场

（图/王虎文）

“全民参与 防治火灾”119消防月主题宣传活动启动

“全民参与 防治火灾”119消防月主题宣传活动启动仪式在市区中骏世界城举行。各有关部门，消防安全重点单位、街道、社区工作人员和社会各界群众等千余人参加活动。仪式上，相关负责人为乡镇、街道代表配发2018年市委、市政府为民办实事项目采购的100部微型消防车。2018年以来，泉州市广泛开展“全民消防我行动”活动，邀请举重奥运冠军林清峰和世锦赛冠军苏达金等众多知名人士加入到消防公益活动中来，为泉州市的消防安全代言。

“泉州方言吟唱古诗进校园”活动启动

“泉州方言吟唱古诗进校园”启动仪式在丰泽区第七中心小学举行。泉州方言吟唱古诗将成为该校的校本课程，向全校800多名学生普及。丰泽区第七中心小学林校长介绍，该校有800多名学生，其中九成是外来工子女。为让外来人员子女学习闽南语，接受闽南文化，产生文化认同，也让土生土长的泉州小朋友传承闽南文化，学校邀请鲤城诗词学会的老师，每周四下午为学校老师上课，教老师如何用闽南语吟唱古诗。该学期每周三下午，学校老师对一、二年级六个班的学生进行泉州方言吟唱古诗的教学，下学期在全校普及。泉州市新海路闽南文化保护中心主任龚勤勤表示，闽南话是闽南文化的载体，闽南方言中有大量的古汉语积淀，故有“古汉语活化石”的美称，泉州话作为闽南方言的重要一支，保存的古音、古语更是不胜枚举，很多古诗词，用普通话念不押韵，但用闽南语读起来就押韵了。

石狮市市场采购贸易方式试点启动

随着一批价值139770美元的鞋材产品从石狮市石湖港通关，标志石狮市市场采购贸易方式试点启动，此系福建省唯一一个获批的国家级市场采购贸易方式试点。业界人士指出，市场采购贸易方式的开展，将提升泉州市市场和贸易的开放度，扩大市场对外出口规模，提升国际化水平。市场采购贸易方式，是指符合条件的经营者，在经国家认定的专业市场集聚区内采购的，单票报关单商品货值15万美元以下（含15万美元）、并在海关指定口岸办理出口商品通关手续的贸易方式。市场采购贸易方式有多重好处，包括增值税免征不退、实现通关便利化以及跨境人民币结算等。9月29日，商务部、发改委、财政部、海关总署、税务总局、市场监督管理总局、国家外汇管理局等联合发文，同意石狮服装城开展市场采购点。石狮服装城从全国40多个申请市场中脱颖而出，成为福建省唯一一个获批的国家级市场采购贸易方式试点。此次石狮市服装城市场采购贸易试点的获批集聚区面积为73.33公顷，在石狮服装城、石狮国际轻纺城区域内注册的企业，均适用市场采购贸易试点相关便利化政策。

11月16日

农历戊戌年十月初九
星期五
温度：19℃—23℃
小雨

●市十六届人大常委会第三十一次主任会议召开，讨论市人大常委会关于全面深化改革情况的调研报告和审议意见稿，关于召开泉州市第十六届人民代表大会第四次会议的决定（草案）等。

●市人大常委会召开巡视整改工作动员部署会，传达贯彻中央巡视工作领导小组署名文章《巡视整改是落实“四个意识”的试金石》和省委巡视整改领导小组《关于认真学习中央巡视工作领导小组署名文章深入抓好巡视整改落实的通知》等。

●全市移风易俗工作现场观摩会召开，交流借鉴工作经验，对泉州市移风易俗工作进行再动员再部署。

●16—17日，全市新闻舆论战线马克思主义新闻观暨深入学习贯彻习近平新闻舆论工作重要论述专题培训班举办。

●“全民参与 防治火灾”119消防月主题宣传活动启动仪式在市区中骏世界城举行。

●“泉州方言吟唱古诗进校园”启动仪式在丰泽区第七中心小学举行。

●随着一批价值139770美元的鞋材产品从石狮市石湖港通关，标志石狮市市场采购贸易方式试点启动，此系福建省唯一一个获批的国家级市场采购贸易方式试点。

●由福建著名电影制片人刘清水编剧创作，泉州知名导演汪景大执导的大型惠安女励志电影《八女传奇》开机仪式在惠安县净峰镇惠女湾举行。

●中国共产党党员、中国人民银行晋江地区中心支行原副行长、离休干部庞发逝世，享年100岁。

11月17日

农历戊戌年十月初十
星期六
温度：18℃—22℃
多云

●17—18日，由市科协、市教育局、市科技局、市环保局、市关工委主办的第十五届泉州市青少年科技创新大赛在泉州市培元中学举行。

●“古街深巷·刺桐故事”全国主题征文大赛颁奖暨作品朗诵会在市区威远楼广场举行。

●鲤城区临江街道隘南社区联合会第一次会员大会举行，标志隘南社区联合会成立，成为全市首家社区联合会。

全市新闻舆论战线马克思主义新闻观培训班举办

16—17日，全市新闻舆论战线马克思主义新闻观暨深入学习贯彻习近平新闻舆论工作重要论述专题培训班举办。中华全国新闻工作者协会原书记处书记顾勇华、南京大学教授丁柏铨、中国传媒大学教授赵子忠、福建师范大学教授郑又贤围绕新时代中国共产党的新闻舆论观、新闻精品创作、传统媒体与新媒体融合、新时代意识形态工作等内容作专题讲座。培训班旨在贯彻落实全国、全省宣传思想工作会议精神，履行好意识形态工作责任，全面加强马克思主义新闻观，提高泉州市新闻舆论战线队伍的政治理论素养和采编业务水平。

第十五届泉州市青少年科技创新大赛举行

17—18日，由市科协、市教育局、市科技局、市环保局、市关工委主办的第十五届泉州市青少年科技创新大赛在泉州市培元中学举行。围绕“体验·创新·成长”的主题，大赛收到全市各地选送的学生科技作品1053项，其中科技创新项目369项、科技创意作品167项、科技实践活动106项、科幻画411幅。经过比拼，评出优秀科技创新项目一等奖50项，优秀科技创意项目一等奖17项，科技实践活动一等奖6项，少儿科学幻想画一等奖25幅。此外，大赛还评选出“泉州市青少年贤銮科技奖”三个专项奖，其中优秀青少年科技创新项目奖50项，优秀科技辅导员奖5名，优秀组织单位奖2个。

市科协有关负责人表示，作为面向在校中小学生开展的具有示范性和导向性的科技教育活动，该大赛已连续举办15届，每届有1万多名学生参加竞赛活动，已成为全市规模最大、综合性最强的青少年科技教育活动，推动全市青少年科技教育事业蓬勃发展，为建设创新型社会培育大批创新型后备人才。该届参赛作品呈现多个亮点，除贴近学习、贴近生活外，有的作品还将目光聚焦在生产制造领域。在科技创新项目中，泉州七中学生詹子勋通过对多维度柔性硅胶材料运动体的研究，研制出“三腔连体柔性臂”。结合硅胶的特性，通过传感器感应物品，再应用力学原理，这款柔性臂能完成拧灯泡、拧螺丝、拧瓶盖等细微动作，相比刚性的机械臂，它在抓取时能保护好易碎的物品，还能在弯曲的管道和洞穴中作业。

“古街深巷·刺桐故事”全国主题征文大赛颁奖

“古街深巷·刺桐故事”全国主题征文大赛颁奖暨作品朗诵会在市区威远楼广场举行。大赛获奖篇目及“刺桐点灯红”2018年泉州古城元宵笔会名家采风作品荟萃一堂，以朗诵家演绎和获奖嘉宾现场访谈等形式，带领观众品读泉州古城古街深巷中的刺桐故事。主办单位负责人、大赛获奖作者、参加第三届泉州海丝古城徒步穿越活动的嘉宾代表和闻讯而来的200余名文朋诗友参加活动。

“古街深巷·刺桐故事”全国主题征文大赛颁奖暨作品朗诵会现场（图/陈晓东）

全市首家社区联合会成立

鲤城区临江街道隘南社区联合会第一次会员大会举行，标志隘南社区联合会成立，成为全市首家社区联合会。隘南社区联合会由社区居民、社区居委会、社区营造小组三方发起成立。联合会将社区居民福祉作为目标，以社区资源为基础，通过社区居民参加、多主体协作等手段，进行社区营造，渐进改善，寻求物理环境与社会环境的整体提升，力求增强社区内力和魅力，焕发古城在地新生的活力，促进社区可持续发展。隘南社区联合会理事会成员吴华莹表示，未来联合会将探索社区治理机制的创新，以微治理为载体，引导居民常态化参与，整理社区公共空间，盘活社区和居民闲置、老旧、低效的载体，开展社区文化展示、体验和交流活动，发展文旅、文创等业态，传承社区传统文化等。

第三届泉州海丝古城徒步穿越活动举行

由市古城办、市旅发委、市体育局、市文广新局、鲤城区政府主办的“穿越百里 探寻千年”2018年第三届泉州海丝古城徒步穿越活动举行。海内外超过5000人参加活动。50千米组7点出发，30千米组8点出发，15千米组9点出发，6千米组10点出发。白振国、翟墨、刘雨田、管祥麟、冯春、吴涛、宗同昌、王晓英等徒步领域的名人领走，身穿不同颜色服装的队员穿梭在古城街巷里。2016年泉州举办首届古城徒步活动，2017年第二届徒步活动持续火爆。两年来，不断掀起的徒步热潮，重新唤起年轻人的古城保护意识。主办方表示，第三届泉州海丝古城徒步穿越活动，在吸收前两届成功经验的基础上，着重在路线设计上体现泉州独特的人文风貌。活动以古城千年文化为魂，深挖泉州深厚文化内涵，以打造“穿越百里·探寻千年”中国第三大徒步活动品牌为目标，塑造海丝文化旅游新名片，带动更多人关注古城，身体力行参与到古城保护中来。

第三届泉州海丝古城徒步穿越活动现场（图/张九强）

泉州市获海峡两岸花博会暨花王赛全省第二名

第二十届海峡两岸花博会暨第七届中国（福建）花王赛在漳州东南花都举行。泉州市获金银铜奖总数位列全省第二名的好成绩，其中花王奖1件、最佳作品奖2件、金奖13件、银奖21件。该届花博会突出“特色农业，绿色发展”主题，分国兰、洋兰、三角梅、盆景、插花艺术、种子资材、林下经济、鲜切花(永生花)、艺术盆栽（含组合盆栽）、仙人掌与多肉植物等18个特色展区。在花王赛角逐中，泉州市花卉园艺协会组织全市送展单位的392件展品参加盆景、山茶花、食用药用、观赏苗木、观赏石、插花花艺比赛、盆栽、多肉植物等十一个大类的评选，获70个奖项，其中永生花作品《栾树花》获花王奖，组合盆栽《绿野仙踪》与观赏石《灵猴》获最佳作品奖。

《天鹅》邮票发行35周年主题纪念活动在泉州举行

“不忘初心，永志飞翔”庆祝改革开放40周年暨《天鹅》邮票发行35周年主题纪念活动在泉州万维生邮票艺术馆举行。纪念活动中，各界人士从不同角度回顾万维生一生执着于“天鹅”艺术创作的历程，对其在邮票设计领域中取得的成就给予高度评价。现场还展出《天鹅》邮票图稿、主题邮集等。主办方特别制作纪念封1枚，启用纪念戳1款，供集邮爱好者和观众收藏。原邮电部于1983年11月18日发行T83《天鹅》特种邮票一套（四枚），分别为嬉水、情侣、漫游、飞翔，由泉州籍著名邮票设计师万维生提议并设计，得到海内外集邮爱好者的赞誉。著名诗人艾青曾为《天鹅》邮票题诗：“你天外的来客，多么自由自在，完美的造型，轻盈的体态，崇高而又温柔，比雪花更洁白，湖上的浪花，天上的云彩。”

香港泉州鲤城同乡总会成立

香港泉州鲤城同乡总会成立庆典暨香港泉州温陵侨商联合会第四届董事会就职典礼在香港会议展览中心举行。张帆任首届会长，陈长申担任执行会长。会上，香港鲤城乡亲欢聚一堂，畅叙乡谊，共谋家乡发展大计。同时，香港泉州鲤城同乡总会和泉州农商银行、泉州市侨界青年联合会举行结谊签约仪式。张帆表示，香港泉州鲤城同乡总会将脚踏实地，不忘初心，联络乡情，团结进取，共创商机，勇于承担时代赋予的历史使命，为香港和家乡的繁荣稳定做出更大贡献。

11月18日

农历戊戌年十月十一
星期日
温度：19℃—24℃
多云转小雨

●《人民日报》《改革开放40年·40个“第一”》栏目刊发报道《第一个非公有制企业党组织——闽南第一枝报春花》。

●由市古城办、市旅发委、市体育局、市文广新局、鲤城区政府主办的“穿越百里 探寻千年”2018年第三届泉州海丝古城徒步穿越活动举行。

●第二十届海峡两岸花博会暨第七届中国（福建）花王赛在漳州东南花都举行，泉州市获金银铜奖总数位列全省第二名的好成绩。

●“不忘初心，永志飞翔”庆祝改革开放40周年暨《天鹅》邮票发行35周年主题纪念活动在泉州万维生邮票艺术馆举行。

●香港泉州鲤城同乡总会成立庆典暨香港泉州温陵侨商联合会第四届董事会就职典礼在香港会议展览中心举行。

●2018世界大学生三对三篮球联赛总决赛举行，华侨大学男篮获总冠军，成为中国首支获该项赛事男子世界冠军的高校篮球队。

11月19日

农历戊戌年十月十二
星期一
温度：17℃—21℃
多云

●19—20日，全国政协副主席、民革中央常务副主席郑建邦带领调研组到泉州，开展“民革加强自身建设工作”调研。

●市人大常委会党组中心组（扩大）学习会议召开，传达学习习近平在中央财经委员会第三次会议、民营企业座谈会的讲话和对全国党委秘书长会议作出的指示及省委常委会会议、市委常委会会议精神等。

●2017年度福建省专利奖公布，泉州市5项专利获省专利奖三等奖。

●小米生态链谷仓学院“产品创新实战研修班”在晋江市开班。

郑建邦到泉州开展“民革加强自身建设工作”调研

19—20日，全国政协副主席、民革中央常务副主席郑建邦带领调研组到泉州，开展“民革加强自身建设工作”调研。省领导阮诗玮，市领导王永礼、李转生、骆沙鸣等参加相关活动。调研组到泉州民革党员之家、泉州民革台湾同胞法律服务中心、民革泉州市委机关、石狮市永宁古卫城闽台文化展馆（石狮民革党员之家）等地考察，召开民革基层组织建设调研座谈会，了解民革自身建设的意见和建议。

郑建邦肯定民革泉州市委会各项工作并指出，民革泉州市委会要坚持以创新理念为引领，坚定不移地在以习近平同志为核心的中共中央领导下走中国特色社会主义道路，系统深入地领会、学习、贯彻习近平新时代中国特色社会主义思想和中共十九大精神，在学懂弄通做实上下功夫，把创新贯穿于履职工作的全过程，学以致用狠抓各项工作的落实。要坚持高标准、严要求，久久为功抓自身建设，把更多精力投入高层次人才队伍建设中，采取有力措施发展一批高层次人才，提升履职能力，打造一支高素质的新时代中国特色社会主义参政党队伍。就如何加强民革基层组织建设，郑建邦强调，要注重做好基层党员的思想政治引领，凝心聚力形成合力，做好参政议政的生力军；探索新时期工作的新方法、新机制，通过党员之家、党员思想教育基地等场所，支持基层组织开展特色活动，开创民革事业新局面。

市人大常委会党组中心组（扩大）学习会议召开

市人大常委会党组中心组（扩大）学习会议召开，传达学习习近平在中央财经委员会第三次会议、民营企业座谈会的讲话和对全国党委秘书长会议作出的指示及省委常委会会议、市委常委会会议精神，全国、全省扫黑除恶专项斗争推进会，省人大常委会有关交流研讨会会议精神，市委、市政府贯彻落实《福建省弘扬“马上就办、真抓实干”优良传统作风若干规定（试行）》等文件精神。会议指出，要发挥好人大监督作用，推进泉州市扫黑除恶专项斗争；要自觉融入全市发展大局，传承践行好“晋江经验”，创造优良营商环境，构建亲清新型政商关系，更好地发挥民营经济主力军作用，为泉州市踢好转型升级后半场，推动泉州实现高质量发展落实赶超做出新贡献。

泉州市5个专利项目获省专利奖

2017年度福建省专利奖公布，泉州市5项专利获省专利奖三等奖，分别是福建帝峰生态茶茶业发展有限公司的“铁观音红茶的生产方法”（专利号：ZL201010293221.4)、厦门大学和信和新材料股份有限公司的“一种聚苯胺重防腐涂料及其制备方法”（专利号：ZL201210125211.9）、福建大方睡眠科技股份有限公司的“一种促进血液循环的环保床垫及其制备方法”（专利号：ZL201210177245.2）、福建铁拓机械有限公司的“一种废旧沥青混合料破碎机及其破碎方法”（专利号：ZL201310655966.4）、雨中鸟（福建）户外用品有限公司“全自动开合折叠伞”（专利号：ZL201510192465.6）。近年来，全市知识产权系统贯彻中共十九大精神及习近平新时代中国特色社会主义思想，按照国务院、省政府的总体部署，围绕市委、市政府的中心工作，以推进泉州市新一轮国家知识产权示范城市为抓手，实施知识产权战略，探索知识产权与泉州经济社会发展融合的方式和路径，推动全市知识产权事业又好又快发展。全市专利创造呈现量质齐升的局面，全市专利申请量和授权量连续7年居福建省设区市首位。

泉州市开展粉尘防爆专项整治

泉州市开展粉尘防爆专项整治行动，推动粉尘涉爆企业开展较大危险因素辨识管控和隐患排查治理体系建设，提升基础保障能力，维护职工群众健康权益和生命财产安全。突出以粉尘作业场所30人及以上的金属粉尘、木粉尘、粮食饲料等农副产品粉尘企业为重点，排查、核实有关企业数量、分布、规模和管理状况等基本情况，推进粉尘涉爆企业安全生产专项整治，促进泉州市工贸企业安全生产形势持续稳定向好。

市政协召开民营企业政协委员座谈会

市政协召开民营企业政协委员座谈会，学习贯彻习近平在民营企业座谈会上的讲话精神及省委、市委有关会议精神，听取企业家代表对发展壮大泉州市民营企业经济的意见和建议。与会企业家畅所欲言说问题、谈感受、提建议。市政协党组书记李转生强调，要认清形势，树立发展信心，希望企业家坚守实业、专注主业，弘扬“晋江经验”，尽心尽责担起高质量发展重任。要攻坚克难，大胆“走出去”，学习借鉴国内外民营经济发展的成功经验，加快转型升级，巩固老市场，开拓新市场，勇做泉州高质量发展“领头雁”。

第三届泉州市工艺美术大师评审启动

由市政府主办，市城镇集体工业联合社、市经信委、市财政局、市人社局和市文广新局等协办的第三届泉州市工艺美术大师首场现场考评活动在安溪县举行。现场创作考评占本届工艺美术大师评审总分的55%，随后举行石玉雕类和木根雕类（设在惠安县）、陶瓷类（设在德化县）和综合类（设在鲤城区）现场考评活动。此次工艺美术大师评审坚持培养优秀人才、推动产业发展的原则，申报范围广，全市从事艺术陶瓷、石（玉）雕工艺、木（根）雕工艺、金属工艺、树脂工艺、藤铁工艺、花画工艺、珠宝首饰、编织工艺、民间工艺、漆艺及其他工艺的工艺美术设计制作人员，均在申报范围之内。市工艺美术大师评选三年一届，全市已有中国工艺美术大师8名、福建省工艺美术大师72名、泉州市工艺美术大师245名。

“泉州侨批‘家风’文化展”巡展在南安市举行

由泉州市纪委监委、泉州市档案局主办的“泉州侨批‘家风’文化展”巡展活动在南安市第四中学举行。主办方通过挖掘挑选出一批汇集厚重人文精神和丰富文化内涵的“侨批”，以巡展方式图文并茂地向社会各界展示侨批档案中的优良“家风”，以侨为桥，引导大众继承和弘扬华人爱国爱乡、勤俭创业、诚信自律的传统精神。

“泉州侨批‘家风’文化展”巡展现场（图/泉州晚报社）

第二届安溪铁观音大师赛颁奖仪式举行

第二届安溪铁观音大师赛颁奖仪式在安溪县举行。历时半年的赛事活动至此闭幕。安溪举源农业综合开发有限公司总经理刘金龙、安溪牧云山茶业有限公司总经理刘协宗2人获“安溪铁观音大师”称号，分获100万元大师工作研究经费；陈春、陈宁石、王木辉、詹忠辉、吴政山、陈双泉、许金锡、詹朱祥8人获“安溪铁观音名匠”称号，分获5万元名匠工作研究经费。颁奖仪式上，全国“铁粉”共品安溪铁观音大师、名匠代表作同时启动，两位大师刘金龙、刘协宗向安溪县茶叶协会赠送大师、名匠代表作。为发挥大师赛的后续效应，引导安溪铁观音大师、名匠更好服务安溪茶乡，推动安溪茶产业永续发展、科学发展，安溪组建4个安溪铁观音大师服务队，并在当日授队旗。安溪县希望，大师要树立典范，薪火相传，提升安溪铁观音的美誉度和影响力。安溪各级各部门尤其是茶人要放大大师赛乘数效应，内炼品质、外树形象，打响品牌、拓展市场，推动安溪茶产业领跑全国百茶，在乡村振兴和高质量赶超进程中，书写新时代新篇章。

第二届安溪铁观音大师赛颁奖仪式（图/刘伯怡）

11月20日

农历戊戌年十月十三
星期二
温度：16℃—21℃
多云

●全省脱贫攻坚现场推进视频会召开，贯彻落实习近平关于扶贫工作的论述，对打赢打好脱贫攻坚战进行再动员再部署。泉州市组织收听收看会议。

●市政协召开民营企业政协委员座谈会，学习贯彻习近平在民营企业座谈会上的讲话精神及省委、市委有关会议精神，听取企业家代表对发展壮大泉州市民营企业经济的意见和建议。

●由市政府主办，市城镇集体工业联合社、市经信委、市财政局、市人社局和市文广新局等协办的第三届泉州市工艺美术大师首场现场考评活动在安溪县举行。

●由泉州市纪委监委、泉州市档案局主办的“泉州侨批‘家风’文化展”巡展活动在南安市第四中学举行。

●20—21日，水利部太湖流域管理局组织考核专家组对山美水库管理处开展“国家级水利工程管理单位”复核验收。

●第二届安溪铁观音大师赛颁奖仪式在安溪县举行。

11月21日

农历戊戌年十月十四
星期三
温度：17℃—25℃
多云转小雨

●王永礼督察丰泽区浔美渠黑臭水体治理工作，察看浔美渠黑臭水体整治工程和城东污水处理厂尾水排放口整改工程。

●泉州市出台《关于支持上市公司化解流动性风险八条措施》。

●21—24日，中国文联曲艺培训班在南安市举办。

王永礼督察丰泽区浔美渠黑臭水体治理工作

市长王永礼督察丰泽区浔美渠黑臭水体治理工作，察看浔美渠黑臭水体整治工程和城东污水处理厂尾水排放口整改工程，要求项目主管部门和业主单位要按时保质完成整改目标。王永礼询问项目进展、水源供给等情况后指出，黑臭水体整治列入2018年省为民办实事项目。其中，浔美渠黑臭水体整治项目既是中央、省环保督察反馈意见整改项目，也是泉州市党政领导生态环境保护目标责任书、环保设施与能力建设大会战及河长制年度考核内容。丰泽区要倒排施工计划，加大人力物力投入，加强现场施工质量和安全管理，确保年底前保质保量完成。王永礼强调，黑臭水体的问题在水里，根源在岸上。要对渠道所有排污口、暗管进行排查，统筹地面市政道路和地下配套管网建设，同步做好截污纳管和小支流整治，从根源上消除黑臭水体。要组织专家开展技术评估，测算好工程完工后浔美渠的正常补水量，科学调配周边水库、城东污水处理厂中水回用及北渠水源，实现浔美渠环境质量总体明显改善。住建、市政等行业主管部门要统一城市建设工程技术规范和施工标准，加强对项目业主单位的指导，科学设计河道上下游配套污水处理泵站、管网工程标高，确保工程发挥实效。

泉州市出台《支持上市公司化解流动性风险八条措施》

为贯彻落实党中央、国务院和省委、省政府决策部署，营造良性稳定的金融生态环境，提高泉州市上市公司的持续经营和融资能力，泉州市出台《关于支持上市公司化解流动性风险八条措施》（以下简称“措施”）。市政府成立上市公司纾困工作领导小组，统筹推进上市公司及主要股东的纾困化险工作；同时，组建专家顾问团队，定期召开联席会议研究、推进工作落实。措施由市金融工作局、财政局负责解释，纾困期暂定为两年。

措施提出，支持国有企业与金融机构发起设立总规模30亿元的上市公司纾困基金，通过委托贷款、过桥贷款、受让股票质押债权、收购老股或优质资产并签订回购协议等市场化方式为辖内上市公司及主要股东提供流动性支持。措施还支持发行纾困专项债券，推动国有企业在交易所市场发行规模10亿元的纾困专项公司债券，募集资金专项用于纾解民营企业融资困境及防范化解上市公司股票质押风险。措施鼓励社会资本参与上市公司纾困化险。纾困参与方以股权投资方式对上市公司成功实施救助的，受益财政每年给予一定地方贡献奖励，奖励金额以上市公司成功实施救助前一年对地方财政贡献为基数，从实施救助当年起连续三年，按上市公司对财政贡献地方留成部分的80%乘以纾困参与方持股比例计算。纾困参与方在退出上市公司时，受益财政按照其对财政贡献地方留成部分的90%予以奖励。

中国文联曲艺培训班在南安市举办

21—24日，中国文联曲艺培训班在南安市举办。全省各地200多位曲艺骨干在中国曲协选派的8位曲艺专家引领下提升曲艺水平。此次培训列入2018中国文联文艺培训志愿服务项目，由福建省曲艺家协会组织福建南安曲艺培训班、福建省曲艺骨干深入学习贯彻习近平新时代中国特色社会主义思想和中共十九大精神培训班。培训班学习贯彻习近平文艺思想、中共十九大报告和中央文艺工作政策。同时，中国曲协选派的中国曲协顾问、曲艺家崔凯、郭刚，著名相声、快板表演艺术家李立山，国家一级演员、曲艺作家赵福玉，国家一级编剧、相声演员、漫画家孙晨，优秀青年相声演员、牡丹奖得主武宾，中国戏曲学院教授、艺术心理双博士后刘小军，国家一级演员、曲协快板艺术委员会委员王文水8位曲艺专家就曲艺创作与表演提升、曲艺活动组织与开展等进行辅导。省曲协相关负责人表示，培训班将提高福建省曲艺人才的创作、表演、组织能力，加快优秀作品的孵化进度，构建一支素质优良、结构合理、接续发展、充满活力的曲艺人才梯队，营造“作品立身、人才兴业”的氛围，推动福建曲艺事业长远发展。

市委召开巡察工作动员部署会议

市委召开巡察工作动员部署会议，以习近平新时代中国特色社会主义思想和中共十九大精神为指导，学习贯彻习近平关于巡视工作的论述，部署十二届市委第六轮第二批巡察工作。会议要求，要坚持稳中求进，形成合力、精准聚焦、改进方式、用好成果，提高巡察监督质效。要坚持从严要求，落实组长负责制，坚持把支部建在组上，自觉接受各方面监督，打造忠诚干净担当的巡察干部队伍。会上还宣布市委巡察工作任务安排。该批巡察工作于11月下旬开始，为期一个月，对4个市直单位开展常规巡察、4个小城镇开展交叉巡察，被巡察单位包括市商务局党组、林业局党组、住建局党组、统计局党组和石狮市蚶江镇、石狮市灵秀镇、晋江市池店镇、晋江市陈埭镇。

市政协开展年度考察活动

市政协党组书记李转生带领部分市直市政协委员，围绕泉州市经济社会发展情况开展年度考察活动。市委常委、晋江市委书记刘文儒陪同考察，市政协副主席洪川夫、林志建，秘书长陈伟平参加考察。考察组察看中科院海西研究院泉州装备制造研究所、福州大学晋江科教园、晋江百宏年产33万吨差别化化学纤维、石狮通达三期等项目。在中科院海西研究院泉州装备制造研究所，察看机器人与智能系统实验室等科技创新平台后，李转生了解研究所的平台建设、人才引进等情况后强调，泉州装备制造研究所要加快科研攻关与成果转化，打造科技创新创业与人才培养高地。在福州大学晋江科教园区，考察组希望，科教园区加强师资力量建设、科研资源投入，建立健全产学研对接机制等。在通达三期，考察组鼓励企业继续以科技创新为引领，创造更大社会价值。考察中，李转生指出，要结合泉州市产业转型升级需求，振奋爱拼敢赢精气神，强化科研建设，勇当高质量发展落实赶超主力军。

2018泉州经济年会活动启动

由市委宣传部、市发改委、市经信委、市科技局、市金融局、市总工会、市工商联、市城联社、泉州晚报社主办的2018泉州经济年会活动启动。该届年会以“新时代 新动能 新作为”为主题，开展10项系列活动，包括推选年度经济人物、泉州智能制造十大智能装备、年度十佳高成长性科技企业、年度十佳工匠精神企业、年度十佳工艺美术大师，推出“年度企业社会责任奖”榜单，展示年度优秀信用案例，发布《民营经济蓝皮书·物流篇》，举办2018泉州经济年会年度峰会和2018泉州现代服务业年度创新项目征集暨项目资本对接会。

泉州市深化民营和小微企业金融服务推进会举行

由中国人民银行泉州市中心支行、市经信委、市金融工作局主办2018年泉州市深化民营和小微企业金融服务推进会暨银企对接洽谈会举行，搭建政银企对话沟通平台，打通金融服务民营企业“最后一公里”，解决融资难、融资贵问题。会议指出，为贯彻落实习近平在民营企业座谈会上的讲话精神，各级政府陆续出台支持民营企业发展的政策措施，力度空前。在泉州，民营企业在全市经济格局中“十分天下有其九”，在泉州的各金融机构要领会政策精神，提高政治站位，创新举措，缓解民营和小微企业融资难题。会议要求，在泉州的各金融机构要直面问题，树立信心，加大对民营企业特别是小微企业的金融支持力度；银企间要相向而行、相互支持、互利共赢；要转变经营理念，加大对民营小微企业的贷款投放，增加民营小微企业贷款户数；要优化信贷管理，将民营企业信贷服务做精做细，授信政策要精细，不良贷款考核要更加科学，利率定价要更加合理；要运用互联网、大数据等新兴技术，突出精准聚焦，创新小微金融产品和服务模式。会议现场，全市31家金融机构与10家行业协会、100多家中小微企业进行银企对接洽谈。

11月22日

农历戊戌年十月十五
星期四
温度：14℃—20℃
多云

●市委召开巡察工作动员部署会议，学习贯彻习近平关于巡视工作的论述，部署十二届市委第六轮第二批巡察工作。

●市政协围绕泉州市经济社会发展情况开展年度考察活动。

●由市委宣传部、市发改委、市经信委、市科技局、市金融局、市总工会、市工商联、市城联社、泉州晚报社主办的2018泉州经济年会活动启动。

●由中国人民银行泉州市中心支行、市经信委、市金融工作局主办2018年泉州市深化民营和小微企业金融服务推进会暨银企对接洽谈会举行。

●2018年泉州市机关特色党建项目竞赛活动决赛举行。

●“华侨华人与改革开放40周年座谈会”在泉州华侨历史博物馆举行。

●安溪县域慢病管理启动暨县慢病管理中心揭牌仪式在安溪县医院举行，成为全省首个县域慢病管理中心。

11月23日

农历戊戌年十月十六
星期五
温度：15℃—21℃
多云

●福建省第十三届人民代表大会常务委员会第七次会议对泉州市人民代表大会常务委员会报请批准的《泉州市中山路骑楼建筑保护条例》进行审查，决定予以批准。

●市政协党组中心组学习会议召开，传达学习习近平指示、全国党委秘书长会议和全省党委秘书长、办公厅（室）主任会议主要精神等。

●市政协巡视整改工作领导小组会议召开，学习中央巡视工作领导小组署名文章《巡视整改落实是“四个意识”的试金石》和省委巡视整改领导小组《关于认真学习中央巡视工作领导小组署名文章深入抓好巡视整改落实的通知》及市委巡视整改工作领导小组会议精神。

●泉州市学前教育职业院校联盟成立大会在泉州幼儿师范高等专科学校举行。

●由省总工会主办、市总工会承办的福建省第五届职工运动会在泉州市侨乡体育馆开幕。

●原泉州公交发展有限公司更名为泉州市公交集团有限责任公司。

●一批中日韩美术家到市区开元寺、清源山、洛阳桥、西街，石狮市永宁镇观音山，以及惠安县小岞镇风车岛、崇武古城、大岞等地采风写生。

●安溪县举行超大碳纤维增强复合材料产业项目、汽车产业化项目签约仪式和国际汽车轻量化研发中心启动仪式。

中山路骑楼建筑保护条例获省人大常委会批准

福建省第十三届人民代表大会常务委员会第七次会议对泉州市人民代表大会常务委员会报请批准的《泉州市中山路骑楼建筑保护条例》进行审查，决定予以批准。为让中山路骑楼的修缮保护工作得到及时有效实施，《泉州市中山路骑楼建筑保护条例》被列入泉州市2016年立法计划。2017年10月，泉州市第十六届人民代表大会常务委员会第五次会议初次审议《泉州市中山路骑楼建筑保护条例（草案）》。2018年6月29日，市十六届人大常委会第十二次会议审议的《泉州市中山路骑楼建筑保护条例（草案二审稿）》，向社会公开征求意见。8月30日，在市十六届人大常委会第十五次会议上，市人大常委会审议通过《泉州市中山路骑楼建筑保护条例（草案表决稿）》。作为泉州继《泉州市海上丝绸之路史迹保护条例》和《泉州市市区内沟河保护管理条例》后的第三部实体法，该条例经过法定程序走完三次审议流程，报请省人大常委会批准。

泉州中山路中段（图/吴寿民）

相关链接：泉州中山路原名七贤路，1922年为纪念孙中山而改名。中山路全长约2.5千米，是中国仅有、保存最完整的连排式骑楼建筑商业街。中山路贯穿古城南北，串联起自唐代以来泉州古城历次扩展所形成的朝天门、泉山门、德济门等各座城池的重要城门遗址或者旧址，街区中仍保留大量展示各个时期城垣形制的重要设施遗址。中山路上的骑楼俗称“雨脚架”，骑楼呈现典型的民居和街坊特色，沿街面用柱廊式骑楼，高两层、三层、四层，高低错落有致。楼与楼相连，临街设店，里屋及楼上为居室或贮存货物。中山路街区经文物部门核定颁布的地上、地下文物保护单位10处，包括国家级文物保护单位3处、省级文物保护单位4处、市级文物保护单位3处。

泉州市学前教育职业院校联盟成立

泉州市学前教育职业院校联盟成立大会在泉州幼儿师范高等专科学校举行。至此，全市已组建1个省级和5个市级职业院校联盟（汽车、文化创意、纺织服装、智能制造、学前教育），其中，泉州市职业院校联盟（省级）在福建省首批五个职业院校联盟中规模最大。成立大会审议通过《泉州市学前教育职业院校联盟章程》，选举产生泉州市学前教育职业院校联盟理事会。泉州幼儿师范高等专科学校校长刘文开当选联盟理事长。

中日韩美术家到泉州采风写生

一批中日韩美术家到市区开元寺、清源山、洛阳桥、西街，石狮市永宁镇观音山，以及惠安县小岞镇风车岛、崇武古城、大岞等地采风写生，并拿出多幅优秀作品参加25日在泉州举行的东亚文化之都·中日韩城市美术作品邀请展。中央美术学院艺术管理与教育学院院长、博士生导师余丁表示，中日韩美术家齐聚古城是一种对话，现场写生可以直面泉州文化状态，比较鲜活，更具有活力。韩国清州市美术家金知鉉表示，实地写生，能够了解每个地方的历史文化，给作品创作赋予灵魂。通过美术作品交流传递的是国家间人民的美好愿望，增进艺术家之间的友谊。日本横滨美术家小畑祐先觉得泉州是一个有活力、有趣的城市，能在泉州美景中采风写生是件享受的事情，将进一步加深中日韩艺术家的交流，对艺术家以后的发展创作也有很大帮助。

美术家在泉州采风写生（图/林劲峰）

泉州非遗项目到香港展演

外交部驻香港特别行政区特派员公署举行庆祝改革开放40周年大型开放日活动，邀请香港50余所学校1800多名师生及青年参加。泉州市提线木偶和刻纸两个非遗项目参加开放日活动，向香港青少年展示提线木偶表演和刻纸技艺。在展演现场，提线木偶戏《驯猴》《钟馗醉酒》《小沙弥下山》等相继上演，以及泉州刻纸现场展示，吸引了香港青少年，很多人还饶有兴趣地参与到项目互动中，或体验提线木偶操作，或亲自操刀刻画花鸟鱼虫。此次开放日活动内容包括开幕式、庆祝改革开放40周年影片播放、中国书画鉴赏、明清文物展、图片展、传统非遗演示、中华厨艺演示、公署场所开放等。活动旨在增进香港青少年对中国传统文化的认知和了解，激发兴趣，增强认同感。泉州展演展示团是唯一受邀参加传统非遗演示的团队，还于25日在外交部驻港公署加演一个专场。

泉州提线木偶戏在外交部驻港特派员公署展演
（图/泉州晚报社）

国际南少林五祖拳联谊总会年会在菲律宾举行

国际南少林五祖拳联谊总会“庆祝成立28周年暨新一届执行主席就职典礼”在菲律宾马尼拉举行，中国、美国、澳大利亚、新加坡、马来西亚、印度尼西亚等国家和地区的近千名海内外武术界人士与会，共话五祖拳发展。泉州市武术协会会长、泉州少林寺方丈释常定法师就任第十五届主席。国际南少林五祖拳联谊总会1989年在菲律宾马尼拉创建，1990年在泉州成立。五祖拳已吸引亚洲、美洲、澳洲、非洲、欧洲等40多个国家和地区的众多武术爱好者参与研习。

华侨大学陈嘉庚纪念堂入选“第三批中国20世纪建筑遗产项目”

“第三批中国20世纪建筑遗产项目”在江苏南京东南大学公布，华侨大学陈嘉庚纪念堂由于其突出的历史价值、艺术价值、科学价值，及其对中国社会发展所产生的深远影响入选名录。“中国20世纪建筑遗产项目”由中国文物学会、中国建筑学会创办，首批98个项目的名录于2016年在北京故宫博物院宝蕴楼公布，第二批100个项目的名录于2017年在安徽池州发布。此次公布的建筑遍布中国多个城市，建造时间从20世纪初至20世纪末。名录增加的多个现代建筑项目见证了改革开放40年中国的巨变，更添时代感。陈嘉庚纪念堂是华侨大学标志性建筑，为四层观演建筑，主体结构为钢筋混凝土框架，外观采用闽南花岗岩石材装饰，整体造型典雅大方，细部构造精美，既体现时代特色，又具有相当强烈的地方风格。设计单位为华东工业建筑设计院（后更名为上海工业建筑设计院）。陈嘉庚纪念堂于1963年4月奠基，后因文化大革命爆发，被迫停建。1978年，华侨大学复办。1979年秋，福建省批准华侨大学陈嘉庚纪念堂继续兴建。1980年5月，陈嘉庚纪念堂开工。1983年10月落成。

华侨大学陈嘉庚纪念堂（图/吴寿民）

2018晋江国际传统弓射箭邀请赛开幕

由中国射箭协会、省体育局、晋江市政府主办，晋江市文化体育新闻出版局、晋江市青阳街道办事处、晋江市射箭协会承办的2018晋江国际传统弓射箭邀请赛在晋江体育场开幕。海内外近200名男女选手参赛。当天上午举行环靶男、女个人排名赛和少儿组个人排名赛，下午举行环靶男、女个人淘汰赛和少儿组个人淘汰赛。25日举行布龙靶30米、45米个人赛和三角土靶男、女团体淘汰赛。

11月24日

农历戊戌年十月十七
星期六
温度：17℃—23℃
阴

●外交部驻香港特别行政区特派员公署举行庆祝改革开放40周年大型开放日活动，泉州市提线木偶和刻纸两个非遗项目参加活动。

●国际南少林五祖拳联谊总会“庆祝成立28周年暨新一届执行主席就职典礼”在菲律宾马尼拉举行，泉州市武术协会会长、泉州少林寺方丈释常定法师就任第十五届主席。

●第四届泉州市律师代表大会第二次会议召开，表决通过《泉州市律师协会章程（修订草案）》。

●“第三批中国20世纪建筑遗产项目”在江苏南京东南大学公布，华侨大学陈嘉庚纪念堂入选。

●由中国射箭协会、省体育局、晋江市政府主办，晋江市文化体育新闻出版局、晋江市青阳街道办事处、晋江市射箭协会承办的2018晋江国际传统弓射箭邀请赛在晋江体育场开幕。

●“我是童星2018海峡两岸青少年才艺大赛”泉州地区晋级赛举行。

●“绝色莫文蔚世界巡回演唱会”在泉州海峡体育中心举行。

11月25日

农历戊戌年十月十八
星期日
温度：18℃—23℃
小雨转中雨

●市政府召开新闻发布会，通报泉港化学品泄漏事故调查及处置情况。

●“海丝新力量·筑梦新征程”首届泉州新阶层人士嘉年华大会召开。

●11月25日至12月2日，由泉州市政府和中央美术学院主办，市文广新局承办，泉州画院和泉州海外交通史博物馆协办的“东亚文化之都·中日韩城市美术作品邀请展”在泉州海外交通史博物馆举行。

●泉州学研究与21世纪海上丝绸之路学术研讨会举行。

●11月25日至12月2日，穿越大马—中国油画名家马来西亚写生作品展在泉州海外交通史博物馆举行。

●石狮市第三届海峡两岸狮阵武术大会演在该市鸿山镇东园村举行。

“东亚文化之都·中日韩城市美术作品邀请展”在泉州举行

11月25日至12月2日，由泉州市政府和中央美术学院主办，市文广新局承办，泉州画院和泉州海外交通史博物馆协办的“东亚文化之都·中日韩城市美术作品邀请展”在泉州海外交通史博物馆举行。此系泉州市首次举办东亚文化之都美术作品专题展，共展出近百幅美术作品。此次活动为纪念泉州当选“东亚文化之都”五周年，秉承弘扬“东亚意识、文化交融、彼此欣赏”的“东亚文化之都”精神，突出“共生·创新·和谐”的共识，邀请中日韩三国正处于创作黄金时期的30多位知名艺术家到泉州采风写生和参展。主办方负责人介绍，参展作品不拘一格，或色彩明丽，或简约清新，代表着不同流派、理念、题材和表现形式，引领观众在不同技法、不同风格的差异中，感受艺术的相通与融合，以及同源异流的东亚艺术。参展的美术家大多以“在场”创作的方式，同台竞艺、切磋交流，力图通过作品，回首海上丝绸之路那段波澜壮阔、繁荣辉煌的历史，传达创作者的艺术之思与人文之思，展现个性鲜明的绘画风格与特立独行的艺术品格，这也构成此次展览的一大亮点。

中日韩城市美术作品邀请展现场（图/吴寿民）

泉州学研究与21世纪海上丝绸之路学术研讨会举行

泉州学研究与21世纪海上丝绸之路学术研讨会举行。泉州市学者，宁夏、内蒙古、广东以及福建省多地的专家学者与会，就海上丝绸之路、泉州学研究等主题进行交流。会议旨在为国内专家学者提供交流互鉴、碰撞思想、共同展望、推进合作的平台，听取大家对泉州学研究、对共同建设21世纪海上丝绸之路的意见。在主题发言和分会场发言中，与会嘉宾聚焦泉州学研究与海上丝绸之路、地方学研究与古城复兴、泉州学视野下的泉州文化等角度畅所欲言。研讨会收到相关论文37篇，各地的地方文化研究者以及国内专家们，借研讨会交流思想，贡献真知灼见。

泉州学研究与21世纪海上丝绸之路学术研讨会现场（图/泉州学研究所）

中国油画名家马来西亚写生作品展在泉州举行

11月25日至12月2日，穿越大马—中国油画名家马来西亚写生作品展在泉州海外交通史博物馆举行。展览展出范迪安、张路江、王辉、王建国、郭宁、王军等艺术家在马来西亚写生的作品。1月，中国艺术家们抵达马来半岛，从马来西亚吉隆坡出发，经马六甲、槟城、怡保，与各地的马来西亚艺术家会合，一起追溯郑和航海的历史之路，因循华人艰难跋涉的踪迹，寻访美术先驱徐悲鸿的足迹，叩问海上丝绸之路的前世今生。艺术家穿越马来西亚，从港口河道到古堡庙堂，从渔村水桥到老镇街巷，以独到的视角感受各地旖旎风景，用浓郁的油彩笔墨表现历史与当代的情境，跨越时空，重绘人文艺术地图，也感知马来西亚的新气象。

中国油画名家马来西亚写生作品展现场（图/吴寿民）

市人大常委会党组理论学习中心组学习会召开

市人大常委会党组理论学习中心组（扩大）学习会和巡视整改工作领导小组会议召开，传达学习中宣部《党委中心组学习参考》2018年第8期学习材料和《党政领导干部选拔任用工作条例》（以下简称“条例”），研究市人大常委会党组贯彻落实“马上就办、真抓实干”实施办法。会议指出，要立足自我，发挥人大优势，为民营经济发展提供支持。要学习领会《条例》精神，统一思想、规范工作，解决问题；要突出抓好“关键岗位”“关键少数”“关键人员”，增强意识，强化责任，让铁规发力、禁令生威；要加强监督检查，开展自查自纠，严格执行条例，营造风清气正的选人用人环境。要弘扬执行好“马上就办、真抓实干”优良作风，督促行政审批提质增效，打造优良营商环境，为推动泉州高质量发展做出新贡献。会议还研究市人大常委会党组关于机关学习、改进作风、公务外出和突发事件敏感舆情应对处置等相关制度。

泉州市民营企业服务热线开通

由泉州市多部门联合设立的“12345”民营企业服务热线开通运行。意味着泉州市企业又多了一个与政府沟通的新渠道，只要拨打“12345”加拨分机号，即可咨询、反映诉求或提出意见建议。热线平台将做到企业诉求事项事事有回音、件件有落实。作为贯彻落实《福建省民营企业诉求受理处置反馈工作机制（试行）》和市委十二届七次全会精神的重要举措，泉州市“12345”民营企业服务平台是在原有“12345”便民服务平台的基础上，由市政府办协调市工商联（总商会）、市经信委、市信访局、市行政服务中心和市城联社等单位共同设立，并在市行政服务中心服务大厅同步开设“民营企业诉求受理服务窗口”。

平台受理事项范围包括四大方面，一是涉及民营企业发展的各类政策落实过程中，企业遇到政策执行打折扣、不兑现、不落实或提出不合理条件等情况，需要协调解决的政策执行问题；二是民营企业在投资、生产、经营中认为政府职能部门及其他相关管理部门有慢作为、不作为、乱作为等不当行政行为。还有就是受理民营企业在生产经营过程中需要政府提供合法的协调服务，以及协调解决影响营商环境的其他问题。热线平台诉求办理遵循“谁主管、谁负责”、“属地管辖、分级负责”和“马上就办、真抓实干”的原则，在接到企业诉求后，按日向市政府分管领导报送每日诉求清单和办理意见，并在5个工作日内审核决定是否受理并告知诉求企业。已进入司法程序、行政复议程序和仲裁程序的，已由纪委监委受理的，已列入省市人大代表、政协委员建议或者提案的其他9种情形，不纳入诉求受理的范围。

拨打“12345”政务服务热线，接通后按照设置的语音引导号码拨“2”，进入民营企业服务专席；专席接线员会按流程登记企业基本情况，包括企业社会信用代码、企业联系人姓名及手机号码等；接下来就可以反映具体问题和困难，提出服务诉求。对咨询类事项，专席接话员可现场答复，不能现场答复的，按程序进行转办。按照流程，一旦平台受理企业诉求，应在2个工作日内转交承办单位，承办单位接到企业诉求后，如有不同意见，不得擅自转交其他单位，应在2个工作日内以书面形式，向交办单位提出调整意见并说明理由。对独办的企业诉求，由承办单位直接答复企业；对分办的企业诉求，由承办单位分别直接答复企业；对会办的企业诉求，协办单位应先将会办意见函告主办单位，由主办单位答复企业。答复及协办意见须同时抄送交办单位，主办单位答复须一并抄送协办单位。企业诉求办理要严格遵循时限要求，承办单位一般应在收到企业诉求后10个工作日内将办理意见答复企业。如果企业诉求属于会办情形的，协办单位应在收到企业诉求后5个工作日内将协办意见报送主办单位。因特殊情况无法在规定时限内办结的，承办单位要向提出诉求的企业作出解释说明，经交办单位同意后办理时限可延长15日。

11月26日

农历戊戌年十月十九
星期一
温度：17℃—20℃
小雨转阴

●市人大常委会党组理论学习中心组（扩大）学习会和巡视整改工作领导小组会议召开，传达学习中宣部《党委中心组学习参考》2018年第8期学习材料和《党政领导干部选拔任用工作条例》，研究市人大常委会党组贯彻落实“马上就办、真抓实干”实施办法。

●由泉州市多部门联合设立的“12345”民营企业服务热线开通运行。

●市管网办、市农村污水办委托专家对各地打通“断头管”和重点区域生活污水治理工作进行跟踪指导。

●是日上午7时57分，台湾海峡（北纬23.28度，东经118.60度）发生6.2级地震，泉州震感强烈。

11月27日

农历戊戌年十月二十
星期二
温度：17℃—22℃
阴转多云

●省委常委周联清到泉州师范学院，向师生宣讲习近平在全国教育大会上的讲话精神。

●市委常委会召开会议，传达学习习近平在首届中国国际进口博览会开幕式上的主旨演讲精神和在参观“伟大的变革——庆祝改革开放40周年大型展览”时的讲话精神等。

●市委巡视整改工作领导小组第三次会议召开，研究市委《巡视整改任务细化措施》，部署深入推进各项整改工作。

●市政府党组（扩大）会议召开，传达学习习近平和中央、省委、市委领导关于打击破坏生态环境违法违规行为背后的黑恶势力和保护伞的批示精神，全国、全省宣传思想工作会议和市委常委会会议精神等。

●市十六届人大常委会第十七次会议召开，审议表决通过市人大常委会关于召开泉州市第十六届人民代表大会第四次会议的决定等。

●泉州市与南方航空货运物流（广州）有限公司签署战略合作意向书。

●由中国地方志指导小组办公室主办，省方志委承办的地方史志期刊建设研讨会在晋江市召开。

●“闽晋渔05669”渔船在航行至台湾海峡时，一名大陆籍船员突然中风。福建省海上搜救中心协调台湾方面出动直升机展开紧急救援，最终将该船员送往台湾高雄落地就医。

●最高检察院召开庆祝检察机关恢复重建40周年暨全国检察机关第九次“双先”表彰大会，表彰获“全国模范检察院”“全国模范检察官”称号和立一等功的先进集体、先进个人。南安市检察院获“全国模范检察院”称号。

市委常委会会议传达习近平讲话精神

市委常委会召开会议，传达学习习近平在首届中国国际进口博览会开幕式上的主旨演讲精神和在参观“伟大的变革——庆祝改革开放40周年大型展览”时的讲话精神，传达学习习近平同全国妇联新一届领导班子成员集体谈话时的讲话、中国妇女十二大精神，以及省委常委会会议精神，研究泉州市贯彻意见。

会议指出，习近平在首届中国国际进口博览会开幕式上的主旨演讲，突出彰显中国推动更高水平开放、建设开放型世界经济、构建人类命运共同体的责任使命和大国担当；习近平在参观“伟大的变革——庆祝改革开放40周年大型展览”时的讲话，再次宣示坚持改革开放的坚定立场。各级各部门要深刻领会、准确把握，坚定不移把改革开放推向深入。要把新时代改革开放精神面貌展现好，再创“晋江经验”新辉煌。要聚焦推动民营经济转型发展，探索推出一批简明易行的改革举措。要乘势而上全面扩大对外开放，主动融入国家“一带一路”和全省海丝核心区建设。会议指出，习近平同全国妇联新一届领导班子成员集体谈话时的讲话，是指导新时代党的妇女工作的纲领性文件。全市各级各部门特别是各级妇联要学习领会，团结带领妇女坚定不移跟党走，组织动员妇女发挥好“半边天”作用。要坚持服务大局、服务妇女群众，深化“巾帼建功”各项行动，推进妇联改革，团结带领妇女建新功、创新业。各级党委要为妇联组织开展工作创造良好条件，各级妇联党组织要加强自身建设，把妇女群众团结在党的周围。

泉州市与南航签署战略合作意向书

在2018年福建省交通运输现代服务业项目对接会上，泉州市与南方航空货运物流（广州）有限公司（以下简称“南航”）签署战略合作意向书，双方将共同推动南方航空（泉州）城市货站项目。此系南航全球第一个落地的城市货运站，标志着泉州被纳入全球航空货运枢纽节点。南航（泉州）城市货站项目由南航运营，项目定位为虚拟空港，项目总投资0.7亿元，总用地3.33公顷，计划在泉州晋江市建设集国际快件货站、国际货物货站、综合保税货站、邮件货站等于一体的城市货站。根据战略合作意向书，市政府与南航将依托晋江陆地港口岸服务功能，导入南航在航空货运物流业务方面的优势资源，共同推动南航（泉州）城市货站发展。

全国地方史志期刊建设研讨会在晋江市召开

由中国地方志指导小组办公室主办，省方志委承办的地方史志期刊建设研讨会在晋江市召开。与会者就地方史志期刊建设与协作、地方史志期刊组织管理及相关规范两个主题展开研讨。图为研讨会现场。

（图/刘楷彬）

两岸携手海空救援泉州渔民

“闽晋渔05669”渔船在航行至台湾海峡时，一名60岁的大陆籍船员突然中风倒地，船上其他工作人员立即向泉州市海上搜救中心报警求助。清晨4时17分，泉州市海上搜救中心接到报警。泉州市海上搜救中心迅速查实，“闽晋渔05669”事发时位于台湾海峡中南部，已超出泉州市海上搜救中心的搜救范围，随即请求福建省海上搜救中心协调台湾方面出动直升机救援。接报后，福建省海上搜救中心立即启动应急预案，第一时间开展搜寻救助工作，并指导船上渔民观察中风船员病情。同时，该中心将险情通报给台北中华搜救协会，希望协调派遣救助。随后，中华搜救协会协调救助直升机从高雄起飞前往事发地。在两岸搜救部门的配合下，上午8时30分，台湾派遣的救助直升机将中风的大陆船员救起。9时许，该船员抵达高雄机场并被送医救治。

康涛王永礼到泉州师范学院调研

市委书记康涛、市长王永礼到泉州师范学院调研，与在校师生座谈交流，一起学习习近平新时代中国特色社会主义思想，贯彻全国教育大会精神。副市长周真平，市政府秘书长廖国文等参加调研。座谈会上，康涛、王永礼与学校负责人、师生代表交流，就学校在人才引进培养、产学研用融合、创新体制改革等方面存在的困难和问题，展开探讨、共商良策。

康涛强调，泉州师范学院要以建校60周年为新起点，贯彻全国教育大会精神，加快学校各项建设，助力泉州高质量赶超。要抓好育新人这一根本任务，贯彻党的教育方针，为党育人、为国育才，致力培养一代又一代社会主义建设者和接班人。要抓好意识形态这一极端重要工作，旗帜鲜明坚持党管意识形态，把握工作领导权，落实意识形态工作责任制。要抓好党建工作这一基本功，把党的领导贯穿办学治校、教书育人全过程，坚持和完善党委领导下的校长负责制，把高校建成坚持党的领导的坚强阵地。要校地同频共振，加强战略发展协同，创新合作办学模式，校院企共享共引人才，建立权威海丝文化研究智库，实现大学与城市相生相长。

王永礼指出，过去60年，泉州师范学院坚持“植根泉州，服务泉州”，突出特色办学，做优师范教育，各项工作均取得喜人成绩。站在新起点上，希望泉州师院按照既定发展战略，明确目标任务，尽快补齐短板，全面加快升格大学步伐；坚持人才兴校，围绕泉州产业发展定位，优化调整学科设置，深化校地合作、校企合作，为泉州推动高质量发展落实赶超提供智力支撑；响应国家“一带一路”倡议，主动服务海丝沿线国家和地区华文教育，致力传承闽南文化和海丝文化，提升学校的知名度和影响力。

市政府党组巡视整改工作领导小组第一次会议召开

市政府党组巡视整改工作领导小组第一次会议召开，学习中央巡视工作领导小组署名文章《巡视整改落实是“四个意识”的试金石》和省委巡视整改工作领导小组《关于认真学习中央巡视工作领导小组署名文章深入抓好巡视整改落实的通知》，研究《市政府党组落实市委部署巡视整改任务细化措施》。

会议指出，《巡视整改落实是“四个意识”的试金石》文章从思想认识、主体责任、日常监督、成果运用四个方面，阐述巡视整改的极端重要性和“谁来抓整改”“怎么抓整改”等一系列问题，为学习贯彻习近平关于巡视工作的论述，做好巡视“后半篇文章”，提供重要指导。会议要求，要提高政治站位，扛好政治责任，增强紧迫感责任感，强化时间意识、节点意识，确保按时保质、不折不扣完成整改任务。市政府及其部门党组（党委）书记要亲自抓、直接抓、抓具体、抓到底；各领导小组成员要各司其职，对号入座，持续跟进，彻底整改，见到实效；市政府办公室要建立台账汇总机制，及时跟踪督促整改落实情况，对存在的问题早发现、早提醒、早整改，确保各项工作高效有序推进。要严格对标对表，逐项逐条落实。对所有整改任务，要制定切实可执行、可操作的措施，并结合即将开展的专题民主生活会查摆问题，整改一个、销号一个；要及时组织“回头看”，加强检查，确保达到整改效果；要举一反三、延伸拓展，建立整改常态化、长效化机制。

全市非洲猪瘟防控工作推进会召开

全市非洲猪瘟防控工作推进会召开，传达贯彻全省非洲猪瘟防控工作座谈会精神。会议要求，要加强监测、排查、检疫，有效消除疫情隐患，农业部门要开展专项检测，各乡镇要配合农业部门对生猪调运户的中转站坚决取缔，农业、公安、食药监要健全部门间协调联动机制，开展联合执法，联手查处肉品质量安全大案要案。要严管餐厨垃圾，确保不流入养猪场，所有餐饮企业、食堂、烧烤摊点等餐厨垃圾产生单位都要建立餐厨垃圾产生日台账，做到去处可查、闭环管理。实行乡镇干部挂钩制度，对生猪养殖场户、定点屠宰场点、生猪调运户，逐场逐村摸清情况、加强巡查管控。

11月28日

农历戊戌年十月廿一
星期三
温度：15℃—21℃
多云转晴

●康涛、王永礼到泉州师范学院调研。

●市政府党组巡视整改工作领导小组第一次会议召开，学习中央巡视工作领导小组署名文章《巡视整改落实是“四个意识”的试金石》和省委巡视整改工作领导小组《关于认真学习中央巡视工作领导小组署名文章深入抓好巡视整改落实的通知》。

●市政府党组理论学习中心组学习会召开，集中学习研讨《地方党政领导干部安全生产责任制规定》《福建省党政领导干部安全生产责任制实施细则》。

●28—29日，2018年省市政协人口资源环境委员会工作座谈会在泉州召开，围绕“深入贯彻习近平生态文明思想 加强政协人口资源环境工作”主题，总结交流工作经验，探讨新形势下加强政协人口资源环境工作的新途径、新办法。

●全市非洲猪瘟防控工作推进会召开，传达贯彻全省非洲猪瘟防控工作座谈会精神。

11月29日

农历戊戌年十月廿二
星期四
温度：15℃—22℃
多云

●2018年部分省（区、市）互联网广告专项整治工作座谈会在泉州召开。

●市委组织部召开省委巡视组反馈问题整改暨基层党建工作推进会，部署省委巡视组反馈问题整改、组织系统参与扫黑除恶专项斗争、城市基层党建、互联网企业党建等工作。

●2018年部分省（区、市）互联网广告专项整治工作座谈会在泉州召开。

●由市委宣传部、市文联等主办的2018泉州市原创歌曲展演举行。

省市政协人口资源环境委员会工作座谈会在泉州召开

28—29日，2018年省市政协人口资源环境委员会工作座谈会在泉州召开，围绕“深入贯彻习近平生态文明思想 加强改进政协人口资源环境工作”主题，总结交流工作经验，探讨新形势下加强政协人口资源环境工作的新途径、新办法。座谈会上，省、市政协人口资源环境委员会和省政协平潭综合实验区工委相关负责人就2018年工作进行交流发言，并对2019年工作提出意见和建议。会议要求，要学习贯彻习近平新时代中国特色社会主义思想和中共十九大精神，确保正确政治方向，同步学习政协基本知识，尤其是人口资源环境领域的相关业务知识。要加强专委会自身建设，主动适应新形势新任务新要求，自觉加强党的建设，做好服务保障，健全各项规章制度，提升履职能力。要及早谋划部署2019年工作，围绕工作职能，在选准选好课题上下功夫；树立精品意识，在做深做细做实上下功夫；拓展宣传影响，在营造履职氛围上下功夫，提高福建省政协人口资源环境工作水平。与会人员考察安溪县铁峰山矿山治理示范工程、魁斗镇区污水处理示范工程、溪禾山铁观音文化园等。

市委组织部部署巡视整改及基层党建工作

市委组织部召开省委巡视组反馈问题整改暨基层党建工作推进会，部署省委巡视组反馈问题整改、组织系统参与扫黑除恶专项斗争、城市基层党建、互联网企业党建等工作。会议指出，全市组织系统要认识抓好巡视整改工作是检验对党忠诚的试金石，抓好扫黑除恶专项斗争是体现组织部门政治担当的具体行动，抓好城市基层党建是适应社会发展的必然要求，抓好互联网企业党建是巩固党的执政基础的迫切需要。各级各有关部门要抓好巡视督导反馈问题整改落实，将各项整改任务项目化，明确责任人和整改时限，做到真整真改、严整严改、彻整彻改；要把握工作重点，织密建强基层组织体系，发展壮大村级集体经济，推进城市基层党建工作，推动互联网企业党建工作创新发展，提升基层党建工作质量；要强化组织领导，用好述职评议考核这个抓手，压实党委（党组）主体责任，加强分类指导和督查指导。

部分省（区、市）互联网广告专项整治座谈会在泉州召开

2018年部分省（区、市）互联网广告专项整治工作座谈会在泉州召开。会议透露，2018年以来，全市新增各类广告企业5028户，比上年同期增长34.94%，广告产业呈现蓬勃发展的良好态势。泉州市立足对台前沿、民企集中、品牌经济三大优势，扶持“福建海西国家广告产业园区（泉州园）”发展，园区入驻企业总数455家，其中广告产业及直接关联产业企业数324家，占71.2%。为营造良好的广告经营环境，泉州市以互联网广告为着力点，强化广告监督执法，发挥“12315”投诉举报热线作用，及时处置群众举报、有关部门转来的涉嫌违法互联网广告案件线索。2018年以来，全市工商（市场监管）部门查处虚假违法互联网广告案件378件，罚没款156.12万元。在公益广告方面，泉州市在全国范围内率先出台公益广告扶持政策，并常态化组织开展全市公益广告作品征集评选活动，征集富含泉州元素和特色的公益广告近5000件。

2018泉州市原创歌曲展演举行

由市委宣传部、市文联等主办的2018泉州市原创歌曲展演举行，全市各地的优秀原创歌曲集中展演，展示泉州市原创歌曲创作的最新成果。整场演出由丰泽区委宣传部选送歌伴舞《创想之城》拉开序幕，紧接着歌伴舞《大美洛江》、三人组合唱《七彩涂岭》、歌伴舞《洒向大地一道光》等轮番上演，此次共展演13首原创歌曲，一首组合重唱《江海扬帆》将展演活动推向高潮。此次原创歌曲展演，吸引一批优秀的音乐工作者倾情参与，他们用火热的激情，谱写改革开放40年来泉州各地辉煌的成就。作品突出思想性、艺术性和原创性，都是各地2016年以来创作的最新歌曲作品。

康涛王永礼与中国通用技术集团总经理座谈

市委书记康涛、市长王永礼与中国通用技术集团党组副书记、总经理陆益民一行座谈。市领导杨晓山参加座谈。市领导指出，泉州产业基础雄厚、特色鲜明，当前正处于转型升级重要关口，亟须高位嫁接先进技术、科研院所、高端人才等。希望双方在纺织新材料、高端装备制造、医药健康产业等领域，找准切入点，开启新合作，为泉州加快高质量发展落实赶超注入新动能。

全市宣传思想工作会议召开

全市宣传思想工作会议召开。会议指出，全市各级各有关部门要全面落实全国、全省会议部署，更好地强信心、聚民心、暖人心、筑同心。中共十八大以来，全市宣传思想各战线、各领域工作有成效、有特色、有亮点，主旋律更加响亮，正能量更加强劲。新形势下重点要抓好五方面工作：一是举旗帜，建设具有强大凝聚力和引领力的社会主义意识形态，深化“大学习”活动，抓好新思想武装，开展“新时代新作为新篇章”主题宣传；抓牢意识形态工作责任制，加强阵地建设，确保意识形态领导权掌握在党的手中。二是聚民心，把握正确舆论导向，巩固壮大主流思想舆论，抓好县级融媒体中心建设，提高新闻舆论传播力、引导力、影响力、公信力。三是育新人，深化中国特色社会主义和中国梦等重大主题宣传教育，实施公民道德建设工程，用社会主义核心价值观引导人、教育人，下大功夫推进移风易俗三年行动。四是兴文化，创建国家公共文化服务体系示范区，扶持精品创作，满足群众精神文化生活新期待。五是展形象，站位国家大局、国际视野，把泉州历史文化的国家价值、世界价值挖掘出来，与中心工作同频共振，结合城市建设，借助重大活动，更好地展示泉州当代的发展和形象。

实施乡村振兴战略参政调研工作政党协商会召开

中共泉州市委召开实施乡村振兴战略参政调研工作政党协商会，与各民主党派市委会共谋乡村振兴良策。会上还通报泉州市实施乡村振兴战略工作进展情况。会议提出，要学习贯彻习近平关于乡村振兴的战略思想，用好政党协商平台，支持和助力泉州市乡村振兴战略的实施。要发挥优势，落细落实、聚焦发力打好精准脱贫攻坚战等重点课题，深入一线开展调查研究，积极建言献策，精准提出切实可行的意见，推动中央、省委、市委各项决策部署的落地落实。要做好所属成员和所联系群众的思想工作，引导他们立足本职岗位，为泉州市实施乡村振兴战略建功立业。会议要求，要加强自身建设，打造素质过硬的新时代参政党队伍，掌握协商民主理论，熟悉协商民主工作方法，把握协商民主工作规律，提升自身协商能力和建言履职水平。

经典高甲戏《连升三级》在法国巴黎演出

参演第八届巴黎中国传统戏曲节的经典高甲戏《连升三级》，在法国国立马拉可夫71剧院演出，助力中法文化交流。巴黎中国传统戏曲节创办于2003年，两年一届，秉承把中国最为传统的戏曲带给全世界的理念，坚持最原汁原味的化妆、布景、装饰以及表演手法，并结合讲座、互动交流等形式，向法国观众推介传统戏曲艺术，希望法国观众能感受到最为纯正的中国传统戏曲氛围。第八届巴黎中国传统戏曲节于11月26日至12月2日举办，邀请中国6个省市的6个剧团，共200多名演员在法国国立马拉可夫71剧院演出7部经典剧目。经典高甲戏《连升三级》创排于1958年，是历经几十年的高甲戏传统保留剧目，被誉为“中国当代十大喜剧”之一。《连升三级》的表演艺术集中挖掘、继承高甲丑行表演特色。剧中除甄似雪、秋红两个旦角，其余均为丑角，包括冠袍丑、公子丑、方巾丑、破衫丑、家丁丑，以传统表演艺术烘托感情，刻画性格，突出高甲戏丑角表演特色和浓厚的地方戏色彩，构成一幅丰富多彩的封建社会“百丑图”。

11月30日

农历戊戌年十月廿三
星期五
温度：16℃—24℃
晴

●30—31日，省委常委、省纪委书记刘学新到惠安、洛江，检查学习贯彻习近平新时代中国特色社会主义思想和中共十九大精神，落实十九届中央纪委二次全会和省区市纪检监察工作座谈会部署情况。

●泉州市党内政治生活体验馆在永春县开馆。

●由中国轻工业联合会主办，泉州市城镇集体工业联合社协办的中国工艺美术大师工作委员会成立大会在泉州召开。

●王永礼到南安市向阳乡调研乡村振兴和脱贫攻坚工作。

●30—31日，市人大常委会组织对市十六届人大二次会议代表建议、批评和意见办理工作情况进行视察。

●由团市委、泉州市青年企业家协会、泉州市青年商会主办，泉州市各县（市、区）青年商会承办的2018年“青商杯”篮球赛在泉州师范学院明德体育馆开幕。

12月1日

农历戊戌年十月廿四
星期六
温度：17℃—23℃
晴

●泉州师范学院召开纪念大会庆祝建校60周年。

●是日起，泉州市下放冠市名企业名称登记核准权，并放宽企业名称中行政区划在字号之后的登记条件。

●泉州市智能制造公共实训基地落户泉州师范学院，系全市首个由政府主导、企业参与、校校合作、开放共享的公共实训基地。

●由市社科联主办，泉州市企业经营管理协会、华侨大学MBA中心承办的泉州“企业家精神与互联网创新”论坛在华侨大学陈嘉庚纪念堂举办。

●1—2日，由泉州师范学院和安溪县政府、市社科联主办的“李光地研究”学术研讨会在泉州师范学院举行。

●是日起，南安市、永春县、德化县开始推行城乡低保标准一体化。至此，泉州市已全面实现城乡低保标准一体化，比原计划的2020年提前两年实现。

泉州师范学院建校六十周年纪念大会举行

泉州师范学院召开纪念大会庆祝建校60周年。副省长郭宁宁，市领导康涛、林万明、张建生、周真平、李冀平等参加活动。

郭宁宁指出，要坚持和加强党的全面领导，以党建为统领，把握正确的办学方向，确保党的教育方针全面贯彻到学校工作的各方面、全过程。要坚持立德树人的根本任务，立足学生特点和学校实际，培养德智体美劳全面发展的社会主义建设者和接班人。要坚持办学特色，主动融入、精准服务经济社会发展，擦亮“师范”底色，突出应用型学科建设，加快发展与福建产业和文化紧密对接的工科与人文社科专业，为高质量发展落实赶超提供人才支撑。希望泉州师范学院以建校60周年为新起点，培养学生担当时代使命，建设有特色、高水平的多科性大学，为新时代新福建建设做出更大贡献。

泉州师范学院（图/吴寿民）

市委书记康涛表示，大学因城市而兴，城市因大学而盛。回顾60年发展，泉州师院与泉州城市都得益于改革开放大时代。时任福建省省长的习近平两次到学校视察指导，提出“建设多学科的大学”指示；2002年亲自总结“晋江经验”，为师院的发展、为泉州改革开放事业，指明方向，注入强大动力。要牢记习近平嘱托，在省委、省政府领导下，建好环泉州湾城市，为师院的校区扩建、人才引进、工科拓展等，提供用地空间、资金支持、政策扶持等。

市智能制造公共实训基地落户泉州师院

泉州市智能制造公共实训基地落户泉州师范学院。该基地由市教育局、泉州华中科技大学智能制造研究院、泉州师范学院和泉州信息工程学院出资共建，围绕智能制造有关战略规划，整合政府、高校、科研院所、行业企业等各类资源，是全市首个由政府主导、企业参与、校校合作、开放共享的公共实训基地。基地拥有实训场所4000多平方米、400多个实训工位，建有工业机器人实训中心、3D打印综合实训中心、数字化设计制造实训中心，柔性制造加工实训中心和数字化工厂实训中心五个实训中心，可提供实习实训、师资培训、技能竞赛、职业培训、技能鉴定、产品生产、技术研发等多种公共服务，面向全市开放共享。

泉州“企业家精神与互联网创新”高端论坛举办

由市社科联主办，泉州市企业经营管理协会、华侨大学MBA中心承办的泉州“企业家精神与互联网创新”论坛在华侨大学陈嘉庚纪念堂举办。论坛邀请阿里巴巴、菜鸟网络、天猫商城、红杉资本、特步、七匹狼等知名企业核心高管，共同就互联网的创新型发展与企业家精神进行交流和探讨。论坛以“互联网+企业家精神助力传统企业转型升级”为主题，旨在用市场的、前瞻的视角聚焦传统企业的现状和未来，共同探讨什么是企业家精神、传统企业为什么要互联网转型升级、企业家精神为什么能推动转型升级等议题，通过政府、企业、协会多方共同交流，探索新理念，新技术，帮助企业打破藩篱，找准核心价值，寻求竞争力核心，谋求传统产业发展的成功路径，从而推动泉州各个行业的新增长。

泉州“企业家精神与互联网创新”高端论坛现场（图/洪 旭）

泉州市获2018福建旅游生活展两项大奖

由省文化和旅游厅指导、省旅游发展集团主办的2018福建旅游生活展在福州闭幕，泉州馆获最佳创意奖、最具人气奖。该届生活展于11月30日至12月2日举行，以“惠旅游·会生活”为主题，展会面积20000平方米，标准展位1100个，设旅游目的地形象展区、境内外旅行商展区、全国旅游集团联盟展区、酒店展区、工艺美术展区、温泉展区、汽车专题展区八大主题展区。泉州馆以海丝文化为主题、闽南古厝为主要设计元素，加上燕尾脊的屋檐造型，搭配传统的红砖，展示泉州多元化的旅游资源及人文特色，彰显“海丝泉州”旅游形象。展会上，泉州政企联合营销，推出多项旅游优惠活动，受到旅游业界和福州市民的瞩目。

观众在2018福建旅游生活展泉州展馆参观（图/泉州晚报社）

2018泉州电商创意创新创业大赛闭幕

由市商务局、市委人才办等主办的“2018泉州人才港湾计划·电商创意创新创业大赛”（以下简称电商“三创”大赛）闭幕。该届大赛内容拓展为创意创新创业，并首次叠加人才港湾政策，参赛项目数量大增50%。电商“三创”大赛，已成为泉州电商产业招引人才、发掘优质项目的“入口”。7月，2018泉州电商“三创”大赛开幕。在2017年首届泉州电商创业创新大赛举办、并引进4个外地获奖项目落地发展的基础上，2018年的电商大赛增加“创意”内容，吸引全球450多个项目报名参赛，项目数量较2017年增长50%以上。通过上届电商“双创”大赛的举办，泉州已吸引一大批优质项目落地。上届金奖项目钱来乐以及临临期、希柚果园、95来呗等外地获奖项目均已落地泉州。多个项目获得多轮融资，如钱来乐拿到4轮融资金额3000多万元，估值1.8亿元；95来呗融资额达12亿元，估值约50亿元。此外，通过专家评委的点评、指导，参赛项目的水平都得到不同程度的提升。在上届大赛对接、落地、发展效果逐渐显现的基础之上，该届大赛覆盖面大大拓宽，足迹遍布福建、上海、浙江、江苏、四川、湖北、河南等多个省市，并囊括香港、台湾等地区项目参与到赛事角逐。

2018泉州电商“三创”大赛首次被纳入2018泉州人才港湾计划。人才政策的首次叠加，意味着赛事规格的提升，也为后续项目的落地做足做好服务保障，提升了大赛对外地项目的吸引力。历经初赛、复赛、赛前培训、尽职调查、决赛等程序，层层筛选，最终产生泉州2018电商“三创”大赛金银铜及优秀奖项目，宝石鉴定手持式差分拉曼光谱仪、优家丰泰项目分获初创组、成长组金奖。该届大赛的成功举办，不仅是创投项目展示创业创新成效的舞台，更是选手互相交流切磋的机会。为更好地对接电商项目资源、促进商业资源有利循环，大赛除主论坛之外，还新增设电商项目资源对接会环节，为项目、企业和创投人提供一个交流互动的平台。比赛环节注重实际对接，参赛项目紧贴泉州纺织、服装、鞋业、建材、家居、机械、食品等传统优势行业，落地性强，能够起到为产业城市添加助燃剂、树立电子商务竞争新优势的作用。大赛紧密结合产业的模式，令众多评委印象深刻。

泉州市人才港湾计划·3D打印创新创业大赛上，意大利设计师与泉州企业签约合作（图/泉州晚报社）

12月2日

农历戊戌年十月廿五
星期日
温度：18℃—25℃
多云

●由省文化和旅游厅指导、省旅游发展集团主办的2018福建旅游生活展在福州闭幕，泉州馆获最佳创意奖、最具人气奖。

●即日起至12月10日，泉州市开展“交通安全宣传月”活动。

●由市商务局、市委人才办等主办的“2018泉州人才港湾计划·电商创意创新创业大赛”闭幕。

●由中国医师协会肛肠外科分会、同济大学附属东方医院主办的2018上海陆家嘴“东方琅琊榜”结直肠肛门外科手术视频大赛总决赛举行，泉州市第一医院胃肠外科2区副主任医师李新宇获大赛最高奖项——特等奖，成为福建省唯一一名获此荣誉的选手。

●由晋江市文体新局、文联、方志办等部门主办的纪念改革开放40周年晋江文学创作座谈会在晋江文化馆举行。

12月3日

农历戊戌年十月廿六
星期一
温度：19℃—26℃
多云

●王永礼会见到泉州考察的新加坡文化、社区及青年部长兼社区事务署主管部长傅海燕。

●市政府党组（扩大）会议召开，传达学习习近平在广东考察时关于全面深化改革扩大开放讲话等。

●全市安全生产工作暨危险化学品、道路交通、消防安全专项整治工作视频会议召开，贯彻落实全国、全省危险化学品安全生产专题视频会议精神，对全市安全生产工作进行再部署、再强调。

●市人大常委会党组（扩大）会议暨巡视整改工作领导小组第四次会议召开，研究省委巡视二组巡视泉州市反馈意见涉及市人大的巡视整改任务细化措施、巡视整改意见专题民主生活会方案等。

●3—5日，龙岩市人大常委会主任张天洲带领龙岩市的省十三届人大代表到泉州开展异地视察活动。

●市安全生产委员会决定从是日起至2019年3月底，在全市范围内集中开展危险化学品安全专项整治百日行动。

●第七届福建艺术节闭幕式在福州福建大剧院举行。泉州市四个剧目获一等奖。

●3—6日，由市教育局、市体育局主办的2018年全市小学生足球联赛（决赛）在泉州师范学院第二附属小学、丰泽区东海湾实验学校举行。

●由中国地市报研究会、安溪县政府、泉州晚报社主办的“跨越四十年 晋级百强路”全国媒体总编（记者）看安溪大型采风活动启动。

王永礼会见新加坡文化、社区及青年部长傅海燕

市长王永礼会见到泉州考察的新加坡文化、社区及青年部长兼社区事务署主管部长傅海燕一行。王永礼表示，泉州与新加坡历来交往频繁，保持着密切的经贸和人文交流。泉州产业基础雄厚、特色鲜明，希望两地在既有深厚的经贸合作基础上，深化拓展在港口航运、文化交流、青年往来等方面的合作，实现互利共赢，增进双方友谊。傅海燕表示，新加坡与泉州在经贸、文化等领域交流由来密切。近年来，泉州经济发展势头良好，新加坡企业家到泉州投资热情高涨，希望两地深化民间活动交流，加强经贸、文化、教育等领域的务实合作。

市政府党组（扩大）会议召开

市政府党组（扩大）会议召开，传达学习习近平在广东考察时关于全面深化改革扩大开放讲话、首届中国国际进口博览会开幕式上的讲话和参观“伟大的变革——庆祝改革开放40周年大型展览”时的讲话精神及省委常委会、省政府党组会、市委常委会会议精神，研究市政府党组初步贯彻意见。会议还学习《中国共产党支部工作条例（试行）》。

全市安全生产工作视频会议召开

全市安全生产工作暨危险化学品、道路交通、消防安全专项整治工作视频会议召开，贯彻落实全国、全省危险化学品安全生产专题视频会议精神，对全市安全生产工作进行再部署、再强调。会议指出，泉州是经济大市、人口大市，人多、车多、企业多，安全生产任务重、责任大，一刻也不能松懈。就做好全市下阶段安全生产工作，会议强调，一定要站在维护国家安全、公共安全、人民生命财产安全、党委政府公信力的高度来认识把握安全生产工作。一定要把安全生产责任落实到位。一定要对安全隐患“零容忍”，确保安全生产工作万无一失。一定要完善落实应急预案，经常性开展实战应急演练。

泉州市开展危化品安全专项整治行动

为全面遏制危险化学品生产安全事故发生，推进危险化学品综合治理工作，市安全生产委员会决定从是日起至2019年3月底，在全市范围内集中开展危险化学品安全专项整治百日行动。此次专项整治行动由市政府统一组织领导。整治范围包括全市所有县（市、区）、涉及危险化学品的所有行业（领域）安全生产主管部门（单位）和生产经营单位。整治重点包括危险化学品生产经营、储存、使用、运输企业，化工园区和涉及危险化学品重大风险功能区及危险化学品罐区，突出以危险化学品输送管道、油气输送管道、未经正规设计化工装置、城镇区域内的危险化学品企业和危险化学品新、改、扩建项目等为重点对象。突出以企业合法合规性、企业及装置的区域适应性、企业安全控制系统先进性、设备设施适用性、法定检测检验有效性、安全管理制度实际执行性、操作规程严密性、人员条件符合性、应急管理针对性、隐患事故警示性为重点内容。

全国媒体总编（记者）看安溪大型采风活动启动

由中国地市报研究会、安溪县政府、泉州晚报社主办的“跨越四十年 晋级百强路”全国媒体总编（记者）看安溪大型采风活动启动。图为全国媒体总编（记者）在安溪县参观。

（图/林劲峰 陈森森）

市县人大常委会工作务虚会召开

市县人大常委会工作务虚会召开，学习习近平关于坚持和完善人民代表大会制度的思想，落实省委、市委全会决策部署，交流研讨2019年工作思路。会议指出，习近平关于坚持和完善人民代表大会制度的思想，是习近平新时代中国特色社会主义思想的重要组成部分，为新时代做好人大工作提供根本遵循和方向指引。各级人大常委会要把学习好、研究好、宣传好、贯彻好这一思想，作为人大工作的首要政治任务，深化认识，深刻理解，深入把握，加强组织领导推动贯彻落实；要牢贯彻落实好市委人大工作会议精神，推进市人大常委会机关巡视整改工作，围绕推动泉州高质量发展落实赶超谋划推进人大工作，以更加扎实的工作成效，开创泉州市人大工作新局面。

市县人大常委会工作务虚会现场（图/王虎文）

泉州市举行第五个国家宪法日法治宣传活动

第五个国家宪法日。2—8日是司法部确定的第一个“宪法宣传周”。为推动全社会树立宪法意识，市依法治市办、市司法局联合市委宣传部、市人大常委会办公室、市教育局等举行宪法日法治宣传活动。位于市区芳草园的现场，参加活动的市民络绎不绝。每个部门的宣传咨询点都把法律展板、普法宣传册和宣传品准备好，不少市民带着问题向工作人员询问相关法律知识。沙画表演、快板、魔术、舞蹈等文娱节目营造了浓厚的宪法宣传氛围，而节目中穿插的宪法知识有奖竞答、扫码抽奖活动则大大提高市民参与度。从11月下旬至12月下旬，全市各地各部门组织开展以“尊崇宪法、学习宪法、遵守宪法、维护宪法、运用宪法”为主题的“12·4”国家宪法日暨第一个“宪法宣传周”系列宣传活动。2018年以来，全市各级各部门以泉州市法治宣传和“新媒体法雨行动”为载体，开展面向全体市民的法治宣传活动，提升市民法律素质，通过省“七五”普法中期督导考核，法治建设工作走在全国全省前列。

国家宪法日法治宣传活动现场（图/郑玲玲　王志超）

第三期全国旅游商品管理人员培训班在泉州举办

4—8日，由中国旅游协会旅游商品与装备分会主办、市旅发委支持、福建省旅游商品同业协会协办的第三期全国旅游商品管理人员培训班在泉州举办。培训班邀请中国旅游协会副会长王德刚、中国旅游协会旅游商品与装备分会秘书长陈斌、中国美术学院教授赵阳、清华大学美术学院教授邱松、国家知识产权局商标局处长张弘弛、北方工业大学教授刘永翔、北京电子科技职业学院教授李友友等7名业内权威专家授课。旅游商品产业是旅游业中涉及面最广的一个产业，也是旅游业中潜力最大的一个产业，对促进投资，提振内需、扩大消费都起着非常重要的作用。此次培训班主要是加强对高素质旅游商品人才的培养。此前已举办两期。为推进“请进来”旅游营销推介，培训期间，市旅发委借此时机开展专题旅游营销推介、旅游商品行业交流互动。组织与会嘉宾考察泉州古城、清源山、五店市等景点，七匹狼男装博物馆、顺美陶瓷生活馆等观光工厂，举办海丝泉州专场旅游推介会。同时，组织泉州优秀旅游商品企业代表参与培训班学习、交流，展示2018年“润物无声”泉州旅游商品设计创作大赛入围决赛作品展。

12月4日

农历戊戌年十月廿七
星期二
温度：19℃—29℃
多云

●市县人大常委会工作务虚会召开，学习习近平关于坚持和完善人民代表大会制度的思想，落实省委、市委全会决策部署，交流研讨2019年工作思路。

●市人大常委会党组理论中心组组织学习习近平关于坚持和完善人民代表大会制度的思想。

●市依法治市办、市司法局联合市委宣传部、市人大常委会办公室、市教育局等举行宪法日法治宣传活动。

●4—8日，由中国旅游协会旅游商品与装备分会主办、市旅发委支持、福建省旅游商品同业协会协办的第三期全国旅游商品管理人员培训班在泉州举办。

●由福建省食品科学技术学会、福州大学主办，泉州师范学院承办的，以“食品产业创新发展”为主题的福建省食品科学技术学会2018学术年会在泉州召开。

●市第三期基层老年学校校长培训班开班。

●第32届中国化学奥林匹克（决赛）在山东济南闭幕。泉州七中学生吴泉霖、张韩（指导教练：郑木炎老师）分获全国金牌、铜牌。

12月5日

农历戊戌年十月廿八
星期三
温度：18℃—22℃
阴转小雨

●市委常委班子召开落实省委巡视二组巡视整改意见专题民主生活会。

●市政府党组召开落实省委巡视二组巡视整改意见专题民主生活会、安全生产专题民主生活会。

●加强全社会研发投入工作部署视频会议召开，分析总结泉州市全社会R&D（研究与开发）经费投入工作开展情况，部署提升全社会研发投入的工作任务。

●由泉州银监分局、泉州市银行业协会、泉州市金融团工委主办的泉州市银行业信贷文化建设知识竞赛决赛举行。

●市总工会举行庆祝改革开放40周年座谈会暨纪实片首播式。

●由泉州师范学院音乐与舞蹈学院、泉州南音学院和波兰克拉科夫音乐学院主办的“当传统邂逅了当代——泉州与波兰古乐的对话”音乐会在泉州师范学院举行。

市委常委班子召开巡视整改专题民主生活会

市委常委班子召开落实省委巡视二组巡视整改意见专题民主生活会。会议以学习习近平新时代中国特色社会主义思想和中共十九大精神，高标准严要求抓好巡视反馈问题整改，推动管党治党不断上新水平为主题，聚焦省委巡视反馈的问题，开展批评和自我批评，从症结上、根源上深刻剖析、举一反三，做到真认账、真反思、真整改、真负责，推动巡视整改取得更深入、更全面、更彻底的成效。会上，市委书记康涛代表市委常委班子作对照检查，市委常委逐一作个人对照检查，把自己摆进去、把职责摆进去、把工作摆进去，深入对照剖析明确整改方向和主要措施。常委互相开展批评，掏心见胆、富有辣味，增强党内政治生活的政治性、时代性、原则性、战斗性。康涛要求，要提高政治站位，强化政治担当。把学懂弄通做实习近平新时代中国特色社会主义思想贯穿整改全过程，从政治站位、思想认识上来剖析问题，反思工作中的短板和不足，增强下阶段整改的思想自觉和行动自觉。要全面坚决彻底，狠抓整改落实。将此次专题民主生活会成果与之前市委制定的整改任务与分解方案结合起来，建立问题档案、整改清单，常委班子以上率下、对号入座、主动认领，逐项深入整改、对账销号，在解决问题的同时建章立制、标本兼治。要建强市委班子，深化管党治党。以巡视整改为契机，加强自身建设，旗帜鲜明讲政治，学深悟透新思想，持之以恒转作风，全面从严抓落实，提高党的建设质量，为再创“晋江经验”新辉煌、当好高质量赶超主力军提供政治保证。

加强全社会研发投入工作部署视频会议召开

加强全社会研发投入工作部署视频会议召开，分析总结泉州市全社会R&D（研究与开发）经费投入工作开展情况，部署提升全社会研发投入的工作任务。会议详细而客观地分析泉州市全社会R&D经费投入主要存在的问题。会议指出，坚持高质量发展落实赶超，增强发展新动能、新优势，需要研发投入作为支撑。各级各有关部门，以及企业、科研机构、高校等各类创新主体要强化责任感和紧迫感，协力推动研发投入上新水平；各级各部门要明确责任主体和任务指标，强化创新主体作用、强化财税政策引导、强化科技金融支持、完善激励和约束机制及科技统计工作，协力推动全社会研发投入快速增长；要加强组织领导和协调，建立监测和考评机制，激发全社会研发创新活力，形成全社会重视支持研发创新的良好局面。

“泉州与波兰古乐的对话”音乐会在泉州举行

由泉州师范学院音乐与舞蹈学院、泉州南音学院和波兰克拉科夫音乐学院主办的“当传统邂逅了当代——泉州与波兰古乐的对话”音乐会在泉州师范学院举行。整场演出由南音《独坐敬亭山》拉开序幕，紧接着南音名曲《梅花操》、波兰古曲《松》《母亲》等相继上演。最后一曲《邂逅》将音乐会推向高潮，让波兰苏卡琴与泉州南音在舞台上互放光彩，该曲系台湾籍作曲家、泉州师范学院副教授余忠元为此次演出量身创作。此次演出由波兰国宝级音乐家、波兰克拉科夫音乐学院教授玛丽亚·波米安诺夫斯卡带队，其演出足迹遍布世界各地，公开发行23张独奏专辑，并多次获得国际奖项。一同到场交流的还有波兰音乐家亚历山德拉·考夫、亚历山德拉·妮维雅多姆斯卡、胡伯特·吉切夫斯基和阿加塔·沃夫斯卡等。

“泉州与波兰古乐的对话”音乐会现场（图/白志艺 陈智勇）

市委常委会会议研究加强泉州市社会治理工作

市委常委会召开会议，传达贯彻纪念毛泽东批示学习推广“枫桥经验”55周年暨习近平指示坚持发展“枫桥经验”15周年大会和省委常委会会议精神，研究加强泉州市社会治理工作；传达学习贯彻习近平在中共中央政治局第九次集体学习时的讲话精神和省委常委会会议精神，研究泉州市贯彻意见；传达贯彻全省脱贫攻坚现场推进会精神，研究《关于打赢脱贫攻坚战三年行动的实施意见》；研究《关于加强乡镇政府服务能力建设的实施方案》。

会议指出，习近平就坚持创新发展“枫桥经验”提出一系列新理念新思想新战略，为推进基层社会治理现代化提供根本遵循。要认真学习贯彻，与时俱进坚持好、发展好、运用好，建设更高水平的平安泉州。要突出加强创新引领，继续巩固提升、培育推广好经验好做法，加快打造共建共治共享社会治理格局。要注重抓基层打基础，强化党的领导、多方协同，推动“枫桥经验”由乡村治理向城镇、社区治理延伸，打通服务群众“最后一公里”。

会议指出，习近平在中共中央政治局第九次集体学习时的讲话，阐明加快发展新一代人工智能的重大意义和战略优势，系统谋划发展方向和顶层设计。要深入学习领会讲话精神，以供给侧结构性改革为主线，大抓数字化智能化，为经济赋能、为生活添彩。要紧抓机遇期，把握主攻方向，突出与实体经济融合，为产业高质量转型添薪续力；突出与社会治理结合，建设好数字政府、智慧城市。要梳理突破具体抓手，对接落实好国务院新一代人工智能发展规划和省实施意见，打造一批人工智能领军企业、“双高”企业。

会议要求，要全面贯彻落实习近平扶贫开发战略思想，按照中央和省委部署要求，扛好政治担当，推动脱贫攻坚工作更加有效开展。要全面盘清底数，紧盯重点攻坚，从“一个不少”“稳定脱贫”“长效机制”等入手，研究落实政策“组合拳”，打好“主动仗”。要干出实效，狠抓省委巡视反馈和平时督查中发现问题的整改落实，以强有力的作风建设助力脱贫攻坚。

市全面深化改革领导小组2018年第十三次会议召开

市全面深化改革领导小组2018年第十三次会议召开，传达贯彻中央深改委第四次、第五次会议和省委深改委第一次会议精神，审议通过《关于持续打造一流营商环境的实施意见》《泉州市推进涉农资金统筹整合实施方案（试行）》，研究推动民营经济高质量发展的惠企措施，听取部分重点改革项目推进情况，部署下阶段工作。会议指出，石狮“市场采购贸易方式试点”工作行动快、措施实，要继续用足用活试点政策，做足优势，做大平台，放大效应。南安开发区管理体制机制改革作了有益探索，成效初步显现，要总结提升推广，因地制宜创新发展，形成新的聚集效应和增长引擎。会议强调，作为全国民营经济的重要发祥地、“晋江经验”的形成地。要对标中央、省里系列政策措施，推出简明易行的帮扶政策，做到态度鲜明、靶向精准、兑现顺畅。要及时跟踪研判，紧盯落地效果，并在不断“回头看”中完善体系，精准解读传递，让企业看得懂、用得好。会议强调，推进涉农资金统筹整合改革是实施乡村振兴战略的重要举措。要理顺体系，提升支农政策效果和涉农资金效益；要转变方式，推动资金由“项目管理”转向“任务管理”；要健全配套，完善涉农资金和项目管理办法，调动各方积极性。

王永礼督查环保领域巡视整改任务落实情况

市长王永礼督查环保领域巡视整改任务落实情况，并主持召开现场办公会。市委常委、常务副市长张永宁等参加督查。王永礼指出，各级政府各部门必须按照市委统一部署，坚持更高站位，提高政治敏锐性，站在落实重大政治任务的角度，打赢污染防治攻坚战；必须明确职责，对各自生态环境保护责任、巡视整改任务清清楚楚；必须强化合作配合意识，主动作为、勇于担当，条块结合、上下联动，建立健全污染防治协作长效机制；必须清楚“家底”，对水源地、污染源、环境改善、生态修复等薄弱点心中有数，因地制宜采取整改措施，一件一件盯紧抓实，一项一项对账销号，把污染防治攻坚战每一项任务落到实处。

12月6日

农历戊戌年十月廿九
星期四
温度：17℃—24℃
阵雨

●市委常委会召开会议，传达贯彻纪念毛泽东批示学习推广“枫桥经验”55周年暨习近平指示坚持发展“枫桥经验”15周年大会和省委常委会会议精神，研究加强泉州市社会治理工作等。

●市全面深化改革领导小组2018年第十三次会议召开，传达贯彻中央深改委第四次、第五次会议和省委深改委第一次会议精神等。

●王永礼督查环保领域巡视整改任务落实情况，并主持召开现场办公会。

12月7日

农历戊戌年十一月初一
星期五
温度：14℃—17℃
阴

●王永礼对市政府组成部门主要负责人及市政府办公室党组成员进行集体廉政谈话，督导推进全面从严治党和党风廉政建设工作。

●市政府第四十五次常务会议召开，研究《关于加快泉州港口集装箱运输发展的若干意见》，听取泉州市实施妇女儿童发展纲要情况的汇报等。

●在收看全省重点党报党刊发行工作视频会议后，泉州市随即召开贯彻落实会议，对2019年度全市重点党报党刊发行工作进行再动员、再部署。

●是日起，中心市区全面推行存量房交易资金监管。

●由市委文明办、鲤城区委文明办、泉州真情在线公益协会和鲤城区海滨街道办主办的泉州市纪念国际志愿者日暨移风易俗主题公益晚会在市区府文庙广场举行。

●泉州晋江国际机场年旅客吞吐量突破700万人次。

●主题为“终极的觉醒：从文化先驱到一代宗师”的纪念弘一法师学术研讨会在泉州举行。

●李叔同（弘一法师）自画像（临摹）赠予仪式在泉州1915艺术空间举行。

●石狮市发布城市超级IP计划，此举在省内尚属首次。

泉州晋江国际机场年旅客吞吐量突破七百万人次

泉州晋江国际机场年旅客吞吐量突破700万人次。图为媒体记者在泉州晋江国际机场采访。（图/廖平和）

纪念弘一法师学术研讨会在泉州举行

主题为“终极的觉醒：从文化先驱到一代宗师”的纪念弘一法师学术研讨会在泉州举行。该研讨会系纪念弘一法师出家100周年系列活动之一。系列纪念活动包含启动仪式、线上纪念馆、护生公益画展、学术研讨会、文艺晚会等，活动自7月启动以来，缅怀弘一法师的行谊风范和悲心宏愿，传承发扬弘一法师的思想精神。研讨会现场举行两场高端会话，邀请海内外知名专家、高僧大德围绕研讨会主题，分别从“华枝春满——李叔同对当代艺术的启示”和“天心月圆——弘一法师对中国佛教的贡献”两个方面展开讨论。现场嘉宾各抒己见、畅所欲言，缅怀弘一法师一生的愿行事业，并探讨如何用好弘一法师留给当代的宝贵财富。

李叔同自画像（临摹）赠予仪式在泉州举行

由泉州1915艺术空间和福建省佛教艺术交流促进会主办的李叔同（弘一法师）自画像（临摹）赠予仪式在泉州1915艺术空间举行。该画为目前发现唯一的李叔同油画自画像，原作在日本东京艺术大学，对研究中国油画发展史和李叔同均有重要价值。该幅临摹作品在泉州1915艺术空间展出一个月后移交给泉州弘一法师纪念馆收藏。此次活动为“天心月圆——纪念弘一法师出家一百周年系列活动”之一。弘一法师年轻时曾取名李岸留学日本，在东京艺术大学的前身东京美术学校学习油画。晚年，弘一法师在泉州、厦门、漳州弘扬佛法、普利众生，最后在泉州圆寂，一直是泉州人民敬仰和爱戴的一位高僧。基于弘一法师与日本和泉州的渊源，同时为纪念弘一法师在艺术领域做出的贡献，留日泉州籍艺术家吴达新特请中日文化交流协会出面担保，向东京艺术大学借出校藏“李岸（李叔同）毕业创作自画像”原作，邀请东京艺术大学教授宫回正明临摹复制，在福建省佛教艺术交流促进会的支持下，完成李叔同（弘一法师）自画像临摹工作。

李叔同自画像（临摹）赠予仪式（图/庄丽祥）

石狮市在全省率先打造城市超级IP

石狮市发布城市超级IP计划，推出代表石狮狮文化印记的城市动漫形象，启动制作以狮文化为核心的《狮来运转》动画片，同步发布石狮城市超级IP共享模式，计划通过全渠道推广、实体产业对接、IP授权共享、文创人才培育等，塑造独具石狮文化基因的城市符号，力推石狮城市形象在海内外的推广传播。此举在省内尚属首次，在国内也不多见。IP的原义是指“知识产权”，超级城市IP，是对城市精气神特色凝练而创造出的一个符号化、个性化的具体形象，能快速聚集人气和提高城市认知度。

“欠薪投诉举报，劳动法律咨询”现场接访活动举行

市、县两级人社部门牵头会同公安、住建、交通、水利、信访、司法、法院、总工会等部门单位，在全市各地开展13场“欠薪投诉举报，劳动法律咨询”现场接访活动。是日，全市发放宣传材料8000多份，接待群众咨询1140人次，接受欠薪等劳动保障维权投诉案件82件，其中异地投诉12件、现场处理27件。市人社局相关人士表示，泉州市将一方面畅通投诉举报渠道，继续实行24小时投诉举报专人值守制度，落实投诉举报联动机制，劳动者可以异地就近向劳动保障监察机构投诉；另一方面，落实治欠保支长效机制，市人社局牵头组织定期召开解决企业工资拖欠问题部门联席会议，综合研判，统筹协调，妥善解决欠薪问题；在“两节”期间牵头会同公安、住建、法院等部门单位设立欠薪应急案件联合处置领导小组办公室（应急办），常态化联合处置欠薪应急突发群体事件。此外，泉州市还将打击恶意欠薪，保持行政司法联动打击恶意欠薪犯罪行为“零容忍”的高压态势。

“青山绿水，自在呼吸”系列宣传活动举行

由市河长制办公室、市水利局主办的“青山绿水，自在呼吸”系列宣传活动在丰泽区大坪山山线玻璃栈道起点举行。活动旨在弘扬宪法精神，树立宪法权威，普及宪法知识，呼吁全社会珍惜爱护河湖、保护水资源。现场播放宪法、河长制、水土保持等相关宣传片。除分发印有“水资源保护宣传”的宣传品外，还向市民免费赠送有关法律法规手册，设置介绍宪法、河长制及水法、水土保持、农业综合水价改革、农田水利设施建设等水利知识的“科普长廊”。市水利局相关负责人表示，随着社会进步和宣传活动的广泛开展，群众的水资源保护意识也在不断提升，“绿水青山就是金山银山”的理念已成为全社会共识。

“海丝文化与泉州印象”学术研讨会在泉州举行

8—9日，由福建省高校新型智库“海丝文化传承发展研究院”、泉州师范学院文传学院主办，中国经济史学会、《中国社会经济史研究》编辑部和《文史知识》编辑部协办的“海丝文化与泉州印象”学术研讨会在泉州举行，国内30多所高校和科研机构的100多位专家学者与会。与会专家学者主要从“海丝”文献整理与研究、历史时代泉州城市形象研究、海上丝绸之路研究、“海丝文化”海外传播与华人华侨研究、“海丝”遗产传承保护研究等方面进行研讨和交流。著名历史学家、中国经济史学会名誉会长郑学檬教授表示，国家“一带一路”倡议的大背景，为历史学研究提供前所未有的良好机遇，泉州作为海上丝绸之路的起点城市之一、国家历史文化名城，加强“海丝文化”研究恰逢其时，此次研讨会的召开具有十分重要的意义。“海丝文化”研究受到前所未有的重视，泉州城市发展定位更需要与“海丝文化”研究紧密结合，众多专家学者携手研究有助于泉州理清城市发展定位，全面提升城市文化软实力。中国魏晋南北朝史学会副会长、华东师范大学博士生导师章义和教授表示，中国正处于突飞猛进的时代，泉州要想在全国城市竞争格局中脱颖而出，要高度重视泉州的历史地位、文化地位和发展战略地位，发挥好自己的优势。在泉州期间，与会专家学者还到九日山、洛阳桥、开元寺和泉州海外交通史博物馆考察。

晋江国际马拉松“警马护跑团”成立

晋江市公安局举行“粉丝进警营 基层文化行”主题活动，110多名粉丝到警营体验警营文化。晋江国际马拉松“警马护跑团”同时成立。粉丝参观晋江市公安局刑事技术大队。神秘的现场勘查设备，全省县级公安首家“DNA”检验室和10月刚刚建立的全省县级公安首家理化实验室，让人大开眼界。是日还举行2018特步晋江国际马拉松“警马护跑团”授旗，标志2018特步晋江国际马拉松“警马护跑团”成立。“警马护跑团”由全国各地132名警察马拉松爱好者组成。他们既是选手，也将兼顾维护赛道秩序和安保工作，承担“赛道流动安全官”的职责。

12月8日

农历戊戌年十一月初二
星期六
温度：13℃—16℃
阴

●市、县两级人社部门牵头会同公安、住建、交通、水利、信访、司法、法院、总工会等部门单位，在全市各地开展13场“欠薪投诉举报，劳动法律咨询”现场接访活动。

●由市河长制办公室、市水利局主办的“青山绿水，自在呼吸”系列宣传活动在丰泽区大坪山山线玻璃栈道起点举行。

●8—9日，由福建省高校新型智库“海丝文化传承发展研究院”、泉州师范学院文传学院主办，中国经济史学会、《中国社会经济史研究》编辑部和《文史知识》编辑部协办的“海丝文化与泉州印象”学术研讨会在泉州举行。

●福建省中职学校第十四届教职工健身运动会在福建经贸学校洛江校区开幕，全省各地46支代表队近1500名运动员、教练员、裁判员参加。

●晋江国际马拉松“警马护跑团”成立，由全国各地132名警察马拉松爱好者组成。

12月9日

农历戊戌年十一月初三
星期日
温度：13℃—16℃
多云转阴

●全省首个地市级文艺评论家协会——泉州市文艺评论家协会成立。

●9—10日，由市社科联与黎明职业大学主办的高职教育深化产教融合服务区域发展学术论坛在黎明职业大学举办。

●由泉州市音乐家协会主办，泉州市音协钢琴艺术专业委员会、中国邮政集团泉州市分公司承办的第二届泉州市钢琴艺术节开幕式暨王笑晗“师生情”音乐会在泉州音乐厅举行。

●由中国田径协会、省体育局、晋江市政府主办的2018晋江国际马拉松赛举行。

泉州市成立全省首个地市级文艺评论家协会

泉州市文艺评论家协会成立大会暨第一次会员大会召开。会议选举产生泉州市文艺评论家协会第一届理事会、监事会、主席团和秘书处成员，市文联副主席、泉州晚报社副总编辑郭培明当选协会首任主席。郭培明表示，作为福建省成立的首个地市级文艺评论社团，泉州文艺评论家协会将秉承“百花齐放百家争鸣”方针，弘扬敢言、真言、善言传统，与高校、兄弟协会密切联手，打造评论家成长的基地，激发本土创作活力，推动泉州文化自信进一步提升，文化创作迸发新的活力。同时，协会将加强对侨乡文化、海丝文化的挖掘与推介，推动“一带一路”沿线国家和地区华文文艺的评论交流与合作。泉州市文艺评论家协会有120余名会员，其中硕士以上学历的会员约占1/3；同时，会员分布广泛，涵盖文学、美术、书法、摄影、雕塑、音乐、舞蹈、戏曲、媒体传播等多个领域，是一个名副其实的跨界文艺家社团。

泉州举办高职教育深化产教融合服务区域发展论坛

9—10日，由市社科联与黎明职业大学主办的高职教育深化产教融合服务区域发展学术论坛在黎明职业大学举办。人社部技能鉴定中心原副主任、中国职工教育和职业培训协会常务副会长毕结礼，沈阳机械工业职工大学党委书记杨克，厦门理工学院原院长陈文哲，安踏体育用品有限公司高级总监梁家广，双喜制衣有限公司董事长杨培峰，泉州人力资源协会会长朱庆国围绕“校企合作产教融合”进行主题发言，从高校和企业等多个角度，聚焦“现代学徒制”“双师型教师队伍建设”“专业设置”等话题，分享校企合作的新思路，提出建设方法。

高职教育深化产教融合服务区域发展学术论坛现场（图/洪　旭）

2018晋江国际马拉松赛举行

由中国田径协会、省体育局、晋江市政府主办的2018晋江国际马拉松赛举行。埃塞俄比亚、肯尼亚、印度、菲律宾等近20个国家和地区的1.2万余人参赛。此次赛事以“爱拼才会赢，晋马斗阵行（闽南语，意为‘一起走’）”为主题，设置全程马拉松（42.195千米）、半程马拉松（21.0975千米）与健康跑（7.8千米）三个项目。开幕式上还举行“跑出精彩”主题即开型体育彩票首发仪式。此系福建省首次以晋江企业文化为载体发行的体育彩票，票面植入晋江市本地企业品牌，也是福建省首套以马拉松跑步运动为载体发行的体育彩票。

2018晋江国际马拉松赛现场（图/林劲峰）

是日上午7时许，参赛人员从晋江市体育中心开跑，此处也是全程马拉松的终点；半程马拉松终点为晋江八仙山全民健身中心；健康跑终点则位于晋江“城市之眼”广场。最终，中国内蒙古选手金铭铭以2小时41分7秒的成绩获女子全程冠军，埃塞俄比亚选手特拉（Tela Hagos Gebremeskel）以2小时25分11秒的成绩获男子全程冠军。中国福建选手李美珍以1小时17分25秒的成绩、肯尼亚选手恩加苏拉（Ngasura Geoferey Kipkoech）以1小时6分14秒的成绩分获女子半程、男子半程冠军。大赛组委会相关负责人介绍，参赛服设计融入“爱拼才会赢”元素，既是赛事主题口号的延续，也是晋江国际马拉松赛与晋江城市文化的融合。同时，大赛奖牌萃取闽南特色元素、“海丝”文化、晋江城市地标等作为造型设计，奖牌还可组合拼接成窗花图案，选手可于赛后组合奖牌互动合影，增添参赛乐趣。

康涛王永礼到晋江南安现场办公

市委书记康涛到晋江市调研，督促推动中央、省环保督察和省委巡视反馈问题整改工作，并召开现场办公会，协调解决困难和问题。市委常委、秘书长翁祖根等参加调研。在现场办公会上，康涛强调，各级各部门要增强中央、省环保督察和省委巡视反馈问题整改的政治自觉、思想自觉和行动自觉，强化担当、扛起责任，拿出打硬仗的狠劲，逐项倒逼攻坚突破，如期完成整改。要领会、践行“晋江经验”，思考泉州市委全会提出的三个时代命题，保持拼劲和闯劲，为只争朝夕推动高质量发展落实赶超发挥主力领军作用。要加紧筹划2019年发展工作，更快进入状态，强化指标意识，抓好重大项目的策划和拼盘，大抓招商引资，引进龙头项目、产业链项目，打造纺织鞋服等产业生态圈，从产业配套、要素成本降低、大中小企业协同等角度，造好传统产业根植发展的营商大环境。要统筹全局，维护安全稳定大局，抓好年终岁末安全生产工作，增强敏感性，不就事论事，多从偶发因素中找出必然规律、工作短板，从根源上堵塞漏洞，遏制各类安全生产事故的发生。

市长王永礼到南安市调研，在企业、项目现场办公，协调解决困难和问题，并督导扫黑除恶整改工作。在督导会议上，王永礼指出，扫黑除恶专项斗争是一项系统工程，需要上下凝聚一心，打好攻坚硬仗，共同维护泉州良好形象。要提升站位，站在维护党和政府公信力的政治高度，立足长治久安，看远一点、看深一点、看专一点，多听群众呼声，按照中央督导组反馈意见以及省委、省政府和泉州市委整改要求，一个问题一个问题解决和销号，坚决整改到位。要提线排查，围绕扫黑除恶、“拆伞破网”等现有线索，以严谨负责的工作态度推动排查实现闭环，确保履职尽责。要提级审核，加快线索核查速度，属于本级本部门核查不了的线索，要及时提请上级核查，铲除黑恶势力滋生土壤。要提速办案，密切协作配合，严格依法依规办案，对有涉黑涉恶苗头的基层干部早发现、早提醒，对损害党和政府公信力的“害群之马”坚决打击。

康涛（左一）察看晋江市新塘街道梧林古村落保护发展项目进展

（图/陈起拓）

市人大常委会党组（扩大）会议召开

市人大常委会党组（扩大）会议暨巡视整改工作小组第五次会议召开，研究市人民代表大会常务委员会工作报告及有关事项，提出第十六届人民代表大会第四次会议有关事项及设立专委会有关事宜，并通报省委巡视二组巡视泉州市反馈意见涉及市人大的巡视整改任务的阶段性整改情况。会议指出，要吸收各方特别是老干部提出的意见建议，形成一份有分量、有水平、准确反映工作成效、让代表满意的工作报告；要以临战的姿态做好市十六届人大四次会议的各项筹备和服务工作；要强化巡视整改政治担当，对标对表、自查自纠、立改立行，对照巡视整改清单开展“点穴”式整改，确保巡视整改落细落实，做好巡视整改“后半篇文章”。

“开展移风易俗·倡导文明新风”文艺志愿服务活动在泉港区举行

“新时代 新征程”泉州市宣传中共十九大精神暨庆祝改革开放40周年“开展移风易俗·倡导文明新风”文艺志愿服务活动在泉港区前黄镇举行。图为活动现场。

（图/钟 鸣 庄燕红）

12月10日

农历戊戌年十一月初四

星期一

温度：14℃—22℃

阴

●康涛到晋江市调研，督促推动中央、省环保督察和省委巡视反馈问题整改工作，并召开现场办公会，协调解决困难和问题。

●王永礼到南安市调研，在企业、项目现场办公，协调解决困难和问题，并督导扫黑除恶整改工作。

●市人大常委会党组（扩大）会议暨巡视整改工作小组第五次会议召开，研究市人民代表大会常务委员会工作报告及有关事项等。

●10—21日，市安委会组织4个巡查组对丰泽区、晋江市、石狮市、南安市政府开展安全生产巡查。

●“新时代 新征程”泉州市宣传中共十九大精神暨庆祝改革开放40周年“开展移风易俗·倡导文明新风”文艺志愿服务活动在泉港区前黄镇举行。

12月11日

农历戊戌年十一月初五
星期二
温度：13℃—23℃
多云

●中华全国总工会副主席、书记处书记江广平到泉州台商投资区调研基层工会建设。

●市委巡视整改工作领导小组第五次会议召开，研究《泉州市党政领导干部安全生产责任制实施细则》和《泉州市推进城市安全发展实施方案》等。

●市委常委会召开会议，学习《干部人事档案工作条例》。

●陈灿辉到丰泽区企业、项目一线调研，检查项目建设情况，鼓励企业创新发展，并督导推动巡视整改任务落实。

●杨晓山、曾巍到石狮市开展第四季度“领导干部一线办公”活动周调研，督促项目攻坚，协调解决存在的问题。

●继全国、全省加强非洲猪瘟防控工作电视电话会议召开后，泉州市随即召开全市加强非洲猪瘟防控工作视频会议，落实全国、全省会议精神，对泉州市防控工作进行再动员、再部署、再推动。

●由市委政法委和市总工会主办的“护航新时代”法治宣传暨全市政法系统“百日大练兵大比武”成果展示举行。

●泉州城建集团权属企业泉州市城建国有资产投资有限公司发行“2018泉州城投MTN002”永续中票10亿元，期限3+N年，票面利率5.28%。此系泉州市本级首单永续中票，创全省同资质同期限永续中票发行利率最低、全国第三低。

●由市商务局、市妇联主办的家政服务进社区活动在市区浦西万达广场举行。

●纪念蔡其矫100周年诞辰系列活动在晋江市举行。

市委巡视整改工作领导小组第五次会议召开

市委巡视整改工作领导小组第五次会议召开，研究《泉州市党政领导干部安全生产责任制实施细则》和《泉州市推进城市安全发展实施方案》，听取1—11月安全生产工作汇报，部署下一步工作；研究《关于促进泉台经济文化交流合作的若干措施》。会议要求，要严字当头、责任到人，对照实施细则，建立责任清单，抓好平时监管、平时执法、平时问责，要把督促企业履行主体责任的工作做在平时，有问题就要紧紧盯住、一督到底；各县（市、区）要守土有责，全面梳理本地区重点领域、重要隐患，落实针对性整改措施，安监部门要加强指导。要打防结合、标本兼治，按照实施方案职责分工对号入座，全面开展城市风险点、危险源普查评估，摸清底数，源头把控，加大基础保障，加强实战演练，推动安全防线关口前移。要集中整治、不留死角，按照省里部署，抓好关键环节管控，针对危险化学品、道路交通、消防等重点领域，组织全面、严格、彻底的大排查、大整治。会议要求，要学习习近平对台工作思想，秉持“两岸一家亲”理念，推动泉州和台湾经济社会融合发展。要发挥泉州对台优势，扩大泉州和台湾经贸合作，支持台胞在泉州实习就业创业，深化泉州和台湾文化交流，方便台胞在泉州安居乐业。要完善保障措施，建立部门联席会议机制，打通政策落地“最后一公里”，增进两岸同胞的亲情和福祉。

市委常委会会议学习《干部人事档案工作条例》

市委常委会召开会议，学习《干部人事档案工作条例》。会议指出，条例对干部人事档案工作的体制机制、内容建设、日常管理、利用审核、纪律监督等加以规范完善，是干部人事档案工作的基本遵循。各级党委（党组）要学习贯彻，提高政治站位，把干部人事档案作为新时代党的重要执政资源。要及时组织专门培训、宣传解读，掌握好各项政策规定，推进泉州市干部人事档案工作更加科学化、规范化。会议要求，各级党委（党组）和组织人事部门要遵照执行落实，结合各自实际，完善配套制度，细化实化具体措施，规范档案“建、管、用”各个环节。要加强监督检查、业务指导，压实部门职责，严明工作规定和纪律要求，把从严管理档案落到实处。

陈灿辉到丰泽区检查项目建设情况

市人大常委会党组书记陈灿辉到丰泽区企业、项目一线调研，检查项目建设情况，鼓励企业创新发展，并督导推动巡视整改任务落实。在华创园，陈灿辉走访部分入驻企业，了解企业项目研发成果、生产经营情况、未来发展方向等方面情况，就存在困难现场协调解决，鼓励企业加强技术研发和科技成果转化。在师傅邦网络科技股份公司，陈灿辉了解电商售后服务平台运营情况，现场连线平台合作方了解服务信息，鼓励企业深化校企合作，完善平台建设，实现高质量发展。在宇朔工业设计公司，陈灿辉鼓励企业加强人才队伍建设，力争培育一批创新型人才，为泉州产业转型升级提供支撑。就招引大项目落地促进产业集聚，陈灿辉协调住建部门做好相关工作，推动招商引资见实效。陈灿辉还检查蟳埔渔人码头、星光耀万达广场及丰泽区第三实验小学城东校区等项目竣工情况。

纪念蔡其矫100周年诞辰系列活动在晋江市举行

由晋江市文体新局、市方志办、紫帽镇党委、镇政府主办的纪念蔡其矫100周年诞辰系列活动在晋江市举行。活动内容包括蔡其矫诗歌馆开馆仪式、蔡其矫诗歌研究座谈会等。图为蔡其矫诗歌研讨会现场。（图/泉州晚报社）

市委2019年工作务虚会召开

市委2019年工作务虚会召开，学习贯彻习近平新时代中国特色社会主义思想，落实省委十届六次全会和市委十二届七次全会部署，分析2019年发展形势，谋划坚持高质量发展落实赶超的各项工作。

会议强调，要提高党委驾驭高质量发展和社会稳定大局的能力水平，提升站位，凡事从政治上考量，完成中央、省委决策部署，落实全面从严治党、以高质量发展落实赶超、传承弘扬“晋江经验”等任务。要党政同责，极端负责抓好安全生产、生态环保、社会稳定等工作，对照“责任清单”，主要负责人要亲自盯，分管领导要亲自抓，监管部门要一督到底，把监管执法、督促问责抓在平时、抓得更到位。

会议指出，各级政府各部门要按照市委决策部署，坚持目标导向和问题导向，推动高质量发展落实赶超。突出转型升级，发挥政企互动良好传统，再创民营经济发展新优势；发挥龙头企业带动作用，从产业生态、体系、价值和文化内涵入手，塑造“泉州制造”新形象；开展项目攻坚，强化要素保障，推动项目加快竣工投产达产。突出增强动能，走“开放路”，推动全面开放走深走实；吃“改革饭”，赋予“晋江经验”新的时代内涵；打“创新牌”，加快实施创新驱动发展战略。突出城建提速，注重项目化运作、活态化利用、便利化配套，推动古城提质；抓好规划引领、组团开发、基础设施、景观提升，发展都市型经济，加快新城集聚；从市民感受最直接的环节抓起，推进城市精细化管理。突出以民为本，打好防范化解重大风险、精准脱贫、污染防治三大攻坚战，补齐民生事业和社会治理两块短板。

泉州市庆祝改革开放40周年文艺演出举行

由市委宣传部、市委文明办、市文广新局、市文联、泉州晚报社、泉州广播电视台等主办，仰恩大学承办的“欢乐泉州·走进仰恩大学”泉州市庆祝改革开放40周年文艺演出在仰恩大学新运动场举行。演出由鼓乐龙狮《盛世鼓舞》拉开序幕，紧接着上演《在希望的田野上》《泉州，这片春风吹拂的热土》《我们来自仰恩湖畔》等10多个节目，内容涵盖歌唱、舞蹈、诗朗诵、情景诗表演、啦啦操等，既有师生新创作的作品，也有刚在福建省艺术节获得一等奖的节目，还有一批保留节目，全面展示泉州市文艺工作者40年来的成果和泉州市文艺创作最新成就。

泉州市庆祝改革开放40周年文艺演出现场
（图/林劲峰　陈智勇）

梁披云研究系列活动举行

由市社科联与泉州黎明职业大学主办的梁披云研究系列活动举行。系列活动包括“钟情教育，畅写初心——梁披云书法展”、梁披云研究座谈会和梁披云研究专题讲座。活动旨在缅怀梁披云的高尚品格、崇高精神和杰出业绩，领略其诗书创作的艺术魅力，研讨座谈梁披云研究的领域、方法和路径。座谈会上，与会人员聚焦梁披云“生平事迹”“书法艺术”“教育实践”“创办黎明职业大学的思想与实践”等几条主线，为弘扬梁披云教育思想出谋献策，明确弘扬梁披云爱国精神，学习传播梁披云教育思想和诗书艺术的重要性。

梁披云书法展现场（图/洪　旭）

12月12日

农历戊戌年十一月初六
星期三
温度：12℃—14℃
多云

●市委2019年工作务虚会召开，学习贯彻习近平新时代中国特色社会主义思想，落实省委十届六次全会和市委十二届七次全会部署，分析2019年发展形势，谋划坚持高质量发展落实赶超的各项工作。

●市人大常委会党组召开落实省委巡视二组巡视整改专题民主生活会。

●由市委宣传部、市委文明办、市文广新局、市文联、泉州晚报社、泉州广播电视台等主办，仰恩大学承办的“欢乐泉州·走进仰恩大学”泉州市庆祝改革开放40周年文艺演出在仰恩大学新运动场举行。

●由市总工会、市人力资源和社会保障局、泉州台商投资区管委会主办的第三届“泉台两岸雕艺行业职工技能竞赛”活动在泉州台商投资区张坂镇雕艺街开幕。

●中国城市公共交通协会“2018首届全国最美公交人暨优秀车长（驾驶员）、维修工”评选活动表彰大会在厦门举行，泉州4名公交驾驶员蔡文军、陈晓东、龚永志、秦佩玉获评全国“最美公交人”称号。

●南安市检察院获“全国模范检察院”荣誉称号表彰会暨授牌仪式在南安市举行。

●德化县2018年第四季度重点项目开竣工仪式举行，项目涵盖工业、基础设施、社会事业等多个领域，开工项目6个，奠基和竣工项目各1个，其中中国茶具城一期工程竣工开业。

12月13日

农历戊戌年十一月初七
星期四
温度：12℃—16℃
晴

●市关工委成立30周年座谈会召开。

●市政府第四十六次常务会议召开，听取关于落实粮食安全行政首长责任制工作情况的汇报等。

●市政协党组召开落实省委巡视二组巡视整改意见专题民主生活会。

●十二届市政协第十二次主席会议召开，协商有关人事事项、暂停个别委员履行政协委员职责相关事宜、十二届市政协委员会第三次会议相关事项和十二届市政协常委会第十一次会议相关事宜等。

●市金控集团与雏菊机构旗下中菊资产管理有限公司签订《战略合作框架协议》《泉州市产业投资基金合伙协议》。

●市委统战部召开落实省委巡视二组巡视整改意见专题民主生活会。

●国家卫生健康委、中国红十字总会、中央军委后勤保障部卫生局在北京召开献血法实施20周年暨2016—2017年度无偿献血表彰大会，泉州市被授予"全国无偿献血先进城市"称号。

●全市文联工作会议召开，研究部署2019年工作。

●13—14日，由市政府主办，市人力资源和社会保障局、市委人才办、市经信委、市科技局承办的2018年泉州民营经济与人力资源服务峰会举行。

●13—23日，由省侨办、市侨办、丰泽区政府主办的2018年马来西亚华裔青少年"中国寻根之旅"冬令营在泉州师范学院举办。

市关工委成立30周年座谈会召开

市关工委成立30周年座谈会召开，省关工委主任刘群英，市委书记、市关工委名誉主任康涛出席会议并讲话。

刘群英指出，泉州市关工委成立30年来品牌工作精彩纷呈，是全省关工委的典型。希望泉州市关工委继续在习近平新时代中国特色社会主义思想指引下，继续践行关心培养青少年使命，坚持立德树人，帮助青少年扣好人生"第一粒扣子"。各级关工委要以30周年纪念活动为契机，开展好"基层工作创新年"活动，加快民企关工委组建等工作，激发基层活力；要以精准关爱为导向，以农村留守、城市流动儿童等特殊群体为工作重点，解决青少年求学、生活方面的实际困难，为青少年多办实事好事；要以党的建设带动关工委的各项建设，为促进培育新一代青少年，推进新时代新福建建设贡献力量。

康涛指出，习近平多次就关爱青少年工作作出论述和指示，为做好关工委工作提供科学指南和根本遵循。全市各级关工委要高举旗帜，以习近平新时代中国特色社会主义思想为指引，坚持服务青少年的正确方向，开创泉州市关心下一代事业新局面。要深化教育引导，把培育和践行社会主义核心价值观融入青少年教育全过程，引导青少年坚持听党话、跟党走。要突出精准关爱，延伸拓展"百万大手牵小手"关爱活动，帮扶助困、结对服务、心灵抚慰，支持帮助青少年成长成才。要坚持"党建带关建"，提升关工委组织力；各职能部门要主动靠前支持，加强工作保障，用心用智用力做好关心下一代工作。

市政府第四十六次常务会议召开

市政府第四十六次常务会议召开，听取关于落实粮食安全行政首长责任制工作情况的汇报等。会议要求，各级政府各部门要提升思想站位、增强责任意识，站在维护国家安全、公共安全的高度，围绕责任制考核要求和各自职责分工，狠抓各项工作任务的落实。要坚持问题导向、认真对标对表，紧盯考核标准和重点难点，早谋划、早部署，把握春耕等时间节点，宣传发动农民种粮增产，减少土地抛荒；同时鼓励倡导市民体验田园生活，盘活城郊闲置耕地。要强化督促考核、主动沟通协调，高标准、严要求加强对各地粮食安全行政首长责任制落实情况的监督检查，发挥考核"指挥棒"作用，落实粮食安全责任。

市金控集团与中菊资产管理有限公司签订《战略合作框架协议》

市金控集团与雏菊机构旗下中菊资产管理有限公司签订《战略合作框架协议》《泉州市产业投资基金合伙协议》。市长王永礼与雏菊机构董事会主席赵洗尘座谈，副市长洪自强等参加座谈。王永礼指出，泉州产业基础雄厚、实体经济发达，正处于转型升级重要关口，希望双方深化合作，探索产融结合服务实体经济新路径，在推动泉州高质量发展中实现共赢。

2018年泉州民营经济与人力资源服务峰会举行

13—14日，由市政府主办，市人力资源和社会保障局、市委人才办、市经信委、市科技局承办的2018年泉州民营经济与人力资源服务峰会举行。此次峰会是泉州市贯彻落实习近平在全国民营企业座谈会上的讲话精神，纵深实施泉州市人才"港湾计划"、主动服务民营企业的一项重要举措。峰会以"创业泉州·才聚港湾"为主题，旨在搭建国内外知名人力资源服务机构和泉州市重点产业、企业的人才供需对接平台。峰会上，国内外41家知名人力资源服务机构的78名来宾与泉州市各级政府相关部门及100家民营企业、科研机构和五大国资集团的代表，共谋人力资源服务助力泉州民营经济高质量发展。浙江海龟控股有限公司、猎聘网、英格玛集团等知名人力资源服务机构的嘉宾分享引才良策，献计泉州发展。361°（中国）有限公司的代表分享企业引才实例。峰会期间，来宾还考察泉州实体企业、科研机构、工业园区，领略非遗文化活态展示成果，与有关部门和企业座谈、签订战略合作协议，进行人才供需互动对接，探讨如何打造更专业、更精准的人力资源服务供应链，为泉州发展注入新的生机与活力。

市委实施乡村振兴战略专题汇报会召开

市委实施乡村振兴战略专题汇报会召开，贯彻落实全省乡村振兴战略现场推进会、脱贫攻坚现场推进会精神，研究部署泉州市实施乡村振兴战略具体举措。会议指出，各级各部门要坚持以习近平新时代中国特色社会主义思想为指导，学习领会习近平关于实施乡村振兴战略的论述，按照中央和省委部署要求，结合实际抓好贯彻落实，加快推进各项工作。要因地制宜加强统筹协调，对标对表明差距、找对策、补短板。要突出精准施策，完善配套政策体系，建立项目化清单，加强动态监管扶持。要坚持示范引路，抓好试点村建设，及时总结推广各地探索出的好经验好做法。要打好精准脱贫攻坚战，聚焦产业带动，加快激活“造血”功能，探索相对贫困人口帮扶，确保如期脱贫、稳定脱贫。要加紧谋划2019年工作，策划生成一批新项目、新抓手，持之以恒、久久为功，推动乡村振兴取得新进展、新成效。要加强党对乡村振兴的领导，强化担当作为，压紧压实责任。要发挥基层战斗堡垒作用，调动各方主动性和积极性。要一线检验锻炼队伍，让更多优秀人才为乡村振兴献计出力。

游宇飞到安溪县督导巡视整改任务

市委常委、市纪委书记游宇飞到安溪县调研，并督导推动巡视整改任务落实。在位于龙门镇的中国国际信息技术（福建）产业园，游宇飞了解安溪南翼新城总体规划、基础设施配套、企业项目入驻、信息技术产业发展等情况。随后，到中企通宝区块链项目、海纳生财有限公司、正丰数控科技生产项目等走访，询问各企业项目的运营状况、发展规划及存在的困难问题，现场协调相关部门推动解决。游宇飞要求安溪在营造更优营商环境、倾力服务企业发展方面再做努力。要帮助企业突破发展瓶颈，解决生产经营难题，提振发展信心，推动各项扶持政策落地、落细、落实，最大限度地降低企业成本、减轻企业负担。要通过完善各项配套、对接省市相关人才政策等各种措施和方法，加快引进人才、留住人才，为安溪发展提供可靠人才保障。

泉州市成立首个军民融合产业投资基金

由市产业股权投资基金、惠安县惠东工业园开发建设有限公司与中科鑫通创业投资管理（北京）有限责任公司发起成立的泉州市中科鑫通融合产业投资基金签约。此系泉州市发起成立的首个军民融合产业投资基金，基金规模达10亿元，主要投向军民融合与高新技术的产业项目和企业。副市长洪自强，市委军民融合办、市经信委、市金融局、市金控集团、惠安县政府相关负责人参加基金签约，并与中科鑫通董事长韩付海一行座谈。洪自强在座谈时指出，泉州市高度重视军民融合发展，构建军民融合、军地互动、优势互补、共同发展的产业格局，希望双方深化合作，抢抓发展机遇，积极引进项目，做大做强军民融合产业规模，实现互利共赢。中科鑫通方表示，将与泉州市政府共同努力，通过泉州中科鑫通融合产业投资基金及将来泉州中科鑫通融合产业基地的打造，推动军民融合产业成为泉州新的经济增长点，成为福建省军民融合的重要产业承载地。座谈会上双方还就产业项目的对接、引进等明确具体的措施和办法。

海峡两岸黄香、黄庭坚家规家训研讨会在晋江市举行

海峡两岸黄香、黄庭坚家规家训与孝道文化研讨会在晋江市举行。海峡两岸数百名黄氏宗亲与会。与会者认为，被誉为“中华第一孝子”的黄香开创江夏黄氏孝悌家风，而“孝廉楷模”黄庭坚更是为世人留下“黄金家规”。黄庭坚在晚年留下一篇《家戒》，通过总结一些家族兴衰的原因，告诫子孙应“无以小财为争，无以小事为仇，无以猜忌为心，无以有无为怀”，族人之间要互相谦让、和睦相处，齐心协力维护好家族的传承与发展。有关负责人表示，此次研讨会既是一次两地相互交流、学习借鉴的机会，也是海内外黄氏宗亲乃至炎黄子孙念祖思亲、追本溯源、弘扬民族精神、共建美好家园的盛典。相信通过此次沟通，将促进黄香文化研究学术交流，为光大中华忠孝文化做出贡献。

12月14日

农历戊戌年十一月初八
星期五
温度：13℃—17℃
多云

●市委实施乡村振兴战略专题汇报会召开，贯彻落实全省乡村振兴战略现场推进会、脱贫攻坚现场推进会精神，研究部署泉州市实施乡村振兴战略具体举措。

●游宇飞到安溪县调研，并督导推动巡视整改任务落实。

●由市产业股权投资基金、惠安县惠东工业园开发建设有限公司与中科鑫通创业投资管理（北京）有限责任公司发起成立的泉州市中科鑫通融合产业投资基金签约。此系泉州市发起成立的首个军民融合产业投资基金。

●14—17日，2019年福建省职业院校技能大赛护理技能赛项在泉州医学高等专科学校举行。

●14—16日，由《海外文摘》杂志社和《散文选刊·下半月》杂志社主办的2018年度中国散文年会在北京举行，评选出年度四个奖项百余篇散文作品。泉州市作家谢美永散文集《边城听风》获散文集类一等奖、陈淑芬散文《根》获单篇散文类二等奖。

●海峡两岸黄香、黄庭坚家规家训与孝道文化研讨会在晋江市举行。

12月15日

农历戊戌年十一月初九
星期六
温度：14℃—20℃
晴

●泉州市机构改革工作大会召开，贯彻习近平关于深化党和国家机构改革的论述精神，按照中央、省委部署要求，对泉州市机构改革工作进行动员部署。

●市委办、市政府办印发《泉州市市级机构改革实施方案》，推动各项改革任务落地见效。

泉州市机构改革工作大会召开

泉州市机构改革工作大会召开，贯彻习近平关于深化党和国家机构改革的论述精神，按照中央、省委部署要求，对泉州市机构改革工作进行动员部署。标志泉州市机构改革进入全面实施阶段。

会议指出，要旗帜鲜明讲政治，站位全局和战略高度，认识深化地方机构改革的重要性和紧迫性，提高政治觉悟和政治担当，确保思想和行动高度统一。要把握正确方向，确保贯彻执行有力有效。总的要按照维护党中央集中统一领导和国家法制统一、政令统一、市场统一的要求，把坚持和加强党的全面领导贯穿始终，把践行以人民为中心的发展思想贯穿始终，把坚持社会主义市场经济改革方向贯穿始终，把坚持优化协同高效原则贯穿始终，把坚持以法治方式推进改革贯穿始终，建立上下贯通、衔接到位、执行有力的机构职能。要认真组织实施，盯紧盯牢职责划转衔接，稳妥有序推进人员转隶，严肃规范经费资产处置，一体推进市县机构改革，确保高质量完成好机构改革各项任务。机构改革牵一发而动全身，时间紧、任务重、要求高，必须周密组织推进，扛好各自责任，把好时间节点，加强教育引导，严明纪律约束，确保全面落地见效。

会议强调，各级各部门要按照市委部署要求，把机构改革作为检验各级领导干部党性原则强不强的重要考验，自觉把思想和行动统一到党中央重大决策和省委、市委工作部署上来，做到思想认识到位；要把守纪律、讲程序、重规则贯穿改革全过程，做到纪律执行到位；要保持改革期间工作的连续性、稳定性，做到工作衔接到位，做好岁末年初各项工作，确保完成好各项目标任务。

泉州市市级机构改革实施方案出炉

市委办、市政府办印发《泉州市市级机构改革实施方案》（以下简称“方案”），推动各项改革任务落地见效。方案明确泉州市党政机构改革的总体部署、机构设置等内容。同时，方案明确要统筹推进市人大、市政协和群团组织，以及事业单位、审批服务便民化、综合行政执法等其他各项改革任务。

方案强调，要提升政治站位，维护习近平总书记党中央的核心、全党的核心地位，维护党中央权威和集中统一领导，将思想和行动统一到党中央关于地方机构改革的决策部署上来，在市委统一领导下，各级各部门要加强组织领导，主要领导当好第一责任人，贯彻落实改革任务，不讲条件、不打折扣、不搞变通、不开口子。要细化工作进度，按照中央及省委要求进一步细化改革的时间表、路线图，做到分工合理、程序清晰、时间节点明确，确保改革各项任务圆满完成。要稳妥有序推进，全面贯彻“先立后破、不立不破”原则，在新旧机构交替中，有序做好人员转隶、新机构挂牌、集中办公等工作，特别是确保涉及安全生产、应急救援、维护社会稳定等各项工作的有序衔接。要严明政治纪律和政治规矩，严格执行有关规定，对违反规定的，要严肃查处，追究相关人员责任。

方案明确，泉州市市级设置党政机构50个。党委机构15个，其中，纪检监察机关1个，工作机关14个。政府工作部门35个。中共泉州市委设置纪检监察机关1个，组建市监察委员会，与市纪律检查委员会合署办公，履行纪检、监察两项职责，实行一套工作机构、两个机关名称。不再保留市监察局。计入机构限额的市委工作机关14个：办公室、组织部、宣传部、统一战线工作部、政法委员会、全面深化改革委员会办公室（与政研室实行一个机构、两个牌子）、网络安全和信息化委员会办公室、机构编制委员会办公室、军民融合发展委员会办公室、台港澳工作办公室、市直机关工作委员会、巡察工作领导小组办公室、老干部局、精神文明建设办公室。市政府工作部门35个：办公室、发展和改革委员会、教育局（教育工作委员会与其合署办公）、科学技术局、工业和信息化局、民族与宗教事务局、公安局、民政局、司法局、财政局、人力资源和社会保障局、自然资源和规划局、生态环境局、住房和城乡建设局、交通运输局、农业农村局、林业局、水利局、商务局、文化广电和旅游局、卫生健康委员会、退役军人事务局、应急管理局、审计局、国有资产监督管理委员会、海洋与渔业局、市场监督管理局、体育局、统计局、人民防空办公室、医疗保障局、地方金融监督管理局、信访局（市委信访局与其合署办公）、城市管理局、数字泉州建设办公室。

12月16日

农历戊戌年十一月初十
星期日
温度：13℃—22℃
晴

●福建省台港澳办新批准设立20家对台交流平台载体，泉州市新增2家省对台交流基地和1家台湾青年体验式交流中心。

●由福建省闽南文化研究会主办，泉州师范学院中国社科院文化研究中心闽南文化研究基地协办的第五场闽南文化沙龙在泉州举办。

泉州市新增3家省级对台交流平台载体

福建省台港澳办新批准设立20家对台交流平台载体，泉州市新增2家省对台交流基地和1家台湾青年体验式交流中心。此次新增的8家福建省对台交流基地分别是福州市晋安区闽王文化园、厦门市江夏堂、漳州市林语堂纪念馆、泉州市安溪清水岩、泉州市余光中文学馆、莆田市贤良港天后祖祠、龙岩市长汀县客家母亲缘文化主题公园和宁德市半月里畲族文化村落等。新增的6家台湾青年体验式交流中心包括福州市严复翰墨馆、福州市海峡（福州）大熊猫研究交流中心，厦门市惠和石文化园、海峡两岸影视制作（漳州）基地、泉州市传统文化促进会和三明心家园等。

泉州市安溪清水岩位于安溪县城西北的蓬莱山，是一处以清水岩寺为主体、以清水祖师文化为特色的国家AAAA级旅游区和全国重点文物保护单位，清水祖师信俗是国家级非物质文化遗产。永春县是已故台湾文学大师余光中的祖籍地，建设在此的余光中文学馆，对于弘扬中华文化，推动两岸文化交流，具有重要意义。泉州市传统文化促进会自成立以来，以传统文化推广、对台文化交流为主要内容，通过举办一系列传统文化交流活动，结对台湾民间社团，增进台湾青少年对两岸同根同源、血脉相连的了解。

至此，泉州市已有3个海峡两岸交流基地、2家省级对台交流基地、2家台湾青年体验式交流中心，以及1个基层对台交流示范点。

安溪县清水岩（图/吴寿民）

永春县余光中文学馆（图/康庆平）

第五场闽南文化沙龙在泉州举办

由福建省闽南文化研究会主办，泉州师范学院中国社科院文化研究中心闽南文化研究基地协办的第五场闽南文化沙龙在泉州举办。泉州、厦门、漳州、金门等地的80多位闽南文化专家学者、政企人士等与会。该场沙龙以“弘扬闽南文化、助推民营经济”为主题。活动上，恒安集团共享中心副总裁刘莹高级经济师结合集团发展实际，专题分享《闽南地区民营经济的发展》；祖籍漳州的金门大学人文社会学院院长陈益源以越南河内福建会馆及天后宫的调研为例，讲述《闽南商人和闽南文化在越南》的有关情况；福建省李光地研究院常务副院长苏黎明分享《家族文化与民营经济》。与会者认为，在发展迅速的闽商民营经济背后，蕴含着丰富的闽南族群文化精神，主要包括重乡崇祖、爱拼敢赢、重义求利、山海交融等。通过探讨交流闽南文化与民营经济及经济社会发展的内在关系，有助于开阔闽南文化新视野，认识闽南文化的国际性特征，挖掘闽南文化当代价值，充实文化内涵，赋予其新的时代特征，以闽南文化形塑闽南城市气派，加强闽南文化经济圈建设。

泉州市两位作家获中国散文年会奖项

14—16日，由《海外文摘》杂志社和《散文选刊·下半月》杂志社主办的2018年度中国散文年会在北京举行，评选出年度四个奖项百余篇散文作品。泉州市作家谢美永散文集《边城听风》获散文集类一等奖、陈淑芬散文《根》获单篇散文类二等奖。谢美永是位新泉州人，自少年时代起就对文学产生兴趣，无论是在家务农还是外出务工，均笔耕不辍，坚持写作。此次获奖作品《边城听风》收集其历年创作的部分散文随笔作品，分三个小辑“风土”“风味”“远足”，共有55篇文章，作品聚焦闽西客家和第二故乡泉州风土民情以及个人成长历程、人生感悟、游历抒怀等。

12月17日

农历戊戌年十一月十一
星期一
温度：11℃—19℃
晴

●17—18日，中国工程院主席团名誉主席、中国工程院院士周济带领调研组到泉州调研制造业转型升级、高质量发展情况。

●市人大常委会党组（扩大）会议暨巡视整改工作领导小组第六次会议召开，研究市人大常委会机关整治“文山会海”的实施意见，及市人大常委会机关服务保障常委会领导下基层调研若干规定。

●全国百家城市网站同步上线“百城见证：改革开放的力量”专题，以全新网页交互设计方式，解读改革观念，检阅各地改革开放成果，见证改革开放40年对国家、城市和个人的巨大改变。泉州网以“新老图片看泉州”主题参与展示。

●安溪县参内卫生院在全市所有基层卫生院中率先推行“先诊疗、后付费”服务模式。

中国工程院调研组到泉州调研制造业发展情况

17—18日，中国工程院主席团名誉主席、中国工程院院士周济带领调研组到泉州调研制造业转型升级、高质量发展情况。调研组听取泉州市制造业转型升级工作汇报；与铁拓机械、兴业皮革、龙峰纺织、361°、闽发铝业、晶安光电、华宝智能等民营企业代表座谈；了解企业在智能制造方面取得的成效，遇到的困难和问题；听取企业对推进智能制造的意见建议。调研组对泉州推进智能制造，引导企业技术改造、转型升级取得的成绩给予肯定；对民营企业开展智能化改造，一心发展实体经济，充分赞赏。调研期间，调研组还到华昂体育、华宝智能、福建泉工、九牧厨卫、阳光中科、华宇织造、安踏一体化产业园考察。

泉州网参与“百城见证：改革开放的力量”专题展示

为庆祝改革开放40年，全国百家城市网站同步上线“百城见证：改革开放的力量”专题，以全新网页交互设计方式，解读改革观念，检阅各地改革开放成果，见证改革开放40年对国家、城市和个人的巨大改变。泉州网以“新老图片看泉州”主题参与展示。9月起，泉州网联合泉州市城市建设档案馆开展“新老图片看泉州”图片征集和网络展示活动，得到市民的鼎力支持，并吸引网民关注、点赞和转发。通过新老照片的对比展示，呈现泉州40年来的发展变化。“百城见证：改革开放的力量”专题活动由中国城市新闻网站联盟主办，深圳新闻网承办，发动网盟近百家成员单位网站，挖掘当地城市改革开放的生动案例和故事，报道这些代表性观念对所在城市发展的巨大影响，共同描绘改革开放40年的生动画卷。

福建省职业院校技能大赛护理技能赛项在泉州举行

14—17日，2019年福建省职业院校技能大赛护理技能赛项在泉州医学高等专科学校举行，福建省中高职院校的50名选手参赛。护理技能赛项设中职组和高职组分别进行。除进行护理理论知识竞赛，中职组在实际技能操作中实施心肺复苏、静脉输液、置胃管技术、口腔护理4项护理技术操作，高职组则以实施右踝关节扭伤包扎、心肺复苏、静脉留置针输液、气管切开护理4项护理技术分组进行竞技。赛项重点考察参赛选手的知识应用能力、临床思维能力、技能操作执行能力、沟通交流能力、分析解决问题能力以及团队协作精神和人文素养。经过角逐，闽东卫生学校林淑恬、福清卫生学校林子钐、龙岩卫生学校兰洁获中职组一等奖；福建省卫生职业技术学院许云明、连尧旺获高职组一等奖。此次竞赛旨在引领中高等职业学校适应行业现状及技术发展趋势，推进护理专业的教育教学改革，展示职教改革成果及师生良好面貌，搭建起校企合作培养高素质护理人才的平台，提升社会对职业教育的认可度，同时也有利于培养能够顺利进入护理岗位、胜任临床工作的护理人才。

安溪县参内卫生院率先推行“先诊疗后付费”服务模式

安溪县参内卫生院在全市所有基层卫生院中率先推行“先诊疗、后付费”服务模式。为深化医药卫生体制改革，改进医疗服务模式，夯实“暖心服务”行动内容，安溪县决定在全县范围内全面推行公立医疗单位“先诊疗、后付费”服务模式。所谓的“先诊疗、后付费”服务模式，是指从救死扶伤、减轻患者负担和便民的角度出发，改革收费管理制度及服务流程，医疗单位接诊门诊、急诊患者和住院患者时，先提供诊疗服务，再缴交医疗费用的服务模式。经过一段时间的准备，安溪县参内卫生院率先推行“先诊疗、后付费”服务模式。从是日起，以下服务对象可享受“先诊疗、后付费”服务：参加安溪县城镇职工医疗保险和城乡居民基本医疗保险，当年度足额缴纳医保费用的患者；病情危急需进行紧急救治的任何患者。存在“住院患者有医保规定不予报销情形的”及“在医疗单位诊疗，有过逃费记录且尚未缴清费用”行为的，将不能享受“先诊疗、后付费”服务。

“晋江慈善之夜”暨世中运倒计时活动举行

“晋江慈善之夜”暨世中运倒计时活动在晋江市举行。副省长郑建闽，泉州市领导康涛、林万明、刘文儒、季翔峰等参加活动。活动当晚，海内外晋江人捐资超5.8亿元人民币，这些款项将注入晋江慈善总会体育公益基金、教育公益基金和各项慈善事业，专款专用。2018年10月，晋江获得2020年第18届世界中学生运动会举办权，开创县级市举办国际综合赛事的先河。活动现场，主办方发布晋江2020年世界中学生运动会举办时间为2020年10月18—23日，入围的10个吉祥物和10首主题歌同步开启投票通道。晋江籍世界冠军林超攀、施嘉洛也到现场为家乡筹办世中运鼓劲加油。

2018年泉州科技型企业专场挂牌鸣锣仪式举行

由市科技局主办，市生产力促进中心、海峡股权交易中心承办的2018年泉州科技型企业专场挂牌鸣锣仪式暨第十三场投融资路演对接会在泉州开发区举行，全市各个行业领域的24家科技型企业登陆海峡股权交易中心。这24家企业在海峡股权交易中心展示板挂牌，该板块主要面向科技型企业，提供融资渠道对接、宣传展示、路演培训等各类金融服务。海峡股权交易中心财务总监赖周伟表示，展示板是企业走向资本市场的第一步，在这里，企业将得到规范化的培育，获得各类金融服务，为其走向股改板、交易板，甚至“新三板”等更高层次的资本市场做铺垫。

泉州开通中国大陆首个菲律宾达沃直飞航班

泉州晋江国际机场开通菲律宾达沃航班。此系中国大陆唯一直飞达沃的航班，为泉州晋江和达沃两座友好城市的经贸往来搭建便捷空中桥梁。泉州—达沃航班由厦门航空公司执行，航班号MF8679/80，班期每周二、五，9时泉州起飞，12时15分抵达沃；13时15分达沃起飞，16时30分抵泉州。达沃是菲律宾第三大城市，是菲律宾重要的经济中心，也是与中国交往最密切的菲律宾城市之一。泉州是“海上丝绸之路”的起点城市，也是不少菲律宾华侨的祖籍地。此航线的开通，不仅为泉州本地商旅人士，以及菲律宾华人华侨搭建起高效便捷的“空中直通车”，更将促进两地经贸、文化、旅游交流。加上原有每天2班菲律宾马尼拉航班，泉州晋江国际机场每周飞往菲律宾的航班达到16班次。

泉州市己亥年原创春联评选出炉

由市文明办和泉州晚报社主办、泉州市楹联学会承办的泉州市2019（己亥）年原创春联评选大赛闭幕，30副春联获奖。大赛于11月12日启动，受到社会各界的广泛欢迎，泉州乃至全国各地的春联高手、爱好者踊跃参与。12月初，评委会从投稿的众多春联中，初步选出100副春联。6—13日，主办方在泉州通APP、泉州晚报微信公布100对初选春联，由市民票选，接受公众监督。截至13日24时，10余万名市民浏览关注原创春联评选，1.6万多名市民参与投票，累计票数165940票。根据评选活动规则，春联评选采取网络投票和专家评选相结合的方式，其中，市民评选占比30%，专家评选占比70%。17日、18日，由楹联专家、主办方相关人士组成的评委会，在公开、公正、公平的原则下，隐去作者、随机打乱作品，评委会专家经过集体反复讨论研究，逐字逐对斟酌，同时加进市民评选权重，最终甄选产生30副获奖春联。

著名作家蔡崇达在泉州师院成立“《皮囊》文学奖”

著名作家蔡崇达返回母校泉州师范学院，成立“《皮囊》文学奖”，此举开全省高校由校友设立文学奖的先河。该文学奖由泉州师范学院文学与传播学院中文系主办，由蔡崇达捐资设立，每年颁发一次。图为蔡崇达在泉州师范学院演讲。（图/陈智勇 雷宝燕）

12月18日

农历戊戌年十一月十二
星期二
温度：11℃—19℃
晴

- “晋江慈善之夜”暨世中运倒计时活动在晋江市举行。
- 由市科技局主办，市生产力促进中心、海峡股权交易中心承办的2018年泉州科技型企业专场挂牌鸣锣仪式暨第十三场投融资路演对接会在泉州开发区举行。
- 泉州晋江国际机场开通菲律宾达沃航班，系中国大陆唯一直飞达沃的航班。
- 21世纪海上丝绸之路职业教育联盟秘书处揭牌暨倡议书发布仪式在黎明职业大学举行。
- 由市文明办和泉州晚报社主办、泉州市楹联学会承办的泉州市2019（己亥）年原创春联评选大赛闭幕，30副春联获奖。
- 著名作家蔡崇达在母校泉州师范学院成立“《皮囊》文学奖”，此举开全省高校由校友设立文学奖的先河。

12月19日

农历戊戌年十一月十三
星期三
温度：13℃—22℃
晴

●全市脱贫攻坚工作推进视频会召开，贯彻落实全省脱贫攻坚现场推进会精神，部署推进泉州市脱贫攻坚工作。

●市委召开专题会议研究深化移风易俗工作。

●市政协党组中心组学习会议召开，传达学习贯彻习近平同全国妇联新一届领导班子成员集体谈话时的讲话和中国妇女十二大精神等。

●市政协党组（扩大）会议召开，听取市政协十二届三次会议筹备相关工作汇报。

●市委政法委组织开展政法系统创新项目检查。

●全市文物保护管理培训班活动举行。

全市脱贫攻坚工作推进视频会召开

全市脱贫攻坚工作推进视频会召开，贯彻落实全省脱贫攻坚现场推进会精神，部署推进泉州市脱贫攻坚工作。会议指出，脱贫攻坚战已进入决战决胜的关键阶段。要以强烈的政治责任感，学习贯彻习近平扶贫开发战略思想，按照中央、省委的部署要求，把对党忠诚体现到不折不扣抓好脱贫攻坚的具体行动和工作上。要力戒松懈麻痹，力戒大而化之，力戒形式主义，以更精准更有力更有效的办法，高质量打好打赢脱贫攻坚战。

会议强调，要把握“精准”方略，下足“绣花”功夫。保持政策不变力度不减真落实《关于打赢脱贫攻坚战三年行动的实施意见》，完善政策帮扶体系。全面摸清底数打牢基础，组织开展脱贫攻坚“入户帮扶月”活动，全面了解掌握贫困户生产生活情况，落实好“一户一挂钩”帮扶责任。聚焦长效扶贫稳定脱贫，提升自我发展能力，激发内生动力，加快壮大村集体经济，多渠道帮助贫困户自力更生，完善多重医保政策防护线保障线。深化山海协作对口帮扶，把帮扶资金拨付到位，落实领导交流互访，全方位抓好共建产业园区建设。要以严的标准和实的要求狠抓落实。强化市县抓落实的管理体制，各方块要扛起主体责任，市直各单位要密切配合、加强指导，层层盯紧抓牢，调动各方力量，从严监督考核，以良好作风攻坚促进脱贫攻坚。

会议要求，各县（市、区）、市直相关部门要提高政治站位，贯彻落实习近平关于扶贫工作的论述，不折不扣落实好中央、省委和市委各项部署安排，对标对表、攻坚克难，以更加强烈的使命担当狠抓落实。要落实好“精准”二字，坚持目标导向、问题导向，把更加精准的政策举措落到村、落到户，落到对口帮扶的县（市、区），确保措施更细、过程扎实、脱贫成果经得起历史的检验。要强化责任落实，加强督导巡查和考核问责，一级带着一级干，一级做给一级看，以更严更实的作风，打好打赢脱贫攻坚战。

市委召开移风易俗工作专题会议

市委召开专题会议研究深化移风易俗工作。会议指出，各地各部门盯紧目标，聚焦难点，实施“一县一方案”，信心足、办法多、抓手实，取得明显成效。但要认识到歪风陋习具有顽固性、反复性，认识到工作还存在问题短板。要提高思想认识，及时总结提炼好经验好做法，树立典型推广，互相借鉴学习，自加压力巩固提升，坚定不移地推动移风易俗向纵深发展。会议强调，要强化目标导向，围绕《泉州市深化移风易俗工作三年行动方案》，结合各地实际，细化量化阶段性重点，列清单、定措施、抓落实，拿出实实在在的成效和经验。要厘清具体抓手，找准找透问题症结，从硬件、软件、制度、体制等入手，梳理2019年工作项目，做到心里有数、手中有招。要持续发力推进，拉紧责任链条，咬紧牙关、下定决心，保持移风易俗整治的高压态势，防止反弹回潮；对苗头性、普遍性问题，要及时研究制度规范，健全完善常态长效机制。要抓住“关键少数”，调动党员干部、企业家、侨亲等群体，引导群众形成社会新风尚，让移风易俗深入人心，化风成俗、形成自觉。

市政协党组中心组学习会议召开

市政协党组中心组学习会议召开，传达学习贯彻习近平同全国妇联新一届领导班子成员集体谈话时的讲话和中国妇女十二大精神、在中央政治局第九次集体学习时的讲话精神、在首届中国国际进口博览会开幕式上的主旨演讲精神和在参观“伟大变革——庆祝改革开放40周年大型展览”时的讲话精神，传达贯彻纪念毛泽东批示学习推广“枫桥经验”55周年暨学习习近平指示坚持发展“枫桥经验”15周年大会精神，以及省委常委会会议、市委常委会会议相关精神。会议指出，要学习贯彻习近平系列讲话精神，在学懂弄通上下功夫。要紧跟市委、市政府部署要求，坚持问题导向，在汇集民智、凝聚力量方面积极作为，聚焦社会民生重点难点问题，开展调研考察、协商建言，提出具有前瞻性、针对性、可操作性的意见建议。

康涛王永礼调研城乡环境综合整治工作推进情况

市委书记康涛、市长王永礼调研泉州市城乡环境综合整治工作推进情况，并召开专题会，研究协调有关问题。市委常委、常务副市长张永宁等参加调研。康涛在肯定各地整治的创新做法和成效后指出，城乡环境综合整治关乎城市形象、关乎乡村振兴。各级各相关部门要紧盯目标、全力攻坚，按照既定计划抓紧实施，科学安排好施工黄金期，力争尽快见实效、出形象。要统筹全局、突出重点，组织专家和设计团队加强指导、完善设计，在做好裸房整治的同时，因地制宜、同步推进周边环境整治和绿化提升，打造重要景观展示面，凸显生态野趣、特色鲜明的乡村田园风光。要立足长远、建章立制，把城乡环境综合整治纳入乡村振兴战略和美丽乡村建设，建立健全农村环境长效管护机制，引入乡村旅游等新业态，为农村长远发展注入新动力。要比学晾晒、互学互鉴，检验和提升基层干部战斗力和担当作为。王永礼指出，各相关县（市、区）、市直责任部门要在市委统一领导下，加快推进房前屋后和街边、河边、路边的综合环境整治，确保整洁、有序。要分清轻重缓急，继续加大力度，拆除“破、违、乱”和已到期的临时建筑；要加强景观设计，杜绝裸房整治“千篇一律”，推进裸山和抛荒地的成片绿化。要把短时整治和长期维护有机结合，既考虑短期攻坚成效，也兼顾建立维护环境的长效机制。

王永礼为市政府党员代表上专题党课

市长王永礼围绕推进依法行政，加快建设法治政府主题，结合大量行政案例，为市政府工作部门党员代表上专题党课。王永礼指出，政府工作人员要树立法治意识和规则意识，办文办会办事要讲规矩、讲程序，善于运用法治思维和法治方式深化改革、推动发展、化解矛盾、维护稳定，全面提升政府工作法治化水平。

市政府征求《政府工作报告》意见建议

连日来，市政府分别与市人大常委会、市政协举办联席会议，和原任地厅级老干部，各民主党派、工商联负责人及无党派人士代表座谈，征求对即将提交市十六届人大四次会议审议的《政府工作报告（征求意见稿）》和市政府工作的意见建议。联席会和座谈会上，与会者一致认为报告坚持以习近平新时代中国特色社会主义思想为指导，贯彻落实中央、省和市委各项决策部署，总结过去一年泉州取得的成绩，层次分明、内容翔实、亮点纷呈，对2019年工作的部署安排，思路清晰、重点突出、催人奋进。与会者还围绕推动民营经济发展、提升城市文化内涵、落实乡村振兴战略、加快军民融合发展、优化营商环境、加强民生保障等，对市政府工作和修改完善《政府工作报告》提出意见建议。市长王永礼表示，市政府将在市委统一领导下，贯彻执行市人大及其常委会的决议、决定，更加自觉地接受人大法律监督和工作监督，加快法治政府建设；更加主动接受政协民主监督，抓好政协提案办理，创造有利条件，为政协开展工作做好服务保障；更加重视并做好老干部工作，在政治上关心、生活上照顾好老干部；发挥各民主党派、工商联、无党派人士在发展社会主义协商民主中的作用，改进政府工作，齐心协力推进“创新、智造、海丝、美丽、幸福”的现代化泉州建设。

《泉州市中山路骑楼建筑保护条例》颁布实施新闻发布会举行

《泉州市中山路骑楼建筑保护条例》颁布实施新闻发布会举行，宣布该条例于2019年1月1日起施行。图为新闻发布会现场。

（图/王虎文）

12月20日

农历戊戌年十一月十四
星期四
温度：16℃—24℃
多云

●康涛、王永礼调研泉州市城乡环境综合整治工作推进情况，并召开专题会，研究协调有关问题。

●王永礼围绕推进依法行政，加快建设法治政府主题，结合大量行政案例，为市政府工作部门党员代表上专题党课。

●市政府征求《政府工作报告》意见建议。

●《泉州市中山路骑楼建筑保护条例》颁布实施新闻发布会举行，宣布该条例于2019年1月1日起施行。

12月21日

农历戊戌年十一月十五
星期五
温度：17℃—22℃
多云

●市委常委会召开会议，传达学习习近平在中共中央政治局第十次集体学习时的讲话精神和省委常委会会议精神，研究泉州市贯彻意见；研究市人大常委会2019年立法计划草案；听取泉州市国有企业党建工作情况汇报。

●市政府党组巡视整改工作领导小组第四次会议召开，通报集中整改阶段工作进展，研究《中共泉州市人民政府党组关于落实泉州市委巡视整改工作领导小组〈巡视整改任务细化措施〉的整改情况报告》，部署下阶段巡视整改工作。

●市政府党组（扩大）会议召开，传达学习习近平在中共中央政治局第九次集体学习时关于人工智能的讲话和省委常委会、市委常委会会议精神，研究市政府党组初步贯彻意见等。

●泉州市职工医疗互助工作会议召开。

●由人民公安报社主办、中国警察网承办的第七届全国公安政务新媒体伙伴大会在海南海口举行，石狮市公安局官方微博@石狮公安获“全国公安政务新媒体十大网络先锋账号”称号。

●安溪县第四季度重点项目集中开竣工活动举行，集中开（竣）工包括福建小罐茶生产项目、超大碳纤维增强复合材料生产项目、福建茶田花海田园综合体等在内的30个重点项目，总投资43.32亿元，其中开工项目22个、竣工项目8个。

●21—23日，由中国陶瓷工业协会、中国茶叶流通协会主办，德化县陶瓷发展委员会、德化陶瓷产业创新发展研究院、中国茶具城承办的第一届中国（德化）茶具文化产业博览会在德化县中国茶具城举行。

市委常委会会议传达习近平讲话精神

市委常委会召开会议，传达学习习近平在中共中央政治局第十次集体学习时的讲话精神和省委常委会会议精神，研究泉州市贯彻意见；研究市人大常委会2019年立法计划草案；听取泉州市国有企业党建工作情况汇报。会议指出，习近平在中共中央政治局第十次集体学习时的讲话，从历史与现实的视角，为新时代培养造就一支忠诚干净担当的高素质干部队伍指明方向、提供遵循。全市各级党组织要学习领会，全面贯彻落实新时代党的组织路线，按照中央、省委的部署要求，加强和改进干部管理工作，为高质量发展落实赶超提供坚强组织保证。要建设高素质干部队伍，严把德才标准，公道选人用人，激励担当作为，减轻基层负担，建立素质培养、知事识人、选拔任用、从严管理、正向激励的干部工作体系。

会议指出，要坚持以习近平新时代中国特色社会主义思想为指导，贯彻习近平关于全面依法治国的新理念新思想新战略，把牢正确政治方向，按照中央、省委、市委部署要求，实现立法决策与党委决策协调同步。要突出提升立法质量，坚持科学立法、民主立法、依法立法，紧密跟进衔接改革发展，强化立法引领推动，确保立得住、行得通、好执行、真管用。要协同推进组织实施，完善“党委领导、人大主导、政府依托、各方参与”的立法工作格局，健全沟通机制，畅通工作衔接，更好地把立法优势转化为发展优势。

会议要求，要深化习近平新时代中国特色社会主义思想“大学习”，坚持把党的政治建设摆在首位。旗帜鲜明坚持党对国有企业的领导，各级党委要把国有企业党的建设纳入整体工作部署和党的建设总体规划。坚持党管干部原则不动摇，打造一支高素质专业化的国企干部队伍。扛起全面从严治党主体责任，推进省委巡视反馈问题整改，建立健全廉洁风险防控体系和制度规范。要强化企业党组织的领导核心和政治核心作用，坚持加强党的领导和完善公司治理相统一，完善制度性安排，把党建工作成效转化为国企发展优势。

2019年央视戏曲春晚分会场节目在泉州录制

2019年中央电视台戏曲春晚泉州分会场节目在市区府文庙录制。该节目计划在2019年春节期间正月初二晚上在央视戏曲频道播出。此次泉州分会场节目内容丰富多彩，泉州南音、梨园戏、木偶戏、高甲戏、闽南民间歌舞、南少林武术等悉数亮相，向全国观众展示泉州“戏窝子”的魅力。整场演出名家名角云集，中国戏剧梅花奖“二度梅”获得者曾静萍、中国戏剧梅花奖获得者陈娟娟、中国曲艺“二度牡丹”获奖者庄丽芬，以及国家一级演员王大浩、王琼芬、陈江锋等一大批泉州市戏曲名家名角悉数登场，全面展示泉州市戏曲艺术发展的水平和实力。2019年央视戏曲春晚泉州分会场相关负责人表示，2019年央视戏曲春晚分会场主要设在丝绸之路的沿线城市，泉州作为海上丝绸之路的起点城市之一入选分会场，泉州是远近闻名的戏曲之乡，一大批戏曲项目具有独特的艺术价值，备受全国瞩目。同时，泉州作为全国18个改革开放的典型地区之一，改革开放以来文化艺术取得丰富成果，在这特殊的年份里将分会场设在泉州具有特别的意义。

2019年央视戏曲春晚泉州分会场节目录制现场（图/林劲峰　陈英杰）

泉州市举行“个税新政进园区”宣讲活动

由市税务局和市台资企业协会主办的“个税新政进园区”宣讲活动在泉州台商投资区台湾青年就业创业基地举行。宣讲会上，市税务局相关业务负责人解读个人所得税新政，并为台资企业、台湾同胞解答有关个人所得税新政的一些疑问。市税务局相关负责人表示，举办宣传辅导活动，是想让个税新政及时惠及台资企业和台湾同胞，让每一位纳税人及时完整地享受到个税改革红利。泉州亿达家用电器实业有限公司负责人陈淑慧表示，此次个人所得税新政的出台，增强了台商企业在大陆经商的信心。不仅有利于企业留住人才，对于公司的稳定健康发展也具有非常积极的影响。将吸引更多台湾同胞到泉州就业创业。市台资企业协会负责人表示，宣讲活动进一步扩大台资企业、台湾同胞的政策知晓度和受益面，体现税务部门对台资企业、台湾同胞的关心支持，也促进了泉州市营商环境的优化。

第四届海峡两岸雕刻艺术大赛（泉州赛区）举行

22—27日，第四届海峡两岸雕刻艺术大赛（泉州赛区）在泉州台商投资区举行。海峡两岸约200名雕刻艺术家近500件作品参赛。大赛旨在推动海峡两岸雕刻艺术界之间的互动与交流，培养两岸雕刻艺术高级人才、繁荣与发展海峡两岸雕刻艺术产业。此系该赛事首次在泉州举办。参赛作品均为近年来完工的、未参加过跨地区级评比的雕刻艺术品。活动邀请全国知名艺术家、收藏家等专家组成评审团，对参赛作品进行评审，最终评选出“福雕奖”金奖、银奖、铜奖、优秀奖、最佳创新奖、最佳传承奖、最佳表现奖、入围奖若干名。

第三届泉州市咖啡旅游文化节举办

22—23日，由丰泽区文体旅游新闻出版局、区商务局、区经信局、海西国家广告产业园（泉州园）管委会主办，泉州市咖啡与烘焙协会、领SHOW天地文创产业园、丰泽区商贸业行业协会、泉州晚报社全媒体运营中心承办的第三届泉州市咖啡旅游文化节在市区领SHOW天地影像中心举办。咖啡爱好者、冲煮大赛选手等咖啡界人士百余人参加活动。此次文化节最受瞩目的是世界咖啡师大赛（WBC）福建泉州分赛区的比赛。作为福建地区唯一分赛区，泉州的咖啡文化辐射至福州、厦门、漳州等城市的咖啡从业人员及爱好者。比赛不仅加深行业内的技术分享与文化交流，还对泉州咖啡产业链的完善创新及专业人才的培养起到举足轻重的作用。此外，活动中的“单一麦芽威士忌与古巴雪茄品鉴”“咖啡文创集市”和“咖啡生活慢慢谈”环节则以多元化的方式向观众开放，邀请市民朋友参与咖啡品鉴。在活动现场，琳琅满目的咖啡器皿以及咖啡手艺人别具匠心的冲煮方式，令观众感受到别致的咖啡文化。

相关链接：作为全市经济文化发展的主阵地，丰泽区着力打造咖啡文化、引进咖啡产品、培育咖啡人才、制定咖啡产业发展专项政策，实施“咖啡+”战略。如推进“咖啡+百姓书屋”，通过书香和咖啡香的结合，让书店变得有温度，提供城市休闲获知新空间；推进“咖啡+创业”，推动创业咖啡聚集发展，激发双创发展新活力；推进“咖啡+商业”，在商业街区加快布局精品咖啡馆，丰富城市商贸业态，提升城市品质，让咖啡文化注入城市脉络。

泉州市艺术硕士研究生实践基地专场音乐会举行

由泉州师范学院音乐与舞蹈学院和泉州市青少年宫主办的泉州市艺术硕士研究生实践基地——“合唱与指挥”专场音乐会在泉州音乐厅举行。泉州市青少年宫侨乡少儿合唱团、泉州师范学院音乐与舞蹈学院2017级音乐学混声合唱团、泉州市老年大学合唱团、泉州通政中心小学“小鲤鱼合唱团”4支合唱团队为泉州的音乐爱好者演唱12首风格各异的曲目。泉州师范学院与泉州市青少年宫共建艺术硕士研究生实践基地，多年来，泉州师范学院对泉州市青少年宫在合唱、南音、管乐等专业进行业务指导与人才支持，该场演出展示了两个单位之间的合作成果。

12月22日

农历戊戌年十一月十六
星期六
温度：18℃—25℃
多云

●由市纪委监委主办，鲤城区纪委监委、市公园管理中心、鲤城区文体新旅游局承办的庆祝改革开放40周年泉州市纪检监察系统古城徒步活动启动。

●由市税务局和市台资企业协会主办的“个税新政进园区”宣讲活动在泉州台商投资区台湾青年就业创业基地举行。

●22—27日，第四届海峡两岸雕刻艺术大赛（泉州赛区）在泉州台商投资区举行。

●22—23日，由丰泽区文体旅游新闻出版局、区商务局、区经信局、海西国家广告产业园（泉州园）管委会主办的第三届泉州市咖啡旅游文化节在市区领SHOW天地影像中心举办。

●由泉州师范学院音乐与舞蹈学院和泉州市青少年宫主办的泉州市艺术硕士研究生实践基地——“合唱与指挥”专场音乐会在泉州音乐厅举行。

12月23日

农历戊戌年十一月十七
星期日
温度：12℃—22℃
中雨

●由市委文明办、泉州晚报社指导，东南早报、阿里巴巴天天正能量、泉州市东南公益协会主办的“见证大爱 致敬公益”——2018泉州“最美家乡人”颁奖典礼暨泉州市东南公益协会成立周年晚会在泉州音乐厅举行。

●福建省2018年度绿色流通先进单位（商场、超市）名单公布，全省17家单位进入名单。3家泉州商场（超市）上榜。

●由鲤城区文体局主办、鲤城区太极拳协会承办的福建省三级社会体育指导员考试在市老干部活动中心举行。

●由洛江区虹山乡政府主办的第二届地瓜文化旅游节开幕。

2018泉州“最美家乡人”颁奖典礼举行

由市委文明办、泉州晚报社指导，东南早报、阿里巴巴天天正能量、泉州市东南公益协会主办的“见证大爱 致敬公益”——2018泉州“最美家乡人”颁奖典礼暨泉州市东南公益协会成立周年晚会在泉州音乐厅举行。公益晚会分两个环节进行。一是向十个“最美家乡人”获奖者（团体）致敬，获奖者在上台接受颁奖同时与观众进行交流。市委文明办、市民政局、市古城办、泉州晚报社等相关负责人为2018年度“最美家乡人”获得者个人或单位颁发证书。第二个环节是向志愿者、爱心人士致敬。2018年来，在东南公益组织下，众多志愿者和爱心人士走遍泉州城乡各地，给大山里的孩子送去爱心午餐，帮助留守儿童实现小小心愿；举办敬老宴、爱心义剪，给老人送去问候；举办音乐会、义卖会，给自闭症孩子送去关怀。

自2016年起，东南早报连续三年联合阿里巴巴天天正能量及全国30多座城市的媒体，发起最美家乡人评选活动。2018年6月，泉州第三届“最美家乡人”评选活动启动。9月，评选出2018年度泉州十大“最美家乡人”，分别是叶芳强、林超雄、方丽香、李恩典、苏雨欣、陈伟鹏、雷霆车辆救援队、郑锦山、王国明、余凌雪。其中，在鲤城区开元街道梅峰社区医疗服务室坚守48年的林超雄，身患脆骨病仍身残志坚、钢琴声乐均已过十级的苏雨欣，一起入围全国“最美家乡人”评选。

3家泉州商超被评为绿色流通先进单位

经省商务厅、省财政厅核定，福建省2018年度绿色流通先进单位（商场、超市）名单公布，全省17家单位进入名单。此次上榜的3家泉州商场（超市）分别是：中闽百汇（泉州）商贸管理有限公司中闽（百汇）商场涂门街店、泉州新华都购物广场有限公司丰泽店、泉州居然之家家居建材有限公司。根据《国务院办公厅关于深入实施“互联网+流通”行动计划的意见》，4月，省商务厅联合省财政厅了《关于开展绿色流通先进单位（商场、超市）项目申报工作的通知》。此次项目评审工作的开展，旨在推动福建省商贸流通企业建设绿色供应链、实施绿色服务、引导绿色消费、推动资源循环利用，提高福建省绿色流通水平。

首届中国（德化）茶具文化产业博览会举行

21—23日，由中国陶瓷工业协会、中国茶叶流通协会主办，德化县陶瓷发展委员会、德化陶瓷产业创新发展研究院、中国茶具城承办的第一届中国（德化）茶具文化产业博览会在德化县中国茶具城举行。展厅面积50000平方米，分为茶具、茶配套两大展区，吸引全国10个省、29个产瓷区的600多家企业参展，同时还迎来中国台湾地区的12家参展企业。该届博览会策划安排多项文化配套活动，包括第一届“茶与器”文化高峰论坛、“何朝宗杯”2018中国（德化）茶具工业设计大赛颁奖仪式、2018陶瓷设计大赛作品展暨颁奖仪式、“薪火相传——中国白”德化当代瓷艺大师作品展、“异象”第二届德化陶瓷双年展、首届“瓷苑荟萃”陶瓷艺术作品展、中国茶具城博物馆开馆暨《匠心·中国白》出版发行仪式以及2018年秋季德化窑海外回流藏品交流会等。参加该届博览会的专业采购商突破1000人。在展览基础上，主办方还发布“2019—2020中国陶瓷茶具产业流行趋势”，举行“好茶器德化造”线上采购节、德化乡土美食暨旅游宣传推介活动。

首届中国（德化）茶具文化产业博览会现场（图/泉州晚报社）

康涛到华侨大学调研

市委书记康涛到华侨大学调研，与在校师生座谈交流，一起学习贯彻习近平新时代中国特色社会主义思想，落实习近平在全国宣传思想工作会议、全国教育大会和考察暨南大学的讲话精神，并作思想政治理论交流讲座。市委常委、秘书长翁祖根参加调研。康涛与华侨大学党委书记关一凡、校长徐西鹏等校领导以及师生代表交流，对华大坚持“侨校+名校”战略，服务“一带一路”和地方发展等工作给予肯定。

康涛指出，办好华侨大学，是泉州人民的强烈愿望，是华侨华人的共同心愿，也是地方和高校的责任担当。要把侨校金字招牌做得更响，秉承办学宗旨，为侨服务、传播中华文化，打造更多华文教育精品课程，增进华侨新生代文化归属感和认同感，培养更多文化传播使者。要与城市相生相长，加强创新发展协同，融入泉州高质量发展和产业转型；加强文化传承协同，参与对外宣传推介、传统村落保护等工作，共同讲好泉州故事、中国故事。全市各级各有关部门要落实校地共建，为华大发展创造良好环境，共同建设高水平大学。

在思想政治理论交流讲座上，康涛强调，要领会习近平讲话的内涵，肩负起“育新人”使命任务，坚持社会主义办学方向，坚持育人和育才相统一，把立德树人作为根本任务，推动内地学生、港澳台侨学生融合发展；要紧抓意识形态极端重要工作，大张旗鼓抓好思想政治工作，做好巡视反馈问题整改。要练好党建工作基本功，自觉与党中央保持高度一致，把党的政治建设摆在首位，坚持党委领导下的校长负责制，履行管党治党政治责任，确保党的教育方针全面贯彻到学校工作各方面。

康涛（左五）与华侨大学在校师生座谈交流（图/陈起拓）

全市进一步加强非洲猪瘟防控工作视频会议召开

继全省进一步加强非洲猪瘟防控工作视频会议后，市委、市政府随即召开全市视频会议，贯彻落实全国、全省会议精神，分析研判泉州市形势，查摆问题和薄弱环节，对下一步防控工作进行再动员、再部署、再推进。会议强调，要盯紧盯牢每个环节每道防线，狠抓薄弱环节，堵塞风险漏洞，从最不利局面打算，尽最大努力，力争取得最好效果。态度要坚决，落实属地管理责任、部门监管责任和生产经营者主体责任，特别是机构改革期间决不允许出现工作空白断档；措施要有力，严格餐厨剩余物管控、养殖屠宰安全措施落实和生猪调运、产品市场监管，切断非洲猪瘟疫情的传播途径，同时，提升市场应急保障，确保年终岁首市场供应充足、价格稳定；行动要果断，按照“早快严小”原则，全面排查、加强演练，理性应对科学防控。

市人大常委会党组理论学习中心组（扩大）学习会议召开

市人大常委会党组理论学习中心组（扩大）学习会议暨巡视整改工作领导小组第七次会议召开，传达学习习近平在中共中央政治局第十次集体学习上的讲话精神和省委常委会会议、市委常委会会议精神；汇报市人大常委会党组2018年工作情况、2018年意识形态工作总结及2019年工作计划、关于落实泉州市委巡视整改工作领导小组《巡视整改细化措施》等整改情况的报告，市人大常委会机关2018年度全面从严治党主体责任落实情况自查报告；研究市人大常委会党组班子及成员巡视整改专题民主生活会综合报告及整改方案。会议指出，要按照省委、市委要求，全面贯彻落实新时代党的组织路线，做好干部培养、选拔、任用、管理等工作。要扛起全面从严治党主体责任，加强党内监督，做好巡视整改，推动问题彻底解决。要增强责任感和使命感，坚持问题导向，落深落细落实意识形态工作责任制。

12月24日

农历戊戌年十一月十八
星期一
温度：11℃—15℃
小雨转多云

●康涛到华侨大学调研，与在校师生座谈交流，一起学习贯彻习近平新时代中国特色社会主义思想，落实习近平在全国宣传思想工作会议、全国教育大会和考察暨南大学的讲话精神，并作思想政治理论交流讲座。

●继全省进一步加强非洲猪瘟防控工作视频会议后，市委、市政府随即召开全市视频会议，贯彻落实全国、全省会议精神，分析研判泉州市形势，查摆问题和薄弱环节，对下一步防控工作进行再动员、再部署、再推进。

●市人大常委会党组理论学习中心组（扩大）学习会议暨巡视整改工作领导小组第七次会议召开，传达学习习近平在中共中央政治局第十次集体学习上的讲话精神和省委常委会会议、市委常委会会议精神等。

●由省委文明办、市委文明办、惠安县文明委主办的2018年度福建省中华经典诵读展演惠安专场在该县城南第二实验小学举行。

12月25日

农历戊戌年十一月十九
星期二
温度：15℃—18℃
小雨转多云

●市委常委会召开会议，听取全市党委（党组）意识形态工作责任制专题督查情况汇报，部署下阶段工作等。

●2018年度市委常委专题议军会议召开，传达学习上级有关精神，总结泉州市国防动员和后备力量建设情况，部署相关工作。

●市政府党组（扩大）会议召开，研究《中共泉州市人民政府党组理论学习中心组学习制度》。

●市十六届人大常委会第三十二次主任会议召开，讨论市人大常委会工作报告稿、关于市十六届人大二次会议代表建议办理工作的综合报告稿等。

●由市政府主办、市发改委承办的中以（泉州）创新合作对接会举行。

●由省社科联主办，市社科联、省对外经济关系研究会、省社科院中国与海上丝绸之路研究中心和黎明职业大学承办的福建省社科界2018年学术年会分论坛“一带一路”与21世纪海上丝绸之路先行区建设研讨会在黎明职业大学举行。

●“青年新闻人：我们与改革开放一起走过”联合采访团到泉州，走访晋江盼盼集团、磁灶镇大埔村，以及石狮服装城、轻纺城、通达集团、蚶江镇石湖村等地。

●由省委宣传部、省文联、省舞蹈家协会主办的庆祝改革开放40周年——新时代福建省优秀舞蹈作品展演在福州大戏院举行，泉州市歌舞《正是扬帆时》和《金色的海》参加展演。

2018年度市委常委专题议军会议召开

2018年度市委常委专题议军会议召开，传达学习上级有关精神，总结泉州市国防动员和后备力量建设情况，部署相关工作。会议要求，要巩固军政军民团结大好局面。发挥泉州双拥共建优良传统，以争创全国“双拥模范城”九连冠和省级双拥模范城“满堂红”为载体，推动军地共同发展。

市十六届人大常委会第三十二次主任会议召开

市十六届人大常委会第三十二次主任会议召开。会议讨论有关人事任免事项、市人大常委会工作报告稿、关于市十六届人大二次会议代表建议办理工作的综合报告稿、市人大常委会代表资格审查委员会关于个别代表的代表资格的审查报告稿、市十六届人大四次会议的日程安排（草案）及各项建议名单、补选省十三届人大代表事项、“七五”法治宣传教育中期评估调研情况；讨论通过市人大常委会2019年立法计划；确定市十六届人大常委会第十八次会议的召开时间和建议议程。

市十六届人大常委会第三十二次主任会议现场
（图/王虎文）

中以（泉州）创新合作对接会举行

由市政府主办、市发改委承办的中以（泉州）创新合作对接会举行。对接会特别邀请中国和以色列相关领域专家、企业家参会，宣传和推介中以创新合作模式，以及以色列在智能制造、半导体、机器人、高端医疗、新能源等领域的科技创新，推动泉州和以色列开展更深层次、更宽领域的项目合作，促进泉州市经济高质量赶超发展。对接会上，以色列亚洲商会中国部副部长、上海博麓科技集团CEO景谦，以色列银山集团&基金CEO Shai Hod、以色列Tuqqi人工智能科技公司创始人CEO Ido Hurvits、爱驰汽车CEO谷峰等，向参会嘉宾介绍中以（泉州）协同创新的机遇与机会，并发布多个创新科技项目。

“一带一路”与21世纪海上丝绸之路先行区建设研讨会在泉州举行

由省社科联主办，市社科联、省对外经济关系研究会、省社科院中国与海上丝绸之路研究中心和黎明职业大学承办的福建省社科界2018年学术年会分论坛“一带一路”与21世纪海上丝绸之路先行区建设研讨会在黎明职业大学举行。省内外专家学者分享研究成果，畅谈“丝路”建设，谋划未来发展。研讨会旨在响应国家“一带一路”倡议，促进泉州21世纪海上丝绸之路先行区建设，推动省、市哲学社会科学繁荣发展。开幕式后举行主题报告会，中国社科院亚太与全球战略研究院主任钟飞腾研究员作《试论地方在“一带一路”建设转向高质量发展阶段中的作用》的主题报告。省社科院党组成员、副院长李鸿阶研究员畅谈《福建省21世纪海上丝绸之路核心区的建设规划、取得成效及其推进策略》。两位专家根据各自的研究成果，为“一带一路”与21世纪海上丝绸之路先行区建设传经送宝、把脉开方。随后，与会专家学者以“经贸合作 互利共赢”和“文化自信 先行先试”为主题展开研讨。

“一带一路”与21世纪海上丝绸之路先行区建设研讨会现场
（图/洪 旭）

泉州市龙头企业改造升级行动计划印发

市政府办印发《泉州市新一轮促进工业和信息化龙头企业改造升级行动计划（2018—2020年）》（以下简称“行动计划”）。到2020年，在全市工业和信息化领域重点培育225家以上规模体量大、带动力强的龙头企业，其中营业收入（产值）50亿—100亿元的企业15家，超百亿元的企业达到10家。带动形成7个以上规模超千亿的产业集群，带动培育15家以上单项冠军和一批“隐形冠军”企业、80家以上“专精特新”中小企业、200家以上科技小巨人领军企业。

行动计划明确以加快项目建设、鼓励并购扩张等方式培育壮大龙头企业。传统优势产业重点推进，百宏聚纤年产33万吨差别化纤维加弹丝生产线、沙不布业年产9万吨针织面料技改、华宇织造时尚园等项目加快建设投产；高新技术产业重点推进三安高端半导体项目、矽品集成电路封装测试、南威软件高端智能设备研发与制造一体化基地等项目。同时，支持龙头企业通过跨国兼并、品牌收购和品牌推广等方式实施商标国际化战略，并在市内设立该高端品牌的营销总部，统一经营和运营。对重大企业兼并重组项目发生的评估、审计、法律顾问等前期费用及并购贷款利息予以补助，单个项目最高不超过300万元；对并购境外或省外科技型企业，分别按照并购金额的10%和5%给予补助，单项最高不超过1000万元。对收购兼并重组标的项目库内的企业且收购规模达2000万元以上的，按实际发生收购规模2%的额度由受益财政给予奖励，奖励金额不超过300万元。

行动计划提出，落实福建省企业研发费用税前加计扣除和研发经费投入分段补助政策。企业所在地财政按企业实际加计扣除的所得税额，给予龙头企业同量资金奖励，奖励资金以该企业相应年度应缴纳企业所得税额的地方财政分成部分为上限。行动计划指出，重点鼓励龙头企业组建国家级科技研发创新平台，对新认定的国家级重点实验室、工程实验室、工程研究中心、企业技术中心，市级财政给予100万元奖励。支持优势产业中具有业界影响力的企业联合具有较强研发能力的高校、具有行业领先地位的科研院所或能够整合区域服务的产业园区平台共同组建制造业创新中心。对经认定的国家级、省级制造业创新中心，市级财政分别一次性给予500万元、200万元奖励。

行动计划支持龙头企业采用先进适用的新技术、新设备、新工艺和新标准，实施省、市重点技改项目，市级财政按项目设备投资额不高于7%给予补助，单个龙头企业最高不超过250万元；固定资产产权归属企业的融资租赁方式可视同采购设备享受技改补助政策。对龙头企业实施智能制造项目，获国家智能制造试点示范项目和智能制造试点专项项目的，一次性给予实施单位200万元奖励；对获省级智能制造试点示范的企业，一次性给予50万元奖励。鼓励龙头企业开展关键技术攻关，对获国家首台（套）重大技术装备保费补贴的企业，给予一次性200万元奖励；对被评定为省级首台（套）重大技术装备和智能制造装备的装备产品，给予一次性50万元补助。鼓励龙头企业开展两化融合管理体系贯标，提升企业管理数字化水平，对通过两化融合管理体系贯标评定的企业，市级财政给予20万元奖励。

安溪县民警林彬龙当选2018年度福建省“最美警察”

由省委宣传部主办的2018年度福建省践行社会主义核心价值观“最美人物”发布仪式在福州举行。安溪县民警林彬龙当选2018年度福建省践行社会主义核心价值观十大“最美人物”中的“最美警察”。经全省各设区市及省直相关单位推荐、省直主管部门筛选、网络投票、组委会综合评定、省委宣传部部务会议审议和社会公示，10人被推选为2018年度福建省践行社会主义核心价值观“最美人物”。林彬龙是漳州市平和县人，2003年8月参加公安工作，任安溪县公安局禁毒大队教导员。多年来，林彬龙获多项荣誉：2011年12月被省公安厅授予个人二等功、2012年12月被省刑侦总队授予“全省刑侦系统侦查破案能手”称号、2015年5月被授予泉州市“五四青年奖章”、2016年8月被省公安厅聘为“全省刑侦情报研判专家”、2017年1月被中央电视台评为“CCTV2016年度三农人物”。

12月26日

农历戊戌年十一月二十
星期三
温度：15℃—23℃
多云

● 市政府办印发《泉州市新一轮促进工业和信息化龙头企业改造升级行动计划（2018—2020年）》，推动工业和信息化龙头企业改造升级、持续做大做强，实现高质量发展。

● 由省委宣传部主办的2018年度福建省践行社会主义核心价值观“最美人物”发布仪式在福州举行。安溪县民警林彬龙当选2018年度福建省践行社会主义核心价值观十大“最美人物”中的“最美警察”。

12月27日

农历戊戌年十一月廿一
星期四
温度：11℃—17℃
多云

●陈灿辉为市人大机关全体职工上题为《学习新思想弘扬正能量努力为做好新时代人大工作担当作为》的党课。

●十二届市政协第十一次常委会召开，讨论修改十二届市政协《常委会工作报告（讨论稿）》和《提案工作报告（讨论稿）》；协商通过市政协十二届三次会议相关事宜。

●由香港贸易发展局、省商务厅和泉州市政府主办的"品牌泉州香江行"十周年新闻发布会暨泉州企业通过香港"走出去"研讨会在泉州举行。

●由中国摄影家协会主办的"一带一路——21世纪海上丝绸之路摄影季"活动在中国闽台缘博物馆启动。

●由市委宣传部、市文联和泉州广播电视台主办，泉州市音乐家协会、泉州市电视艺术家协会、泉州市艺术馆等承办的2018泉州市青年歌手电视大赛团体总决赛暨颁奖仪式举行。

●27—28日，由中国健美协会、省体育局、晋江市政府主办的"舒华杯"2018年CBBA全国健美健身冠军总决赛在晋江市举行。

●泉州华侨历史学会第四次会员代表大会举行，华侨大学继续教育学院副院长刘以榕当选新一任会长。

●从金门水头码头出发的"百丽"轮经过近一个小时的航程，在泉州石井对台客运码头靠泊，完成它在泉州—金门航线上的首次航行。

陈灿辉为市人大机关全体职工上党课

市人大常委会党组书记陈灿辉为市人大机关全体职工上题为《学习新思想弘扬正能量努力为做好新时代人大工作担当作为》的党课。陈灿辉从学习习近平关于坚持和完善人民代表大会制度的思想、紧扣市委工作大局履行法定职权、增强做好新时代人大工作的责任担当三方面，强调要提升政治站位，发挥人大制度的政治优势和人大工作的职能作用；要抢抓历史机遇，担负起宪法和法律赋予的各项职责，依法履职、有效作为，在增强工作实效上迈出新步伐、取得新进展；要提振干部职工精气神，增强干事创业积极性，共同推动地方人大工作实现新突破，取得新成效，做出新贡献。会上还学习《中国共产党纪律处分条例》。

十二届市政协第十一次常委会召开

十二届市政协第十一次常委会召开。会上，副市长肖汉辉通报市政协十二届二次会议以来提案办理情况。会议协商通过有关人事事项；讨论修改十二届市政协《常委会工作报告（讨论稿）》和《提案工作报告（讨论稿）》；协商通过市政协十二届三次会议相关事宜。会议强调，全市各级政协组织要搭建委员履职平台，协同提案办理单位用心办好提案工作；政协委员要发挥各自优势，聚焦社情民意、围绕民生改善，科学选题、深入视察调研，提出立意高、分析准、建议实的高质量提案。要加强自身建设，提高履职水平，在开拓进取中展现政协担当。要周密部署，心往一处想，劲往一处使，高标准做好市政协十二届三次会议筹备工作，把全会开成团结、民主、求实、奋进的大会，同时紧跟市委、市政府部署要求，谋划思考好2019年工作重点，为泉州市高质量发展落实赶超献计出力。会议接受陈灿辉因工作变动原因辞去市政协主席职务。

2018泉州市青年歌手电视大赛团体总决赛举行

由市委宣传部、市文联和泉州广播电视台主办，泉州市音乐家协会、泉州市电视艺术家协会、泉州市艺术馆等承办的2018泉州市青年歌手电视大赛团体总决赛暨颁奖仪式举行。大赛从10月启动以来得到社会各界广泛关注，全市各地近400名选手报名参加。泉州市青年歌手电视大赛创办于2010年，已举办三届。大赛举办以来，发现和培养的一批又一音乐演唱人才，在省内外各项大赛中都有突出表现，也为泉州的文化艺术事业注入新鲜力量。

全国健美健身冠军总决赛在晋江市举行

27—28日，由中国健美协会、省体育局、晋江市政府主办的"舒华杯"2018年CBBA全国健美健身冠军总决赛在晋江市举行。13个大项27个级别全部决出胜负，王华、许德民、刘孟易、田悦苓、陈小君、向再华、徐蓓、古典分获男子传统健美、男子古典健美、男子健体、女子比基尼健身、女子形体、女子健体、女子健身模特、男子健身模特八项全场冠军头衔。参赛选手由2018年中国健美协会主办的全国性赛事及亚洲赛事各组、级别前15名，在中国健美协会备案的区域性健美健身比赛各项各组、级别前3名，各省、自治区、直辖市健美健身比赛各项各组、级别前3名的运动员，获中国健美协会优秀组织奖和全国比赛团体前8名的单位以及中国健美协会培训机构选派的运动员组成。其中包括曾在世界锦标赛斩获冠军的知名运动员。

"百丽"轮首航泉州—金门航线

从金门水头码头出发的"百丽"轮经过近一个小时的航程，在泉州石井对台客运码头靠泊，完成它在泉州—金门航线上的首次航行。作为泉州—金门航线新成员的"百丽"轮为中国台湾籍客船，船长33.4米，型宽6.8米，型深2.8米，载客定额180人，是泉州—金门客运航线开通以来参与运营的第5艘船舶。随着"百丽"轮的加入，泉州—金门客运航线将由"八方"轮和"百丽"轮两艘客船共同运营，双向对开，每日运行8个或10个航班，更加方便两岸旅客选乘。

市委常委会会议学习习近平讲话精神

市委常委会召开会议，学习习近平在庆祝改革开放40周年大会和在中央经济工作会议上的讲话精神，传达贯彻省委十届七次全会和省委经济工作会议精神，研究召开市委十二届八次全体会议有关事项及市委全会、市委经济工作会议文件；研究《泉州市深化农村人居环境整治三年行动方案》；研究《泉州市关于推动构建亲清新型政商关系的意见（试行）》。

会议强调，各级各部门要把思想和行动统一到中央、省委的重要决策部署上来，积极进取、能快则快，为全省大局多做贡献。结合要紧，立足当前、着眼长远，结合高质量发展落实赶超，逐一转化为年度工作计划、重点项目和具体措施，集中力量破除瓶颈。工作要实，继续开展“项目攻坚2019”，提振干部精气神，践行“马上就办”、发扬斗争精神、激励担当作为，抢抓时间窗口，确保2019年一季度开门红。

会议指出，要贯彻落实习近平关于建设好生态宜居美丽乡村的指示，贯彻中央、省里农村人居环境整治三年行动方案，打好改善农村人居环境这场硬仗。要因地制宜，突出重点，细化措施，提升乡村规划管理、农村基础设施、美丽乡村建设、古村保护利用、城乡环境融合水平。要加强组织领导，建立健全基层治理体系，强化督查考核，营造良好氛围，确保各项举措落到实处、取得实效。

会议指出，制定《泉州市关于推动构建亲清新型政商关系的意见（试行）》，对规范政商交往、支持民营企业发展具有重要意义。干部要自觉对标看齐，全面准确理解和把握“亲”“清”内涵，践行好、落实好。要强化担当服务，在守住底线的前提下，坦荡真诚地同企业家打交道，主动帮助企业解决困难和问题。

市十六届人大常委会第十八次会议召开

市十六届人大常委会第十八次会议召开。会议听取和审议市政府、市中级人民法院、市检察院关于市十六届人大二次会议代表建议办理工作的报告和市人大常委会视察组综合报告，市人大常委会代表资格审查委员会关于个别代表资格的审查报告。会议听取和审议市政府对《市人大常委会关于〈泉州市海上丝绸之路史迹保护条例〉实施情况的审议意见》研究处理情况的报告，并进行满意度测评，测评结果为满意；听取和审议市政府对1—7月国民经济和社会发展计划执行的审议意见研究处理情况的报告，并进行满意度测评，测评结果为满意；听取和审议市政公用事业局关于2017年度审计查处问题整改情况的报告，并进行满意度测评，测评结果为满意。

市十六届人大常委会第十八次会议现场（图/王虎文）

泉州市2019新年音乐会举行

由市文化广电和旅游局主办，泉州歌舞剧团、泉州交响乐团和泉州市南音传承中心承办的泉州市2019新年音乐会在泉州梨园古典剧院举行。演出由《红旗颂》拉开序幕，紧接着《花好月圆》、《我的祖国》、南音交响《丝路之光》等轮番上演，在《蓝蓝泉州湾》中掀起高潮。此次新年音乐会增加了不少本土音乐元素，特别是多个南音交响新作的参演，为新年音乐会增加不少亮点。中国曲艺“二度”牡丹奖获得者庄丽芬和泉州市知名南音演奏家曾家阳、王大浩、肖培玲等携手上演南音交响《丝路之光》、《安平明月》和《千家罗绮管弦鸣》，这些作品均为近年来的南音创新作品，体现泉州南音最新发展水平。

泉州市2019新年音乐会现场（图/张九强 陈智勇）

12月28日

农历戊戌年十一月廿二
星期五
温度：7℃—14℃
多云

●市委常委会召开会议，学习习近平在庆祝改革开放40周年大会和在中央经济工作会议上的讲话精神，传达贯彻省委十届七次全会和省委经济工作会议精神等。

●市十六届人大常委会第十八次会议召开，听取和审议市政府、市中级人民法院、市检察院关于市十六届人大二次会议代表建议办理工作的报告和市人大常委会视察组综合报告等。

●王永礼到市税务局调研，并召开座谈会。

●市政协党组理论学习中心组（扩大）学习会议暨巡视整改工作领导小组会议召开，传达学习习近平在中共中央政治局第十次集体学习时的讲话精神和省委常委会会议、市委常委会会议精神等。

●由市文化广电和旅游局主办，泉州歌舞剧团、泉州交响乐团和泉州市南音传承中心承办的泉州市2019新年音乐会在泉州梨园古典剧院举行。

●由中华职业教育社举办的第六届黄炎培职业教育奖颁奖大会在北京举行。黎明职业大学党委书记王松柏获杰出校长奖，该校经济管理学院副院长杨京钟教授获杰出教师奖。

●由中国爱国拥军促进会等组织评选的2017中国双拥年度人物在中国人民解放军珠海驻澳部队基地揭晓，德化县人温素霞成为福建省唯一上榜的中国双拥年度拥军模范。

12月29日

农历戊戌年十一月廿三
星期六
温度：7℃—10℃
多云

●中共泉州市委十二届八次全会召开。

●市委经济工作会议召开，贯彻落实中央、省委经济工作会议精神，回顾总结2018年全市经济工作，部署2019年经济工作。

●市委召开常委会扩大会议，听取市委常委2018年度述责述廉报告，并进行点评和评议。

●在全省安全生产工作电视电话会议结束后，泉州市随即召开全市安全生产工作电视电话会议，分析、研判安全生产形势，对下阶段全市安全生产工作进行再动员、再部署。

●王永礼调研泉州湾河口湿地自然保护区保护管理建设情况。

●由市委市直机关工委、市总工会、市妇联主办的“巾帼心向党 建功新时代”泉州市妇女纪念改革开放四十周年主题晚会在泉州电视台举行。

●29—30日，由省委党史研究和地方志编纂办公室、泉州市委党史和地方志研究室、晋江市政府主办的福建地方志助力乡村振兴系列活动之“悠远地方志 魅力围头村”活动在晋江市金井镇围头村举行。

●2018年度泉州市乡村（城市）学校少年宫成果展示活动在安溪影剧院举行。

●由中宣部、文化和旅游部主办的2019年新年戏曲晚会在北京国家大剧院举行，泉州提线木偶戏《佳节乐》参加演出。

中共泉州市委十二届八次全会召开

中共泉州市委十二届八次全会召开。全会主要任务是学习贯彻习近平在庆祝改革开放40周年大会上的讲话精神和省委十届七次全会精神，从改革开放40年的伟大实践中汲取力量、坚定信心，动员全市人民学习贯彻习近平新时代中国特色社会主义思想和中共十九大精神，坚持高质量发展落实赶超，在更高起点上推动新时代改革开放再出发。市委书记康涛代表市委常委会向全会作报告。

康涛指出，习近平在庆祝改革开放40周年大会的讲话，是对改革开放40年艰辛探索和恢宏实践的理论升华，是习近平新时代中国特色社会主义思想的最新篇章，是新时代改革开放继续推向前进的宣言书和动员令。全市各级党组织和党员干部群众要把学习好、宣传好、贯彻好讲话精神作为重大政治任务，传承好习近平在福建工作期间倡导推行的一系列战略思路、重大举措，全面对标党中央推进新时代改革开放的目标任务，落实省委十届七次全会部署要求，增强思想自觉、政治自觉和行动自觉。

康涛指出，习近平当年总结“晋江经验”，既是提炼升华，也是前瞻思考，是推动新一轮改革开放的制胜法宝，要始终坚持、常学常新。在更高起点上推动新时代改革开放再出发，要坚持以习近平新时代中国特色社会主义思想和中共十九大精神为指导，坚持党对一切工作的领导，坚持稳中求进工作总基调，坚持新发展理念，以供给侧结构性改革为主线，围绕高质量发展落实赶超，解放思想、勇于创新，继续全面深化改革、全面扩大开放，以新担当新作为，传承弘扬“晋江经验”，打好转型组合拳，建好城市展示面，造好活力大环境，加快建设“创新、智造、海丝、美丽、幸福”的现代化泉州，为新福建建设作做出应有贡献。要加快新旧动能转换，支持民营经济高质量发展，提升政企互动层次和水平，加快创新平台建设，实施人才“港湾计划”，致力构建产业生态圈。要加快政府职能转变，抓好自由裁量权“泉州标准”、台账管理制度，提高金融与实体经济、人才与产业发展、开放与贸易投资的匹配度，减轻企业负担，致力建设一流营商环境。要加快完善开放功能，全面融入闽西南协同发展区，用好用足市场采购贸易方式试点政策，支持企业拓展跨国经营，密切与港澳台侨交流合作，致力打造海丝重要门户城市。要加快生态示范延伸，对接国家生态文明试验区建设，抓好中央、省环保督查反馈问题整改，促进制造业转型升级与生态文明建设正向互动，加快生态连绵带建设，致力构建山水田园城市。要加快多元多层供给，探索相对贫困人口帮扶，确保如期脱贫、稳定脱贫，创新城市执法、乡村规划、社会治理、应急管理、公共文化服务等体制机制，致力满足人民美好生活需求。

康涛强调，要坚持和加强党的全面领导，以思想解放推动改革向前，以改革突破推动发展攻坚，以氛围营造激励先行先试，以强化责任推动改革落地，在改革开放再出发的新征程中展现新担当、实现新作为。全市各级党组织和党员干部群众要把思想和行动统一到习近平在庆祝改革开放40周年大会的讲话精神上来，统一到党中央的决策部署上来，确保新时代改革开放沿着正确道路前进。要全面落实省委十届七次全会部署，强化使命担当，营造有利于高质量赶超的体制机制和政策环境，创造更多鲜活的实践经验，推动泉州发展继续走前列。

市委常委会向全会报告一年来工作情况。全会审议并表决通过《中国共产党泉州市第十二届委员会第八次全体会议决议》。

中共泉州市委十二届八次全会现场（图/陈起拓）

福建地方志助力乡村振兴系列活动在晋江市举行

29—30日，由省委党史研究和地方志编纂办公室、泉州市委党史和地方志研究室、晋江市政府主办的福建地方志助力乡村振兴系列活动之“悠远地方志 魅力围头村”活动在晋江市金井镇围头村举行。省政府发展研究中心党组书记、主任陈秋平，省委党史研究和地方志编纂办公室副主任俞杰，泉州市副市长肖汉辉等，省、市地方志助力乡村振兴战略试点代表，港澳台同胞乡亲和旅菲围头乡贤代表等参加活动。

活动旨在发挥地方志独特优势，主动服务乡村振兴。通过丰富多彩的表现形式，让方志记载中的围头战地文化、滨海文化、渔村文化、华侨文化、涉台文化等文化资源“活”起来、“立”起来，助力围头村经济社会高质量发展。比如，将方志记载中关于围头的美食名产、特技特艺、风景名胜等分别进行整理归纳后形成的“福建方志特色记忆”“泉州乡村记忆文化”注释牌进行挂牌挂旗——晋江的深沪冰饼、罗山蜜饯、安海番石榴、晋江紫菜、安海绿豆饼、龙湖肉粕、衙口花生、围头虾皮、安海土笋冻、晋江牛三宝、龙湖面线、晋江蜂蜜、围头海峡鲍鱼13个传统美食特产，同时被省委党史研究室和地方志编纂办公室、泉州市委党史和地方志研究室以及泉州市档案局授予“福建地方特色产品”“泉州市乡村记忆名特产”称号。而围头村的泉州名祠、围头天后宫等被授予“泉州市乡村记忆传习所”称号。

30日，福建地方志助力乡村振兴战略经验交流会召开。会上，泉州市、围头村、政和县和霍童镇代表作典型发言，介绍先进经验。活动期间，还举行《妈祖文化志》致赠仪式，《中国影像志·福建名镇名村影像志·围头村志》开机仪式，“泉州市乡村影像记忆”和《围头村志》编修启动仪式等活动。与会者还考察围头村情村史，并为围头村方志书屋揭牌，此系省委党史研究和地方志编纂办公室在全省设立的第六个方志书屋。

福建地方志助力乡村振兴系列活动启动

“泉州市乡村影像记忆”和《围头村志》编修启动仪式

泉州市乡村记忆名特产品展示

围头村方志书屋揭牌（图/吴寿民）

源昌集团与河南大学合作办学签约仪式在南安市举行

南安昌财学村捐赠暨厦门源昌集团与河南大学合作办学意向协议签约仪式在南安市举行。泉州市市长王永礼与河南大学校长宋纯鹏、厦门源昌集团董事长侯昌财等座谈，简要介绍泉州经济、教育、医疗事业发展情况。泉州市副市长周真平等参加座谈。王永礼表示，欢迎河南大学送智慧、送技术，感谢乡贤捐资办学的爱乡善举，两级政府将全力支持双方合作办学，为泉州高质量发展落实赶超再添新动能、贡献新力量。

12月30日

农历戊戌年十一月廿四
星期日
温度：9℃—13℃
多云转小雨

●福建地方志助力乡村振兴战略经验交流会在晋江市金井镇围头村召开。

●由市发改委、泉州晚报社主办的“项目攻坚2018”市重点项目建设巡礼摄影展暨摄影征文大赛颁奖活动在泉州城东万达广场举行。

●南安昌财学村捐赠暨厦门源昌集团与河南大学合作办学意向协议签约仪式在南安市举行。

12月31日

农历戊戌年十一月廿五
星期一
温度：11℃—15℃
多云

●王永礼到人民银行泉州市中心支行、国网泉州供电公司、市财政局慰问坚守岗位的干部职工。

●第四季度全市集中开竣工项目259个，总投资766亿元，涵盖交通、工业、能源、教育、旅游、基础设施、城建环保和社会民生等领域。其中，新开工项目115个，总投资515亿元；竣工项目144个，总投资251亿元。

●由省社会体育指导中心、市体育局、泉州文旅集团等主办的首届华夏俞大猷武术大赛在泉州侨乡体育馆开幕，全国各地1000多名武术爱好者参加角逐。

●由鲤城区委宣传部、文明办，区民政局，团区委主办，鲤城区青年商会、鲤城区青年志愿者协会、通政社区协办的“相约古城，缘定今生”鲤城区移风易俗集体婚礼活动在市区通政巷举行。

王永礼慰问节日坚守岗位的干部职工

受市委书记康涛委托，市长王永礼到人民银行泉州市中心支行、国网泉州供电公司、市财政局，向坚守岗位的干部职工送上节日问候，肯定大家“舍小家顾大家”的奉献精神，希望他们新年里在优化融资环境、强化电力保障、提升财政工作水平等方面更上层楼，为泉州建设做出新的更大贡献。市政府秘书长廖国文参加慰问。

第四季度全市259个重点项目集中开竣工

第四季度全市集中开竣工项目259个，总投资766亿元，涵盖交通、工业、能源、教育、旅游、基础设施、城建环保和社会民生等领域。其中，新开工项目115个，总投资515亿元；竣工项目144个，总投资251亿元。

115个新开工项目中，既有科技含量高、市场前景好、带动能力强的重大产业项目，也有夯实发展基础、改善民生的重大基础设施项目、社会民生项目，其中基础设施项目29个，产业项目63个，社会民生项目23个。总投资30亿元的南安美的智慧家居科创项目（一期），主要建设核心制造和服务配套展示区、研发和轻生产区及相关配套设施，总投资4亿元的晋江100兆瓦时级新型锂电池储能技术开发及应用一期项目是全国首个100兆瓦时级新型锂电池储能中心，将建设电动汽车超级充电站4座，移动式储能电池组供电箱10个。总投资15亿元的泉州市正骨医院北峰院区，将建设门急诊医技综合大楼、住院大楼、科研教学楼、行政后勤辅助用房等。

144个竣工投产项目中，基础设施项目39个，产业项目88个，社会民生项目17个。其中，泉州市丰泽区第三实验小学城东校区建设工程、泉州市海滨小学2号教学综合楼、晋江市经济开发区五里园幼儿园、安溪五中综合楼、永春县达埔新琼小学教学楼等一批教育补短板项目相继投入使用。总投资近5亿元的晋江纵二线紫帽塘头至磁灶井边段改造工程、总投资3.5亿元的南安创意大道等一批道路基础设施项目相继竣工通车，不仅提升该地区互联互通水平，还方便市民出行。

首届华夏俞大猷武术大赛在泉州开幕

由省社会体育指导中心、市体育局、泉州文旅集团等主办的首届华夏俞大猷武术大赛在泉州侨乡体育馆开幕，全国各地1000多名武术爱好者参加角逐。大赛为期两天，分为传统武术和跆拳道两部分。武术比赛包括南拳、太极拳、器械、传统棍术等项目，跆拳道包括品势、竞技、特技三个项目。比赛除设有团体总分前三名奖项，还设置“团体最佳技术奖”“体育道德风尚奖”“优秀教练奖”“优秀运动员”“优秀道馆”等奖项。

鲤城区移风易俗集体婚礼活动举行

由鲤城区委宣传部、文明办，区民政局，团区委主办，鲤城区青年商会、鲤城区青年志愿者协会、通政社区协办的“相约古城，缘定今生”鲤城区移风易俗集体婚礼活动在市区通政巷举行。10对新人参加活动。上午7时许，6部“小白”公交车组成迎亲车队，护送新人从天后宫前往婚礼现场。“婚车”张灯结彩，车头上“囍”字十分醒目，两侧的红灯笼显得格外喜庆。集体婚礼现场洋溢着浓浓的闽南味道。10对新人身处170多年历史的闽南古建筑苏廷玉故居，在火鼎公婆省级传承人的陪同下，跨火盆、踏瓦片、拜天地，并共绣金苍绣，亲手把爱的信物封存。泉州传统花灯非遗传承人带来的精美作品，加上大鼓吹礼乐、吃红丸等闽南民俗传统，让婚礼简朴而不失庄重，充满浓浓的文化味。活动相关负责人表示，举办此次传统集体婚礼，通过再现闽南传统文化仪式场景，追忆闽南文化发展脉络，领略闽南千年传承的传统婚礼，既是弘扬中国传统文化，也是倡导培育传统节俭的婚礼之风。

鲤城区移风易俗集体婚礼活动现场（图/泉州晚报社）

编 后 记

地方志是地情文献，是客观记录现实情况的载体，具有长久留鉴后世之功能。泉州史志部门多年来着力探索地情文献编纂新路，创新了以年鉴为主、日记为辅的地方综合年鉴编纂办法，两者的资料组织体系不同，功能各有所长，既分工合作又有机联系，联袂反映丰富多彩的地方经济社会发展全貌。

《泉州年鉴（2019）·泉州日记》以马克思列宁主义、毛泽东思想、邓小平理论、“三个代表”重要思想、科学发展观、习近平新时代中国特色社会主义思想为指导，坚持辩证唯物主义和历史唯物主义的立场、观点和方法，以图文编年纪事的形式，按时序客观真实地记载2018年泉州地面上每一天发生的大事、要事、新事、特事，反映地方经济社会发展实况和城乡人民生活时态。该书实录2018年泉州市认真学习贯彻中共十九大精神，深入学习贯彻习近平新时代中国特色社会主义思想，全面落实中央、省委和市委决策部署，着力稳增长、惠民生、控风险、谋长远，有效化解金融风险，优化产业格局，集中力量办大事，有力推动经济社会发展迈上新台阶的实践进程。

《泉州年鉴（2019）·泉州日记》作为《泉州年鉴》的分册，较好地提升了年鉴反映现实的质量，编纂水平随同年鉴不断提升，功能及实用性也不断拓展。《泉州年鉴（2019）·泉州日记》注重地情信息实录工作的项目带动作用，开发信息渠道，整合传媒资源，及时对有效资讯进行筛选、核实，将其转化为史志资料，使海量信息源源不断充实到史志资料库中，在建设文化强市，推动泉州文化大发展大繁荣的工作大局中，发挥存史、资政和文化传承的积极作用。

值此书出版之际，特作此记。并借此向提供文字、图片等资料信息，以及所有关心、支持、帮助《泉州年鉴（2019）·泉州日记》编纂工作的各有关单位和各界人士表示衷心的感谢！

编　　者

2019年6月